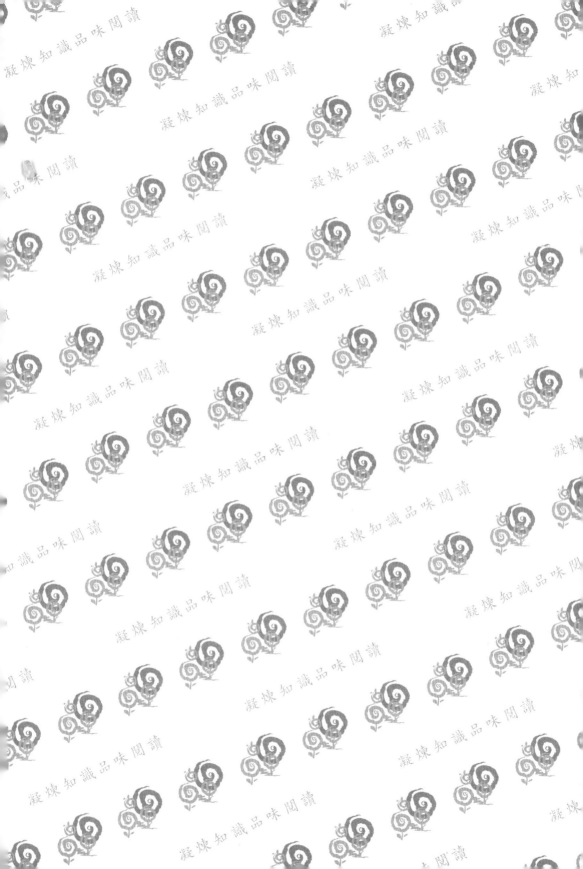

林正義／主編

吳玉山、林正義、張登及、姚宏旻、陳鴻鈞、焦興鎧／著

# 川普政府
# 中美關係專題研究

## Sino-American Relations
## under the Trump Administration

五南圖書出版公司 印行

# 序言

本所由「美國研究中心」（1972年3月成立）、「美國文化研究所」（1974年7月設所）到更名成為「歐美研究所」（1991年8月），反映學術與政策結合的時代背景。1972年3月，前中央研究院院長王世杰博士（1962-1970年擔任院長）主持「美國研究中心」第一次審議會議時，正值尼克森（Richard M. Nixon）總統訪問中國大陸並簽署《上海公報》，開啟美國與中國關係正常化、美國對臺灣承諾轉向的時代。王前院長長期關注中華民國對外關係，尤其是中美關係的發展。隨著馬斯垂克條約（Maastricht Treaty）在荷蘭的協商與簽署。本所在立法委員要求關注歐洲聯盟研究之下，擴大研究範圍及於歐洲，並更名為「歐美研究所」。

美臺中關係一直是歐美研究所推動的重點研究計畫。自1979年美國與中華民國斷交以來，本所從學術與政策的角度，探討美國政府與臺灣、中國大陸在政治、軍事、經濟、法律等關係的演進及其影響。本所在1979年至1985年以中美關係報告編輯小組名義，先後主編四冊《中美關係報告》，之後改為本所研究人員擔任主編工作。第一本專書《中美關係報告：1979-1980》於1980年7月出版，當時的召集人為歷史學者張忠棟研究員，各篇文章並未署名。本所所長許嘉猷在其任內，基於學術與政策結合考量，決定將《中美關係報告》更名為《中美關係專題研究》，並在1996年12月出版《中美關係專題研究：1992-1994》。

歐美研究所為推動美臺中關係的長期研究與擴大研究陣容，定期舉辦專題研討會，邀請國內外相關學者專家集聚一堂，發表論文與評論，會後經審查後集結成書。1979年迄2023年《中美關係專題研究》（含

《中美關係報告》）已出版十五冊。此外，歐美研究所自 1979 年起每隔十年在南港召開國際研討會，選錄論文匯集為專書。第一本英文專書由本所在 1990 年出版《1979-1989 年中華民國與美國關係》（ROC-USA Relations,1979-1989）；第二本英文專書由本所與馬里蘭大學（University of Maryland）法學院在 2000 年聯合出版《美國與臺灣關係：二十年後的臺灣關係法》（United States-Taiwan Relations: Twenty Years after the Taiwan Relations Act）；第三本專書在 2011 年由美國麥克米倫（Palgrave Macmillan）出版《美國、中國與臺灣關係的未來》（The Future of United States, China, and Taiwan Relations）。2019 年歐美所在《臺灣關係法》四十週年雖主辦國際研討會，但之後沒有集結出版英文專書。

川普（Donald Trump）總統任期自 2017 年 1 月開始到 2021 年 1 月結束，在他任內宣稱「美國第一」（America First）、讓美國重新偉大（Make America Great Again），退出《跨太平洋夥伴協定》（TPP）與部分聯合國專門機構，使美國成為少有追隨者的國際強權。隨著他的卸任，拜登（Joe Biden）政府持續面對美國與中國關係的重大挑戰。

2022 年是歐美研究所成立五十週年，3 月舉辦「2017-2021 年川普政府美中臺關係及其影響」研討會，很榮幸邀請吳玉山院士以「川普主義」進行主題演講，隨後發表十二篇論文，議題涵蓋：川普政府對中國定位的認知；川普的「一個中國」政策調整；川普對臺灣軍售及其意涵；川普簽署與臺灣安全有關的法律及其影響；川普在南海自由航行行動計畫的發展；中國大陸對川普任內中美關係的總評估；川普處理新冠肺炎與中國的衝突；川普總統對中國的貿易戰及其影響；川普政府勞動政策對海峽兩岸的影響；川普「乾淨網路計畫」（Clean Network）及其對中國的影響；川普政府對中國在美國施展「銳實力」（sharp power）的防範；川普對香港反送中運動與人權發展的批評。

本專書《川普政府中美關係專題研究》收錄的六篇論文，在研討會後修改並送審，其中兩篇論文已在《歐美研究》期刊刊登。在專書論文之後，附錄中、英文的文獻，蒐集至 2021 年 1 月為止，以呈現川普政府美臺中關係的部分面向。川普總統人格特質特殊，領導方式、不可預測性也備受爭議。隨著中國崛起挑戰美國，美中貿易及科技戰，國際政經與美中

關係結構也出現變動。2020 年美國大選所產生的選舉爭議，國會山莊暴動及美國民主政治兩極化，也使得川普現象沒有隨著拜登上臺而終止。

　　最後，除感謝吳玉山院士及專書其他作者，同意將個人論文收納在專書之外，本所美臺中關係小組成員費心籌備研討會，研究助理王宥朋蒐集文獻資料，五南圖書出版公司專業編輯使本書得以順利出版，在此一併致謝。

鄧育仁

中央研究院歐美研究所 特聘研究員兼所長

中華民國 112 年 11 月

# 目錄 Contents

# 第一章

# 解析川普主義[*]

## 吳玉山
中央研究院院士

## 壹、前言

　　何謂「川普主義」（Trumpism）？基本上，那是因為全球化與科技革命所帶來的右翼民粹主義，在受到國外挑戰的霸權國家所產生的主張，並由美國的總統川普（Donald Trump）所倡議。因此川普主義有其國內的原因，也有國外的原因。必須要把這兩個要素結合在一起，才能夠確實地理解它。川普主義並不是一個人的現象，而是一個國家、或至少是半個國家的現象。它的成因在國內的部分，是全球化以及快速科技變遷下的分配惡化、制度缺失、歸因心理與傳媒革命，在這其中最重要的原因是分配的問題。在國外的部分，是美中之間的權力轉移，也就是崛起國的中國挑戰既有霸權國的美國，所引起的兩強爭霸衝突。所以，它的國內成因，是一個普遍存在的現象；在國外成因的部分，則只會在當今的世界霸權美國才會發生。

　　川普主義如何定性？我們在這裡採用「社會分歧」（social cleavages）的分析角度（Lipset and Rokkan, 1967）。社會分歧有四種：群體認同、政治分歧、經濟分歧與文化分歧。就群體認同來說，川普主義是一種右翼民族主義；從政治分歧來看，它是一種反建制的民粹主張；就經濟分歧而言，它是一種傾向資本家的重商主義；而如果從文化分歧來看，它則是一種文化保守主義。川普主義具有上述這四種特性。由於造成它的國內外因素持續存在，而且繼續激化，所以可預料川普主義會超越川普總統而存在。也就是不論川普是僅擔任一任的美國總統，還是能夠在 2024 年重新勝選，川普主義的現象都會持續存在，並且對於美國和世界繼續發揮影響。

---

[*] 本文曾宣讀於 2022 年 3 月 22 至 23 日，中央研究院歐美研究所主辦的「2017-2021 年川普政府美中臺關係及其影響」研討會。

# 貳、川普主義的國內因素

　　川普主義在國內部分的成因，主要是分配的惡化。在資本主義全球化與科技革命之下，生產型態發生重大的改變，資本進行全球的移動，生產鏈也不斷地延伸，以尋找零組件生產成本與裝配成本最低廉的地點，然後透過交通與通訊的革命所建立的便利網絡來將生產鏈建立起來。全球化的效果是生產的效率增加，成本降低，有利於消費者。但是被遺置在新科技、新生產鏈之外的人卻成為經濟上的輸家（economic losers）（Streeck, 2021）。結果快速前進與停滯不前的區域就形成了兩個世界。在老牌工業國家中，新科技與金融的核心區域與傳統產業的舊工業帶及鄉村尖銳地對立起來。從 1980 年代開始，資本主義國家的所得分配就開始快速惡化，1990 年以後的全球化更加劇了這種趨勢。此一現象在法國經濟學家皮凱提（Thomas Piketty）的《二十一世紀資本論》（*Capital in the Twenty-First Century*）中講得非常清楚（Piketty, 2014）。所以，美國佛蒙特州的參議員桑德斯（Bernie Sanders），作為一個左派的代表人物就提出「99% 的新增所得落入 1% 的美國人手中」的觀點，而引起廣泛的社會共鳴（Lee, 2015）。分配不均在所有七大工業國（G7）中普遍存在，但是美國財富集中的情況是其中最為嚴重的。

　　造成川普主義的國內因素除了分配惡化之外，還有三個次要的因素：制度缺失、歸因心理與傳媒革命。就制度缺失而言，在全球資本主義的浪潮之下，主要工業國家都被新自由主義（neo-liberalism）所席捲，崇尚市場、反對國家干預，因此惡化的所得與財富分配無法從制度與政策中獲得緩解（Serra and Stiglitz, 2008）。2008 年開始的世界金融危機與 2020 年之後擴散全球的新冠肺炎（COVID-19）對低所得階層更施以巨大的打擊。在分配惡化的情況之下，自然會出現各種歸因的理論：究竟該怪誰呢？對於分配的問題，左派提出的是傳統的「資本 vs. 勞動」的解釋，就是抨擊資本家把大量的財富席捲而去，使得勞動階級陷入貧困當中。另一方面，右派則主張是「外人」（包括外國與其國內的合謀者）必須為此擔負責任。結果右派比左派更能吸引人心，這是因為「族群」比「階級」更能訴諸群眾的原始心理，因而具有更大的煽動與動員的能力。人首先是族群的動物，其次才是階級的動物。所以當這兩種解釋相互競爭的時候，右派主張經濟困難的根源是由於外國人、移民，或者是賣國者與國外勢力串通所造成的，就比左派主張經濟困境是由於國內資本家的壓迫所造成更具有說服力。這就是右派民粹主義興盛的原因。類似的情況在第一次與第二次世界大戰之間的「戰間期」（interwar period）就已經發生過。當時的經濟大恐慌造成嚴重的分配危機，而左派的共產黨與社會黨在進行歸因的時候就不敵右派的法西斯、納粹、與日本的軍國主義，而使得後者在重要的工業國家掌握了政權。第三個造成川普主義的次要因素是由新科技帶來的傳媒革命。新型的傳媒型態大大便利了意見與情緒的傳布，開展了前所未有的同溫層，成為形塑心理態度

的加速器。在新科技之下，人們退回到原始的部落主義（Tribalism），溝通減少，態度極化，而右翼民粹主義（Right-wing populism）就在此種情況之下大肆擴張（Fukuyama, 2022）。所以制度、歸因與新媒體一層層地放大了分配惡化的影響，成為各國右翼民粹主義與美國川普主義興起的背景。

# 參、川普主義的定性

　　究竟川普主義的內涵是什麼？我們可以用川普主義在四大社會分歧上所採的位置與立場來說明。人類社會在從傳統到現代、以致到後現代的過程當中，一般都經歷了四種社會分歧。第一種分歧是前物質的（Pre-materialist），例如族群。第二種分歧也是前物質的，而與政治制度的選擇有關，像是威權與民主的對抗。第三個分歧是跟著工業革命而出現的物質（Materialist）分歧，是面對所得兩極分化時，國家應該在多大的程度上介入分配，而形成左（高度介入）、右（提倡放任）陣營。第四個分歧則是後物質（Post-materialist）與文化的，例如沿著環境與性別等議題所採取的不同立場。這四大社會分歧出現的時序是依據西方的歷史。至今西方國家大體解決了第一與第二類的分歧，而以第三類分歧為主。所以大部分西方國家的政黨就是以左右，也就是國家應該介入市場的程度來定位。至於後物質的第四種分歧，則是與第三種分歧競爭影響力（例如綠黨），但各國主要還是以第三個分歧來決定政黨體系與政治競爭的態勢。

　　在這四個環繞著群體、政治、經濟與文化的分歧當中，又可以分成是主張自由主義的，或是主張要由國家扮演一個重要角色的兩種立場。我們可以透過表 1-1 來加以理解。在群體認同方面，如果站在強調國家這邊的就是種族主義、民族主義、國家主義，這是 1A 的立場；如果是站在自由主義這邊的話，就是主張超越國家與族群，提倡國際主義、普世主義，或至少是區域主義，這是 1B 的立場。在政治形態方面，如果是在國家的這邊，就是威權主義與菁英政治，如果是在自由主義一邊，就是主張政治自由與民主參與，但是到了極端就變成了民粹主義，是 2A 及 2B 的兩種立場。就經濟的分配而言，如果強調國家角色的話，就是要求國家要介入市場、管控產權，這是左派的主張（3A）。而如果是自由主義的話，就是主張私有財產與市場功能，也就是右派的資本主義（3B）。在第四個社會文化的分歧，國家管制的意義就是社會保守主義，也就是堅持既有的價值規範，而反對新生事物（4A）。如果是自由主義的話就是進步主義，強調容忍或倡議多元。其實第一到第三個分歧就是孫中山所提出的民族、民權，與民生的議題，也就是在二十世紀初已經出現的三大社會分歧。傳統的自由主義是集中於政治與經濟領域，也就是亞當・史密斯（Adam Smith）所主張的經濟自由主義和民主主義。但

是，後期的自由主義主要的表現卻轉到群體與文化的領域，也就是國際化與進步主義。因此現在當提起自由主義的時候，在很多人腦中所浮現的不是經濟或政治自由，而是進步主義。

表 1-1　社會分歧的兩種取向

| | 國家管制 | 自由主義 |
|---|---|---|
| 第一分歧：群體認同 | 種族主義、民族主義、國家主義（1A） | 超越國家與族群，提倡國際主義、普世主義，或至少區域主義（1B） |
| 第二分歧：政治型態 | 威權政治、菁英政治（2A） | 政治自由、民主參與，極端是民粹主義（2B） |
| 第三分歧：經濟分配 | 國家介入市場、管控產權——左派（3A） | 私有財產與市場功能，資本主義——右派（3B） |
| 第四分歧：社會文化 | 社會保守主義（4A） | 進步主義、容忍多元（4B） |

資料來源：作者自行整理。

　　在以下的表 1-2 當中，是依據上述的兩種取向和八個立場，來將川普主義定性。川普主義是民族主義（1A）、民主民粹（2B）、市場右派（3B）與文化保守（4A）。這樣的取向是與美國在分配上居於劣勢或失業的藍領階級非常接近的。此一階級的價值取向是民族主義、民主民粹、分配左派，與文化保守（1A, 2B, 3A, 4A）。他們極容易受到民族主義（Make America Great Again）與族群意識的動員，具有反移民的傾向；相信美國的統治菁英已經背棄了人民的利益，對之採取批判的立場，而有反建制的傾向；並且在文化上不贊同環境與性別議題的進步主義。他們和川普最大的不同就是在經濟上要求國家進行更大的所得重分配，而川普是富裕商人，而且是重商主義者。然而，由於川普成功推廣了民粹主義右派的論述，使得經濟劣勢者相信他們物質生活的困窘是源於美國的國際化、大企業的出走，與外國勢力的剝削，並且啟動了比階級更有力的族群動員（「中國人搶走了我們的工作」），因此他們與川普在經濟立場的不一致就不那麼重要了。同時對於川普的對手民主黨而言，由於其價值主軸已經由老牌的親勞工政策轉向國際主義與文化上的進步主義，弱化了和工會之間的關係，因此對於勞工的吸引力日減，反而不如川普所引領的右翼民粹主義風潮。在 2016 年美國總統大選的時候，川普在賓州（Pennsylvania）、密西根州（Michigan）、威斯康辛州（Wisconsin）等幾個搖擺州獲得了關鍵性的勝利，使得川普能夠勝選，而這幾個州都是鐵鏽州，也就是勞工失業問題很嚴重的地區。普遍來看，右翼民粹主義可以獲得經濟弱勢藍領勞工支持的現象在其他老牌工業化國家中也屢見不鮮，例如法國國民陣線（Front National）的領袖勒龐（Marine

Le Pen），在 2017 年總統大選中所獲得的選票就集中在法國失業率最高的地區。表 1-2 顯示了川普主義與劣勢藍領工人之間的價值合調，各個窗格的字幕代表各類階層與政治勢力在四大社會分歧上所採取的立場位置，而窗格顏色的深淺則表示立場的強硬與溫和。

表 1-2　川普主義與藍領工人的合調

四大分歧

| 1A 民族主義 | 1B 國際主義 |
|---|---|
| 2A 菁英主義 | 2B 民主民粹 |
| 3A 分配左派 | 3B 市場右派 |
| 4A 文化保守 | 4B 文化多元 |

川普

| 1A 民族主義 | |
|---|---|
| | 2B 民主民粹 |
| | 3B 市場右派 |
| 4A 文化保守 | |

民主黨

| | 1B 國際主義 |
|---|---|
| | 2B 民主民粹 |
| 3A 分配左派 | |
| | 4B 文化多元 |

失業工人

| 1A 民族主義 | |
|---|---|
| | 2B 民主民粹 |
| 3A 分配左派 | |
| 4A 文化保守 | |

資料來源：作者自行整理。

　　當然，對川普的支持不是只有經濟劣勢者。諸如愛國主義者、很多軍人的家庭，以及反對民主黨的世界主義與全球主義者，因為川普「讓美國再次偉大」的口號旗幟鮮明，而加入川普陣營。在第二個政治分歧上，川普的支持者也可能與經濟弱勢無關，而是極端地反政府與菁英政治，要求個人有權擁槍自衛，反對深層政府（deep state）各種對個人自由的限制，甚至反對為了防疫而強迫民眾配戴口罩的人們。在經濟分歧上，傳統的經濟右派反對民主黨的高稅率與大政府，也會因此支持川普。最後，堅持傳統價值與往昔主流文化的保守主義者，會反對民主黨的後現代價值（例如 LGBTQ），或是宗教信仰非常強固的人，也會支持川普。所以，川普一方面獲得了經濟弱勢者的支持，一

方面又在各個不同的社會分歧上獲得了個別的支持，因而形成了他的政治基礎。

　　川普對於他的競選諾言，均努力求其實現。其中最顯著的例子，就是為了阻擋非法移民而在美墨邊境所建造的邊境長城。他的施政風格是堅持自身的原則，完全不在乎反對他的選民是如何看待，因而帶來巨大的社會分歧。在 2020 年川普競選連任的時候，雖然民主黨的候選人拜登（Joe Biden）獲得了有史以來的最高票（8,100 餘萬），但是川普所獲得的 7,400 餘萬選票，卻是有史以來的第二高，足見其動員社會的能力。川普所走的路線，與歐洲國家的右翼民粹主義十分類似。自從 1980 年代以來，美國的共和黨就在「非自由主義」與「民粹主義」這兩項指標上持續增溫。而這與由法拉吉（Nigel Farage）所領導主張英國脫歐的獨立黨（Independence Party）、法國勒龐的法國國民陣線、德國的「另類選擇黨」（AfD）、波蘭的「法律與公正黨」（PiS）、匈牙利的「青民盟」（Fidesz）、義大利「北方聯盟」（Northern League）與希臘的「金色黎明黨」（Golden Dawn）朝同一個方向發展（見圖 1-1）。

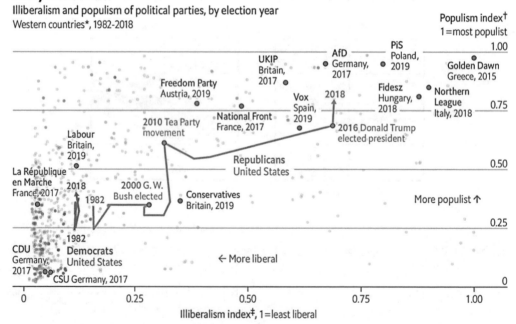

圖 1-1　西方右翼民粹主義政黨

資料來源：The Economist（2020）。

# 肆、川普主義的外因

川普主義有一個獨特的外部性原因，那就是中國再起。為何是再起，而非僅是崛起？那是因為中國在前現代的東亞經常是據有絕對優勢的強國，其政治、經濟與文化的影響力極為深遠，因此今日共產中國的興起，是一種歷史現象的再現，而且不論在中國、東方，或是西方，都是透過「中國重新掌握優勢地位」來加以理解。這樣的認識與心態在各國面對中國崛起的現象時產生了重大的影響，尤其是大大加重了美國在面對中國時所產生的憂慮感，而認為再起的中國對於其霸權構成了存在性的威脅。

有關於霸權國與崛起國之間的關係，哈佛大學教授艾利森（Graham Allison）創造了「修昔底德陷阱」（Thucydides's Trap）的概念（Allison, 2017）。這其實就是以西方歷史重述了早年密西根大學教授奧干斯基（A. F. K. Organski）所發展出的「權力轉移理論」（Power Transition Theory）（Organski, 1968）。無論是修昔底德陷阱或是權力轉移理論，講的都是當一強獨霸時局勢穩定，但當霸權被新興強權挑戰時，就必有衝突，也經常會產生戰爭。艾利森說希臘史家修昔底德（Thucydides）在解釋雅典與斯巴達之間的伯羅奔尼撒戰爭（Peloponnesian War）的起因時，就認為係由於當時雅典國力興起，挑戰了斯巴達的霸權。究竟修昔底德是否真是這樣斷定，而斯巴達與雅典是否符合霸權與崛起國的角色其實都是有爭議的（Lee, 2019）。不過對於艾利森而言，最重要的是藉著歷史的案例建立一項通則，即「權力轉移會產生戰爭」。他發現在過去五百年的 16 次權力轉移當中，就有 12 次發生了戰爭。艾利森的《注定一戰》（*Destined for War*）就是要探討美國這個現狀霸權與中國這個挑戰者是否已經步入了「修昔底德陷阱」，因而很可能會爆發爭霸戰爭。

如果按照修昔底德陷阱或是權力轉移理論，美中的權力接近會造成雙方的關係惡化，並向衝突之路發展。仔細來看，在 2012 年至 2013 年，習近平接任了中共的總書記與中國國家主席，而川普是在 2016 年當選美國總統。就在這兩位相繼成為中美領導人的時候，2014 年中國的 GDP 用「購買力平價」（PPP）來看的話，已經超越了美國。所以，如果接受權力轉移理論或修昔底德陷阱的論述，兩國的關係在習近平與川普在任的時候，一定會產生重大摩擦，事實果然如此，完全符合理論的預期。在川普的前任歐巴馬在位之時，美國就已經提出要「轉向亞洲」（pivot to Asia），同時聲稱不能夠讓中國寫國際經濟的規則，而要維持由美國來寫這些規則，其實已經是開了一個先聲。但是當時美國並沒有明白地以中國為對手，並且進行遏制。川普翻開了美中關係新的一頁，而時間上就剛好是在美中權力接近，兩國進入權力轉移論者所認為的危險階段之時。在這個時期所有雙方衝突的因子都會因為權力的接近而被放大檢視。接近的權力像是一個

促使雙方關係惡化而本身又不斷增量的權重。在習近平統治中國大陸、川普擔任美國總統的時刻，美中之間來到一個關鍵點。習近平要「實現中華民族偉大復興」，川普要「讓美國再次偉大」（Make America Great Again），這兩者注定相撞。

## 伍、川普主義的展現：內外因的互動

川普主義的內因與外因糾結在一起，產生了緊密的互動。由於內因是以經濟為基礎，並且透過右翼的民粹主義展現出來，因此必然會導致對外的強硬態度，特別是以對美國享有鉅額貿易順差的中國大陸為目標。在外因的方面，中國作為快速興起的新興強權，是美國霸權的唯一挑戰者，因此也會導引到以中國為目標。由於有這樣的交集，因此川普主義充分展現的結果，就是以中國為主要對手，而試圖從各方面予以遏制。更進一步來看，權力轉移的外因注定了美中要走向衝突的道路，不過衝突的起點以及形式，則是由內因來決定。

在美中權力轉移的關頭，雙方的衝突是以在經濟領域的貿易戰開始，而後再蔓延到其他領域。造成此一現象的原因為何？又為何是美國發起，而不是由中方主動？這是因為雙方衝突的導火線是美國的國內政治，而後透過國內與國際跨層次的互動而帶引出貿易戰。美國國內政治的特色是在分配惡化的情況下，出現了川普所引領的右翼民粹主義風潮，認為外國、外國勢力、外國人與其國內的共謀者要為美國的經濟困局負責，其中對美國危害最大的就是中國。在川普當選為美國總統之後，曾經因為北韓頻繁的飛彈試射與試圖在朝鮮半島開創新局而延緩了一年沒有對中國採取行動（2017），但是到了2018年後就全面展開對中貿易戰。川普主張全力遏制中國，經濟壓倒一切（甚至防疫），又力求速效。因此在區域上，川普偏重中國，而輕視其他的區域，包括美國盟友最多的歐洲；在議題上他以經濟為先，不重視安全戰略，更輕視意識形態；而又因為在時間上要求速效，因此缺乏長遠的規劃，也不在乎長期的盟友關係。於是美國在歐洲的傳統戰略盟友感受到非常大的壓力，他們在川普主義的區域、議題與時間的三個面向上，都處於不利的位置。川普認為這些傳統盟友在經濟上占盡美國便宜，經常比敵人還為美國帶來更大的損失。總體而言，川普可以被理解為是二十一世紀急切的重商主義者（mercantilist）。他認為在短期間有效地整治了與主要貿易對手之間的關係，改善了貿易均衡，就可以重振美國的產業，解決許多美國所面臨的重大問題，並使美國重新偉大。

川普此種「經濟鷹派」的主張和許多他的閣員與顧問的「戰略鷹派」不盡相同。經濟鷹派主要是由國內的經濟因素所驅動，而戰略鷹派則是由國際因素所推動。經濟鷹

派〔如貿易談判代表賴海哲（Robert Lighthizer）、貿易與製造業政策辦公室主任納瓦羅（Peter Navarro）〕認為不應任由美國的傳統戰略夥伴攫取美國的經濟利益，在他們的眼光中，中國只是賺美國的錢最多、對美經濟威脅最大的國家，與其他剝削美國的國家並沒有本質的不同。戰略鷹派〔如國務卿提勒森（Rex Tillerson）、國防部長馬提斯（James Mattis）〕則認為在戰略上要全面遏制中國的崛起，並需要團結傳統盟友，短期的經濟利益需要從屬於此一長期的戰略考量。這兩種鷹派均專注於中國威脅，但是在議題與時間的偏重上有所不同。川普較傾向經濟鷹派，這從他的經濟團隊長期保持不變，而外交與安全團隊則不斷更易可以看出。不過在川普陣營中兩類人士都有，他們雖然共存也相互競爭。從經濟鷹派與戰略鷹派的關係（共同支持川普、又彼此有所不同）可以看出川普主義的內外兩種成因共同發揮作用而又相互糾結。

　　經濟鷹派在美國的政治傳統中是源遠流長的。賴海哲是雷根（Ronald Reagan）總統時期主導對日談判的貿易副代表，曾經強迫日圓升值。在川普時期他成為主導對中談判的貿易代表，主張發動貿易戰，這一次則聚焦於以關稅來迫使中方屈服。賴海哲認為共和黨在創黨之初，便主張以關稅來促進美國工業的發展，雷根便曾經對進口鋼鐵實施配額管制，保護哈雷機車，限制日本半導體與汽車的進口，以維持美國工業的強勢。他願意尊重市場，但如果讓中國對美進行不公平的貿易並不能夠讓市場更有效率。中國政府的政策使得製造業產生巨大的轉變（例如「中國製造2025」之類的產業政策），市場機制因此受損。所以他主張全力以關稅的方法減少美國對中國的貿易逆差。這樣的主張帶來十九世紀重商主義的復活，而成為川普主義的標誌。經濟鷹派以經濟掛帥，而將其他的價值置於其下。因此當美中貿易協定在2020年2月達成後，賴海哲即全力維護，不願意讓任何其他議題影響到該協議的實行，其中包括臺灣與新疆。對於經濟鷹派而言，戰略盟友不重要，美國經濟利益優先，因此盟友不能因為服膺美國的戰略領導而期待獲得經濟利益，美國也不能老是被占便宜。因此只要是對美國的經濟不利，就應該退出國際協議或組織（例如「巴黎氣候協議」）。川普對於經濟鷹派的支持，除了接受其政策的邏輯之外，更與國內的選舉政治密切相關。因此他強力支持包括煤炭、鋼鐵等傳統產業，也就是美國在國際經濟競爭中受創最為嚴重、產業工人在分配議題上最受損失的部門，也是川普用右翼民粹主義所最能夠動員的選民。在川普身上，經濟鷹派的對外強硬政策和右翼民粹主義牢牢地結合起來。總體而言，經濟鷹派的影響力主要來自川普，反映了國內右翼民粹的因素；戰略鷹派則在兩黨都有廣泛的影響力，反映了美中權力轉移的國際因素。

# 陸、議題連結

在國際關係中，通常可以分成四大議題領域。在意識形態領域，基本上是處於零和的局面，容易導引至對抗行為。在傳統安全領域也有類似的狀況，是各方零和，會爭取相對利得，也就是只會比較哪一方獲得較多，而不比較己方的絕對所得有沒有增多，因此容易導引至對抗行為。在經濟領域則非零和與零和、絕對與相對利得的局面都存在，可能導引至合作或對抗行為。至於在一些非傳統的安全領域（例如環保、地球暖化、疫病等），則多為非零和的局面，各方關注絕對利得，容易導引至合作行為。通常這個四個領域是彼此關聯的，一些領域的互動所導致的對抗傾向，有可能會被其他領域的合作傾向所抑制，從而減少了總體的對抗。然而，如果一些領域的對抗行為太過於激烈，則有可能外溢到其他領域，壓抑了那些領域原本存在的合作傾向，從而帶來了總體的對抗。議題領域之間的相互關聯可稱為議題連結（issue linkage）（Haas, 1980），它可以有促進合作或導致衝突的效果。

川普的右翼民粹主義導引到反中的重商主義與保護主義，也就是強調經濟領域中的零和、相對利得，與對抗行為，而以貿易戰為標誌。並以此為基礎，透過議題連結，將對抗向其他的領域擴張。於是美中在傳統安全與意識形態的領域也開始高度對抗，甚至原本合作取向最強的非傳統安全領域也形成了對抗的局面。此種現象未必是川普的本意，例如他對於站在自由民主的角度來批判中國大陸並沒有太大的興趣，然而當各領域已經相互連結，並且壓抑了原本可能存在的合作傾向時，普遍對抗的態勢就已經形成。在 2020 年爆發的新冠疫情，是發生在內在合作傾向最強的非傳統安全領域。由於病毒是全人類的公敵，因此各國透過合作，一起來消滅病毒是符合彼此共同利益的。然而，由於疫情是爆發於美中貿易戰已經向各領域擴散之後，兩強的基本對抗態勢已經形成，因此即使有最強大的促進合作動因，也無法扭轉此種趨勢。在整個新冠疫情期間，美中不但缺乏合作，更相互指謫，並彼此批評對方所開發的疫苗，同時也深深地影響著這兩個集團成員的防疫作為。兩國也藉著防疫來推動疫苗外交，想要利用新冠肺炎來鞏固與擴大本身的勢力範圍。此一至關重要的公衛領域，乃完全被其他領域的對抗所吸納，成為美中逐霸下的一個新的戰場（見圖 1-2）。

圖 1-2　內外因糾結與議題連結
資料來源：作者自行整理。

在議題連結形成、美中貿易戰往軍事、科技、意識形態、公共衛生等各領域擴展，並且逐漸形成全面對抗的氛圍之下，美國的副總統彭斯（Mike Pence）於 2018 年 10 月在哈德遜研究所（Hudson Institute）進行了一個著名的演講，強烈地批判中國以「全政府的力量」（whole-of-government approach）來滲透美國，實質上就是一個開啟新冷戰的反共宣言（Pence, 2018）。其後聯邦調查局局長瑞伊（Christopher Wray）更提出美國需要用「整個社會的力量來對抗中國的威脅」（whole-of-society response necessary to confront China threat）（Wray, 2020）。美中對抗至此已經逐步升級為新冷戰（Hung, 2022）。

川普的諸般政策在美國都引起巨大的爭議，以及民主黨的激烈抗爭，然而在對中進行對抗與遏制，以及進入新冷戰上，民主黨熱烈回應並加碼贊成，可見權力轉移與議題連結所帶來的巨大影響。美國的民主黨並非右翼的新民粹主義者，也反對川普的諸多國內政策，而有本身的價值與堅持。但是在美中權力轉移的情況下，他們和中國之間的衝突也被突顯出來，並且搭乘著川普主義的反中浪潮，而上升到最高點。總體而言，新冷戰的成形並非川普的本意，而是權力轉移與議題連結所造成。許多美國中階的政府官員比川普還要執著反中，並且他們擔心川普在與中方經濟談判成功了以後，會過早地解除對於中國的限制與制裁，所以在川普執政的末期，出現激進的推動新冷戰的政策，而這並不是川普本人想要推動的方向。川普有其經濟鷹派的想法，並與民粹和選舉連接在一起。他在經濟與貿易的領域開了第一槍，而其他的政治勢力站在其他的觀點（安全、意識形態、甚至文化），也各自有反中的原因，因而結合在一起。不少人甚至認為川普對中還不夠強硬。於是在川普任內，美國在軍事上遏制中國，在意識形態上隱然策動推翻中共政權（截然劃分中共與中國），在科技上封鎖中國，在經濟上脫鉤中國，在新冠疫情上要中國負全責，全領域的對抗以及新冷戰於焉成形。

所以川普究竟帶來了什麼影響？川普是把大家都叫醒的人，沒有他的大力震撼、沒有他的那些激越語言、沒有他把一切問題歸諸於中國，美國走不出以往的自由主義規範與自我設定的行為侷限。在川普震撼之後，接續的美國總統無論要採取什麼樣的對中強硬政策，要怎麼樣進行冷戰，都可以大開大闔，無所顧忌，放手施為。因此川普的影響是歷史性的、影響極其深遠的。

拜登當選總統後，雖然試圖分隔不同議題領域，減少議題連結，但難以倒撥時鐘。新執政的民主黨人不接受川普的右翼民粹想法與重商主義，但是美中權力轉移仍在進行，而強化科技競爭，持續軍事對抗已經無可避免。拜登又大幅強化民主與人權的訴求，因而增加了與中共之間在意識形態上的矛盾。不過拜登努力尋求在非傳統安全領域的合作，也就是從全面對抗後退盤整，企圖恢復各領域的若干自主性，減少議題連結，並讓合作傾向的領域獲得發展其內在趨勢的空間（例如環境保護）。但是此種作為無法結束新冷戰，而只是以另一種方式來加以持續。又由於川普主義持續發揮影響力，因此拜登必須要對中國維持強硬政策，特別是當面臨選舉的時候，以免被對手批評為對中軟弱。

從川普到拜登，可以發現權力轉移的結構決定了美國與中國大陸之間的衝突（外因）；領袖的價值與政策相當程度決定了衝突的程度與形式（內因）。更換領袖會轉變衝突的程度與形式，但無法消解衝突；因此領導人轉變會帶來變與不變：不變的是基於結構的衝突，變的是衝突的程度與形式。

在表 1-3 當中，可以看出川普主義與拜登主義的相同與相異之處。二者所處的國際結構都是美國與中國的權力轉移，霸權國美國深感受到崛起國中國的強力威脅，美中兩大國進行激烈的競爭。就區域偏重而言，二者均集中於中國，並思有所抑制，不過拜登主義試圖降低議題連結，並在特定領域尋求美中合作。就意識形態而言，川普主義的基礎是保守主義、基督教的反共主義，以及民族主義；而拜登主義則是民主主義、人權價值與進步思想。不過川普對於意識形態的重視程度不如拜登。就議題偏重而言，川普主義以經濟掛帥，實行重商主義，著重傳統產業，視貿易逆差為大患；而拜登主義則強調安全與戰略，不主張重商主義，而著重科技競爭優勢。就時間的偏重而言，川普主義追求速效，拜登主義則時間的視野較遠。如果將議題偏重與時間偏重結合在一起，在川普主義方面就得到美國單邊主義的結論，以及對盟友錙銖必較的態度；而在拜登主義方面，則得到雙邊與多邊主義，並將盟友視為美中競爭中的重要資產。

表 1-3　川普主義與拜登主義

| | 川普主義 | 拜登主義 |
|---|---|---|
| 1 國際結構 | 權力轉移，兩大國競爭 | 權力轉移，兩大國競爭 |
| 2 區域偏重 | 抑制中國 | 抑制中國（有限合作） |
| 3 意識形態 | 保守主義、基督教反共主義、民族主義（較弱） | 民主主義、人權價值、進步主義（民主高峰會） |
| 4 議題偏重 | 經濟＞戰略　傳產重商、貿易積累國富 | 戰略≧經濟　捨重商、重科技競爭優勢 |
| 5 時間偏重 | 追求速效 | 時間視野較遠 |
| 4+5 | 單邊主義，美國第一，盟友不可占美國的利益 | 雙邊與多邊主義，盟友為美中競爭中的重要資產 |
| 1~5 | 對抗不變，對抗的程度與形式有變 | |

資料來源：作者自行整理。

# 柒、川普主義的影響與持續

在 2020 年的總統大選中，川普召喚出比 2016 年更多的支持者，民主黨的「藍潮」遇上了擁川的「紅潮」，雖然拜登終獲勝利，但是川普仍然展現了高度的動員能力。在許多搖擺州中，川普甚至獲得了比四年前更高的得票率，足見川普的號召能夠持續激動人心。共和黨人在選後長期不敢背棄總統，承認其敗選，這一現象在美國是前所未見的。在 2021 年 1 月 6 日擁川群眾占領了國會，試圖阻止選舉人團正式選舉拜登為美國總統。事後共和黨將此一對於美國民主最大的衝擊定位為「合法的政治對話」（legitimate political discourse）（*The New York Times*, 2022）。在角逐共和黨提名參加 2024 年總統大選的競爭者當中，川普雖然受到多次起訴，但是其聲望仍長居最高，因而也持續展現其影響力。此固然與川普對於擁川群眾的個人魅力有關，然而更重要的是促成川普主義的內外因素仍然持續發揮作用，因而使其訊息不斷在美國社會中造成迴響。

就川普主義的內因而言，美國的所得與財富分配並沒有獲得改善。俄烏戰爭爆發以來的高通膨對於社會底層的衝擊自然最大。新冠疫情雖然已經消退，但是從歷史的經驗來看，只要發生重大疫情之類的自然災害，接下來社會的不平等就會更為增加（Furceri, et al., 2022）。而人工智慧的大躍進必然更會加大貧富之間的差距。民主黨與高科技產業間一向保有密切的聯繫，並且推出各項產業政策來促進此一經濟部門的發展，卻不像

川普一樣地著重傳產與農業。諸般因素令美國的分配問題難以樂觀,而這就是川普主義國內因素的根源。分配惡化是既成的事實,而制度缺失、歸因心理與傳媒革命也持續存在,無怪乎川普的訊息仍然在美國社會持續迴響。

就川普主義的外因而言,美中權力轉移仍然持續進行,兩國國力在許多關鍵領域不斷拉近。美國雖然採取了各項措施來遏制中國的科技發展,但是成效仍未可知。解放軍的軍事力量隨著中國的經濟增長持續升高,對美國與盟邦構成了愈來愈大的威脅。習近平所主導的中國外交也全面展開攻勢,利用烏俄戰爭後俄羅斯國際孤立的處境與撮合沙烏地阿拉伯及伊朗,在世界上產生了極大的影響力。由於有此一外因,美中關係難以緩解,新冷戰進行方酣。川普的右翼民粹主義在反中的舞臺上,比民主黨更為激越,不在乎議題連結與全面對抗,川普一方面占據優勢,一方面也藉由不斷的批評來迫使民主黨政府升高與中國的對抗。因此美中的權力轉移與兩強逐霸提供了川普主義一個有利的位置,使其可以持續發揮影響力。

川普是否能夠取得 2024 年共和黨的總統候選人資格尚在未定之天,即使獲得黨內提名,他是否能夠擊敗拜登重新入主白宮更難以預言。然而川普主義卻已經對美國政治產生了歷史性的影響,並且後勢不斷。將來無論川普是否能夠重新擔任美國總統都不會影響到川普主義在歷史上的重要性。同時只要其內外成因持續存在,「超越川普的川普主義」必將成為美國政治中的一個持續性的重要力量。

# 參考文獻

Allison, Graham (2017). *Destined for War: Can America and China Escape Thucydides's Trap?* Houghton Mifflin Harcourt.

Furceri, D., P. Loungani, J. D. Ostry, P. Pietro. (2022). Will COVID-19 Have Long-Lasting Effects on Inequality? Evidence from Past Pandemics. *Journal of Economic Inequality*, 20: 811-839.

Fukuyama, Francis (2022). *Liberalism and Its Discontents*. Farrar, Straus and Giroux.

Haas, Ernst B. B. (1980). Why Collaborate? Issue-Linkage and International Regimes. *World Politics*, 3: 357-405.

Hung, Ho-fung (2022). *Clash of Empires: From "Chimerica" to the "New Cold War."* Cambridge University Press.

Lee, James (2019). Did Thucydides Believe in Thucydides' Trap? The History of the Peloponnesian War and Its Relevance to U.S.-China Relations. *Journal of Chinese Political Science*, 24, 1: 67-86.

Lee, Michelle Ye Hee (2015, February 17). Bernie Sanders's Claim That 99 Percent of New Income is Going to Top 1 Percent of Americans. *The Washington Post*. https://www.washingtonpost.com/news/fact-checker/wp/2015/02/17/bernie-sanders-claim-that-99-percent-of-new-income-is-going-to-top-1-percent-of-americans.

Lipset, Seymour and Stein Rokkan (eds.) (1967). *Party Systems and Voter Alignments: Cross-National Perspectives*. Free Press.

Organski, A. F. K. (1968). *World Politics*. Alfred A. Knopf.

Pence, Mike (2018, October 4). *Vice President Mike Pence's Remarks on the Administration's Policy Towards China*. Speech delivered at the Hudson Institute. https://www.hudson.org/events/1610-vice-president-mike-pence-s-remarks-on-the-administration-s-policy-towards-china102018.

Piketty, Thomas (2014). *Capital in the Twenty-First Century* (Arthur Goldhammer, Trans.). The Belknap Press of Harvard University Press. (Original work published 2013)

Serra, Narcís and Joseph E. Stiglitz (eds.) (2008). *The Washington Consensus Reconsidered: Towards a New Global Governance*. Oxford University Press.

Streeck, Wolfgang (2021). Taking Back Control? The Future of Western Democratic Capitalism. In Yun-han Chu and Yongnian Zheng (eds.), *The Decline of the Western-Centric World and the Emerging New Global Order*. Routledge.

The Economist (2020, October 31). *The Republican Party Has Lurched Towards Populism and Illiberalism: Its Rhetoric Now Resembles That of Europe's Most Extreme Parties*. https://www.economist.com/graphic-detail/2020/10/31/the-republican-party-has-lurched-towards-populism-and-illiberalism.

The New York Times (2022, February 4). *G.O.P. Declares Jan. Attack "Legitimate Political Discourse"*. https://www.nytimes.com/2022/02/04/us/politics/republicans-jan-6-cheney-censure.html.

Wray, Christopher (2020, July 7). *The Threat Posed by the Chinese Government and the Chinese Communist Party to the Economic and National Security of the United States.* Speech delivered at the Hudson Institute. https://www.fbi.gov/news/speeches/the-threat-posed-by-the-chinese-government-and-the-chinese-communist-party-to-the-economic-and-national-security-of-the-united-states.

# 第二章

## 川普總統簽署涉臺法律及其政策意涵[*]

林正義

中央研究院歐美研究所研究員

## 壹、前言

　　川普（Donald Trump）雖然是一任美國總統，但其對美中關係結構的調整遠遠超過預期，在程度上也影響深遠。卡特（Jimmy Carter）總統與中華人民共和國建交以來，柯林頓（Bill Clinton）總統取消每年審議對中國的「最惠國待遇」、支持中國進入世界貿易組織（World Trade Organization），之後的小布希（George W. Bush）、歐巴馬（Barack Obama）均相信中國可以自由化，接受一個崛起的和平、繁榮中國，到了川普政府顯然就不相信此一論調。在經過四年川普執政之後，美國對中國政策環境與結構產生重大的變動，共和、民主兩黨對中國的戰略競爭者（strategic competitor）定位，沒有出現重大的改變。[1]

　　川普總統簽署多項涉臺法律案，美國政府執行對臺灣政策的法律依據，不再僅有臺灣關係法（Taiwan Relations Act, Public Law 96-8）。[2]臺灣旅行法（Taiwan Travel Act, Public Law 115-135）、[3]臺灣友邦國際保護及加強倡議法（Taiwan Allies International Protection and Enhancement Initiative Act; TAIPEI Act, Public Law 116-135），[4]增加美臺高層官員互訪、協助臺灣確保國際地位的法律基礎。此外，臺灣保證法（Taiwan Assurance

---

感謝國科會補助專題研究計畫「川普政府與美中臺安全關係」（MOST 110-2410-H-001-033），使本文得以順利完成。本文曾宣讀於 2022 年 3 月 22 至 23 日，中央研究院歐美研究所主辦的「2017-2021 年川普政府美中臺關係及其影響」研討會。本文曾刊載於《歐美研究》，第 53 卷第 2 期，頁 159-223。

[1] 北京大學國際戰略研究院院長王緝思指出，在 40 輪對美國智庫、官員等有關人士的訪談中，所有人都對美中關係不抱樂觀，甚至「悲觀情緒」比 2019 年的訪問和川普執政的年代更多。請參見方冰（2022）。

[2] 臺灣關係法 1979 年 1 月生效。

[3] 臺灣旅行法 2018 年 3 月生效，中國稱之為與臺灣交往法。

[4] 臺灣友邦國際保護及加強倡議法 2020 年 3 月生效，又稱為臺北法。

Act of 2020）被納入 2021 年綜合撥款法（Consolidated Appropriations Act, 2021, Public Law 116-260），[5] 要求行政部門確保臺灣在國際組織的參與，並檢討國務院有關美國政府對臺灣交往的準則。川普政府派遣高層官員訪臺，撥款預算主辦美臺「全球合作暨訓練架構」（Global Cooperation and Training Framework）活動，協助臺灣提升不對稱戰力、遏止臺灣的邦交國繼續流失等，反映行政與國會對臺灣安全的強力支持。然而，川普在其總統任內（2017/1/20-2021/1/20）[6] 對臺灣並非友好，而是有其他的因素促成美中關係進展。本文分為三部分，首先探討川普個性及其對中國的認知與就任總統之前的「川蔡通話」，其次討論美國國會對臺灣安全的立法，最後觀察中國對川普政府臺海政策的回應。

## 貳、川普的總統個性與對美中國力升降的看法

### 一、川普總統的個性

　　美國總統因為內在的個性正面樂觀或負面悲觀，外在的任事主動積極或被動消極，而有四種類型：正面—積極型（positive-active）、負面—積極型（negative-active）、正面—消極型（positive-passive）、負面—消極型（negative-passive）（請見表 2-1）。總統個性導致他對於副總統、核心幕僚的挑選，對於戰爭或和平的選擇，與他如何認知、評價中國領導人。與總統、決策者個性密切相關的是古典現實主義（classical realism），亦即國家領導人對國際關係、人性的悲觀及主觀評價，通常認定國家權力競爭為常態。強勢的總統不尋求閣員共識，具侵略性的決策者則將造成追求擴張國家利益的外交政策。總統的心理因素，如決策者的個性、認知及看待、回應其他國家情勢的外交政策運作準則（operational codes），是影響決策的重要面向。

---

[5]　2021 年綜合撥款法 2020 年 12 月生效。
[6]　即 2017 年 1 月 20 日至 2021 年 1 月 20 日。全文以此標註任期。

表 2-1　美國總統的不同類型

| | 正面樂觀 | 負面悲觀 |
|---|---|---|
| 主動積極 | 調適型（adaptive）：<br>自信；彈性；為行動創造機會；樂於運用權力；不嚴苛待己；樂觀；合理掌握他的環境；權力使用是為達成有利結果的手段。<br>例子：<br>總統甘迺迪（John F. Kennedy） | 強烈衝動型（compulsive）：<br>權力作為自我實現的手段；在工作上花費大量精力，但很少獲得快樂；專注於他是失敗還是成功；自我懷疑；傾向於僵化和悲觀；高度驅動力；侵略性管理問題。<br>例子：<br>總統詹森（Lyndon B. Johnson）、總統尼克森（Richard M. Nixon） |
| 被動消極 | 迎合期待型（compliant）：<br>追求被愛；容易被擺布；討好性格以克服自卑；被動回應而非主動倡議；超級樂觀。<br>例子：<br>總統雷根（Ronald W. Reagan） | 撤退型（withdrawn）：<br>基於責任心而回應；避免權力；對他人服務以彌補低自尊；回應而非主動倡議；避免衝突與不確定性；強調原則、程序；對權力政治反感。<br>例子：<br>總統艾森豪（Dwight D. Eisenhower） |

資料來源：作者整理自 David Barber（2009）。

　　川普總統的個性，屬於強烈衝動型的負面─積極型，被歸類為此類型的總統有詹森與尼克森。詹森被視為交易型領袖，著名的「詹森手法」（Johnson treatment）說明他擅用遊說、糾纏、諂媚、威脅、暗示過去的示惠與未來的好處，與川普有類似之處。尼克森不相信官僚體系，尤其是國務院，難以預測被視為有利於嚇阻效應。此類型總統的特徵是：權力是自我實現的手段；在意結果是失敗或成功；自我傾向僵化和悲觀；有高度驅動力，但難以掌控侵略性的個性問題等。川普為人處事是「難以預測」，對其他人經常是出其不意、攻其不備。他具有超級競爭性格、堅持，慣用恫嚇與霸凌，也處於超級戰鬥狀態，認為幕僚若有競爭、怕被解僱，就會有最佳的表現。共和黨內有一群不支持川普的前任官員，而川普在意幕僚的忠誠度，也不會網羅批評他的「絕非川普」（Never Trumpers）人士。這限制了他在對外政策可任命官員的對象。川普授權幕僚，但不見得都會接受閣員所完成的目標，甚至發言羞辱閣員，而他通常不會追蹤或完全掌控情勢的發展。川普是一位強勢的決策者，所挑選的閣僚意識形態較為一致，較不容忍不同意見，下指令甚於辯論，傾向團體一致思考（groupthink）而非多元思考（polythink）。川普的領導風格傾向是任務導向（task-oriented），而非結構導向（context-oriented），較少注意國內結盟或國際結盟的必要性，不易改變立場或意識形態（Mintz and DeRouen,

2010: 51, 115）。[7]

　　川普沒有管理政府的經驗、快速決定、不守陳規、混亂時現，任命國家安全相關閣員大多是突發念頭，透過推特宣布閣員去職，一星期只有兩次聽取情報簡報，講比聽的時間多（Bolton, 2020: 224; Rogin, 2021: 33）。川普執政四年（2017/1-2021/1），在國家安全會議、國務院、國防部三個與外交政策最相關的部會，首長更迭頻繁。波頓（John Bolton）（2020: 1-2）指出，川普任內前兩年有豐富經驗的「大人軸心」（axis of adults）牽制，但在他們離職之後接續出現較多唯唯諾諾的幕僚，使得川普總統決策崩潰。川普總統與部分閣員幕僚在對中國大陸或臺灣的政策，所發出的政策訊號、時間序列並不完全一致。若說川普總統個人與川普政府對臺灣的政策不完全相同，並非過於離譜。川普女婿庫許納（Jared Kusher）認為川普的彈性、易變是一種力量，但伍華德（Bob Woodward）對川普的 17 次訪談而成的《盛怒》（Rage）專書，提到川普個性與處事缺陷如下：組織失敗、沒有紀律、破壞機制、缺乏穩定力量、不承認錯誤，對川普與習近平、國外獨裁者相處之道，認定川普是總統職位的錯誤人選（2020: 262, 386-392）。[8] 前眾議院議長萊恩（Paul Ryan，共和黨，威斯康辛州）認定川普是「自戀型人格違常」（narcissistic personality disorder）無法共事，而在 2018 年（48 歲）決定不再連任（Woodward and Costa, 2021: 6-10）。

　　相較於川普，歐巴馬或拜登（Joe Biden）政策走向較接近國際關係的自由制度主義（liberal institutionalism），亦即相信國際機制、合作共贏，但川普與他們不同。川普被視為結束美國輸出民主與國際領導「自由霸權」（liberal hegemony）大戰略，轉為只顧美國及忽略國際社會的「戰略克制」，被視為不自由霸權（illiberal hegemony）戰略（Posen, 2018: 20-27）。川普總統對中國新疆集中營、香港「反送中」大遊行等人權議題低調處理。川普總統對中國的政策，強調追求「美國第一」，不能屈居中國之後，認為美國唯一的途徑是取得相對更多於中國的經濟實力，幾近攻勢現實主義（offensive realism）。從國際權力結構的自變數來看，無論是中國的名目國內生產總值（GDP）、軍事預算與規模，中國與美國的綜合國力差距快速縮小。川普總統尤其認為中國所形成的經濟威脅是明顯的。

　　美國內部因素（川普團隊意象、戰略文化、國家與社會關係、國會、智庫等機構）也影響到川普政府對中國的認知、決策與政策的執行（Ripsman et al., 2016: 59; Rose, 1998: 154）。[9] 國際政治或外交政策理論中的「新古典現實主義」（neoclassical

---

[7] 多元決策亦導致次佳決策、有限檢視目標及風險、選擇性運用資訊、決策癱瘓等問題。

[8] 伍華德與川普總統一對一訪談共 541 分鐘。

[9] 後文運用四種途徑說明外交政策的形成，分別為國內政治理論（innenpolitik theories）、攻勢現實主義、守勢現實主義（defensive realism）、新古典現實主義，請參見 Rose（1998）。

realism），結合探討國際系統刺激（systemic stimuli）、國家內部因素，觀察如何影響外交決策者的認知、決策，及政策的執行。相較於專注領導人、中央決策者的「古典現實主義」，或忽略國內政治因素的新現實主義（neo-realism），本文運用新古典現實主義，除分析美中兩國的國際力量對比，也觀察美國國內政治尤其是國會的因素，了解川普政府對臺灣政策是如何形成。川普對美國國際領導地位遭中國的挑戰，要讓「美國重新偉大」，顯然國際經濟結構影響到他的決策，他的人格特質、領導方式及美國的戰略文化，也對他的認知產生影響。川普總統終止歐巴馬的國防預算刪減，但並非以軍事對抗中國為重點，而是以經濟貿易及科技戰，追求經濟實力的極大化，消除中國經濟安全的威脅。然而，國家安全幕僚不見得是像川普專注美中貿易戰，對中國所形成的傳統安全威脅也相當關切。美國定期性選舉，國會的監督與制衡，使總統當要快速進行重大外交決策時，受到較多的限制。

美中是否因權力轉移，導致戰爭或「修昔底德陷阱」（Thucydides's Trap）的辯論，在川普上任之前已經存在多年。有學者希望美中領導人更加了解對方的思路，而川普可自行定位其概念的美中大國關係（Allison, 2017: 227, 235-236, 2020: 30-40; Westad, 2019: 86-95）。然而，相較於歐巴馬在中國政策上的溫和，相信中國會發展多元及開放轉型，川普總統卻使美國對中國的戰略思考出現典範轉移。川普扭轉歐巴馬政府的「國防自動減支」（sequestration），上任前兩年提高 20% 國防預算、對中國課徵高關稅（至 2019 年共 2,500 億美金）、嚴格限制中國投資或禁止採購華為等資訊科技等，被視為美國與中國尋求關係正常化的「五十年以來第一位對中國展開全光譜競爭的美國總統」（Beckley, 2021: 227-245）。

## 二、川普總統對美中國力變化的認知

川普對中國先有定調，「印太戰略」（Indo-Pacific Strategy）稍後形成，而且偏重經濟戰略。川普當選總統之前，有幾本書籍描述他對中國的主張，可歸納為：中國將是美國最大長期的挑戰，中國終將在經濟上超越美國；中國必須停止人民幣貶值；中美相互需要對方市場，但中國更加需要美國市場等。川普認為美國企業為了進入中國市場，而漠視中國惡劣的經濟與不公平貿易行為，因此必須對中國強硬且前後一致。川普在《交易的藝術》（*Trump: The Art of the Deal*）一書雖沒有提到中國，但可解釋川普日後對中國政策的緣由，例如，當受到別人惡意對待或占便宜，一定要反擊；要極大化自己的選項，更要利用自己的籌碼及槓桿（Trump and Schwartz, 1987: 48-54）。川普認為中國有兩面性，有「好中國」（提供教育、住房、出國旅遊）與「壞中國」（壓制異議者、控制網路、限制個人自由等）。

　　川普自認是一位現實主義者、一位競爭者，中國的領導人是美國的敵人，認定中國是朋友者，若非太天真就是能力不足。因此，放棄歐巴馬對中國的政策，就成為川普對中政策決策的「最好預測器」（Hass, 2021: 15-16; Rogin, 2021: 9-11, 33; Trump, 2016: 48-52）。不過，川普總統認知的中國威脅侷限在經貿層面，認為擊敗中國最主要途徑是阻止中國不公平的經濟成長，鮮有對中國政治或軍事上嚴厲的批判，也未對伊朗擊落美國「全球鷹」（Global Hawk）予以報復，不被認為是「鷹派」（Bolton, 2020: 289, 403; Rogin, 2021: 39）。川普在贏得 2016 年總統大選之後，利用臺灣、「一個中國」來激怒中國北京，顯示他對美中角力的權謀思考。川普與蔡英文總統通話之前，幕僚班農（Steve Bannon）與庫許納有事先的評估，但川普認為只要使北京憤怒，使中國處於不利的地位，更需要接聽此一電話（Davis and Lipton, 2016; Rogin, 2021: 3-5）。[10] 川普就任總統之後，雖對中國在經濟戰略上批判，但在戰術上卻是形塑他與習近平的親近印象，有生意人的柔軟身段，也相信兩位領導人之間如朋友般的關係，有助於美中關係進展，如習近平沒有杯葛聯合國安理會通過對北韓的石油禁運（Woodward, 2018: 232）。美中簽署貿易協定之後，川普將競選連任當作是首要考量，在新冠疫情肆虐影響選情後，他與習近平也斷絕了電話聯繫。

　　川普團隊在川蔡通話之後，立刻發現需要較多的中國專家分析相關的衝擊（請見表 2-2）。博明（Matt Pottinger）是最早、核心的中國主要幕僚，因年輕而被視為「童子軍」，通曉中文，又有多年在中國擔任《華爾街日報》（*The Wall Street Journal*）記者的經驗，確立川普政府中國安全戰略定位，對歷任國家安全顧問如佛林（Michael Flynn）、麥克馬斯特（H. R. McMaster）、波頓、歐布萊恩（Robert O'Brien），也有較大的影響力（Navarro, 2021: 24-25; Rogin, 2021: 35-38; Woodward, 2018: 87-90）。[11] 首席策士班農建議川普視中國為真正敵人、美國應與中國進行貿易戰、外交戰、文化戰，但因洩密又與庫許納不合，在 2017 年 8 月被解職，庫許納也減少涉中事務的運作（Wolff, 2018: 6, 297）。2017 年 11 月，國家安全顧問麥克馬斯特陪伴川普總統訪問中國，對中國的觀察印象，反映在之後公布的國家安全與國防戰略的內容。麥克馬斯特指出歐巴馬不是第一位期待美中接觸促使中國和平崛起的總統，但應該是最後一位抱持此

---

[10] 前共和黨參議員杜爾（Bob Dole）、前阿拉巴馬州共和黨參議員與出任川普政府的司法部長塞申斯（Jeff Sessions）協助安排此一通話，請參見 Davis and Lipton（2016）；另一說則是薛瑞福（Randall Schriver）協助安排，請參見 Rogin（2021: 3-5）。臺灣駐美代表高碩泰指出，此一通話原訂 5 分鐘，後變成 10 分鐘，事先知道通話確定時刻的華府人士不超過五位，請見高碩泰（2022）。

[11] 麥克馬斯特被選為出任國家安全顧問之前，未曾與川普總統謀面，但受到媒體的支持。歐布萊恩在 2019 年將博明升職為副國家安全顧問。

種想法的美國總統。他對川普總統表達美國必須恢復戰略能耐，放棄戰略自滿（strategic narcissism），美國對中國必須維持「競爭交往」（competitive engagement），方能因應中國的招安（co-option）、脅迫與隱瞞（concealment）策略（McMaster, 2021: 11-16, 104-106, 124-127, 130）。2018 年 3 月，國務卿提勒森（Rex Tillerson）、麥克馬斯特相隔數日被川普免職，代之而起的是兩位對臺灣友好、對中國強硬的「鷹派」，一為中央情報局局長的龐培歐（Michael R. Pompeo）繼任為國務卿，另一為曾拒絕副國務卿職務的波頓擔任國家安全顧問（Bolton, 2020: 9-10）。

表 2-2　川普政府團隊在中國政策的派別

| 派別 | 主張 | 代表人士 |
|---|---|---|
| 超級鷹派 | 經濟民族主義，促使中國崩潰、製造業返美，可犧牲自由貿易 | 首席策士班農（2017/1-2017/8），白宮貿易與製造政策辦公室主任納瓦羅（2017/1-2021/1），白宮資深顧問米勒（Stephen Miller, 2017/1-2021/1） |
| 強硬派 | 對中國威脅要強硬因應，美國需重新站在有力競爭位置 | 國安會東亞資深主任（2017/1-2019/9）、副國家安全顧問（2019/9-2021/1）博明，國家安全顧問波頓（2018/4-2019/9）、歐布萊恩（2019/9-2021/1） |
| 華爾街幫派 | 避免與中國對抗，打開中國市場，中美市場要整合 | 財政部長梅努欽（2017/2-2021/1），白宮國家經濟會議主任柯恩（Gary Cohn, 2017/1-2018/4）、庫德洛（Larry Kudlow, 2018/4-2021/1） |
| 大人軸心 | 反對超級鷹派要使中國崩潰，主張在國家安全議題對中國強硬，扮演護欄角色防止川普總統失控 | 國防部長馬堤斯（James Mattis, 2017/1-2018/12），白宮幕僚長凱利（John Kelly, 2017/7-2018/12），國家安全顧問麥克馬斯特（2017/2-2018/4） |

資料來源：Rogin（2021: xxiv-xxv）。

　　川普政府就任約一年，在美中沒有軍事衝突，短時間之內，因擔心美國脆弱及落後於中國，對中國的認知由歐巴馬政府的「潛在夥伴」，修正為對美國有害的「難以改變的對手」（Hass, 2021: 15-16, 20-22）。國家安全會議（2017 年 12 月）《美國國家安全戰略》（National Security Strategy of the United States of America）、國防部（2018 年 1 月）《美國國防戰略》（Summary of the 2018 National Defense Strategy of the United States of America），將中國與俄羅斯並列，視它們為「修正主義強權」（revisionist powers）（The White House, 2017; U.S. Department of Defense, 2018b），因渠等要創造一個與美國價值及利益對立的世界。這說明川普對中國的外交政策，受到美中國力差距縮小所帶來的國際權力變化影響（自變數）是明顯的，也包括美國國內政治（中介變數）的影響。

　　川普政府相信中國要在印太地區取代（displace）美國地位，擴大中國的經濟發展模式，是美國的「戰略競爭者」，中國使用經濟利誘、懲罰、操作影響力、軍事威脅，在南海建設島礁軍事化危及貿易航線、威脅其他國家主權與破壞區域穩定，而中國的短期目標是「追求印太區域的霸權」（The White House, 2017: 25; U.S. Department of Defense, 2018b: 2）。2018 年 2 月，美國國防部的《核武態勢評論》（*Nuclear Posture Review*）則指出俄羅斯、中國「尋求不對稱途徑與手段反制美國的傳統軍力」（U.S. Department of Defense, 2018a: 7），包括攻勢網路空間能力，嚇阻、破壞或擊敗依賴電腦網路的美國軍隊，增加美國及其盟邦誤判與軍事衝突的風險（2018a）。

　　川普認為中國是美國的最大競爭者，而中國如何處理與美國的關係，將決定雙方是否為競爭者而已。不僅是共和黨政府，連多位後來進入拜登政府擔任官員的民主黨專家也持類似的看法。例如，中國內部有許多認為美國衰退的聲音，可能導致中國高估自己的實力，判斷可逼使美國和其他西方國家讓步。外交關係委員會（Council on Foreign Relations）高級研究員格維茨（Julian Gewirtz，現為拜登政府國家安全會議中國事務主任）（2020: 62-72）認為：中國必勝的信念塑造了民族主義和官方外交政策，強烈地企求中國的意願得到遵從，因此美國必須讓中國知道此種看輕美國的評估是錯誤的。在出任拜登政府官員之前的坎博（Kurt Campbell）與杜如松（Rush Doshi）撰文指出，對美國來說，衰退是選擇，而不是必然情勢，而要遠離衰退之路可能就取決於美國必須起而行，勇於因應中國的挑戰（Campbell and Doshi, 2020; Doshi, 2021: 298-299, 318-324）。這說明川普的決策除了思考美中綜合國力變化的自變數之外，美國內部因素（中介變數），也是美中臺關係的重要變數，導致美國最後外交決策的產出。

　　國務卿龐培歐、國家安全顧問波頓在 2018 年 4 月就任之後，與副總統彭斯（Michael R. Pence）是川普政府批判中國最具指標性的官員。該年 10 月，彭斯在哈德遜研究所（Hudson Institute）演講批評中國：

　　（一）竊取美國的智慧財產權、科技與軍事武器藍圖；

　　（二）施壓美國企業交出商業機密，若拒絕合作，就不批准在中國的營業執照；

　　（三）施壓美國電影製片廠、大學、智庫、學者、記者、地方、各州和聯邦政府官員，影響美國民眾輿論、干預美國民主的運作；

　　（四）在陸海空及外太空削弱美軍的軍事優勢，意將美國趕出西太平洋地區，阻止美國援助盟友；

　　（五）在南海島礁部署先進的反艦和防空飛彈，干擾美國軍機、軍艦自由航行；

　　（六）漠視自由與人權，限制資訊自由流通，迫害宗教自由；

　　（七）透過基礎建設貸款，施行「債務外交」擴大自身影響力；

（八）遊說三個拉丁美洲國家與臺灣斷交，強迫美國公司更改臺灣屬性歸類，破壞臺灣海峽的穩定（O'Brien, 2020: 8-12）。

2019 年 10 月，彭斯在威爾遜中心（Wilson Center）（2019）的演說，關切香港民主示威遊行，相信臺灣追求民主，對所有中國人民而言是一條較好的道路，但強調川普政府無意圍堵中國，不會與中國脫鉤，而是要與中國發展建設性關係。

川普政府上任之初所建立的美中關係協商架構，改變過去小布希政府的戰略、經濟雙軌高層對話，也改變過去歐巴馬建立的大規模閣員一年一次的對話機制「戰略及經濟對話」（Strategic and Economic Dialogue）。美中兩國所建立的對話由一個拆開為四個，分別是「外交安全對話、全面經濟對話、執法及網絡安全對話、社會和人文對話」四個高層對話機制。外交安全對話在 2017 年 6 月、2018 年 11 月舉行兩次，社會和人文對話、執法及網絡安全對話分別在 2017 年 9 月、10 月只舉行一次。這些對話均在華盛頓舉行，而且 2018 年起至川普下臺就不再舉行，反映出川普最有興趣的是，前後 13 輪的美中貿易談判，及之後達成第一階段美中貿易協定。川普總統有異於多次更換國家安全部會首長，對美國與中國談判貿易協議的團隊幾乎未受到更迭，如白宮貿易與製造政策辦公室主任納瓦羅（Peter Navarro）、財政部長梅努欽（Steven Mnuchin）、美國貿易代表賴海哲（Robert Lighthizer）、商務部長羅斯（Wilbur Ross）；有擁抱熊貓派（panda hugger）的梅努欽，另對中國立場強硬的納瓦羅，尤為川普所倚賴（Bolton, 2020: 290-291; Rogin, 2021: 53-57; Woodward, 2018: 277-278）。[12] 川普對中國的貿易與科技戰是「美國第一」的表徵，也使得美臺安全關係發展必須與之相配合。

川普改變中國政策的面向很廣，從一開始接聽蔡英文總統電話、將「一個中國」政策當作是貿易戰的交換籌碼，到美中貿易戰、科技戰開打，到最後一年遏止中國不當影響力對美國的輸出，樣樣影響美中關係。因此，北京宣稱中美關係瀕臨 1979 年建交以來最嚴峻的時刻。相較於之前的美國總統，川普政府公布的「中國評估」官方文獻比較多，而且隨著美國 2020 年大選到來，針對批判中國的論點愈來愈多，也可清楚看出隨著川普與習近平關係冷淡，川普的國家安全團隊對中國政策愈加強硬。

川普政府的「印太戰略」雖以中國為主要對手，但不以軍事為主，而是涵蓋經濟、政治、軍事等「綜合安全」面向。[13] 經濟層面顯然是川普政府「印太戰略」的核心，論

---

[12] 川普不滿意商務部長羅斯在 2017 年 5 月與中國達成初步協議，之後交由梅努欽、賴海哲主談，也不滿羅斯對中興通訊罰款過重。

[13] 川普政府在 2018 年 7 月首先提出經濟戰略的三項倡議：1. 數位鏈結與網路安全夥伴關係（Digital Connectivity and Cybersecurity Partnership），建構印太地區的數位基礎設施；2. 基礎設施合約與援助網絡（Infrastructure Transaction and Assistance Network），成立跨政府的機制評估對外援助計畫及技術協助；3. 亞洲強化能源發展與成長（Asia EDGE – Enhancing Development and Growth through Energy），促成能源安全與美國出口的成長。

述與政策也較為完整。2019 年 6 月,美國國防部《印太戰略報告:戰略、夥伴與區域鏈結》(Indo-Pacific Strategy Report: Preparedness, Partnerships, and Promoting a Networked Region),認為中國所造成的威脅,遠甚於俄羅斯、北韓及中東恐怖主義組織,因中國透過軍事現代化、影響力運作、掠奪式的經濟,嘗試改變印太地區的秩序。該報告提及,美國透過善加利用投資促進發展法案(Better Utilization of Investments Leading to Development Act, BUILD Act),如 2018 年 10 月成立 600 億資金的美國國際開發金融公司(US International Development Finance Corporation),提供低收入國家的經濟發展(U.S. Department of Defense, 2019: 2, 10, 27)。[14] 同年 11 月,美國國務院公布《自由開放印太:促進共同願景》(A Free and Open Indo-Pacific: Advancing a Shared Vision)報告,提出落實經濟戰略的具體計畫,經由美國、日本、澳洲、新加坡、加拿大、歐洲聯盟等金融開發機構,建立藍點網絡(Blue Dot Network)提供高品質基礎設施標準與計畫,使印太國家在中國「一帶一路」戰略之外有另類選擇,顯然是抵制中國經濟戰略的輸出。川普政府視臺灣的「新南向政策」與日本、印度、澳洲、韓國的類似政策,均為「印太戰略」不可或缺的夥伴(U.S. Department of State, 2019: 8)。實際上,國家安全顧問麥克馬斯特及其主要助手博明,在 2018 年 1 月完成一份名為《美國印太戰略架構》(U.S. Strategic Framework for the Indo-Pacific)的文件,雖有川普的認可但沒有公布,一直到 2021 年 1 月卸任前由國家安全顧問歐布萊恩加以解密。此一架構涵蓋美國盟邦、朝鮮半島、中國、印度、東南亞與太平洋,提及美國面臨的挑戰、重大與優先利益、設定未來發展與努力方向,指出美國必須防衛第一島鏈國家包括臺灣,阻卻中國在軍事衝突中掌控第一島鏈的海空優勢等。[15]

　　2020 年 5 月,美國白宮公布的《美國對中華人民共和國的戰略途徑》(United States Strategic Approach to the People's Republic of China),指出川普政府採取「原則現實主義」(principled realism),強調主權、自由開放、法治、公正與互惠等原則。美國不排除與中國的交往,但交往必須是選擇性、有結果為導向,在執行上,側重保護美國人民、國土、生活方式,促進美國經濟繁榮、以實力贏得和平,並提升海外影響力。該文獻提及中國共產黨 35 次,也對中國運用網路對外攻擊、輸出惡意影響力有所警惕。美國針對中共的惡意網路空間行為(malicious cyber activities),承諾與盟國、夥伴合

---

[14] 美國與日本、韓國、澳洲必須加強在網路和太空領域的合作,透過定期訊息交換和評估,建立長期的國防情報合作夥伴關係,增強共同行動的能力。請亦參見 U.S. Department of Defense(2019)。

[15] 參見 Trump White House – National Archives(2021)。文件中提到美國反制中國經濟侵略的戰略架構,但未解密。

作，增加網路與太空能力的投資（The White House, 2020）。此一文件由副國家安全顧問博明起草，有政府相關單位的簽字同意，不僅是主流觀點，而且是川普政府遲來對中國的真正共識（Rogin, 2021: 197）。8 月，國家安全顧問歐布萊恩解密《六項保證》（Six Assurances）的電報，說明：美國沒有同意設定終止對臺軍售的日期；不同意在對臺軍售議題上徵詢北京意見；不會在臺北與北京之間擔任調停者（mediator）角色；不會對臺施壓，要求臺灣與中國進行談判；不同意修改臺灣關係法；沒有改變關於臺灣主權的立場。

美中關係的惡化，與川普總統對中國「武漢肺炎」擴散到全世界的認知，有很大的關聯性。2020 年 1 月 15 日，美中簽署第一階段貿易協議，中方代表劉鶴未提到新冠肺炎；28 日，國家安全顧問歐布萊恩、副國家安全顧問博明向川普簡報新冠病毒；31 日，川普總統在閣員有不同意見之下，宣布禁止過去十四天內到過中國的非美國公民入境，被視為最有關鍵性影響的一項決策（Navarro, 2021: 33; Rogin, 2021: 257-258）。[16] 隨著國際疫情惡化，川普在 2020 年 5 月底、9 月演講，抨擊北京當局掩蓋「武漢肺炎」、「中國病毒」，控制世界衛生組織的運作，並宣布退出該組織（O'Brien, 2020: 33-38, 105-109）。川普幕僚為了贏得連任，就事實的認知與政治的操作，更需將病毒由「川普的肩上移轉到獨裁者習近平與中國共產黨身上」，並在大選之前公布疫情與中國關聯性的報告（Navarro, 2021: 140, 167）。新冠疫情是造成川普落選的諸多原因之一，川普與他口中的好朋友習近平，關係也出現變化，最後兩人的通話停在 2020 年 3 月。川普與習近平關係冷卻，也為美臺關係進展提供一項助力。

美國國家安全會議在 2020 年 11 月總統大選前夕發布在網路上的《川普論中國：以美國第一優先》（Trump on China: Putting America First）收錄川普總統、副總統彭斯及主要閣員有關中國的重要談話，其中以國務卿龐培歐的談話最為關鍵。2020 年 7 月，龐培歐在加州尼克森圖書館（Richard Nixon Presidential Library and Museum）演講，形同對中國新冷戰的宣告，新冠疫情加重了他對中國的指控。龐培歐在演講中，指出：

（一）中共政權是新的暴政（tyranny），不能繼續蒙著眼睛與中國交往；

（二）美國需要區分中共與中國人民，中共對自由的敵意愈來愈具侵略性，不稱習近平為國家主席，而稱之為中共總書記；

（三）面對中共要「不信任，且要查證」（distrust and verify），不能把當代的中國當成任何其他正常國家；

---

[16] 總統首席醫療顧問佛奇（Anthony Fauci）反對入境禁令，而非如伍華德書中所言，是佛奇說服川普宣布禁令（Navarro, 2021: 34; Woodward, 2020: 235-236）。

（四）承認美國企業為了不得罪中共，將臺灣從網站中的國家類別移除，也將臺灣邊緣化；

（五）中共解放軍不是普通的軍隊，而是維持中共菁英的絕對統治及擴展中國帝國的力量；

（六）長期以來，各國讓中共制定交流往來的規矩，自由國家必須建立統一陣線，如新的民主國家聯盟（alliance of democracies），不能被中共的討價還價或奉承諂媚所攻陷（O'Brien, 2020: 89-103）。

龐培歐將中共與中國人民加以區隔，最早出現在 2019 年 10 月紐約的一場演講，引起中共對他最嚴厲的攻訐點（Pompeo, 2023: 247）。美國國務院「政策規劃室」（Policy Planning Staff）於 2020 年 11 月大選之後發表《中國挑戰的要素》（The Elements of the China Challenge）研究報告，定調中共為「以二十世紀馬克思列寧主義獨裁專政為模式，以威權政權管治的大國」，故提出確保美國自由的十項任務：美國人民須了解中國挑戰的規模及其影響；美國政府須培養新一代了解中國的語言、文化和歷史的公共政策專家（The Policy Planning Staff, 2020）。[17]

雖然川普被視為親臺的美國政府，但實際上只有少數國安團隊閣員，基於意識形態與全球戰略考量，了解臺灣的重要性。川普總統與副總統彭斯、國務卿龐培歐，對臺灣有不同的立場，閣員均知道總統不喜歡提到臺灣或香港（Rogin, 2021: 193）。川普與財經首長重視的是，達成與中國的貿易協定，重要性優先於臺灣議題。川普總統對臺灣與中國的重要性何者重大早有定見，未上任前想要以臺灣議題牽制中國，但旋即放棄以「一個中國」的籌碼，施壓中國在貿易上的讓步。2019 年至 2020 年超過 170 位眾議員與 50 名參議員集體致函美國貿易代表賴海哲，呼籲啟動與臺灣的貿易談判，但賴海哲未採取具體行動，顯與國務院、國防部與國家安全會議的看法歧異（Swanson, 2020: B1）。川普沒有放棄美國的「一個中國」政策，因為習近平強調「一個中國」原則，是兩人舉行 2017 年高峰會的前提。川普總統在撇開「一個中國」的糾纏之後，對中國的貿易、科技戰可以有較大的空間，包括在「美國第一」口號下，爭取台灣積體電路（台

---

[17] 其他要項包括：透過維護憲政、促進繁榮和培育健全的公民社會，保障國內的自由；維持世界上最強大、最靈活、最先進的軍隊，加強與盟友和夥伴基於共同利益和共同責任的安全合作；強化自由、開放和以規則為基礎的國際秩序；重新評估聯盟體系和各種國際組織；加強聯盟體系並創建新的國際組織，以促進民主和人權；尋找機會在公平對等的原則下與北京合作，促進美國利益，在情況需要時限制並威懾中國，並支持在中國尋求自由的人民；改革美國教育體系，幫助學生理解複雜訊息時代公民的責任；透過榜樣、言論、公共外交、外援和投資，甚至制裁乃至軍事力量等方式捍衛自由原則。請參見 The Policy Planning Staff（2020）。

積電）赴美投資，並以台積電牽制中國華為公司，意圖與行動相當明顯（B1）。若沒有堅定友臺的閣員，若無新冠疫情、中國強勢崛起與霸道的作為，川普政府對臺灣的支持也可能受到限制。

## 三、川普總統對臺灣政策的雙面性

　　川普當選後未就任之前，在其推特上提到與臺灣的總統（president of Taiwan）蔡英文通話，引起不同的爭議。川普認為美國出售幾十億美金的武器給臺灣，為何他不應該接受一個祝賀的電話。這通電話反映川普的商人性格，之後事件本身也成為他與習近平個人關係發展的基礎（foundation）（Rogin, 2021: 3）。川普舉例中國貶值人民幣、課徵美國商品高關稅、在南海建設軍事基地，也不會問美國是否可以（Dyer and Clover, 2016; Lawrence, 2016; Perlez, 2016）？川普接聽此一電話，意在利用「臺灣牌」讓中國感到不悅，想迫使北京在中美後續談判妥協。川普在美國政論節目《福斯週日新聞》（Fox News Sunday）中表示：此通電話在 1 至 2 小時前被告知，他完全了解「一個中國」政策，但認為不需受「一個中國」政策的約束，除非中國在貿易等議題讓步，因為美國被人民幣貶值傷得很嚴重；中國對美國進口課徵高關稅，也沒幫助美國對付北韓（Exclusive: Donald Trump, 2016; Hartnett, 2021: 144; Woodward, 2020: 261）。

　　川普接聽蔡英文總統道喜，美國國會議員支持與反對皆有，但支持者以共和黨籍較多（Some Republicans Applaud, 2016）。歐巴馬政府針對川蔡通話，白宮表示美國的「一個中國」政策承諾不變，但顯然有多位官員反對。前美國國家安全會議亞洲事務資深主任麥艾文（Evan Medeiros）表示，讓「一個中國」政策待價而沽，將會壓縮美中關係的空間，而且有可能因為換取美國的另一項利益，最終放棄美國對臺灣的支持（Landler and Sanger, 2016）。前國安會資深主任貝德（Jeffrey A. Bader）認為，把貿易和北京所謂的主權問題混為一談，可能引發憤怒的中國反彈，令這兩個問題都有惡化之虞。此外，小布希政府任內的國務次卿伯恩斯（Nicholas Burns）在推特上指出，「川普接臺灣領導人的電話是個大錯，他有聽從國務院的建議嗎？」（Goldstein, 2016; Paletta et al., 2016）。[18]

　　美國主流媒體社論也意見不一。《華盛頓郵報》（The Washington Post）提到：蔡川禮貌性電話並無驚天動地之事，但可能使北京對臺灣施加新一輪的經濟及軍事壓力，削減了通話對臺灣帶來的政治鼓舞效益，刺激已甚緊繃的東亞情勢（The Editorial Board,

---

[18] 伯恩斯被拜登總統提名為駐中國大使。

2016a; Pomfret, 2016）。《華爾街日報》指出，川普不應屈服於北京的壓力，任其威脅其他民主國家孤立臺灣，支持臺灣成為中國未來發展的模範有利於美國，而調適美國對臺政策，也有利於更廣泛的美中關係（Trump's Taiwan Play, 2016）。《洛杉磯時報》（Los Angeles Times）社論批評川普對國際事務之無知，缺乏外交經驗，加上其自負的言論，在世界舞臺上的第一次失足，不遵守美中臺關係的長期協議，川普的表現不像一位思慮周密、即將就職的總統（The Times Editorial Board, 2016）。

　　川普特別在意美國內部的反彈甚於中國的反應，因《紐約時報》（The New York Times）標題形容川蔡通話是「對中國的侮辱」，指川普尚未就任，就已打破近四十年的外交慣例，勢必觸發美中之間出現裂痕，潛在的後果不容小覷（Landler and Sanger, 2016; Rogin, 2021: 4; The Editorial Board, 2016b）。2016 年 12 月 9 日，中國國務委員楊潔篪於川蔡通話之後最短時間內，在紐約向川普團隊表達中國在臺灣問題的立場，反映北京極度關切川普對華政策的動向。川普與蔡英文總統通話之後，受到很多批評，也讓他及早將中國政策團隊組建起來。北京的壓力，尤其是習近平同意與川普在 2017 年 4 月於佛羅里達州海湖莊園（Mar-a-Lago）高峰會之前，川普在該年 2 月已向習近平表示不再接聽蔡英文電話，此後極力避提臺灣議題，並在女婿庫許納的建議下妥協，博明對文字加以修飾，在習近平的要求之下，川普「尊重一個中國政策」，以蘊含高度的彈性（Rogin, 2021: 42; Sevastopulo, 2017; Woodward, 2018: 151, 2020: 262）。[19]

　　川普總統為了與習近平達成更重要的美中貿易協定（2020 年 1 月），對臺灣的立場轉變為在漠視（indifference）與不尊重（dis-respect）之間游移，幾乎沒有公開支持臺灣的表態。川普總統不喜歡提到臺灣，國家安全顧問波頓指出川普對有關臺灣的事，「特別消化不良」（Bolton, 2020: 313）。川普總統第一年沒有派遣資深官員訪臺，第二年當簽署臺灣旅行法後，知道副助理國務卿黃之瀚（Alex Wong）訪問臺灣時極為生氣（Rogin, 2021: 41-43）。即使多位參議員致函川普總統，要求他派遣閣員出席 2018 年 6 月美國在臺協會（American Institute in Taiwan, AIT）新館啟用，他考慮與金正恩在新加坡高峰會同天舉行，決定派遣主管教育暨文化事務助理國務卿羅伊斯（Marie Royce）出席。[20] 2019 年 4 月臺灣關係法四十週年活動，川普亦沒有派遣閣員訪臺，而是由前眾議院議長萊恩率團出席（Rogin, 2021: 41-43）。2018 年 1 月，國家安全會議在南韓駐軍檢討，川普表示美軍保護臺灣有得到哪些好處（Woodward, 2018: 305）。川普認定臺灣小如筆尖，中國大如總統辦公桌面，臺灣與中國大陸近在咫尺，美國離臺灣遙遠，一旦中

---

[19] 習近平在海湖莊園得知川普攻擊敘利亞後，表示做得好。請參見 Woodward（2018）。
[20] 參議員盧比歐與其他參議員致函川普，說明 AIT 新館不只是一棟建築物，而是美臺友誼永續的實體象徵。請見 U.S. Senator for Florida, Marco Rubio（2018）。

國入侵臺灣，美國無法有效反應。波頓甚至認為臺灣有可能被川普總統所拋棄（Bolton, 2020: 313-314; Rogin, 2021: 44）。

　　美國國務卿龐培歐、國安顧問波頓就任後，帶來美國對臺灣更為友善的政策。在此之前，中國因網站臺灣的名稱要脅萬豪酒店（Marriott）關閉中國網站及道歉，致函聯合航空（United Airlines）及美國航空（American Airlines）等公司，要求移除任何將臺灣、香港與澳門視為獨立於中國之外的稱呼。川普政府原來反應低調，5 月白宮發表聲明，指責中國「歐威爾式胡言亂語」（Orwellian nonsense），將自身政治觀點強加於美國公民及私人企業（Rogin, 2021: 202-203）。另一方面，被國務卿提勒森提名為亞太助理國務卿的董雲裳（Susan Thornton）任命案，因遭參議員質疑對中國過於軟弱而未能就任。

　　川普常是憑自己的直覺，但波頓、龐培歐對意識形態、美國國家安全和價值觀的威脅等問題看法相似，他們對川普總統對中政策有部分影響力，至少不讓總統本人阻止美國政府改善對臺政策。川普在一次訪談中多次表明與龐培歐關係密切、沒有緊張；且他不相信波頓所言的龐培歐在背後說其壞話，反批波頓與龐培歐關係不好（WSJ Staff, 2020）。龐培歐被視為除川普總統之外權力第二大的政府官員，與總統有直接聯繫管道，在說服川普以無人機擊殺伊朗革命衛隊特種部隊指揮官蘇萊馬尼（Qassim Suleimani），以及美國退出伊朗核協議時，發揮關鍵的角色，並且直至卸任前對川普仍忠心耿耿（Sanger and Jakes, 2021; Wong and Jakes, 2020）。

　　川普總統在 2019 年 8 月宣布出售 66 架 F16V 給臺灣，但顯然是拖了一段時間，不但未將臺灣想要的 F-35 納入考慮，助理國防部長薛瑞福上任兩年後才得以看到此一軍售定案，龐培歐甚至也因川普的抱怨，延遲對國會有關對臺軍售的通知。川普相信習近平不會攻打臺灣的承諾，也希望波頓悄悄進行此一 80 億美金的軍售案（Bolton, 2020: 314; Rogin, 2021: 42-44）。[21] 若比較川普四年任內對臺軍售，多項軍售案是集中在第三、第四年，金額占 92%（The US-Taiwan Business Council, 2021），這說明川普在美中貿易協定簽署之前，儘量挪開臺灣對其政府在美中關係的障礙。川普被普遍視為對臺灣友好的總統，但多少是因他的國安幕僚親臺的因素，他們甚至有些事不讓川普知道，以免政策無法推動。川普連任失利，臺灣民眾或許覺得失望，但對於川普對臺軍售 11 次高達183 億美金，派遣衛生部長阿札爾（Alex Azar）、國務次卿柯拉克（Keith Krach）在新冠肺炎疫情期間訪臺，皆認為川普總統最支持臺灣（Smith, 2020）。另外，國務卿龐培歐為避開美國貿易代表賴海哲對美臺貿易協定的不作為，而開闢美國與臺灣的「經濟繁

---

[21] 出售 66 架 F16V 給臺灣，加上歐巴馬任內通過 F16A/B 升級為 F16V，成為臺灣空軍的新主力。但美國參議員柯寧（John Cornyn，共和黨，德州）及殷霍夫於 2018 年 3 月 26 日致函川普總統，已要求川普政府對臺出售 F-35 戰機。

榮夥伴對話」（Economic Prosperity Partnership Dialogue, EPPD）渠道。

# 參、美國國會積極支持臺灣安全的立法

　　川普與國會的關係緊張，除眾議院兩度通過彈劾案外，2019 年發生美國最長天數（三十五天）的政府關門。川普並非有效率溝通的政治領導者，尤其是與民主黨國會領袖的關係，被視為少有具體立法成就，卻留下極端政黨化的政治環境（Smith, 2021: 528-543）。即使是民主黨主流也反省美國對中國的政策必須要改弦更張，認為對中國的交往政策沒有達到讓中國朝向開放、自由方向調整的目標。當國家決策者與政策菁英、社會與內部機構（共和與民主兩黨、行政與國會關係、智庫報告）趨近一致，常使總統及其幕僚有執行外交政策較大的空間（Doshi, 2021: 298-299; Ripsman et al., 2016: 76）。不同立場的美國學者專家認為與中國交往沒有達到原先既定目標，如中國變得更和平、友善、經濟開放，因此必須停止自由國際主義者所倡議的交往政策（Campbell and Ratner, 2018: 60-70; DeLisle and Goldstein, 2021: 12-16; Mearsheimer, 2021: 48-58）。攻勢現實主義的芝加哥大學教授米爾夏默（John Mearsheimer）（2021: 50）指出，與中國交往的政策帶有巨大風險，可能是在近代史上犯下的最嚴重戰略失誤，因為沒有一個大國比美國更積極助長一個競爭對手的崛起。

　　在川普政府任內，西方國家民意對習近平主政之下中國的負面看法比例增加，美國、英國、澳洲尤其明顯（請見表 2-3）。另一方面，美國民眾視中國軍事威脅的比例，由 2016 年 2 月的 41%（關鍵威脅）及 46%（重要威脅），分別調整為 2022 年 2 月的 67% 及 29%，而在烏克蘭戰爭之前，中國高過俄羅斯被視為美國頭號的外國敵人（49% 對 32%）（Jones, 2022）。在未就任拜登政府官職前，坎博與蘇利文（Jake Sullivan）曾撰文指出中國不僅在經濟與軍力挑戰美國，在意識形態上對美國的威脅更遠甚於冷戰時期的蘇聯，因其透過威權資本主義與數位監控，比馬克思主義更具吸引力，對於專制政權與民主倒退國家的支持，更嚴重威脅到美國的價值（Campbell and Sullivan, 2019: 107）。

表 2-3　美國及其盟邦對中國不友善的看法比例提高

|  | 美國 | 英國 | 澳洲 | 日本 | 韓國 |
|---|---|---|---|---|---|
| 2017 | 47% | 37% | 32% | 83% | 61% |
| 2020 夏天 | 73% | 74% | 81% | 86% | 75% |

資料來源：Silver et al.（2020）。

　　美國共和、民主兩黨認為「中國在華府的權力走廊中幾乎沒有朋友」，而「即使在國會之外，各個政治派別也就中國為什麼對美國構成威脅，達成了廣泛共識」（Colby and Kaplan, 2020）。中國不再「韜光養晦」，而是要改變亞洲的權力平衡，加上在南海的「填海造陸」、「一國兩制」在香港的倒退，自然將支持的重點轉向日益受到中國威脅的臺灣（Campbell and Rapp-Hooper, 2020; Economy, 2019; Sullivan, 2018: 10）。由於臺灣民進黨執政後，中國大陸終止兩岸政府協商，川普任內無法再延續美中臺「三邊家族」（ménage à trois）的和諧三角關係，蔡榮祥認為川普總統「更能成功地扮演美中臺三角關係中的平衡者角色，維繫巧妙的權力平衡」（2020：1）。中國對臺灣的軍事壓力也逐漸增強，相對而言，美國民意對是否在中國攻擊臺灣時，美國政府動用部隊協助臺灣的支持也逐漸增強，在 2021 年首度超過 50%（請見表 2-4）。一向比行政部門更加支持臺灣的美國國會，在川普任內共和黨掌控參議院，眾議院則在 2019 年至 2021 年（第 116 屆國會）由民主黨掌控。然而，共和、民主兩黨對中國的批判與對臺灣的支持有極大的共識。美國國會在外交政策上，大多扮演被動反應者，但有時會成為主動者，施壓行政部門促使總統簽署能反映國會意見的美國法律。川普總統在臺灣議題的疏忽，也提供同情臺灣安全的國會議員有較大的空間。

表 2-4　美國民眾對臺灣與中國的態度

|  | 中國侵臺，支持美國派兵 | 對臺灣好感度 | 對中國好感度 |
|---|---|---|---|
| 2002 | 31% | 50% | 48% |
| 2004 | 33% |  | 44% |
| 2006 | 32% |  | 40% |
| 2008 | 32% |  | 41% |
| 2010 | 25% |  | 45% |
| 2012 | 28% |  |  |
| 2014 | 26% | 52% | 44% |
| 2015 |  |  | 28% |
| 2018 | 35% |  | 45%（3 月） |
| 2019 | 38% |  |  |
| 2020 | 41% |  | 32% |
| 2021/3 | 40% | 57% | 33% |
| 2021/7 | 52% |  |  |

資料來源：Smeltz and Kafura（2021）。

　　川普任內簽署數項支持臺灣的法律，儘管它們表達「國會的意見」（Sense of Congress），有時被認為沒有強制力的立法，卻反映國會議員的政治說服（political persuasion）、提醒總統注意，或影響外交事務。2018 年 12 月 31 日，川普總統簽署 2018 年亞洲再保證倡議法（Asia Reassurance Initiative Act of 2018），雖然臺灣安全只是該法的一部分，但提到美國的「一個中國」政策時，首度將雷根政府口頭對臺的「六項保證」明文法律化，與臺灣關係法、美中三項聯合公報並列。當參、眾議員分別提出一項與臺灣安全有關的法案，最終立法由總統簽署成為法律的可能性極高。臺灣旅行法、臺北法、臺灣保證法即為例子。在前後屆國會重新提出的法案，最終立法的可能性也相當大，例如第 116 屆（2019/1-2021/1）、第 117 屆（2021/1-2023/1）有關美國政府官員到臺灣政府機關擔任訪問專家的計畫：臺灣獎學金法案（Taiwan Fellowship Act），持續由兩院議員提出。[22] 第 116 屆、第 117 屆呼籲總統成立跨部會臺灣任務小組，國務院設立美臺文化交流基金會的臺灣關係強化法案（Taiwan Relations Reinforcement Act）在 2020 年、2021 年由參議員盧比歐（Marco Rubio，共和黨，佛羅里達州）連續提出。川普任內前兩年共和黨掌控國會參眾兩院，國會議員提出多項對臺友好的決議案（請見表 2-5）。盧比歐與卡登（Tom Cotton，共和黨，阿肯色州）對臺灣安全議題一向積極，他們兩人也主導國會與行政當局中國委員會（Congressional-Executive Commission on China）。此外，參眾議院共和與民主兩黨領袖推薦美中經濟與安全審查委員會（U.S.-China Economic and Security Review Commission）成員，亦發表年度報告對中港臺議題表達意見。國會議員對中國政策的監督，延伸了他們對臺灣議題的關切與同情，進一步透過立法最終成為川普政府的施政依據。

---

22　該法案在 2020 年 6 月 29 日由眾議員游賀（R-FL）、2020 年 7 月 27 日由參議員馬基（Edward J. Markey）（D-MA）分別提出，2021 年 3 月 17 日參議員馬基再度提出相同議案（S. 811），2021 年 5 月 11 日眾議員貝拉（Ami Bera）（D-CA）於游賀退休之後領銜提出臺灣獎學金計畫（H.R. 3084）。

表 2-5 美國第 115-116 屆國會有關臺灣安全的提案

| 案號 | 日期 | 提案議員 | 內容 |
|---|---|---|---|
| S. 1620 | 2017/7/24 | 參議員卡登 | 2017 年臺灣安全法案（Taiwan Security Act of 2017） |
| H.R. 4288 | 2017/11/7 | 眾議員麥考爾 | 2017 年臺灣安全法案 |
| S. 2962 | 2018/5/24 | 參議員賈德納 | 2018 年臺灣國際參與法案（Taiwan International Participa-tion Act of 2018） |
| H.R. 237 | 2019/1/3 | 眾議員游賀（Ted S. Yoho，共和黨，佛羅里達州） | 要求國務卿研究協助臺灣重獲 WHO 觀察員的戰略（To direct the Secretary of State to develop a strategy to regain observer status for Taiwan in the World Health Organization） |
| S. 249 | 2019/1/29 | 參議員殷霍夫（James M. Inhofe，共和黨，奧克拉荷馬州） | 同上 |
| S. 878 | 2019/3/26 | 參議員卡登 | 2019 年臺灣保證法 |
| H.R. 5535 | 2019/12/23 | 眾議員夏波 | 駐臺灣代表法案（Taiwan En-voy Act） |
| S. 3310 | 2020/2/13 | 參議員克魯茲（Ted Cruz，共和黨，德州） | 2020 年臺灣主權法案（Taiwan Symbols of Sovereignty [SOS] Act of 2020） |
| H.R. 6287 | 2020/3/13 | 眾議員克提茲（John R. Curtis，共和黨，猶他州） | 2020 年臺灣主權法案 |
| S. 3936 | 2020/6/10 | 參議員霍利 | 臺灣防衛法 |
| H.R. 7855 | 2020/7/29 | 眾議員游賀 | 避免臺灣遭侵略法案（Taiwan Invasion Prevention Act） |
| S. 4606 | 2020/9/17 | 參議員史考特（Rick Scott，共和黨，佛羅里達州） | 避免臺灣遭侵略法案 |
| S. 4813 | 2020/10/20 | 參議員盧比歐 | 臺灣關係強化法案 |

資料來源：作者整理自美國國會（Congress.gov, n.d.）。參議院與眾議院針對相同議題，提出大同小異的法案如 2017 年臺灣安全法案、2020 年臺灣主權法案。

## 一、強調美臺高層官員互訪的臺灣旅行法

2017 年 1 月 13 日，俄亥俄州共和黨眾議員夏波（Steve Chabot，共和黨，俄亥俄州）領銜與 81 位連署者提出臺灣旅行法案，表示限制官員互訪是美國行政部門自行實施的政策，並非基於國會制定的法律，美臺官員擁有共同利益，因此直接對話係屬平常，依照此法取消該項限制，將可進一步強化美臺良好關係，期待能實現美、臺總統互訪。夏波認為該法律僅關乎美臺關係，無意挑釁中國，因為美臺雙方溝通不足，恐傷害臺灣，甚至美國的安全。5 月 4 日，盧比歐在參議院領銜提出臺灣旅行法案。根據盧比歐的說法，早在 2016 年 9 月，他與眾議員夏波就已分別提出 2016 年臺灣旅行法案（U.S. Senator for Florida, Marco Rubio, 2016）。2018 年 2 月 28 日，參議院通過臺灣旅行法案。參議員卡登表示：「中國一直在孤立臺灣人民，只有美國領導階層能夠反擊這種攻擊行為；政府如今應該根據法案採取行動，派美國高級官員前去會見臺灣的對等官員。」（U.S. Senator Tom Cotton of Arkansas, 2018）。川普總統旋即於 3 月 16 日簽署臺灣旅行法，引發國際媒體關注美國國會議員訪臺除受預算編列使用規範之外，在政治上受到中國干擾的強度較低（請見表 2-6）。然而，臺灣旅行法推動的主要對象是行政高層官員包括閣員的互訪，而非國會議員的訪問。

表 2-6　訪臺的美國國會參眾議員

| | |
|---|---|
| 2017/5/9 | 眾議員蘿倫絲（Brenda Lawrence，民主黨，密西根州）及貝芮耿（Nanette Barragán，民主黨，加州） |
| 2017/9/1 | 眾議院外交委員會主席羅伊斯（Ed Royce，共和黨，加州）、外委會亞太小組主席游賀、岡薩雷斯（Jennifer González-Colón，共和黨，波多黎各代表） |
| 2018/2/21 | 參議院臺灣連線共同主席殷霍夫、參議員朗茲（Michael Rounds，共和黨，南達科他州）、恩斯特（Joni Ernst，共和黨，愛荷華州）、蘇利文（Daniel Sullivan，共和黨，阿拉斯加州）及眾議員凱利（Trent Kelly，共和黨，密西西比州） |
| 2018/3/26 | 眾議院外交事務委員會主席羅伊斯 |
| 2018/6/1 | 參議員蒲度（David Perdue，共和黨，喬治亞州） |
| 2018/8/30 | 眾議院科學、太空暨科技委員會主席江笙（Eddie Bernice Johnson，民主黨，德州） |
| 2019/4/15 | 江笙、貝肯（Don Bacon，共和黨，內布拉斯加州）、卡巴赫（Salud Carbajal，民主黨，加州） |
| 2019/11/26 | 佛羅瑞斯（Bill Flores，共和黨，德州）、瑞森紹爾（Guy Reschenthaler，共和黨，賓州） |

資料來源：作者整理自中華民國總統府（n.d.）之新聞稿。

　　美國川普總統簽署臺灣旅行法之後幾天，美國國務院東亞暨太平洋事務局主管政治及安全的副助卿黃之瀚訪問臺灣，不同於過去大多是主管經濟的官員訪臺。黃之瀚在臺北公開演講中，表示臺灣的憲政民主是整個印太地區的範例，美國政策的目標是協助臺灣強化防衛得來不易的民主，不受一切威勢脅迫。雖然黃之瀚在臺灣旅行法甫生效之後才訪臺，但其在此一法律簽署前就已規劃訪臺，顯有不同的意義，具有能見度及宣傳效果（115th Congress, 2018: 351; Wong, 2018）（請見表 2-7）。

表 2-7　川普任內訪臺的美國資深官員

| 2018/3/12 | 副助卿暨 APEC 資深代表馬志修（Matthew John Matthews） |
|---|---|
| 2018/3/20 | 國務院東亞暨太平洋事務局副助卿黃之瀚 |
| 2018/6/10 | 教育暨文化助理國務卿羅伊斯 |
| 2018/9/25 | 副助卿暨 APEC 資深代表馬志修 |
| 2018/10/16 | 民主、人權暨勞工事務副助理國務卿巴斯比（Scott Busby） |
| 2019/3/10 | 美國國際宗教自由無任所大使布朗貝克（Samuel Brownback） |
| 2019/3/27 | 國際組織事務局副助理國務卿庫克（Nerissa J. Cook）<br>國務院經濟暨商業事務局副助卿米德偉（David Meale） |
| 2019/4/15 | 全球夥伴辦公室主任茲烏萊斯（Constance Tzioumis）<br>環保署副助理署長西田珍（Jane Nishida） |
| 2019/4/22 | 農業部海外服務署署長艾斯里（Ken Isley） |
| 2019/6/10 | 美國聯邦調查局助理副局長阿貝（Paul Abbate） |
| 2019/9/9 | 民主、人權暨勞工事務副助理國務卿巴斯比 |
| 2019/10/7 | 副助理國務卿孫曉雅（Sandra Springer Oudkirk） |
| 2020/9/17 | 國務次卿柯拉克 |

資料來源：作者整理自美國在臺協會（n.d.）之新聞稿。

　　美國長期不願派遣高層官員訪臺，以及接待臺灣官員有諸多的限制，時日一久這些做法反而成為制度化。臺灣旅行法指出由於美國官方自我設限，致使美臺高層互動與溝通不足，兩國關係也受到影響。因此，美國國會要求行政部門尤其是國家安全事務的閣員、軍方及其他行政官員到訪臺灣，與臺灣官員會晤；同時在適度尊重與尊嚴之下，允許臺灣高層官員訪問美國，與國務院、國防部及其他內閣部會官員見面；鼓勵臺北經濟文化代表處（Taipei Economic and Cultural Representative Office in the United States）及臺灣設立的機構（instrumentality）開拓推動業務，使美國國會議員、聯邦及各州政府官員、臺灣政府高層官員，得以參與其中，而不再受到限制（Govinfo, 2018）。

　　臺灣旅行法雖沒有為蔡英文總統正式訪美開啟機會之窗，但 2018 年 8 月，蔡總統前往中南美洲過境洛杉磯除出席洛杉磯華僑文教服務中心座談，參訪雷根圖書館（Ronald Reagan Presidential Library and Center for Public Affairs），與新墨西哥州州長馬婷妮茲（Susana Martinez）、參議員盧比歐、賈德納（Cory Gardner，共和黨，科羅拉多州）、眾議員華特斯（Maxine Waters，民主黨，加州）晤談之外，在返程參訪休士頓美國國家航空暨太空總署（NASA）詹森太空中心（Lyndon B. Johnson Space Center, JSC）。2019 年 5 月，美國國家安全顧問波頓與到訪的國家安全會議秘書長李大維見面（侯姿瑩，2019）。2019 年 7 月，蔡總統過境美國到訪紐約辦事處，並出席國會議員等晚宴。

　　川普總統簽署臺灣旅行法，雖是象徵性支持臺灣的姿態，但派遣內閣部長訪臺終於有了法律的依據（請見表 2-8）。川普總統在該法簽署之後兩年，沒有派遣閣員訪臺。在新冠疫情帶來美中關係惡化之後，美國衛生部長阿札爾於 2020 年 8 月 9 日至 12 日訪問臺灣，顯示川普對臺灣在對抗國際疫情表現的支持，同時弔唁李前總統，符合較不敏感、功能性部會閣員訪問臺灣的慣例，但北京顯然被激怒。川普政府隨於 9 月再派遣美國國務次卿柯拉克，再度引起中共戰機多次密集穿越臺海中線，製造兩岸軍事空前緊張。川普政府在下臺之前，直至最後一刻才取消駐聯合國大使克拉芙特（Kelly Craft）訪問臺灣，反映出這些美臺高層的交流集中在任期的最後幾個月。國務卿龐培歐在促成這些官員訪臺上，扮演了關鍵的角色。

表 2-8 1994 年臺灣政策評估法案後美國內閣閣員訪臺

| 閣員 | 內閣 | 總統 | 時間 |
|---|---|---|---|
| 希爾斯（Carla Hills） | 美國貿易代表 | 老布希（George H. W. Bush） | 1992/12 |
| 潘納（Federico Pena） | 交通部長 | 柯林頓 | 1994/12 |
| 雷德（Phil Lader） | 中小企業署長 | 柯林頓 | 1996/12 |
| 李查遜（Bill Richardson） | 能源部長 | 柯林頓 | 1998/11 |
| 史雷特（Rodney E. Slater） | 交通部長 | 柯林頓 | 2000/6 |
| 麥卡錫（Gina McCarthy） | 環境保護署長 | 歐巴馬 | 2014/4 |
| 阿札爾 | 衛生部長 | 川普 | 2020/8 |

資料來源：作者整理自美國在臺協會（n.d.）。

## 二、支持臺灣國際參與地位的臺北法

　　2018 年 8 月薩爾瓦多與臺灣斷交，可能肇因於川普政府切斷對該國經濟援助之後，而轉向中國尋求外援（Barrios, 2021: 55-56）。參議員賈德納與庫恩斯（Chris Coons，民主黨，德拉瓦州）於 2019 年 5 月共同提出臺灣友邦國際保護及加強倡議法案，9 月臺灣接連失掉南太平洋索羅門群島和吉里巴斯的邦交，使邦交國數目降至 15 個。9 月 25 日，參議院外交委員會投票一致通過臺北法，主張美國政府運用一切手段，支持臺灣的國際地位，與臺灣談判自由貿易協定，並向其他國家發出一項訊息，亦即若支持中國傷害臺灣的行動，將會帶來不良的後果。賈德納的構想是，授權美國國務卿對那些考慮降低與臺灣關係的國家，終止或減少提供的外交援助。立法文字之後稍加修改，提到：考慮基於適當、美國的利益，對那些強化、提升與臺灣關係的國家，可與它們增加經濟、安全與外交關係的往來；對採取嚴重破壞臺灣安全與繁榮的國家，行政部門在與國會諮商之後，基於美國外交政策利益，可改變（altering）與該等國家經濟、安全與外交的往來。法案要求，國務卿需要在法案通過之後五年，每年向參眾兩院外交委員會、撥款委員會報告有關執行的概況（Govinfo, 2019; The Editorial Board, 2019: A18）。10 月 29 日，參議院全院一致通過臺北法。2020 年 3 月 3 日至 4 日，法案在眾議院獲得 415：0 的票數通過，川普總統隨後在 26 日簽署成為法律。部分國會議員仍有意修改臺北法，要求行政部門在國際組織中，反對中國在國際組織扭曲用語、政策或程序，以達到解決臺灣地位的任何企圖（116th Congress, 2020: 433）。[23]

　　川普總統任內通過的法律，如 2021 年國防授權法（National Defense Authorization Act, NDAA）、臺灣旅行法、臺北法、2020 年臺灣保證法等，行政部門不一定依照國會要求如實執行。川普總統在上述法律，涉及臺灣部分，均有「國會的意見」字眼。臺北法提到六次「在適當狀況下」（as appropriate）文字，如是否邀請臺灣參加環太平洋軍演（Rim of the Pacific Exercise, RIMPAC）就是其中之一。此時，行政部門執行時就會有較大的裁量空間。國務卿需依規定向國會提出報告，但除了 1979 年臺灣關係法有較具體的執行報告外，臺北法或國防授權法的執行狀況報告沒有公開。美國國會議員對行政部門疏於回應報告的要求，顯有所不滿。後法（如 2020 年臺灣保證法）提醒在前法（如臺灣旅行法）國務卿需要向國會報告的規定。國會基於臺灣在 2016 年 5 月之後，未能以觀察員身分參與世界衛生大會（World Health Assembly, WHA），參議院外交委員會

---

[23] 學者藍普頓（David Lampton）（2020: A11）認為臺北法就是挑釁，因為在疫情與經濟復甦的危機之下，美中迫切需要合作，批評川普是很少遵守國內或國際準則的美國總統，無法指望他制衡衝動的國會，而國會則把腦外科的責任，委託給一個行為愈來愈古怪的外科醫生。

主席梅南德茲（Robert Menendez，民主黨，新澤西州）於 2021 年 3 月提出 2004 年 6 月通過的 Public Law 108-235（臺灣參與世界衛生組織）法律修正案（S. 812）（The White House, 2022），要求強化行政部門報告的規定，國務卿必須在每年世界衛生大會結束後，提出何以臺灣未能重新獲得觀察員身分，相關計畫改變及有何改進之處的報告。2022 年 5 月，拜登簽署成為法律（Public Law 117-124）。

　　2020 年 7 月，臺灣與世界上領土面積最大的非聯合國成員國的東非索馬利蘭建立官方關係，川普政府快速表達支持，因為臺灣在醫療、教育、技術援助是很好的夥伴（Shaban, 2020）。2021 年 1 月 9 日，川普政府卸任前十一天，國務卿龐培歐發表聲明，宣布取消美國行政部門與臺灣官員之間的臺灣接觸指針（Taiwan Contact Guidelines），放寬美臺官員交往，免於美國行政官僚自我限制的束縛（Pompeo, 2023: 256）。此一舉動象徵美國「一個中國」政策的重大調整。臺灣立即表達歡迎、中國則嚴詞批評美國操縱臺灣議題。龐培歐隨後指示美國政府駐荷蘭大使霍克斯拉（Pete Hoekstra）、駐瑞士大使麥克穆倫（Edward McMullen），與臺灣代表陳欣新、黃偉峰在官署會晤並發表新聞。[24] 2021 年 1 月 11 日，臺灣與南美洲蓋亞那簽署協議設立「臺灣辦公室」（Taiwan Office），川普政府加以支持，但蓋亞那在 2 月推翻協議，拜登政府則鼓勵兩國繼續建立堅強的夥伴關係（Lin, 2021a: 1）。

　　在臺北法通過之後，臺灣的邦交國約二十個月沒有流失，一直到 2021 年 12 月尼加拉瓜無預警與中國建交才出現。中國外長王毅提到中國與尼加拉瓜是「創紀錄速度」恢復邦交。2021 年 11 月，拜登政府與尼加拉瓜奧蒂嘉（José Daniel Ortega Saavedra）總統，因連任選舉弊案而關係緊張，禁止其入境美國及施以經濟制裁。這削弱了美國依據臺北法，協助臺灣維持邦交的力道。幾乎同時，原有意與中國建交的宏都拉斯總統的卡蕬楚（Xiomara Castro），最後在美國影響之下，暫時與臺灣維持邦交，至 2023 年 3 月為止。這也反映美國與臺灣友邦關係良好時，較可能影響有意在臺北與北京之間游移的該等國家。

　　川普任內，美國政府每年撥款 3,196 萬美金給美國在臺協會運作，沒有增減費用，但對臺灣在國際社會的參與，卻首度開始撥款 300 萬，給 2015 年美臺簽署的全球合作暨訓練架構，主辦與人類安全（醫療、執法、災難救助、能源合作、婦女賦權、數位經濟、網路安全、媒體識讀、反貪腐、善治等）相關的活動，促進美國在印太地區的利益（House.gov, 2021; Senate.gov, 2021）。[25] 川普政府撥款給全球合作暨訓練架構，拜登政

---

[24] 拜登政府繼續此一慣例，2021 年，美國駐日本代辦楊卓（Joseph Young）與臺灣駐日代表謝長廷（3 月及 5 月）、駐匈牙利代辦迪拉（Marc Dillard）與劉世忠代表（7 月）會晤。相關訊息整理自公開新聞報導。

[25] 2022 年，拜登政府撥予美國在臺協會的經費增加 62 萬至 3,258 萬 3,000 美金，並持續撥款 300 萬給全球合作暨訓練架構，請參見 Senate.gov（2022）。

府繼續執行。2021 年 10 月 21 日，拜登政府副助理國務卿華特斯（Rick Waters）提到中華人民共和國誤用（misused）聯合國大會 2758 號決議案；26 日，國務卿布林肯（Antony Blinken）在臺灣被迫退出聯合國五十年之際，特別呼籲所有聯合國會員支持臺灣「有意義參與」（meaningful participation）（Blinken, 2021; Lin, 2021b: 1）。這些發展說明即使川普政府下臺，臺北法規範協助增加臺灣的國際參與，仍然為拜登政府所奉行。

## 三、強化臺灣防衛安全的臺灣保證法與國防授權法

2019 年 3 月 26 日，卡登等多位參議員，配合臺灣關係法制定四十週年，在參議院提出 2019 年臺灣保證法案（S. 878）草案。[26] 該法案除要求國防部長將臺灣納入雙邊和多邊軍事演習，並建議現役陸海空軍或陸戰隊將級軍官出任駐臺武官。此外，法案包括美國聲援臺灣有意義參與國際組織、定期對臺出售美製軍備，及國會支持重啟臺美雙邊貿易談判等內容。參議員卡登表示法案傳遞一項訊息，美國不會容忍中國對臺灣的侵略性行為；盧比歐強調為對抗日具侵略性的中國，美國必須加強與臺灣的戰略關係。眾議院外交委員會議員麥考爾（Michael T. McCaul，共和黨，德州）在 2019 年 4 月於眾議院提出類似法案（H.R. 2002）。5 月，眾議院無異議通過 2019 年臺灣保證法，內容除支持臺灣與敦促臺灣增加國防支出之外，華府應「常態性對臺軍售及提供國防物資」，及支持臺灣參與國際組織。

2019 年臺灣保證法強調美臺關係是基於共同的價值觀，期待臺海兩岸議題和平解決（請見表 2-9）。國務卿需在六個月內提出報告，評估國務院關於美臺關係的指導（guidance）備忘錄，及臺灣旅行法執行的狀況。該法列出美國支持臺灣在下列國際組織的有意義參與，包括：聯合國、世界衛生大會、國際民用航空組織（International Civil Aviation Organization, ICAO）、國際刑警組織（International Criminal Police Organization, ICPO）；支持臺灣在下列組織的會籍，如聯合國糧食及農業組織（Food and Agriculture Organization of the United Nations, FAO）、聯合國教育、科學及文化組織（United Nations Educational, Scientific and Cultural Organization, UNESCO），及其他不需以國家地位（statehood）為會籍要求的國際組織（Govinfo, 2021）。

---

[26] 參與提案的議員，包括在參院外交委員會具影響力的民主黨參議員梅南德茲，以及共和黨參議員盧比歐、克魯茲和民主黨參議員瑪斯托（Catherine Cortez Masto）、庫恩斯。

表 2-9　川普任內簽署與臺灣安全有關的法律

| | 臺灣旅行法 | 2019 年臺北法 | 2020 年臺灣保證法 |
|---|---|---|---|
| 川普簽署時間 | 2018/3/16 | 2020/3/26 | 2020/12/27 |
| 美臺增加高層互訪 | ◎ | | |
| 美臺外交與經貿關係 | | ◎ | |
| 支持臺灣參與國際組織 | | ◎ | ◎ |
| 臺灣提高不對稱戰力與國防預算 | | | ◎ |
| 要求國務卿需向國會報告 | | ◎ | ◎ |

註：◎表示在法案中有特別強調。
資料來源：2020 年臺灣保證法納入 2021 年綜合撥款法，川普在 2020 年 12 月 27 日簽署。

　　川普總統簽署 2019 年臺灣保證法之後，國務卿龐培歐宣布取消美國與臺灣官員間交往的限制。這反映 2020 年美中簽訂第一階段貿易協定、新冠疫情等因素，川普政府在美中關係緊張之下，國務院急於推進美臺關係的決策思考。類此對臺灣支持的政策宣布，可能因擔心川普政府卸任而增添不確定因素，有意藉此影響繼任的民主黨政府。2021 年 4 月，拜登政府國務院依據臺灣保證法的規定，發布與臺灣交往的指導方針，提到「鼓勵美臺政府交往」、「更加鬆綁與臺灣接觸的指導」、「提供美國行政部門明確有效實行一個中國的政策」（Price, 2021）。具體的規定雖未公布，但媒體的報導約有下列數點：

　　（一）美國政府鼓勵美臺可在聯邦政府機構或駐美代表處，舉行工作階層會議；

　　（二）美國官員可到雙橡園（Twin Oaks）參加活動，但不得參加臺灣主要國定節日的活動，不能展示臺灣的國旗，以避免讓美國「一個中國政策」複雜化；

　　（三）美國政府官員與臺灣政府機關通信時，可以使用有美國部會的信箋（Sevastopulo, 2021）。

　　相較於歐巴馬任內臺海兩岸的大致穩定，川普政府見證到中國增強對臺灣軍事的威脅，討論中國是否攻臺的文章逐漸增加，有關「戰略模糊」（strategic ambiguity）或「戰略明確」（strategic clarity）的辯論也再度出現。2020 年 8 月，美國參謀長聯席會議前副主席溫尼菲爾德（James Winnefeld）與美國中央情報局（CIA）前副局長莫瑞爾（Michael Morell），指出中國於 2020 年 12 月恐怕會在東臺灣外海有所動作，為 2021 年初美國總統交接期間「武統臺灣」做準備，而武統的過程僅需時三天（1 月 18 日至 1 月 20 日）。屆時美軍將難以迅速果斷地採取行動，阻止中共人民解放軍占領臺灣，美

軍干預有極度風險或失敗的可能性，使美國領導地位威信喪失。該文提到，在臺灣仍可抵抗的情況，蔡英文總統為免臺灣淪為火海大屠殺，屈服於習近平的要求，旋即被順服中國統一的臺灣內部政治團體所取代（Peck, 2020; Winnefeld and Morell, 2020）。川普總統在 8 月 25 日接受《福斯新聞》（Fox News）採訪時，表示若中國尋求攻擊制壓臺灣時，「中國知道我會怎麼做」（Liao, 2020; Rogin, 2022）。川普的答案一如其不確定的個性與決策風格，可被解釋為「戰略明確」或「戰略模糊」。川普政府任內，針對中國大陸戰機逾越海峽中線，臺海兩岸軍事緊張，在責任歸屬上指責北京，除美國戰機偶而出現臺灣周邊，卻少有具體行動阻止北京對臺灣空域的「灰色地帶衝突」（gray-zone conflict）行動。

2020 年 9 月，美國戰略社群針對臺海安全與美軍是否協助的議題，在《外交事務》（Foreign Affairs）雙月刊引發「戰略明確」與「戰略模糊」的辯論。哈斯（Richard Haass）、薩克斯（David Sacks）撰文指出：「戰略模糊」政策已漸失效用，不大可能阻擋軍力日益提升且強勢的中國。美國需要明確宣示若中國武力犯臺，美國將立即做出回應，而這可在符合「一個中國」政策的方式下進行調整，並最大程度地降低美中關係的風險。長期支持臺灣安全的專家，卻反對哈斯的看法，例如葛來儀（Bonnie Glaser）提到哈斯的建議「無法解決美國對臺灣的安全保證，甚至可能引發中國的攻擊」。哈斯反駁並引用小布希總統「盡其所能幫助臺灣自衛」的談話，並未引發戰爭，反而增強了美國的嚇阻能力。實質上，葛來儀與哈斯的觀點有一致的部分，前者主張「美國必須向北京展示，將為武力犯臺付出高昂的代價」，後者也提到「美國必須投入資源加強臺灣海峽的嚇阻力」（Glaser et al., 2020; Haass and Sacks, 2020）。兩者均支持美、臺提升臺灣戰力的共同結論。拜登過去雖主張「戰略模糊」，上任之後仍延續此一觀點，卻在 2021 年透過雙邊或多邊組織聲明強調臺灣安全的重要性，並在 2021 年 8 月、10 月，2022 年 5 月三度表態臺海有事，美國將介入協助臺灣（Kanno-Youngs and Baker, 2022）。

美國總統通常在每年 12 月簽署國防授權法。川普總統在 2020 年 12 月 23 日否決 2021 年國防授權法，之後參眾議院以超過三分之二票數推翻總統否決。國防授權法給予國會在臺灣關係法之下監督行政部門及國會參與決策的地位。國會一向較行政部門更為積極支持臺灣，規範國防部需忠實履行國防授權法，而國務院的角色亦經常被提及（Kan, 2018）。眾議院軍事委員會資深議員宋貝理（Mac Thornberry，共和黨，德州）於 2020 年提出太平洋嚇阻倡議（Pacific Deterrence Initiative），並落實為國防部的政策，說明國會在防堵中國軍力發展，有時走在行政部門之前（House.gov, 2020）。

2019 年至 2022 年國防授權法，有關臺灣安全的相關規定，可看出其中項目的異同（請見表 2-10）。值得注意的是，國會議員有時會將部分決議案，納入每年均會成

表 2-10　2018 年至 2022 年度美國國防授權法臺灣安全的規定

| 年分及法律編號 | 法律重點 | | | |
|---|---|---|---|---|
| 2022 NDAA（Public Law 117-81） | 美臺國防關係 | 對臺政策聲明 | 臺灣不對稱戰力與情報支援年度報告 | 美國國民兵與臺灣合作可行性簡報 |
| 2021 NDAA（Public Law 116-283） | 臺灣關係法 | 對臺軍售年度國會簡報 | 美臺醫療安全夥伴關係（美軍醫療船訪問臺灣港口） | 臺灣人民在國際金融組織〔世界銀行（World Bank）、國際貨幣基金（International Monetary Fund, IMF）、國際金融公司（International Finance Corporation, IFC）、亞洲開發銀行（Asian Development Bank, ADB）等〕受僱機會公平性 |
| 2020 NDAA（Public Law 116-92） | 與臺灣的網路安全行動 | 臺灣關係法評估檢討報告 | 強化美臺國防關係 | 中國影響臺灣大選報告 |
| 2019 NDAA（Public Law 115-232） | 強化臺灣部隊戰備能力 | 國會有關臺灣關係法，美臺國防關係意見 | | |
| 2018 NDAA（Public Law 115-91） | 改善臺灣自衛能力 | 國防部依照標準作業，對臺軍購要求需以個案逐一討論 | | |

資料來源：請見 The US-Taiwan Business Council（2022）。

為法律的國防授權法。例如，2020 年國防授權法納入要求「國家情報總監」（Director of National Intelligence）提出中國影響臺灣 2020 年大選的報告；2021 年國防授權法納入 2020 年臺灣公平僱用法案（Employment Fairness for Taiwan Act of 2022），以保證臺灣國民在國際金融組織任職不被歧視的問題。[27] 2018 年國防授權法在討論時，參議員卡登原本提出邀請臺灣參加多國軍事演習如環太平洋軍演及空軍的「紅旗」（Red Flag）演習，但最終版本提出美國「國會的意見」，只邀請臺灣參加紅旗演習，舉行美

---

[27] 該法案在 2020 年 2 月 28 日由眾議員提普頓（Scott R. Tipton，共和黨，科羅拉多州）提出。

臺兩國在西太平洋海軍演習，考慮評估兩國海軍重建互訪對方港口的可取性與可行性（advisability and feasibility）（Lawrence and Morrison, 2017: 70）。這些「國會的意見」需要有行政部門的配合，川普政府即使對臺灣友好，也必須考慮北京可能的反應，因多所顧忌而未能將臺灣引入由美國主導的國際軍事演習。美國政府傾向選擇美臺雙邊強化國防合作，例如在 2018 年至 2019 年間，臺灣的軍方接待 250 個美軍代表團，數千美軍訪臺（Kanapathy, 2022）。這反映即使川普總統不喜歡公開提到臺灣，但只要是低調進行，國防部基於臺灣關係法及其他相關法律，仍大有提升美臺軍事合作的空間。

臺灣旅行法與國防授權法均強調美臺國防官員增加交流，旨在強化防衛規劃、部隊互通性、改善臺灣後備、擴大人道災難救援等合作。2022 年國防授權法強調臺灣不對稱戰力提升的次數有 13 次，較以往版本提到 2 到 3 次有明顯增加。除了美國國防部必須提出報告之外，要有具體計畫改善臺灣「防禦性不對稱戰力」，且隱含由美臺擴大涵蓋美國盟邦及夥伴。[28] 它亦建議拜登政府邀請臺灣參加 2022 年環太平洋軍演，列出臺灣與美國國民兵的聯合訓練與合作項目。若加上 2021 年 3 月臺灣與美國簽署海巡備忘錄，可看出美臺安全合作不僅限於國防部門，而這與川普政府所打下的基礎有關。

美國行政部門仍是主導美中臺關係的核心，國會通過的國防授權法，行政部門在執行上可能消極以對，例如美國較無法掌控國際組織僱用臺灣人民，雖然通過該法但要實際追蹤，就必須有精密的運作夥伴，也需要臺灣確實掌握資訊，向美方（尤其是國會）提出結果的報告，說明實際情況的落差。2020 年，中國戰機進入臺灣西南「防空識別區」380 次，2021 年增加到 961 次（2020 Saw, 2021; Chang, 2022）。川普政府無法像拜登政府一樣，成功促使超過 30 多個民主國家（日、韓、澳、英、加、歐盟）強調臺灣海峽和平與穩定的重要性。國防授權法關切臺灣在美軍到援之前，臺灣無形戰力已瓦解，並先行妥協或投降，造成中國快速掌控臺灣的「既成事實」（fait accompli）。實際上，2020 年 6 月參議員霍利（Josh Hawley，共和黨，密蘇里州）、眾議員卡列格（Mike Gallagher，共和黨，威斯康辛州）分別提出 S. 3936 及 H.R. 7423 的臺灣防衛法（Taiwan Defense Act），早就擔憂臺灣被中國占領的「既成事實」。

無論是臺灣保證法或國防授權法，加深北京對美國的猜忌，認為是針對中國的另一項遏制法案，也是兩國之間關係繼續惡化的原因之一。川普任內，美中臺呈現的三角關係較像是美臺「結婚型」，中國繼續是孤雛，美臺則是親密的夥伴關係。臺灣進一步在美國的協防之下，幾乎形成美臺對抗中國的格局。這些發展與中國在臺海周邊、香港、新疆等強勢的政策推動有很大的關聯性。

---

[28] 所謂「防禦性不對稱戰力」指的是海岸部署飛彈、海軍水雷、防空能力、網路防禦與特種作戰部隊。

## 肆、中國的回應：增加對臺灣海空的威脅

　　北京官方對川普的不可預測性惴惴不安，在川普任內的前三年半，即使時常受到川普總統的羞辱，卻展現出「相當的克制」或「戰略克制」（Navarro, 2021: 169）。中國學者專家認為川普政府使美國自由國際主義的大戰略受到嚴重挫折，雖不再輸出民主，並降低對中國人權的批評，卻增加在軍事、經濟、科技上對中國的遏制。川普執政最嚴重的後果是「中美關係下降到最低點」，不僅「毒化了美國對華思維」、「對中美互信摧殘」，更「大大延伸美國對華政策的下限」（吳心伯，2021：173；周琪，2021：7）。北京或許要深思的是，川普對中國的政策類似美國在國際上「單打獨鬥」，沒有美國盟友的跟進或配合。川普連任的敗選，中國學者專家反映出對拜登上臺的樂觀期待，例如「中美關係滑向戰略對抗與戰略衝突的可能性下降」、「中美戰略競爭面受到更多的制約」、「中美關係的合作成分可能會有所增加」、「拜登團隊可能給美國對華政策帶來較強的可預期性」（楊衛東，2021：81-98；達巍、周武華，2020：32-44）。

　　從北京的角度，川普缺乏對政策過程的監督，致使他周邊的幕僚與軍方「嵌入他們所偏好的政策設計」，加上共和黨保守派打「臺灣牌」及美國智庫「逐漸形成了對華戰略制衡的共識」，致使美國戰略出現調整（王浩，2018：66-67；尹繼武，2018：65-67）。在川普與蔡英文通話之後，川普簽署臺灣旅行法是川普調整「一個中國」政策的一個訊號（請見表 2-11）。北京大學教授李義虎認為川普政府對臺政策的新特點是，美國「一個中國」政策呈空心化趨勢。上海交通大學教授林岡認為川普時期美臺「準官方」與「準同盟」關係急劇發展，致使「一個中國」政策受到蠶食（仇朝兵，2021；張文宗、張磊，2021：1-17）。

表 2-11　中國學者認知川普政府對中國戰略的轉變

| 川普之前的美國政府 | 川普政府 |
| --- | --- |
| 有缺陷的合作夥伴 | 戰略競爭夥伴 |
| 雙贏思維 | 零和思維 |
| 透過接觸政策改變中國 | 透過打壓和圍堵掣肘中國的崛起進程 |
| 有條件的戰略合作與競爭 | 全政府甚至全社會的對華打壓與圍堵 |
| 奉行「一個中國」政策 | 修正「一個中國」政策 |
| 對臺海兩岸「雙重威懾」 | 重點轉向嚇阻中國 |
| 對臺海兩岸「雙向平衡」 | 轉為單向遏制中國 |

資料來源：整理自兩篇論文，請參考汪曙申（2021）；信強（2021：102-116）。

　　在川普簽署臺灣旅行法表達對臺灣強烈支持之際，中國航空母艦遼寧號於 2018 年 3 月 20 日航經臺灣海峽，並進入臺灣防空識別區。習近平同日在全國人大閉幕典禮發表演說，稱「一切分裂祖國的行徑和伎倆都是注定要失敗的，都會受到人民的譴責和歷史的懲罰」（BBC 中文網，2018）。遼寧號進入臺海與習近平談話，不完全針對川普簽署臺灣旅行法，卻是對美國、臺灣的一項警告。《中國日報》（*China Daily*）在川普簽署之前發表社論，指出倘若該法案成為法律，只會鼓勵臺灣的總統蔡英文進一步主張臺灣主權，屆時北京「勢必啟動反分裂國家法，使用武力阻止臺灣分裂。」在此情況下美國依法必須協防臺灣，而這只會證明「墜入地獄確實是輕而易舉的事」（The Editorial, 2018a）。

　　《環球時報》社論提到必須反擊臺灣旅行法，稱「可在如朝鮮半島及伊朗核計畫等其他雙邊合作領域對美施壓，也可在聯合國等國際組織跟美國唱反調」及「中國需要加快與臺灣盟邦建立外交關係，亦須準備好在臺灣海峽發生直接軍事衝突」（The Editorial, 2018b）。[29] 中國外交部發言人華春瑩表示，該法案中的部分條款雖沒有法律拘束力，但嚴重違反「一個中國原則」，盼美方「慎重、妥善處理涉臺問題，以免為中美關係造成嚴重干擾和損害」；否則北京將採取必要手段，捍衛國家權利及利益（Ministry of Foreign Affairs, 2018）。2020 年中國針對川普派遣衛生部長、國務次卿訪臺，在他們停留臺灣時間，戰機頻密跨越臺海中線，顯示針對性十足。

　　川普政府的對臺政策，或蔡英文總統連任、兩岸中斷協商與人員正常往來，何者是導致中國決定增加戰機進入臺灣西南防空識別區的次數，有待進一步釐清。中國戰機在 2020 年進出臺灣的防空識別區次數，是 1996 年以來最多的入侵次數。但是，川普卸任之後，2021 年中國戰機進出臺灣防空識別區，卻較 2020 年高出近三倍。中國是在川普任內開始密集進入臺灣防空識別區，且跨越臺海中線。2020 年 8 月和 9 月，北京為因應川普政府衛生部長、國務次卿訪問臺灣，在他們停留臺灣期間，採取激進跨越海峽中線的模式，並否認有所謂中線的存在（請見表 2-12）。[30] 自此之後，美國政府沒有派遣高層官員訪臺，北京也沒有派遣戰機跨越海峽當面的中線。[31]

---

[29] 香港城市大學教授林丹（Daniel Lynch）（2018）在臺灣旅行法通過後，指出川普很可能會在某個時間點，冒著與中國發生軍事衝突的風險打臺灣牌。

[30] 中線不是一條假想的線，而是一條分界線，有五個座標，分別是北緯 23° 東經 119°、北緯 24° 東經 120°、北緯 25° 東經 121°、北緯 26° 東經 122°、北緯 27° 東經 123°。除戰機飛行員遵守不跨越中線的幾十年默契，2008 年簽訂海峽兩岸空運協議及 2009 年簽署海峽兩岸空運補充協議，規範臺灣海峽北線與南線空中飛航路線，避免穿越臺海中線，之後兩岸航班安排與飛行時，也都同予以遵行。

[31] 2022 年 5 月，中國一架武直 10 攻擊直升機曾跨越海峽中線西南端 0.5 海里。

表 2-12　中國戰機跨越海峽中線

| 日期 | 戰機類型 | 所屬期間 |
|---|---|---|
| 2019/3/31 | 殲 11 戰機 | 美國海軍韋伯號驅逐艦（USS Curtis Wilbur）、海岸防衛隊巴索夫號緝私艦（USCGC Bertholf）通過臺海（2019/3/24） |
| 2020/8/10 | 殲 11、殲 10 戰機 | 美國衛生部長阿札爾訪臺次日 |
| 2020/9/18 | 殲 16、殲 11、殲 10 戰機 | 美國國務次卿柯拉克訪臺次日 |
| 2020/9/19 | 殲 16、殲 11、殲 10 戰機 | 柯拉克在臺期間 |

資料來源：作者整理自公開新聞資料。

　　中國清楚跨越海峽中線的嚴重性，雖要避免卻無法完全停止，但它的執行與美國閣員訪臺有極大關聯性。2021 年 1 月，川普政府取消駐聯合國大使克拉芙特在卸任之前訪臺，其中一項原因與中國軍方可能再度跨越臺海中線有關。根據國防部長艾斯伯（Mark T. Esper）的回憶錄，他的任內（2019/7-2020/11）與中國軍事有相關的事，他最擔心臺灣與南海的安全，而美國與中國作戰計畫的完備，是國防部的十大目標之一。艾斯伯為了使美國總統大選平順進行，2020 年 10 月 20 日透過聯繫管道讓北京知道「美軍不尋求任何形式的對抗」（2022: 513），並責成美國參謀首長聯席會議主席米利（Mark Milley）與中國參謀長李作成在 2020 年 10 月 30 日通話，確保雙方緩和緊張、避免誤判（513, 526-527, 530）。11 月 9 日，艾斯伯因不支持川普（調派現役國民兵進入華府）、私自聯繫中國軍方，而被川普開除（Woodward and Costa, 2021: 148-149）。2021 年 1 月 8 日，米利再度與李作成通話，反映中方或擔憂美國總統大選後的亂象，或不滿川普派遣閣員訪臺，或擔心川普是否阻止國會確認大選結果，而對中國施以軍事行動。米利的承諾也有擔憂中國戰機逾越海峽中線的可能性。米利向中方表示，不排除川普使用類似對伊朗、索馬利亞、葉門、敘利亞的小型軍事行動，承諾若美國要對中國動武，會事先致電李作成；他認為中國有提升戒備，但川普政府國家安全會議、國務院首長顯然沒有獲得中國提升警戒的情報（Gertz, 2021; Woodward and Costa, 2021: 129）。[32] 然而，美國眾議院議長裴洛西（Nancy Pelosi，民主黨，加州）卻致電米利，要其對總統使用核子武器要嚴密管控，顯然對川普的精神狀態與決策風格極大不安（Woodward and Costa, 2021: xix-xxvii）。

---

[32] 國防部長艾斯伯對國家安全顧問歐布萊恩未整合各方意見後再向川普提出建議深感不妥，也對川普貶抑美軍能力、忽略參謀首長聯席會議成員，深不以為然，請參見 Esper（2022: 297-307, 366-367）。

　　川普四年任內軍售臺灣超過 180 億美金，比歐巴馬八年任內多出 40 億美金。北京雖宣布對售臺武器的美國國防企業雷神科技公司（Raytheon Technologies）、波音綜合國防系統集團（Boeing Integrated Defense Systems）、洛克希德馬丁公司（Lockheed Martin）的制裁，但象徵性居多，難以有效阻止美國對臺未來軍售。2022 年 2 月，中國外交部表示，將根據反外國制裁法，針對向臺灣出售武器的軍火工業企業雷神科技公司和洛克希德馬丁公司提供臺灣愛國者飛彈相關設備與工程，所涉及的侵權行為，限制獲得稀土礦產的經濟制裁（Pao, 2022）。北京強調原則、根本利益、互不干涉內政、後發制人、不尋求對抗，但也不怕對抗等，慣用「核心利益」指涉臺灣、香港、南海等，對美工作與川普政府針鋒相對，卻是到了川普任內最後一年才清楚表態。中國的反彈不足以嚇阻川普政府與國會對臺灣支持的強度，而北京更必須將重點置於中美貿易科技戰、中美戰略利益、兩國領導人互動，而減少了牽制川普對臺政策的籌碼。最具戲劇性的是，中國外交部在拜登就任的第一天，宣布對川普政府卸任 28 名官員予以制裁，因為他們「在涉華問題上嚴重侵犯中國主權」，包括國務卿龐培歐、國家安全顧問波頓及歐布萊恩、副國家安全顧問博明、訪問臺灣的衛生部長阿札爾、國務次卿柯拉克等人，禁止他們入境中、港、澳，限制他們及其關聯的企業、機構與中國打交道、做生意。[33] 北京有意使他們在卸任之後的出路受到影響，這些卸任美方官員也無從反制裁，但中國與共和黨的關係卻更加疏離。

## 伍、結論

　　川普總統個性與領導類型屬於「負面—積極型」，除形式風格難以預測外，透過推特開除閣員、退出多邊國際機制，皆破壞美國傳統的外交運作。相較於尼克森總統的中國政策，開啟美中關係正常化的大門，川普對中國展開貿易與科技戰，使美國對中國敵視政策的雛形逐漸明顯。一如詹森總統是交易型的總統，川普在就任總統之前，想在臺灣議題上促使中國大陸對美國讓步，上任之後不再接聽來自蔡總統的電話，也是與習近平的一種交易。如前國家安全顧問波頓所言，川普一提到臺灣，就感覺不易消化，深怕臺灣有礙川普對中國貿易戰的戰略。川普一上任就對習近平承諾「尊重一個中國政

---

[33] 其他被制裁的卸任官員有納瓦羅、駐聯合國大使克拉芙特、前首席策士班農、亞太助理國務卿史達偉（David Stilwell）等。北京沒有列出制裁川普政府官員的完全名單，且國防部長艾斯伯沒有在名單之內。2021 年 7 月，中國反制美方對香港制裁，對川普政府商務部長羅斯等實施反制裁。

策」，不再接聽蔡總統電話，顯然藉此交換北京在中美貿易問題上的讓步。川蔡通話或許為「川普的臺灣麻煩」拉起序幕，也讓北京更加警戒川普對臺的政策動向。川普總統沒有因避提臺灣，就因而改善美中關係，在美中貿易協定之後新冠疫情肆虐，致使美中關係再度惡化，難以認定臺灣是川普任內美中關係惡化的主因。川普在意他能否連任，追求美國經濟成長，對中國的貿易科技戰成為政策的最優先，在外交與國防安全雖協助臺灣，卻不是他的優先順序。川普總統任內極少公開提及臺灣，對美國面對臺海緊張或危機時，仍採取「戰略模糊」而沒有調整為採取「戰略明確」的政策。川普政府上任之初對中國限時要求跨國公司更改臺灣的屬性名稱，亦沒有強烈回應。川普總統與政府國安團隊好在不是完全一體，方使得對臺關係有成長的空間。

　　國務卿龐培歐、國家安全會議官員（波頓、歐布萊恩、博明）、國防部長艾斯伯、智庫與主流民意等，而不是川普總統本人，使得美臺關係得以往前邁進。這或許說明了新古典現實主義的國內政治所涉及的諸多中介變數，不是川普總統一個人說了算，當國家安全幕僚團隊與國內不同機構將中國視為「主要威脅」，川普難以完全扭轉，也提供了解川普政府對臺政策的合理途徑。中國共產黨與習近平對新疆、香港與臺灣的政策，加上第一階段貿易協定的簽署，促使川普政府轉為更快速、密集支持臺灣。可惜的是，推動對臺灣的友善行動集中在 2020 年下半年，而需提升關係的事項又有許多，來不及一一完成。

　　美國國會提供川普簽署涉臺法律的機會，也將美臺關係建立在國會對中國共產黨及習近平的不滿之上，中共在美臺關係提升上所發揮的助力不少。川普總統簽署美國國會涉臺多項法律，除了需要回應國會支持臺灣的聲浪，亦可將北京的反彈導向國會，而非川普本人。更何況，美國總統可以選擇性執行「國會的意見」。然而，川普政府不斷呼籲臺北需要提升不對稱戰力，也大幅對臺軍售，形成他是對臺灣最友好的美國總統印象。相較於臺灣保證法與國防授權法呼籲協助臺灣儘快提升不對稱戰力，川普簽署的臺灣旅行法、臺北法是過去總統所沒有的法律依據。當川普總統忙於競選、與習近平關係因新冠疫情而惡化，龐培歐具體執行「國會的意見」，為美臺關係與臺灣的外交處境，開拓新的空間。川普總統簽署的 2018 年亞洲再保證倡議將四十年以來口頭對臺灣安全的「六項保證」予以明文法律化，成為美國政府官員聲明「一個中國」政策時，有利於臺灣的制式用語。

　　川普政府在任四年宣布對臺軍售的金額，遠超過 1979 年以來任何一位美國總統。川普公開表態出售武器給臺灣的考量因素，是經濟、就業的利益，是否助益臺灣與中國大陸軍力平衡，促使臺海兩岸得以對話，均不像前幾任總統有類似的表態。川普不喜歡高調宣布對臺軍售，顧慮因素是美中第一階段貿易協定尚未正式簽署，擔憂可能破壞他

與習近平之間的關係。北京對川普貿易科技的壓制，雖也提高關稅，但能使用的經濟籌碼相對較少。中國針對川普政府加強對臺灣的支持，挑選了最直接的軍事回應，即使如此，對跨越海峽中線謹慎控制，但進入臺灣防空識別區次數增加，進一步促使美國國會提高對臺灣的支持，也使得美國決策菁英更加重視中國在國際安全所形成的挑戰。中國政府面對美國大選結束後的政局混亂，在川普卸任後的當天宣布制裁「反中友臺」官員，雖是最後的反擊，卻難以使美臺關係因而逆轉。

# 參考文獻

方冰（2022 年 2 月 25 日）。〈尼克松訪華五十年之際 烏克蘭危機改變美中關係？〉，《美國之音》。https://www.voachinese.com。

王浩（2018）。〈特朗普政府對華戰略調整的雙重邏輯及其互動〉，《世界經濟與政治》，3：47-69。

中華民國總統府（n.d.）。〈新聞與活動〉。https://www.president.gov.tw/Page/35。

仇朝兵（2021 年 1 月 29 日）。〈中美關係新態勢下的臺灣問題：走向與評估〉，《愛思想》。https://www.aisixiang.com。

尹繼武（2018）。〈特朗普的個性特質對美國對華政策的影響分析〉，《當代美國評論》，2：52-74。

吳心伯（2021）。〈特朗普對中美關係的衝擊與美國對華政策剖析〉，《復旦學報》，5：169-175。

汪曙申（2021）。〈特朗普政府的對臺政策及其影響〉，《美國研究》，5：117-134。

周琪（2021）。〈特朗普的政治遺產及拜登政府對華政策展望〉，《當代世界》，2：4-11。

侯姿瑩（2019 年 5 月 25 日）。〈李大維會美國安顧問波頓 斷交後首例〉，《中央通訊社》。https://www.cna.com.tw/news/firstnews/201905250074.aspx。

信強（2021）。〈特朗普政府時期美臺安全合作的變化〉，《美國研究》，5：102-116。

美國在臺協會（n.d.）。〈新聞及活動〉。https://www.ait.org.tw/zhtw/news-events-zhtw。

高碩泰（2022 年 12 月 26 日）。〈「川蔡通話」的偶然與必然〉，財團法人國策研究院文教基金會。http://inpr.org.tw/m/405-1728-26811,c112.php?Lang=zh-tw。

張文宗、張磊（2021）。〈特朗普政府淘空一個中國政策的危害：兼論拜登政府的對台政策〉，《和平與發展》，2：1-17。

BBC 中文網（2018 年 3 月 20 日）。〈習近平稱「懲罰、譴責」分裂祖國 臺灣：別說三道四〉。https://www.bbc.com/zhongwen/trad/chinese-news-43475862。

楊衛東（2021）。〈特朗普政府時期美國自由國際主義大戰略的調整〉，《美國研究》，3：81-98。

達巍、周武華（2020）。〈回到未來：2020 年美國大選與中美關係的機遇〉，《美國研究》，6：32-44。

蔡榮祥（2020）。〈國際政治平衡者的角色和轉變：比較歐巴馬總統時期和川普總統時期的美中臺三角關係〉，《遠景基金會季刊》，21，1：1-50。

115th Congress (2018). *2018 Report to Congress of the U.S.-China Economic and Security Review commission, 115th Congress, 2nd session.* U.S. Government Publishing Office. https://www.uscc.gov/sites/default/files/annual_reports/2018%20Annual%20Report%20to%20Congress.pdf.

116th Congress (2020). *2020 Report to Congress of the U.S.-China Economic and Security Review commission, 116th Congress, 2nd session*. U.S. Government Printing Office. https://www.uscc.gov/sites/default/files/2020-12/2020_Annual_Report_to_Congress.pdf.

2020 Saw Most PLA Intrusions into Taiwan's ADIZ since 1996: Report (2021, January 2). *The Central News Agency*. https://focustaiwan.tw/cross-strait/202101020015.

Allison, G. (2017). *Destined for War: Can America and China Escape Thucydides's Trap?* Houghton Mifflin Harcourt.

Allison, G. (2020). The New Spheres of Influence: Sharing the Globe with Other Great Powers. *Foreign Affairs*, 99, 2: 30-40.

Barber, D. (2009). *The Presidential Character: Predicting Performance in the White House* (4th ed.). Pearson Education.

Barrios, R. (2021). Reimagining U.S. Engagement with Latin America and the Caribbean in Response to a Risen China. In E. A. Carr, Jr. (ed.), *From Trump to Biden and Beyond: Reimagining US-China Relations* (pp. 39-59). Palgrave Macmillan. https://doi.org/10.1007/978-981-16-4297-5_4.

Beckley, M. (2021). The End of the Affair: U.S.-China Relations under Trump. In S. A. Renshon and P. Suedfeld (eds.), *The Trump Doctrine and the Emerging International System* (pp. 227-245). Palgrave Macmillan. https://doi.org/10.1007/978-3-030-45050-2_9.

Blinken, A. (2021, October 26). *Supporting Taiwan's Participation in the UN System*. U.S. Department of State. https://www.state.gov/supporting-taiwans-participation-in-the-un-system.

Bolton, J. (2020). *The Room Where It Happened: A White House Memoir*. Simon & Schuster.

Campbell, K. M. and R. Doshi (2020, December 3). The China Challenge Can Help America Avert Decline: Why Competition Could Prove Declinists Wrong Again. *Foreign Affairs*. https://www.foreignaffairs.com.

Campbell, K. M. and M. Rapp-Hooper (2020, July 15). China is Done Biding Its Time: The End of Beijing's Foreign Policy Restraint? *Foreign Affairs*. https://www.foreignaffairs.com.

Campbell, K. M. and E. Ratner (2018). The China Reckoning: How Beijing Defied American Expectations. *Foreign Affairs*, 97, 2: 60-70. https://www.jstor.org/stable/44822081.

Campbell, K. M. and J. Sullivan (2019). Competition without Catastrophe: How America Can Both Challenge and Coexist with China. *Foreign Affairs*, 98, 5: 96-110.

Chang, E. (2022, January 3). 5 Chinese Military Planes Enter Taiwan's ADIZ: Taiwan Sent Aircraft, Broadcast Radio Warnings, Deployed Air Defense Missiles to Track PLAAF Planes. *Taiwan News*. https://www.taiwannews.com.tw.

Colby, E. and R. D. Kaplan (2020, September 4). The Ideology Delusion: America's Competition with China is Not about Doctrine. *Foreign Affairs*. https://www.foreignaffairs.com.

Congress.gov (n.d.). *Legislative Search Results for "Taiwan"*.

https://www.congress.gov/search?q=%7B%22congress%22%3%5B%22118%22%5D%2C%22source%2
2%3A%22all%22%2C%22search%22%3A%22taiwan%22%7D.

Davis, J. H. and E. Lipton (2016, December 6). Bob Dole Worked Behind the Scenes on Trump-Taiwan Call. *The New York Times*. https://www.nytimes.com.

DeLisle, J. and A. Goldstein (2021). Rivalry and Security in a New Era for US-China Relations. In *After Engagement: Dilemmas in U.S.-China Security Relations* (pp. 12-16). Brookings Institution.

Doshi, R. (2021). *The Long Game: China's Grand Strategy to Displace American Order*. Oxford University Press.

Dyer, G. and C. Clover (2016, December 5). Trump Criticises Beijing in Defense of Call with Taiwan's Leader. *Financial Times*. https://www.ft.com.

Economy, E. (2019, October 1). China's Neo-Maoist Moment: How Xi Jinping is Using China's Past to Accomplish What His Predecessors Could Not. *Foreign Affairs*. https://www.foreignaffairs.com.

Esper, M. T. (2022). *A Sacred Oath: Memoirs of a Secretary of Defense During Extraordinary Times*. William Morrow.

Exclusive: Donald Trump on Cabinet Picks, Transition Process (2016, December 11). *Fox News Sunday*. https://www.foxnews.com.

Gertz, B. (2021, October 12). Milley War-scare Calls to Chinese General Questioned: Trump, Senior Aides Never Told of "Alarming" Intelligence. *The Washington Times*. https://www.washingtontimes.com.

Gewirtz, J. (2020). China Thinks America is Losing: Washington Must Show Beijing It's Wrong. *Foreign Affairs*, 99, 6: 62-72.

Glaser, B. S., M. J. Mazarr, M. J. Glennon, R. Haass, and D. Sacks (2020, September 24). Dire Straits: Should American Support for Taiwan be Ambiguous? *Foreign Affairs*. https://www.foreignaffairs.com.

Goldstein, S. (2016, December 12). Trump Risks War by Turning the One China Question into a Bargaining Chip. The Washington Post. https://www.washingtonpost.com.

Govinfo (2018). *An Act to Encourage Visits between the United States and Taiwan at All Levels, and for Other Purposes*. https://www.govinfo.gov/content/pkg/PLAW-115publ135/html/PLAW-115publ135.htm.

Govinfo (2019). *An Act to Express United States Support for Taiwan's Diplomatic Alliances around the World*. https://www.govinfo.gov/content/pkg/BILLS-116s1678enr/html/BILLS-116s1678enr.htm.

Govinfo (2021). *Consolidated Appropriations Act, 2021*. https://www.govinfo.gov/content/pkg/PLAW-116publ260/html/PLAW-116publ260.htm.

Haass, R. and D. Sacks (2020, September 2). American Support for Taiwan Must be Unambiguous. *Foreign Affairs*. https://www.foreignaffairs.com.

Hartnett, S. J. (2021). *A World of Turmoil: The United States, China, and Taiwan in the Long Cold War*. Michigan State University Press. https://doi.org/10.14321/j.ctv1h9dm44.

Hass, R. (2021). *Stronger: Adapting America's China Strategy in an Age of Competitive Interdependence*. Yale University Press.

House.gov (2020, April 16). *Thornberry Unveils Indo-Pacific Deterrence Initiative*. https://republicans-armedservices.house.gov/news/press-releases/thornberry-unveils-indo-pacific-deterrence-initiative.

House.gov (2021). *Division K-Department of State, Foreign Operations, and Related Programs Appropriations Act, 2021*. https://docs.house.gov/billsthisweek/20201221/BILLS-116RCP68-JES-DIVISION-K.pdf.

Jones, J. M. (2022, March 7). Terrorism, Nuclear Weapons, China Viewed as Top U.S. Threats. *Gallup Poll*. https://news.gallup.com.

Kan, S. (2018, June 20). Congressional Support for Taiwan's Defense through the National Defense Authorization Act. In The National Bureau of Asian Research (ed.), *Strengthening U.S.-Taiwan Defense Relations* (pp. 3-7). Editor. https://www.nbr.org/publication/strengthening-u-s-taiwan-defense-relations.

Kanapathy, I. (2022, June 17). *The Collapse of One China*. Center for Strategic and International Studies. https://www.csis.org/analysis/collapse-one-china.

Kanno-Youngs, Z. and P. Baker (2022, May 23). Biden Pledges to Defend Taiwan If It Faces a Chinese Attack. *The New York Times*. https://www.nytimes.com.

Lampton, D. (2020, April 14). US' Taipei Act is a Needless Provocation Aimed at China, Even If Unintended. *South China Morning Post*, p. A11.

Landler, M. and D. E. Sanger (2016, December 2). Trump Speaks with Taiwan's Leader, An Affront to China. *The New York Times*. https://www.nytimes.com.

Lawrence, S. (2016, December 8). *The Trump-Tsai Call and the United States' "Unofficial" Relationship with Taiwan*. CRS Insight. https://sgp.fas.org/crs/row/IN10620.pdf.

Lawrence, S. V. and W. M. Morrison (2017). Taiwan: Issues for Congress (R44996). Congressional Research Service. https://crsreports.congress.gov/product/details?prodcode=R44996.

Liao, G. (2020, August 24). Trump Says China "Knows What He Will Do" If It Invades Taiwan: US President Claims in Fox News Interview that China is Aware of How He Will React If It Attacks Taiwan. Taiwan News. https://www.taiwannews.com.tw.

Lin, C.-N. (2021a, February 7). US Encourages Guyana to Build Taiwanese Ties. *Taipei Times*, p. 1.

Lin, C.-N. (2021b, October 23). Beijing Misinterpreting Resolution 2758: US official. *Taipei Times*, p. 1.

Lynch, D. (2018, March 19). Playing the Taiwan Card: Trump is Needlessly Provoking China. *Foreign Affairs*. https://www.foreignaffairs.com.

McMaster, H. R. (2021). *Battlegrounds: The Fight to Defend the Free World*. Harper.

Mearsheimer, J. J. (2021). The Inevitable Rivalry: America, China, and the Tragedy of Great-power Politics. *Foreign Affairs*, 100, 6: 48-58.

Ministry of *Foreign Affairs* (2018, March 21). *Foreign Ministry Spokesperson Hua Chunying's Regular Press Conference*. http://kw.china-embassy.org/eng/fyrth/201803/t20180321_1553634.htm.

Mintz, A. and K. DeRouen, Jr. (2010). *Understanding Foreign Policy Decision Making*. Cambridge University Press. https://doi.org/10.1017/CBO9780511757761.

Navarro, P. (2021). *In Trump Time: A Journal of America's Plague Year*. All Seasons Press.

O'Brien, R. C. (ed.). (2020, October 9). *Trump on China: Putting America First – A Collection of Speeches Laying Out the Most Significant United States Foreign Policy Shift in a Generation*. The White House. https://trumpwhitehouse.archives.gov/wp-content/uploads/2020/11/Trump-on-China-Putting-America-First.pdf.

Paletta, D., C. E. Lee, and A. Browne (2016, December 2). Trump Spoke with Taiwan President in Break with Decades of U.S. Policy. *The Wall Street Journal*. https://www.wsj.com.

Pao, J. (2022, February 22). China Takes Rare Earth Aim at Raytheon and Lockheed: New Chinese Sanctions Aim to Restrict US Defense Contractor's Access to Rare Earths in Retaliation for Taiwan Arms Sales. *Asia Times*. https://asiatimes.com.

Peck, M. (2020, August 24). China Can Capture Taiwan in Three Days, Say Former U.S. Officials. *Forbes*. https://www.*forbes*.com.

Perlez, J. (2016, December 3). China Sees New Ambiguity with Donald Trump's Taiwan Call. *The New York Times*. https://www.nytimes.com.

Pomfret, J. (2016, December 5). America's Overreaction to Trump's Taiwan Call is Dangerous. *The Washington Post*. https://www.washingtonpost.com.

Pompeo, M. (2023). *Never Give an Inch: Fighting for the America I Love*. Broadside Books.

Posen, B. R. (2018). The Rise of Illiberal Hegemony: Trump's Surprising Grand Strategy. *Foreign Affairs*, 97, 2: 20-27.

Price, N. (2021, April 9). *New Guidelines for U.S. Government Interactions with Taiwan Counterparts*. U.S. Department of State. https://www.state.gov/new-guidelines-for-u-s-government-interactions-with-taiwan-counterparts.

Ripsman, N. M., J. W. Taliaferro, and S. E. Lobell (2016). *Neoclassical Realist Theory of International Politics*. Oxford University Press. https://doi.org/10.1093/acprof:oso/9780199899234.001.0001.

Rogin, J. (2021). *Chaos under Heaven: Trump, Xi, and the Battle for the Twenty-first Century*. Houghton Mifflin Harcourt.

Rogin, J. (2022, March 9). Xi Jinping Promised Trump He Wouldn't Invade Taiwan – And Trump Believed Him. *The Washington Post*. https://www.washingtonpost.com.

Rose, G. (1998). Review: Neoclassical Realism and Theories of Foreign Policy. *World Politics*, 51, 1: 144-172. https://doi.org/10.1017/S0043887100007814.

Sanger, D. E. and L. Jakes (2021, January 12). Holding Fast to Trump, Pompeo Angers Diplomats, Foreign and Domestic. *The New York Times*, p. A19.

Senate.gov (2021). *Explanatory Statement for Department of State, Foreign Operations, and Related Programs Appropriations Bill, 2021*. https://www.appropriations.senate.gov/imo/media/doc/SFOPSRept.pdf.

Senate.gov (2022). *Explanatory Statement for Department of State, Foreign Operations, and Related Programs Appropriations Bill, 2022*. https://www.appropriations.senate.gov/imo/media/doc/SFOPSREPT_FINAL.PDF.

Sevastopulo, D. (2017, February 10). Trump Backs "One China" Policy in First Presidential Call with Xi. *Financial Times*. https://www.ft.com/content/40825e36-ef3f-11e6-930f-061b01e23655.

Sevastopulo, D. (2021, April 10). US to Ease Restrictions on Meeting Taiwanese Officials. *Financial Times*. https://www.ft.com.

Shaban, A. R. A. (2020, July 10). U.S. "Backs" Taiwan-Somaliland Cooperation. *Africa News*. https://www.africanews.com/2020/07/10/us-backs-taiwan-somaliland-cooperation.

Silver, L., K. Devlin, and C. Huang (2020, October 6). *Unfavorable Views of China Reach Historic Highs in Many Countries: Majorities Say China Has Handled COVID-19 Outbreak Poorly*. Pew Research Center. https://www.pewresearch.org/global/2020/10/06/unfavorable-views-of-china-reach-historic-highs-in-many-countries/#negative-views-of-china-on-the-rise.

Smeltz, D. and C. Kafura (2021, August). *For First Time, Half of Americans Favor Defending Taiwan if China Invades*. The Chicago Council on Global Affairs. https://www.thechicagocouncil.org/sites/default/files/2021-08/2021%20Taiwan%20Brief.pdf.

Smith, L. E. (2021). Trump and Congress. *Policy Studies*, 42, 5/6: 528-543. https://doi.org/10.1080/01442872.2021.1955849.

Smith, M. (2020, October 15). *Who Do People in Asia-Pacific Want to Win the US Presidential Election?* YouGov. https://yougov.co.uk/topics/politics/articles-reports/2020/10/15/who-do-people-asia-pacific-want-win-us-presidentia.

Some Republicans Applaud Trump Call with Taiwan (2016, December 3). VOA News. https://www.voanews.com/a/some-republicans-applaud-trump-call-with-taiwan/3622217.html.

Sullivan, J. (2018). The World after Trump: How the System Can Endure. *Foreign Affairs*, 97, 2: 10-19.

Swanson, A. (2020, October 6). Top China Critics Become Its Defender. *The New York Times*, p. B1.

Swanson, A., P. Mozur, and R. Zhong (2020, May 20). A Tech Fight, U.S. vs. China, Pulls in Taiwan. *The New York Times*, p. B1.

The Editorial (2018a, March 1). US Should Not Be Baited into Breaking Its Word: *China Daily* Editorial. China Daily. http://usa.chinadaily.com.cn/a/201803/01/WS5a9801faa3106e7dcc13ef7e.html.

The Editorial (2018b, March 21). Taiwan Travel Act to Meet Countermeasures. *Global Times*. https://www.globaltimes.cn.

The Editorial Board (2016a, December 5). Tweets are a Dangerous Way to Deal with China. *The Washington Post*. https://www.washingtonpost.com.

The Editorial Board (2016b, December 23). Stoking Tensions with China. *The New York Times*. https://www.nytimes.com.

The Editorial Board (2019, October 6). Senators Answer Beijing's Bullying: Congress Advances a Bill to Enhance Taiwan's Diplomatic Standing. *The Wall Street Journal*, p. A18.

The Policy Planning Staff (2020, November). *The Elements of the China Challenge*. U.S. Department of State. https://www.state.gov/wp-content/uploads/2020/11/20-02832-Elements-of-China-Challenge-508.pdf.

The Times Editorial Board (2016, December 7). Trump's Stumbling First Steps on the World Stage. *Los Angeles Times*. https://www.latimes.com/opinion/editorials/la-ed-trump-foreign-20161207-story.html.

The US-Taiwan Business Council (2021, August 5). *Notified Taiwan Arms Sales 1990-2021*. https://www.ustaiwandefense.com/taiwan-arms-sales-notified-to-congress-1990-2021.

The US-Taiwan Business Council (2022). *Taiwan in the National Defense Authorization Act*. Taiwan Defense & National Security. https://www.ustaiwandefense.com/taiwan-in-the-national-defense-authorization-act-ndaa-2022.

The White House (2017). *National Security Strategy of the United States of America*. https://trumpwhitehouse.archives.gov/wp-content/uploads/2017/12/NSS-Final-12-18-2017-0905.pdf.

The White House (2020). *United States Strategic Approach to the People's Republic of China*. https://trumpwhitehouse.archives.gov/wp-content/uploads/2020/05/U.S.-Strategic-Approach-to-The-Peoples-Republic-of-China-Report-5.24v1.pdf.

The White House (2022, May 13). *Bills Signed: S. 812 and S. 3059*. https://www.whitehouse.gov/briefing-room/legislation/2022/05/13/bills-signed-s-812-and-s-3059.

Trump, D. (2016). *Great Again: How to Fix Our Crippled America*. Threshold Editions.

Trump, D. and T. Schwartz, (1987). *Trump: The Art of the Deal*. Ballantine Books.

Trump White House – National Archives (2021, January 5). *U.S. Strategic Framework for the Indo-Pacific*. https://trumpwhitehouse.archives.gov/wp-content/uploads/2021/01/IPS-Final-Declass.pdf.

Trump's Taiwan Play: The Phone Call with the Island's President Looks Like a Calculated Move (2016, December 4). *The Wall Street Journal*. https://www.wsj.com/articles/trumps-taiwan-play-1480872407.

U.S. Department of Defense (2018a). *Nuclear Posture Review*. https://media.defense.gov/2018/Feb/02/2001872886/-1/-1/1/2018-NUCLEAR-POSTURE-REVIEW-FINAL-REPORT.PDF.

U.S. Department of Defense (2018b). *Summary of the 2018 National Defense Strategy of the United States of America*. https://dod.defense.gov/Portals/1/Documents/pubs/2018-National-Defense-Strategy-Summary.pdf.

U.S. Department of Defense (2019, June 1). *Indo-Pacific Strategy Report: Preparedness, Partnerships, and Promoting a Networked Region*. https://media.defense.gov/2019/Jul/01/2002152311/-1/-1/1/ DEPARTMENT-OF-DEFENSE-INDO-PACIFIC-STRATEGY-REPORT-2019.PDF.

U.S. Department of State (2019, November 4). *A Free and Open Indo-Pacific: Advancing a Shared Vision*. https://www.state.gov/wp-content/uploads/2019/11/Free-and-Open-Indo-Pacific-4Nov2019.pdf.

U.S. Senator for Florida, Marco Rubio (2016, September 27). *Rubio Introduces Legislation to Strengthen U.S.-Taiwan Relations*. https://www.rubio.senate.gov/public/index.cfm?p=Press-Releases&id=2FA4892E-9BF5-4DC4-A391-521A12EA2D55#_blank.

U.S. Senator for Florida, Marco Rubio (2018, June 8). *Rubio, Inhofe, Gardner, Cornyn Urge President Trump to Send Cabinet-level Official to Opening of American Institute in Taiwan Compound*. https://www.rubio.senate.gov/public/index.cfm/2018/6/rubio-inhofe-gardner-cornyn-urge-president-trump-to-send-cabinet-level-official-to-opening-of-american-institute-in-taiwan-compound.

Senator Tom Cotton of Arkansas (2018, February 28). *Cotton Statement on Senate Passage of the Taiwan Travel Act*. https://www.cotton.senate.gov/news/press-releases/cotton-statement-on-senate-passage-of-the-taiwan-travel-act.

Westad, O. A. (2019). The Sources of Chinese Conduct: Are Washington and Beijing Fighting a New Cold War? *Foreign Affairs*, 98, 5: 86-95.

Wilson Center (2019, October 24). *Vice President Pence delivers inaugural Frederic V. Malek Public Service Leadership Lecture*. [Video] https://www.wilsoncenter.org/event/video-vice-president-pence-delivers-inaugural-frederic-v-malek-public-service-leadership.

Winnefeld, J. A. and M. J. Morell (2020, August). *The War That Never Was?* U.S. Naval Institute. https://www.usni.org/magazines/proceedings/2020/august/war-never-was.

Wolff, M. (2018). *Fire and Fury: Inside the Trump White House*. Henry Holt and Company.

Wong, A. (2018, March 22). *Deputy Assistant Secretary Alex Wong at AmCham Taipei's 50th annual Hsien Nien Fan* [Video]. YouTube. https://www.youtube.com/watch?v=tStUzQa5QqE.

Wong, E. and L. Jakes (2020, January 7). Pompeo Upended Middle East by Pushing Trump to Kill Iranian General. *The New York Times*. https://www.nytimes.com.

Woodward, B. (2018). *Fear: Trump in the White House*. Simon & Schuster.

Woodward, B. (2020). *Rage*. Simon & Schuster.

Woodward, B. and R. Costa (2021). Peril. Simon & Schuster.

WSJ Staff (2020, June 18). Transcript of President Trump's Interview with the Wall Street Journal. *The Wall Street Journal*. https://www.wsj.com/articles/transcript-of-president-trumps-interview-with-the-wall-street-journal-11592501000.

# 第三章

## 北京對川普任內中美關係的總評估：
## 中方學者論點述評 *

### 張登及

國立臺灣大學政治學系教授兼臺大人文社會高等研究院副院長

## 壹、前言：川普促成美中關係的典範轉移

中共在 2019 年慶祝「建黨百年」，成為世上最長壽的共黨一黨執政國家，超越了蘇聯。早在中國經濟超越日本的十年前甚至更早，就有美歐論者認為北京必將成為華府更強大的對手。但小布希（George W. Bush）時代仍陷於反恐和「大中東戰爭」；歐巴馬（Barrack Obama）後來推出「東亞軸心」（pivot to Asia）也沒有完全放棄用多邊機制「圍合」（congagement）中國。但隨著 2013 年以後中國以一帶一路為平臺對「東亞軸心」、「再平衡」（Rebalancing）和「自由開放印太」實施西向突圍後，美國在一段較短的時間幾乎完成了坎博（Kurt Campbell, 2018）「重估中國」（China Reckoning）揭示的對華戰略辯論，對中國的模式與文化、文明影響的理解，也很快轉變為「大外宣」、「銳實力」的滲透（Nye, 2018）。在川普（Donald Trump）執政到拜登（Joe Biden）繼任這一段時間裡，大量法案和包括副總統、國務卿、國防部長與國會兩院領袖的講話中，美方展開了具有「全社會」、「全部門」、「跨黨派」為後盾對華強硬新戰略。雖然川普與拜登本人或者部分他們的高官，多次否認意圖展開「對華新冷戰」這個概念，至今美國也都有重量級學者辯論、檢討「接觸失敗論」本身是否有問題（Zoellick, 2019; Johnston, 2019: 99-114; Ikenberry and Nathan, 2022）。但眾多國內外學者都認為當前美中關係已經不只是冷戰 2.0，有人甚至認為是「寒戰」（chilly war），「再多對話也難改善關係」（張登及，2021；王緝思，2023）。

---

\* 本文曾宣讀於 2022 年 3 月 22 至 23 日，中央研究院歐美研究所主辦的「2017-2021 年川普政府美中臺關係及其影響」研討會，並為國立臺灣大學臺灣韌性社會研究中心計畫（Grant no. 112L900302）所資助，特於此對歐美所與韌性中心表示感謝。

　　從歐巴馬總統時期起，中美關係事實上已經是當代國際關係中最重要的一組雙邊關係。川普 2016 年當選後，兩國在朝鮮半島核武危機、南海問題與「貿易戰」等的競爭，更吸引了全世界的目光。北京為因應美國的挑戰，更加強調穩定周邊情勢。為此習近平 2018 年 6 月在北京召開的「中共中央外事工作會議」，特別堅持外交大權掌握在中共中央，中美關係更是習近平親自主導、影響大陸「雙百」戰略目標全局的重中之重；北韓核問題、貿易戰、大國外交等議題無不在他親自部署之下推進。美國認為中國已變成他的全球「對手」（rival）之際，北京當時採取「以時間換取空間」，靜待美國內部矛盾發酵，或運用與川普及其家族的關係，推動全球與區域戰場的間接戰略，以爭取東協、歐盟等之避險（hedging），以緩和美方施展「印太」（Indo-Pacific）攻勢的壓力（葉長城，2018：81）。

　　自現任總書記、國家主席習近平於 2012 年中共「十八大」接替作風溫和、共青團和技術官僚出身的胡溫領導班子上任以來，北京的對外政策轉向「更加奮發有為」、「敢於鬥爭、敢於勝利」（陸克文，2018；Goldstein, 2020: 164-201）。本文認為這有三大背景因素：改革開放以來積累三十餘年的國力持續增長、美國因大中東「反恐戰爭」帶來的中國戰略機遇期、改革進入深水區遭遇的嚴峻政經挑戰（包括增長紅利逐漸消退、經濟下行「新常態」、官僚貪腐、生產過剩與高槓桿帶來的金融領域系統性風險）。習李班子第一屆便展開「改革開放 3.0」的新工程，二度採「以外逼內」方式企圖攻堅克難，更提出「中國夢」、「民族復興之路」等結合愛國與發展願景之號召，並於 2014 年起開始透過自創新建制、主場外交等方式全力推進其「新亞歐戰略」：一帶一路（張登及，2015：20-23）。雖遭遇美國歐巴馬總統「亞太再平衡」之「巧制衡」，但當時大體強勢、順利進展，直到川普上任第二年底從訪問北京之行返回，也就是 2018 年初「貿易戰」開打，雙方對對方的認知全面進入典範轉移（paradigm shift）。

　　此一轉移的戲劇性節點便是美國商界領袖川普挾全球民粹風潮橫空出世、強勢崛起。他在 2017 年秋「川習會」後迅即部署貿易戰，直取大陸發展中各項系統性弱點。可以說習近平上臺至 2018 年初，其「更加奮發有為」對外戰略態勢和資源配布，開始遭遇最大之內外挑戰。習第一任期應對美國「霸權護持」採取之西進突圍、國際秩序內生性改造的攻勢戰略，已在「十九大」初步完成「新時代」「中國特色」之總結。從內外大局看，為求在嚴峻形勢中穩步邁向 2022 年中共「二十大」與第一個百年（初步建成小康社會，已在 COVID-19 疫情前夕宣布完成），全力應對中共「中央經濟工作會議」明確指出的「穩中有變」挑戰，避免「奮發有為」對內政產生逆火（backfire），中國外交在「川拜之交」轉入總體戰略守勢，局部（針對美國、臺海、日本、加拿大等）採行針鋒相對攻勢的時期。當烏克蘭戰爭進入僵持階段，2023 年春，北京提出《關於政治解決烏克蘭危機的中國立場》後，這種態勢更加明確（Pierson, 2023）。

　　美中雙方彼此認識的典範轉移在美國如何發生，研究頗多（Zhou, 2019: 1-34）。但中國大陸方面的認知變遷是如何發生的？僅從中共官方的說法不容易發現。因為官方即便有外長或發言人對美加以批判（例如批評美國的臺港疆政策，或反擊美方「中國病毒」等評論），像是楊潔篪於 2021 年 3 月在阿拉斯加反駁美方「以實力出發」的政策，首度提出「平視外交」這樣尖銳的主張，外交上相當少見。本文希望在前述脈絡下，有選擇地從中國大陸（不含港澳）國際關係若干核心期刊有代表性的作者，從 2016 年至 2021 年間發表的對川普對華政策的探討，先分析得出彼等對川普任內中美關係的評估。雖然說是「總評估」恐怕代表性不足，但學術與實務上，仍具有一定參考的價值。

## 貳、川普任期的中美關係：僵局全方位擴散

　　2018 年 10 月 4 日，時任美國副總統彭斯（Mike Pence）於智庫哈德遜研究所，針對美國的中共政策發表演講，被後人譽為抗中的新版「鐵幕演說」，高度象徵性地說明了 2018 年年中是中美關係典範轉移的節點。彭斯當時強調：「北京正在使用一種全政府的手段，利用政治、經濟、軍事工具以及宣傳，在美國推進其影響和利益。中共也比以往更活躍地使用其力量，來影響並干預美國的國內政策和政治。」因此，彭斯也繼續強調：「川普總統去年 12 月公布的《國家安全戰略》中，談到大國競賽的新時代。外國開始重塑他們在區域和全球的影響力，並挑戰美國的地緣政治優勢，並試圖改變國際秩序使之適合他們的利益。」過去，美國自信於難以撼動的優越地位（American Primacy），幾乎不會呼應有「多極」暗示的「大國競賽」（great power rivalry/ competition），現在已經認識到局勢有所不同，政策要改弦更張。可以說「大國競賽」也是美方認知國際局勢發生典範性變化的一個訊號。以下本文先概述此發展的進程與背景。

## 一、2018 年 1 月：關係開始下沉

　　川普政府 2017 年末以來發出了三份戰略性文件〔2017 年 12 月的《國家安全戰略綱要》（National Security Strategy of the United States of America）、2018 年 1 月的《核態勢評估報告》與《國防戰略報告》〕，美國在 2017 年 12 月公布的《國家安全戰略綱要》中，即正式將中國大陸與俄羅斯界定為「修正型大國」（revisionist powers）。此與 2018 年 10 月 4 日副總統彭斯在華盛頓智庫哈德遜研究所發表被譽為「新鐵幕演說」的強硬演講，都顯示無論是認知面還是結構面，轉入「大國競賽」的美中關係難以擺脫學

者艾利森（G. Allison）所稱之「修昔底德陷阱」（Thucydides's Trap）。尤其是 2017 年秋「外交政策」（Foreign Policy）傳出關於國安顧問波頓（John Bolton）施壓要防長馬提斯（James Mattis）辭職，2017 年底果然傳出馬氏去職。2018 年起川普團隊中對華穩健強硬派進一步讓位給全面強硬派，檯面上內閣穩健強硬主力僅存出身金融界的財長梅努欽（Steven Mnuchin），當年的變化可說一葉知秋。當年年初雙方關係開始進入典範性轉變的另一個訊號，則發生在臺海：即繼 2016 年「川蔡通話」後，2018 年 1 月美國通過《臺灣旅行法》，大幅放寬臺方高階人員訪美的限制，此後也取消共軍參加「環太平洋」（Rim Pac）軍演，對華出口加徵鉅額關稅，並陸續推出眾多軍售、涉港涉疆的制裁中國法案。

　　2018 年形成但在疫情爆發前尚未凝固的美國對華新戰略中，與美蘇冷戰最相近的兩大措施就是「脫鉤」（de-coupling）與「推回」（push-back）。推回比較接近歐巴馬時代的「再平衡」（rebalancing），只是其包括的內容更廣，舉凡北京在地理空間、國際制度、科學技術、規範話語，甚至商品與人員流動等領域增加的影響與衝擊，美國應協調盟友力圖將它們壓縮回去。與再平衡相同點是，「推回」目的是除去北京「修正現狀」造成的改變，恢復美方主導的舊均勢。但川普時代推回中國的新意帶有更多攻勢性的反擊和驅趕，例如封鎖華為、大疆、海康威視等中資技術在海外的布局，以及聯絡包括臺灣與四方安全對話（QUAD）在內的東亞前線夥伴，努力將解放軍海、空軍活動「推回」第一島鏈。

## 二、從「推回」轉向「脫鉤」

　　2018 年後比「貿易戰」、「推回」策略影響更加深遠的是美中「脫鉤」。推回是恢復前一個均勢但不反對交往，例如美蘇地緣政治爭奪與限武談判、體育競技等可以同時進行。「脫鉤」則是針對對手的經濟進行直接打擊，以促使對方全面潰敗。途徑是限制甚至阻斷資金、技術、知識、人員以及貿易的來往，不使對手從和本國的互動得到任何相對收益（relative gains），同仇敵愾、長期堅持直到「完勝」（outcompete）對手（中美關係年終回顧，2022）。這個情境除了正式交戰國的相互封鎖，只有冷戰中期以前的美蘇關係差可比擬。包括當時副總統彭斯，一直到拜登政府高官，儘管表面上都否認「脫鉤」是美國對華「激烈競爭」的大戰略，然而曾最貼近川普內圈的班農（Steven Bannon）、納瓦羅（Peter Navarro）等策士都積極主張中美脫鉤。今日回看，美國對華政策已遠超過「推回」，至少選擇性「脫鉤」是現在進行式（張登及，2019）。

　　由於上述僵局無法緩解，美中都渾身解數力圖藉由「內部制衡」（internal balancing）與「外部制衡」（external balancing）來嚇阻對方。美國的內部制衡是強化各項抗中法案，嚴格限制中方取得美方技術，同時大幅擴增國內基礎建設投資，避免中方科技與經濟趕超。川普任期後段的外部制衡主要是緩和「退群」的負面影響，有限度參加 G7、G20、氣候峰會，特別是積極升級與臺灣的軍事和工業〔特別是與晶片等有關的產業鏈：乾淨網路（Clean Network）〕合作關係。可以說對臺的「戰略模糊」接近揚棄邊緣，事實上等於隱性地支持「一中一臺」。反對任何形式的兩岸和緩，已是美國制衡中國持續崛起並突破西太平洋美國傳統勢力範圍（在南海與臺海中線以東的優勢）的唯一選擇。到拜登當選、「拜習視訊會」所謂建立「護欄」（guardrail）與蘇格蘭氣候峰會等「非傳統安全」的合作，僅是防止兩強因敵意升溫導致意外，造成過早開戰的緩兵之計，完全無法解決「修昔底德陷阱」的結構性矛盾。

## 參、經貿：壓艙石變成導火索

　　雖然 2016 年底川普當選前後已有對抗中國的興趣，但 2017 年上臺第一年前幾個月美中關係並未如預期地緊張，尤其是 4 月習近平應邀前往美國，到「海湖莊園」與川普進行非正式會見，緊接著雙方達成百日經貿「早收清單」，美方也派出國安顧問弗林（Michael Flynn）的亞洲主管博明（Matthew Pottinger）出席 5 月中方的「一帶一路峰會」，接著川習又在 G20 漢堡峰會會見，至當年 10 月中共「十九大」，川普還致電祝賀，不足一個月後川普更親自訪問北京。整個 2017 年川習互動還算熱絡，川普夫人甚至穿著旗袍出席活動、比夫婿多留北京進行遊覽，給外界中美關係好像好轉的錯覺，殊不知這即將是美國歷史上最後一位在任總統訪華；而且很可能川習「莊園會」之後，極難再有中共政治局常委級以上高層訪美。

## 一、2018 年 6 月：北韓核問題、貿易談判雙失落

　　2018 年一開年中美雙方貿易談判主持人劉鶴、賴海哲（Robert Lighthizer）、梅努欽等開始多輪談判，川普則用推特（原為 Twitter，現為 X）不時發文帶風向，也希望向中國推銷他另一個重大議程：無核化談判與「川金會」。從 3 月 22 日川普動用關稅開始，6 月川金新加坡峰會欠缺實質效益，7 月美方大幅增稅，中方對美國大豆等進行報復，9 月中方發布「關於中美貿易摩擦的事實與中方立場」文件，然後就是彭斯副總統在哈得遜智庫（Hudson Institute）的「新鐵幕演說」，指控「中國製造 2025」目的是

2025 年要控制全球 90% 高科技製造。

　　中美外交上的嚴重衝突始於 10 月 8 日龐培歐國務卿（Michael Pompeo）旋風訪華不足 24 小時，習近平罕見不予接見。此後美方也把新疆、臺海、南海問題與貿易糾紛匯合起來批判中國，雖然 12 月 1 日川習又在阿根廷 G20 會議達成貿易停火九十天，但川普似乎刻意於會見時啟動空襲敘利亞，加拿大也在此事前後以美國要求引渡為由，扣押「華為公主」孟晚舟，北京也立即於十天後以刑事理由逮捕兩名加拿大公民，至此雙方氣氛急轉直下。

　　2019 年繼續展開的五輪貿易談判幾乎毫無成果，3 月底爆發的香港「反送中」事件又引起北京日益嚴厲的介入與美歐日的譴責。美中至 5 月談判中斷，美國以國安為由宣布制裁華為等 70 家中方科技企業。稍後談判雖恢復，但川普已經開始進入「選舉軌道」，接連退出《美俄反中程飛彈條約》與氣候變化的《巴黎協定》，並於 8 月對價值50 億美元的中國進口貨品追加 10% 的關稅。雖然 2020 年初兩方終於簽署《第一階段貿易協議》，且 COVID-19 疫情初期時川普以為美國無恙，還和習近平通電肯定中方抗疫專業，但美國疫情很快失控後，共和黨競選主軸即對準「中國病毒」和「中國拜登」。當年 6 月楊潔篪與龐培歐在夏威夷的會談，可能是中美建交以來雙方最不客氣的交火，直到川普因疫情等因素敗選。

## 二、個人歸因與社會歸因

　　上述起伏跌宕的過程，一開始中國大陸學界頗多認為是川普「交易思維」、「反建制」、「軍人情結」，甚至因「自戀」把「愛己」和「愛國」混為一談，但其本人與家族務實重商，最多是一種「新孤立主義」，沒有真正「抗中」思想（刁大明，2017：65-84；袁征，2017：17-33；王一鳴、時殷弘，2018：98-127）。大陸學界不少判斷仍相信，如果是個人層次（individual level）因素，那麼加強首腦外交，以領導人導向與議題導向管理紛爭，爭取「對華慎重派」如賴海哲等，以使中美仍有接觸空間。何況此時學者多認同中國在貿易與金融上實力和議程設定權薄弱，不宜與美爭奪治理引領者之地位（刁大明，2017：82；吳心伯，2018：81-82；張發林，2018：9）。

　　但更多中方學者意識到，表面上看似川普個人的特質，其實是全球化造成不平等的問題下，美國社會分裂的縮影，使得「紅州 vs. 藍州」愈來愈難以協調，反全球化的潮流與左派進步派的黨爭，在社群媒體效應下日益「部落化」、「極端化」。而此一發展適逢中共「十九大」集中權力，兩者形成巨大的形象反差。而川普的勝利關鍵恰好是全球化受害嚴重的美國「鐵鏽州」，這裡也有眾多「戰場州」與「搖擺州」，使共和黨

更偏好對內訴求古典自由主義反福利反干預、對外施行保護主義與極限施壓的政策（李巍、張玉環，2017：8-39；刁大明，2018：38；王勇，2018：8；張文宗，2020：40；李巍，2020：7）。只是如果問題是個人與社會的複合因素造成，那麼美中經濟深度互賴，仍可以作為雙邊關係的「壓艙石」（袁鵬，2018：1）。

## 三、相對收益與「前景」分析

但隨著2018年中兩國貿易紛爭快速外溢，中國學界也意識到「首腦引領」與「壓艙石」不足以解答問題。問題的核心可能更在於中美雙方貿易戰背後的國力競爭，造成美方對競爭「前景」（prospect）與展望逐漸悲觀，判斷中國「相對收益」愈趨增加，並歸因於這是因為「中國模式」本質上會在「自由國際秩序」中占到包括國營、補貼、剽竊智財等不公正行為的便宜，造成美國朝野二戰以來史無前例地針對一個特定國家產生的緊迫感和舉國的共識，認為中國已經是比蘇聯更具威脅性的「修正主義」政權，中國對美國的威脅已經變質成「生存威脅」（existential threat）。而這樣的感知，後來也為美國國會所確認（袁鵬，2018：1-3；劉衛東，2018：32、38；倪峰，2018：19；陳定定等人，2019：55-90；Foran, 2023）。

在這種情境下的對華競爭，已經不只是生產和貿易，而是技術與知識的生死之爭（existential struggle），要盟國拘留中資CEO孟晚舟只是這種鬥爭的戲劇化。這種情緒還在智庫普遍瀰漫，甚至主張華府可以不惜壯士斷腕，進行新冷戰的「政治、規則、功能、觀念」四大脫鉤，可說是「權力移轉」認知的「心理學化」（閻學通，2019；王明國，2020：72；龐琴，2020：69-73；宋鷺、孫巧玲，2021）。

# 肆、安全：假朋友轉向真對手

## 一、從朝鮮交易轉向全域威懾

川普執政時期偏好用即期收益，轉用於美國社群媒體內宣，以收穫選民支持。在貿易領域造成退出《跨太平洋夥伴協定》（Trans-Pacific Partnership Agreement, TPP）與美加墨北美自由貿易區（North America Free Trade Area, NAFTA），在非傳統安全領域導致退出《巴黎協定》，在地緣政治上表現在急於在歐巴馬無法得分的「北韓核」問題，透過「強制接觸」（coercive engagement）締造奇蹟來取分。川普深知要撬動金正恩政

權讓步，勢必要借中國施壓，所以「海湖莊園」會談的兩大期待是習近平能在北韓與貿易兩項都給予美方讓步，換取延後貿易戰（王敏、朱峰，2017：1-8；袁征，2017：29）。但北京不可能用永久放棄「朝鮮牌」，換取短暫又不可靠的貿易停戰，必然要求川普對貿易、華為／中興、臺海等議題連鎖（issue linkage）上，有系統性、可靠的回報。而這些交換即使是川普本人願意考慮的，但愈來愈陷於對華戰略焦慮的美國菁英，卻難以認同。

　　就此而言，即便川普能妥協，但更有「抗中」系統性見解的共和黨「戰略派」也不可能滿足於重商主義、放棄地緣圍堵去討好川普（王浩，2018：46）。國安顧問波頓甚至還要川普不惜對北韓、委內瑞拉、伊朗等考慮用兵而被革職，可見川普個人的彈性也會遭遇黨內甚至朝野逐漸成形的「抗中」認知的制約（劉衛東，2018：36）。川普無法明確回應中方條件，北京自不可能替美牽制北韓，導致兩次「川金會」高調發難、收穫寥寥，在 2018 年中甚至使川普對習近平極為失望，拋出鉅額關稅制裁。「印太戰略」其實早有風潮，但落實於美國成立「印太司令部」，也是在這個背景下才水到渠成（賀凱，2019：13-15）。

　　也就是說，2008 年夏天以後，川普本人的「國內優先、經濟優先」議程，又深度結合了「戰略派」的「中國優先、實力優先」論，追求積極塑造對中國包括常規、核武、海洋、網路、太空的「全域威懾」，使雙方進入了隨時可能爆發常規衝突的高風險時期（羅曦，2018：37-62；凌勝利，2019：1-16）。美國的同盟策略也公開變成聯歐日、反中俄，而烏克蘭戰爭前，中俄卻難以用同盟策略抗美。為此，大陸已有專家認真研究過去兩極體系如何爭取與破壞同盟，結構穩定因素為何的分析（楊原，2019：38；季志業，2019：6）。

　　川普團隊在形成時就包含大量親臺人士，早已引起中方學界的注意。但川普本人不循常規的戰術操作，一度使觀察者研判認為儘管臺美提升關係，但可控於「一中」框架之內（袁征，2017：31-33）。不過從 2018 年貿易戰升高、彭斯演講之後，把臺美關係整併於中美鬥爭，認為美國府、會都在主動操作「臺灣牌」的認識，這種說法在大陸更加普遍，美方支援臺灣也超過「參與國際組織」等外交聲援的層次，陸續提供史無前例的直接軍事支持（陳定定等人，2019）。有學者還注意到《臺灣旅行法》在眾議院贏得 435：0、在參議院贏得 100：0 的壓倒性勝利，比 1941 年美國對日宣戰的表決，共識還要高（當時眾院唱名表決宣戰，出現一張反對票）（倪峰，2018：20）。依此發展，中方知識界判斷美國正刻意「淘空」一中政策，以臺海緊張常態化牽制中國，完全屬於意料之中，北京要有所準備（張文宗、張磊，2021：1-17）。

# 伍、結論：後川普時代中美關係展望

　　近年有人形容 2014 年克里米亞兼併，開啟了俄國與西方的「新冷戰」。本文認為「寒戰」更適合形容當前對立嚴重、錯綜複雜、衝突易生的中美關係，其轉捩點是 2018 年中，值得學界特別加以關注與反思（吳心伯，2018：84）。本文綜合中外主流觀察，2018 年中美貿易戰以來，兩強的對抗性（confrontational）結構已經形成四個僵局：

## 一、美中對抗四個僵局

　　第一，中國經濟與軍事力量迅速崛起，已經進入挑戰霸主「權力移轉」高危區的 70：100 區間，構成雙方戰略互疑（strategic suspicion）的巨大基礎。第二，處於上升區間的挑戰者，會盼望自己的空間勢力範圍與制度影響範圍，與基礎實力保持一致。從美方來看，中方因此希望在第一島鏈贏得自由出入的空間、在國際政經制度推動「新秩序」，完全符合修正主義的要件。若美國以綏靖待之，華府之領導在盟國間的信用勢必受損。第三，中方目前的競爭態勢遠比前蘇聯廣泛而全面（comprehensive）。中美雙方因全球化造成互賴的短兵相接肉搏戰，接觸點與燃點眾多，比壁壘分明的「冷戰」容易引爆、更難管理。第四，兩強的國內社會狀態強化衝突趨勢。中共經濟早已無法持續過去高增長、野蠻增長的模式，緩降且必須弭平所得不平等造成的不穩定。北京除了消極「維穩」，就靠民族主義——「偉大復興」的願景發力支撐。而美國社會同樣面臨治理失能、所得分配不均造成的大分裂（Great Divide）。舉凡社福、氣候、疫苗、基建等重大問題，無論是川普還是拜登，都面臨難以彌合的僵局。拜登民調在 2022 年春夏因烏克蘭戰爭略有回升，但到了 10 月以後，民主黨又開始因通膨等因素落後共和黨，雖然期中選舉結果民主黨「少輸為贏」，但目前川普仍是共和黨 2024 年最具聲望的總統競爭者。這使「抗中」成為拜登「超越紅藍」唯一選擇，突出對美鬥爭也符合中國大陸對川普－拜登時期美國對華政策的認知和判斷。從政策領域來看，中美關係未來關注點如下。

## 二、美中對抗關注點

　　第一，中美對抗烈度。拜登總統指明要與中國「激烈競爭」，實際上相當多中美雙方學者愈來愈覺得當今美中對抗的烈度，更甚於美蘇。美中零和對抗的情況，遠比兩國官方禮貌上說可進行「實質」（substantial）、「建設性」討論，在氣候、公衛、北韓、伊朗問題「仍有合作空間」，來得更加嚴重。就像西方名著《大國政治的悲劇》作者，

芝大政治學教授米爾斯海默（John Mearsheimer）所言，美中國力接近，比美俄更易導致「熱戰」（hot war），即兩國可能爆發比東歐－烏克蘭「區域戰爭」更劇烈的大範圍衝突。從多數大陸學者的分析，也可隱約但確實地感知到這種預期。

第二，中國與西方對抗廣度。雖然美中基礎實力逐漸接近的程度，還不及當年蘇聯能和美國在武器上勢均力敵，但兩強激烈競爭不僅使全球所有區域紛紛捲入，還因為全球資訊化3.0（1.0是計算機化、2.0是網路化、3.0是社群媒體化），人類社會生活全領域都受美中對抗波及，這也是中方學者所說的中美「全域對抗」的情況（楚樹龍、陸軍，2019：20）。

第三，中國與西方對抗深度。美中新冷戰一個更深層的文化與思想背景，就是西方自由國際秩序（Liberal International Order）和制度價值被戰略化（strategized），直接原因則是美國期待中國發展軌跡向西方靠攏落空，於是相信中共「十九大報告」其實就是中國「統治世界的計畫」（倪峰，2018：19；李慶四，2018：12）。川普時期國務院資深官員史金娜（Kiron Skinner）於2019年說，這次對抗是「西方文明第一次與非高加索文明的競爭」，美國應該採用冷戰之父肯楠（George Kennan）的圍堵，贏得「文明衝突」。如果中國與西方的對抗只是肯楠的「權力＋意識形態」，烈度與深度不會超過美蘇冷戰；如果美國社會的排華情緒發展到類似宗教的「心理化」因素深入人心，甚至成為「麥卡錫化」反亞裔運動，衝突機會就不可低估。美國皮優（Pew）民調就顯示，2018年以前美國社會對華觀感仍微幅上升，此後就逐年下降，疫情與雙方罵戰之後猛降，中國形象成為超越俄國的美國公敵（趙梅，2018a：7；王棟，2020：53-54）。

拜登總統當選後，在氣候、防疫、福利、國際組織等多種措施，都與川普前總統有180度的大轉彎。但略有出乎北京意料地，唯獨在對華政策上，拜登團隊迄今似乎更加強硬去堅持川普的立場，被稱為「沒有川普的川普主義」。由於拜登相當主動、努力地與歐盟、北約與QUAD（美日印澳）溝通協調，華府似乎在外交、安全、供應鏈、防疫等四大領域的「抗中」都有所斬獲。與此同時，自新冠疫情爆發而承受上臺以來最大國際壓力的習近平領導當局，除斷斷續續地購買美國農產品執行《第一階段貿易協議》，在包括臺灣、香港、新疆、疫情調查乃至陸企赴美上市與阿富汗危機等所有政經議題上，都採取寸土不讓、甚至主動進擊的政策。這些強勢措施，當然即期的因素正是2021年至2022年政治議程上「建黨百年－二十大」的需要；可說中共雖然似乎依循了習近平在建黨百年前夕政治局集體學習（625講話）中，「謙虛謹慎、戒驕戒躁」的要求，而使個別外交官不再反覆「亮劍」，但「不畏強敵、不懼風險、敢於鬥爭、敢於勝利」的指導，似乎更加固化，成為習近平「有中國特色大國外交思想」中，重要性不亞於傳統「獨立自主和平外交」、「走近世界舞臺中心」、「建設人類命運共同體」的重要元素。

　　中共在「二十大」前，已經強勢展現其「威權韌性」。拜登面臨期中選舉與 2024 年連任，展現強力領導也必不甘示弱，雙方的「模式」之爭恐將滑向民主與集權的準宗教之爭。還有社群媒體時代黨爭的操作模式，也是川普時代遺留給美國社會的「路徑依賴」。2022 年 10 月中共「二十大」已經確立習近平三連任後，美國的國安報告再次確認川普時期的對華定位：中國是本世紀唯一兼具挑戰美國之能力與意圖、步步進逼的威脅（pacing challenge）。加上德國、韓國改選，交棒後的新政府也高舉人權和道德外交。菲律賓總統改選後，也出現比較親美的路線，美國帶領西方集團抗中的聲勢，得到了一些加強（羅豔華、龐林立，2019：9；趙梅，2018b：37；滕建群，2020：16）。

　　雖然仍有部分大陸學者相信美中經濟互賴複雜，可能出現「低度交流」但能競爭性共存的「新模式」（陶文釗，2019：40；周琪，2019：57；刁大明、王麗，2020：12；王帆，2021：8）。但兩國共同致力於全球善治已不可能，只好緊密關注美國內政與社會的變化，退求與拜登管理新冷戰（吳心伯，2019：7-8；趙可金，2020：21；周偉鐸、莊貴陽，2021：17）。這當中唯一需要關注的變數是美俄關係。如果因烏克蘭戰局僵持，美國需要繼續分散資源於東歐，制衡北京的能力還會受到牽制。但援烏自我設限，不僅給法、德投機的空間，也會招來東歐前線國家對美國的懷疑，能否開啟和談又避免北京收穫促和聲譽，難度太高。如此一來，華府需準備同時對中俄進行冷戰式的持久戰，但又要避免在軍事戰勝成本太高下，同時觸發對俄與對華熱戰，平衡如何拿捏，也是臺灣應當密切關注之事。

# 參考文獻

刁大明（2017）。〈特朗普政府對外決策的確定性與不確定性〉，《外交評論》，2：65-84。

刁大明（2018）。〈試析美國共和黨的「特朗普化」〉，《現代國際關係》，10：38-45。

刁大明（2019）。〈特朗普政府對外政策的邏輯、成因與影響〉，《現代國際關係》，6：19-27。

刁大明、王麗（2020）。〈中美關係中的「脫鉤」：概念、影響與前景〉，《太平洋學報》，7：12-27。

王一鳴、時殷弘（2018）。〈特朗普行為的根源——人格特質與對外政策偏好〉，《外交評論》，1：98-126。

王帆（2021）。〈中美關係的未來：走向「新冷戰」抑或戰略合作重啟〉，《國際問題研究》，1：55-68。

王明國（2020）。〈從制度競爭到制度脫鉤——中美國際制度互動的演進邏輯〉，《世界經濟與政治》，10：72-159。

王勇（2018）。〈國內結構變革與中美關係的未來走向〉，《現代國際關係》，6：7-9。

王浩（2018）。〈特朗普政府對華戰略調整的雙重邏輯及其互動〉，《世界經濟與政治》，3：47-69。

王敏、朱鋒（2017）。〈特朗普政府的朝核政策調整及前景〉，《和平與發展》，5：1-18。

王棟（2020）。〈新冠肺炎疫情對當前中美關係的影響及前瞻分析〉，《國際政治研究》，3：51-59。

王緝思（2023年4月4日）。〈癥結在各自國內問題，中美再多對話也難改善關係〉，《聯合早報》。https://www.zaobao.com.sg/news/china/story20230404-1379240。

吳心伯（2018）。〈特朗普執政與美國對華政策的新階段〉，《國際問題研究》，3：80-93。

吳心伯（2019）。〈競爭導向的美國對華政策與中美關係轉型〉，《國際問題研究》，3：7-20。

宋鷺、孫巧鈴、李欣潔（2021）。〈美國智庫涉華研究的「新冷戰化」趨勢〉，《現代國際關係》，4：9-59。

李慶四（2018）。〈特朗普對華貿易戰的原因及影響〉，《現代國際關係》，6：12-15。

李巍（2020）。〈美國鐵鏽地帶及其對國際經濟秩序的影響〉，《現代國際關係》，12：6-8。

李巍、張玉環（2017）。〈「特朗普經濟學」與中美經貿關係〉，《現代國際關係》，2：8-39。

汪金國、張立輝（2021）。〈美日印澳四邊機制升級的新趨勢〉，《現代國際關係》，5：32-40。

周偉鐸、莊貴陽（2021）。〈美國重返《巴黎協定》後的全球氣候治理：爭奪領導力還是走向全球共識？〉，《太平洋學報》，9：17-29。

周琪（2019）。〈論特朗普的對華政策及其決策環境〉，《世界經濟與政治》，3：57-77。

季志業（2019）。〈大國關係調整態勢：美國強化霸主地位〉，《現代國際關係》，2：6-9。

倪峰（2018）。〈常規因素與非常規因素匯合——美國對華政策的質變〉，《現代國際關係》，7：15-23。

凌勝利（2019）。〈「特朗普衝擊」與亞太地區秩序調整〉，《和平與發展》，4：1-16。

袁征（2017）。〈試論特朗普政府對外政策趨向〉，《和平與發展》，1：17-33。

袁鵬（2018）。〈把握新階段中美關係的特點和規律〉，《現代國際關係》，6：1-3。

張文宗（2020）。〈美國政治極化與對華政策的極端化〉，《和平與發展》，2：40-132。

張文宗、張磊（2021）。〈特朗普政府掏空一個中國政策的危害——兼論拜登政府的對臺政策〉，《和平與發展》，2：1-142。

張登及（2015）。〈一帶一路：大陸新亞歐戰略的地緣政治分析〉，《交流》，139：20-24。

張登及（2019年11月22日）。〈脫鉤與推回：國際秩序的出路或災難〉，《中國時報》，版12。

張登及（2021年11月3日）。〈找不到出口的寒戰〉，《中國時報》，版12。

張發林（2018）。〈全球金融治理體系的演進：美國霸權與中國方案〉，《國際政治研究》，4：9-36。

陳定定、康曉蒙、夏雨（2019）。〈「壓艙石」到「導火索」：中美經貿關係分析〉，《國際政治科學》，4：55-90。

陶文釗（2019）。〈中美關係的複雜性、矛盾性和基本經驗〉，《和平與發展》，3：40-52。

陸克文（2018）。〈習近平的世界觀〉（章昌文譯），《國防譯粹》，45，9：18-23。（Original work from: Rudd, K. [2018, March]. How Xi Jinping Views the World. *Foreign Affairs*.）

賀凱（2019）。〈美國印太戰略實質與中國的制度制衡：一種基於國際關係理論的政策分析〉，《現代國際關係》，21：13-21。

楊原（2019）。〈大國政治的喜劇：兩極體系下超級大國彼此結盟之謎〉，《世界經濟與政治》，12：38-68。

楚樹龍、陸軍（2019）。〈美國對華戰略及中美關係進入新時期〉，《現代國際關係》，3：20-28。

葉長城（2018）。〈川普「亞洲行」及其後美國與日、韓、中、越、菲雙邊關係的發展和意涵分析〉，《全球政治評論》，64：77-110。

趙可金（2020）。〈「兩個美國」與美國對華政策走向〉，《現代國際關係》，12：20-22。

趙梅（2018b）。〈特朗普時代的美國媒體〉，《國際政治研究》，4：37-67。

趙梅（2018a）。〈警惕麥卡錫主義在美國沉渣泛起〉，《現代國際關係》，6：5-7。

劉衛東（2018）。〈特朗普政府對華施壓的國內動因〉，《現代國際關係》，7：32-38。

滕建群（2020）。〈論美國特朗普主義的興起與影響〉，《和平與發展》，6：16-135。

閻學通（2019）。〈美國遏制華為反映的國際競爭趨勢〉，《國際政治科學》，2：3-6。

羅曦（2018）。〈美國構建全域制勝型戰略威懾體系與中美戰略穩定性〉，《外交評論（外交學院學報）》，3：37-62。

羅豔華、龐林立（2019）。〈美國人權制裁的新動態及其影響——以《全球馬格尼茨基人權問責法》為例〉，《國際政治研究》，3：9-37。

龐琴（2020）。〈中美權力變化與美國公眾對「中國威脅」的認知〉，《世界經濟與政治》，7：69-158。

Campbell, K. (2018, March). The China Reckoning: How Beijing Defied America's Expectations. *Foreign Affairs*. https://www.foreignaffairs.com.

Foran, C. (2023, March 1). Bipartisan Lawmakers Warn of China Threat at Select Committee's First Hearing. *CNN*. https://edition.cnn.com.

Goldstein, A. (2020). China's Grand Strategy under Xi Jinping: Reassurance, Reform, and Resistance. *International Security*, 45, 1: 164-201.

Ikenberry, J., A. Natha, S. Thornton, S. Zhe, and J. Mearsheimer (2022, March/April). A Rival of America's Making? *Foreign Affairs*. https://www.foreignaffairs.com.

Johnston, A. I. (2019). The Failures of the Failure of Engagement with China. *Washington Quarterly*, 42, 2: 99-114.

Mazarr, M. (2022). Great Power Rivalry in a Changing International Order: Concepts and Theories. *Rand*. https://www.rand.org.

Nye, J., Jr. (2018, January). China's Soft and Sharp Power. *Project Syndicate*. https://www.project-syndicate.org.

Pierson, D. (2023, April 20). As Xi Befriends World Leaders, He Hardens His Stance on the U.S. The *New York Times*. https://www.nytimes.com/2023/04/20/world/asia/xi-china-us.html.

Zhou, J. (2019). Power Transition and Paradigm Shift in Diplomacy: Why China and the US March towards Strategic Competition? *Chinese Journal of International Politics*, 12, 1: 1-34.

Zoellick, R. (2019, December). Can America and China be Stakeholders? *Carnegie Endowment for International Peace*. https://carnegieendowment.org.

# 第四章

## 網路科技競爭：川普的網路安全政策及其對中國與全球資訊科技發展的影響 *

姚宏旻

國防大學國際安全研究所副教授兼所長

## 壹、前言

　　網路科技，亦稱為資通訊科技（information and communication technology, ICT）[1]，過去被稱為二十世紀的重大發明之一，其誕生不但為現代人類生活帶來便利，並大幅度地改變人類社會互動模式。也因此過去主流文獻常逕自引用這種烏托邦式的論述方向，並主張數據通訊技術的進展，將能強化溝通、縮減隔閡，並賦予個人扭轉傳統由上而下政治結構的能力，有效推動全球化（globalization）進程（Castells, 2002, 2009; Friedman, 2005; Nye, 2004）。然而，自 2017 年美國川普（Donald Trump）總統對中國科技政策運用的經驗性觀察卻發現，國際政治互動實與這些觀點有反差性的發展趨勢，過去對於科技的論述似乎過於樂觀。事實上網路科技非但未能凝聚中美兩國共識並化解歧見，雙方反而於數據領域（digital domain）齟齬日生。顯然的，過去這種基於科技決定論（techno-logical determinism）的論述不但過於樂觀（MacKenzie and Wajcman, 1999），甚至中美近年於數據領域的互動，除一反學者過去主張技術發展能改善政治關係的論述，似乎科技發展反而更會受到雙邊政治關係的左右。

　　回顧過去歷史發現，中美雖自 2017 年起於科技領域之競爭愈趨白熱化，但雙方基於數據領域的結構性戰略環境轉變，最早卻始於中國於 2013 年所提出建立「絲綢之

* 本文為國防部 109 年度「補助軍事院校教師（官）從事學術研究」之延伸研究，後於中央研究院歐美研究所「2017-2021 年川普政府美中臺關係及其影響」研討會發表初稿，並經淡江大學翁明賢教授提供寶貴建議精進。本文曾刊載於《歐美研究》，第 53 卷第 2 期，頁 225-275。
[1] 本文之「網路科技」泛指由資通訊科技所構成的軟／硬體資訊基礎設施系統。另本文後續「digital」一詞通譯為「數據」，少部分內容則以「數位」或「數字」代替，主要係因考量反映各別引用來源資料的原文。

路經濟帶」以及「海上絲綢之路」的構想，即後來被稱為「一帶一路」（One Belt One Road）計畫的綜合性巨型倡議（新華社，2016）。其後中國於 2015 年 3 月明確提出「推動共建絲綢之路經濟帶和二十一世紀海上絲綢之路的願景與行動」，並計畫推進國際通信互聯互通的資訊絲綢之路（中華人民共和國國家發展改革委、外交部、商務部，2015）。及至 2017 年時，習近平利用第一次於北京召開的一帶一路國際合作高峰論壇，在 29 個國家、聯合國（United Nations）、國際貨幣基金組織（International Monetary Fund, IMF）及世界銀行（World Bank, WB）代表前宣布，正式提出一帶一路倡議下的數據次計畫 ——「數字絲綢之路」（Digital Silk Road, DSR）（新華社，2017）。迄 2019 年時，中國宣稱其一帶一路計畫已獲得 137 個國家及 30 個國際組織的支持（新華社，2019），然而美國政府卻遲至川普總統任內，方於 2019 年 11 月 4 日藉第三十五屆東協（Association of Southeast Asian Nations, ASEAN）峰會時，方才宣布發起一個由美國主導的基礎建設倡議 ——「藍點網路」（Blue Dot Network, BDN）。川普政府宣稱藍點網路將能樹立「全球基礎建設，提供高品質、高信賴標準」（U.S. International Development Finance Corporation. [DFC], 2019），以阻止過去部分國家誤陷中國一帶一路債務陷阱的難題。顯然的，一場新型的中美大國科技權力競逐已然於數據領域浮現。

　　是故，本文的問題意識在於，即便前述的歷史回顧顯示中美雙方自 2013 年起於數據領域的結構性權力已逐步發生重大轉變，然而川普總統前的美國歷屆政府，卻僅於 2015 年由歐巴馬（Barack Obama）政府與中國簽訂普遍遭評為「效果可議」，雙方同意互不執行商業竊密的網路安全協議，並遲遲仍未採取強力抗衡政策（Brown and Yung, 2017）；事實上美國是在川普總統任內方有對中貿易戰與科技戰的全面競爭（李淳等人，2021），並自 2019 年起提出藍點網路計畫與後續「乾淨網路計畫」（Clean Network Initiative）等強烈的網路安全政策，反制中國在科技領域的影響力，顯見無論中美間數據權力結構性因素如何消長，美國對於中國數據領域的政策應對，最終仍須受到國內領導人對戰略環境解讀而制約。也因此，為精進國內學術社群了解此數據領域的國際性重大發展過程，本文採用國際關係學理上外交政策分析的途徑，並置重點於了解 2017 年至 2020 年川普總統執政期間的網路安全政策，進而探討這樣的局勢發展對中國以及世界之後續影響。

　　依此，行文脈絡說明如次：首先，由於本文是就新興網路安全議題的政策分析嘗試，故於第貳節預先說明網路安全與外交政策分析取向的理論關聯；其次依設定之分析途徑，於第參節檢視當時川普總統之「威脅認知」（threat perception），並進而說明所採取之分析框架；然後依說明之分析框架，分別於第肆節簡短回顧歷史上中美數據權力消長的遠因，以及於第伍節探討這樣的發展如何形成結構性變化；其後於第陸節回顧川普總統威脅認知下的政策應對與效果，最終於第柒節檢討這樣的變化對中國與世界後續

局勢之影響，並於第捌節執行理論反思與總結。

## 貳、網路安全政策與外交政策分析

　　一般而言，一個主權國家為維護自身利益所採取的對外官方行為屬外交政策，也因此本文有關美國政府應對中國數據權力崛起的官方網路安全政策作為，亦屬於廣義外交政策。然而，國際環境數據權力變動的結構性因素，並不是決定美國外交政策行為的唯一依據。事實上過去著重國際結構（structure）變化的國際關係理論往往遭詬病僅能提供就一國所處戰略環境的「趨勢」（tendency）分析，而非具體「行為」（behavior）分析（Rose, 1998: 171）。也因此華茲（Kenneth Waltz）於 1979 年出版的《國際政治理論》（*Theory of International Politics*）中便坦承：「國際關係理論可以描述國家行動可能結果的範圍及給定系統內各因素的相互作用……但它不能告訴我們國際系統內各行為體將如何有效地回應這些結構性壓力和可能性的選擇。」（1979: 71）。換言之，解釋一國的外交政策抉擇，將不能僅仰賴著重結構「行為者無差別」（actor-general）的理論框架，亦須基於「行為者有差異」（actor-specific）的分析視角。畢竟，無論國際環境客觀的結構如何發展，最終仍必須透過所涉政府外交決策者的主觀局勢感知與判斷（Jervis, 1976）。換言之，無論中美間權力結構如何變化，一改中國「韜光養晦」對外政策而轉為「奮發有為」的戰略基調，是當時的中共總書記習近平而不是胡錦濤（閻學通，2014）；而最終使美國對中國採取強勢網路安全政策乃是當時美國川普政府的決定，而不是過去慣常被評為採取多邊主義且未能對中強勢回應的歐巴馬總統（Rose, 2017）。不過，這樣的觀察亦不代表任何的外交政策分析將全由政府領導人主導，而國際結構因素在美國網路安全決策過程中絲毫不具影響，畢竟正如馬克思指出：「人類創造歷史，但無法隨意把歷史創造成自己喜歡的模樣……卻需囿於已存在的現況做決定。」（Marx, 2008: 15）。因此，正如同歐巴馬在其自傳《應許之地》（*A Promised Land*）中，辯解其執政期間之所以未能對中強勢應對，乃考量中國當時之於世界經濟發展之重要性（Obama, 2020: 475-476）；這即說明在外交政策分析時，國際結構因素不應是一種常數（constant），而須被視為是一種變數（variable）。

　　換言之，本文的外交政策分析需解釋「特定」時期外交決策者，如何在「特定」的國際環境中做出對外行為。正如同華茲在《人、國家與戰爭》（*Man, the State, and War*）中層次分析（level of analysis）所關切的不同意象（images）（Waltz, 1959）；畢竟身處相同外部結構且具類似國力的國家，由於國家內部環境不同，所採取的外交行為也會有所差異。故這種同時包含「外部」（結構）及「內部」（行為者）兩層次因素

的政策分析，被國際關係學者稱為新古典現實主義（neoclassical realism）（Rose, 1998: 146）；而有關新古典現實主義的因果主張如圖 4-1 所示：

圖 4-1　新古典現實主義的因果主張
資料來源：作者整理。

## 參、國際外部結構與美國內部威脅認知

　　雖然米爾斯海默（John Mearsheimer）於《大國政治的悲劇》（*The Tragedy of Great Power Politics*）指出：「大國很少滿足於當前的權力分配。相反的，他們隨時具有強烈動機改變世界局勢以滿足他們。他們幾乎總是有修正主義的意圖，並試圖等待合理時機以武力改變權力平衡。」（2001: 2）。不過就中美的網路科技競爭而言，即便本案例中被視為自變量的中國所擁有之權力，在數據領域的發展反映此理論預測，然歐巴馬以前的領導人在面臨中國挑戰美國建立之既有秩序（status quo）時，其外交政策行為卻仍保持交往而非全面抗衡。這樣的實證觀察反映出第貳節所說明的分析取向，亦即客觀的結構性因素雖提供衝突發生的可能基礎，但特定國家最終的外交行為抉擇仍需仰賴中介變量，亦即各國不同時期領導人主觀的威脅認知。畢竟正如希臘作家修昔底德（Thucydides）於《伯羅奔尼撒戰爭史》（*History of the Peloponnesian War*）中指出，「使戰爭不可避免的原因是雅典（例如中國）實力的增長和斯巴達（例如美國）因此而起的恐懼」，這也使得本文須判明川普總統對於中國數據權力增長的威脅認知。

　　在判斷一個國家的威脅認知上，國際關係學者摩根索（Hans Joachim Morgenthau）在《國家間政治：權力鬥爭與和平》（*Politics among Nations: The Struggle for Power and Peace*）提出建議：「如果要使一國外交政策的取向具有意義⋯⋯我們必須將自己置於該國政治家的位置。」（Morgenthau et al., 2005: 4-5）。換言之，如希企了解川普政府對於中國網路安全的威脅認知時，便必須透過當時川普政府官方論述與政府文件來掌握其對中國的威脅認知取向。事實上川普政府自上任以來即不斷強調「使美國再次偉大」（make America great again）的論述基調，並深信中國正逐漸挑戰美國的全球領導權，這可從以下事件發現端倪。首先，過去歐巴馬總統時期雖將中國定位為競爭性

（competition）但卻不是對抗性（confrontation）國家（The White House, 2015: 24），然川普卻於 2017 年就任後的第一份《國家安全戰略》（National Security Strategy, NSS）便明確指明中國為「修正主義強權」（revisionist power），並在各不同領域與中國的摩擦加劇（The White House, 2017: 25）。其次，正如 2017 年川普的《國家安全戰略》所述，美國政治菁英現判斷中國將企圖主導「一種反對美國價值的世界走向」（25），並意圖使用「科技與資訊」（technology and information）來建構有利於中國的權力制衡機制。其三，即使美國過去極度倡導自由貿易（free trade），但自川普總統任內卻改為強調美國優先的公平貿易（fair trade），並於 2018 年 3 月向世界貿易組織（World Trade Organization, WTO）控告中國違反智慧財產權保護條款，而其任內雖多次依 1974 年貿易法第 301 條款就他國不公平貿易行為調查，但最終僅明確就中國作成事實認定採取關稅制裁，引發自 2018 年 7 月起之貿易戰（李淳等人，2021）。最後，川普政府甚至於 2019 年 6 月的《印太戰略報告》（Indo-Pacific Strategy Report）亦維持這樣的威脅認知，並直稱：「中華人民共和國在中國共產黨的領導下，試圖透過利用軍事現代化，影響作戰和掠奪性經濟來脅迫其他國家，意圖重塑秩序，使該地區符合其利益。」（US Department of Defense, 2019）。

　　依前述政策文件觀之，如果大國政治的戰略競爭源自於權力爭奪的本質，那依據美國的《印太戰略報告》內容，川普總統的執政團隊似乎認為這種權力爭奪的本質，在數據領域便需被解讀為誰掌握定義遊戲規則的能力，誰就具有標準建立（standard setting）的權力。在 ICT 領域中，由於各網路設備需相互透通連結，這便使得標準的律定非常重要；換言之，標準的設定本身便是一種政治實力的呈現，因為本質上它代表著對於科技走向的議題設定（agenda setting）能力。故川普政府之於中國的威脅認知，並不僅限於中國意圖利用 ICT 形塑政治意識、透過病毒散布或消息渲染來影響選民政治抉擇，抑或發動網路攻擊而摧毀或癱瘓對手網路；其認知中國「達成實現霸權的最終目標」（Mearsheimer, 2001: 2），乃在於透過規則制定的手段來宰制科技走向。因此川普總統執政團隊必須制定適宜的政策以回應這種網路科技的競爭，但是這種安全挑戰的本質將不是介於抗衡或扈從的權力抉擇，而是取決於誰為網路科技規則的制定者而非規則接受者的科技競賽。延續這樣的數據權力視角，以下分就數據權力如何轉變並形成國際「結構」，以及川普政府在認可新「結構」後所採取之政策應對，進而探討這些政策如何對中國與世界造成影響。

## 肆、中美數據權力消長的「過程」

　　二十世紀的數據領域發展最初係由美國所主宰，並主導過去世界數據科技走向。

回顧歷史發現，美國最早於 1946 年便開發第一部電子化計算機支援軍事彈道計算，並被世人稱為「電子數值積分計算機」（Electronic Numerical Integrator and Computer, ENIAC）（Baylis et al., 2013）。其次美蘇冷戰對峙，為避免與蘇聯間可能之核武衝突中斷戰時美軍通訊，故由美國國防部國防高等研究計畫署（Defense Advanced Research Projects Agency, DARPA）專案科研發展多重路由的網路通訊技術，這種網路系統後來被稱為 ARPANET，也就是當代網際網路的開端（Bygrave and Bing, 2009: 8）。其後美國透過這樣雄厚的科技底蘊及輝煌的技術歷史，持續深耕與宰制數十年 ICT 標準的方向，而其中最著名的案例便是網際網路互通標準的確立。目前網際網路標準通訊協定雖然被統稱為網際網路協議（Transmission Control Protocol/ Internet Protocol, TCP/IP）並採用分封交換技術（packet switching），然在網路世界（cyberspace）形成的初期，世界各地區充斥著由不同的網路通訊協定所構成的異質網路系統，而當時對抗美國主導 TCP/IP 的另一標準，便是由國際電訊聯盟（International Telecommunication Union, ITU）所支持採用電路交換（circuit switching）的 X.25（Mueller, 2004: 74-75）。不過，由於美國對於通訊技術以及作業系統的持續主宰，藉由商用作業系統（Disk Operating System, DOS）的微軟（Microsoft）與開放性的 Unix 兩個作業系統平臺提供免費的 TCP/IP 通訊軟件寡占技術市場，並迫使其他通訊標準逐漸退出（Abbate, 2000: 133）。其後美國柯林頓（Bill Clinton）政府更於 1990 年代將這種原本作為政府及學研通訊的網際網路商業應用化（commercialization），促成當代巨量資料交換與交易仰賴網路傳輸，進而造成世界對網際網路的進一步依賴（Carr, 2016: 12）。不過，美國這種在數據領域的技術優勢，自二十世紀末期卻開始產生轉變並面臨來自中國的挑戰。

　　首先，就技術消長而言，中國在鄧小平「改革開放」的指導下經濟持續成長，當時韓國、日本及美國等先進技術國家，皆被中國廣大土地及廉價勞力所吸引，這些來自其他國家的資金及技術投入，使中國逐漸成為世界工廠（Friedman, 2005）。然而中國似乎借鏡過去美國藉由掌控前一代通訊協定 TCP/IPv4 所建立的戰略高地，因而能主導網際網路的發展走向，故也開始積極投入新一代網際網路協定 TCP/IPv6 的發展。由於全球網際網路使用人數不斷激增，特別是中國大陸各地區自二十一世紀初迅速增加的網民（Netizen），加之行動裝置及智慧電器的普及運用，故過去 TCP/IPv4 協定設計所能供給的 $2^{32}$（亦即 4294967296）個最大位址數量已不敷使用，而新一代通訊協定（即 TCP/IPv6）的發展主要便是希望擴大提供網路位址至 $2^{128}$（亦即 340282366920938463374607431768211456）個，以有效解決過去網路位址不足（IPv4 address exhaustion）的問題（中國互聯網絡資訊中心，2016）。而另一個例子則為中國強力支持發展以非拉丁文顯示的網域名稱標準；考量全球性的互通與溝通需求，故過去全球資訊網（WWW）網域名稱皆以英文字母顯示，然而由於網域名稱多與各公司商標權鏈結，故若能控制網域

名稱的分配與註冊，將可藉此對各需求單位收取費用。不過中國身為網際網路使用的後進者（late comer），現時雖早已是英文域名的最大註冊國，但過去卻僅能依附原西方主導掌管全球域名規範的網際網路名稱與數位位址分配機構（Internet Corporation for Assigned Names and Numbers, ICANN）既存分配體制繳交費用使用（Drezner, 2004）；故中國若能藉由開闢新的域名使用標準（即中文域名），便能主導華文網域商標需求，尤其當各國公司覬覦華人市場，若其能向中國繳納權利金註冊保護其商標權，將為中國帶來財務效益（Deibert et al., 2011）。至 2010 年時，ICANN 迫於情勢發展正式批准中文域名的通用顯示，也因此中國透過中文域名的全球輸出，能將無形的中文域名轉換成有形的經濟收益（姚宏旻，2020）。

其次，就制度掌控而言，隨著中國製造技術實力的不斷增長，國內政治菁英也逐漸不滿過去屈居於規則接受者的角色，並自二十一世紀起逐漸浮現建立自主科研能量的聲音，又稱為資訊性民族主義（蔡裕明，2001）。例如，美國透過早期在網際網路發展上的戰略優勢，透過 ICANN 主導全球網際網路治理模式，並提倡透過結合政府、企業及公民社會的多方利益團體來管理網路世界，這樣的概念被通稱為「多方利害關係人」（multistakeholder model）的全球網際網路治理模式（internet governance）。但中國卻意圖視網路世界為實體空間的延伸，並主張繼承聯合國以國家主權為主的治理模式，透過國家政府來管理網際網路；這樣以網路主權（cyber sovereignty）的概念被稱為多邊治理模式（multilateral model），期望仰賴各國執法權來管理網路世界行為（Lu, 2014）。中國透過上海合作組織（上海合作組織，2015）、金磚四國元首高峰會（Yang, 2017）及對外政策文件不斷倡導這種中國模式的數據治理（中華人民共和國外交部，2017），並逐漸獲得非西方國家地區的回應，其中又以俄羅斯、巴西、南非及伊朗為主要支持者（Zeng et al., 2017）。

除此之外，中國於 2001 年係以「發展中國家身分」加入世界貿易組織，但迄今仍不斷遭受西方批評遲未完整開放市場（market liberalization）與放棄不當的國家產業貼補（government subsidies）等承諾（Jenkins, 2019: 38-41）。換言之，由於中國透過技術深耕與制度掌控的雙重發展，雖然美國的 eBay、Paypal、谷歌（Google）、Youtube、思科（Cisco）、蘋果（Apple）、IBM、推特（原為 Twitter，現為 X）及臉書（Facebook）仍是家喻戶曉的科技大廠，但中國也有長足之進步。及至美國歐巴馬時期，中國已有淘寶、支付寶、百度、優酷、華為、小米、聯想、騰訊及人人網等企業取代美國過去的科技掌控，如圖 4-2 及圖 4-3 所示。及至 2014 年時，中國高科技製造區塊已位居輸出產業之首，而其購買力平價 GDP（GDP purchasing power parity, GDP [PPP]）也首度超越美國；也因此美國川普總統上臺前，許多來自學界及技術領域的分析家都有著普遍共識，亦即中國即將挑戰美國這個既存的數據霸權（歐陽麗，2011；Schneier, 2015: 64）。

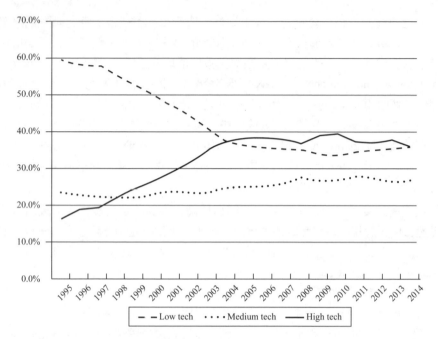

圖 4-2　中國製造業輸出的科技含量

資料來源：Jenkins（2019: 45）。

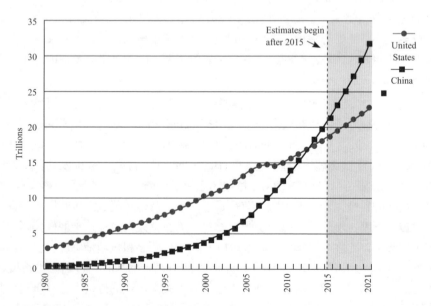

圖 4-3　2014 年起中國 GDP（PPP）正式超越美國

資料來源：Allison（2017: 11）。

# 伍、由「過程」到新「結構」：中國的崛起

即便中美於數據領域權力消長的「過程」隱含著未來衝突的可能，但不代表衝突的「必然」。特別是前述各項分析的證據，僅能顯現中國努力補強自身資訊科技實力之不足，故值得思索的問題顯然是，這種轉變的「過程」是否將成為數據領域新的安全「結構」呢？過去國際關係文獻雖曾提出警告，當一個興起強權帶有其特定偏好及利益，並意欲藉由脫離舊有規則而組成新體制來表達其對舊秩序的不滿意時，則原有主導舊國際秩序的強權就處於危險之中（Tammen et al., 2000: 14）。也因此值得思考的問題是 —— 中國領導人是否也對於過去美國主導的數據領域發展有所不滿？

事實上習近平自 2013 年成為中國共產黨新一代領導人後，即一改過去鄧小平「韜光養晦」的對外政策指導，並轉而成為「奮發有為」的戰略基調（閻學通，2014），透過各項措施不斷擴大中國於數據領域的掌控力，這可以從以下經驗性發展獲得此種跡象。首先，中國於 2014 年建立中央網絡安全和信息化領導小組，其次成立國家互聯網信息辦公室（中央網絡安全和信息化委員會辦公室），統籌掌控中國境內網路內容管理與線上執法。2014 年中國國務院發布《國家集成電路產業發展推進綱要》，將半導體產業發展上升為國家數據戰略層級（國務院，2014）。其後，習近平在主持召開中央網絡安全和信息化領導小組第一次會議時也誓言，未來決意將把中國「從網絡大國建設成為網絡強國」（新華社，2014）。除此之外，2015 年 5 月中國發布《中國製造 2025》行動綱領，涵蓋新一代資訊技術打造智慧生產，其目的是打造產業供應鏈（中華人民共和國國務院，2015）。2016 年中國發布《國家網絡空間安全戰略》時習近平亦主張，意圖「建設與我國國際地位相稱、與網絡強國相適應的網絡空間防護力量」（中華人民共和國國家互聯網信息辦公室，2016）。而及至 2017 年時，習近平更利用第一次於北京召開的一帶一路國際合作高峰論壇，正式提出一帶一路倡議下的數據次計畫 —— 數字絲綢之路；中國希望透過數字經濟、人工智能、量子運算等高新技術的發展，建立綿密的數據網絡連接世界各國，以成為二十一世紀的數字絲綢之路（新華社，2017）。當時中國的倡議迅速引起西方媒體關注，部分西方分析師更解讀這是中國重塑 ICT 世界「新秩序」（new world order）的戰略意圖（Griffiths, 2017）。

細部檢視數字絲綢之路內容可發現，為了達成「網絡強國」的戰略願景，習近平於中共中央網絡安全和信息化領導小組第一次會議時便指出：

> 建設網絡強國，要有自己的技術，有過硬的技術；要有豐富全面的信息服務，繁榮發展的網絡文化；要有良好的信息基礎設施，形成實力雄厚的信息經濟；要有高素質的網絡安全和信息化人才隊伍；要積極開展雙邊、多邊的

互聯網國際交流合作。（新華社，2014）

　　因此，數字絲綢之路希望透過「構建網絡空間共同體」（新華社，2019）來深化數據領域國際合作，藉由加強「數字經濟、人工智能、納米技術、量子計算機等前沿領域合作，推動大數據、雲計算、智慧城市建設」（新華社，2017）來推動結構性改變。迄 2019 年時，中國已於印尼、烏克蘭及馬來西亞的通資基礎建設投資獲得重大採購項目（世界日報，2019），並成立「中國－東盟信息港股份有限公司」推動與東南亞數據連結（張凱銘，2019）。同時，中東及阿拉伯許多國家也採用中國技術精進其物流及倉儲管理系統（經濟參考報，2019）。中國甚至於印度建立重要科技據點以準備進軍東南亞，並成功於 2019 年在東南亞地區推行微信及支付寶等線上金融支付系統（Sahara, 2019）。雖然中國宣稱前述各項計畫將與參與國達成互利互贏的夥伴關係，然由於中國無論在有形物質基礎亦或無形的人力資源皆高出一帶一路各參與國甚高，也因此當合作的基礎是基於不對稱的科技互賴時，科技相互依賴較少的一方，將具有較高的政治本錢左右雙邊互動關係（Keohane and Nye, 2011）。也因此許多觀察家也特別擔心，這樣形式的中國科技輸出，將使世界其他威權國家具備對國內異己更佳的監控作為，也因此諸如數據列寧主義（digital Leninism）（Heilmann, 2016）、數據威權政府（digital authoritarianism）（Cave et al., 2019; Cheney, 2019）及數據鐵幕（digital iron curtain）（Prasso, 2019）等，近年都成為科技研究者關切的發展。除此之外，當這些一帶一路的參與國明顯在資訊及通訊科技領域缺乏足夠能量來自給自足，未來一旦這些國家透過中國獲得之 ICT 基礎建設完工後，中國的公司將具較佳的科技戰略位置持續主宰這些基礎設施的後續更新與維護，也因此許多文獻也開始探討「資訊殖民」的潛在問題（*Bloomberg*, 2018; Thomas-Noone, 2018）。

　　中國對於過去西方主導的舊秩序不滿並採取諸多作為，使其逐漸獲得數據權力的增長。2019 年時《日本經濟新聞》（*The Nikkei*）便報導中國公司已囊括全球三分之一以上的 5G 技術專利（Tanaka, 2019）；2020 年時中國更延伸網路主權概念，將之與數據資料在地管轄與在地儲放的概念結合，並推出《全球數據安全倡議》於國際間大力推廣（中華人民共和國外交部，2020）；及至 2021 年 11 月，負責行動通訊標準制定的「第三代合作夥伴計畫」（The 3rd Generation Partnership Project, 3GPP），該組織統計資料更顯示，中國通訊公司占全球 5G 專利已高達 35.27%（詳表 4-1）。這些證據明顯指出，中國試圖掙脫過去對於國外科技制度高度仰賴的被動地位，轉型成為對外輸出科技的宰制角色，並企圖以中國式的規則主導數據領域的未來發展。

表 4-1　2021 年時全球 5G 專利分布

| 企業機關 | 向 3GPP 提出的<br>標準總數 | 向 3GPP 提出的<br>5G 技術標準數量 | 經 3GPP 審認為<br>5G 技術標準數量 |
|---|---|---|---|
| Huawei（CN） | 21.64% | 21.10% | 23.18% |
| QUALCOMM（US） | 6.94% | 6.72% | 6.44% |
| Samsung Electronics（KR） | 5.72% | 6.27% | 6.00% |
| ZTE（CN） | 5.67% | 5.42% | 5.37% |
| LG Electronics（KR） | 2.39% | 2.62% | 2.41% |
| Nokia（FN） | 12.89% | 12.81% | 14.61% |
| CATT Datang Mobile（CN） | 3.14% | 3.36% | 2.72% |
| Oppo（CN） | 1.29% | 1.34% | 1.10% |
| Sharp（JP） | 0.29% | 0.26% | 0.21% |
| Vivo（CN） | 1.28% | 1.32% | 1.19% |
| Ericsson（SE） | 17.52% | 16.01% | 18.83% |
| NTT DOCOMO（JP） | 2.23% | 2.34% | 2.76% |
| Apple（US） | 1.10% | 1.16% | 1.02% |
| Xiaomi（CN） | 0.30% | 0.37% | 0.30% |
| Intel（US） | 3.83% | 3.96% | 3.71% |
| InterDigital（US） | 1.31% | 1.63% | 1.59% |
| MediaTek（TW） | 2.00% | 1.61% | 1.50% |
| Lenovo（CN） | 1.23% | 1.38% | 1.40% |
| ETRI（KR） | 0.45% | 0.54% | 0.46% |
| Shanghai Langbo（CN） | 0.01% | 0.01% | 0.01% |
| Motorola Mobility（US） | 1.20% | 1.33% | 1.34% |
| FG Innovation（CN） | 0.00% | 0.00% | 0.00% |
| NEC（JP） | 1.00% | 1.02% | 0.93% |
| Panasonic（JP） | 0.07% | 0.08% | 0.00% |
| Fujitsu（JP） | 0.11% | 0.12% | 0.02% |
| BlackBerry（CA） | 0.49% | 0.32% | 0.24% |
| ASUSTeK（TW） | 0.09% | 0.11% | 0.03% |
| Google（US） | 0.16% | 0.09% | 0.05% |
| KT（KR） | 0.22% | 0.29% | 0.18% |
| HTC（TW） | 0.12% | 0.10% | 0.07% |

縮寫說明：CA 加拿大，CN 中國，FN 芬蘭，JP 日本，KR 韓國，SE 瑞典，TW 臺灣，US 美國。
資料來源：整理自 Pohlmann（2021）。

## 陸、川普威脅認知下對中國的網路安全政策

　　誠如第參節所述，前述客觀的中美數據權力轉變，經過川普政府的感知與判斷後，形成美國對中國網路安全反制政策。不過，川普對中國之威脅認知不僅反映在其任內政策文件，事實上早自 2016 年競選時，他便高調宣布許多迥異於過去美國立場，但堅稱是「理性的」（rational）外交政策新方向：這包含要求北約盟友增加國防支出以避免美國在歐洲持續遭到占便宜，停止過去在中東昂貴卻無用的和平作為，而這其中尤其關切中國藉由 WTO 下「發展中國家身分」所創造的不公平競爭體制以及隨之而來的中美貿易逆差（Trump, 2016）。其後川普除了於 2017 年聯合國大會上稱其任內美國外交行為將是原則現實主義（principled realism）（Gearan and Mufson, 2017），他進而於 2018 年主張將以國家主義（nationalism）主軸取代過去美國全球主義（globalism）的錯誤（Samuels, 2018）。反映這樣的思維脈絡，其對中國的網路安全反制政策而言，川普政府自 2018 年起便分別自網路科技供應鏈的需求端與供應端，運用標準的設定來反制中國的科技擴張。具體而言在於延續第參節所述數據權力的掌握，透過「規則」的主導與建立，一方面降低各界對中國資通產品的需求，即不希望持續向中國購買任何電信設備的意圖；而另一方面亦不再向其輸出科技，以限制中國獲取核心關鍵技術的來源管道。整體而言，川普政府期間所採取之明顯反制措施，各作為說明，如圖 4-4 所示。

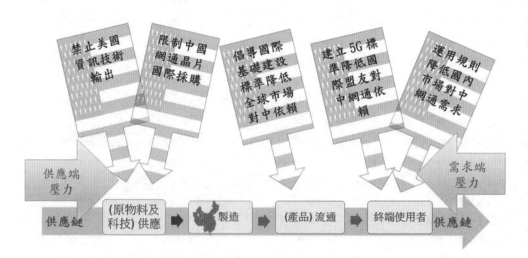

圖 4-4　美國來自供應鏈兩端的政策壓力
資料來源：作者整理。

## 一、運用規則，降低國內市場對中國的網通需求

川普政府早於 2017 年所通過的 2018 年國防授權法案（Nation-al Defense Authorization Act）中，即禁止美國國防部機關採用中國網路通訊商設備（US Congress, 2018）；及至 2018 年底時，川普政府於 2019 年國防授權法案中更擴大範圍至禁止美國聯邦機關發包通訊專案予中國廠商（US Congress, 2019）；同年 5 月川普總統以 13873 號行政命令（Executive Order），宣告政府資訊、通信技術和供應鏈安全面臨外國敵手（foreign adversary）威脅，故禁止美國與外國敵手的威脅企業執行交易，以應對國家緊急情況（The White House, 2019）。該月美國商務部工業和安全局（Bureau of Industry and Security, BIS）更透過法規將華為等計 68 間中國科技公司列入出口管制的實體名單（Entity List）管制審查，這樣的舉動主要擴大限制美國州政府機關／私人企業與中國廠商的交易範圍，其後也引起中國建立其不可靠實體清單制度反制（倪浩，2019）。不過及至 2019 年 10 月時，中國電信、中國聯通、中國移動等三大電信公司仍已成功運用華為設備於中國構建世界最大的 5G 網路（Zhao, 2019），美國國內部分設施供應商同時也早已使用華為部分設備，故在技術領域上已無法忽視華為存在。然而美國聯邦通訊委員會（Federal Communications Commission, FCC）仍進一步於 2019 年 11 月通過決議，無異議將華為與中興通訊等企業列入任何使用聯邦「通用服務基金」（Universal Service Fund）經費所執行之公私採購契約的禁制名單內（Mihalcik, 2019）。其後美國商務部決議汰除中國設備，並予以中國設備禁令多次臨時豁免，以逐步要求美國公司停止使用華為之設備，及至 2020 年 5 月方才完成禁令制裁執行（Reichert, 2020; Shepardson and Alper, 2020; US Department of Commerce, 2019）。

## 二、倡導國際基礎建設標準，降低全球市場對中依賴

同時，川普政府於 2019 年 11 月藉由於泰國召開的東協峰會，宣布組建另一新的倡議：藍點網路，可視為美國政府對於中國的反制的另一階段。該計畫透過美國海外私人投資公司（Overseas Private Investment Corporation, OPIC）、日本國際協力銀行（Japan Bank for International Cooperation, JBIC）及澳洲外交貿易部（Australian Department for Foreign Affairs and Trade, DFAT）等三方之合作，以促進國際基礎建設投資（US Department of State, 2019: 16）。美國強調該倡議將與中國一帶一路過去受人批評的「債務陷阱」不同，並強調聚焦於技術專業知識，而非直接資本的投資（Walden, 2019）。正如同美國國務院經濟發展與能源環境次卿柯拉克（Keith Krach）所述：「藍點網路不僅為基礎結構全球信任標準奠定了堅實的基礎，而且還加強了在其他領域（包括數據、

礦業、金融服務和研究）建立總體全球信任標準的需求」（DFC, 2019）。川普政府甚至使用米其林指引（Michelin standard）作為藍點網路的類比，並意圖建立全球性的指標，以廣泛規範基礎建設在各方面的標準（Haidar, 2020）。也因此藍點網路想要傳達的訊息似乎是，當中國透過一帶一路下的數字絲綢之路來強化其在極權世界的數據宰制，甚至創造數據鐵幕，川普政府則希望聚焦建立一高品質及可靠的「信任標準」以反制中國的戰略企圖（DFC, 2019）。

## 三、建立 5G 標準，降低國際盟友對中網通依賴

針對 5G 網路通訊而言，川普政府對於中國的抵制逐漸自境內市場轉向國際市場，並透過不斷說服歐洲及印太等傳統盟友，希望其考量情報安全而禁止華為等設備（Pham, 2020; Pompeo, 2019）。事實上一些美國傳統情報合作的重要盟友（亦即俗稱五眼聯盟 [Five Eyes; FVEY]，如英國及法國）由於考量對中國的貿易關係，初期雖同意開放華為有限度參與其國內 5G 建設（*BBC News*, 2020），然而由於美國持續鼓動境外盟友，例如英國、澳洲甚至日本等國，最終使其改變對華為 5G 裝備之採購決定（Feng and Cheng, 2019; Wintour, 2019）。2019 年與 2020 年間，美國參、眾兩院甚至試圖通過禁止美國情報部門與使用華為 5G 設備的國家交換情報（Banks, 2020），並立法鼓勵美國盟友禁止華為設備（Gardner, 2019）；前述各法案最終雖然未獲得支持通過，但已展露出當時美國行政與立法部門之態度。川普最後於 2020 年 6 月時，進一步提出乾淨網路計畫的合作計畫，透過乾淨供應商考核標準的建立，廣邀北約、歐盟、印太及拉美地區等信任安全夥伴及盟邦加入，藉由避免使用「不安全」的設備於電信網路、雲端服務、數據資料庫、行動應用、物聯網、5G 架構，以降低盟友間情報安全之風險（莉雅，2020）。其後美國國務院宣稱，及至 2020 年 11 月時已有超過 53 個國家包含 180 餘家廠商加入美國網通安全標準倡議認證（Sharwood, 2020）。

## 四、禁止美國資訊技術輸出

配合 2019 年 5 月川普政府出口管制的實體名單修訂，美國公司針對軍民兩用的資訊科技輸出中國，納入政府限制，因此美國諸如谷歌等科技公司宣布不再提供華為手機相關安卓（Android）系統軟體更新；其後美國政府於 2019 年至 2020 年多次修改輸出管制清單，並將 150 餘家華為海外子公司納入輸出管制名單（Mulligan and Linebaugh, 2021: 9）。華為一方面自立發展鴻蒙系統採國產替代策略，另一方面於美國聯邦法院採取法律動作反制（Oreskovic, 2019）。但美國國會後於 2020 年 2 月立法通過安全可信通

信網路法（Secure and Trusted Communications Networks Act），限制美國企業採用「威脅美國國家安全」之設備與服務（Brown, 2020）。川普總統更於 2020 年 3 月簽署 2020年 5G 安全保障法（The Secure 5G and Beyond Act of 2020），以法令要求行政部門制定 5G 網路的安全發展策略（Reardon, 2020）；並在 2020 年 11 月 12 日進一步以 13873號行政命令禁止與中國政府或軍方有聯繫的公司在美國持續進行投資及證卷交易（The White House, 2020）。美國政府對於華為禁令的明確法制化，除斷絕華為於美國當地透過法律途徑的任何反制動作（Huawei, 2019），亦代表美國意決不再向中國購買通訊設備，也不再向其輸出科技。

## 五、限制中國網通晶片國際採購

由於網通晶片需精密製程能力，但中國境內半導體供應鏈體系並不完整且晶片製造能力僅集中於成熟製程，故中國極度仰賴境外半導體精密製程能力（李巍、李璦譯，2021）。川普政府雖已透過出口管制機制限制美國公司〔如高通（Qualcomm）〕技術支援中國，然華為卻仍能透過美國境外第三地國際企業獲得所需之關鍵技術及元件，故《金融時報》（*Financial Times*）及彭博新聞社（*Bloomberg News*）都報導美國希望國際半導體廠（如台積電）限制其對中國企業的積體電路製造輸出（Hille, 2019; Wu, 2019）。除此之外，中國網通企業仍可透過採購聯發科的 5G 天璣晶片（McGregor, 2020），而華為亦可透過其子公司海思半導體設計 5G 通訊麒麟系列並委由台積電製造（Sun, 2020），故美國迫切需要建構新規則來限制中國透過第三人獲得先進晶片能力。最終川普政府於 2020 年 5 月明快修改出口管制條例（Export Administration Regulations, EAR），規範美國境內／外私人企業不得在未經美國允許下，使用美國在地技術或轉輸出該技術至第三地，以協助華為及其子公司生產任何商業設備產品（US Department of Commerce, 2020）。由於美國占據半導體上游技術及設備製造市場（*Bloomberg*, 2021），故這樣的新措施除限制第三地企業轉輸出中國任何半導體技術、產品及能量，亦造成中國境內半導體產業，如中芯國際，在獲得生產半導體的技術、設備及智財權上受到限制（Thornhill, 2021）。川普後期的美國國會更在 2020 年 7 月試圖推動為半導體生產建立有效激勵措施法案（Creating Helpful Incentives to Produce Semiconductors for America Act, CHIPS）以及美國晶圓代工法案（American Foundries Act of 2020）等，在其任期結束前雖未通過，不過代表其希望強化自身供應鏈安全與未來科技主導權，以及推動供應鏈全面脫鉤的意圖（葉長城，2021）。

前述川普政府期間的各項重大網路安全政策，經綜合整理，依時序呈現如下（請詳表 4-2）：

表 4-2 川普政府期間重大網路安全政策記要

| 時間 | 作為 | 內容 |
|---|---|---|
| 2017 年 12 月 | 國防授權法案（2018） | 禁止美國國防部機關採用中國網路通訊商設備 |
| 2018 年 12 月 | 國防授權法案（2019） | 擴大禁止美國各聯邦機關發包通訊專案予中國廠商 |
| 2019 年 5 月 | 川普簽署 13873 號行政命令 | 禁止美國企業與任何境外威脅的企業執行交易，以應對國家緊急情況 |
| 2019 年 5 月 | 美國商務部 BIS 通過法規將華為等計 68 間中國科技公司列入出口管制的實體名單 | 擴大限制美國州政府機關與私人企業與中國廠商的交易範圍 |
| 2019 年 11 月 | 美國聯邦通訊委員會發布新規範 | 決議將華為與中興通訊等企業列入任何使用聯邦經費所執行之公私採購契約的禁制名單內 |
| 2019 年 11 月 | 組建另一新的國際倡議：藍點網路 | 希望透過國際合作，聯合區域國家逐步建立全球性的安全政策，以廣泛規範基礎建設在各方面的標準 |
| 2020 年 2 月 | 通過安全可信通信網路法 | 限制美國企業採用「威脅美國國家安全」之設備與服務 |
| 2020 年 3 月 | 通過 2020 年 5G 安全保障法 | 以法令要求行政部門制定 5G 網路的安全發展策略 |
| 2020 年 5 月 | 美國商務部 BIS 擴大將華為等計 33 間中國科技公司列入出口管制的實體名單 | 落實限制美國州政府機關與私人企業與中國廠商的交易範圍 |
| 2020 年 5 月 | 商務部修改出口管制條例 | 規範美國境內／外私人企業不得在未經美國允許下，使用美國技術或轉輸出技術協助華為及其子公司生產設備 |
| 2020 年 6 月 | 美國提出乾淨網路計畫的合作計畫 | 透過乾淨供應商標準的考核，廣邀信任安全夥伴及盟邦加入，避免使用中國「不安全」的設備於電信網路、雲端服務、數據資料庫、行動應用、物聯網、5G 架構，以降低盟友間情報安全之風險 |
| 2020 年 11 月 | 川普簽署 13873 號行政命令 | 禁止與中國政府或軍方有聯繫的公司在美國進行投資及證卷交易 |
| 2021 年 1 月 | 商務部發布保護資通訊服務供應鏈法案 | 川普總統時期的 13873 號行政命令，後來於拜登總統就職當月成為暫行法律，並管制美國與包含中國在內之六個被視為外國敵手國家的各項資通訊交易行為，詳見「柒、意涵與影響」一節說明 |

資料來源：作者整理。

# 柒、意涵與影響

美國除運用前述在 ICT 供應鏈上「脫鉤」（decoupling）之制中政策，進而造成過去在中國生產以美國市場為主的企業紛紛轉移到第三地，同時川普時期亦不畏於國內採取司法手段，起訴中國企業及人員竊密案件（United States Western District Court, 2019）、違反制裁規範（如孟晚舟事件）（United States Eastern District Court, 2020），甚至以移民法手段限制華為等相關技術及財務人員活動（Macias, 2020）；也因此川普總統卸任前的聯邦調查局長瑞伊（Christopher Asher Wray）便指出，美國境內司法單位平均每 10 小時便須對中國的間諜行為執行調查（FBI, 2020）。部分西方分析家過去不斷警告即將來臨的中美「科技冷戰」（digital cold war）（Jing and Soo, 2019; Oreskovic, 2019），事實上自川普政府以降即為實質進行的現在式（Kirby et al., 2020）。

不過，在美國政治體制下川普政府對於中國網路科技公司的制裁也面臨跨國企業與科技消費者部分反彈壓力，例如 2020 年 8 月川普總統分別以 13942 號及 13943 號行政命令，假美國國人資料遭惡意蒐集風險名義，禁制抖音和微信在美國使用，惟因美國用戶抗告致使法院最終裁定暫停執行（Pettersson, 2021）；另川普政府期間商務部工業和安全局對於華為制裁，也迫於中美科技業間過去的高度依存而多次暫緩執行，在在顯示要迫使各界斷絕對華為 ICT 產品仰賴的難度。就理論面而言，這些跡象顯示出國際結構的自變量在受到國內領導人中介變量的調節後，其對戰略環境解讀仍會受到其他美國國內政治因素的牽制；但就政策面而言，這卻也透露出中國已成功輸出實體（physical）與虛擬（virtual）等基礎設施平臺於全球，並已晉升至數據領域宰制的位置，而不再是受制於人的劣勢地位（Zhao, 2019）。

及至 2021 年 1 月 14 日拜登（Joe Biden）總統就任前，美國商務部正式將過去川普時期 13873 號行政命令相關內容，轉變為保護資通訊服務供應鏈法案（Securing the Information and Communi-cations Technology and Services Supply Chain）（US Department of Commerce, 2021），並以「暫行最終規則」（interim final rule）將中國大陸、俄羅斯、伊朗、北韓、古巴以及委內瑞拉等六國定義為外國敵手，並規範未來以行政審查方式（case by case）管制美國與前述六國的各項 ICT 產品之交易行為。美國行政單位在川普總統任期結束前對供應鏈安全持續關切，這樣的結構性因素也致使拜登總統就任一個月後立即於 2021 年 2 月 24 日，以第 14017 號行政命令推動全面性的供應鏈安全審查（The White House, 2021b）。川普時期的各項競爭政策遺緒，也為後續美國與中國科技競爭格局帶來下列影響：

首先，自 2020 年起由於新冠肺炎影響，遠距上班上學作業模式帶動電腦及平板採

購需求，然而中國晶片獲得因川普政府貿易戰而國際供貨受挫，故中國科技公司（如華為及中興通訊等）一改過去及時化生產技術（just in time）的生產策略，並在美國制裁生效前，改行自國際市場大量囤積半導體晶片措施（Mendis and Yau, 2021）。由於半導體晶片為通用型科技並廣泛用於高階複雜電子設備（如軍事裝備、繪圖處理器及電腦）及一般性消費產品（如車用晶片及玩具），中國的大量收購造成供應鏈上其他需求商囿於其晶片供貨可能受到牽連波及之擔憂，安全存量需求同時調升，因而產生供應鏈的長鞭效應（bullwhip effect），市場預期心理加重拜登執政初期半導體晶片供不應求的窘況。

　　其次，由於網通資訊設備均需電腦晶片，川普後期的中美網路科技競爭主軸也逐漸轉向保護核心戰略科技——即電腦晶片生產，進而造成中國加強扶植半導體產業。鑒於美國過去對於半導體設計、生產技術占主要宰制地位（The International Institute for Strate-gic Studies, 2021: 20），故川普後期來自市場供應端技術輸出的限制策略運用，間接造成拜登總統時期明確轉向「小院高牆」的技術管制（Du and Walsh, 2021）。另基於半導體產業鏈的完整現已與各國安全發展產生強烈關聯，故前述各項美國政策限制中國獲得高階晶片來源，已對中國科技發展產生中國國務院總理李克強所提出的「卡脖子」問題（Bloomberg, 2021）。因此，中國政府出資成立的「國家集成電路產業投資基金」（Luong et al., 2021）自 2020 年起也逐漸聚焦投資積體電路產業鏈，強化晶片設備材料、晶片設計、封裝測試等能量，然因應中美科技競爭發展而希望脫離過去仰仗全球的長供應鏈模式，並改為扶植區域或在地的短供應鏈生產，故於 2021 年 3 月更頒布《第十四個五年規劃和 2035 年遠景目標綱要》（新華社，2021）。該計畫特別強調，中國須「完善國家創新體系，加快建設科技強國」，其主要目的在於建立「自立自強」的完整科技支撐。而面對過去來自川普政府另一方面自市場需求端標準的壓制，中國則同時採取「雙循環」策略應變，一方面由於中國國內市場占全球電子商務份額約 40% 比重，而另一方面中亞及非洲早已為中國電信公司固有市場，故中國強調依托國內市場的「內循環」與聯合一帶一路國際市場的「外循環」降低川普經貿抵制效應（任星欣、餘嘉俊，2021；Meltzer, 2020）。具體而言，中國更誓言於 2025 年前投入 1.4 兆美元應對中國的「缺芯危機」，以達建立「自主可控」的完整產業鏈（Xu, 2020）。

　　第三，川普總統過去就網路科技設備商供應鏈的安全擔憂，也在 2021 年後因美國發生 SolarWind（Ferguson, 2021）、Pulse Secure（Collier, 2021）及 Colonial Pipeline（Egan and Duffy, 2021）等駭客事件而受到進一步重視，也因此拜登總統在 2021 年 3 月的《國家安全戰略暫行指南》（Interim National Security Strategic Guidance）中便指出，將聯同國際盟友形塑新科技的標準走向（The White House, 2021a: 18）；其後更於 2021 年 7 月 G7 峰會中，延續川普總統藍點網路倡議精神（Arha, 2021），並修正推動「重建更好世界」（Build Back Better World, B3W）計畫（The White House, 2021d）。不過拜登

的 B3W 計畫試圖修正過去川普時期藍點網路單邊作為推動「全球標準」的不足，並改而強調謀求建立「以價值觀為導向，高標準且透明的」夥伴關係，以連結世界民主國家（Sanger and Landler, 2021）。除此之外，拜登政府也持續擴大推動川普時期的 CHIPS 等強化科技競爭力法案至各項基礎建設領域，其後先於 2021 年由參議院正式以 2021 年美國創新暨競爭法案（US Innovation and Competition Act of 2021）（The White House, 2021c）通過進入眾議院，後經多次討論方於 2022 年 2 月轉型為眾議版本，並於同年 3 月獲得參議院最終通過成為 2022 年美國競爭法案（America COMPETES Act of 2022）（Zengerle and Martina, 2022），承諾投入 520 億美元強化自身半導體能力（Everington, 2022）。不過，及至 2020 年底華為與中興通訊已於中國內部 5G 市場遍地開花，並仍舊獨占非洲市場 50% 以上的 3G 通訊與 70% 以上的 4G 通訊骨幹（Xi, 2021）；2020 年中國國家標準化管理委員會更推出「中國標準 2035」，意圖透過技術定義及標準掌控來擴大對人工智慧、電信網路及數據交換等領域的影響，其後更於 ITU 成立第一個中國主導的區塊鏈數位貨幣標準計畫（Hsu and Green, 2021）。而 2021 年時，中國與非洲聯盟各國代表召開的「中非互聯網發展與合作論壇」更誓言在數位經濟、智慧城市與 5G 建設展開合作（Ministry of Foreign Affairs of PRC, 2021）。顯見自川普政府以來的中美網路科技競爭，除造成市場持續脫鉤，更造成拜登政府之後在技術與標準朝向與中國不同的供應鏈體系發展，世界在網通市場與技術兩層面持續分裂。

　　最後，前述 2021 年初期所遭遇的網路安全各項經驗性觀察顯示，過去川普總統時期的許多單邊作為政策，同時也影響到國際社會對美國領導的信心，故在強化網路安全上有其成果限制。特別是網路安全的問題如同環境問題般，是一種跨國境（transnational）的威脅，任何一個國家皆無法獨立處理來自境外的網路攻擊，必須要透過國際社會共同合作來維持良善的網路環境。然而微軟等跨國企業雖自 2017 年起倡導一種數位日內瓦公約（Digital Geneva Convention）的概念，希望確保私人企業設施能自外於國家間網路競爭，不過由於缺乏國際領袖支持而未能形成具體力量（Jeutner, 2019）；由於川普時期的美國無法有效統合西方社會，故中國不斷透過聯合國及功能性組織 ITU，意圖擴充他們原設定為僅對頻譜管理與電信標準的基本職能，延伸這些組織的影響力至各項數位 ICT 標準的掌控（Kynge and Liu, 2020）。例如，《日本經濟新聞》於 2019 年報導中國於 ITU 提出之標準占所有議案的 33%（日經中文網，2020）；而同年中國的華為公司甚至於 ITU 提出一種可以允許國家由上而下強化網路控制的「New IP」，挑戰過去西方由下而上的分散路由標準（Hoffmann et al., 2020）。同時，過去針對網路國際規範的多邊形式討論，主要是由聯合國成立的政府專家小組（United Nations Group of Governmental Expert, UNGGE）擔任主要角色（姚宏旻，2021），雖然該專家小組於 2015 年時達成共識，並認定透過網路攻擊關鍵基礎設施為「準」戰爭行為（UN

General Assembly, 2015），不過由於該機制並不是納入廣泛國際成員，而是由美國聯合部分西方國家的專家研討，故其後於 2017 年在川普時期的國際討論，更遭到來自中國與俄羅斯等非西方國家的抵抗。主要癥結在於這些國家未能認同過去由美國等西方國家透過 UNGGE 所產生的規則，他們質疑西方國家如何定義網路「準」戰爭行為的攻擊？以及何種自我防禦（self-defense）措施可被視為必要的網路反擊（Bowcott, 2017）？由於川普總統過於著重單邊利益而忽略多邊合作並遲遲未能提出具體倡議（Segal, 2017），故中國後連同俄羅斯於 2019 年另行主導於聯合國成立強調納入廣泛成員的不限成員名額工作小組（Open-Ended Working Group, OEWG）（UN Gener-al Assembly, 2019）。雖然美國拜登總統調整過去川普策略，並於 2021 年 G7 峰會中主張：「國際社會（包含政府和私營部門參與者）必須共同努力，確保關鍵基礎設施能夠抵禦網路威脅……並且各國應對在其境內發生的網路犯罪活動採取負責任的措施。」（The White House, 2021e）。然而 OEWG 已於 2021 年 1 月時經聯合國授權同意延續其工作至 2025 年底，而中國駐聯合國代表張軍更於 2021 年 6 月將 OEWG 工作內涵與中國致力透過數字絲綢之路與《全球數據安全倡議》等作為連結，突顯中國於數據領域秩序的戰略建構除衝擊美國的領導優勢，更將造成中美在主導國際網路規則的新競爭（Liu and Zhang, 2021; UN General Assembly, 2021）。除此之外，由於美國尚未加入日前因川普退出跨太平洋夥伴協定（Trans-Pacific Partnership, TPP）而轉型成立的跨太平洋夥伴全面進步協定（Comprehensive and Progressive Agreement for Trans-Pacific Partnership, CPTPP），以及由新加坡、紐西蘭與智利等國提倡的數位經濟夥伴關係協定（Digital Economy Partnership Agreement, DEPA），因此中國於 2021 年底申請加入上述這些倡議的目的，似乎在延續其企圖於數據領域制度發展主導權的掌控（BBC 中文網，2021）。而這樣的發展也符合前述所探討的立論方向，亦即中美網路科技的較量是一場「規則」制定的較勁，雙方已進入一場對 ICT 領域爭奪領導地位的競爭。

# 捌、結論

　　首先就理論啟示而言，本文採用新古典現實主義思路，藉由納入視為自變量的國際結構，與被視為中介變量的國家行為體（state）兩個層次之分析，試圖解釋（explaining）近年美中科技競爭的現象。雖然對結構與單元的使用在文中強調分析性的（analytical）運用而非理論性的（theoretical）探討，但本文分析結果也意外加入過去國際關係學界有關能動者與結構孰輕孰重的長久反思（Hollis and Smith, 1994）。事實上，案例中發現類似的國際結構在民主黨的歐巴馬政府與共和黨的川普時期卻產出不同的美國網路安全政策，但隨著「新」國際結構的產生，共和黨的川普政府與民主黨的拜登政府對中國的網

路安全戰略姿態卻逐漸趨同。這反映出溫特（Alexander Wendt）（1987）所主張，在分析國家對外行為上不應偏重單元（individualist）或結構（structuralist）任一方面，而單元與國際結構亦不應被視為先驗；因而在本文案例分析內，中美的國際結構與其後民主黨的網路安全政策立場的修正，除反映出國家行為體（state actor）較宜被視為具社會性的能動者（social agent）的論點，亦代表其有能力接受與改變國際環境，反映出能動者與國際結構相互共構（constitute）的現象（Wendt, 1999）。換言之，本理論觀點對執政者的啟示在於，當國家面臨國際結構限制時不一定只能「向命運低頭」，而執政者仍有可能「創機造勢」，本文的案例觀察為國際關係學者有關單元與結構互動的學術對話提供一有關科技領域的分析討論。

其次就政策啟示而言，中美間的網路科技競爭雖起於川普的「去中國化」策略與在市場與技術禁令限制運用，但這也使中國政府體認到網路科技自主之重要性，並企圖發展「去美國化」供應鏈反制。雖然中美間的數據爭霸在川普時期未有明確勝負定論，不過就本案例分析而言，本文所希望強調的是，數據領域的政治就跟舊政治形式一般，是在各國家行為者內部環境制約下，受國家決策菁英的認知與意識所左右，並不會因為數據技術的進步而有所全然不同。也因此我國未來仍需持續觀察中美領導人在國內環境壓力下的認知變化，先行掌握可能之發展走向，趨吉避凶，方能為我國找到安身立命的最佳策略。

最後對世界各國而言，過去二十世紀的政治重心可能在於軍事領域鬥爭，但近年中美對於貿易與科技領域的競爭顯示，二十一世紀的「新冷戰」已與二十世紀「舊冷戰」的高階政治本質有所不同。由於網路科技的標準決定任何一方於 ICT 技術與消費市場的地位，故川普之後的拜登總統似乎在全球基礎設施問題上，仍持續運用外交實力的槓桿，以驅動網路世界基礎的整體變革，也因此未來在數據權力的博弈競爭分析，必須持續納入對於中國與美國後繼領導人對國家目標及戰略企圖的了解，以及掌握傳統地緣政治發展，並了解這些因素如何能形塑抑或重塑影響科技發展的政治抉擇。尤當近期國際政治決策者似乎已視擁有的 ICT 能力為國家資源時，這樣的技術能量將自然而然成為經濟與軍事實力計量的一環。因此，即便我們尚無法簡化論斷中美兩國是否將如同 Allison（2017）所思索的中美「注定一戰」，但是可以確定的是，中國於科技領域包含上層的規則制定，與下層的實體和虛擬平臺的崛起，終將為美國過去的數據領導權帶來變數。中美兩國的數據競爭顯然已不再是一種猜測或假定，而是過去國際政治歧見的延伸，也因此當美國領導人預判中國將竭盡所能發展科技能量並在數據領域建立迥異於美國的治理模式及規則時，美國必將持續採取各項政策以應對中國擴張，直到其判斷中國不具任何持續性威脅為止。換句話說，ICT 在過去或許促進了全球化的進程，然而當前的實證經驗顯示大國就數據領域政策，仍脫不了「國際間的政治」思維（Morgenthau et al., 2005），當前政策制定主軸上仍然是一種爭取權力與和平的持續爭鬥。

# 參考文獻

BBC 中文網（2021 年 11 月 2 日）。〈中國申請加入 DEPA 力爭數字經濟主導權的時機與考量〉。https://www.bbc.com/zhongwen/trad/world-59119255。

上海合作組織（2015 年 7 月 12 日）。《上海合作組織成員國元首理事會會議 新聞公報》。http://chn.sectsco.org/news/20150712/48836.html。

中國互聯網絡資訊中心（2016）。《第 37 次中國互聯網絡發展狀況統計報告》，中共中央網絡安全和信息化委員會辦公室。http://www.cac.gov.cn/2016-01/22/c_1117858695.htm。

中華人民共和國外交部（2017 年 3 月 1 日）。〈網絡空間國際合作戰略〉，《新華社》。http://www.xinhuanet.com/politics/2017-03/01/c_1120552767.htm。

中華人民共和國外交部（2020 年 10 月 29 日）。《全球數據安全倡議》。https://www.fmprc.gov.cn/web/ziliao_674904/tytj_674911/zcwj_674915/202010/t20201029_9869292.shtml。

中華人民共和國國家互聯網信息辦公室／中共中央網絡安全和信息化委員會辦公室（2016 年 12 月 27 日）。《國家網絡空間安全戰略全文》。http://www.cac.gov.cn/2016-12/27/c_1120195926.htm。

中華人民共和國國家發展改革委、外交部、商務部（2015）。《推動共建絲綢之路經濟帶和 21 世紀海上絲綢之路的願景與行動》。http://pt.china-embassy.gov.cn/zpgx/201605/P020210630304251412421.pdf。

中華人民共和國國務院（2015）。〈國務院關於印發《中國製造 2025》的通知〉。http://www.gov.cn/zhengce/content/2015-05/19/content_9784.htm。

日經中文網（2020 年 7 月 30 日）。〈中國強化國際標準制定的存在感〉。https://zh.cn.nikkei.com/politicsaeconomy/economic-policy/41469-2020-07-30-05-00-05.html。

世界日報（2019 年 5 月 31 日）。〈不甩美禁令？馬哈迪：將多用華為技術〉。http://city.udn.com/54543/5973509。

任星欣、餘嘉俊（2021）。〈持久博弈背景下美國對外科技打擊的策略辨析：以日本半導體產業與華為的案例比較〉，《當代亞太》，3：110-136。

李淳、顏慧欣、楊書菲（2021）。〈美中貿易戰之趨勢及對臺灣投資與貿易結構之影響〉，《遠景基金會季刊》，22，2：1-58。

李巍、李璵譯（2021）。〈解析美國對華為的「戰爭」──跨國供應鏈的政治經濟學〉，《當代亞太》，1：4-45。

姚宏旻（2020）。〈中美數位霸權競爭之理論、意涵與啟示〉，《安全與情報研究》，3，2：35-74。

姚宏旻（2021）。〈形塑網路主權與爭辯網路治理：中國大陸就全球網路規範的戰略敘事運用〉，《中國大陸研究》，64，2：107-139。https://doi.org/10.30389/MCS.202106_64(2).0004。

倪浩（2019 年 5 月 31 日）。〈商務部：中國將建立「不可靠實體清單」制度，具體措施近期出臺〉，《環球網》。https://world.huanqiu.com/article/9CaKrnKkMCF。

張凱銘（2019）。〈走向一帶一路的網路強國：中國－東盟信息港之規劃與戰略意涵〉，《歐亞研究》，8：55-70。

莉雅（2020年11月11日）。〈蓬佩奧：近50國、170家電訊公司加入「乾淨網絡」〉，《美國之音》。https://www.voacantonese.com/a/us-5g-clean-network-china-20201110/5656319.html。

新華社（2014年2月27日）。〈習近平：把我國從網絡大國建設成為網絡強國〉。http://www.xinhuanet.com//politics/2014-02/27/c_119538788.htm。

新華社（2014年2月27日）。〈中央網絡安全和資訊化領導小組第一次會議召開〉。http://www.gov.cn/ldhd/2014-02/27/content_2625036.htm。

新華社（2014年6月24日）。〈國務院印發《國家集成電路產業發展推進綱要》〉。http://www.gov.cn/xinwen/2014-06/24/content_2707281.htm。

新華社（2016年3月17日）。〈中華人民共和國國民經濟和社會發展第十三個五年規劃綱要〉。http://www.gov.cn/xinwen/2016-03/17/content_5054992.htm。

新華社（2017年5月14日）。〈習近平在「一帶一路」國際合作高峰論壇開幕式上的演講〉。http://cpc.people.com.cn/BIG5/n1/2017/0514/c64094-29273979.html。

新華社（2019年11月5日）。〈習近平在第二屆中國國際進口博覽會開幕式上的主旨演講〉。http://big5.www.gov.cn/gate/big5/www.gov.cn/xinwen/2019-11/05/content_5448851.htm。

新華社（2019年3月19日）。〈建設網絡強國，習近平精心謀劃部署〉。http://www.xinhuanet.com/politics/xxjxs/2019-03/19/c_1124251870.htm。

新華社（2021年3月13日）。〈中華人民共和國國民經濟和社會發展第十四個五年規劃和2035年遠景目標綱要〉。http://www.gov.cn/xinwen/2021-03/13/content_5592681.htm。

經濟參考報（2019年9月9日）。〈「一帶一路」沿線物流合作展開新圖景〉。http://cacs.mofcom.gov.cn/article/gnwjmdt/gn/201909/160317.html。

葉長城（2021）。〈近期美國對中科技政策的形成、轉變及其主要可能影響研析：以半導體產業為例〉，《全球政治評論》，76：55-84。

歐陽麗（2011）。《信息化時代國際政治霸權問題研究》（未出版之博士論文）。吉林大學。

蔡裕明（2001）。〈資訊性民族主義——Linux對中國大陸的意義〉，《中國大陸研究》，44，12：21-36。https://doi.org/10.30389/MCS.200112_44 (12).0002。

閻學通（2014）。〈從韜光養晦到奮發有為〉，《國際政治科學》，4：1-35。

Abbate, J. (2000). *Inventing the Internet*. MIT Press.

Allison, G. (2017). *Destined for War: Can America and China Escape Thucydides's Trap?* Houghton Mifflin Harcourt.

Arha, K. (2021, June 12). *A Hidden Key to the G7's Infrastructure Ambitions: Blue Dot Network*. Atlantic Council. https://www.atlanticcouncil.org/blogs/new-atlanticist/a-hidden-key-to-the-g7s-infrastructure-ambitions-blue-dot-network.

Banks, J. (2020, January 21). *H.R. 5661 (116th): To Prohibit the Sharing of United States Intelligence with Countries that Permit Operation of Huawei Fifth Generation Telecommunications Technology within Their Borders.* GovTrack. https://www.govtrack.us/congress/bills/116/hr5661.

Baylis, J., J. J. Wirtz, and C. S. Gray (2013). *Strategy in the Contemporary World* (4th ed.). Oxford University Press.

BBC News (2020, March 10). *Huawei: Government wins vote after backbench rebellion.* https://www.bbc.com.

Bloomberg (2021, March 2). *Xi mobilizes China for tech revolution to cut dependence on West.* https://www.bloomberg.com/news/articles/2021-03-01/xi-mobilizes-china-for-tech-revolution-to-cut-dependence-on-west.

Bowcott, O. (2017, August 23). Dispute Along Cold War Lines Led to Collapse of UN Cyberwarfare Talks. *The Guardian.* https://www.theguardian.com.

Brown, G. and C. D. Yung (2017, January 21). Evaluating the US-China Cybersecurity Agreement, Part 3. *The Diplomat.* https://thediplomat.com.

Brown, S. (2020, March 13). Trump Signs Law Barring Rural Carriers from Using Huawei Gear. CNET. https://www.cnet.com/news/trump-signs-law-barring-rural-carriers-from-using-huawei-gear.

Bygrave, L. A. and J. Bing (2009). *Internet Governance: Infrastructure and Institutions.* Oxford University Press. https://doi.org/10.1093/acprof:oso/9780199561131.001.0001.

Carr, M. (2016). US Power and the Internet in International Relations: The Irony of the Information Age. Palgrave Macmillan. https://doi.org/10.1057/9781137550248.

Castells, M. (2002). *The Internet Galaxy: Reflections on the Internet, Business, and Society.* Oxford University Press. https://doi.org/10.1093/acprof:oso/9780199255771.001.0001.

Castells, M. (2009). *The Rise of the Network Society.* Wiley-Blackwell. https://doi.org/10.1002/9781444319514.

Cave, D., S. Hoffman, A. Joske, F. Ryan, and E. Thomas (2019). *Mapping China's Technology Giants.* The Australian Strategic Policy Institute. https://ad-aspi.s3.ap-southeast-2.amazonaws.com/2019-05/Mapping%20China%27s%20technology%20giants.pdf?VersionId=EINwiNpste_FojtgOPriHtlFSD2OD2tL.

Cheney, C. (2019, July 17). China's Digital Silk Road Could Decide the US-China Competition. *The Diplomat.* https://thediplomat.com.

Bloomberg (2018, August 2). *China's empire of money is reshaping global trade.* https://www.bloomberg.com/news/features/2018-08-01/china-s-empire-of-money-is-reshaping-lives-across-new-silk-road.

Collier, K. (2021, April 22). China Behind Another Hack as U.S. Cyber-security Issues Mount. *NBC News.* https://www.nbcnews.com/tech/security/china-another-hack-us-cybersecurity-issues-mount-rcna744.

Deibert, R., J. Palfrey, R. Rohozinski, and J. Zittrain (2011). *Access Contested: Security, Identity, and Resistance in Asian Cyberspace*. MIT Press. https://doi.org/10.7551/mitpress/9780262016780.001.0001.

Drezner, D. W. (2004). The Global Governance of the Internet: Bringing the State Back In. *Political Science Quarterly*, 119, 3: 477-498. https://doi.org/10.2307/20202392.

Du, Z. and M. Walsh (2021, February 16). US Shifts from "Decoupling" to "Small Yard, High Fence" on China. *Nikkei Asia*. https://asia.nikkei.com.

Egan, M. and C. Duffy (2021, May 12). Colonial Pipeline Launches Restart after Six-day Shutdown. CNN. https://edition.cnn.com.

Everington, K. (2022, March 29). Senate Passes America Competes Act with Multiple Pro-Taiwan Provisions. *Taiwan News*. https://www.taiwannews.com.tw.

FBI. (2020, July 7). *The Threat Posed by the Chinese Government and the Chinese Communist Party to the Economic and National Security of the United States*. https://www.fbi.gov/news/speeches/the-threat-posed-by-the-chinese-government-and-the-chinese-communist-party-to-the-economic-and-national-security-of-the-united-states.

Feng, E. and A. Cheng (2019, October 24). China's Tech Giant Huawei Spans Much of the Globe Despite U.S. Efforts to Ban It. NPR. https://www.npr.org.

Ferguson, S. (2021, April 15). US Sanctions Russia Over SolarWinds Attack, Election Meddling. *GovInfoSecurity*. https://www.govinfosecurity.com/us-sanctions-russia-over-solarwinds-attack-election-meddling-a-16411.

Friedman, T. L. (2005). *The World is Flat*: A Brief History of the Twenty-first Century. Farrar, Straus and Giroux.

Gardner, C. (2019, March 28). *S.Con.Res. 10 (116th): A Concurrent Resolution Recognizing That Chinese Telecommunications Com-panies Such as Huawei and ZTE Pose Serious Threats to the National Security of the United States and Its Allies*. GovTrack. https://www.govtrack.us/congress/bills/116/sconres10.

Gearan, A. and S. Mufson (2017, December 18). Trump Sets Out National Security Strategy of "Principled Realism" and Global Competition. *The Washington Post*. https://www.washingtonpost.com.

Griffiths, J. (2017, May 14). China's New World Order: Xi, Putin and Others Meet for Belt and Road Forum. *CNN*. https://www.cnn.com/2017/05/13/asia/china-belt-and-road-forum-xi-putin-erdogan/index.html.

Haidar, S. (2020, January 17). 2020 Will be an Important Year for Indo-U.S. Relations: American Official. *The Hindu*. https://www.thehindu.com.

Heilmann, S. (2016). Leninism Upgraded: Xi Jinping's Authoritarian Innovations. *China Economic Quarterly*, 20, 4: 15-22.

Hille, K. (2019, November 4). US Urges Taiwan to Curb Chip Exports to China. *Financial Times*. https://www.ft.com/content/6ab43e94-fca8-11e9-a354-36acbbb0d9b6.

Hoffmann, S., D. Lazanski, and E. Taylor (2020). Standardising the Splinternet: How China's Technical Standards Could Fragment the internet. *Journal of Cyber Policy*, 5, 2: 239-264. https://doi.org/10.1080/ 23738871.2020.1805482.

Hollis, M. and S. Smith (1994). Two Stories about Structure and Agency. *Review of International Studies*, 20, 3: 241-251. https://doi.org/10.1017/S0260210500118054.

Hsu, S. and G. Green (2021, August 16). *Blockchain in China*. Stimson. https://www.stimson.org/2021/ blockchain-in-china.

Huawei (2019, March 7). *Huawei Sues the U.S. Government for Un-constitutional Sales Restrictions Imposed by Congress*. https://www.huawei.com/en/news/2019/3/huawei-sues-the-us-government.

Jenkins, R. (2019). *How China is Reshaping the Global Economy: Development Impacts in Africa and Latin America*. Oxford University Press.

Jervis, R. (1976). *Perception and Misperception in International Politics* (Rev. ed.). Princeton University Press. https://doi.org/10.2307/j.ctvc77bx3.

Jeutner, V. (2019). The Digital Geneva Convention: A Critical Appraisal of Microsoft's Proposal. *Journal of International Humanitarian Legal Studies*, 10, 1: 158-170. https://doi.org/10.1163/18781527-01001009.

Jing, M. and Z. Soo (2019, May 26). Tech Cold War: How Trump's Assault on Huawei is Forcing the World to Contemplate a Digital Iron Curtain. *South China Morning Post*. https://www.scmp.com.

Keohane, R. O. and J. S. Nye, Jr. (2011). *Power and Interdependence* (4th ed.). Longman.

Kirby, W. C., B. Chan, and J. P. McHugh (2020, March). *Huawei: A Global Tech Giant in the Crossfire of a Digital Cold War*. Harvard Business School. https://www.hbs.edu/faculty/Pages/item. aspx?num=57723.

Kynge, J. and N. Liu (2020, October 7). From AI to Facial Recognition: How China is Setting the Rules in New Tech. *Financial Times*. https://www.ft.com/content/188d86df-6e82-47eb-a134-2e1e45c777b6.

Liu, Y. and M. Zhang (2021, June 30). China's UN Envoy Calls for "Equal Footing" in Cyberspace. *China Daily*. https://global.chinadaily.com.cn.

Lu, W. (2014, December 15). Cyber Sovereignty Must Rule Global Internet. *Huffington Post*. http://www. huffingtonpost.com/lu-wei/china-cyber-sovereignty_b_6324060.html.

Luong, N., Z. Arnold, and B. Murphy (2021). *Understanding Chinese Government Guidance Funds*. Center for Security and Emerging Technology, Georgetown University.

Macias, A. (2020, July 15). Pompeo Imposes Visa Restrictions on Huawei, Other Chinese Tech Companies, Citing Human Rights Abuses. *CNBC*. https://www.cnbc.com.

MacKenzie, D. and J. Wajcman (1999). *The Social Shaping of Technology*. Open University Press.

Marx, K. (2008). *The 18th Brumaire of Louis Bonaparte*. Wildside Press.

McGregor, G. (2020, August 20). This Chipmaker Was a Winner in the U.S. Crackdown on Huawei. Now, It's Another Victim. *Fortune*. https://fortune.com.

Mearsheimer, J. J. (2001). *The Tragedy of Great Power Politics*. Norton.

Meltzer, J. (2020). *China's Digital Services Trade and Data Governance: How Should the United States Respond?* Brookings. https://www.brookings.edu/articles/chinas-digital-services-trade-and-data-governance-how-should-the-united-states-respond.

Mendis, P. and H.-M. Yau (2021, July 27). *How Biden Can Win the Coming Sino-American Digital Duel*. The National Interest. https://nationalinterest.org/blog/buzz/how-biden-can-win-coming-sino-american-digital-duel-190569.

Mihalcik, C. (2019, November 22). FCC Bars Huawei, ZTE from Billions in Federal Subsidies. *CNET*. https://www.cnet.com/news/fcc-bars-huawei-zte-from-billions-in-federal-subsidies.

Ministry of Foreign Affairs of PRC (2021, August 24). *Remarks by Assistant Foreign Minister Deng Li at China-Africa Internet Development and Cooperation Forum*. https://www.fmprc.gov.cn/mfa_eng/wjbxw/202108/t20210825_9134689.html.

Morgenthau, H. J., K. W. Thompson, and D. Clinton (2005). *Politics among Nations: The Struggle for Power and Peace* (7th ed.). McGraw-Hill Education.

Mueller, M. L. (2004). *Ruling the Root: Internet Governance and the Taming of Cyberspace*. MIT Press.

Mulligan, S. P. and C. D. Linebaugh (2021, February 23). *Huawei and U.S. Law*. Congressional Research Service. https://crsreports.congress.gov/product/pdf/R/R46693.

Nye, J. S., Jr. (2004). *Soft Power: The Means to Success in World Politics*. PublicAffairs.

Obama, B. (2020). *A Promised Land*. Penguin UK.

Oreskovic, A. (2019, July 30). The Tech Cold War: Everything That's Happened in the New China-US Tech Conflict Involving Google, Huawei, Apple, and Trump. *Insider*. https://www.businessinsider.com/us-china-tech-cold-war-everything-that-has-happened-2019-5.

Pettersson, E. (2021, January 15). WeChat Ban Urged by U.S. Gets Skeptical Review by Appeals Court. *Bloomberg*. https://www.bloomberg.com/news/articles/2021-01-14/wechat-ban-urged-by-u-s-gets-skeptical-review-by-appeals-court?sref=bWSPFsy2.

Pham, M. (2020, February 18). Japan Seeks Domestic Alternatives to Huawei, ZTE. *Mobile World Live*. https://www.mobileworldlive.com/featured-content/top-three/japan-seeks-domestic-alternatives-to-huawei-zte.

Pohlmann, T. (2021, November 3). Who Leads the 5G Patent Race as 2021 Draws to the End? *IAM Media*. https://www.iam-media.com/article/who-leads-the-5g-patent-race-2021-draws-the-end.

Pompeo, M. (2019, December 2). Europe Must Put Security First with 5G. *Politico*. https://www.politico.eu/article/europe-must-put-security-first-with-5g-mike-pompeo-eu-us-china.

Prasso, S. (2019, January 10). China's Digital Silk Road is Looking More Like an Iron Curtain. *Bloomberg*. https://www.bloomberg.com/news/features/2019-01-10/china-s-digital-silk-road-is-looking-more-like-an-iron-curtain.

Reardon, M. (2020, March 24). Trump Signs Laws to Boost 5G Security, Broadband Availability. *CNET*.

https://www.cnet.com/tech/mobile/trump-signs-5g-and-broadband-mapping-legislation-into-law.

Reichert, C. (2020, February 14). Huawei Gets Another 45-day Reprieve from Commerce Department. *CNET*. https://www.cnet.com/news/huawei-gets-another-45-day-reprieve-from-commerce-department.

Rose, G. (1998). Neoclassical Realism and Theories of Foreign Policy. *World Politics*, 51, 1: 144-172. https://doi.org/10.1017/S0043887100007814.

Rose, G. (2017, July 5). What Obama Gets Right: Keep Calm and Carry the Liberal Order On. *Foreign Affairs*. https://www.foreignaffairs.com/united-states/what-obama-gets-right.

Sahara, N. (2019, August 18). China's WeChat and Alipay Seek Way to Legally Pperate in Indonesia. *Jakarta Globe*. https://jakartaglobe.id/business/chinas-wechat-and-alipay-seek-way-to-legally-operate-in-indonesia.

Samuels, B. (2018, October 22). Trump: "You Know What I Am? I'm a Nationalist." *The Hill*. https://thehill.com/homenews/administration/412649-trump-you-know-what-i-am-im-a-nationalist.

Sanger, D. E. and M. Landler (2021, June 12). Biden Tries to Rally G7 Nations to Counter China's Influence. *The New York Times*. https://www.nytimes.com/2021/06/12/world/europe/biden-china-g7.html.

Schneier, B. (2015). *Data and Goliath: The Hidden Battles to Collect Your Data and Control Your World*. W. W. Norton.

Segal, A. (2017, June 2). *Chinese Cyber Diplomacy in a New Era of Uncertainty*. Hoover Institution. https://www.hoover.org/research/chinese-cyber-diplomacy-new-era-uncertainty.

Sharwood, S. (2020, November 26). How the US Attached Huawei: Former CEO of DocuSign and Ariba Turned Diplomat Keith Krach Tells His Tale – 53 nations and 180 telcos have adopted Clean Network plan – and Huawei fell for it. *The Register*. https://www.theregister.com/2020/11/26/keith_krach_undersecretary_of_state_usa_vs_huawei.

Shepardson, D. and A. Alper (2020, March 11). U.S. Commerce Department Extends Huawei License through May 15. *Reuters*. https://www.reuters.com/article/us-usa-huawei-tech-idUSKBN20X32G.

Sun, L. (2020, May 22). Is TSMC Becoming a Pawn in the Trade War between the U.S. and China? *NASDAQ*. https://www.nasdaq.com/articles/is-tsmc-becoming-a-pawn-in-the-trade-war-between-the-u.s.-and-china-2020-05-22.

Tammen, R. L., J. Kugler, D. Lemke, A. C. Stam, III, C. Alsharabati, M. A. Abdollahian, B. Efird, and A. F. K. Organski (2000). *Power Transitions: Strategies for the 21st Century*. Seven Bridges Press.

Tanaka, A. (2019, May 3). China in Pole Position for 5G Era with a Third of Key Patents. *Nikkei Asia*. https://asia.nikkei.com/Spotlight/5G-networks/China-in-pole-position-for-5G-era-with-a-third-of-key-patents.

The International Institute for Strategic Studies (2021, June 28). *Cyber Capabilities and National Power: A Net Assessment*. https://www.iiss.org/blogs/research-paper/2021/06/cyber-capabilities-national-power.

The White House (2015). *National Security Strategy*. https://obamawhitehouse.archives.gov/sites/default/files/docs/2015_national_security_strategy_2.pdf.

The White House (2017). *National Security Strategy of the United States of America*. https://trumpwhitehouse.archives.gov/wp-content/uploads/2017/12/NSS-Final-12-18-2017-0905.pdf.

The White House (2019, May 15). *Executive Order 13873: Securing the Information and Communication Technology and Services Supply Chain*. Federal Register. https://www.federalregister.gov/documents/2019/05/17/2019-10538/securing-the-information-and-communications-technology-and-services-supply-chain.

The White House (2020, November 12). *Executive Order 13959: Addressing the Threat from Securities Investments That Finance Communists Chinese Military Companies*. Federal Register. https://www.federalregister.gov/documents/2020/11/17/2020-25459/addressing-the-threat-from-securities-investments-that-finance-communist-chinese-military-companies.

The White House (2021a). *Interim National Security Strategic Guidance*. https://www.whitehouse.gov/wp-content/uploads/2021/03/NSC-1v2.pdf.

The White House (2021b, June 8). *FACT SHEET: Biden-Harris Administration Announces Supply Chain Disruptions Task Force to Address Short-term Supply Chain Discontinuities*. https://www.whitehouse.gov/briefing-room/statements-releases/2021/06/08/fact-sheet-biden-harris-administration-announces-supply-chain-disruptions-task-force-to-address-short-term-supply-chain-discontinuities.

The White House (2021c, June 8). *Statement of President Joe Biden on Senate Passage of the U.S. Innovation and Competition Act*. https://www.whitehouse.gov/briefing-room/statements-releases/2021/06/08/statement-of-president-joe-biden-on-senate-passage-of-the-u-s-innovation-and-competition-act.

The White House (2021d, June 12). *FACT SHEET: President Biden and G7 Leaders Launch Build Back Better World (B3W) Partnership*. https://www.whitehouse.gov/briefing-room/statements-releases/2021/06/12/fact-sheet-president-biden-and-g7-leaders-launch-build-back-better-world-b3w-partnership.

The White House (2021e, June 13). *FACT SHEET: G7 to Announce Joint Actions on Forced Labor in Global Supply Chains, Anti-corruption, and Ransomware*. https://www.whitehouse.gov/briefing-room/statements-releases/2021/06/13/fact-sheet-g7-to-announce-joint-actions-on-forced-labor-in-global-supply-chains-anticorruption-and-ransomware.

Thomas-Noone, B. (2018, July 6). *ASEAN and China's Digital Silk Road*. The International Institute for Strategic Studies. https://www.iiss.org/blogs/analysis/2018/07/asean-and-china-digital-silk-road.

Thornhill, J. (2021, July 22). How the Global Semiconductor Tussle is Shaping ASML's Future. *Financial Times*. https://www.ft.com/content/793bcae2-509b-4287-a4da-97e0c86ee87d.

Trump, D. (2016, April 27). Transcript: Donald Trump's Foreign Policy Speech. *The New York Times*.

https://www.nytimes.com/2016/04/28/us/politics/transcript-trump-foreign-policy.html.

U.S. International Development Finance Corporation (2019, November 4). *The Launch of Multi-stakeholder Blue Dot Network*. https://www.dfc.gov/media/opic-press-releases/launch-multi-stakeholder-blue-dot-network.

UN General Assembly (2015). *Report of the Group of Governmental Experts on Developments in the Field of Information and Telecommunications in the Context of International Security* (A/70/174). https://documents-dds-ny.un.org/doc/UNDOC/GEN/N15/228/35/PDF/N1522835.pdf?OpenElement.

UN General Assembly (2019). *Open-ended Working Group on Developments in the Field of Information and Telecommunications in the Context of International Security: Proposal Agenda and Annotations* (A/AC.290/2019/1). https://documents-dds-ny.un.org/doc/UNDOC/GEN/N19/150/48/PDF/N1915048.pdf?OpenElement.

UN General Assembly (2021, March 10). *Open-ended Working Group on Developments in the Field of Information and Telecommunications in the Context of International Security: Final Substantive Report* (A/AC.290/2021/CRP.2). https://front.un-arm.org/wp-content/uploads/2021/03/Final-report-A-AC.290-2021-CRP.2.pdf.

United States Eastern District Court (2020, February 13). *Third Superseding Indictment, United States v. Huawei Technologies, Co., Ltd. et al.* https://www.justice.gov/opa/press-release/file/1248961/download.

United States Western District Court (2019, February 14). *USA v. Huawei Device Co., LTD., et al., CR19-10-RSM.* https://www.wawd.uscourts.gov/news/usa-v-huawei-device-co-ltd-et-al-cr19-10-rsm.

US Congress (2018). *National Defense Authorization Act for Fiscal Year 2018.*

US Congress (2019). *National Defense Authorization Act for Fiscal Year 2019.*

US Department of Commerce (2019, November 20). *Temporary General License: Extension of Validity*. https://s3.amazonaws.com/public-inspection.federalregister.gov/2019-25189.pdf.

US Department of Commerce (2020, May 15). *Commerce Addresses Huawei's Efforts to Undermine Entity List, Restricts Products Designed and Produced with U.S. Technologies*. https://2017-2021.commerce.gov/news/press-releases/2020/05/commerce-addresses-huaweis-efforts-undermine-entity-list-restricts.html.

US Department of Commerce (2021, January 19). *Securing the Information and Communications Technology and Services Supply Chain*. Federal Register. https://www.federalregister.gov/documents/2021/01/19/2021-01234/securing-the-information-and-communications-technology-and-services-supply-chain.

US Department of Defense (2019, June 1). *Indo-Pacific Strategy Report*. https://media.defense.gov/2019/Jul/01/2002152311/-1/-1/1/DEPARTMENT-OF-DEFENSE-INDO-PACIFIC-STRATEGY-REPORT-2019.PDF.

US Department of State (2019, November 4). *A Free and Open Indo-Pacific Advancing a Shared Vision*. https://www.state.gov/wp-content/uploads/2019/11/Free-and-Open-Indo-Pacific-4Nov2019.pdf.

Walden, M. (2019, November 9). What is the Blue Dot Network and is It Really the West's Response to Belt and Road? *ABC News*. https://www.abc.net.au/news/2019-11-09/blue-dot-network-explainer-us-china-belt-and-road/11682454.

Waltz, K. N. (1959). *Man, the State, and War*. Columbia University Press.

Waltz, K. N. (1979). *Theory of International Politics*. Addison-Wesley.

Wendt, A. E. (1987). The Agent-structure Problem in International Relations Theory. *International Organization*, 41, 3: 335-370. https://doi.org/10.1017/S002081830002751X.

Wendt, A. E. (1999). *Social Theory of International Politics*. Cambridge University Press. https://doi.org/10.1017/CBO9780511612183.

Wintour, P. (2019, November 1). UK Government Postpones Huawei 5G Decision. *The Guardian*. http://www.theguardian.com/technology/2019/nov/01/uk-government-postpones-huawei-5g-decision.

Wu, D. (2019, November 4). TSMC to Keep Supplying Huawei, Quashes Talk of U.S. Pressure. *Bloomberg*. https://www.bloomberg.com/news/articles/2019-11-04/tsmc-to-keep-supplying-huawei-quashes-talk-of-u-s-pressure.

Xi, J. (2021, August 14). Analysts: China Expanding Influence in Africa via Telecom Network Deals. *Voice of America*. https://www.voanews.com/a/economy-business_analysts-china-expanding-influence-africa-telecom-network-deals/6209516.html.

Xu, K. (2020, October 4). China's Semiconductor Future: What Can $1.4 Trillion Buy? *The Wire China*. https://www.thewirechina.com/2020/10/04/chinas-trillion-dollar-investment-and-semiconductor-future.

Yang, Y. (2017, September 4). Full Text of BRICS Leaders Xiamen Declaration. *Xinhua News Agency*. http://www.xinhuanet.com//english/2017-09/04/c_136583396.htm.

Zeng, J., T. Stevens, and Y. Chen (2017). China's Solution to Global Cyber Governance: Unpacking the Domestic Discourse of "Internet Sovereignty." *Politics & Policy*, 45, 3: 432-464. https://doi.org/10.1111/polp.12202.

Zengerle, P. and M. Martina (2022, February 5). U.S. House Backs Sweeping China Competition Bill as Olympics Start. *Reuters*. https://www.reuters.com/world/us/us-house-set-pass-sweeping-vote-china-competition-bill-2022-02-04.

Zhao, S. (2019, October 31). China Rolls Out World's Largest 5G Mobile Phone Network. *Bloomberg*. https://www.bloomberg.com/news/articles/2019-10-30/china-to-roll-out-world-s-largest-5g-mobile-phone-network.

# 第五章

## 川普對香港「反送中」運動立場與美中關係[*]

### 陳鴻鈞

財團法人國防安全研究院助理研究員

## 壹、前言

長久以來，人權是美中分歧面向之一，這包含香港部分。川普（Donald Trump）政府上任初期，維持美國長期對香港的政策。在香港「反送中」運動之前，美國對香港議題關注的層級主要在國務院，認定中國遵守《中英聯合聲明》（Sino-British Joint Declaration）裡對香港的承諾，即維持香港的自主性，所以美國賦予香港特殊地位（special status），香港成為美軍一個可以停靠的港口。此時，川普本人對香港的議題並不關注，香港亦非美中高層對話的焦點。

在香港發起「反送中」運動之後，香港人民也利用美國請願機制進行遊說，成功吸引美國的注意，華府提高對香港議題的關注度。國務卿龐培歐（Michael Pompeo）在華府接見香港親民主派的人士，聲援香港的民主運動，之後並關切香港政府逮捕香港親民主派與媒體人士的行動，強調言論、集會及媒體自由的重要性。川普與副總統彭斯（Mike Pence）亦強調香港應該享有自由的權利，川普更在聯合國的場合公開關切香港情勢。此外，川普政府不僅關注香港的民主自由，也關切中共是否動用解放軍處理香港議題。此後，美國軍艦停靠香港遭到北京拒絕，同時美中之間的對話機制開始觸及香港議題。國會方面，美國國會通過《香港人權與民主法》（Hong Kong Human Rights and Democracy Act）與《限制出口催淚瓦斯及人群控制技術至香港法》（Placing Restrictions on Tear Gas Exports and Crowd Control Technology to Hong Kong Act, PROTECT Hong Kong Act，簡稱《保護香港法》），展現支持香港民主的立場。

隨著習近平認定香港「反送中」運動挑戰「一國兩制」，且有外國勢力介入，中國立場轉趨強硬。北京支持香港政府逮捕香港親民主派人士，又對美國採取反制措施，更

---

[*] 本文曾宣讀於 2022 年 3 月 22 至 23 日，中央研究院歐美研究所主辦的「2017-2021 年川普政府美中臺關係及其影響」研討會。

通過《中華人民共和國香港特別行政區維護國家安全法》（以下簡稱《香港國安法》）。
這促使川普調整對香港的政策，認為香港走向「一國一制」，不再值得美國給予特殊待
遇，因此採取多項措施，例如取消香港的特殊地位、禁止武器出口至香港、暫停美國與
香港的雙邊協議、制裁中國及香港官員等。此時，通訊和影音軟體「抖音」（TikTok）
及「推特」（原為 Twitter，現為 X）在香港「反送中」運動的角色也受到關注。華府高
層陸續從政治、法律、軍事、網路與經濟等面向關切香港議題，包括川普、龐培歐、國
家安全顧問歐布萊恩（Robert O'Brien）、司法部長巴爾（William Barr）、國防部長艾
斯培（Mark Esper）、聯邦調查局局長瑞伊（Christopher Wray）等。對此，北京則制裁
美國非政府組織與相關人士作為反制。

　　華府亦聯合其他國家共同關切香港「反送中」運動，香港成為印太安全的議題之
一。國會方面，美國國會通過《香港自主法》（Hong Kong Autonomy Act），授權行政
部門可以制裁侵蝕香港自主性的中國及香港官員、組織，展現強力支持香港民主的態
度。最終，川普政府把中國對香港的政策和做法，視為民主與威權體制的差異，更成為
自由民主秩序受到侵蝕的案例。華府也將香港、臺灣及中國的民主加以連結比較，認為
香港民主的失敗與臺灣民主的成功，對中國的民主具有啟發意義。

　　本文一開始先進行文獻回顧，簡述美中對人權與香港議題的立場，然後說明本文的
研究方法，即主要透過文獻分析及引用相關決策官員的回憶錄，同時利用美國、中國及
香港政府等重要政府網站蒐集相關資料。之後，本文闡述川普政府在「反送中」運動之
前對香港的立場，說明川普政府對香港議題的關注程度並不明顯。然後，本文簡介香港
「反送中」運動及尋求國際關注與支持，特別是利用美國政府的請願機制，成功獲得華
府的回應。本文第肆部分解釋華府對香港「反送中」運動的立場及回應，說明華府確實
因為「反送中」運動而升高對香港人權和民主的關注。本文第伍部分詮釋中國對香港「反
送中」運動的立場，先採取質疑與反對的態度，然後制定《香港國安法》及延後香港立
法會選舉，並贊成香港政府逮捕香港親民主派人士，擴大控制香港的政治發展。本文第
陸部分解釋川普政府對《香港國安法》的立場，認定香港自主性遭到破壞，因此調整美
國對香港的政策。最後，本文分析香港「反送中」運動對美中關係的影響，認為在香港
「反送中」運動的影響下，香港議題成為美中關係新的分歧點。

## 貳、文獻回顧與研究方法

　　長久以來，人權和民主是美國與中國兩國分歧的重要面向，《美國國家安全戰略》
（National Security Strategy of the United States of America）多次聲明人權是兩國分歧的

議題之一（The White House, 2010; The White House, 2015）。美國對香港的政策，也反映這項特點，即人權就是其中一個重要考量因素。中國聲明接受人權的基本觀念及普遍性，但主張人權的內涵會因時空不同而有差異，而北京現階段重視的是發展權，而不是其他權利。此外，中國強調主權平等與不干涉原則，重視主權概念及優先性，表示人權地位不可高過主權，否則會違反國際法和相關慣例，反對外國使用人權議題來質疑中國。

另一方面，香港的民主發展與中國的對港政策密切相關。1984 年，英國和中國簽署《中英關於香港問題聯合聲明》（China and United Kingdom of Great Britain and Northern Ireland Joint Declaration on the question of Hong Kong，以下簡稱《中英聯合聲明》），英國承諾在 1997 年將香港交回中國，中國則承諾以下事務，且維持五十年不變，包括：香港設立特別行政區、享有高度自治權、香港現行法律制度不變、香港行政長官由選舉或協商產生、保障基本自由及人權、維持自由港與獨立關稅地區、治安由特區政府負責等。《中英聯合聲明》送交聯合國存放，並獲得聯合國承認，是具有國際法約束力之文件（United Nations, 1994）。1990 年 4 月，中國第七屆全國人民代表大會通過《香港特別行政區基本法》（The Basic Law of the Hong Kong Special Administrative Region，以下簡稱《香港基本法》），聲明中國將根據「一國兩制」的原則來治理香港，香港原本的資本主義體系與生活方式將維持五十年不變，同時落實《中英聯合聲明》裡北京對香港的承諾，特別是維持香港高度自治，以及香港人治理香港等（Hong Kong Government, 2022）。

美國支持 1984 年《中英聯合聲明》，沒有挑戰中國對香港「一國兩制」的安排，但支持香港的民主化以及香港人民的基本人權，包含增加香港人民移民美國的配額，由每年 600 名，增加至 5,000 名，藉以增強香港人民對香港前途的信心（林正義，1996：207-212）。1989 年 6 月 4 日，中共鎮壓天安門的民主運動，突顯美中之間的重大歧異。1992 年，美國國會兩度通過正式決議，把中國的人權表現與美國是否給予中國最惠國待遇兩者掛鉤，要求除非中國改善人權，否則美國就應取消給予中共最惠國待遇。老布希（George Bush）政府否決國會的決議案，引發美國行政部門以及國會之間的緊張。柯林頓（William J. Clinton）政府在 1993 年把改善人權條件納入美國給予中國最惠國待遇的附加條款，之後卻又在 1994 年將人權與美國給予中國最惠國待遇兩者脫鉤，繼續給予中國最惠國待遇。儘管如此，中國的人權情況並未改善，人權依舊是美中之間的分歧議題，美國持續關注中國的人權發展（裘兆琳，1996：129-131；焦興鎧，1996：176-183）。

天安門事件後，美國是否給予中國最惠國待遇，香港也成為其中考量的因素之一。

美國表態支持《中英聯合聲明》與「一國兩制」，目的之一是在確保香港的繁榮，同時寄望香港於 1997 年回歸中國之後，仍能享有基本人權，進而保障美國的經濟利益，所以美國對中國的相關制裁並不適用於香港；可是，美國微調對香港的政策，進一步提高香港移民美國的配額至 2 萬名，穩定香港人民的信心。此外，1992 年《美國－香港政策法》（United States-Hong Kong Policy Act）扮演重要角色。在英國決定把香港移交給中國之後，美國國會通過《美國－香港政策法》，承認《中英聯合聲明》的地位及內容，並據此制定美國的香港政策，涵蓋政治、經貿、文化、出口管制等多個面向（U.S. Department of State, 2002；林正義，1996：207-225）。

《美國－香港政策法》的重要性，就是美國認定香港維持自主性的情況下，給予香港在外交、經濟及政治上不同於中國的特殊地位，視為獨立關稅地區，在簽證、護照、出口管制、關稅優惠等諸多項目採取不同於中國大陸的做法，也在政治制度及人權議題上採取區別對待。不過，由於擔心中共改變對香港的承諾，所以該法亦授權總統每年審視香港自主的情況，判斷是否要暫停給予香港特殊地位，並向國會報告（Tucker, 1994: 220; Ting and Lai, 2012: 358; Bush, 2016: 250-252；林正義，1996：208-214）。美國國務院進一步依據《美國－香港政策法》，陸續公布《香港政策法報告》（Hong Kong Policy Act Report），揭露香港的政情，據此決定美國是否仍給予香港特殊地位。另外，美國國務院每年公布的《各國人權報告》（Country Reports on Human Rights Practices）亦是施壓中國改善人權的方式之一。1991 年起，《各國人權報告》將香港單獨列出，藉以展現美國重視香港的人權狀況。進一步，美國國會也扮演支持香港民主及人權的重要力量（林正義，1996：212-214）。國會成立的「國會與行政部門中國委員會」（Congressional-Executive Commission on China, CECC）持續關注香港的人權及民主發展。在美中高層會面時，華府向北京關切香港議題，更是美國施壓中國的方式之一。然而，中國認為香港是中國內政，對於美國常以提倡和維護人權為由施壓中國 —— 如柯林頓政府曾接見香港民主派人士李柱銘（Martin Lee）—— 中國採取批評的立場，反映香港人權問題是美中之間的歧異點。

1997 年，香港回歸中國。北京期盼香港維持政治與社會穩定，因此透過發展經濟等政策，維持香港的繁榮和穩定。同時，北京也介入香港民主的進程，包括決定香港民主選舉的方式及時程。香港選舉區分行政長官的選舉與立法會選舉兩大部分。其中，行政長官是由間接選舉產生，並深受北京的控制及影響，而非由香港人民直接選舉選出。至於立法會的選舉，由於香港人民可以透過投票，影響一部分席次，成為展現香港民主的重要場域及指標。儘管如此，北京亦透過扶持親北京的政治人物與政黨，介入香港的立法會選舉。

2001 年美國《香港政策法報告》指出，除了政治改革、法輪功等一些特殊的情況外，北京大致遵守自己的承諾，維持香港的自主性；香港在人權、法治、經濟、出口管制等各領域仍符合相關規範及表現，所以美國繼續給予香港特殊地位，同時保持和香港的各種關係（U.S. Department of State, 2001）。2002 年 10 月，美國總統小布希（George W. Bush）曾向中國國家主席江澤民關切香港的人權問題。2007 年，香港移交中國十週年。美國《香港政策法報告》評估，儘管北京的介入，使香港民主制度仍不完整，可是香港仍保有相當自主性。因此，美國期待北京承諾的「一國兩制」能夠成功，香港民主持續進展；美國與香港的關係可以維持穩定（U.S. Department of State, 2007）。往後數年，美國《香港政策法報告》未再公開出版。7 月，中國國家主席胡錦濤表示，中國將遵守《香港基本法》，保持香港的繁榮與穩定，並維持「一國兩制」、「港人治港」等政策，循序改革香港的政治體制，落實香港人民的自由及民主。2007 年 12 月，第十屆中國全國人民代表大會常設委員會做出決議，宣稱香港可以在 2017 年進行香港行政長官的直接選舉，和 2020 年的香港立法會的全面普選。然而，這樣的宣示卻引發質疑，因為這讓香港無法在 2012 年完成行政長官和立法會雙普選的民主進程。

若以香港民主和中國的關係來看，香港內部的政治版圖大致可以區分為兩股主要勢力，一是親北京的建制派勢力，二是支持香港走向民主的親民主派勢力。隨著香港人民不滿香港現狀的比例升高，包括香港的經濟和政府表現，促使香港人民要求改革與民主化，連帶亦降低對北京政府及「一國兩制」的信任。這迫使北京提出改革選舉制度的提案，例如在 2017 年允許香港人民選舉香港行政長官，以及在 2020 年落實香港立法會席次的全面普選（Cheng, 2014: 224-226, 233-242；陳健民，2011：26-29）。

隨著中國的崛起，加上北京對於香港等相關領土主權的議題轉趨強硬，香港逐漸成為美中之間關係日益緊張的來源之一（Ferguson and Mansbach, 2019: 45, 47）。2014 年 8 月，中國全國人民代表大會做出嚴格限制 2017 年香港行政長官選舉的決定，引發香港民眾大規模抗議，即「占中運動」或「雨傘運動」。此外，由於香港人民對北京不滿並未減少，加上北京延遲對香港的政治改革，且取消親民主派的候選人資格，使得香港的民主運動促成香港自我認同與民族主義的產生，特別是在年輕世代（Lin, 2021: 119-121, 132-134; Wu, 2021: 60-63, 65-70; Ma, 2021: 91-102）。特別的是，美國國務院先前一度停止公布美國《香港政策法報告》，到了 2015 年又開始重新公布。在該報告提及，美國評估香港在 2007 年之後仍保有自主性，因此重申支持北京的「一國兩制」，同時維持香港不同於中國的特殊地位。然而，面對中國限制香港民主與人權，美國聲明支持香港的民主發展，認為民主化有助香港的穩定和繁榮，同時呼籲香港在 2017 年能夠進行具競爭性的行政長官選舉（U.S. Department of State, 2015）。2016 年，該報告指出，美國與香港維持良好的雙邊關係，且認定香港依舊維持其自主性，因此美國仍給予香港特殊

地位。然而,由於北京擴大介入香港事務,更嚴格限制香港的民主,華府高度關切北京侵蝕香港自主性的發展(U.S. Department of State, 2016)。另一方面,美國國會議員曾因 2014 年香港「占中運動」以及 2016 年香港眾志秘書長黃之鋒訪問美國國會等事件而提出「香港人權與民主法」草案,不過國會最終並未通過該法案。

此外,在軍事上,美國軍艦能否停靠香港,是反映美中關係好壞的指標之一。在「一國兩制下」,香港在外交與國防事務不享有自主權,而是受北京政府控制。在香港回歸中國之後,中國曾因為 1999 年中國大使館被炸,以及 2001 年 EP-3 美中軍機擦撞事件,暫時取消美國軍機和軍艦停靠香港。華府對北京相關作為給予負面評價(U.S. Department of State, 2001)。2001 年 911 事件後,美國發動對阿富汗的戰爭,中共允許美國軍艦停靠香港,包含美國的航空母艦戰鬥群(U.S. Department of State, 2002)。2002 年之後,由於美臺軍事關係升溫,中共又多次拒絕美國軍艦停泊香港。2007 年 10 月,小布希與西藏精神領袖達賴喇嘛會面,並批准升級臺灣的飛彈防禦系統,因此中共在 11 月拒絕美國小鷹號(Kitty Hawk)航空母艦艦隊群停靠香港的要求(Kan, 2009: 3; Ting and Lai, 2012: 359-360)。2013 年至 2015 年間,平均每年有 14 艘美國軍艦停靠香港(U.S. Department of State, 2016)。

大體而言,美中兩國對人權與民主的看法並不一致,中國重視主權甚過人權,反對外國以人權為由干涉內政,構成美中之間分歧的面向。《美國國家安全戰略》也把人權議題當作是美中關係分歧的因素之一。不過,美國對於人權與民主面向重視程度,經常會因時空環境不同而有所變化,如天安門事件,美國一度將中國的人權表現及是否給予中國最惠國待遇議題掛鉤,但之後卻又同意給予中國最惠國待遇。相似地,香港可被視為美中在人權分歧面向上的代表之一。美國對香港的政策,人權是一個重要的影響因素。華府支持《中英聯合聲明》,內含支持香港民主與人權,但不挑戰中國的「一國兩制」。《美國-香港政策法》聲明,只有在香港維持自主性的情況下,美國才會給予香港不同於中國的特殊地位。華府透過《香港政策法報告》、《各國人權報告》、接見香港民主派人士等多種方式,關注香港的人權、民主發展及自主性,總統甚至會當面向中國國家主席提及香港議題,提醒北京落實對「一國兩制」的承諾。此外,美國國會也是支持香港人權及民主發展的重要力量。

相對地,北京則拒絕美國介入香港事務,強調香港是中國內政的一部分,更會以拒絕美軍機艦停靠香港來表達不滿。隨著中國崛起,加上北京不斷介入與限制香港的民主進程,引發香港人民的抗議,亦提高美國對香港事務的關注程度。簡言之,在川普之前的歷任美國政府,都認定香港維持一定的自主性,因此給予香港不同於中國的特殊地位。但另一方面,華府也對中國崛起及北京擴大介入香港事務感到憂心,敦促北京落實「一國兩制」的承諾。

　　為了更清楚描繪川普政府對香港的政策及「反送中」運動的立場，以及對美中關係的影響，在研究方法與資料蒐集上，本文主要研究既有的官方文獻、書籍、期刊、網站與報紙等，也就是採用文獻分析（Dane, 1990: 168-187）。在資料蒐集上，本文主要透過網路蒐集美國、中國、香港政府網站、美國國會、重要智庫、期刊及新聞等，如白宮的《美國國家安全戰略》、美國國務院的《各國人權報告》及《香港政策法報告》、美國國防部的《中國軍事與安全發展報告》（Military and Security Developments Involving the People's Republic of China）、美中經濟與安全審議委員會（U.S.-China Economic and Security Review Commission）出版報告等，同時引用相關決策官員的回憶錄，如川普政府時期的國家安全顧問波頓（John Bolton）等。

## 參、川普政府初期對香港的立場

　　川普上任初期，香港議題的重要性並不突出。因此，華府依慣例處理香港議題。這點可從以下三方面看出：

### 一、美國《香港政策法報告》維持香港的特殊地位

　　美國國務院在 2018 年版《香港政策法報告》認為，美國與香港政府在許多方面仍可有效且互利的合作，儘管北京政府有不符合《香港基本法》的作為，但香港仍享有「一國兩制」架構下高度自主性，因此給予香港特殊地位（U.S. Department of State, 2018a）。2019 年版《香港政策法報告》雖提高對北京介入香港事務的關切程度，但仍認定香港在「一國兩制」的架構下，維持足夠的自主性，依然值得給予特殊地位（U.S. Department of State, 2019b）。

### 二、美中高層對話機制沒有提到香港議題

　　川普上任後，與中國高層會面，並建立互動機制討論重要議題，但都沒有公開觸及香港議題，如 2017 年川普和習近平在美國加州海湖莊園首次會面、2018 年 11 月第二次美中外交與安全對話（U.S.-China Diplomatic and Security Dialogue）、2019 年 3 月龐培歐與中共政治局委員兼中央外事工作委員會辦公室主任楊潔篪通話等（Wead, 2019: 287-289; U.S. Department of State, 2018b; 2019a）。

## 三、美國軍艦仍可停靠香港

2019 年 4 月 20 日，美國第 7 艦隊旗艦藍嶺號（USS Blue Ridge）順利停靠香港（USS Blue Ridge Public Affairs, 2019）。

由上可知，在香港「反送中」運動之前，川普政府根據《美國－香港政策法》的規定，關注香港的情勢發展，並認定北京大致遵守《中英聯合聲明》中對香港的承諾，維持「一國兩制」的架構及香港的自主性。因此，川普政府持續給予香港特殊地位，美國軍艦仍可停靠香港。此外，在川普任內建立的美中高層對話機制中，香港議題並非雙方談話的焦點。換言之，在香港「反送中」運動之前，美國、中國與香港之間的關係維持一定程度的穩定。

2019 年 2 月，香港政府提出修改《刑事事宜相互法律協助條例》和《逃犯條例》（統稱《逃犯條例》」（Fugitive Ordinance Law）的草案。由於相關草案存在北京可以藉機介入香港事務的可能性，因此引發香港社會高度疑慮，進而引發大規模抗議活動，一般稱為香港的「反送中」運動，或者「反修例」運動（Wu, 2021: 42）。

對於《逃犯條例》的疑慮及反彈，香港人民開始尋求國際支持，包括美國。2019 年 5 月 15 日，香港人民開始利用白宮的請願機制「我們人民」（We the People）呼籲川普政府介入。該項請願內容指出，香港政府提出《逃犯條例》修正案，將允許香港政府將逃犯引渡至中國，並限縮香港立法會的權限，更讓中國可以透過該法要求香港政府在香港逮捕相關人士。因此，該連署案呼籲美國政府反對該項修正案，且重新檢視美國與香港之間的引渡條例。該請願機制規定，若請願提案能在立案三十天內獲得 10 萬人連署，美國聯邦政府就必須加以回應。之後，該提案順利達到標準獲得通過，成為香港「反送中」運動第一個通過美國請願機制的提案，亦成為後續相關提案的範例，要求美國必須一直關注香港民主的發展。這更意味香港「反送中」運動正式進入華府的外交議程，川普政府必須對香港「反送中」運動做出回應（We the People, 2019）。

也就是說，香港政府修改《逃犯條例》不僅引發香港社會持續大規模的抗議活動，更促使香港人民向國際尋求奧援，進而利用美國請願機制，成功跨越連署 10 萬人的門檻，要求川普政府必須關注香港人民的意願及情勢的發展，替香港「反送中」運動開啟國際連結的面向。

# 肆、川普政府對香港「反送中」運動的立場

隨著香港「反送中」運動升溫，香港人民開始尋求國際支持，包含美國。這促成美國國務院升高對香港情勢的關注。2019 年 5 月 16 日，龐培歐在華府和香港親民主派領導人李柱銘等一行人討論香港情勢，包括「一國兩制」架構下的香港自主性。龐培歐聲明關切香港政府提議修改《逃犯條例》的舉動，認定該做法威脅到香港的法治。他亦聲援支持香港長期保障人權、基本自由與民主價值，認為這些是《香港基本法》所保障的內容（U.S. Department of State, 2019c）。時任國家安全顧問波頓（John Bolton）則在離職後的回憶錄提及，當香港「反送中」運動在 6 月爆發超過百萬人上街抗議時，波頓本人曾在「推特」發文呼籲北京要遵守《中英聯合聲明》的承諾，然而川普本人則不希望介入香港議題，原因是他僅關注在美中經貿談判（Bolton, 2020: 310）。

波頓進一步指出，在川普與習近平 6 月 18 日的通話中，川普向習近平闡述他對香港議題的看法，認為這是中國內部的議題，更告誡他的團隊不要公開討論香港議題。對此，習近平則表達感謝，並認同香港議題是中國內政事務的關係，避談香港抗議活動，反而強調《逃犯條例》是在解決香港現有法律上的漏洞，且是針對重罪議題；強調香港的繁榮穩定有助美中雙方，外國應該展現自制避免介入香港事務。波頓分析，川普對習近平的回答是採取默許（acquiesced）的態度。這讓波頓覺得，香港議題很難進入華府的政治議程之中，但波頓也透露，龐培歐對川普的立場有所質疑，這是因為在相關法律的要求下，國務院必須持續關注香港議題（Bolton, 2020: 310-311）。7 月 8 日，龐培歐在華府與香港蘋果日報創辦人黎智英（Jimmy Lai）會面。國務院以香港商人及出版商的名義稱呼黎智英，並表示兩人討論《逃犯條例》以及在「一國兩制」下香港自主性等議題（U.S. Department of State, 2019d）。

當香港「反送中」抗議活動事件逐漸擴大，媒體出現北京動用軍事力量進入香港的報導。約莫同時，美國軍艦也開始被北京拒絕停靠香港（Werner, 2019）。7 月 29 日，龐培歐參加美國經濟俱樂部（Economic Club of Washington）舉辦的會議，並與總裁魯班斯坦（David Rubenstein）進行對談。魯班斯坦便提問，若中共派軍隊進入香港，且鎮壓抗議活動，華府將如何回應。龐培歐則稱，他不回應假設性問題，但也表示華府的立場是清楚的，認為抗議活動是適當的行為，因為美國也有抗議活動。華府希望中國能夠尊重香港人民所做的事，表達美國支持人民擁有言論自由的立場（U.S. Department of State, 2019e）。8 月 13 日，川普用「推特」發文指出，美國情報單位已經告知他，中國政府正在調動部隊前往香港邊境，他認為每個人都應該冷靜且平安。之後，川普誇讚習近平是一個偉大的領導者，可以順利解決香港問題，甚至建議習近平與香港抗議者會面，讓香港抗議活動和平落幕（Javers, 2019）。之後，副總統彭斯表示，香港人民持續上街抗

議，意味著北京沒有遵守「一國兩制」承諾，正在侵蝕香港的自由及民主，呼籲北京展現自制（Pence, 2019）。

根據美國國防部公布的 2020 年版的《中國軍事與安全發展報告》（Military and Security Developments Involving the People's Republic of China 2020，以下簡稱《2020 年中國軍力報告》），稱解放軍駐港部隊在 2019 年 8 月進行年度輪調，由深圳出發，從陸、海、空三路在夜間進入香港，並第一次提及可能有武警部隊加入，且沒有看到有解放軍部隊離開香港；中國的輪調聲明沒有提及解放軍的規模及設備是否維持不變；在「反送中」運動期間，武警和解放軍亦公開進行反暴、反恐及災害預防訓練（U.S. Department of Defense, 2020c: 99）。美中經濟與安全審議委員會（U.S.-China Economic and Security Review Commission）也指出，香港政府企圖修改《逃犯條例》引發香港人民高度疑慮，觸發大規模抗議活動；香港政府與警方的作為，加上北京強化對香港的控制，使得香港的民主及人權受到挑戰。美國將香港視為獨立關稅地位，因此美國和香港可以在經濟、文化、科學、軍民兩用的出口管制機制等諸多領域上進行合作，然而「反送中」運動引發中共擴大介入香港事務，侵蝕香港高度的自主性，並擔憂香港政府能否保障民主、人權、落實美國相關的出口管制措施等（U.S.-China Economic and Security Review Commission, 2019: 481-483, 493, 513-515）。

9 月 24 日，川普在第七十四屆聯合國大會時公開呼籲中國領導人要審慎處理香港問題，因為這牽涉到《中英聯合聲明》，代表中國對香港及國際社會的承諾，且是具有國際拘束力的意涵。川普更嚴肅表示，中國如何因應香港情勢，牽動中國的國際地位與角色，寄望習近平可以扮演一個優秀的領袖（Trump, 2019）。波頓也指出，隨著時間愈靠近中國十一國慶，香港的緊張情勢愈加升高，因為美國研判，習近平和北京當局都不會接受香港持續處於大規模的抗議活動之下，特別是當抗議活動轉趨暴力，而影響到中國建國七十週年的閱兵大典（Bolton, 2020: 311-312）。11 月 11 日，美國國務院發言人奧塔格斯（Morgan Ortagus）指出，美國極度關切香港的情勢，譴責各種暴力，並對受害者表達同情，呼籲警察及抗議者都應該展現自制（Ortagus, 2019）。

11 月 24 日，香港舉行區議會選舉，在 452 個席次中，親民主派人士獲得 389 席，建制派僅取得 59 席，親民主派獲得明顯勝利。此次選舉結果透露出，對中國的不滿成為一個重要因素（Ma, 2021: 103）。12 月 10 日，龐培歐在國際人權日（International Human Rights Day），點名中國侵蝕香港人民在《中英聯合聲明》與《香港基本法》中所享有的自由，華府將會持續支持人權（Pompeo, 2019）。12 月 20 日，川普與習近平通電話，同時觸及香港議題，川普並表示在香港議題上取得進展。

2020 年起，香港警方開始陸續逮捕黎智英、民主黨創黨黨主席李柱銘、前法律界立法會議員吳靄儀、香港支聯會主席李卓人、香港支聯會副主席何俊仁、香港支聯會秘

書長蔡耀昌、香港支聯會常委梁耀忠等民主派重要人士。這引發美國國務院、龐培歐，乃至美國司法部長巴爾的關切與譴責，敦促香港政府與北京要尊重人及維持香港自主性（U.S. Department of State, 2020a; Pompeo, 2020b; Barr, 2020a）。3 月 11 日，美國國務院發布《2019 年各國人權報告》（2019 Country Reports on Human Rights Practices），龐培歐點名中國在內的多個國家迫害人權，雖然沒有指明香港的情形，卻表達希望中國未來有一天能夠尊重人權。但是，在該報告內容指出，從 2019 年 6 月開始至同年年底，香港經歷持續性的抗議活動，這當中明顯牽涉到許多人權議題，包括警察對抗議人士過度執法、民眾遭到任意逮捕、實質干涉人民和平集會自由、限制政治參與等。香港政府雖採取起訴及處罰濫權的相關官員，但抵制對警察的進行特別調查，依舊依賴警察申訴委員會來審查相關申訴（Pompeo, 2020a; U.S. Department of State, 2020b）。5 月 17 日，龐培歐表示，他注意到中國政府威脅介入美國記者在香港的工作。他警告，任何傷害香港自主性及媒體自由的作為，將影響美國對「一國兩制」及香港地位的評估（Pompeo, 2020c）。

國會方面，伴隨香港「反送中」運動升高的緊張態勢，美國國會在 2019 年 11 月通過《香港人權與民主法》及《保護香港法》，賦予行政部門可以制裁打壓香港民主的人士，方式包含限制簽證、凍結資產等，並禁止催淚瓦斯等特定軍用設備出口給香港警察。

簡言之，隨著香港爆發「反送中」運動，華府提高對香港情勢的關注。龐培歐先以接待，同時聲援香港親民主派人士，強調香港人民應該擁有言論及集會自由，呼籲北京要尊重「一國兩制」下香港的自主性。對中共可能使用武力處理香港問題，龐培歐抱持謹慎立場。川普一開始不願介入香港議題，並在與習近平通話時，對香港議題保持低調。隨著「反送中」運動抗議擴大，且擔憂中共使用武力，川普在聯合國大會這個最重要的國際場合，公開關切香港議題，代表美國最高層級，且是最嚴正的訴求及做法。之後，川普也在和習近平的通話中，談到香港議題，並認為取得進展。但是，上述作為顯然沒有發揮作用。此後，香港政府開始逮捕香港親民主派人士及媒體工作者，美國國務院和司法部都出面譴責，龐培歐更表態開始思考美國是否應該給予香港特殊地位。

## 伍、中國的反應

中國長期將香港視為推動「一國兩制」的範例，但「一國」的重要性遠高於「兩制」。2017 年，川普政府上臺，適逢香港回歸中國二十週年。7 月 1 日，中國國家主席習近平親赴香港參加慶祝典禮，並主持香港特別行政區第五屆政府林鄭月娥等人的就

職典禮。習近平在致詞時宣稱,中國將在香港堅守「一國兩制」的精神及方針,落實「一國兩制」也是中國夢的一部分。可是同時,習近平亦提出四點意見,其中首要意見就是堅守「一國」原則,正確處理北京與香港特別行政區的關係。習近平聲明,「任何危害國家主權安全、挑戰中央權力和香港特別行政區基本法權威、利用香港內地進行滲透破壞的活動,都是對底線的觸碰,都是絕不能允許的」(連錦添、王堯、杜尚澤,2017)。這透露出習近平對香港面臨「一國」及「兩制」產生重大分歧時將會採取的立場,即「一國」原則不容挑戰。

　　香港爆發「反送中」運動後,中國國務委員兼外交部長王毅,以習近平主席特別代表身分出席第七十四屆聯合國大會,對於川普公開關切香港的自由民主,並沒有在聯合國大會的場合立即給予回應,而是在接受外國媒體訪問時進行反駁,宣稱有暴力分子在香港破壞公共設施,涉及違反亂紀,呼籲各國應該支持香港政府維護法治的作為(王毅,2019a)。

　　11 月 14 日,巴西舉行金磚高峰會,習近平親自出席,並第一次針對香港「反送中」運動表達立場,認定香港發生激進暴力行為,且嚴重挑戰「一國兩制」,北京堅定支持港警維護國家主權及執法的行為。緊接著,18 日,中國國務委員兼國防部長魏鳳和與艾斯培在第六屆東協國防部長擴大會議(ASEAN Defense Ministers' Meeting Plus, ADMM-Plus)的場合進行會談,並主動提出香港問題(U.S. Department of Defense, 2019;中華人民共和國國防部,2019a)。約莫同時,中國國防部亦表示,服從習近平對香港的指示,聲明「駐港部隊隨時聽從黨中央、中央軍委指揮,有決心、有信心、有能力履行好基本法和駐軍法賦予的職責使命,維護國家主權、安全和發展利益,維護香港長期繁榮穩定」。中國國防部更批評川普簽署《香港人權與民主法案》,表達堅決反對美國干涉中國內政,擾亂香港局勢的做法。此外,對於香港內部關切解放軍在營區外的活動,中國國防部聲明,解放軍駐港部隊是在營區外「自發義務」形式參與清理路障,沒有違反《駐軍法》和「一國兩制」,而是從事社會公益活動(中華人民共和國國防部,2019b)。這意味著,在習近平認定「反送中運動」是挑戰「一國兩制」的基本原則後,北京對香港「反送中運動」的立場轉趨強硬,且批評美國的立場。

　　11 月 21 日,王毅接見美國前國防部長柯恩(William Cohen)時,批評美國國會通過《香港人權與民主法》,認為是美國透過美國國內法干涉中國內政,卻無視香港發生違法暴力的行為。王毅聲明,中國堅決反對《香港人權與民主法》(王毅,2019b)。中國外交部更表示已經召見美國駐中國代表,闡明強烈不滿及抗議的立場,並呼籲白宮不要簽署該法案;若美國堅持相關做法,中國必定採取反制措施(耿爽,2019)。在川普簽署《香港人權與民主法》後,中國外交部批評美國嚴重違反國際法與國際關係基本準則,且干涉中國內政,因此中國將拒絕美國軍艦赴港,且制裁多個美國支持

香港「反送中」運動的非政府組織，包括美國國家民主基金會（National Endowment for Democracy, NED）、美國國際民主協會（National Democratic Institute, NDI）、美國國際共和研究所（International Republican Institute, IRI）、人權觀察（Human Rights Watch），以及自由之家（Freedom House）等（華春瑩，2019）。12 月 13 日，王毅對外表示，中國堅定捍衛核心利益，支持「一國兩制」及香港政府的做法，反對外國勢力介入香港事務，且批評美國在香港等問題上作為，不利兩國的交往及合作。王毅重申，中國將會積極阻止外國介入中國內部事務（王毅，2019c）。之後，中國也因香港問題對美國發動制裁，如表 5-1。

表 5-1 中國針對香港議題制裁美國情況概述

| 日期／對象 | 名單 |
|---|---|
| 2020.11.30<br>4 名美國非政府組織成員 | 美國國家民主基金會亞洲事務資深主任瑙斯（John Knaus）、美國國際民主協會亞太地區代表南安德（Manpreet Singh Anand）、香港分部主任羅沙里歐（Crystal Rosario）、計畫主任薛德敖（Kelvin Sit）。 |
| 2020.12.10 | 制裁在香港問題表現惡劣，擔任美國行政部門官員、國會人員、非政府組織成員及其直系親屬；取消美國持外交護照臨時訪問香港、澳門免簽待遇。 |
| 2021.1.18 | 重申上述主張。 |
| 2021.1.21 | 宣布制裁 28 人，其中 10 人是龐培歐、納瓦羅、歐布萊恩、史達偉、博明、艾薩、柯拉克、克拉夫特、波頓、班農；相關人士與家屬禁止進入中國、香港等地；相關機構限制與中國交易。 |

資料來源：作者整理自公開資料。

12 月 20 日，習近平與川普通電話，首度碰觸香港議題。相對於川普對外宣稱在香港問題獲得進展，習近平的發言則呈現雙方立場的差異。習近平表示，中國嚴重關切美國近來在香港等諸多議題上的言論及作為，認為是在干涉中國內政與損害中國利益，不利雙方進一步合作（習近平，2019）。這反映出，隨著北京認定美國通過《香港人權與民主法》是干涉中國內政和損害中國利益的行為，使「一國」與「兩制」面臨重大分歧，北京展現堅定捍衛香港是中國核心利益的立場；即便面對美國國會及川普政府的強力施壓，北京依然展現「一國」原則不容挑戰的態度，同時進行相關反制作為，如停止美國軍艦停靠香港、制裁美國非政府組織，以及支持香港政府逮捕相關親民主人士等。2020年 3 月 2 日，針對美國關切香港政府逮捕黎智英一事，中國外交部表示堅決反對與強烈不滿的立場，認為這是美國藉人權和自由的理由干涉香港事務，呼籲美國停止干涉香港事務及中國內政，也不要支持反中亂港人士（趙立堅，2020a）。

　　北京除了支持香港政府逮捕香港親民主派人士，亦開始積極介入香港事務。4月17日，中國駐港機構北京中央政府香港聯絡辦公室（以下簡稱「中聯辦」）表示，國務院港澳辦與中聯辦，不是《香港基本法》第22條所稱「中央人民政府所屬各部門」，而是北京授權專責處理香港事務的機構，可以對香港「行使監督權」，引起關注。隔日，香港政府發動大規模逮捕行動，14名香港親民主派人士遭到逮捕。4月20日，對於龐培歐及澳洲等國家持續關切黎智英、李柱銘等14名遭到香港政府逮捕的人士，中國外交部重申堅定反對和強烈譴責的立場，認定這是干涉中國內政與香港事務的做法（耿爽，2020）。

　　5月22日至28日，中國第十三屆全國人人舉行第三次會議，其中一個重要議程就是審查有關維護香港國家安全法律及執行機構的草案。對此，王毅表明香港是中國內政議題，拒絕外國干涉，且中國推動《香港國安法》立法是維護國家安全的作為。王毅並指出，自2019年6月修例以來，港獨和香港本土激進分離勢力崛起，外部勢力高度介入香港事務，嚴重危害中國的國家安全及「一國兩制」的運行，因此推動相關立法工作有其急迫性。王毅宣稱，全國人大的決定及立法動作，僅針對少數嚴重危害國家安全的行為，不會影響香港的高度自治及人民的自由和權利，反而有助維護香港「一國兩制」的實踐、香港的未來，與確保香港在世界的重要地位（王毅，2020a）。換言之，北京推動《香港國安法》，目的是強化北京對香港事務的控制（Wu, 2021: 42）。此外，北京推動《香港國安法》亦是中共阻止美國等外部勢力介入香港的反制作為（桑普，2020：167-168）。

　　7月15日，中國外交部發表正式聲明，稱川普政府不顧中國嚴正交涉，簽署通過《香港自主法》，更詆毀《香港國安法》，中國表示強烈反對並予以譴責，認為嚴重違反國際法與國際關係的基本準則，且干涉中國內政及香港事務。聲明中指出，《香港國安法》符合「一國兩制」，有利中國維護主權、安全與發展利益，更確保香港的繁榮穩定；中國堅決反對外國勢力干預香港事務，包含美國；為了捍衛中國的正當利益，中國將制裁美國相關人士和公司，更呼籲華府不要實行《香港自主法》（中華人民共和國外交部，2020a）。中國外交部也抗議美國片面關閉中國駐美國休士頓總領事館一事，否認該館在美國校園從事限制言論自由及反制香港民主人士的活動；相關活動是中國留學生自發的愛國行動，亦是言論自由的一部分；中國堅決反對分裂國家的行為，因此支持中國留學生的主張，同時批評美國以民主人權為由，支持反中亂港人士的暴力行為，是刻意縱容相關人士，並干涉中國內政（中華人民共和國外交部，2020b）之後。王毅更指出，在聯合國人權理事會上，有70多個國家支持中國制定《香港國安法》，代表國際支持中國做法；《香港國安法》有助香港「一國兩制」的實行，而美國的作為必然遭到抵制（王毅，2020b）。

　　8 月 6 日，艾斯培與魏鳳和通電話。根據美國國防部的資料，艾斯培向魏鳳和呼籲中國要遵守《中英聯合聲明》下所應承擔的國際義務（U.S. Department of Defense, 2020b）。然而，根據中國官媒《新華社》的說法，兩人的談話並沒有包括香港議題（新華社，2020）。特別的是，隔日（8 月 7 日），楊潔篪隨即以中共中央政治局委員、中央外事工作委員會辦公室主任的身分撰文，指出香港問題是中國的核心利益，呼籲美國要慎重處理香港問題，立刻停止干涉中國的內政，並威脅採取反制措施（楊潔篪，2020）。

　　對於港府宣布延後立法會選舉一事，中國外交部辯稱，香港政府是因為考量新冠肺炎疫情的因素，而延後舉行立法會的選舉，此做法在國際上已有前例；美國、英國、加拿大、澳洲與紐西蘭等「五眼聯盟」國家呼籲香港儘快舉行立法會選舉的舉動，明顯是干涉中國內政和香港立法會選舉；為了回敬美國制裁中國及香港官員，中國也制裁在香港問題上表現惡劣的 11 名美國人士，包含參議員盧比歐（Marco Rubio，共和黨，佛州）、克魯茲（Ted Cruz，共和黨，德州）、霍利（Joshua Hawley，共和黨，密蘇里州）、杜美（Pat Toomey，共和黨，賓州）、科頓（Thomas Cotton，共和黨，阿肯色州）、眾議員史密斯（Christopher Smith，共和黨，新澤西州），以及非政府及人權組織的成員，如美國國家民主基金會總裁葛胥曼（Carl Gershman）、美國國際民主協會會長米德偉（Derek Mitchell）、美國國際共和研究所主席垂寧（Daniel Twining）、人權觀察執行主任羅思（Kenneth Roth）、自由之家主席阿布拉莫維茨（Mike Abramowitz）等（趙立堅，2020b）。

　　8 月 11 日，中國全國人大常委會會議以全票通過的方式，決定將香港特別行政區第六屆立法會議員的任期延長至少一年，從 2020 年 9 月 30 日開始實施。此舉引發新一波爭議。中國外交部聲明，北京支持此一決定，認為有助維護香港的政治及社會穩定，且重申香港立法會選舉是中國的地方選舉，不容外國干涉與介入（趙立堅，2020c）。對於美國聯合「五眼聯盟」國家，批評中國全國人大限制香港特區立法會議員資格的問題，中國也表達強烈不滿的立場，重申相關作為是干涉中國內政及香港事務的做法，更表明在香港在回歸中國後，中國治理香港的依據是《中華人民共和國憲法》與《香港基本法》，而非「中英聯合聲明」（中華人民共和國駐美大使館，2020）。之後，面對美國制裁林鄭月娥等人，及美國暫停或中止三項協定等事，中國外交部表示反對美國制裁的相關舉措；重申香港事務是中國內政，呼籲美國停止干涉中國內政，並宣布香港暫停履行港美刑事司法互助協定，且批評美國等國家企圖利用制裁來改變中國立場的做法不可行；聲明支持香港警方依法逮捕黎智英等（趙立堅，2020d，2020e）。

　　由上可知，面對美國聲援香港自由和民主，北京認定華府介入中國內政，從事破壞「一國兩制」的作為。因此，中國除了強力譴責與反對華府作為、呼籲美國不要介入香港事務外，亦開始採取相關反制措施，包括停止美國軍艦停靠香港、開啟「中聯辦」可以監督香港事務、推動《香港國安法》通過、支持香港政府逮捕香港親民主派人士、制裁美國官員、議員與非政府組織、暫停香港及美國的刑事司法互助協定、延後香港立法會選舉的時程等。北京的反應，展現維護「一國」的堅定立場，勝過保護「兩制」的決心。

## 陸、川普政府對《香港國安法》的立場

　　隨著北京推動《香港國安法》，華府對香港議題的立場愈趨明確且堅定。2020 年 5 月 22 日，龐培歐發表聲明，譴責中國全國人民代表大會提議要通過《香港國安法》，認為這項決定跳過香港現有的立法程序，並忽視香港人民的意願，將會嚴重違反《中英聯合聲明》，以及破壞香港高度的自主性；美國強烈呼籲北京遵守國際義務，尊重香港高度的自主性、民主制度和人民權利，同時提醒這是美國對「一國兩制」及給予香港特殊地位的關鍵（Pompeo, 2020d）。在北京強行通過《香港國安法》後，龐培歐指出，北京的決定侵蝕香港自主性與自由，且破壞中國對香港人民的承諾；在《香港政策法》下，國務院是負責評估北京對香港自主性的單位。因此，他通知國會，因為中國把自己的模式應用至香港，香港已經無法在中國統治下維持高度自治的情況，不再符合美國給予特殊待遇的資格；當香港人民持續對抗中國共產黨否定香港的自主性時，美國將會與香港人民站在一起（Pompeo, 2020e）。美中經濟與安全審議委員會指出，《香港國安法》已經破壞北京「一國兩制」的承諾，也改變美國對香港的政策；《香港國安法》允許香港政府可以逮捕任何批評香港與北京政府的人士，且不論國籍，可能讓在香港和世界其他地方的美國公民面臨風險；香港政府已經引用《香港國安法》，開始積極逮捕支持香港民主的人士，包括一名美國人（U.S.-China Economic and Security Review Commission, 2020: 493-494）。此後，華府從政治和法律、外交、軍事、網路與經濟等四個面向做出回應。

### 一、政治和法律

　　5 月 28 日，美國國務院公布《香港政策法報告》，列舉北京宣布中聯辦及中央政府在北京的香港與澳門辦公室不再受《香港基本法》的限制、通過《香港國安法》及傳出派武警進入香港等作為，明顯與《中英聯合聲明》及「一國兩制」的架構相互矛盾。該報告陳述，香港民眾上街抗議基本人權及自由受到侵犯，但香港政府沒有傾聽民意與尋求民主的解決方式，反而使用催淚彈並進行大規模逮捕，包括和平抗議的人士；基於

香港現今的情況，不符合美國給予特殊地位（U.S. Department of State, 2020c）。隔日（5月29日），川普在白宮玫瑰園針對中國政策發表演說，當中提及香港議題。川普聲明，中國在5月強加《香港國安法》，明顯違反《中英聯合聲明》以及《香港基本法》，破壞原本香港享有的自由；加上其他種種作為，降低了香港的自主性。川普重申，由於中國無法履行其國際承諾，包括維持香港的自主性，也讓香港不再值得享有特殊待遇；中國已經把「一國兩制」替代為「一國一制」，所以他下令檢討給予香港的特殊待遇，例如引渡條例、軍民兩用的出口管制措施、香港的旅遊建議、特殊關稅地位等；華府亦會採取必要措施，制裁那些侵蝕香港自主性的中國及香港官員（Trump, 2020a）。

　　此後，面對香港親民主派人士遭到逮捕，華府明確採取批評的立場，同時呼籲北京和香港政府要立即釋放相關人士，如2021年1月大規模逮捕超過50名香港親民主派人士（Pottinger, 2020; Pompeo, 2021; O'Brien, 2021）。華府更進一步數度制裁中國和香港的相關官員，限制相關人士的赴美簽證，且凍結相關人士的在美資產，如表5-2。

表5-2　川普政府譴責與制裁中國概述

| 日期／對象 | 名單 |
|---|---|
| 2020.8.7<br>制裁11位中國和香港官員 | 中國5名：中國全國政協副主席、港澳辦主任夏寶龍、港澳辦副主任張曉明、中聯辦主任駱惠寧、北京駐港國安公署署長鄭雁雄、現任香港特首辦公室主任兼國安署秘書長陳國基。<br>香港6名：香港行政長官林鄭月娥、律政司司長鄭若驊、保安局局長李家超、警務處處長鄧炳強、政制及內地事務局局長曾國衛、前警務處處長盧偉聰。 |
| 2020.10.29<br>譴責逮捕3名學生代表 | 學生動源香港分部前召集人鍾翰林、前成員何忻諾、陳渭賢。 |
| 2020.11.9<br>制裁4名中國和香港官員 | 中國2名：港澳辦副主任鄧中華、北京駐港國安公署副署長李江舟。<br>香港2名：警務處副處長劉賜蕙、警務處國家安全處高級警司李桂華。 |
| 2020.12.7<br>制裁14名中國全國人代 | 中國全國人大常委會副委員長王晨、曹建明、張春賢、沈躍躍、吉炳軒、艾力更‧依明巴海、萬鄂湘、陳竺、王東明、白瑪赤林、丁仲禮、郝明金、蔡達峰、武維華。 |
| 2021.1.6<br>譴責香港政府逮捕超過50名以上的政治人物及民主派人士 | |
| 2021.1.15<br>制裁中國與香港官員 | 中國3名：香港全國人大常委譚耀宗、北京駐港國安公署副署長孫青野、中共中央統戰部部長尤權。<br>香港3名：國家安全處處長蔡展鵬、國家安全處成員簡啟恩、江學禮。 |

資料來源：作者自行整理自公開資料。

　　6月29日，美國商務部宣布暫時取消美國給予香港的特殊待遇，並評估是否永久取消。7月14日，川普簽署《香港自主法》（The White House, 2020）。同日，基於維護美國國家安全及外交和經濟利益，川普正式簽署一項名為香港正常化的行政命令，宣布美國將暫停或刪減對香港的特殊待遇，如限制對香港軍民兩用產品的出口、暫停美國與香港之間移交逃犯的引渡條例、移交被判刑的人員、雙邊國際船舶營運所得免稅等，並中止雙方的執法、科研及教育合作訓練、檢討給予香港的難民額度等，且不排除進一步的行動（Trump, 2020b）。

　　7月23日，龐培歐針對美國的中國政策在尼克森總統圖書館發表演說，題目為「共產中國和自由世界未來」（Communist China and the Free World's Future）。龐培歐提及，美國曾想像與中國交往，會帶來合作及光明的未來，但今日，共產黨無法遵守承諾，包括新冠肺炎疫情，香港與新疆等，因此質疑中國會走向自由與民主的理論是否為真？龐培歐強調，當官方接觸無效時，美國必須和中國人民交往，如他和香港民主派進行互動，包括陳日君（Cardinal Zen）樞機主教、黎智英、羅冠聰（Nathan Law）等；現在是歷史性的一刻，若無法成功，將導致歷史性的失敗，呼籲美國不能重蹈覆轍，重視中國的挑戰（Pompeo, 2020g）。之後，香港政府透露有意延後香港立法會的選舉，龐培歐發表聲明給予譴責，認為這意味香港不能夠透過投票方式決定人選或政策，也確認北京無意遵守它在《中英聯合聲明》下對香港人民的承諾；美國呼籲香港政府重新思考這項決定，再次舉行選舉，反映香港人民的意願及願望，否則香港只會變成中國共產黨統治下的一座城市而已（Pompeo, 2020h）。香港警方以違反《香港國安法》為由，逮捕黎智英等多人，川普與歐布萊恩也都表達遺憾及譴責的立場（Trump, 2020d; O'Brien, 2020b）。

　　8月19日，美國國務院正式宣布，由於中共採取諸多行動侵蝕香港的自主性，包括北京實施《香港國安法》及打壓香港人民自由，因此美國通知香港暫停或中止三項雙邊協定，包括移交逃犯、移交被判刑者，及國際船運收入互免（U.S. Department of State, 2020e）。之後，國務院公布《香港自主法報告》（Hong Kong Autonomy Act Report），批評中共持續打壓香港自主性，包括香港的民主制度、人權、司法獨立及個人自由等（U.S. Department of State, 2020f）。11月，美國國務院的政策計畫單位出版「中國挑戰的成分」（The Elements of the China Challenge）報告，當中把打壓香港的自由視為中國挑戰成分之一，內容包括：（一）在新冠肺炎疫情影響下，中共仍尋求擴大行使中國的主權，背棄北京對香港高度自主性的承諾，且強加《香港國安法》，摧毀香港自主性與香港人民的基本自由；（二）中共也打壓支持香港的抗議者，包括美國職籃火箭隊的行政人員；（三）中共設定2049年達成中華民族偉大復興，中共必須克服百年恥辱，收復所謂的領土；（四）中共在憲法裡表明，應該持續強化中國人民的團結，包括香港。

該報告聲明，中國挑戰並不僅是軍事挑戰，北京打壓香港自由，亦是中國挑戰的內涵之一（U.S. Department of State, 2020g）。

　　由上可知，面對北京強加《香港國安法》等作為，華府在政治與法律面向做出強烈反擊，取消香港特殊地位與相關協議，並簽署相關法律和行政命令。華府也公布《香港政策法報告》及《香港自主性報告》，批評中共對香港的諸多作為，包括指責香港政府恣意逮捕香港親民主派人士。同時，華府亦開始制裁破壞香港自主性的中國、香港官員及議會代表。

## 二、外交

　　在外交上，華府開始聯合外國共同關切香港議題，如表 5-3。其中，美國與澳洲的外交及國防部長的聯合聲明中，不僅批評中共對香港的種種作為，更將香港視為印太安全的議題之一（U.S. Department of Defense, 2020a）。此外，美國駐聯合國大使克拉夫特（Kelly Craft）也批評中國在聯合國安理會阻擋了一場討論有關香港的會議，並稱中國的行動直接與它在國際義務及國際和平安全所應該扮演的角色相衝突（Craft, 2000）。之後，龐培歐與中國政治局委員兼外交部長王毅在夏威夷會面，交換有關美中關係的看法。這當中，龐培歐提及香港情勢和《香港國安法》的影響，呼籲北京遵守國際承諾（U.S. Department of State, 2020d）。換言之，華府在外交上採取積極作為，包括：聯合外國針對香港發表聯合聲明、企圖在聯合國安理會討論香港議題但並未成功，以及直接與中國高層討論香港問題等。

表 5-3　美國針對香港議題聯合外國概述

| 日期／合作國家 | 會談或聯合聲明內容概要 |
| --- | --- |
| 2020.5.28<br>美國、澳洲、加拿大、英國 | 極度關切北京決定強加《香港國安法》，稱香港享有自由，國際社會關切對香港的繁榮及穩定；北京直接施加《香港國安法》，而非透過《香港基本法》23 條所建立的制度，將傷害香港人民的自由，急遽侵蝕香港自主性及體系；北京的決定也直接衝突具國際法拘束力的《中英聯合聲明》，侵蝕「一國兩制」的架構及相關公民的權利；極度關注此做法會加劇香港社會的分歧；當全世界都關注新冠肺炎疫情，要求各國政府強化信任及國際合作，北京史無前例的行動產生相反效果；呼籲中國政府與香港政府及香港人民共同合作，找出一個相互接受的妥協方案，而這個方案須符合具國際法效力之《中英聯合聲明》下中國的國際義務。 |

表 5-3 美國針對香港議題聯合外國概述（續）

| 日期／合作國家 | 會談或聯合聲明內容概要 |
|---|---|
| 2020.6.17<br>G7 外長與歐盟高級代表 | 嚴重關切中國決定強加《香港國安法》，稱中國的決定不符合《香港基本法》及《中英聯合聲明》；《香港國安法》將會嚴重抵銷「一國兩制」的原則與香港的高度自主性，也會嚴重傷害香港長期建立的體系；高度關切北京的舉動將會傷害且威脅香港法治下基本的人權及自由、與獨立的司法體系，強烈呼籲中國政府重新思考這項決定。 |
| 2020.7.21<br>美國、英國外長 | 龐培歐支持與讚揚英國譴責中國破壞《中英聯合聲明》的舉動，及暫停與中國的引渡條例，並擴大對中國的武器禁令至香港。 |
| 2020.7.28<br>美國澳洲二加二聯合聲明 | 高度關切中國抵銷「一國兩制」架構、侵蝕香港自主性、違反《中英聯合聲明》，特別是強加《香港國安法》，危害香港法治與抵銷言論自由，包括對媒體及集會自由；美國與澳洲正在暫停與香港的逃犯條例，並重申支持香港人民可以在 9 月 6 日透過自由公平選舉的方式選擇立法會的議員；延長香港在澳洲的簽證；把香港視為印太安全的議題之一。 |
| 2020.8.9<br>美國、澳洲、加拿大、紐西蘭、英國外長聯合聲明 | 極度關切香港政府不符合正義地取消候選人資格，及延後立法會選舉，認為這些行動已經侵蝕香港民主過程；關切北京強加《香港國安法》，這會侵蝕香港人民的基本自由與權利；支持香港人民透過自由公平及可信的選舉，選舉立法會代表的正當性，呼籲香港政府恢復相關候選人資格，並使選舉可以順利進行；北京承諾「一國兩制」的自主性及自由，呼籲北京遵守相關承諾，亦呼籲香港政府儘快舉辦選舉。 |
| 2020.9.9<br>龐培歐參加第十屆東亞高峰會視訊外長會議 | 龐培歐聯合數個國家共同關切香港問題，包括《香港國安法》、逮捕支持民主的學生、延後選舉，及取消親民主派的候選人資格等。 |
| 2020.11.18<br>美國、澳洲、加拿大、紐西蘭、英國外長聯合聲明 | 重申各國嚴重關切中國強加《香港國安法》及取消選舉資格的新規定；在《香港國安法》與延遲 9 月立法會選舉之後，這個決定進一步延遲香港高度自主性及人權和民主；中國的行動清楚打破具法律基礎、國際義務的《中英聯合聲明》；在延遲 9 月立法會選舉後，取消選舉資格的規定清楚讓重要的聲音消失；呼籲中國停止抵銷香港人民的權利，重新思考它對香港選舉的作為，並立即恢復立法會成員資格。 |
| 2021.1.9<br>美國、澳洲、加拿大、英國外長聯合聲明 | 嚴重關切在《香港國安法》下被逮捕的 55 名政治人物及民主派人士，認為《香港國安法》清楚違反《中英聯合聲明》，並抵銷「一國兩制」架構；《香港國安法》已經被用來打壓異己及反對勢力；呼籲香港與北京尊重法律保障香港人民的權利及自由，而無須害怕任何的逮捕及拘禁，以及不要延遲 9 月立法會選舉，影響選舉的公平性。 |

資料來源：作者整理自公開資料。

## 三、軍事

6 月 29 日，龐培歐宣布，由於北京通過《香港國安法》，美國決定停止出口美國的國防設備至香港，也會限制美國的軍民兩用技術出口至香港。龐培歐稱，美國是被迫採取這項行動來保護美國的國家安全，不再區別香港或中國大陸的出口管制措施；美國不可讓軍民兩用產品落入解放軍的手中，因為解放軍的首要目標是不擇手段地維護共產黨的獨裁統治；美國不希望採取此做法，但這是北京違反自己的承諾所導致的結果；美國的行動是針對北京政權，而非中國人民（Pompeo, 2020f）。《2021 年中國軍力報告》稱解放軍在 2020 年 8 月進行年度輪調，然而就像 2019 年的輪調一樣，2020 年並沒有看到部隊離開香港；解放軍與武警持續公開進行反暴等相關訓練（U.S. Department of Defense, 2021: 102）。之後，正如前述，艾斯培在 8 月 6 日和魏鳳和通電話，呼籲中國要遵守《中英聯合聲明》的義務。也就是說，在軍事面向上，除了美國的軍艦無法停靠香港外，美國亦開始管制美國軍民兩用科技進入香港，並在美中軍事高層對談時關切香港議題。

## 四、網路安全與經濟

在網路安全與經濟面向，美國也示警香港存在投資風險，批評北京的經濟脅迫作為，並關注網路安全議題。6 月，歐布萊恩針對中國共產黨的意識形態及全球野心發表演說，列舉中共在香港議題上的經濟脅迫及假訊息作為，包括：（一）利用「推特」，針對香港事務進行政策宣傳，促使「推特」官方暫停超過 2 萬 3,000 個和中國共產黨有關的帳號；（二）休士頓火箭隊經理轉發支持香港和平抗議者的訊息，中國宣布禁止火箭隊在中國的轉播，且脅迫相關球星不要批評北京；（三）中國也利用其在聯合國人權委員會的身分，阻止對北京在香港濫權的批判。歐布萊恩稱，在川普的領導下，美國了解中國共產黨的惡意作為，同時採取多項反制行動，包含香港（O'Brien, 2020a）。8 月 6 日，川普簽署一項行政命令，認定中國字節跳動公司擁有的通訊應用軟體「抖音」對美國構成國家威脅，涉嫌蒐集相關資料，監視中國認為具政治敏感性的內容，例如香港抗議事件等，因此下令禁止相關交易行為（Trump, 2020c）。

8 月 26 日，龐培歐發表聲明，批評中國使用恫嚇及霸凌策略對待英國，施壓英國的匯豐銀行凍結壹傳媒（Next Media）高層的帳號，並脅迫匯豐銀行亞太地區主管簽署一項文件，支持北京打壓香港人民的自由和自主性（Pompeo, 2020i）。9 月，美國發布 2020 年投資氣候聲明（2020 Investment Climate Statements），在中國部分就提出警

告，稱香港持續的抗議活動，意味著在香港的外國投資可能面臨政治風險，同時指共產黨不僅處罰支持香港人民的抗議者，還抵制美國職籃 NBA（U.S. Department of State, 2020h）。對此，聯邦調查局局長瑞伊亦指出，中國共產黨施壓美國媒體及運動員，不要批評中國對香港的做法（Wray, 2020）。司法部長巴爾進而指出，美國曾希望貿易與投資能促進中國的自由民主，然而現今香港民主卻遭受壓迫，就如同 1989 年中共派出軍隊鎮壓民主抗議人士的天安門事件，再次證明中國距離民主仍有一段遙遠的距離，中國是中國共產黨主政下一黨專政的威權政體。同時，他也批評，美國科技公司受到中國的影響，如谷歌、雅虎、蘋果等，竟然與中國共產黨合作，如蘋果有一款「石英」（Quartz）的 APP 程式，卻在中國抱怨該 APP 有報導香港抗議事件後，蘋果便從蘋果商店中移除該程式。不過，巴爾亦點出，當北京在香港強加《香港國安法》後，媒體報導許多大型的科技公司，如臉書、谷歌、推特、Zoom 視訊會議軟體、領英（LinkenIn）等，都暫時停止順從北京索取用戶資料的要求；這意味著，若大型公司能夠透過集體的力量，對抗北京的行動，或許將是抵制北京政權的一個範例（Barr, 2020b）。

　　國會方面，美國國會通過《香港自主法》，授權總統可以制裁協助中國移除香港自主性的外國人、實體及金融機構等。

　　歸納而言，隨著中國通過《香港國安法》，華府公布《香港政策法報告》，認定北京不再維持香港的「一國兩制」，明顯違反《中英聯合聲明》下對香港的承諾，因此簽署相關法律和行政命令，取消美國給予香港的特殊地位、禁止軍民兩用科技輸出香港、暫停美國與香港的雙邊協議，同時多次制裁中國及香港官員和相關議員。華府批評港府恣意逮捕香港親民主派人士，警告香港投資環境出現惡化的情形。再者，華府高層紛紛公開關切，甚至譴責中國與香港政府，如歐布萊恩、巴爾、瑞伊、艾斯培等，範圍不再僅限於民主人權面向，還擴大至經濟、網路安全及軍事安全等相關領域。華府也串聯盟邦及夥伴共同關切香港議題，使香港情勢成為相關國家討論印太安全議題的一部分。華府更企圖在聯合國安理會討論香港議題，可是並未成功。此外，在美中高層的對話機制中，華府直接向北京關切香港議題。最後，美國國會通過《香港自主法》，授權美國行政部門制裁權力，展現保護香港民主的立場。也就是說，因為香港議題，美中兩國相互對立的情況更加嚴重。

## 柒、結論

　　在《中英聯合聲明》中，北京承諾維持香港的自主性，因此美國給予香港特殊地位。1997 年香港回歸後，中國把香港視為「一國兩制」的範例。然而，2019 年 2 月，

香港政府推動修改《刑事事宜相互法律協助條例》與《逃犯條例》草案，引發香港社會擔心北京擴大介入香港事務，因此觸發「反送中」運動。「反送中」運動尋求國際奧援，包括成功利用美國的請願機制，提高美國對香港議題的關注，引起川普總統、行政部門及國會不同程度的反應。隨著香港「反送中」運動升溫，提高中國動用武力介入香港的可能性，更引發美國的高度關注。美國擴大對中國的施壓，川普甚至在聯合國大會時公開關切香港議題。進一步，美國國會也通過《香港人權與民主法案》及《保護香港法》。

然而，香港「反送中」運動亦引發中共的警惕，認為美國干涉中國的內政，習近平公開支持香港政府採取行動，反映北京立場轉趨強硬。北京開始制裁美國相關非政府組織，並拒絕美國軍艦停靠香港。魏鳳和甚至主動向艾斯培表達香港是中國內政，不願美國介入的立場。之後，北京支持香港政府逮捕香港親民主人士，且推動《香港國安法》的立法工作，又延後香港立法會的選舉。與此同時，香港政府更積極運用《香港國安法》逮捕香港親民主人士，「反送中」運動進入一個新的階段。

川普政府強烈批評北京推動《香港國安法》等舉措，取消給予香港的特殊地位，暫停美國與香港之間的雙邊協議，包含美國和香港之間的逃犯引渡條例，禁止美國軍民兩用商品出口至香港，並數度制裁中國、香港的官員及相關人士。美國國會進一步通過《香港自主法》，賦予行政部門更大的制裁權力。相對地，北京亦因香港問題，制裁美國的官員及議員。此時，香港「反送中」運動及引發的相關效應，不僅是龐培歐與王毅之間外交對話的議題之一，也成為雙邊軍事對話的焦點，使得艾斯培和魏鳳和會面時，公開呼籲中國要遵守國際承諾。更重要的是，香港議題變成兩國領袖關切的議題，也成為美中在民主、人權與諸多相關議題之間的重大差異之一。

2019年香港「反送中」運動及後續效應，讓川普政府修改自1992年以來的對港政策，認定北京侵蝕香港長久享有的自由及自主性，取消香港的特殊地位，改變美國近達二十年的對港政策。除此之外，香港議題亦成為華府調整中國政策的因素之一。香港「反送中」運動也讓北京高度關注外國勢力介入香港的情況，加大對香港的控制力道，使「一國兩制」走向名存實亡的階段。香港「反送中」運動的發生，以及美中對香港「反送中」運動所採取的對策及互動，促成香港議題變成美中兩國重大分歧議題之一。香港「反送中」運動亦反映出美中在價值觀上的不同，如民主人權等普世價值與不干涉內政的主張。此外，美中對《中英聯合聲明》立場的不同，亦突顯雙方對主權以及國際法的觀點存在明顯差異，更使香港議題成為國際社會關切的焦點，以及印太安全的議題之一。美國也因香港民主經驗的挫敗，愈加肯定臺灣民主的發展與重要性，寄望中國未來能像臺灣一樣建立民主體制。儘管如此，川普不希望香港議題影響到美中經貿談判，可以解釋為川普重視美中經貿議題勝過香港議題。

附表　川普政府對香港議題大事記

| 日期 | 立場概述 |
|---|---|
| 2017 | 川普與習近平在加州首次會面，沒有公開提及香港議題。 |
| 2018.5.29 | 美國國務院公布 2018 年版《香港政策法報告》，維持香港特殊地位。 |
| 2018.11.9 | 美中舉行第二次美中外交與安全對話，未提及香港議題。 |
| 2019.2 | 香港政府提出修改《刑事事宜相互法律協助條例》和《逃犯條例》（統稱《逃犯條例》）的草案。 |
| 2019.3.1 | 國務卿龐培歐與楊潔篪通電話，未提及香港議題。 |
| 2019.3.21 | 美國國務院 2019 年版《香港政策法案報告》，維持香港特殊地位。 |
| 2019.4.20 | 美國第 7 艦隊藍嶺號停靠香港。 |
| 2019.5.15 | 香港人民利用白宮的請願機制「我們人民」，呼籲川普政府介入。 |
| 2019.5.16 | 龐培歐和李柱銘等一行人討論香港情勢。 |
| 2019.6 | 香港「反送中」運動出現百萬人抗議，國安顧問波頓利用「推特」發文，呼籲北京要遵守《中英聯合聲明》的承諾。 |
| 2019.6.18 | 川普與習近平通話，認定香港是中國內政，無意介入香港議題。 |
| 2019.7.8 | 龐培歐在華府與黎智英會面。 |
| 2019.7 | 媒體傳出北京可能在香港動用軍事力量；美艦被拒絕停靠香港。 |
| 2019.7.29 | 龐培歐沒有回應共軍鎮壓香港問題，重申支持香港言論自由的立場。 |
| 2019.8.13 | 川普用「推特」指出，美國情報單位已經告知他，中國政府正在調動部隊前往香港邊境，表達希望抗議活動和平落幕。 |
| 2019.8.19 | 副總統彭斯聲援香港民主。 |
| 2019.9.24 | 川普在第七十四屆聯合國大會公開呼籲習近平審慎處理香港問題。 |
| 2019.9.27 | 王毅在聯大場邊稱香港出現暴力分子破壞公共設施，涉及違反亂紀，呼籲各國支持港府維護法治。 |
| 2019.11.11 | 美國國務院發言人奧塔格斯指出，美國極度關切香港的情勢，譴責各種暴力。 |
| 2019.11.14 | 習近平在巴西舉辦的金磚高峰會時聲明香港發生激進暴力行為，嚴重挑戰「一國兩制」，支持港警維護國家主權及執法行為。 |
| 2019.11.18 | 中國防長魏鳳和在東協防長擴大會議向艾斯培提出香港議題。 |
| 2019.11 | 美國國會通過《香港人權與民主法》及《限制出口催淚瓦斯及人群控制技術至香港法》。中國國防部聲明，駐港部隊服從習近平的命令，批評川普簽署《香港人權與民主法案》，干涉中國內政；解放軍駐港部隊在營區外清理路障。 |
| 2019.11.21 | 王毅會見美國前國防部長柯恩，聲明堅決反對《香港人權與民主法案》，干涉中國內政。 |
| 2019.11.24 | 香港區議會選舉，親民主派大勝。 |
| 2019.12.2 | 在川普簽署《香港人權與民主法》後，中國外交部拒絕美國軍艦赴港，並制裁支持香港「反送中」運動的美國非政府組織。 |

附表　川普政府對香港議題大事記（續）

| 日期 | 立場概述 |
| --- | --- |
| 2019.12.10 | 龐培歐在國際人權日聲援香港民主與人權。 |
| 2019.12.20 | 川普與習近平通電話，並表示在香港議題上取得進展；習近平嚴重關切美國近來在香港等諸多議題上的言論及作為，認定干涉中國內政和損害中國利益，不利中美合作。 |
| 2020.2.28 | 美國國務院聲明關切香港警方逮捕黎智英等相關人士。 |
| 2020.3.2 | 中國外交部強烈反對美國關切香港警方逮捕黎智英等人士，呼籲華府停止干涉香港事務及中國內政，不要支持反中亂港人士。 |
| 2020.3.11 | 美國國務院發布《2019年各國人權報告》，關切香港民主發展。 |
| 2020.4.17 | 中國駐港機構北京中央政府香港聯絡辦公室表示，國務院港澳辦與中聯辦，是北京授權專責處理香港事務的機構，可以對香港「行使監督權」。 |
| 2020.4.18 | 香港警方逮捕15名香港親民主派人士；龐培歐與司法部長巴爾分別發表聲明，譴責香港警方的逮捕行動；中國外交部表達反對美國干涉中國內政與香港事務的立場。 |
| 2020.5.17 | 龐培歐關切中國政府威脅介入美國記者在香港的工作，警告影響美國對香港地位的評估。 |
| 2020.5.22 | 龐培歐聲明譴責中國全國人民代表大會提議要通過《香港國安法》，認為這項決定跳過香港現有的立法程序、忽視香港人民的意願、嚴重違反《中英聯合聲明》，以及破壞香港高度的自主性；提醒這是美國對「一國兩制」及給予香港特殊地位的關鍵。 |
| 2020.5.27 | 北京強行通過《香港國安法》後，龐培歐指出北京這項決定侵蝕香港自主性與自由，並破壞中國對香港人民的承諾；通知國會，香港不再符合美國給予特殊待遇的資格。 |
| 2020.5.28 | 美國國務院公布《香港政策法報告》，稱香港不再符合美國給予特殊地位。 |
| 2020.5.28 | 美、澳、加、英發表聯合聲明，關切北京強加《香港國安法》。 |
| 2020.5.29 | 川普在白宮玫瑰園發表中國政策演說，下令檢討給予香港的特殊待遇，例如引渡條例、軍民兩用的出口管制措施、香港的旅遊建議、特殊關稅地位等；將制裁侵蝕香港自主性的中國及香港官員。 |
| 2020.6.17 | G7外長與歐盟高級代表關切《香港國安法》。 |
| 2020.6.26 | 歐布萊恩以中國共產黨的意識形態及全球野心發表演說，列舉中共在香港議題上的經濟脅迫及假訊息作為。 |
| 2020.6.29 | 美國商務部宣布暫時取消美國給予香港的特殊待遇，並評估是否永久取消。 |
| 2020.6.29 | 龐培歐宣布，美國決定停止美國的國防設備出口至香港，也會限制美國的軍民兩用技術出口至香港。 |
| 2020.7.14 | 川普簽署《香港自主法》，及香港正常化的行政命令。 |
| 2020.7.15 | 中國外交部正式聲明，強烈譴責美國詆毀《香港國安法》；中國將制裁美國相關人士與公司，呼籲華府不要實行《香港自主法》。 |

附表　川普政府對香港議題大事記（續）

| 日期 | 立場概述 |
| --- | --- |
| 2020.7.16 | 司法部長巴爾關切中國對香港民主與網路的經濟恫嚇行為。 |
| 2020.7.21 | 美、英外長聲明，支持英國對中國採取的反制作為。 |
| 2020.7.23 | 龐培歐在尼克森總統圖書館針對美國的中國政策進行演講，譴責中國對香港的做法。 |
| 2020.7.28 | 美國澳洲二加二聯合聲明，將香港議題視為印太安全議題之一。 |
| 2020.7.29 | 中國外交部發表聲明，中國留學生在美國校園進行的愛國行動，是言論自由的一部分，不應成為美國單方面關閉中國駐美國休士頓總領事館的理由之一。 |
| 2020.8.1 | 龐培歐發表聲明，譴責港府延後香港立法會選舉一年的舉措。 |
| 2020.8.5 | 王毅稱有 70 多個國家在聯合國人權理事會上支持中國制定《香港國安法》。 |
| 2020.8.6 | 艾斯培與魏鳳和通電話，呼籲中國遵守《中英聯合聲明》；楊潔篪在隔日撰文稱香港是中國的核心利益。 |
| 2020.8.6 | 川普簽署行政命令，認定中國字節跳動公司擁有的通訊應用軟體「抖音」對美國構成國家威脅，涉嫌蒐集香港抗議事件相關資料，禁止相關交易行為。 |
| 2020.8.7 | 美國開始制裁 11 位中國和香港官員。 |
| 2020.8.9 | 美、澳、加、紐、英國外長聯合聲明，嚴重關切立法會延後選舉。 |
| 2020.8.10 | 中國外交部稱，港府因考量新冠肺炎疫情延後舉行立法會的選舉，在國際上已有前例；針對香港問題制裁 11 名美國人士。 |
| 2020.8.10 | 川普與歐布萊恩譴責香港警方以違反《香港國安法》為由逮捕黎智英等多人。 |
| 2020.8.11 | 中國全國人大常委會會議決議延長香港特別行政區第六屆立法會議員任期至少一年。 |
| 2020.8.19 | 美國國務院正式宣布暫停或中止與香港之間的移交逃犯、移交被判刑者，及國際船運收入互免等三項雙邊協定。 |
| 2020.8.26 | 龐培歐批評中國使用恫嚇及霸凌策略對待英國處理香港議題。 |
| 2020.9.8 | 美國國務院公布 2020 年投資氣候聲明，關切香港政治風險。 |
| 2020.9.9 | 第十屆東亞高峰會視訊外長會議，龐培歐聯合多國關切香港議題。 |
| 2020.10.14 | 國務院公布《香港自主法報告》，批評中共持續打壓香港自主性。 |
| 2020.11.18 | 美、澳、加、紐、英外長聯合聲明，嚴重關切中國強加《香港國安法》及取消選舉資格的新規定。 |
| 202.11.20 | 11 月，美國國務院的政策計畫單位出版「中國挑戰的成分」報告，把打壓香港的自由視為中國挑戰成分之一。 |
| 2021.1.9 | 美、澳、加、英外長聯合聲明，嚴重關切遭逮捕的 55 名香港政治人物及民主派人士。 |

# 參考文獻

中華人民共和國外交部（2020a）。〈外交部聲明〉，7 月 15 日。https://www.fmprc.gov.cn/web/zyxw/t1797796.shtml。

中華人民共和國外交部（2020b）。〈美國就單方面要求中方關閉駐休士頓總領館散布的謊言與事實真相〉，7 月 29 日。https://www.fmprc.gov.cn/web/zyxw/t1801809.shtml。

中華人民共和國國防部（2019a）。〈魏鳳和與美國國防部長埃斯珀舉行會晤〉，11 月 18 日。http://www.mod.gov.cn/leaders/2019-11/18/content_4855454.htm。

中華人民共和國國防部（2019b）。〈2019 年 11 月國防部例行記者會文字實錄〉，11 月 28 日。http://www.mod.gov.cn/big5/shouye/2019-11/28/content_4855824.htm。

中華人民共和國駐美大使館（2020）。〈中國駐美國使館發言人就「五眼聯盟」國家涉港聲明發表談話〉，11 月 21 日。http://www.china-embassy.org/zclm2013/zmgx/zxxx/202011/t20201121_5060504.htm。

王毅（2019a）。〈王毅：評論新疆和香港問題必須以事實為依據〉，9 月 27 日。https://www.fmprc.gov.cn/web/wjbz_673089/zyhd_673091/t1702545.shtml。

王毅（2019b）。〈王毅就美國國會通過「香港人權與民主法案」表明嚴正立場〉，11 月 21 日。https://www.fmprc.gov.cn/web/wjbzhd/t1717733.shtml。

王毅（2019c）。〈乘風破浪，堅定前行——在 2019 年國際形勢與中國外交研討會開幕式上的演講〉，12 月 13 日。https://www.fmprc.gov.cn/web/wjbzhd/t1724297.shtml。

王毅（2020a）。〈國務委員兼外交部長王毅就中國外交政策和對外關係回答中外記者提問〉，5 月 24 日。https://www.fmprc.gov.cn/web/wjbzhd/t1782257.shtml。

王毅（2020b）。〈王毅就當前中美關係接受新華社專訪〉，8 月 5 日。https://www.fmprc.gov.cn/web/wjbzhd/t1804247.shtml。

林正義（1996）。〈美國對香港的政策：人權及經濟利益因素的探討〉，裘兆琳（編），《中美關係專題研究：1992-1994》，頁 203-234，中央研究院歐美研究所。

桑普（2020）。〈香港反送中運動——反思與策略〉，《臺灣民主季刊》，17，4：167-175。

耿爽（2019）。〈2019 年 11 月 21 日外交部發言人耿爽主持例行記者會〉，11 月 21 日。https://www.fmprc.gov.cn/web/fyrbt_673021/jzhsl_673025/t1717771.shtml。

耿爽（2020）。〈2020 年 4 月 20 日外交部發言人耿爽主持例行記者會〉，4 月 20 日。https://www.fmprc.gov.cn/web/fyrbt_673021/jzhsl_673025/t1771635.shtml。

習近平（2019）。〈習近平應約同美國總統特朗普通電話〉，12 月 21 日。http://politics.people.com.cn/n1/2019/1221/c1024-31516525.html。

連錦添、王堯、杜尚澤（2017）。〈慶祝香港回歸祖國 20 周年大會暨香港特別行政區第五屆政府就職典禮隆重舉行 習近平出席並發表重要講話〉，7 月 1 日。http://hm.people.com.cn/n1/2017/0701/c42272-29376543.html。

陳健民（2011）。〈香港的公民社會與民主發展〉，《二十一世紀》，128：23-31。

焦興鎧（1996）。〈中共監獄勞工產品輸美所引起爭議之探討（1990~1994）〉。裘兆琳（編）。《中美關係專題研究：1992-1994》。頁 167-205。中央研究院歐美研究所。

華春瑩（2019）。〈2019 年 12 月 2 日外交部發言人華春瑩主持例行記者會〉，12 月 2 日。https://www.fmprc.gov.cn/fyrbt_673021/jzhsl_673025/201912/t20191202_5418326.shtml。

新華社（2020）。〈魏鳳和同美國國防部長通電話〉，8 月 6 日。http://www.xinhuanet.com/mil/2020-08/07/c_1210740680.htm。

楊潔篪（2020 年 8 月 7 日）。〈尊重歷史 面向未來 堅定不移維護和穩定中美關係〉。https://www.fmprc.gov.cn/web/zyxw/t1804724.shtml。

裘兆琳（1996）。〈一九九四年柯林頓將人權與最惠國待遇脫鉤之決策研究：中共之談判策略分析〉。裘兆琳（編）。《中美關係專題研究：1992-1994》。頁 129-166。中央研究院歐美研究所。

趙立堅（2020a）。〈2020 年 3 月 2 日外交部發言人趙立堅主持例行記者會〉，3 月 2 日。https://www.fmprc.gov.cn/fyrbt_673021/jzhsl_673025/202003/t20200302_5418672.shtml。

趙立堅（2020b）。〈2020 年 8 月 10 日外交部發言人趙立堅主持例行記者會〉，8 月 10 日。https://www.fmprc.gov.cn/web/fyrbt_673021/t1805214.shtml。

趙立堅（2020c）。〈2020 年 8 月 12 日外交部發言人趙立堅主持例行記者會〉，8 月 12 日。https://www.fmprc.gov.cn/web/fyrbt_673021/t1805875.shtml。

趙立堅（2020d）。〈2020 年 8 月 18 日外交部發言人趙立堅主持例行記者會〉，8 月 18 日。https://www.fmprc.gov.cn/web/fyrbt_673021/t1807178.shtml。

趙立堅（2020e）。〈2020 年 8 月 20 日外交部發言人趙立堅主持例行記者會〉，8 月 20 日。https://www.fmprc.gov.cn/web/fyrbt_673021/t1807819.shtml。

Barr, William P. (2020a, April 18). *Attorney General William P. Barr's Statement on the Recent Arrests of Pro-Democracy Activists in Hong Kong*. https://www.justice.gov/opa/pr/attorney-general-william-p-barr-s-statement-recent-arrests-pro-democracy-activists-hong-kong.

Barr, William P. (2020b, July 16). *Attorney General William P. Barr Delivers Remarks on China Policy at the Gerald R. Ford Presidential Museum*. https://www.justice.gov/opa/speech/attorney-general-william-p-barr-delivers-remarks-china-policy-gerald-r-ford-presidential.

Bolton, John (2020). *The Room Where It Happened: A White House Memoir*. Simon & Schuster.

Bush, Richard C. (2016). *Hong Kong in the Shadow of China: Living with the Leviathan*. Washington, D.C.: Brookings Institution Press.

Cheng, Joseph Y. S. (2014). Democratization in Hong Kong: A Theoretical Exception. In Edmund S. K. Fung and Steven Drakeley (eds.), *Democracy in Eastern Asia: Issues, Problems and Challenges in a Region of Diversity* (pp. 224-245). New York, NY: Routledge.

Craft, Kelly (2020, June 5). *Briefing with U.S. Representative to the UN Ambassador Kelly Craft On U.S. Engagement at the United Nations Security Council.* https://2017-2021.state.gov/briefing-with-u-s-representative-to-the-un-ambassador-kelly-craft-on-u-s-engagement-at-the-united-nations-security-council/index.html.

Dane, Francis C. (1990). *Research Methods. Pacific Grove, Calif.* Brooks/Cole Pub. Co.

Ferguson, Yale H. and Richard W. Mansbach (2019). Expanding Chinese Influence and China-United States Relations. In Richard W. Mansbach and James M. McCormick (eds.), *Foreign Policy Issues for America: The Trump Years* (pp. 45-57). New York, NY: Routledge.

Hong Kong Government (2022, April 7). *The Basic Law.* https://www.cmab.gov.hk/en/issues/basic2.htm.

Javers, Eamon (2019, August 13). *Trump Tweets That China's Moving Troops to Hong Kong Border.* https://www.cnbc.com/video/2019/08/13/trump-tweets-china-moving-troops-to-hong-kong-border.html.

Kan, Shirley A. (2009). *U.S.-China Military Contacts: Issues For Congress.* CRS Reports.

Lin, Syaru Shirley (2021). Analyzing the Relationship between Identity and Democratization in Taiwan and Hong Kong in the Shadow of China. In Gilbert Rozman (ed.), *Democratization, National Identity and Foreign Policy in Asia* (pp. 119-137). New York, NY: Routledge.

Ma, Ngok (2021). China's Influence on Hong Kong's Elections: Evidence from Legislative Council Elections. In Brian C. H. Fong, Wu Jieh-min, and Andrew J. Nathan (eds.), *China's Influence and the Center-periphery Tug of War in Hong Kong, and Indo-Pacific* (pp. 91-104). New York, NY: Routledge.

O'Brien, Robert C. (2020a, June 26). *The Chinese Communist Party's Ideology and Global Ambitions.* https://trumpwhitehouse.archives.gov/briefings-statements/chinese-communist-partys-ideology-global-ambitions.

O'Brien, Robert C. (2020b, August 10). *Statement by National Security Advisor Robert C. O'Brien.* https://trumpwhitehouse.archives.gov/briefings-statements/statement-national-security-advisor-robert-c-obrien.

O'Brien, Robert C. (2021, January 11). *Statement from National Security Advisor Robert C. O'Brien.* https://trumpwhitehouse.archives.gov/briefings-statements/statement-national-security-advisor-robert-c-obrien-011121.

Ortagus, Morgan (2019, November 11). *Situation in Hong Kong.* https://2017-2021.state.gov/situation-in-hong-kong/index.html.

Pence, Mike (2019, August 19). *Remarks by Vice President Pence at the Detroit Economic Club Luncheon.* https://trumpwhitehouse.archives.gov/briefings-statements/remarks-vice-president-pence-detroit-economic-club-luncheon.

Pompeo, Michael R. (2019, December 10). *International Human Rights Day.* https://2017-2021.state.gov/international-human-rights-day-2/index.html.

Pompeo, Michael R. (2020a, March 11). *Secretary Michael R. Pompeo on the Release of the 2019 Country Reports on Human Rights Practices*. https://2017-2021.state.gov/secretary-michael-r-pompeo-on-the-release-of-the-2019-country-reports-on-human-rights-practices/index.html.

Pompeo, Michael R. (2020b, April 18). *Recent Arrests of Pro-Democracy Activists in Hong Kong*. https://2017-2021.state.gov/recent-arrests-of-pro-democracy-activists-in-hong-kong/index.html.

Pompeo, Michael R. (2020c, May 17). *American Journalists Based in Hong Kong*. https://2017-2021.state.gov/american-journalists-based-in-hong-kong/index.html.

Pompeo, Michael R. (2020d, May 22). *P.R.C. Proposal To Impose National Security Legislation on Hong Kong*. https://2017-2021.state.gov/prc-proposal-to-impose-national-security-legislation-on-hong-kong/index.html.

Pompeo, Michael R. (2020e, May 27). *P.R.C. National People's Congress Proposal on Hong Kong National Security Legislation*. https://2017-2021.state.gov/prc-national-peoples-congress-proposal-on-hong-kong-national-security-legislation/index.html.

Pompeo, Michael R. (2020f, June 29). *U.S. Government Ending Controlled Defense Exports to Hong Kong*. https://2017-2021.state.gov/u-s-government-ending-controlled-defense-exports-to-hong-kong/index.html.

Pompeo, Michael R. (2020g, July 23). *Communist China and the Free World's Future*. https://2017-2021.state.gov/communist-china-and-the-free-worlds-future/index.html.

Pompeo, Michael R. (2020h, August 1). *On the Postponement of Hong Kong's Legislative Council Elections*. https://2017-2021.state.gov/on-the-postponement-of-hong-kongs-legislative-council-elections/index.html.

Pompeo, Michael R. (2020i, August 26). *On China's Continued Coercion of the United Kingdom*. https://2017-2021.state.gov/on-chinas-continued-coercion-of-the-united-kingdom/index.html.

Pompeo, Michael R. (2021, January 6). *On the Mass Arrests of Democracy Advocates in Hong Kong*. https://2017-2021.state.gov/on-the-mass-arrests-of-democracy-advocates-in-hong-kong/index.html.

Pottinger, Matt (2020, October 23). *Remarks by Deputy National Security Advisor Matt Pottinger to London-based Policy Exchange*. https://trumpwhitehouse.archives.gov/briefings-statements/remarks-deputy-national-security-advisor-matt-pottinger-london-based-policy-exchange.

The White House (2010, May 1). *National Security Strategy*. https://obamawhitehouse.archives.gov/sites/default/files/rss_viewer/national_security_strategy.pdf.

The White House (2015, February 6). *National Security Strategy*. https://obamawhitehouse.archives.gov/sites/default/files/docs/2015_national_security_strategy_2.pdf.

The White House (2020, July 14). *Bill Announcement*. https://www.whitehouse.gov/briefings-statements/bill-announcement-071420.

Ting, Wai and Ellen Lai (2012). Hong Kong and the World. In Wai-man Lam, Percy Luen-tim Lui, and Wilson Wong (eds.), *Contemporary Hong Kong Government and Politics* (Expanded 2nd ed.) (pp. 349-370). Hong Kong: Hong Kong University Press.

Trump, Donald J. (2019, September 25). *Remarks by President Trump to the 74th Session of the United Nations General Assembly.* https://www.whitehouse.gov/briefings-statements/remarks-president-trump-74th-session-united-nations-general-assembly.

Trump, Donald J. (2020a, May 29). *Remarks by President Trump on Actions Against China.* https://trumpwhitehouse.archives.gov/briefings-statements/remarks-president-trump-actions-china.

Trump, Donald J. (2020b, July 14). *The President's Executive Order on Hong Kong Normalization.* https://www.whitehouse.gov/presidential-actions/presidents-executive-order-hong-kong-normalization.

Trump, Donald J. (2020c, August 6). *Executive Order on Addressing the Threat Posed by TikTok.* https://www.whitehouse.gov/presidential-actions/executive-order-addressing-threat-posed-tiktok.

Trump, Donald J. (2020d, August 13). *Remarks by President Trump in Press Briefing.* https://trumpwhitehouse.archives.gov/briefings-statements/remarks-president-trump-press-briefing-august-13-2020.

Tucker, Nancy B. (1994). *Taiwan, Hong Kong, and the United States, 1945-1992: Uncertain Friendship.* New York: Twayne Publishers.

U.S. Department of Defense (2019, November 18). *Secretary of Defense Mark T. Esper Meeting with People's Republic of China's Minister of National Defense General Wei Fenghe.* https://www.defense.gov/Newsroom/Releases/Release/Article/2018735/secretary-of-defense-mark-t-esper-meeting-with-peoples-republic-of-chinas-minis.

U.S. Department of Defense (2020a, July 28). *Joint Statement on Australia-U.S. Ministerial Consultations (AUSMIN) 2020.* https://www.defense.gov/Newsroom/Releases/Release/Article/2290911/joint-statement-on-australia-us-ministerial-consultations-ausmin-2020.

U.S. Department of Defense (2020b, August 6). *Readout of Secretary of Defense Dr. Mark T. Esper's Telephone Call with the People's Republic of China's Minister of National Defense General Wei Fenghe.* https://www.defense.gov/Newsroom/Releases/Release/Article/2303574/readout-of-secretary-of-defense-dr-mark-t-espers-telephone-call-with-the-people.

U.S. Department of Defense (2020c, September 1). *Military and Security Developments Involving the People's Republic of China 2020.* https://media.defense.gov/2020/Sep/01/2002488689/-1/-1/1/2020-DOD-CHINA-MILITARY-POWER-REPORT-FINAL.PDF.

U.S. Department of Defense (2021, November 3). *Military and Security Developments Involving the People's Republic of China 2021.* https://media.defense.gov/2021/Nov/03/2002885874/-1/-1/0/2021-CMPR-FINAL.PDF.

U.S. Department of State (2001, July 31). *2001 Hong Kong Policy Act Report.* https://2001-2009.state.gov/p/eap/rls/rpt/4465.htm.

U.S. Department of State (2002, March 31). *2002 Hong Kong Policy Act Report*. https://2001-2009.state. gov/p/eap/rls/rpt/9319.htm.

U.S. Department of State (2007, June 30). *2007 Hong Kong Policy Act Report*. https://2001-2009.state. gov/p/eap/rls/rpt/2007/87648.htm.

U.S. Department of State (2015, April 10). *2015 Hong Kong Policy Act Report*. https://2009-2017.state. gov/p/eap/rls/reports/2015/240585.htm.

U.S. Department of State (2016, May 11). *2016 Hong Kong Policy Act Report*. https://2009-2017.state. gov/p/eap/rls/reports/2016/257085.htm.

U.S. Department of State (2018a, May 29). *2018 Hong Kong Policy Act Report*. https://2017-2021.state. gov/2018-hong-kong-policy-act-report/index.html.

U.S. Department of State (2018b, November 9). *U.S.-China Diplomatic and Security Dialogue*. https://2017-2021.state.gov/u-s-china-diplomatic-and-security-dialogue-3/index.html.

U.S. Department of State (2019a, March 1). *Secretary Pompeo's Call with Member of the Political Bureau of the Central Committee of the Communist Party of China Yang Jiechi*. https://2017-2021. state.gov/secretary-pompeos-call-with-member-of-the-political-bureau-of-the-central-committee-of-the-communist-party-of-china-yang-jiechi/index.html.

U.S. Department of State (2019b, March 21). *2019 Hong Kong Policy Act Report*. https://2017-2021.state. gov/2019-hong-kong-policy-act-report/index.html.

U.S. Department of State (2019c, May 16). *Secretary Pompeo's Meeting with Hong Kong Pro-Democracy Leader Martin Lee*. https://2017-2021.state.gov/secretary-pompeos-meeting-with-hong-kong-pro-democracy-leader-martin-lee/index.html.

U.S. Department of State (2019d, July 8). *Secretary Pompeo's Meeting with Hong Kong Businessman and Publisher Jimmy Lai*. https://2017-2021.state.gov/secretary-pompeos-meeting-with-hong-kong-businessman-and-publisher-jimmy-lai/index.html.

U.S. Department of State (2019e, July 29). *Secretary of State Michael R. Pompeo with David Rubenstein, President of the Economic Club of Washington, DC*. https://2017-2021.state.gov/secretary-of-state-michael-r-pompeo-with-david-rubenstein-president-of-the-economic-club-of-washington-d-c/index. html.

U.S. Department of State (2020a, February 28). *Arrest of Hong Kong Pro-Democracy Leaders*. https://2017-2021.state.gov/arrest-of-hong-kong-pro-democracy-leaders/index.html.

U.S. Department of State (2020b, March 11). *2019 Country Reports on Human Rights Practices: China (Includes Hong Kong, Macau, and Tibet) - Hong Kong*. https://2017-2021.state.gov/reports/2019-country-reports-on-human-rights-practices/china/hong-kong/index.html.

U.S. Department of State (2020c, May 28). *2020 Hong Kong Policy Act Report*. https://2017-2021.state. gov/2020-hong-kong-policy-act-report/index.html.

U.S. Department of State (2020d, June 18). *Briefing with Assistant Secretary for East Asian and Pacific Affairs David Stilwell On Readout of Secretary Pompeo's Meeting with Poliburo Member Yang Jiechi.* https://2017-2021.state.gov/briefing-with-assistant-secretary-for-east-asian-and-pacific-affairs-david-stilwell-on-readout-of-secretary-pompeos-meeting-with-poliburo-member-yang-jiechi/index.html.

U.S. Department of State (2020e, August 19). *Suspension or Termination of Three Bilateral Agreements with Hong Kong.* https://2017-2021.state.gov/suspension-or-termination-of-three-bilateral-agreements-with-hong-kong/index.html.

U.S. Department of State (2020f, October 14). *Release of the Hong Kong Autonomy Act Report.* https://2017-2021.state.gov/release-of-the-hong-kong-autonomy-act-report/index.html.

U.S. Department of State (2020g, November 20). *The Elements of the China Challenge.* https://2017-2021.state.gov/the-elements-of-the-china-challenge/index.html.

U.S. Department of State (2020h, September 8). *2020 Investment Climate Statements: China.* https://2017-2021.state.gov/reports/2020-investment-climate-statements/china/index.html.

U.S.-China Economic and Security Review Commission (2019, November 14). *2019 Report to Congress.* https://www.uscc.gov/sites/default/files/2019-11/2019%20Annual%20Report%20to%20Congress.pdf.

U.S.-China Economic and Security Review Commission (2020, December 1). *2020 Report to Congress.* https://www.uscc.gov/sites/default/files/2020-12/2020_Annual_Report_to_Congress.pdf.

United Nations (1994, December 19). *China and United Kingdom of Great Britain and Northern Ireland Joint Declaration on the question of Hong Kong.* https://treaties.un.org/doc/Publication/UNTS/Volume%201399/v1399.pdf.

USS Blue Ridge Public Affairs (2019, April 19). *7th Fleet Flagship, USS Blue Ridge, Arrives in Hong Kong.* https://www.c7f.navy.mil/Media/News/Display/Article/1819812/7th-fleet-flagship-uss-blue-ridge-arrives-in-hong-kong.

We the People (2019, May 15). *Extradition Law Amendment in Hong Kong – Threat to Personal Safety and Freedom.* https://petitions.trumpwhitehouse.archives.gov/petition/extradition-law-amendment-hong-kong-threat-personal-safety-and-freedom.

Wead, Doug (2019). *Inside Trump's White House: The Real Story of His Presidency.* New York: Center Street.

Werner, Ben (2019, December 3). *U.S. Navy Has Been Shut Out of Hong Kong Since July.* https://news.usni.org/2019/12/03/u-s-navy-has-been-shut-out-of-hong-kong-since-july.

Wray, Christopher (2020, July 7). *The Threat Posed by the Chinese Government and the Chinese Communist Party to the Economic and National Security of the United States.* https://www.fbi.gov/news/speeches/the-threat-posed-by-the-chinese-government-and-the-chinese-communist-party-to-the-economic-and-national-security-of-the-united-states.

Wu, Jieh-min (2021). More Than Sharp Power: Chinese Influence Operations in Taiwan, Hong Kong and Beyond. In Brian C. H. Fong, Wu Jieh-min, and Andrew J. Nathan (eds.), *China's Influence and the Center-periphery Tug of War in Hong Kong, and Indo-Pacific* (pp. 24-44). New York, NY: Routledge.

Wu, Rwei-Ren (2021). Peripheral Nationalisms of Taiwan and Hong Kong under China's Influence: A Comparative-Nationalism Perspective. In Brian C. H. Fong, Wu Jieh-min, and Andrew J. Nathan (eds.), *China's Influence and the Center-periphery Tug of War in Hong Kong, and Indo-Pacific* (pp. 59-73). New York, NY: Routledge.

# 第六章

## 川普政府國際勞動政策對海峽兩岸之影響 *

### 焦興鎧

中央研究院歐美研究所兼任研究員

## 壹、序言

　　一般而言，一個國家之勞工政策，通常都會深受它本身的政治、經濟、社會及文化等因素之影響，而且也僅得以適用在本國之勞工，不太可能對其他國家產生效力，即使在 1919 年國際勞工組織（International Labour Organization, ILO）創立後，希望透過各種勞動公約（conventions）及建議書（recommendations）之頒布，能建構一套可行之國際勞動法，讓會員國都能有所遵循，藉以確保某些國家不會利用較低廉惡劣的勞動條件所生產之貨品，在國際市場上取得競爭優勢，致造成對進口輸入國勞工工作機會喪失之後果，但卻因缺乏有效之執行機制，所以產生之效果有限。[1] 在這種情形下，美國挾其雄厚之國防、外交及經貿實力，一直希冀以本身之勞動政策來影響其他國家，藉以發揮所謂「社會改造」（social engineering）之作用，堪稱形成另一種型態之霸權作為，所遭遇之各種反挫及負面效果可以想見。[2] 更何況美國本身之勞動法制與措施自工業革命（Industrial Revolution）以降，也一直有甚多之缺失存在，諸如資本主義盛行，致造成工會運動不夠發達；雇主掌控事業單位力量太強，而形成勞資力量失衡；就業歧視問題嚴重，而讓某些弱勢群體成員之工作權不受保障；以及規範工資、工時及安全衛生之相

* 本文曾宣讀於 2022 年 3 月 22 至 23 日，中央研究院歐美研究所主辦的「2017-2021 年川普總統美中臺關係及其影響」研討會。作者感謝國立政治大學勞工研究所成之約教授之評論與指正，已做小幅度之修正。

[1]　關於此點，參見焦興鎧，〈國際勞工組織重要公約及核心勞動基準之研究〉，載同作者，《國際勞動基準之建構》，頁 79-83（2006 年）。
[2]　關於美國在這方面早期之努力情形，以及未能產生效果之原因，參見焦興鎧，〈美國幾項重要貿易及投資法律中有關勞工權利條款之研究〉，載同作者，《勞工法與勞工權利之保障 —— 美國勞工法論文集（一）》，頁 450-471 及 482-486（1995 年）。

關法律執行不當，致造成童工、強迫勞動及職災問題嚴重等，[3] 都會讓它過去以本國之勞動政策，來質疑批判其他國家違反勞動人權之舉，反而會遭致「師出無名」且「雙重標準」之譏。[4]

然而，自 1980 年代經濟全球化（globalization）及區域整合（regional integration）之步調加速後，由於對各國勞動市場衝擊過大，致影響全世界勞工之基本人權及一般福祉甚鉅，乃在國際勞工組織之倡議下，逐漸開始核心國際勞動基準之建構，從它歷年所通過之 180 多個國際勞動公約中，特別精選出 7 個（後增列為 8 個）與基本勞動人權議題息息相關，咸認為是全世界所有勞工均應享有者來加以推動，它們分別是：一、結社自由與團體協商權之保障（第 89 號及第 98 號公約）；二、童工問題之禁絕（第 134 號及第 182 號公約）；三、就業歧視之禁止（第 100 號及第 111 號公約）；四、強迫或強制勞動之消除（第 29 號及第 105 號公約）。[5] 嗣後，這些基本勞動人權透過國際勞工組織在 1998 年，以「工作基本原則與權利宣言」（Declaration of Fundamental Principles and Rights at Work），特別加以揭櫫，[6] 再經尊嚴勞動（decent work）及公平全球化（fair globalization）等理念進一步深化後，堪稱已具有普世之價值。[7] 近年來，經由多國籍公司（multinational corporations, MNCs）之努力，在國際供應鏈中推動這些核心勞動基準，更成為它們是否善盡企業社會責任（corporate social responsibility, CSRs）之重要認證標準。[8] 再加上目前重要之多邊自由貿易協定，諸如早期之跨太平洋夥伴協定（Trans-Pacific Partnership, TPP）等，也都是希望以高標準，來檢視現有或新進會員國有無違反這類核心基準之情形。[9] 從而，工業先進國家在與貿易夥伴或投資對象從事國際經貿談判活動時，即得以有一套既定之國際上所承認之勞動基準，來作為評估它們是否善待本

---

[3] 關於較早期對美國現行勞動法制及措施各項缺失之評析，以及認為它們並不能作為其他國家師法改革楷模之說明，參見 Paul. C. Weiler, *Governing the Workplace: The Future of Labor and Employment Law*, pp. 7-46 (1990)；至於較近期之說明，尤其有關規範集體勞動關係法制部分，參見焦興鎧，〈美國集體勞資關係法制之困境及相關改革倡議之研究〉，載黃昭元主編，《法治的傳承與永續：第一屆翁岳生教授公法學研討會論文集》，頁 197-212（2013 年）。

[4] 關於此點，參見焦興鎧，前揭註 2 文，頁 475-479。

[5] 關於揭櫫這些國際勞動基準八個核心勞動公約之簡要說明，參見焦興鎧，前揭註 1 文，頁 86-92。

[6] 關於此點，參見同前註，頁 85-86

[7] 關於這些發展，參見焦興鎧，〈國際勞動法之建構與發展〉，《勞資關係論叢》，第 19 卷第 2 期，頁 8-11（2017 年 12 月）。

[8] 關於此點，參見焦興鎧，〈透過多國籍公司行為準則推展核心國際勞動基準之努力 —— 兼論非政府組織所扮演之角色〉，載前揭註 1 書，頁 122-133。

[9] 關於此點，參見焦興鎧，〈美國在跨太平洋夥伴協定中對勞工權利條款立場分析及對我國之影響〉，《歐美研究》，第 48 卷第 1 期，頁 81-82（2018 年 3 月）。

國勞工之準繩，而美國自然也從中得到「解套脫鉤」（de-link）之機會。[10]

　　事實上，雖然美國政府根據國內之勞動政策，希望將它的勞動法制及措施加諸在其他國家，來迫使它們從事相關之改革，因已有前述之核心國際勞動基準可資運用，而不必承受霸權心態之質疑批判，但不容諱言它本身之國內勞動政策，或多或少仍會影響它的國際勞動作為，因為兩者常有一定之互動牽連，尤其該國兩個主要政黨對它們本國勞動政策之看法，往往也會影響執政之總統行政當局對其他國家處理它們本國勞動問題的態度。由於民主黨一向長期與工會保持相當友好之關係，因此在民主黨籍之總統執政後，如果能在國會兩院掌握多數之優勢，則通常會希望通過有利勞工之聯邦勞動法律，此時若有提名聯邦最高法院之機會，則也會以自由派之法官為優先，俾便在發生訟爭而必須詮釋這些國會立法時，能做出較傾向勞方之判決，這種情形在 1930 年代羅斯福總統之「新政」（New Deal）時期，堪稱發揮得淋漓盡致。[11] 而他希望以美國之模式，期待其他國家能效法之念頭，一直到第二次世界大戰後，都一直努力推動而未曾稍懈。反之，如果是由較向資方靠攏之共和黨籍總統執政時，則情勢是正好相反，即使在國會兩院無法取得優勢，仍會運用冗長發言（filibusting）或總統否決（veto）等議事手段，來阻擾有利勞方立場之聯邦法律草案通過，或提名立場保守之大法官，以便在相關之訟爭中，得以做出較有利資方之判決，這種情形在雷根總統執政期間，就曾對該國之勞工運動產生極大之負面影響，而且也間接影響到它對其他國家勞動議題之態度。[12]

　　在川普總統執政期間（2017-2021），雖然他在內政外交上堪稱話題不斷，是歷任總統中較為離經叛道者，一直到目前為止，對他任上各種作為之質疑批判可說馨竹難書，但非常令人意外的，倒是對他行政當局之勞動議題 —— 尤其是在勞動政策上，卻是甚少有所著墨。雖然一般咸認以他的背景及政治觀點，理應對該國勞工運動及勞工權益極端不利，但在他執政四年期間，由於一直奉行所謂「美國優先」（America First）之口號，反而讓他在國內創造就業機會之表現上相當出色，而對享有鉅額貿易順差國家之強硬態度，似乎也頗能得到勞工階級之認同，更令人弔詭的是，他那種排外反移民之政策，甚至極端歧視女性或少數族裔之言論，好像也頗能得到一定程度之迴響，因此

---

[10] 關於美國與中國早期就監獄勞工產品輸美所引起之爭議中，美國適用 1930 年關稅法（Tariff Act of 1930）加以抵制之情形，以及嗣後由柯林頓總統給予中國最惠國待遇（most-favorited nation, MFN）優惠得以解套脫鉤之發展，參見焦興鎧，〈中共監獄勞工產品輸美所引起之爭議：1990-1994〉，載同作者，《勞工法論叢（一）》，頁 467-482（2000 年）。

[11] 關於美國民主黨與勞工團體早期關係之說明，參見焦興鎧，〈美國勞工組織與政黨關係之研究〉，載前揭註 2 書，頁 265-280。

[12] 關於雷根總統執政期間對美國勞工運動及勞動法制發展之負面影響，參見同前註，頁 277-280。

反而讓本應在勞動議題上居於主導地位之民主黨，淪為無能為力旁觀者之窘境。究竟他執政四年期間對美國國內之勞工運動產生什麼樣之影響？美國勞動者之工作條件及就業安全能否得到更多的保障？還是持續惡化？他這種「美國優先」勞動政策，是否會對國際產業供應鏈產生影響？從而，對前述目前極受矚目在多邊或雙邊自由貿易協定（Free Trade Agreements, FTAs）之勞工權利條款中推動勞動人權之努力，會是一種助力還是反挫？更重要的是，在他與中國之貿易戰中，勞動人權這類社會性課題（social agenda），究竟會扮演什麼樣之角色？針對新疆維吾爾少數民族所提出之強迫或強制勞動控訴，在地緣政治（geo-politics）發展上之意義何在？還有我國目前參加多邊之跨太平洋夥伴全面進步協定（Comprehensive and Progressive Agreement for Trans-Pacific Partnership, CPTPP）之第二輪談判，以及與美國從目前仍持續在談判之貿易與投資框架協定（Trade and Investment Framework Agreement, TIFA），得以提升至簽訂雙邊之投資協定（Bi-lateral Trade Agreement, BTA）或 FTA 層級時，究竟應對本身之勞動法制及措施採取何種改革作為，藉以符合前述核心國際勞動基準之要求，而不致受到美國之質疑批判？都是本文所要探討者。

# 貳、背景說明

本文此一部分首先將簡要說明川普總統之出身背景及政治立場，藉以導引出他對勞動議題之看法，雖然這類特質並不一定會直接影響他對勞動政策之方向，但在經過四年任期後，確也多少提供一些驗證。接著將利用美國勞動部勞動統計局（Bureau of Labor Statistics, BLS），每年定期所公布之相關數據及其他資料，來分析在他自 2017 年元月 20 日就任迄於在 2021 年元月 20 日卸任後之美國勞工形勢圖象（labor scenes），藉以了解他在這段期間所採取之各種相關作為，對美國國內之勞工運動或勞動法制及措施等，究竟有沒有產生任何之實質影響。然後再探討他對相關勞動事務主管機關或重要委員會之人事布局，諸如勞動部、國家勞工關係委員會（National Labor Relations Board, NLRB）、平等就業機會委員會（Equal Employment Opportunity Commission, EEOC），以及聯邦勞動關係委員會（Federal Labor Relations Authority, FLRA）等之任免，藉以剖析該國重要勞動政策實際執行面之走向。同時，鑑於美國最高法院近年來之相關判決，對該國勞動政策之影響愈來愈重要，因此，川普總統任內所提名任命之三位新的大法官在這方面所持之立場，也將會一併提及。最後，本文此一部分也會對川普總統行政當局為因應新冠肺炎疫情（COVID-19）所採取之勞動政策，做一簡單之回顧。

## 一、川普總統出身背景及政治立場對勞動政策之影響

　　一般而言，川普與前幾任之共和黨籍總統相較，在出身背景上相當不同，他是以經營房地產、賭場及酒店起家，而且甚至曾舉辦過美國小姐及環球小姐之選美比賽，是一典型之商人，與勞工界幾無任何淵源可言，如果要說與勞動議題真有一些關聯，則是他在 2004 年至 2015 年間，曾在國家廣播公司（NBC）主持一長達十一年之電視實境秀「誰是接班人」（The Apprentice），其中最膾炙人口之「你被開除了！」（"you are fired!"）口條，堪稱道出美國私部門個別關係中根深蒂固所謂「僱用自由意志」（employment-at-will）原則之精髓，也就是雇主享有極大之解僱權，可以任何理由辭退受僱者！[13] 事實上，他的政黨傾向也是甚為搖擺不定，曾是民主黨員，但也以改革黨及獨立人士自居，即使最終以共和黨籍身分參選總統，但也曾兩度退出該黨，一直到 2012 年才是穩定之黨員，所以幾乎無法根據他的黨籍色彩，來預測對勞動議題之立場。在大選競選期間，他並未對此一議題有較多之著墨，與民主黨總統候選人希拉蕊之立場大相逕庭，這也反映出兩大主要政黨在這方面之重要歧見。[14] 然而，他在外交政策上強調前述美國優先之立場，聲稱前述之跨太平洋夥伴協定，並不符合美國之利益。同時，也強調早在 1992 年與加拿大和墨西哥簽訂之北美自由貿易協定，做出過多之讓步，使得美國藍領勞工喪失工作機會，特別允諾當選後將與這兩國重新談判，否則即會退出。這一連串充滿貿易上保護主義（protectionism）色彩之主張，再加上共和黨在該年競選黨綱中，一再宣示要創造就業機會及修正過時之勞動法體系。[15] 由於這些主張頗能打動基層勞工之心聲，因此雖然他在競選期間之部分言論非常具爭議性，但終能贏得勝選，甚至連在傳統上民主黨及工會占優勢之密西根州、賓州及威斯康辛州等，都能取得優勢。

## 二、川普總統任期內之美國勞動形勢

　　雖然美國私部門之勞資關係，一直奉行前述之僱用自由意志原則，讓雇主擁有極大之解僱權，造成向資方極端傾斜之現象，所幸該國自 1930 年代以降，透過 1935 年國家勞工關係法（National Labor Relations Act, NLRA）[16] 之制定，由工會與雇主

[13] 關於對美國勞動法上此一重要原則之發展沿革、例外規定及改革措施之說明，參見焦興鎧，〈美國法上不當解僱之概念及其救濟之道〉，載同作者，前揭註 2 書，頁 12-77。
[14] 關於此點，參見焦興鎧，前揭註 11 文，頁 265-280。
[15] 關於共和黨總統候選人之此一訴求，參見 Republican National Convention (RNC), Republican Platform 2016, pp. 7-8 (2016).
[16] 29 U.S.C. §§ 151-168 (2012).

談判團體協約，不但保障勞工之就業安全，而且也能建構有利之工作條件，使得美國工會運動得以蓬勃發展。[17] 然而，嗣後在歷任共和黨籍總統對勞工運動之壓制，再加上經濟全球化及區域整合之國際趨勢對集體勞資關係之發展極端不利，在這種情形下，美國私部門之工會運動即有「江河日下」之趨勢，雖然在民主黨籍柯林頓總統及歐巴馬總統之努力下，曾試圖力挽狂瀾，但都無法得逞。[18] 事實上，就在川普總統 2017 年正式上任後不到幾天，該國勞動部勞動統計局即在每年元月所公布之新聞稿中，揭露美國私部門集體勞資關係之極度衰微狀態。根據此一新聞稿所提供之數據，該國之整體工會組成率是 10.7%，與歐巴馬總統八年前之 12.3%，又呈現 1.6% 之衰退。更令人矚目的是，私部門之工會組成率僅有 6.5% 而已，堪稱是所有工業先進國家表現最差者。[19] 至於前述在私部門勞資關係扮演極為重要角色之國家勞工關係委員會，通常每年要處理之不當勞動行為（unfair labor practices）申訴案件，在工會運動較發達期間常多達萬件以上，但在 2016 年會計年度，此類案件已遞減至不到 8,000 件，可見工會希望透過此一獨立之聯邦委員會，來處理它們這方面申訴之誘因已大為削減。[20] 雖然美國之平等就業機會委員會，在處理各類就業歧視之申訴案件表現極為突出，但除在 2016 年因「我也同樣受害」（#MeToo）運動興起，而讓就業上性別歧視之申訴案略有增加外，其他諸如種族、年齡、身心障礙及原屬國籍之申訴案件，在川普總統 2017 年就職前，反而都是呈衰退減少之現象，[21] 反倒是因雇主報復（retaliation）所引發之申訴案件卻逐年遞增，[22] 足見該國國內整個氛圍的確是對勞工及受僱者不利。嗣後，到 2021 年元月 20 日川普總統正式卸任後，根據前述勞動部勞動統計局在同年元月 22 日所發布之新聞稿，美國私部門之工會組成率

---

[17] 關於此點，參見焦興鎧，前揭註 3 文，頁 183-186。

[18] 關於柯林頓總統任期內在這方面之努力，參見焦興鎧，〈柯林頓總統與美國 1993 年至 2000 年勞工法制之改革〉，《就業與勞動關係季刊》，第 1 卷第 2 期，頁 8-15（2010 年 8 月）。至於歐巴馬總統之相關作為，參見焦興鎧，〈美國政府對臺海兩岸勞動人權概況之近期評估 2000-2009〉，載裘兆琳主編，《中美關係專題研究：2009-2011》，頁 168-172 及 172-175（2014 年）。

[19] 雖然受到經濟全球化之影響，各主要工業國家，諸如英國、德國、日本及加拿大等，它們私部門工會組成率雖均普遍下降，但通常仍能維持有兩位數，在這方面之表現顯然優於美國。

[20] 關於這些數據，參見國家勞工關係委員會之官網 https://www.nlrb.gov（最近閱覽日期：2020 年 2 月 2 日）。

[21] 關於這些數據，參見平等就業機會委員會之官網 https://www.eeoc.gov/zh-hans/eeocgaishu（最近閱覽日期：2020 年 2 月 2 日）。

[22] 關於美國平等就業機會委員會處理雇主在就業歧視爭議中報復案件逐年遞增之原因，參見焦興鎧，〈就業歧視爭議中禁止雇主報復規範在美國之最新發展 —— 聯邦最高法院在 Southwest Medical Center v. Nassar 一案判決之評析〉，載黃昭元主編，《美國最高法院重要判決之研究：2010-2013》，頁 8-9（2015 年）。

為 6.1%，與四年前相較，僅減少 0.4% 而已，足見川普總統在處理私部門集體勞資關係上，表現並不較民主黨籍之柯林頓總統或歐巴馬總統為遜色。然而，由在新冠肺炎疫情期間，該國亞馬遜公司及沃瑪公司勞工籌組工會之挫敗情形來看，該國私部門之勞工運動，確已至「到院已無生命跡象」（dead on arrival）之地步。[23]

## 三、川普總統重要勞動人事任命之影響

　　一般而言，川普總統對勞動部及其他重要獨立委員會之人事任命，雖不如國防、外交、軍事及國家安全等方面來得引人矚目，但卻相當反映共和黨籍總統之一貫立場，也就是儘量優先任用親資方立場之政治人物或商人，而刻意由執行面向來削弱勞方之力量。以勞動部部長之任命為例，雖然此一部會通常在總統人事命令中並不會受到重視，而且在聯邦勞動事務中所執掌之權能也相當有限，但由川普總統四年任內所任命多達四位部長之資歷及背景來看，足見他們所扮演的是「聊勝於無」之角色。川普總統是在 2017 年元月 20 日正式就職，卻並沒有任命新的部長，而是由助理部長哈格拉（Edward C. Hugler）代理，一直到 4 月 28 日才由具律師背景之阿科斯塔（Alexander Acosta）所取代。在他任職兩年後，卻因包庇一位戀童癖之黑社會頭子醜聞而被迫辭職，嗣後由副部長皮薩拉（Patrick Pizzella）代理，兩個月後在 2019 年 7 月又由史卡利亞（Eugene Scalia）出任，他是美國最高法院著名保守派大法官史卡利亞（Justice Antonia Scalia）之子，在他短短一年多的任期，根據《紐約客雜誌》（New Yorker）之評論，是一位「……保守、親資方而反對行政管制」之部長，以致將歐巴馬總統時代之勞動及僱用法制幾乎完全加以扭轉，由此可見川普總統在這方面確屬有「識人之明」！[24]

　　至於在其他與勞動事務有關重要獨立委員會之人事任命方面，也都清一色是以親資反勞之政治人物或商人來擔任。以負責工會選舉及不當勞動行為申訴重任之國家勞工關係委員會為例，川普總統在正式上任後一年多，就分別任命米斯瑪拉（Philip A. Miscimara）、開普蘭（Marvin Kaplan）及銳恩（John F. Ring）等三位共和黨籍之委員，而先由米斯瑪拉擔任代理主席，然後是由開普蘭出任正式之主席，自 2018 年起，則是再由銳恩擔任主席。一般而言，在這個由五位委員負責之聯邦獨立委員會中，只要是共和黨籍之總統，通常就會提名三位共和黨籍委員出任，俾便取得多數之優勢，由於該委

---

[23] 關於此點，參見焦興鎧，前揭註 18 第 1 文，頁 14。

[24] 關於此一報導，參見 http://www.new.orker.com/magazine/2020/10/26/trumps-labor-secretary-is-a-wrecking-ball-aimed-at-workers（最近閱覽日期：2022 年 2 月 4 日）。

員會有關前述不當勞動行為申訴所做之相關裁決，並不像法院之判決那樣，會受所謂「先例拘束」原則之限制，而得以輕易推翻該委員會先前所做之相關裁決。在這種情形下，川普總統所一手主導之「川普委員會」（Trump Board），在這四年間工會選舉及不當勞動行為等爭議中親資反勞之表現，雖不及先前「雷根委員會」（Reagan Board）那樣來得惡名昭彰，[25] 但確有對美國私部門工會運動之發展，產生不少之負面影響。

　　雖然美國私部門勞資關係之發展乏善可陳，但在公部門（public sector）之工會運動卻是相當有活力，而足以彌補私部門工會組成率低落之情形。由於美國公部門所僱用員工之工作權，通常受聯邦或各州憲法所保障，而他（她）們之工作條件，多由相關之人事法律來加以規範，團體協商之進行較不具阻力，再加上爭議權受到法律限縮，因此要達成勞資合作而非對抗之可能性甚高，從而在全世界私部門勞資關係都在衰微之情況下，公部門勞動關係之蓬勃發展，確是勞工運動之一劑強心針，而美國自也不例外。[26] 但在聯邦政府這個層級之勞動關係，一向是由聯邦勞動關係委員會來負責主導，它的功能與前述私部門之國家勞工關係委員會大體近似，唯一較大之區別，是因為聯邦政府員工之工作權直接受到聯邦憲法之保障，從而是否加入工會才能得到工會所談判完成團體協約之保障，即不像私部門那麼重要。在這種情形下，工會即應對所有員工 —— 不論他（她）們是否參加工會 —— 負公平代理責任，致造成所謂「搭便車」（free-riding）之情形日益嚴重，讓公部門之工會組成率雖然為數可觀，但卻並不能真實反映工會之實力。事實上，川普總統對聯邦政府員工勞動三權之保障議題，也與他對私部門之勞資關係一樣興趣缺缺，此由他對前述聯邦勞動關係委員會委員之任命即可看出端倪。[27] 甚至他對美國一直引以為傲之平等就業機會委員會委員之任命也是如出一轍，而該委員會在他任內行政效能不彰，甚至連預算都被國會大砍，而不得不裁員 40%。[28] 最後值得注意者是，川普總統還特別利用他任期內聯邦最高法院大法官退休或過世出缺之機會，提名任命三位政治立場與共和黨相當一致之大法官加以取代，他（她）們分別是卡凡諾（Justice B. Michael Kavanaugh）、戈蘇奇（Justice N. McGill Gorsuch）及巴雷特大法官（Justice A. Vivian Coney Barret），將會與目前另外三位持保守立場之大法官結合，可

---

[25] 關於雷根總統利用國家勞工關係委員會打壓美國工會運動所造成之負面影響，參見焦興鎧，前揭註 3 文，頁 191-192。

[26] 關於此點，參見 Leo Troy, *The New Unionism in the New Society: Public Sector Unions in the Redistributive State*, pp. 24-43 (1994).

[27] 關於川普總統對此一委員會之任命情形，參見該委員會官網 https://www.flra.gov（最近閱覽日期：2022 年 2 月 6 日）。

[28] 關於此點，參見平等就業機會委員會之官網 https://www.eeoc.gov/zh-hans/eeocgaishu（最近閱覽日期：2020 年 2 月 6 日）。

以想見在涉及勞動議題之訟爭時,就很有可能會對勞方做出較為不利之判決,對於此一發展趨勢,實是關心美國勞工運動之未來所要特別注意者。[29]

## 四、新冠肺炎疫情對川普勞動政策之影響

川普總統行政當局剛開始對 2019 年 3 月初所爆發新冠肺炎疫情之輕忽回應,堪稱是他內政上一極大污點,除造成幾十萬人染疫甚至亡故之後果外,對美國整體經濟之負面衝擊更是極為驚人,尤其是整個勞動市場產生質變,進而影響公私部門之勞資關係。在疫情初期,對第一線所謂「必要性工作」(essential work)之勞動者,諸如醫護、屠宰、維持治安、教育、交通運輸及零售業之勞工,保護裝備之不足常造成他(她)們必須身處在職業安全有疑慮之工作環境中。到疫情失控後,安全社會距離及封城措施,造成遠距或在家工作之盛行,而強制隔離、快篩及疫苗接種等規定出爐後,也引發各種職業安全衛生及就業歧視爭議。更嚴重的是,疫情長期不告一段落,甚至還有新變種病毒猖獗所造成之失業及社會不平等現象,更讓整個美國社會處於極為不安定之狀態。由於美國一向奉行自由經濟及強調個人主義,無法像大西洋彼岸歐洲聯盟會員國那樣,在遭逢此類重大天災禍亂時,可以運用既有之社會福利措施及社會安全體系來做支撐,美國之雇主通常僅能採取較為激烈之就業決定,也就是直接歇業而將受僱者暫時解僱(lay-off),讓他(她)們依靠聯邦及各州所提供之暫時性金錢紓困措施,諸如失業救濟、貸款或甚至發放現金等,來因應疫情所帶來之各項經濟上困境。

事實上,川普總統在他任期最後不到兩年針對此一疫情所採取之勞動政策,就是採取由聯邦及州政府所發放各種現金,俾讓因疫情失業或被暫時解僱之勞工,得以在一定期間內解決燃眉之急,然後再利用這些款項來刺激消費,以期待整個經濟能在疫情趨緩後得到復甦。至於對那些受創較深之中小企業,則是由聯邦及州政府提供無息甚至無需償還之貸款,藉以撐過無法營運之困境。這種做法與國際勞工組織在它歷次發表檢視報告(monitors)中所倡議,應儘量採取保留僱用措施(employment retention measures)不同。同時,也與歐洲聯盟所主張應以社會對話(social dialogue)之方式,透過勞、資、政三方合作之機制來加以解決之構想有間。根據此一由川普總統行政當局設計,而經過參眾兩院所通過之新冠肺炎援助、救濟及經濟安全法(Coronavirus Aid, Relief, and

---

[29] 關於在雷根總統執政期間,他所任命之立場保守的大法官在就業歧視爭議案件中,對被害人做出多則不利之判決,而迫使美國國會不得不在嗣後以 1991 年民權法(Civil Rights Act of 1991),來推翻這些判決之說明,參見焦興鎧〈美國聯邦最高法院與就業歧視問題〉,載同作者,前揭註 2 書,頁 352-371。

Economic Security Act, CARES Act），[30] 共提供 3,000 億美金之一次現金給付給每位美國人民，另外還有 3,600 億美金之附加失業救濟金。同時，該法還根據所謂「薪資保障計畫」（Paycheck Protection Program, PPP），為中小型企業提供 3,500 億美金不必償還之貸款（後追加至 6,690 億美金）。此外，它還對大型公司提供 5,000 億美金之援助，而各州及地方政府也能得到 3,398 億美金之援助。綜而言之，對美國之勞工而言，此法在嗣後頗能發揮一定之紓困功效，堪稱是川普總統執政四年中極少數能得到廣泛支持之社會政策，但不一定是一種嚴格意義之勞動政策，這也是他在 2020 年競選連任時之重要賣點，一般咸認是他在當年 11 月總統大選時表現不俗主要原因之一。[31]

## 參、川普政府之國際勞動政策

本文此一部分將依日期之先後，說明川普總統如何在他正式就職不到一週後，即劍及履及實踐在大選期間所做之承諾，首先片面退出已草簽之跨太平洋夥伴協定，接著又與墨西哥及加拿大兩國，重新談判三方在 1992 年所簽訂之北美自由貿易協定，然後又與南韓重新簽訂新的雙邊自由貿易協定，藉以取代兩國早在 2011 年即已談判完成之美韓自由貿易協定。由於在這些多邊及雙邊貿易協定中，都有涉及國際勞動人權事項之相關規定，因此即可從其中看出川普總統行政當局對這方面之立場。最後，鑒於川普總統在任內利用發動與中國大陸貿易戰之際，曾特別將在新疆維吾爾自治區之強迫或強制勞動議題挑起，因涉及國際勞動法之核心基準，故本部分也將一併加以探究。

### 一、美國在簽訂跨太平洋夥伴協定所從事之努力

一般而言，此一多邊自由貿易協定之簽訂，是歐巴馬總統希望美國重返亞洲，並追求所謂「再平衡」（re-balance）戰略目標極重要之一環，由於它的第 19 章勞工專章將前述核心國際勞動基準之建構列為談判之重點，而且如前所述在美國之堅持下，完全是

---

[30] 關於此法之全部內容，參見 http://legislink.org/us/p1116-136（最近閱覽日期：2021 年 9 月 6 日）。

[31] 關於川普此一紓困方案對其總統大選結果之分析，參見 Janelle Bouie, A Simple Theory of Why Trump Did Well: Elections are Complicated but the Money the Government Sent to More than 150 Million Americans didn't Hurt, *The New York Times*, November 18, 2020；關於此一意見專欄之全文，參見 https://www.nytimes.com/2020/11/18//opinion/trump-election-stimulus.html（最近閱覽日期：2022 年 2 月 28 日）。

以高標準來檢視現有會員國及申請加入會員國之勞動人權概況，因此幾已成為嗣後談判多邊或雙邊自由貿易協定這類社會性議題之「範本」。[32] 事實上，在川普總統片面退出此一協定後，嗣後在日本及澳洲之努力下，另談判完成跨太平洋夥伴全面進步協定，而此一新的多邊自由貿易協定也在第 19 章勞工專章中，幾乎「全盤接收」前一協定之所有相關規定，甚至連條次都沒有做任何重大之更動。[33] 更重要的是，在前述由川普總統所重新談判完成之美墨加協定，以及美韓自由貿易協定中都列有勞工專章，而且也幾乎都是以此一協定之相關規定為藍本，只是內容繁簡不一而已（其詳後述）。[34] 鑒於我國已將參與 CPTPP 之第二輪談判，以及與美國洽簽雙邊之投資協定或自由貿易協定列為施政主軸，對此一協定勞工專章之相關規定，自應特別加以重視，即使它已因川普總統之片面退出而淪為歷史文獻。

　　此一協定第 19 章勞工專章之重要內容，是由一則前言及 15 條條文所組成，另外還有美國政府與汶萊、馬來西亞及越南三國達成之三個換文，足見它對此類議題之重視程度。[35] 本部分限於篇幅，並無法在此一一縷述這些條文，但約可做以下之說明。首先，它在前言中列舉十九項各會員國應努力之目標，而其中第 13 項即明確揭櫫應「保障及執行勞動權利；改善工作條件及生活水準及強化合作及會員國處理勞動議題之能力」。[36] 其次，此專章在第 1 條至第 6 條之實體條款規定部分，即明確宣示國際勞工組織前述在 1998 年所通過之工作基本原則及權利宣言，是國際勞動法最重要之準繩，而該宣言中所列舉之四項核心勞動基準，是所有會員國勞工所應共享者。[37] 在此值得注意者是，它還特別將有關最低工資、工時與職業安全衛生等所謂「可接受勞動條件」（acceptable conditions of work）列入。[38] 同時，鑒於強迫或強制勞動議題在國際上益受重視，本專章還特別強調各會員國不但應將強迫或強制童工勞動之禁止一併列入，並嚴禁這類產

---

[32] 關於美國在談判此一協定對勞動議題之立場，尤其是以高標準來加以檢視對我國之影響，參見焦興鎧，前揭註 9 文，頁 105-112 及 117-124。

[33] 關於此點，參見焦興鎧，〈跨太平洋夥伴全面進步協定勞工專章對臺灣之影響 —— 兼論美國立場所扮演之角色〉，《勞動及職業安全衛生研究季刊》，第 28 卷第 4 期，頁 76-80（民國 109 年 2 月）。

[34] 關於此點，參見本文此一部分後揭二、三部分之說明。

[35] 這三個換文主要是希望這些國家除在實踐本勞工專章之相關規定外，另在集體勞資關係法制上所應從事之努力，因限於篇幅，將不再詳述。

[36] 焦興鎧，前揭註 33 文，頁 96-97。

[37] 同前註，頁 97。

[38] 事實上，此一要件並非國際勞工組織在 1998 年通過前述工作基本原則及權利宣言時所要求者，而是根據美國政府之堅持而來，嗣後在美墨加協定及美韓自由貿易協定中均有列入，而在美國近年來檢視其他國家之勞動法制及措施（包括海峽兩岸）時，也都成為檢視之對象，由此可見美國在這方面所發揮之實質影響力，關於此點，參見，同前註，頁 98。

品之輸入。由於這些規定一直是美國政府近年來所強烈主張者，因此它對此一勞工專章之影響力可見一斑。[39] 再者，此一專章之第 7 條至第 9 條及第 13 條至第 14 條等相關條文，要求各會員國應建構各種制度，諸如企業社會責任之採納、公共覺醒及程序保證之推動、公共申訴制度之設置、國內合作機制之建立及公共參與之擴大舉辦等。[40] 又者，本專章在第 12 條至第 13 條要求各會員國應設置各類之相關機構，諸如具官方身分之勞動事務委員會及聯絡點等，以便推動國內及國際勞動事務之處理與合作。[41] 最後，為強化會員國之合作與諮詢，本專章還在第 11 條規定合作性勞工對話，以及第 15 條之勞動諮詢，藉以解決會員國在勞動事務之歧見與爭端，在無法透過這些程序加以解決時，則可依本協約第 28 章之爭端解決機制來處理。[42]

## 二、川普總統重新談判北美自由貿易協定勞動事項之立場

事實上，美國、加拿大與墨西哥在 1992 年所簽訂之北美自由貿易協定，堪稱是開現代意義多邊自由貿易協定之先河。雖然此一協定在簽訂之初，是以促進三個會員國之貨品、服務及資本之自由移動為主軸，並不如歐洲聯盟（European Union, EU）這類區域整合之早期那樣，同時也側重人員或勞工之自由移動事項。從而，在此一協定之談判過程中，如何避免墨西哥之勞工大量湧入美國與加拿大，而造成此兩國勞工失業之疑慮，一直是認為該協定不應涉及勞動市場、勞工權益及工作條件等這類議題之主流見解，而應委由各會員國專屬自行處理，並非其他會員國所得以干預者。[43] 嗣後，由於宗教、勞工及人道團體之壓力，三國政府乃後續又談判締結 1993 年北美勞動事務合作協定（North American Agreement on Labor Cooperation, NAALC），特別列舉 11 項基本勞動原則（labor principles），其中與前述核心國際勞動基準有直接關聯者，計有：（一）結社自由及組織權之保障；（二）團體協商交涉之權利；（三）罷工之權利；（四）強迫勞動之禁止；（五）兒童及青少年勞動權利之保護；（六）就業歧視之剷除；（七）兩性同工同酬原則之確立等。[44] 雖然在此一勞動合作協定早期運作時，為尊重三個會員國社經發展情況不一，且為尊重墨西哥國內法之地位，這些較具敏感性之勞動原則，可

---

[39] 同前註，頁 97-98。

[40] 同前註，頁 99-101。

[41] 同前註，頁 102-103。

[42] 同前註，頁 103-105。

[43] 關於此點，參見焦興鎧，〈美國利用國際經貿活動推展勞動人權之研究〉，載同作者，前揭註 1 書，頁 521-522。

[44] 同前註，頁 520-521。

說只具宣示意義而已，並不是企圖用來作為強迫墨西哥進行社會改造之工具，而僅是為該國之相關法令建構共同之最低標準。[45] 從而，在最初十年之實施後，曾引起甚多之質疑批判，但此協定在經過近二十六年之運作後，確也發揮促使墨西哥政府進行相關之改革，尤其是在規範集體勞資關係之法制與措施方面。[46] 川普總統將北美自由貿易協定正式加以廢止，而另以前述美墨加協定取代，並以第 23 章勞工專章來規範前述北美勞動事務合作協定所規定之相關事宜。由於此一新協定勞工專章之內容，大體是沿用前述跨太平洋夥伴協定之相關規定而來，為節省篇幅，茲不贅述。[47]

## 三、川普總統重新談判美韓自由貿易協定勞動事項之立場

　　美韓自由貿易協定歷經一年多之折衝後，是在 2018 年 9 月正式達成協議。它的第 19 章勞工專章，共有 8 條條文及一個附錄，大體是將前述跨太平洋夥伴協定第 19 章勞工專章之 15 條條文加以精簡而成，其重要內容約得以濃縮為以下五個部分：首先，是有關核心國際勞動人權內涵之實體條款方面，此一協定在第 19 章勞工專章第 1 條共同承諾之聲明中，表達締約雙方應重新確認它們身為國際勞工組織會員國之義務。同時，它還在第 2 條中明確將基本勞動人權，界定為該組織前述在 1998 年工作基本原則與權利宣言中所揭櫫之：（一）結社之自由；（二）有效承認之團體協商權利；（三）剷除所有形式之強迫或強制勞動；（四）有效廢除童工，以及為達到本協定之目的，禁止最惡劣型態勞工；（五）禁絕有關就業職業之歧視。[48] 同時，此一協定第 19 章還在第 8 條之定義條款，將勞動法一詞界定為：「會員國所制定之勞動法規，而直接與下列國際上所承認之勞動權利有關者，包括：(a) 結社自由及有效承認之團體協商權利；(b) 剷除所有形式之強迫或強制勞動；(c) 有效廢除童工、禁止最惡劣型態童工及其他對兒童與少年之勞動保護；(d) 消弭有關就業及職業之歧視；以及 (e) 有關最低工資、工時與職業

---

45　同前註。

46　同前註。

47　關於美墨加協定第 23 章勞工專章之全文，參見 https://ustr.gov/sites/default/files/files/agreements/FTA/USMCA/Text/23%20Labor.pdf（最近閱覽日期：2020 年 6 月 25 日）。

48　此一勞工專章將規範集體勞資關係之核心關係勞動基準分成兩個獨立之項目，而未併為一體，可能是顧及韓國勞工運動之特質，為避免該國強勢之資方財團打壓工會而特別加以強調者，至於此一協定第 19 勞工專章之全文，參見 https://ustr.gov/sites/default/files/uploads/agreements/fta/korus/asset_upload_file934_12718.pdf（最近閱覽日期：2020 年 6 月 25 日）。

安全衛生之可接受勞動條件。」[49] 此外，它還在此一專章第 2 條第 (2) 項中樹立所謂「不得部分廢除」（non-derogation）之原則，也就是要求締約雙方不得為影響雙方貿易或投資而放棄或弱化勞動法中所揭櫫前述各項基本權利。[50] 由它的這兩個實體條文可以看出，美國政府日後與其他國家簽訂類似之雙邊自由貿易協定時，這些基本勞動人權清單將是絕對不會偏廢者。[51]

其次，為有效執行這些實體條款，本專章第 3 條還特別提及有關勞動法之執行事項，該條特別訓令締約雙方在本協定正式生效後，即應採取持續或重複之作為或不作為，來有效執行它們本身的勞動法規，如果這些作為或不作為會影響到簽約國間之貿易與投資的話。該條雖也賦予締約雙方合理之裁量空間，而以「真實態度」（bona fide）來分配它執行前述基本勞動權利及可接受工作條件之相關資源，但即使行使這類裁量權，仍不能牴觸它根據本專章所應承擔之責任。基於勞動法之執行與一國主權有密切連結之精神，該條還特別重申簽約會員國不得在另一會員國疆域內進行勞動法執行活動之原則。[52]

再者，該專章還在第 4 條中特別強調程序保證及公共覺醒之重要性。在前者之情形，它要求締約雙方應讓所有利害關係人均有適當之管道，得以使用公正而獨立之裁決所，來執行該國之勞動法，而這些裁決所包括各國依法建構之行政裁決所、準司法裁決所、司法裁決所及勞動法庭在內。這些裁決所之程序應嚴守公平、衡平及透明之原則，並遵循法律之公平程序，所收取費用應合理，至於處理案件時限及遲延情況也應儘量避免。此外，除非在特別之情況及法律之規範下，否則相關之聽證程序均應對大眾公開進行。同時，還要求締約雙方應擔保對參與這些程序之當事人都能提供資訊及證據，來維護本身之立場，而這些裁決所作成之最終決定，也應根據相關證據，讓當事人有充分機會得到聽證，並以書面作成，且還要給他（她）們及時求取賠償之機會，而對這些終局決定也要有效加以執行。[53] 至於在後者之情形，它則要求締約雙方應推動對勞動法之公共覺醒，俾讓有關勞動法執行及遵循程序之資訊，使得一般大眾得以知曉，並應加強他（她）們對勞動法之教育。[54]

又者，為讓勞動人權之推動更能深化，且讓締約雙方就勞動事務之合作能更有效

---

[49] 關於此點，參見焦興鎧，〈自由貿易協定之勞工專章發展趨勢〉，《臺灣勞工》，第 69 期，頁 4-13（2022 年 3 月）。

[50] 同前註，頁 9。

[51] 關於此點，參見本文後揭第伍節之說明。

[52] 關於此點，參見焦興鎧，前揭註 49 文，頁 9-10。

[53] 同前註。

[54] 同前註，頁 10。

率，本專章還在第 6 條中要求締約雙方設置三個相關制度，第一是勞動事務委員會，由雙方勞動部或其他單位適當之資深官員組成，該委員會在本協定正式生效後，應每年開會一次，嗣後並視需要舉行，藉以監督本專章之執行，包括後述第 6 條所建構之勞動合作機制在內。為讓此一委員會得以更能發揮功效，該條還特別規定在舉行相關會議時，應有一次讓該委員會之委員，得以與另一國之一般大眾會面，藉以討論有關執行本專章之相關事項。[55] 第二是締約雙方應在各自之勞動部內設置聯絡點，俾便處理及執行本專章之相關事宜，聯絡點之任務除應接受及考慮有關本專章事務之通訊外，還應將相關之通訊轉達給締約另一方及一般大眾，而締約之雙方，均應依本國之程序來審查這些通訊。[56] 第三是締約雙方應召開國家勞動諮詢委員會，由勞、資及一般大眾組成，俾便對本專章之執行提供諮詢，此類委員會可公開（或私下）舉行，並應將執行本專章之事項作成報告，以對外加以公開。[57]

最後，為強化簽約雙方對推動核心國際勞動人權之共同合作事宜，本勞工專章還特別在第 6 條及第 7 條，分別建構勞動合作及勞動諮詢之相關機制。在前者之情形，主要是針對前述國際勞工組織 1998 年宣言中所揭櫫之國際核心勞動基準，以及在 1999 年所通過之消除最惡劣形式童工勞動公約而來，而訓令由締約雙方所建構之勞動合作機制來負責運作。[58] 至於在後者之情形，則主要是涉及締約雙方就本專章之事項產生爭端時，在適用本協定第 22 章正式爭端解決程序前之前置程序。根據本條之規定，提出此類諮詢之締約一方應以書面為之，而且要明確列出法律依據交予另一方之聯絡點，嗣後締約雙方即應盡力達成彼此都能滿意之解決方式，而且也能尋求適當之個人或組織提供意見或協助。如果雙方仍然無法藉此解決爭端，則可透過聯絡點以書面請求前述之勞動事務委員會介入，並以各種必要之手段，包括：諮詢政府或專家、運用調解及和解之程序等藉以儘速解決，如仍無法奏效，則申訴之一方，即得依據本協定第 22 章所規定之各項正式爭議處理機制來尋求救濟。[59]

## 四、川普總統對中國新疆地區強迫或強制勞動問題之態度

雖然川普總統在正式就職後，曾對中國大陸採取相當友善之態度，但自 2018 年 3 月他控訴後者竊取美國智慧財產權及商業機密，並根據 1974 年貿易法 301 條款，要求

---

[55] 同前註。
[56] 同前註。
[57] 同前註。
[58] 同前註。
[59] 同前註。

美國貿易代表對中國大陸這類「不公平貿易措施」（unfair trade practices）採取報復，包括對進口之商品徵收額外關稅，以及設定其他貿易壁壘，藉以防堵兩國貿易逆差之擴大，以及敏感之國防軍事機密被技術移轉至中國後，兩國之友好關係即開始變質。[60]由於中國大陸不甘示弱，也對美國採取報復之反制作為，包括對輸入之美國農產品徵收額外之關稅等，兩國之貿易戰即從此正式開打，再加上 2019 年香港「反送中」動盪後，中國大陸強力鎮壓之舉引起美國政府之抗議，美中雙方走向對抗之局已勢不可擋。[61]雖然嗣後雙方領袖曾在「20 國集團」（G-20）高峰會上試圖化解此一爭端，並在 2020年 1 月簽署初步之貿易協定，但隨著同年 9 月世界貿易組織（World Trade Organization, WTO）認定美國對中國大陸進口貨品加徵關稅之舉違法後，雙方在這方面之爭端更是益形惡化。[62]事實上，就在此一階段，美國曾以中國在新疆維吾爾自治區殘害回教少數族裔，利用所謂「勞動再教育」之準軍事管理方式，強迫多達 100 萬維吾爾族人從事生產棉花及番茄等工作，構成一種違反種族滅絕及強迫或強制勞動為由，責成該國之海關及邊境保護署（Customs and Border Protection, CBP），對中國大陸輸往美國之這類產品，頒發暫時性之禁止進口令（withhold release orders）。[63]在這種情形下，新疆地區強迫或強制勞動之爭議，即成為雙方經貿爭端中另一相當棘手之課題，而從川普政府所採取之相關作為，亦可進一步了解他對此一核心國際勞動基準之態度。

如前所述，美國與中國大陸早在 1980 年代，即曾為後者監獄勞工產品輸入之爭議交手，但終達成妥協。然而，這次關於新疆地區強迫或強制勞動之爭端，不論是在抵制規模及實質影響上，都要更受矚目。事實上，美國在歐巴馬總統任職期間，即曾制定 2000 年人口販運受害者保障法（Trafficking Victims Protection Act, TVPA）[64]，並運用該法之境外適用（extra-territoriality）條款，來對緬甸等實施強迫或強制勞動國家加以報復制裁，並訓令美國海關查扣防堵這類勞動所生產之貨品輸入。[65]嗣後，美國國會又在 2016 年進一步通過全球馬格尼斯基人權究責法（Global Magnitsky Human Rights

---

[60] 關於對此一貿易戰之新聞報導，參見 Ana Swanson, Trumps Trade War Against China is Officially Underway, *The New York Times*, July 5, 2018, at p. 1A.

[61] *Id.*

[62] 關於世界貿易組織對雙方此一爭端之相關裁決，參見 World Trade Organization, Dispute Settlement -the Disputes -DS 543, September 15, 2020；此一報告內容可參見該組織官網 https://www.wto.org/english/news_e/news20_e/543r_e.htm（最近閱覽日期：2022 年 3 月 4 日）。

[63] 關於此一事件之相關報導，參見 https://www.org.tw/news/view/id/2086113（最近閱覽日期：2022 年 3 月 4 日）。

[64] 22 U.S.C. § 7101 (2012).

[65] 關於此點，參見 Marley S. Weiss, Human Trafficking and Forced Labor: A Primer, 31 *ABA Journal of Labor & Employment Law* 1, 32-39 (2015).

Accountability Act）[66]，授權美國總統頒布行政命令，來對應對此類違反勞動人權之外國政府負責人，採取相關制裁作為，俾讓美國政府在這方面執行能力及嚇阻作用，得以更能發揮。[67]事實上，川普總統早在 2017 年 12 月，即曾根據此法頒布一項第 13818 號命令（Executive Order No. 13818），對四位新疆地區政法機關及公安廳負責官員進行制裁，但效果並不彰顯。[68]在 2020 年中美貿易戰益形激烈後，美國國會又曾進一步制定 2020 年維吾爾人權政策法（Uyghur Human Rights Policy Act of 2020），並由川普總統在同年 6 月 17 日正式簽署生效。[69]由於此一新法獲得參眾兩院國會議員壓倒性多數通過，因此更成為該國政府在此一議題上對中國大陸施壓之利器。在同年 7 月 20 日，美國商務部即劍及履及擴大對新疆地區進口之這類產品採取抵制措施，除前述之棉花及番茄製品外，更進一步將成衣、電腦零件、家庭用具、紡織品、太陽光板、毛髮產品及 DNA 測試用品等，都一併納入加以抵制，甚至連生產公司名稱也都一併公布。[70]

## 肆、川普政府勞動政策對中國大陸之影響（2017-2021）

本文此一部分首先簡要說明美國政府自卡特總統倡議所謂「人權外交」起，以迄川普總統正式就任前，美國政府對中國大陸勞動人權概況所提出之各種批判。接著根據美國國務院在每年 3 月或 4 月所公布之《各國人權概況年度報告》（Country Reports on Human Rights Practices）中勞動者權利（Worker Rights）部分，分別就集體勞動權之保障、強迫或強制勞動之消除、童工問題之禁絕、就業歧視之禁止，以及可接受勞動條件等五個項目，剖析川普總統行政當局這四年來對中國大陸勞動問題之立場。最後本部分則是做一小結，探究美國政府這類壓力對中國大陸所產生之影響，以及後者從事相關改革之可能性。

---

[66]　22 U.S.C. § 2656 note (2018).

[67]　*Id.*

[68]　關於此一第 13818 號總統行政命令之全文，參見美國白宮之官網 https://www.govinfo.gov/content/pkg/DCPD-201700923/pdf/DCPD-201700923.pdf（最近閱覽日期：2022 年 3 月 4 日）。

[69]　關於此一聯邦立法之全文，參見 http://clerk.house.gov/evs/2020.rikk110.xml（最近閱覽日期：2022 年 3 月 4 日）。

[70]　關於此一新聞報導，參見 https://www.cna.com.tw/news/firstnews/202009230013.aspx（最近閱覽日期：2022 年 3 月 4 日）。

## 一、美國政府對中國勞動人權概況早期之批判

雖然卡特總統上任後，即以推動人權外交為對外施政主軸，但因與中共剛剛正式建交，從而對它的人權問題多採避重就輕之立場，自然也包括對勞動人權概況之批判在內。事實上，在他四年任期內，雖曾透過國務院前述之人權概況年度報告，以國際勞工組織所揭櫫之四項核心國際勞動基準，定期盤點檢視中共在這方面之各類缺失，但相關內容都是輕描淡寫，與對我國疾言厲色之情形反而相去甚遠。舉例而言，當時首任駐北京大使伍考克（L. Woodcock）本身即為美國勞工運動之大將，卻反而不敢對中共嚴厲控制工會運動之行逕有任何之質疑，這種欺善怕惡之作風，充分顯露美國政府當時希望其他國家改善它們本國勞工基本人權及一般福祉之訴求，充其量只是一項外交手腕之運用而已。[71] 嗣後，到共和黨之雷根總統及老布希總統任職期間，對中國勞動人權之態度即顯得較為強硬，尤其是老布希總統雖曾任駐北京大使，但在天安門事件期間，對中共屠殺勞工及學生之殘暴行為，都曾在相關之報告中痛加撻伐，但卻也同時顧及現實之需求，而並不希望與中共就勞動議題上公開決裂。事實上，就在天安門事件後第二年，他即宣布延長給予中國大陸最惠國之貿易待遇。[72]

在柯林頓總統執政期間，雖曾發生中國大陸監獄勞工產品輸入之爭議，而衍生是否給予最惠國待遇之抗衡，但後來還是做出讓步。然而，他確是近年來最重視美國勞工權益之總統，除在國內提出多項之改革措施，希望對沉痾已久之美國公私部門勞工運動加以振興外，在國際勞動事務上也一改該國政府過去漠不關心之立場，轉而積極參與國際勞工組織保障勞動人權之各項努力。[73] 更重要的是，他在八年任期內，對中共違反這方面之各種作為，都持續加以批判，尤其是對集體勞資關係、強迫或強制勞動、童工問題、女性勞工權益之保障，以及一般工作條件之改善等，都一直持續關注，堪稱美國歷任總統中最關注此類課題者。[74] 至於歐巴馬以第一位少數族裔之姿出任總統一職後，雖然一般對他是否能像柯林頓總統過去那樣，對美國勞工法制之改革會有一番新的作為，同時也期待他能在國際上為勞動人權議題發聲寄予厚望，但經過八年之執政後，其固然在國內對保障所謂「性別上少數族裔」（sexual minorities）之工作權方面頗有斬獲，但

---

[71] 關於此點，參見焦興鎧，〈美國政府對中共勞工法制之批判：1979-1989〉，載同作者，前揭註 10 書，頁 365-366。

[72] 同前註，頁 389。

[73] 關於柯林頓總統在這方面之努力情形，參見焦興鎧，〈柯林頓總統與美國 1993 年至 2000 年勞工法制之改革〉，《就業與勞動關係季刊》，第 2 期，頁 12-19（2010 年）。

[74] 同前註，頁 23-29。

其他方面之表現卻顯得乏善可陳。[75] 至於在國際勞動事務之推展上，除曾對前述跨太平洋夥伴協定中之勞動議題著力甚深外，[76] 在其他方面也並沒有特別突出之作為，尤其是八年來對中國大陸之勞動人權概況所提出之相關報告，內容幾乎千篇一律，幾無任何推陳出新之處。事實上，在他任職期間，中國大陸之國力已經逐漸崛起，對美國在這方面所提出之負面評價早已置若罔聞，甚至還曾採取反制作為，而在近年出版美國違反人權之報告來反脣相譏。[77]

## 二、川普政府對中國大陸結社自由及團體協商權之批判

如前所述，川普政府在 2021 年 3 月所公布他任內最後一次對中國大陸方面勞動人權概況之批判，所用之篇幅幾近四頁，與前三年之報告都僅有兩段而不到一頁之情形相較，實屬相去甚遠，由此也可見它開始正視此一議題，雖然這類規範集體勞資關係之法制及措施，一般都與一個國家之主權概念息息相關，通常不希望其他國家橫加干涉。根據此一年度報告，中國大陸在勞動三權，即：結社權、協商權及爭議權之行使，都受到該國工會法極大之限制。以結社權為例，該法並未保障結社自由，而僅有中華總工會（All China Federation of Trade Unions, ACFTU）是唯一合法之工會組織，所有之工會活動均應得到此一總工會事先之核准，並透過它來加以組織。[78] 事實上，它是中國共產黨（Chinese Communist Party, CCP）之附隨組織，而由該黨中央政治局來負責領導，並嚴格控制各省及地區之下級工會，尤其是高科技、交通運輸及服務業等，它對這些工會之財務及行政事項都是層層把關，特別是在與企業或公部門談判及簽訂團體協約時，然而在發生勞資爭議時，該總工會通常並不會代表勞工之利益。至於在下級工會代表之選任方面，也都是由該總工會所一手掌控，通常是由管理部門中覓才，而中國共產黨地方黨部擁有選任及同意之權限。[79] 在這種情形下，獨立之工會組織可說是完

---

[75] 關於對歐巴馬總統在這方面表現之評析，參見焦興鎧，〈對歐巴馬政府勞動法制改革作為之評析〉，論文發表於中央研究院歐美研究所主辦「歐巴馬第二任美中臺關係與未來美臺新政府之展望」學術研討，2016 年 12 月 12 日召開，頁 10-23（本論文現保存在作者個人檔案中）。

[76] 關於歐巴馬總統在這方面之努力，參見焦興鎧，前揭註 9 文，頁 79-82。

[77] 關於此點，參見中華人民共和國國務院新聞辦公室，《2020 年美國侵犯人權報告》，2021 年 3 月 24 日發表，全文可參見 http://www.mod.gov.cn/big5/topnews/2021-03-24/content_4881827.htm（最近閱覽日期：2021 年 8 月 23 日）。

[78] 關於此點，參見 Bureau of Democracy, Human Rights and Labor, Department of State, Country *Reports on Human Rights Practices* (hereinafter China 2020 Human Rights Report) 78-79 (2021) 之說明。

[79] *Id.* at 79.

全不合法，而它們之活躍分子常會被冠以所謂「找碴及惹麻煩」（picking quarrels and provoking trouble）之罪名，而被判刑及監禁。事實上，國際勞工組織之自由結社委員會（Committee on Freedom on Association, CFA），即曾對中國政府騷擾、恐嚇、拘禁及不法侵害這些工運分子之各種作為，表達深切關心之意。[80]

至於在團體協商之權利方面，雖然該國工會法允許雙方就薪資報酬等事項進行協商，而且還允許產業或區域之團體協商存在，甚至還在事業單位層級推動強制協商制度，但雇主並沒有與受僱者協商之法律義務，更違論所謂「以誠信態度協商」（bargain in good faith）之要求。事實上，根據此一年度報告，雇主拒絕協商之情形也經常發生。[81]同時，在發生勞資爭議時，工會法所能發揮排解紛爭之功能亦相當有限，而且整個法定程序通常非常冗長，甚至還會有遲延之情形。在這種情形下，地方政府經常會主動介入，採取非正式解決紛爭（alternative dispute resolutions, ADRs）之方式，諸如調解及仲裁等來處理，藉以避免獨立之社團或律師插手。[81]最後，在罷工權之行使方面，雖然工會法並不明確禁止勞工行使此一勞動基本人權，但實際上警察通常都會強力加以壓制，而根據香港非政府組織《中國勞工公報》（*China Labor Bulletin*）之報導，在 2020 年一年內，共有近 800 多件罷工事件，其中大部分與工資或積欠工資有關，至於所謂「野貓罷工」（wildcat strikes），即未經工會核准之集體行動也偶有所聞，足見中華總工會在處理勞資爭議之事項上，已逐漸有力有未逮之情況。[83]

## 三、川普政府對中國大陸強迫或強制勞動問題之批判

一般而言，除本文前述第參節第四部分在新疆對維吾爾少數族裔之強迫或強制勞動問題爭議外，川普政府對中國大陸在其他地區違反此類核心勞動基準之批判，也隨著兩國貿易戰之惡化而力道更為加強。舉例而言，根據此一 2020 年之年度報告，特別指出雖然中國大陸之勞動合同法明文禁止強迫或強制勞動，而且對違反者也科以監禁及罰金，甚至嚴懲涉及綁架之犯罪行為，但並未能有效加以執行。[84]事實上，雖然在 2013 年，全國人民代表大會（National People's Congress, NPC），即已正式廢止所謂「勞動改造再教育」（re-education through labor）制度，但根據媒體及非政府組織之相關報導，在監獄及禁藥勒戒設施中，仍有大量受刑人及接受處遇者，在未經司法程序之情形下，

---

[80]　*Id.* at 80.

[81]　*Id.*

[82]　*Id.*

[83]　*Id.* at 79.

[84]　*Id.* at 81.

從事製衣、人造花及化妝品等之生產工作，這種情形在東北三省更是嚴重，而在其他省分也有關於生產磚頭、煤及電子產品等強迫勞動之報導出現。[85] 在此值得注意者是，在2020 年 8 月，印尼之社群媒體曾有關於在中國漁船上工作印尼籍漁工被強迫勞動之報導出現，包括遭受肢體暴力、超時工作（每天達 20 小時！）及積欠工資等。[86] 最後，由於美國政府近年來將強迫或強制勞動之議題，與人口販運（human trafficking）之現象相結合，因此根據美國國務院同年在《人口販運》（Trafficking in Persons）之年度報告中，也曾對中國大陸此類違反人權之情形，做出相當嚴厲之批判。[87]

## 四、川普政府對中國大陸禁止童工及最低僱用年齡問題之批判

　　至於在童工之禁止及最低僱用年齡部分，2020 年、2021 年美國國務院《各國人權報告》，2020 年、2021 年美國國務院《人口販運報告》大致都是給予負面之評價。它們指出雖然相關勞動法禁止僱用 16 歲以下之童工，但童工問題在中國仍屬嚴重，甚至連政府都沒有公布相關之統計數字。[88] 即使勞動法中特別對觸犯這類行為之雇主科以重罰，但在執行面上卻常有落差。事實上，多國籍公司在開發中國家之供應或協力廠商使用童工之報導時有所聞，而這種情形在中國也不能倖免，根據替國外買家做遵循報告（compliance reports）之勞動監察人員指出，在學校系統中，甚至還有以職業訓練之名義，而向工廠提供非法童工之情形，其中有些甚至是屬危險性或勞力密集之工作，諸如製造爆竹或採收棉花等。[89] 這些報告還特別指出，年紀在 16 歲到 18 歲之勞工雖被歸類為「青少年勞工」（juvenile workers），通常應被禁止從事某些特別消耗體力之工作，包括坑內工作等，但此類事件仍會發生。[90] 雖然早在 2009 年 4 月 1 日，政府當局即曾公布將鼓勵檢舉有關使用童工之案件，而且也重申將嚴懲任何有關被公開之案件，但專家們認為，除非能對鄉村地區之教育制度及經濟活動加以改善及活化，否則勢將無法剷除此類問題。[91]

---

[85] *Id.*

[86] *Id.* at 82.

[87] *Id.*

[88] 關於此點，參見 China 2017 Report 130-131 (2018); China 2018 Report 124 (2019); China 2019 Report 143 (2020); 及 China 2020 Report 83 (2021) 之說明。

[89] 參見 China 2017 Report, id., at 130; China 2018 Report, id., at 124; China 2019 Report, id., at 143; China 2020 Report, id., at 83.

[90] 參見 China 2017 Report, id., at 130; China 2018 Report, id., at 124; China 2019 Report, id., at 143; China 2020 Report, id., at 83.

[91] 參見 China 2017 Report, id., at 130-131; China 2018 Report, id., at 124; China 2019 Report, id., at 143; China 2020 Report, id., at 83.

## 五、川普政府對中國大陸就業歧視問題之批判

　　根據美國國務院在過去四年對中國大陸就業歧視問題之評析，認為該國在 2016 年所制定之反就業歧視法，雖已對基於種族、性別、宗教信仰、身心障礙、年齡及傳染或職業病等因素之這類歧視情形，提供法律上之保障，且政府部門也三令五申嚴格禁止在招募與僱用階段，有任何性別歧視之情形，並對違反者科以刑罰，而法院亦得對受害人給予民事賠償，但實際執行之效果並不彰顯，尤其是司法機關對此類訟爭接受度不高，反而希望透過調解等程序來加以解決。[92] 事實上，就業歧視問題在中國大陸一直非常嚴重，就連求才廣告上基於性別、年齡、身高、出生地、婚姻狀況、身心障礙、外表及健康情況之歧視情形也是比比皆是，尤其是年齡歧視問題更是嚴重。舉例而言，在藍領工作部門，女性之強迫退休年齡是 50 歲，而在白領工作則是 55 歲，然而男性卻是 60 歲，且不問他們是在藍領或白領部門工作。[93] 在 2020 年 8 月，該國高科技大廠諸如騰訊及華為等公司，甚至還試圖說服年齡超過 34 歲及 35 歲之員工離職，藉以降低用人成本。[94] 至於在普遍嚴重之性別歧視方面，連政府部門之求才廣告都經常以男性為優先，對女性則要求貌美或較高之學歷，而懷孕歧視情形也非常嚴重。[95] 至於性別上少數者，諸如同志（LGBTI）或跨性別者（transgender）等之就業權，則更是不受保障，雖然根據報導在 2020 年 1 月，北京法院曾判決一家線上商業公司，將一位請假俾便從事變性手術女性員工開除之舉違法，而令將她復職，但這種基於性傾向因素而被歧視者能得到平等對待機會，一般是微乎其微。[96] 在此值得注意者是，這些報告還特別提到在新冠肺炎疫情期間，非政府組織及社群媒體等均曾報導，雇主會歧視來自武漢及湖北省之求職者，而被病毒感染之受僱者受到不利待遇之情形也時有所聞。事實上，該國最高人民法院曾頒布指導原則，訓令下級法院對雇主所提出任何與此一疫情相關之抗辯訴求，諸如：檢測結果呈現陽性、被隔離或甚至來自所謂疫情「熱點」（hot spots）等，均一概不應採納。[97] 最後，這些報告還提到該國目前仍然適用之戶口制度，也常是造成就業

---

[92] 關於此點，參見 China 2017 Report, *id.*, at 131; China 2018 Report, *id.*, at 124-125; China 2019 Report, *id.*, at 143-144; 及 China 2020 Report, *id.*, at 83 之說明。

[93] 參見 China 2017 Report, *id.*, at 131; China 2018 Report, *id.*, at 124; China 2019 Report, *id.*, at 144; China 2020 Report, *id.*, at 83-85.

[94] 參見 China 2017 Report, *id.*, at 131; China 2018 Report, *id.*, at 124; China 2019 Report, *id.*, at 144; China 2020 Report, *id.*, at 84.

[95] 參見 China 2017 Report, *id.*, at 131; China 2018 Report, *id.*, at 124; China 2019 Report, *id.*, at 144; China 2020 Report, *id.*, at 84.

[96] 參見 China 2017 Report, *id.*, at 131; China 2018 Report, *id.*, at 124; China 2019 Report, *id.*, at 144; China 2020 Report, *id.*, at 85.

[97] 參見 China 2020 Report 85 (2021).

歧視情形之主要原因。根據此一制度,沒有戶籍之農民工(migrant workers),通常都無法享有一般當地居民社會保障之權利,包括:醫療服務、退休金及身心障礙方案等在內。[98]

## 六、川普政府對中國大陸可接受勞動條件問題之批判

至於在可接受勞動條件此一勞動人權方面,美國國務院在近四年所提出之報告中,一般則都是褒貶互見。舉例而言,它們曾特別指出,在中國大陸尚無全國通用之最低工資制度存在,而是由各地方政府根據人力資源及社會保障部所頒布之標準來設定,並由縣以上層級之勞動及社會保障局來負責執行。[99]目前積欠工資仍是一普遍現象,而根據法律扶助律師及政府當局之消息來源,雇主不發給工資或工資發給不足等,一直是勞動糾紛之重要原因,尤其在這幾年因金融風暴所引起出口不振,不但使得這類事件增加,而且還造成資遣員工之情形嚴重。[100]事實上,此一最新報告還特別指出,為數高達2億3,000多萬農民工所遭遇到之各項困境,尤其是未能取得城鎮地區之合法戶籍,即無法得到教育或社會保障之公共服務。[101]雖然勞動法中訂有每週工作40小時之正常工時規定,而且每週休息兩天,並對加班訂有一天不超過3小時及一個月不超過36小時之限制,但實際上能遵守者並不多見,尤其是在私部門或聘用低技術或農民工之企業。[102]同時,由於全職專業勞動檢查人員之欠缺,因此有關勞工安全衛生事項之監督執行都力有未逮,致無法達到相關國際勞動基準之要求。[103]至於在職災事故中,尤以煤礦礦坑之勞安事件最為頻繁,雖然政府已著手加以改善,而且開始大量關閉小型煤坑,但效果仍屬有限。[104]

---

[98] 參見 China 2017 Report, *id.*, at 131; China 2018 Report, *id.*, at 125; China 2019 Report, *id.*, at 144; China 2020 Report, *id.*, at 85.

[99] 關於此點,參見 China 2017 Report, *id.*, at 131-133; China 2018 Report, *id.*, at 125; China 2019 Report, *id.*, at 144-145; 及 China 2020 Report, *id.*, at 85-88 之說明。

[100] 參見 China 2017 Report, *id.*, at 132; China 2018 Report, *id.*, at 125; China 2019 Report, *id.*, at 144; China 2020 Report, *id.*, at 86-87.

[101] 參見 China 2017 Report, *id.*, at 132; China 2018 Report, *id.*, at 125; China 2019 Report, *id.*, at 144; China 2020 Report, *id.*, at 87.

[102] 參見 China 2017 Report, *id.*, at 132; China 2018 Report, *id.*, at 125; China 2019 Report, *id.*, at 144; China 2020 Report, *id.*, at 85-86.

[103] 參見 China 2017 Report, *id.*, at 133; China 2018 Report, *id.*, at 125; China 2019 Report, *id.*, at 144; China 2020 Report, *id.*, at 86-87.

[104] 參見 China 2017 Report, *id.*, at 133; China 2018 Report, *id.*, at 125; China 2019 Report, *id.*, at 144; China 2020 Report, *id.*, at 87-88.

## 七、小結

　　一般而言，根據過去四十多年之經驗，雖然歷任美國總統都會對中國大陸之勞動人權概況加以關注，但通常所能達到之效果並不彰顯。首先，以結社自由及團體協商權這類涉及集體勞資關係之規範為例，在中國共產黨一黨執政，以及將工會視為黨務機器一環之情況下，希望它從事這方面之改革，幾無成功之可能。更何況美國與中國大陸均未正式批准國際勞工組織前述之第 87 號及第 98 號公約，再加上美國本身私部門工會運動力量在近年來之衰退情形，更讓它在這方面之影響力欲振乏力。[105] 其次，在童工禁絕之問題上，由於美國與中國大陸都正式批准國際勞工組織在 1999 年所通過之第 182 號消除最惡劣形式童工勞動公約，因此美國在這類嚴重之童工問題上，可以施加壓力之空間即告增加，但鑒於美國本身之童工問題亦屬嚴重，尤其是在青少年打工問題方面，故也有「師出無名」的困擾。至於在最低僱用年齡之規範方面，由於美國政府並未正式批准聯合國之兒童權利公約，而中國大陸反而在這方面較美國為熱衷參與，因此，期待將此一最低僱用年齡提高至 18 歲，可能兩國都還有努力之空間。[106] 再者，在禁止就業歧視方面，雖然美國以本身在這方面表現遠較國際勞工組織之要求為高為理由，並未正式批准第 100 號及第 111 號公約，但它在此一部分的表現確屬突出，且成為其他國家師法學習之對象，中國大陸雖先後批准認可前述兩項重要核心公約，但整體表現尚在萌芽階段，因此，美國在這方面之實施經驗，確有甚多可供中國大陸參考之處。[107] 又者，在可接受勞動條件部分，由於工資及工時這類勞動條件都與本國之經濟情況息息相關，而美國及中國大陸正式批准認可國際勞工組織之相關國際勞動公約為數均屬有限，因此美國在這方面之影響力並不易發揮；至於在勞工安全衛生之維護等方面，兩國互動交集之可能性也並不高。[108] 最後，美國政府對中國違反強迫或強制勞動國際勞動基準之質疑，堪稱是目前最能發揮效應者，而且也容易引起國際共鳴，但川普總統卻採用國內立法之方式，單方面來對新疆此類問題加以制裁，似較偏重在國際貿易戰之課題。鑒於中國大

---

[105] 關於美國無法對其他國家在集體勞資關係勞動人權議題上發揮實質影響之說明，參見焦興鎧，〈規範集體勞資關係國際勞動基準之建構 —— 回顧與前瞻〉，載《社會公義 —— 黃越欽教授紀念論文集》，頁 421（民國 100 年）。

[106] 關於此點，參見焦興鎧，〈美國與國際童工問題之禁絕〉，《中華國際法與超國界法評論》，第 2 卷第 2 期，頁 437-442（民國 95 年 7 月）。

[107] 關於此點，參見焦興鎧，〈工作平等權國際勞動基準之建構〉，《中華國際法與超國界法評論》，第 3 卷第 2 期，頁 406-409（民國 96 年 12 月）。

[108] 事實上，各國規範勞工安全衛生事項之談判，通常都屬單純之國內之所謂「公益勞動法」（public-interest labor law）性質，跨境適用之可能性偏低，從而，美國希望其他國家保護它們本身之勞工，能在符合安全衛生之工作環境下工作，充其量僅具有道德勸說之效力而已。

陸不太可能在新疆問題上做出任何讓步，藉以避免臺獨、藏獨，甚至港獨之爭議發燒，川普總統前述所採取之制裁作為，能否產生應有之效果，都值得進一步觀察。[109] 至於美國政府利用多邊自由貿易協定之勞工權利專章來施壓之舉，已因川普總統執意片面退出跨太平洋夥伴協定而喪失機會，況且中國大陸透過它的「一帶一路」倡議，設法降低美國在國際供應鏈上所發揮之影響力，而它成功參與區域全面經濟夥伴協定（Regional Comprehensive Economic Partnership, RCEP）之談判，幾乎已完全擺脫勞動議題之干擾，也讓美國藉由此一途徑來促成它的勞動法制及措施改革之機會完全消失。[110] 從而，在這種情形下，川普總統四年執政期間之勞動政策，不論是涉及國內或國際者，對中國大陸之影響力實屬相當有限，後者是否能在這方面從事更進一步之改革，它國內之政治、經濟及社會因素等，反而可能要扮演更重要之角色。

## 伍、川普政府勞動政策對我國之影響（2017-2021）

### 一、美國政府對我國勞動人權概況早期之批判

本文此一部分將沿用前揭第肆部分之方式，首先簡要說明美國政府早期對我國勞工權利概況所做之評述。然後再論及川普總統在他四年任期內，對我國在推動國際核心勞動基準所做努力之各種正反意見。最後則是在小結中指出，由於我國目前積極參與前述跨太平洋夥伴全面進步協定之第二輪談判，而且也希望與美國簽訂雙邊之自由貿易協定，雖然它已不是前一多邊自由貿易協定之會員國，但仍有一定之實質影響力；況且未來在與美國談判洽簽雙邊之自由貿易協定時，來自它要求我國更進一步改革本身內部勞動法制及措施之壓力勢必更大，尤其民主黨籍拜登總統上任後，對這方面之要求將更會有增無減，因此針對川普政府在這些報告中所指陳出之各項缺失，我國自仍不應掉以輕心。

---

[109] 在拜登總統上任後，對新疆強迫或強制勞動問題之關注程度，要較川普總統更為積極，而在2021年進一步制定防制維吾爾強迫勞動法（Uyghur Forced Labor Prevention Act of 2021），所採取之制裁手段，要較川普政府前述2020年維吾爾人權政策法所實施者更為全面，日後將另以專文說明，茲不贅述。

[110] 事實上，拜登政府上任後，已決定重新加入跨太平洋夥伴全面進步協定，從而美國政府對此一多邊自由貿易協定勞工專章之實際執行，勢必會與歐巴馬總統行政當局時期一樣，採取更積極推動之立場。

　　一般而言，美國政府在早期對臺灣勞動人權之評估，一直是採取褒貶互見之立場，雖然這些官方報告對臺灣 1984 年勞動基準法之實施，已大幅提升本地勞動者一般勞動條件一事，曾予以高度肯定，[111] 且也認為九年國民義務教育之推動，讓臺灣之童工問題減少至非常低之程度。[112] 同時，它對臺灣勞工安全衛生法之全面修正也曾加以肯定。[113] 此外，美國政府早期也認為，臺灣在解嚴後設置行政院勞工委員會來負責勞動行政事務，並在日後規劃將其位階提升至勞動部一事，也有助於勞動者基本人權及一般福祉保障之強化。[114] 然而，美國官方在相關之報告中，也特別對臺灣規範集體勞資關係法制不健全之情形，持續表達不滿之意，尤其是限制公務員及教育事業人員組織工會，以及對罷工權行使之剝奪等。[115] 至於團體協約締結數量之嚴重不足，也一直是它所持續關注之重點。同時，雖然這些早期報告肯定臺灣禁止強迫或強制勞動之相關作為，但卻將逼良為娼，尤其是原住民之雛妓問題，列為是臺灣未能完全根絕強迫勞動問題。[116] 最後，這些早期之官方報告也特別指出，對非法外籍勞工及大陸勞工勞動條件之剝削及基本人權之侵害等，已成為臺灣勞動人權問題之新興爭議，而亟有待進一步加以改善及設法解決。[117]

## 二、川普政府對我國結社自由及團體協商權之批判

　　一般而言，在涉及集體勞資關係權利之結社自由與團體協商之權利部分，川普政府在這四年之報告，大體是沿續美國過去多年之評估模式，並沒有太多之變動，但在 2020 年之最新報告中，卻有兩個新增的項目是先前所未見者。第一，是它指出根據工會法之規定，我國共有三種型態之工會，即：企業工會、產業工會及職業工會。它特別指出在企業工會方面，最少 30 人以上之門檻，造成 78.2% 中小型企業之受僱者難以組成工會。至於產業工會則是結合相同產業內所組織之工會。在此值得一提者是，它指出雖然職業工會受限於同一直轄市或縣（市）為組織區域，但在團體協商方面，卻逐漸發揮相當之影響力，該報告特別強調，在 2016 年 6 月華航空服員之罷工，即是由桃園空服員

---

[111] 關於此點，參見焦興鎧，〈美國政府對臺海兩岸勞工權利概況之評估：1990-1991〉，載同作者，前揭註 9 書，頁 413-414 及 421。
[112] 同前註，頁 413 及 420。
[113] 同前註，頁 415。
[114] 同前註。
[115] 同前註，頁 416-420。
[116] 同前註，頁 420-421。
[117] 同前註，頁 421-422。

職業工會所成功主導，而並非華航本身之企業工會。[118] 第二，該報告還強調，由於僱用 30 人以下企業之受僱者，僅能參加職業工會或產業工會，因此臺灣之工會組成率（labor union density）僅有 5.8% 而已，遠低於經濟合作暨發展組織（Organization for Economic Cooperation and Development, OECD）平均之 16%，在我國正準備以「已開發國家」資格參與世界貿易組織活動呼聲高唱入雲之際，美國國務院此一報告所呈現之數據，即值得密切加以注意。[119]

## 三、川普政府對我國強迫或強制勞動問題之批判

根據川普總統在 2017 年至 2020 年所提出四個相關我國勞動人權概況之報告（美國國務院《各國人權報告》），對臺灣剷除強迫或強制勞動之努力，幾乎完全是採取正面看待之立場，而且四年來所使用之用語都完全相同，僅在不同之年分呈現不同之相關數據而已，足見此一課題在我國勞動人權之處理上，已獲得相當程度之解決。尤其，美國國務院近年來對我國在與此一基本勞動人權息息相關之人口販運問題，也一直評等為執行最力之第一級國家，更讓我國在這方面之表現值得稱許。[120] 它們都提到勞動基準法禁止強迫或強制勞動之規定，並對違反者科以刑責，雖然法院相關判決之罰則通常不高，但如涉及綁架等嚴重犯罪行為時，則刑責通常都會很重。同時，這些報告也提及臺灣政府在促進一般大眾認知覺醒（public awareness）之各種努力，尤其是將這類勞力販運問題視為是一種廣義之人權問題之作為。[121] 然而，這些報告也語重心長提出在外籍勞工部分，特別是在家事服務、漁業、農業、製造業、肉品加工及營造業等，這類勞動問題依然存在，尤其以遠洋漁船虐待外籍漁工之情形更是值得重視。[122]

---

[118] 關於此點，參見 Bureau of Democracy, Human Rights and Labor, Department of State, Country Reports on Human Rights Practices (hereinafter Taiwan 2020 Human Rights Report) 17 (2021).

[119] Id.

[120] 關於此點，參見 Department of State, Taiwan 2017 Report 18 (2018); Taiwan 2018 Report 20-21 (2019); Taiwan 2019 Report 20 (2020); 及 Taiwan 2020 Report 19-20 (2021) 之相關說明。

[121] Taiwan 2017 Report, *id.*, at 18; Taiwan 2018 Report, *id.*, at 20; Taiwan 2019 Report, *id.*, at 20 (2020); Taiwan 2020 Report, *id.*, at 20.

[122] Taiwan 2017 Report, *id.*, at 18; Taiwan 2018 Report, *id.*, at 20; Taiwan 2019 Report, *id.*, at 20; Taiwan 2020 Report, *id.*, at 20.

## 四、川普政府對我國禁止童工及最低僱用年齡問題之批判

如前所述，美國政府對我國禁絕童工問題，以及提高最低僱用年齡之努力，已逐漸由早期之質疑批判，轉而認為透過各種之努力，已足以成為其他開發中國家在這方面之楷模，從而關於我國實踐此一核心國際勞動基準說明之篇幅，也呈逐年減少之情形。事實上，川普政府在這四年之相關報告中，對我國此一勞動人權概況之評述，通常僅以兩段話即帶過，而且所使用之文字居然完全一致，足見我國在這方面之表現確屬符合國際之要求。根據前述四份報告，都提及根據勞動基準法之規定，我國最低僱用年齡為 15 歲，但如當事人國中畢業，且主管機關認定所從事工作對他（她）們之身心健康無妨時，此一年齡可降至 15 歲以下。同時，此法也禁止 18 歲以下之人從事粗重或危險性之工作。此外，在童工之工時部分，一天不得超過 8 小時，而且也不能加班或從事夜間工作，至於所謂最惡劣型態之童工，也是法律所全面嚴禁者。[123] 最後，這些報告還提及由於義務教育之有效執行，各地方政府執行最低僱用年齡之相關規定都非常確實，違反之雇主會被科以刑罰及罰金，而在涉及嚴重犯罪諸如綁架之情形，則罰則可能會更重。在此值得注意者是，根據 2017 年之第一份報告及 2018 年之第二份報告，川普政府均曾提到在臺灣仍有不少利用兒童從事剝削性商業活動之情形，但在後兩年則未曾列出。[124]

## 五、川普政府對我國就業歧視問題之批判

美國政府在川普總統任內所提出之年度國家報告中，美國國務院在就業與職業之相關歧視部分，對我國甚多之相關法制及措施，均是給予非常肯定之評價。舉例而言，雖然它指出本地之人權團體認為，有許多未舉發之就業歧視案例，是因為受僱者憚於雇主報復之緣故，但行政當局執行禁止就業歧視法律非常有效，被害人可向地方政府所設之就業歧視評議委員會或性別工作平等會提出申訴，而由這些獨立之專家委員會進行調查，雇主如有不服，則可向勞動部或行政法院請求救濟。[125] 同時，相關法律亦禁止雇主要求求職人提出未染 HIV 或其他傳染病之醫療報告，然而亦有某些相關報告指出，

---

[123] 關於此點，參見 Taiwan 2017 Report, *id.*, at 18-19; Taiwan 2018 Report, *id.*, at 21; Taiwan 2019 Report, *id.*, at 20-21; 及 Taiwan 2020 Report, *id.*, at 20-21 之說明。

[124] 關於此點，參見 Taiwan 2017 Report, *id.*, at 18; Taiwan 2018 Report, *id.*, at 21 之說明。

[125] 關於此點，參見 Taiwan 2017 Report, *id.*, at 19-20; Taiwan 2018 Report, *id.*, at 21-22; Taiwan 2019 Report, *id.*, at 21-22; 及 Taiwan 2020 Report, *id.*, at 21-22 之說明。

身心障礙者及呈 HIV 陽性反應者，仍會遭到就業歧視之困難。[126] 此外，相關法律要求公部門必須定額僱用 3% 之身心障礙者，而在私部門則是 1%，然而，根據勞動部本身之相關報告，身心障礙者之失業率，仍是一般人之三倍以上，而本地之非營利組織也指出，公私部門仍有寧願繳交罰鍰，而不遵守這些僱用配額規定之情形。[127] 事實上，身心障礙者還會在應徵求職程序時，遭遇間接歧視（indirect discrimination）之困境，因雇主未能在就業前測試時提供輔具。[128] 至於在較易發生之性別歧視方面，該報告也指出女性在升遷方面機會通常較少，且較未能擔任管理經營之職務。雖然相關法律要求同工同酬甚至同值同酬，但以 2015 年為例，女性之平均薪資約為男性 83%。此外，根據勞動部 2019 年 3 月之一項相關報告，約有 3.5% 女性遭到職場性騷擾，而有 80% 以上並未提出申訴。同時，性別工作平等法之相關規定，也禁止雇主因女性受僱者懷孕或結婚而予以解僱。[129]

## 六、川普政府對我國可接受勞動條件問題之批判

與過去國務院勞動人權報告中對可接受勞動條件項目均詳加說明之情形相較，川普政府在這四年之報告卻顯得非常簡潔，主要是歐巴馬行政當局在提出 2016 年報告時，適值當時我國勞動基準法「一例一休」之爭議浮現，而不得不大篇幅加以說明。一般而言，根據 2020 年最後一份報告此一項目中，它仍然呈現臺灣工資及工時之發展近況，而同時也老生常談指出，由於勞動檢查員仍嚴重不足，因此對違反工資及工時之雇主，並無法發揮嚇阻之作用。至於在外籍勞工勞動條件之保障部分，此一報告亦指出，雖有些改革措施採行，諸如取消他（她）們每三年在取得再聘僱合約前必須離境之要求、設置庇護所以供受虐外勞有暫時棲息之所、建構申訴及協助之熱線、設立對剛到達外勞提供簡報之服務中心、建構外勞直接僱用服務中心，以及允許外勞自願轉換雇主等，但在臺灣將近 70 萬之外勞（其中約 24 萬為看護工及幫傭），仍然很容易遭到剝削，其中尤以遠洋漁船上之外籍漁工處境最為困難，成為臺灣國際勞工聯盟及其他人權團體關注之對象。至於對仲介公司之檢查及管制，雖然相關法規訂有詳細之規定，但由於外籍看護

---

[126] Taiwan 2017 Report, *id.*, at 19; Taiwan 2018 Report, *id.*, at 21-22; Taiwan 2019 Report, *id.*, at 21; Taiwan 2020 Report, *id.*, at 21.

[127] Taiwan 2017 Report, *id.*, at 19; Taiwan 2018 Report, *id.*, at 21; Taiwan 2019 Report, *id.*, at 21; Taiwan 2020 Report, *id.*, at 21.

[128] Taiwan 2017 Report, *id.*, at 19; Taiwan 2018 Report, *id.*, at 22; Taiwan 2019 Report, *id.*, at 21; Taiwan 2020 Report, id., at 21.

[129] 關於此點，參見 Taiwan 2020 Report, id., at 21 之說明。

工及幫傭等並非勞動基準法之保護對象，因此在最低工資、加班工資、休息時間及其他變相之收費方面，常都會有「投訴無門」之窘境。[130]

## 七、小結

綜觀川普政府任期四年內對我國勞動人權概況之批判，可以看出首先在結社自由及團體協商權部分，仍有極大之努力空間，而它們所提出我國集體勞資關係法制及措施之諸項缺點，其實都是該國在過去四十多年來所一再指陳者，足見我國勞動三法在 2010 年大幅修正後，雖然已有某種程度之改善，但確實仍有許多沉痾亟待匡正。目前在經濟全球化及區域整合之趨勢下，世界各國私部門之集體勞資關係及勞工運動大多難以倖免，都會遭到各種負面之衝擊，甚至連工業先進國家更是如此，尤其美國近年來之衰微情形更是驚人，如今對我國之相關作為反倒有所責難，頗令人有「師出無名」之感。然而，由此次新冠肺炎疫情對全世界勞動市場及勞動權益所帶來之負面影響可以發現，健全之社會對話機制，確實是透過勞、資、政三方合作與協力，來渡過此類難關之最佳工具，而工會組織所扮演之角色實是不能忽視，更何況由此次疫情所暴露出就業安全不受保障、所得分配不均及社會保障不足各種後遺症，更突顯此類代表勞工大眾權益中介團體存在之重要性。[131] 雖然以目前全球之政經氛圍，希冀以傳統工業為主流而設計之勞工組織，來維護現在以服務業為骨幹受僱者之基本人權及一般福祉，似有「時不我與」之感，但在尚無法找出其他適當之替代機制前，如何進一步強化及改革我國集體勞資關係中勞動三權之機制及運作，仍是必須嚴肅面對者，而美國政府在這些報告中所提出之各項針砭，可說仍有甚多參考攻錯之價值。

其次，川普政府前述對我國所提出有關強迫或強制勞動問題之質疑，尤其是有關苛待外籍勞工之各種責難，對我國以「人權立國」為目標之國際形象，確實會造成極大之負面影響。我國目前人口急速老化，在機構式養老安排尚未被國人所普遍接受前，對家庭照護外籍勞工之需求只會益形迫切，而傳統產業外籍勞工之引進，更是目前傳統製造業及營建業所不可或缺者。事實上，現在甚至連第一級產業之農、林、漁、牧業等，也都有同樣之需求，且由這次新冠肺炎疫情更可看出，在少子化之趨勢下，為數 70 多萬之外籍勞工，將來勢必成為我國更重要的勞動力來源之一。雖然美國政府之相關報告在

---

[130] 關於美國政府對外籍勞工在臺灣勞動權益受損之情形，以及我國政府相關改革作為之看法，參見 Taiwan 2020 Report, *id.*, at 22-25 之說明。

[131] 關於此點，參見焦興鎧，〈國際組織因應嚴重特殊傳染性肺炎之勞工保護與就業政策倡議及對我國之啟示〉，《臺灣勞工》，第 64 期，頁 64（2020 年 12 月）。

這方面僅作寥寥數語之宣示性說明，但未來應如何建構一套有效率而兼顧保障人權及人性尊嚴之外籍勞工制度，實是值得深思者。[132] 再者，雖然川普總統對我國童工及最低僱用年齡問題，並沒有做過多之著墨，但由於此類問題在國際上，已逐漸與前述禁止強迫或強制勞動之課題結合，且也涉及愈來愈引人矚目之人口販運問題，因此我國即不應以此自滿，反而應更進一步藉由批准認可聯合國兒童權利公約之契機，將此一公約有關勞動部分內國法化，藉此讓我國在這方面得以與國際之發展趨勢相接軌。[133] 次者，雖然我國在禁止就業歧視方面之表現，有些部分甚至還會超過美國，但不容諱言在執行面仍有甚多需改善之處，尤其對某些新興之就業歧視態樣，諸如就業上基因資訊歧視（genetic information discrimination）等，雖然川普政府在相關報告中並未提及，但由此次新冠肺炎疫情對工作場所所產生之各類衝擊，美國平等就業機會委員會在過去幾年處理相關申訴案件之經驗，即甚有參考攻錯之價值。[134] 最後，雖然美國政府前述「可接受勞動條件」之要求，並非國際勞工組織所倡議之核心國際勞動基準，而且在它過去百年所通過多達 190 項之相關國際勞動公約中，也甚難挑選出具有普世價值者，但既然美國政府堅持要加入此項國際勞動基準，且其中所包含工資、工時及職業安全衛生等事項，也確與勞動者之基本人權及一般福祉息息相關，我國目前既已決定對勞動基準法做進一步之修正，川普總統過去對我國在這方面之期許，自然也應一併列入考量。[135]

## 陸、我國所應採取之因應措施

　　本文此一部分將先說明在經過近四十多年之努力後，如何在國際經貿關係因經濟全球化及區域整合影響下日趨活絡之際，特別建構一套核心之國際勞動基準之努力，俾讓全世界勞動者均能合理共享這些成果，已經逐漸形成共識。雖然透過某些多邊之安排，諸如在世界貿易組織體系下，來達成此一目標，在目前似未能奏效，但經由歐洲聯盟及跨太平洋夥伴全面進步協定對勞工這類社會性議題之重視，確實已奠定相當堅實之基

---

[132] 關於早期之說明，參見焦興鎧，〈規範外籍勞工國際勞動基準之發展趨勢 —— 兼論對我國之影響〉，《月旦法學雜誌》，第 90 期，頁 217-219，足見此一問題迄今尚未獲得較好之解決。

[133] 關於此點，參見焦興鎧，前揭註 106 文，頁 442-445。

[134] 關於此點，參見焦興鎧，〈工作場所基因歧視在美國所引起之勞動法爭議〉，《經社法制論叢》，第 40 期，頁 32-35（民國 96 年 7 月）。

[135] 關於此點，參見焦興鎧，〈國際勞動基準對我國勞動基準法之影響〉，臺灣勞動法學會主編，《勞動基準法釋義 —— 邁向四十週年》，即將出版，頁數未定（本文原稿現保存在作者個人檔案中）。

礎。更重要的是，美國政府挾其雄厚之國力，運用洽簽談判雙邊自由貿易協定之契機，或甚至採取以國內相關立法來單方施壓之手段，更讓第三世界開發中國家過去抗拒這類改革之阻力大為減少，而事實上有些國家順勢對本身之勞動法制及措施進行相關改革，確實能達到社會安定及所得分配公平之正面效果（我國即是適例）。在這種情形下，國際勞工組織過去百年來所通過之八項核心勞動公約，可說已由所謂「軟法」（soft law）僅具宣示意義之性質，逐漸進化為具有執行力之國際勞動法規範。我國既以參與國際社會為施政主軸，且對外貿易依存度高，自應以更積極正面之態度來加以因應。然後，本部分將以三個階段為期，提出我國所應採取更進一步之相關改革措施及作為，由於這些因應不但有助於本身勞工基本人權及一般福祉之提升，而且如能獲致一定之成果，則更能突顯在國際社會排除臺灣這種「模範生」之不公不義現象。同時，也得以引領同文同種之對岸中國大陸從事相關之改革，來共創多贏之局面，堪稱實是一兼得數利之舉。

## 一、我國應支持建構核心國際勞動基準努力之必要性

在 1980 年代初期，已開發國家諸如美國、歐洲聯盟會員國及北歐諸國等，希望透過國際經貿活動來推展勞動人權之倡議，經常引起開發中國家之疑慮，而紛紛提出各種異議，諸如這些附加勞工權利條款之措施，等於是一種變相之貿易保護主義（protectionism in disguise），與世界貿易組織所揭櫫之貿易自由原則相違背；已開發國家一再指控它們所採行所謂「不公平勞動措施」，在國際上目前尚無共識存在，而應透過外交途徑來審視處理；任何國家之勞動問題，尤其是涉及集體勞資關係者，往往涉及主權問題，任何具民族意識之國家，都不會允許外國政府強力介入，藉以從事社會改造；以及這些由國內勞動措施所引發之國際貿易或投資糾紛，最好是透過世界貿易組織之爭端解決機制來處理，任何單方或雙邊之相關作為常易惡化成報復制裁，反而更難獲得合理解決。這些政府意見在中國大陸、印度及馬來西亞等國之支持下，確實成為冷戰結束後，由東西軍事對抗演變成南北經貿摩擦之重要課題。[136] 所幸經過國際勞工組織等長期努力、多國籍公司在供應鏈採行之相關改革，以及透過多邊方式來處理這類問題逐漸失靈之趨勢下，先前這反對之聲浪及力道均已逐漸減弱。雖然在川普總統四年執政期間，他的國內或國際勞動政策都相當乏善可陳，但美國政府挾其雄厚之經貿實力，在此一國際勞動市場之急遽轉型過程中，仍然扮演極為重要之角色，雖然它的國際勞動政策或中國大陸影響有限，但對我國而言，在勞動法制之措施方面從事更進一步之因應與改革，可說已是必須加速進行者。

---

[136] 關於此點，參見焦興鎧，前揭註 43 文，頁 530-531。

　　首先，國際勞工組織在 2019 年邁入百年之際，雖然對它所通過多達 190 個勞動公約及 206 個建議書所建構國際勞動法之執行效果，一直都有甚多之質疑批判，但不容諱言它自 1998 年倡導前述工作基本原則與權利宣言後，八個核心國際勞動公約所揭櫫之四項基本勞動人權，確已普遍為所有會員國所接受，而逐漸具有普世之價值。以最敏感之第 87 號結社自由及組織權保障公約為例，截至本論文初稿完成前，已有 157 個會員國批准，而另一與勞動三權息息相關之第 98 號組織權及團體協商公約，目前也有 168 個會員國加以採納。[137] 在此值得注意者，由於公部門勞動關係愈來愈受到重視，因此雖然國際勞工組織在 1978 年所通過之第 151 號公共服務勞動關係公約，並未被提升至核心勞動基準之層級，但目前也得到 57 個會員國之批准。[138] 至於在目前廣受矚目之強迫或強制勞動議題，該組織在 1930 年即已通過之第 29 號強迫勞動公約，目前已有 179 個會員國批准，而嗣後在 1957 年所通過之廢止強迫勞動公約，也得到 176 個會員國之支持。[139] 同時，由於禁絕童工問題之呼籲，在國際上較易引起共鳴，因此該組織在 1973 年所通過之第 138 號最低年齡公約，也得到 173 個會員國之正式批准。在此值得一提者是，前述 1999 年所通過之第 182 號消除最惡劣形式童工勞動公約，更得到所有 187 個會員國之全體批准，足見所受重視之程度。[140] 至於在就業歧視之禁止方面，在 1951 年通過之第 100 號男女同工同酬公約，以及在 1958 年所通過之第 111 號歧視（就業與職業）公約，也分別得到 173 個及 175 個會員國之批准。[141] 鑑於這些核心公約已得到絕大部分會員國之認同，而且也是未批准會員國所必須遵循者，它們之重要性及影響力堪稱毫無疑義。

　　其次，多國籍公司於國際供應鏈所扮演之角色，在經濟全球化及區域整合之過程中益顯重要，而它們透過各類協力或下游供應商，利用第三世界開發中國家或低度開發國家低廉之勞動力，以及寬鬆之勞動法制及措施，採取剝削之手段來謀取暴利，而產生所謂「向下沉淪」（race-to-the-bottom）之情形，一直是引人矚目之課題。所幸在聯合國本身、經濟合作暨發展組織及國際勞工組織之共同努力下，迫使這些跨國公司頒布公司行為準則，宣示會善盡它們的企業社會責任，藉以防堵前述之各種弊端，而國際勞工組

---

[137] 關於這些數字資料，參見國際勞工組織官網 https://www.ilo.org/dyn/normlex/en/f?p=1000:11001:::NO:::（最近閱覽日期：2022 年 2 月 16 日）。

[138] 同前註。此外，關於此一公約之重要內容，亦可參見焦興鎧，〈規範公部門勞動關係國際勞動基準之建構〉，《中正法學集刊》，第 36 期，頁 106-107、110-111 及 113-115（民國 101 年 10 月）。

[139] 關於這些數字資料，參見前揭註 137。

[140] 同前註。

[141] 同前註。

織前述所倡議之八個核心國際勞動基準,即是檢視它們是否遵循之最重要準繩。雖然在早期,這些行為準則或企業社會責任,通常並未被確實執行,甚至淪為公關口號,但嗣後經過人權組織、宗教及學生團體之持續努力,甚至利用美國在獨立建國階段所通過外國人侵權訴求法(Alien Tort Claims Act, ATCA)[142] 之相關規定,在聯邦地方法院向這些多國籍公司提出違反勞動人權之訴訟,對它們形成甚大之壓力,而不得不在這方面從事更進一步之變革。目前,在美國及歐洲聯盟之積極倡議下,這些由國際勞工組織所揭櫫之四項核心國際勞動基準,已經成為這些公司永續發展之重要部分,且成為所謂「全球治理」(global governance)不可或缺之一環。雖然勞動人權議題並不像環境保護那樣,因氣候變遷而在國際上受到極高度之重視,但由此次新冠肺炎疫情所造成之各種負面影響來看,透過多國籍公司來推動國際勞動基本人權,並設法提升至可以執行之國際勞動法位階,應是一必然之趨勢。[143] 在此值得注意者是,聯合國在 2011 年,又正式通過聯合國工商企業與人權指導原則(United Nations Guiding Principles on Business and Human Rights, UNGPs),共提出多達三十一項之原則,藉以杜絕在企業活動中所造成對人權產生之各類負面影響,尤其是跨國公司及其他企業,更進一步強化前述它在 1970 年代試圖制定相關行為準則之努力,而正式成為全球性揭櫫企業人權責任之倡議。我國雖非聯合國之會員國,但也能積極響應,而特別制定「臺灣企業與人權國家行動計畫」,其中特別提出多項涉及勞動基本人權之主張,在這方面之努力堪稱幾已與國際最新潮流同步,為我國日後與其他國家或經濟體談判各類自由貿易協定時,在勞動權利相關議題之折衝上,即能取得有利之基礎。[144]

最後,我國呼應美國及其他已開發國家之倡議,而將核心國際勞動基準所揭櫫之基本勞動人權概念,納入國際經貿活動不可或缺一環之相關作為,其實也非常符合自己本身之利益。我國早期為求經濟發展,對外貿易及吸引外國投資是既定國策,兼以當時仍在威權統治下,對勞工權益之保障自較不重視,尤其是對勞工運動之壓制,更讓集體

---

[142] 28 U.S.C. § 1350 (2012).

[143] 關於此點,參見焦興鎧,〈透過多國籍公司行為準則推展核心國際勞動基準之努力 —— 兼論非政府組織所扮演之角色〉,載同作者,前揭註 1 書,頁 138-139。

[144] 關於聯合國此一指導原則之全文,參見 https://www.ohchr.org/sites/default/files/documents/publications/guidingprinciplesbusinesshr_en.pdf(最近閱覽日期:2022 年 7 月 1 日),至於〈企業與人權國家行動計畫〉之全文,則可參見經濟部官網 https://www.moea.gov.tw/MNS/populace/home/Home.aspx?menu_id=238(最近閱覽日期:2022 年 7 月 1 日),此行動計畫中有關勞動部分之主張關於勞動條件之提升、安全衛生工作環境之建構、就業機會之多元與包容、勞動福利之保障及勞動權益之自由反應與表達等,其內容絕大部分均與國際勞工組織所一向倡議之核心國際勞動基準相符。

勞資關係之發展一直停滯不前。所幸經多年努力後，不論在經濟自由化、政治民主化及社會多元化等方面都能有傲人出色之表現，而成為開發中國家邁向已開發國家之楷模。更重要的是，在美國政府持續之壓力下，透過對勞工法制及措施之改革，已讓勞工階級成為社會安定之重要基石，堪稱是一非常成功之「寧靜革命」。[145] 但不容諱言在經濟全球化及區域整合之趨勢下，我國勞動政策仍面臨相當險峻之嚴格考驗，從而如何在內部提升勞動者之基本人權及一般福祉，而不致於產生所得分配不均之現象，造成社會不安之根源，以及如何重新定位我國在國際產業鏈所扮演之分工角色，藉以避免產業升級失敗、資金外流及國人工作機會流失等後果，都是應嚴肅面對者。鑑於我國特殊之國際地位，目前所能參與之多邊經貿組織，諸如世界貿易組織及亞太經合會（Asia-Pacific Economic Cooperation, APEC）等，都對勞動議題並不重視，而我國與其他友邦洽簽雙邊自由貿易協定進展也不可觀。[146] 從而，如何突破目前在國際上逐漸被孤立邊緣化之困境，且能進一步拓展對外經貿關係，最重要之關鍵應是設法參與前述多邊跨太平洋夥伴全面進步協定之第二輪談判，以及與我國關係最重要之美國洽簽雙邊之自由貿易協定。如前所述，雖然川普總統已退出跨太平洋夥伴協定，但在他前任歐巴馬總統之大力推動下，此一協定之第 19 章勞工專章，堪稱是目前所有多邊自由貿易協定中規定最為完備周全者，而跨太平洋夥伴全面進步協定又「全盤接收」前一協定之所有規定。更重要的是，根據川普總統在前述與墨西哥及加拿大所簽訂之美墨加協定，以及與韓國談判完成之美韓自由貿易協定，它們對於勞動事項之安排，也幾乎是「照單全收」美國政府先前在跨太平洋夥伴協定之相關倡議，在這種情形下，美國政府在這方面之實質影響力更是不容忽視。事實上，在川普總統執政四年期間，美國國會曾通過多項協助我國「有意義參與國際活動」之立法，[147] 雖然這些聯邦立法主要是以我國能參與世界衛生組織（World Health Organization, WHO），或國際民航組織（International Civil Aviation Organization, ICAO）之活動為主，但鑑於國際勞工組織在國際勞動事務上所扮演之角色益形重要，我國即應慎重思考如何藉由美國政府之協助，讓臺灣有參與此一國際組織相關活動之可

---

[145] 關於此點，參見焦興鎧，〈國際勞工組織之國際規範與臺灣法制〉，載社團法人台灣法學會《台灣法學新課題（十六）》，頁 64-70（2021 年 12 月）。

[146] 根據經濟部國際貿易局官方之資訊，我國目前僅與 11 國簽訂此類雙邊自由貿易協定，且多數並不屬重要國家，影響力相當有限，關於此一數據，參見經濟部國際貿易局官網 https://fta.trade.gov.tw（最近閱覽日期：2022 年 3 月 2 日）。

[147] 關於此點，參見 §4 of the Taiwan Allies International Protection and Enhancement Initiative (Taipei) Act of 2019, Public Law 116-135，此法全文可參見 U.S. Government Information 官網 https://www.govinfo.gov/content/pkg/CREC-2019-10-29/pdf/CREC-2019-10-29-pt1-PgS6254-4.pdf（最近閱覽日期：2022 年 2 月 4 日）。

能性。綜而言之，不論是希望進一步改革我國之勞動法制及措施，藉以增進臺灣勞工之基本權益及一般福祉，或是希望積極參與國際勞動事務，同時分享我國在這方面之經驗而不致被孤立邊緣化，我國在目前建構核心國際勞動基準之努力上，都應採取正面看待而全力支持之立場。[148]

## 二、我國近期所應採取之因應措施

如前所述，我國既以參加前述多邊之跨太平洋夥伴全面進步協定第二輪談判，以及與美國簽訂雙邊之自由貿易協定，作為發展對外經貿關係之最重要施政目標，對國際上所承認基本勞動人權之遵循及倡議，自應更為積極投入。目前，這些權利之清單，在經過國際社會多年之磨合後，它們的實體規範可說已經大體成形，我國除應遵循這些多邊及雙邊自由貿易協定勞工專章中明文規定之其他程序性規定，諸如：提升公眾勞工權利意識、設置聯絡點、鼓勵公共參與、舉辦合作之勞動議題對話、設置勞動事務委員會及從事勞工議題諮詢等外，目前最重要之當務之急，還是要根據前述國際勞工組織之八項核心勞動公約，來對我國現有勞動法規再做全面之檢視清點，以求能完全符合這些國際勞動基準之要求。事實上，我國自 1987 年解嚴以來所從事之幾項重大勞動法制改革措施，有許多都是朝著遵循前述國際勞動法來保障勞動人權之方向進行。舉例而言，現行勞動基準法中之男女同工同酬條款，可說已符合前述國際勞工組織第 100 號公約之規定，而就業服務法第 5 條一般就業歧視之規定，也與第 111 號公約所揭櫫之精神相呼應，至於在民國 91 年 3 月 8 日正式施行之兩性工作平等法（現已更名為性別平等工作法）中有關同工同酬、同值同酬、剷除就業上性別（或性傾向）歧視，以及防治工作場所性騷擾之條款等，更證明我國即使已非國際勞工組織之成員，但在遵循該組織所倡議這類核心勞動基準之努力上，甚至要較一般會員國還更為盡心，堪稱已屬「超前部署」之情形。[149]

至於較為具體可行之做法，首先在此一階段，我國實應針對國際勞工組織前述所通過之八項核心公約，來進一步改革我國之現行勞工法規。一般而言，自勞動基準法實施後，我國在童工及強迫性勞動之禁止兩方面，應已無太多之問題，但在就業歧視之禁止及集體勞資關係之健全發展方面，則仍有相當努力之空間。同時，由於我國係海洋國

---

[148] 關於此點，參見焦興鎧，前揭註 145 文，頁 75-77。

[149] 關於此點，參見 Cing-Kae Chiao, The Enactment of the Gender Equality in Employment Law in Taiwan: Retrospect and Prospect, 16 *Japan International Labour Law Forum Special. Series* 22-28 (2002).

家,航運及漁獲業在世界均有一席之地,從而該組織前述在 2006 年及 2007 年所通過之相關公約之規定,實亦有甚多值得參考援引之處。事實上,我國目前就業服務法及性別平等工作法之進一步修正,即是具體實施禁止就業歧視法制之明證,將來如能將此一雙軌制合而為一公平就業法,一面提升工作平等委員會之位階及賦予充分之資源,而且還將現行勞動基準法及性別平等工作法所規定之產假規定加以延長,以符合國際勞工組織前述在 2000 年所通過第 183 號母性保護公約之要求,將有助於此一新興法域之進一步發展。至於勞動三法在 2010 年 5 月之進一步修正完成,則更能洗清我國過去集體勞資關係法制一直無法健全發展之弊病,而能讓產業民主之理念得以更進一步落實。同時,目前交通部及漁業署所進行對船員及漁業勞動者之諸項改革及保護措施,也一再顯示遵循相關類似國際勞動法之國際勞動基準,不但可以與國際最新發展趨勢接軌,而且也有助於保障國內這類勞動者之基本人權及一般福祉。[150]

## 三、我國長期所應採取之因應措施

至於在長程階段,鑒於國際勞工組織在經濟全球化及區域整合過程中所扮演之角色益趨重要,而基本勞動人權之保障,也愈來愈與敏感之國家主權議題脫鉤,我國實應慎重考慮與它發展各類正式及非正式關係,一方面藉由對國內之勞動法制之改革,向全球展現在國際勞動合作事務上排除我國參與之不合理性,另一方面亦得以經由該組織所提供之各種專業技術協助,來因應前述這些變局對我國勞資關係及就業市場所產生之各種衝擊。雖然以目前國際局勢觀之,要全面重返該國際組織之可能性微乎其微,但如能透過美國政府與其他先進國家之協助及本身之努力,以某種替代性安排(如觀察員身分)來參與其相關活動,則對我國仍屬有利之舉。[151] 事實上,我國與該組織在過去一直是處於一個非常微妙之關係,雖然在大陸時期曾是它的創始會員國,但卻因當時國力不振而並未能發揮作用,直到所謂「南京十年」期間,才藉由它的協助開始建構一套現代化之勞動法體制,並批准認可多項相關之國際勞動公約,然而又因遭逢八年抗戰及國共內戰之變局,導致沒有辦法付諸實施。至政府遷臺後,雖又與它恢復聯繫,卻因嗣後喪失聯合國席次而終告關係完全斷絕,一直到 1979 年美國與我國斷交後,在卡特總統力主前

---

[150] 關於此點,參見焦興鎧,前揭註 9 文,頁 122-124。

[151] 事實上,國際勞工組織之退休(甚至現任)資深官員,近年來即經常以專家學者之身分,透過我國相關非政府組織之邀請,以專業技術合作之名義,到臺灣參加工會組織之訓練課程,而我國之工會及雇主代表,亦常有機會參與歷年國際勞工大會之活動,這是我國自 1971 年喪失聯合國席位以來甚少見者,足見雙方關係仍有進一步發展之空間。

述人權外交之積極作為下，反而讓它歷年所倡議之國際勞動規範，尤其是涉及勞工基本人權之核心國際勞動基準，成為它督促我國改革勞動法制及措施最重要之遵循依據，而讓我國與國際勞工組織重獲連結之機會，尤其是近年來為積極參與經濟全球化及區域整合之活動，更讓這些具有普世價值之核心勞動公約中所揭櫫之理念，成為我國近年來從事相關改革之最重要指導原則。在這種情形下，我國與國際勞工組織將來能發展進一步之合作關係，實已是不可避免之事實。[152] 雖然在目前之國際現實下，尤其來自對岸中國大陸之阻撓，要以會員國身分參與正式活動之機會不大，但由此次新冠肺炎疫情之發展情形可以看出，聯合國體系下之世界衛生組織，在中國大陸之壓力下，對防疫極為成功之我國無情打壓，反而成為我國爭取國際同情之利器。如果我國能善加利用積極參與區域整合，並與各重要經貿夥伴洽簽多邊及雙邊自由貿易之契機，在這些協定中所倡議應遵循並推動該組織所積極推動國際核心勞動基準之督促下，進一步改革本身之勞動法制及措施，成為這方面之模範生，而且也能順勢帶動其他開發中國家加以效尤，分享我國在這方面之經驗，則更能突顯我國雖非該組織之會員國，但在對這些核心勞動基準所揭櫫之基本勞動人權之保障上，可說要比一般會員國還要來得用心。[153]

# 柒、結論

　　在川普意外當選及就任美國第 38 任總統時，該國勞工界莫不充滿疑慮，咸認以他出身資方之背景，加上共和黨過去傳統上對勞工不友善之態度，以及整個國際及國內政經氛圍都對勞工運動不利之影響，極有可能會像 1980 年代雷根總統執政時期那樣，對美國勞動者之基本權利及一般福祉，造成萬劫不復之災難，而他在就任後不久所採取與勞動議題相關之措施，諸如對聯邦勞動事務行政機關之任命、攸關勞工運動興衰重要委員會成員之選擇，甚至連聯邦大法官遇缺補提名之人選等，幾乎清一色都是立場保守而親資者，更讓有識之士憂心忡忡。然而，在經過風波不斷之四年任期後，似乎這些先前之顧慮，並沒有想像中那麼嚴峻，最重要的是他在國內勞動政策上奉行美國優先之原則，儘量將薪資報酬較高之製造業帶回或留在美國，而積極創造就業機會來提升本國勞工之收入，並不是民主黨所慣用追求所得分配平等之作為。由於這種民粹式（populism）之做法，深符一般美國藍領勞工階級（尤其是白人）之期待，所以即使他在種族及性別之議題風波不斷，而且還面臨新冠肺炎所帶來對勞動市場之肆虐衝擊，但居然能在勞動

問題上維持一定之穩定局面。即使他的某些荒腔走板之作為，確已為美國未來政治、經濟及社會帶來分裂之危機，但他所採行之國內勞動政策，反而讓本應在此一議題上有所發揮之民主黨，幾乎毫無採取反制作為之能力，而慘淪為無助之旁觀者角色。

　　雖然川普總統之國內勞動政策並沒有太多之亮點，但他興風作浪式之外交手腕，卻讓美國在國際勞動事務上，掌握相當可觀之話語權及操作槓桿，其中最主要就是藉由他的重商主義，以及前述美國優先之理念，透過該國強大之經貿實力，將本來應由多邊主義（multi-literalism）來擔綱之國際勞動議題，轉而由美國主導施壓之雙邊主義（bi-literalism）或單方（uni-literalism）作為來進行，前述主動退出跨太平洋夥伴協定、重新談判美墨加協定，以及與韓國重新簽訂雙邊之自由貿易協定等，堪稱都出自於這種考量。然而，即使川普政府改變民主黨籍歐巴馬總統在這方面之國際勞動政策，但他在新的雙邊安排，以及以國內立法來單方面推動國際勞動政策之做法中，絲毫並沒有放鬆要求貿易對手國必須尊重核心國際勞動基準之要求，且是將原先跨太平洋夥伴協定第19章勞動專章之15條文全盤接收，僅是做極為精簡之調整而已。換言之，前任歐巴馬總統行政當局所提出以高標準來檢視勞動人權之要求，堪稱不但沒有任何弱化，而且還因為美國政府操作施壓之能力更為加強，而讓所有希望與美國洽簽此類雙邊自由貿易協定之國家，即不得不更正視自己本身勞動法制及措施之進一步改革，藉以符合美國之要求。在這種情形下，即使川普政府與國際組織之關係，並沒有任何改善之跡象，但它沿用該組織在過去百年來所通過之國際勞動公約，尤其是那些具有普世價值者，來對其他國家施壓之力道，自仍會較前任之各黨派總統來得更為強勁。

　　平心而論，川普總統所採取之勞動政策，不論是涉及國內或國際者，對海峽兩岸不可避免都會產生一定程度之影響。對中國大陸而言，由於美國優先政策之實施，勢必會與美國產生貿易摩擦，因此自2018年展開之中美貿易戰，即會間接影響雙方在勞動議題上之態度，其中美國政府對中國大陸新疆地區之強迫或強制勞動議題之關注，即是一典型透過單方國內立法之手段，來迫使貿易對手國在勞動議題上做出讓步手段之適例。至於美國國務院每年利用《各國人權概況年度報告》，對中國大陸勞動人權所做之質疑批判，隨著雙方國防、外交及經貿關係愈來愈處於競爭之狀態後，川普政府任期內最後兩年在這些議題上會更形強烈，也就絲毫不令人意外。然而，鑑於中美雙方都對積極參與世界貿易組織或亞太經合會等這類多邊組織之活動興趣不大，而兩國在近期內簽訂雙邊自由貿易協定之可能性更是微乎其微。在這種情形下，美國目前似僅能透過國內立法之手段，單方面來對中國大陸本身勞動法制及措施施加壓力，但在中國大陸國力逐漸強大，且國內政經情況愈趨獨裁之情況下，所能產生之效果應屬十分有限。

　　至於在我國方面，既以參與跨太平洋夥伴全面進步協定之第二輪談判，以及與美國洽簽雙邊之自由貿易協定，為目前最重要之施政主軸，自然更應注意來自美國這方面

之壓力。事實上，川普政府在過去四年對我國本身之勞動人權概況，並未曾做出任何過分嚴厲之質疑批判，反而因中美貿易戰及國際地緣政治之考量，採取多項對我國有利之措施，諸如支持臺灣有意義參加國際組織等。如前所述，雖然美國政府在這方面是以世界衛生組織及國際民航組織為優先，但鑒於國際勞工組織在經濟全球化及區域整合過程中，如何保障全世界勞工基本人權及一般福祉這類社會性議題之倡議及推動上，所扮演之角色益形吃重，而我國在過去四十年來在這方面之努力，正好也提供由開發中國家進步到已開發國家，並不需過分犧牲勞工權益與福祉來達成之最佳適例。事實上，就在本文之撰稿期間，中國大陸表達洽簽跨太平洋夥伴全面進步協定之意願。雖然以目前之國際局勢來看，要讓美中臺都能同時加入此一區域多邊自由貿易協定之機率不高，但從川普政府四年來對兩岸勞動人權概況之經驗來看，三方如能在國際勞動事務上「去異求同」，而在國際勞工組織之架構下改善本國勞工之基本人權及一般福祉，說不定正是達成 1919 年巴黎和會創立此一組織時，希望能解決中國勞工問題宗旨之最佳途徑！

# 參考文獻

中華人民共和國國務院新聞辦公室（2021 年 3 月 24 日）。《2020 年美國侵犯人權報告》。

焦興鎧（1995）。〈美國法上不當解雇之概念及其救濟之道〉。焦興鎧（編），《勞工法與勞工權利之保障 —— 美國勞工法論文集（一）》，頁 7-117。月旦出版社。

焦興鎧（1995）。〈美國勞工組織與政黨關係之研究〉。焦興鎧（編），《勞工法與勞工權利之保障 —— 美國勞工法論文集（一）》，頁 261-328。月旦出版社。

焦興鎧（1995）。〈美國幾項重要貿易及投資法律中有關勞工權利條款之研究〉。焦興鎧（編），《勞工法與勞工權利之保障 —— 美國勞工法論文集（一）》，頁 445-520。月旦出版社。

焦興鎧（1995）。〈美國聯邦最高法院與就業歧視問題〉。焦興鎧（編），《勞工法與勞工權利之保障 —— 美國勞工法論文集（一）》，頁 329-388。月旦出版社。

焦興鎧（2000）。〈中共監獄勞工產品輸美所引起之爭議：1990-1994〉。焦興鎧（編），《勞工法論叢（一）》，頁 451-545。元照。

焦興鎧（2000）。〈美國政府對中共勞工法制之批判：1979-1989〉。焦興鎧（編），《勞工法論叢（一）》，頁 363-397。元照。

焦興鎧（2000）。〈美國政府對臺海兩岸勞工權利概況之評估：1990-1991〉。焦興鎧（編），《勞工法論叢（一）》，頁 399-449。元照。

焦興鎧（2002）。〈規範外籍勞工國際勞動基準之發展趨勢 —— 兼論對我國之影響〉，《月旦法學雜誌》，90：205-221。

焦興鎧（2006）。〈美國利用國際經貿活動推展勞動人權之研究〉。焦興鎧（編），《國際勞動基準之建構》，頁 489-557。中央研究院歐美研究所。

焦興鎧（2006）。〈美國與國際童工問題之禁絕〉，《中華國際法與超國界法評論》，2，2：393-446。

焦興鎧（2006）。〈國際勞工組織重要公約及核心勞動基準之研究〉。焦興鎧（編），《國際勞動基準之建構》，頁 45-107。中央研究院歐美研究所。

焦興鎧（2006）。〈透過多國籍公司行為準則推展核心國際勞動基準之努力 —— 兼論非政府組織所扮演之角色〉。焦興鎧（編），《國際勞動基準之建構》，頁 109-152。中央研究院歐美研究所。

焦興鎧（2006）。〈論歐洲聯盟勞工及勞資關係法制之建構〉。焦興鎧（編），《國際勞動基準之建構》，頁 249-308。中央研究院歐美研究所。

焦興鎧（2006）。《國際勞動基準之建構》。新學林。

焦興鎧（2007）。〈工作平等權國際勞動基準之建構〉，《中華國際法與超國界法評論》，3，2：367-417。

焦興鎧（2007）。〈工作場所基因歧視在美國所引起之勞動法爭議〉，《經社法制論叢》，40：1-38。

焦興鎧（2010）。〈柯林頓總統與美國 1993 年至 2000 年勞工法制之改革〉，《就業與勞動關係季刊》，2：2-35。

焦興鎧（2011）。〈規範集體勞動關係勞動基準之建構 —— 回顧與前瞻〉。Gustav Wachter（編），《社會公義 —— 黃越欽教授紀念論文集》，頁399-441。元照。

焦興鎧（2012）。〈規範公部門勞動關係國際勞動基準之建構〉，《中正法學集刊》，36：95-135。

焦興鎧（2013）。〈美國集體勞資關係法制之困境及相關改革倡議之研究〉。黃昭元（編），《法治的傳承與永續：第一屆翁岳生教授公法學研討會論文集》，頁169-238。新學林。

焦興鎧（2014）。〈美國政府對臺海兩岸勞動人權概況之近期評估：2000-2011〉。裘兆琳（編），《中美關係專題研究：2009-2011》，頁155-186。中央研究院歐美研究所。

焦興鎧（2015）。〈就業歧視爭議中禁止雇主報復規範在美國之最新發展 —— 聯邦最高法院在 Southwest Medical Center v. Nassar 一案判決之評析〉。黃昭元（編），《美國最高法院重要判決之研究：2010-2013》，頁1-42。新學林。

焦興鎧（2016年12月12日）。〈對歐巴馬政府勞動法制改革作為之評析〉，論文發表於中央研究院歐美研究所主辦「歐巴馬第二任美中臺關係與未來美臺新政府之展望」學術研討會。本論文現保存在作者個人檔案中。

焦興鎧（2017）。〈國際勞動法之建構與發展〉，《勞資關係論叢》，19，2：1-38。

焦興鎧（2018）。〈美國在跨太平洋夥伴協定中對勞工權利條款立場分析及對我國之影響〉，《歐美研究》，48，1：73-138。

焦興鎧（2020）。〈國際組織因應嚴重特殊傳染性肺炎之勞工保護與就業政策倡議及對我國之啟示〉，《臺灣勞工》，64：4-13。

焦興鎧（2020）。〈跨太平洋夥伴全面進步協定勞工專章對臺灣之影響 —— 兼論美國立場所扮演之角色〉，《勞動及職業安全衛生研究季刊》，28，4：70-92。

焦興鎧（2021）。〈國際勞工組織之國際規範與臺灣法制〉。社團法人臺灣法學會（編），《臺灣法學新課題（十六）》，頁47-89。元照。

焦興鎧（2022）。〈自由貿易協定之勞工專章發展趨勢〉，《臺灣勞工》，69：4-13。

焦興鎧（即將出版）。〈國際勞動基準對我國勞動基準法之影響〉。臺灣勞動法學會（編），《勞動基準法釋議 —— 邁向四十週年》，頁數未定。本文原稿現保存在作者個人檔案中。

經濟部國際貿易局（n.d.）。〈跨太平洋全面進步夥伴協定第19勞工專章全文〉。https://cptpp.trade.gov.tw/Information/Index?source=C5ZrYbtO5PpMP%203g5qKSMw==。

Bouie, Janelle (2020, November 18). A Simple Theory of Why Trump Did Well: Elections Are Complicated But the Money the Government Sent to More Than 150 Million Americans Didn't Hurt. *The New York Times*.

Bureau of Democracy (2018-2021). *Human Rights and Labor, Department of State. Country Reports on Human Rights Practices (China 2017-2020 Human Rights Reports)*.

Chiao, Cing-Kae (2002, March). The Enactment of the Gender Equality in Employment Law in Taiwan: Retrospect and Prospect. 16 *Japan International Labour Law Forum Special Series* 1-58.

Federal Labor Relations Authority (n.d.). https://www.flra.gov.

International Labour Organization (n.d.). https://www.ilo.org/dyn/normlex/en/f?p=1000: 11001:::NO:::.

Office of the United States Trade Representative (n.d.). *Agreement between the United States of America, the United Mexican States, and Canada 7/1/20 Text*. https://ustr.gov/trade-agreements/free-trade-agreements/united-states-mexico-canada-agreement/agreement-between.

Republican National Convention (RNC) (2016). Republican Platform 2016.

Swanson, Ana (2018, July 5). Trumps Trade War Against China is Officially Underway. *The New York Times*.

The National Labor Relations Board (n.d.). https://www.nlrb.gov.

The White House (n.d.). https://www.whitehouse.gov.

Troy, Leo (1994). *The New Unionism in the New Society: Public Sector Unions in the Redistributive State*. London: George Mason University Press .

U.S. Equal Employment Opportunity Commission (n.d.). https://www.eeoc.gov/zh-hans/eeocgaishu.

U.S. Government Publishing Office (n.d.). https://www.govinfo.gov.

Uyghur Human Rights Policy Act (2020). http://clerk.house.gov./evs/2020.rikk110.xml.

Weiler, Paul. C. (1990). *Governing the Workplace: The Future of Labor and Employment Law*. Cambridge: Harvard University Press.

Weiss, Marley S. (2015). Human Trafficking and Forced Labor: A Primer. 31 *ABA Journal of Labor & Employment Law* 1-51.

World Trade Organization (n.d.). https://www.wto.org/english/news_e/news20_e/543r_e.htm.

# 附錄一

# 中文文獻

## 第一部分　蔡英文總統言論選集節錄

### 一、總統向美國新任總統川普及副總統彭思〔彭斯〕正式就職表達祝賀（民國 106 年 1 月 21 日）*

美國新任總統川普（Donald Trump）、副總統彭思〔彭斯〕（Mike Pence）於美東時間今（2017）年 1 月 20 日正式就職，總統蔡英文今天代表臺灣人民向川普總統及彭思〔彭斯〕副總統表達祝賀。

總統認為，美國是臺灣在國際上最重要的盟友，雙方在自由、民主與人權上分享共同的價值，長久以來雙方在政治、經貿、安全與文化等等領域緊密的合作，不僅累積了兩國人民深厚的友誼，對於亞太地區的和平、穩定與繁榮更有積極的貢獻。總統期待未來美國新政府在川普總統帶領下，臺美關係能在既有良好的基礎上有更進一步的發展與合作，對兩國乃至於國際社會能有更多的助益。

### 二、總統接見「美國在臺協會（AIT）」主席莫健（民國 106 年 4 月 28 日）*

蔡英文總統今（28）日上午接見美國在臺協會（AIT）主席莫健（James Moriarty），期待透過臺美交流與合作，拓展國際空間，莫健主席也肯定臺灣於醫療專業領域上對國際社會的貢獻，支持臺灣以觀察員身分參與世界衛生大會（WHA）。

總統致詞時表示，莫健主席於去（2016）年 10 月接任 AIT 主席不久，即來臺訪問。今（2017）年 1 月，她出訪（中美洲）過境美國休士頓及舊金山期間，莫健主席也特地前來接待跟陪同，這代表著美國對臺灣最有力、也最堅定的情誼，她要感謝美方的協助與禮遇。

---

\* 　資料來源：中華民國總統府，〈https://www.president.gov.tw/NEWS/21061〉。
\* 　資料來源：中華民國總統府，〈https://www.president.gov.tw/NEWS/21261〉。

　　總統指出，今年是《臺灣關係法》立法 38 週年。長久以來，美國一直是臺灣最重要的夥伴。美方不只在「川習會」前，三度重申《臺灣關係法》，美國國務卿提勒森也在參議院的任命聽證會上，重申美國信守《臺灣關係法》及「六項保證」，展現美國新政府對臺美關係的重視。

　　總統進一步表示，美國政府也長期支持臺灣的國際空間及對國際社會有意義的貢獻。莫健主席本週在臺美「全球合作暨訓練架構」（GCTF）公衛研習營也特別提到，美國期盼臺灣繼續參與「世界衛生大會」。

　　總統說，美國和其他理念相近國家，協助及支持臺灣參與世界衛生大會，是對臺灣國際醫療貢獻的最大肯定，也再次證明，臺灣是國際社會不可或缺的夥伴。她也要再次強調，「醫療無國界，參與世界衛生大會攸關國人的健康權益，不應該受到任何理由的剝奪。」

　　總統表示，期待臺美雙方能在既有的雙邊及多邊架構下，加強在反恐、公共衛生、數位經濟、人道救援及婦女賦權等領域的合作。去年底，臺美在秘魯 APEC 峰會上，共同宣布要成立「APEC 婦女與經濟子基金」，就是最好的合作範例。相信在臺美夥伴關係的基礎上，一定能夠為國際社會做出更多貢獻。

　　談及提升臺美關係，總統期盼未來臺美間能夠持續強化「升級版」夥伴關係，包括更具策略性的區域安全合作、更廣泛的經貿往來，以及更堅實的互信合作。

　　總統進一步指出，在確保區域和平及集體安全上，臺灣已經準備好扮演更積極的角色，包括積極響應美國在中東地區的人道援助、加強對國防投資，並與美國國防產業合作，以及啟動潛艦國造計畫。在這個過程中，我政府也會加強和美國政府及相關產業的合作關係。同時，對於美國政府的經貿新政，臺灣也已著手準備，期盼未來能以政策及策略合作夥伴的思維，致力建構臺美關係的全新架構。

　　總統提及，臺灣也將派出有史以來最大的代表團，參與在華盛頓舉行的「選擇美國投資高峰論壇」，並且在今年 9 月籌組農業友好訪問團。期盼透過彼此努力，讓臺美經貿關係越來越緊密。

　　總統也相信在莫健主席的協助下，臺美之間的對話會更順暢、更有建設性，也能夠推動更多的合作計畫，持續深化兩國夥伴關係。

　　隨後，莫健主席致詞表示，很高興自擔任美國在臺協會主席一職以來，第二次來臺訪問，並有機會能重申美國對於臺灣的承諾。臺美關係在歷任美國政府，不管歷經哪一個政黨執政，均基於《臺灣關係法》與彼此共享的價值，讓雙方始終維持堅定且良好的友誼。

　　莫健主席指出，近年來，美方也很高興能強化及提升雙方合作的層級，並透過與臺灣各種的研習合作，讓全世界各地的官員及專家，能夠來到臺灣並且向臺灣學習，像是本週臺美合作舉辦的「公共衛生研習營」，即展現了臺灣在預防與管理全球防疫工作的專業能力。

　　莫健主席也提到，美國肯定臺灣在全球衛生議題上所展現的領導能力，強力支持臺灣以觀察員的身分參與世界衛生大會，讓臺灣能再次於國際上展現專業能力，並對國際醫療衛生有所貢獻。

　　訪賓一行由外交部次長李澄然、「美國在臺協會」臺北辦事處處長梅健華（Kin Moy）及北美事務協調委員會主任委員陶儀芬陪同，前來總統府晉見總統，國家安全會議秘書長吳釗燮也在座。

## 三、總統接見「美國聯邦參議院外交委員會亞太小組主席賈德納訪問團」（民國 106 年 5 月 30 日）*

　　蔡英文總統今日上午接見「美國聯邦參議院外交委員會亞太小組主席賈德納（Cory Gardner）訪問團」，除感謝賈德納主席長期以來在美國國會持續展現對臺灣的堅定支持與協助，並盼美方持續信守《臺灣關係法》及「六項保證」對臺灣的承諾，進一步深化臺美策略夥伴關係，也相信臺美間充滿許多合作機會。

　　總統致詞時表示，賈德納主席自 2016 年 6 月訪臺後，很高興今天能再次與他在總統府見面交流。她想藉由此次機會，特別感謝賈德納主席在美國國會持續展現對臺灣的堅定支持與協助。

　　總統提到，今年 1 月，她出訪過境美國舊金山期間，曾與賈德納主席通電話。當時賈德納主席說，他於國務卿任命聽證會上，針對臺美關係提問時，獲得當時的準國務卿提勒森（Rex Wayne Tillerson）當場公開重申美國依據《臺灣關係法》及「六項保證」等對臺承諾不變。

　　總統指出，賈德納主席長期以來在許多議題上都為臺灣發聲，包括去年提出支持臺灣成為「國際刑警組織」（INTERPOL）觀察員的法案，並協助促成國會兩院一致通過。而 5 月初，也公開發表聲明支持臺灣參與世界衛生大會（WHA）。對於賈德納主席的大力支持，總統再度重申謝忱。

---

* 資料來源：中華民國總統府，〈https://www.president.gov.tw/NEWS/21377〉。

　　總統指出，自川普總統上任以來，臺美關係持續朝正向發展。在安全方面，雙方也都積極合作。今年3月，美國國務院舉辦「全球反制伊斯蘭國聯盟」部長級會議，我國駐美代表處高碩泰大使也率團出席，並宣布臺灣將捐助資金和器材用於伊拉克的掃雷行動。

　　總統也感謝賈德納主席提出「亞洲再保證倡議法案」，以強化美國對亞太盟友的安全承諾和合作關係。她期待未來臺美可以進一步合作並深化夥伴關係。

　　談及美國對臺軍售，總統指出，臺灣期盼能與美方進行更密集的協商和討論。過去美國持續出售臺灣防禦性武器，有助於維持兩岸的和平及穩定，不僅對臺灣有益，更嘉惠美國和其他理念相近的國家。

　　總統說，我國也希望跟美國政府展開洽簽公平雙邊貿易協定的討論。她有信心，只要透過合作，可以共同推動臺美兩國的產業發展。同時，也期盼美國政府持續信守依據《臺灣關係法》及「六項保證」的對臺安全承諾，這些安全承諾也在去年共和黨全國黨代表大會上獲得確認並納入黨綱。

　　總統認為，臺美夥伴關係充滿許多的合作機會，希望賈德納主席能持續支持臺灣，並代她向川普總統及彭斯副總統致意。

　　賈德納主席特別在致詞中感謝蔡總統能在就職一周年的期間再度與他會面，臺灣是美國相當重要的盟友，他非常期待臺美的夥伴關係能夠持續穩定成長。賈德納主席也提到，他將於「亞洲再保證倡議法案」中重申《臺灣關係法》，並強調臺美高層互訪的重要性，也期盼軍售議題成為常態，以深化臺美兩國的合作關係。

　　訪團一行由「美國在臺協會」臺北辦事處處長梅健華（Kin Moy）陪同，前來總統府晉見總統，總統府秘書長吳釗燮及外交部長李大維也在座。

## 四、總統接見「美國聯邦眾議院軍事委員會『海權暨戰力投射小組』主席魏特曼」訪問團（民國106年8月25日）*

　　總統今日下午接見「美國聯邦眾議院軍事委員會『海權暨戰力投射小組』主席魏特曼（Rob Wittman）」訪問團時表示，臺美在許多議題上，都享有共同價值以及密切的合作關係。透過彼此的努力，她相信臺美所堅守自由、民主以及人權的價值，將能夠持續形塑亞太區域的未來。

---

* 　資料來源：中華民國總統府，〈https://www.president.gov.tw/NEWS/21551〉。

　　總統致詞時首先向訪賓表達最誠摯的歡迎。她說，多年來，因為有許多理念相近朋友的努力和支持，臺美之間建立了非常深厚的夥伴關係。特別是魏特曼主席及博達悠（Madeleine Bordallo）議員，長期以來對於臺美軍事合作的支持，以及亞太區域的和平和穩定，扮演著重要而關鍵的角色。而美國在亞太區域的軍事部署，也展現了臺美雙方互助互惠的夥伴關係。

　　總統表示，作為區域安全當中負責任的一員，臺灣在增加國防投資、強化國防能力以及資訊安全的領域上，一直很積極地投入。這段時間以來，我們對於國機國造、國艦國造的決心，大家都有目共睹。這些努力，她相信都有助於亞太區域情勢的穩定與繁榮。

　　總統指出，臺美在許多議題上，都享有共同的價值，也一直有密切的合作關係。她希望未來雙方能有更頻繁的互動，如同這次訪賓來臺，相信對於增進雙邊的互信和溝通，都有很大的助益。

　　總統進一步指出，臺美之間有長久而堅固的合作關係，透過彼此的努力，她相信臺美所堅守的價值—自由、民主以及人權，將能夠持續形塑亞太區域的未來。

　　魏特曼主席則表示，他們非常重視臺美之間的關係，對於臺灣持續為了促進區域穩定及繁榮所作的努力感到振奮，並且非常感謝臺灣在亞太區域展現出的領導力，希望臺美關係持續發展，同時尋找策略或經濟方面的合作契機。

　　訪團一行由美國在臺協會（AIT）臺北辦事處處長梅健華（Kin Moy）及外交部政務次長章文樑陪同，前來總統府晉見總統，總統府秘書長吳釗燮、國家安全會議秘書長嚴德發也在座。

## 五、總統頒授美國聯邦眾議院外交委員會羅伊斯主席「特種大綬景星勳章」（民國 106 年 9 月 1 日）＊

　　蔡英文總統今日上午頒授美國聯邦眾議院外交委員會羅伊斯（Ed Royce）主席「特種大綬景星勳章」，表彰他長期以來推動提升臺美關係，並支持我國際參與的傑出貢獻。

　　總統致詞時首先對日前哈維颶風造成德州地區、尤其是休士頓帶來嚴重災情向美國人民表達慰問之意。並表示，臺灣人民都感同深受，也願意提供必要的協助。

---

＊　資料來源：中華民國總統府，〈https://www.president.gov.tw/NEWS/21560〉。

總統指出，「特種大綬景星勳章」是要向對臺灣有重要貢獻的人，表達我們的感謝與友誼。今天頒贈此一勳章予羅伊斯主席，就是為了感謝他長期以來，一直都是臺灣最忠實，也最重要的朋友。羅伊斯主席今日獲贈這個勳章，確實當之無愧。

總統指出，自羅伊斯主席擔任外交委員會主席以來，積極協助臺灣推動許多對臺灣友好的重要法案及議題。例如美國國會 2016 年通過「重申《臺灣關係法》與『六項保證』為臺美關係基石」的共同決議案，或是推動眾議院通過授權美國總統移轉派里級巡防艦給我國的法案等。

總統提到，羅伊斯主席也非常支持臺灣的國際參與，在他推動之下，美國國會陸續通過支持臺灣以觀察員身分參與「世界衛生大會」（WHA）、「國際民航組織」（ICAO），以及「國際刑警組織」（INTERPOL）等法案。

總統表示，臺美關係向來緊密堅實，其中重要的功臣，就是有像羅伊斯主席這樣的國會領袖，給臺灣最大的支持，讓臺美雙邊關係能夠持續往「升級版」的策略夥伴關係前進。

羅伊斯主席受勳後致詞表示，雖然他今天是以個人名義接受此一勳章，但這勳章實際代表著所有為臺美關係努力的美國人。相信未來雙方仍有許多值得努力的地方，期待持續與臺灣攜手努力，共同深化臺美的合作關係。

羅伊斯主席提及，身為外委會的主席，他向來將臺美關係列為委員會的首要任務。他也藉此機會，重申美國對於《臺灣關係法》及「六項保證」的承諾堅定不移。羅伊斯主席分享他昨（31）日在高雄參訪剛整頓完畢的派里級巡防艦，這是他於 2013 年推動的法案，方促成巡防艦來臺，對他而言意義相當深遠。羅伊斯主席也承諾，未來將會持續推動雙方的國防合作及定期軍售，並持續爭取臺灣參與國際組織。

羅伊斯主席指出，自從美國將臺灣列入免簽計畫國家之後，臺美互訪人次成長高達50%。目前，他也積極推動臺灣及安大略國際機場達成直航協議，盼提供人民更多的旅行選項，進而帶動雙方的經濟成長及就業機會。

羅伊斯主席也感謝臺灣政府對於美國德州災後重建給予的支持。一直以來，臺灣總是在大家最需要的時候伸出友誼的雙手，他相信這份情誼會長久持續伴隨所有德州的人民。

今日在場觀禮者包括羅伊斯夫人 Marie Thérèse Royce、外委會「亞太小組」主席游賀（Ted Yoho）伉儷、眾議員鞏薩蕾（Jenniffer González-Colón）、「美國在臺協會」（AIT）臺北辦事處處長梅健華（Kin Moy）、總統府秘書長吳釗燮、外交部長李大維及桃園市長鄭文燦等人。

## 六、總統接見美國聯邦參議員丹思訪問團（民國 106 年 9 月 22 日）*

蔡英文總統今日上午接見美國聯邦參議員丹思（Steve Daines）訪問團，感謝他長期支持臺美關係，並盼未來持續強化臺美在經貿及安全等議題上的交流與合作。

總統致詞時表示，一直以來，臺灣與丹思參議員的選區—蒙大拿州，在農業、商業及旅遊等方面，都有十分緊密的連結。對於丹思參議員長期以來大力支持臺美關係，總統表示由衷謝意。她認為，丹思參議員身為參議院「臺灣連線」的一員，對於臺灣國際參與的支持，彰顯他及美國人民對於民主、人權及自由貿易等共享價值的支持。

總統進一步指出，臺灣是美國農產品在亞洲的最大市場之一，而蒙大拿州在亞洲最大的出口市場之一也是臺灣。去年蒙大拿州出口到臺灣的產品總值達 5,700 萬美元。同時，我們從蒙大拿州進口的小麥量在亞洲僅次於日本。這些緊密的貿易關係展現了臺美長久以來的雙贏夥伴關係。

總統也提到，臺美之間有另一個共同目標，就是要維護亞太區域的和平安全及穩定。2016 年我們與美國合作，提升國防自主能力及產業發展。這也代表著臺美都有決心，一起面對未來越來越多不確定的挑戰。最近，美國政府決定將美軍網路司令部升級為最高級別的聯合作戰司令部。事實上，資安問題也是臺灣十分重視的議題。今年 6 月，我國防部成立「資通電軍指揮部」，加強資訊作戰的能力。她期待，臺美未來在這個議題上能有更多的交流。

丹思參議員致詞時感謝總統撥冗接見，並表示，此行雖非他首次訪問臺灣，不過卻是他首度以美國參議員身分訪臺。對於我國組團赴美簽署採購意向書，計畫採購約 30 億美元的農產品，他也代表蒙大拿州表達由衷謝意，並盼未來持續促進臺美交流與合作。

訪賓一行由我駐美國代表處代表高碩泰大使、外交部次長章文樑及美國在臺協會臺北辦事處處長梅健華（Kin Moy）陪同，前來總統府晉見總統，總統府秘書長吳釗燮也在座。

## 七、總統出席美國檀香山僑界午宴（民國 106 年 10 月 30 日）*

蔡英文總統「『永續南島・攜手共好』—2017 太平洋友邦之旅」一行首站過境美國

---

* 資料來源：中華民國總統府，〈https://www.president.gov.tw/NEWS/21611〉。
* 資料來源：中華民國總統府，〈https://www.president.gov.tw/NEWS/21731〉。

檀香山，專機於當地時間 10 月 27 日晚間 11 時 40 分（臺北時間 10 月 28 日下午 17 時 40 分）抵達檀香山國際機場。我駐美國代表處大使高碩泰及「美國在臺協會」（AIT）主席莫健（James Moriarty）登機歡迎蔡總統下機。隨後，總統一行驅車前往下榻旅館，受到僑胞熱烈歡迎。

總統對「美國在臺協會」莫健主席與夏威夷州參眾議會的朋友今日前來出席僑宴，以及長期以來對臺灣的支持，特別表達由衷謝忱。對於近來遭受天災侵襲的加州、德州及美國東南部民眾，總統也表達慰問之意。她強調，在這個艱難的時刻，「我們會和美國人民站在一起」。事實上，除了我國政府的捐款，在美國的 NGO 團體也動員協助。

總統指出，來自夏威夷與臺灣原住民間的歷史連結，讓彼此關係緊密，夏威夷在許多臺灣人民心中有著特別的地位；目前在旅遊業、貿易及投資方面，雙邊關係也穩固成長。總統舉例說明，每年有數以萬計的臺灣人民到夏威夷旅遊，慶祝他們的特別時刻，而在臺灣成為亞洲第二個加入美國「全球入境計畫」（Global Entry Program）的國家後，我們期待這個數字會更加成長。

總統進一步指出，她很高興臺美夥伴關係比以往更加堅定，在國防、區域安全、貿易及投資方面的議題上，我們會持續與美國緊密合作。事實上，這些合作關係都建立在我們共享的價值觀及共同利益上。總統重申，臺灣會持續做為美國值得信賴的夥伴，也再次以「Aloha!」感謝美方的友誼及款待。

總統談到，她 27 日晚間將近午夜才抵達旅館，沒想到一下車，就看到很多鄉親在大廳迎接她，深刻感受到大家的熱情及對臺灣的感情。她也感謝檀香山各個僑團，踴躍參與本月國慶活動。她說，大家人在海外，仍然時時關心國家的前途和發展，令人感佩。

總統進一步以夏威夷為例，說明過去幾年，臺美雙方藉由這個據點，推展人道救援和災害防救領域的合作。在南島民族的文化交流上，夏威夷也經常是臺灣原住民族取經的對象。

總統也表示，我們期待在既有的合作基礎上，依照聯合國 SDGs「永續發展目標」的精神，和美國以及太平洋其他國家，繼續發展更密切、也更全面的夥伴關係。接下來幾天，我們將前往馬紹爾群島、吐瓦魯及索羅門群島訪問。我們會發揮互惠互助的精神，和友邦共同探討氣候變遷、教育文化、衛生醫療，以及農漁產業的議題，建構出更切合區域發展需要的合作計畫。

包括「美國在臺協會」主席莫健、我國總統府秘書長吳釗燮、國家安全會議副秘書長蔡明彥、外交部長李大維、僑務委員會委員長吳新興、衛福部長陳時中、原民會主委夷將・拔路兒 Icyang Parod、立法委員 Kolas Yotaka、林靜儀、駐美國代表處大使高

碩泰、僑務委員聶威杰、賴昌棣、僑務諮詢委員楊泰瑛、臺灣人公共事務協會主席陳國文、夏威夷中華總會館主席林偉德、中華總商會會長鄭觀科、臺灣同鄉會會長黃春進及臺灣商會會長張台兒等均出席是場僑宴。

## 八、總統出席美國關島總督府歡迎酒會（民國 106 年 11 月 4 日）*

　　蔡英文總統「『永續南島‧攜手共好』—2017 太平洋友邦之旅」一行返程過境美國關島，專機於當地時間 11 月 3 日下午 2 時許（臺北時間 3 日午間 12 時許）抵達關島國際機場。僑務委員會委員長吳新興、我駐布里斯本辦事處處長洪振榮及「美國在臺協會」（AIT）主席莫健（James Moriarty）登機歡迎蔡總統下機，美國關島總督卡佛（Eddie Calvo）迎於機梯旁；蔡總統下機後，接受總督卡佛獻戴花環；隨後驅車前往關島總督府（Ricardo J. Bordallo Governor's Complex）出席歡迎酒會。

　　蔡總統致詞時首先對前幾日在紐約發生的恐怖攻擊致上哀思之意。她強調，在對抗恐怖主義、天然災害及北韓等議題上，臺灣堅定地與美國站在一起。

　　蔡總統表示，今日非常高興在關島和大家見面。卡佛總督下午將赴夏威夷，感謝他專程前來機場接機，並舉辦這場歡迎酒會，意義非凡。

　　蔡總統指出，每年都有許多臺灣人民到訪關島，剛抵達機場，她立刻和大家有「在關島真好」的相同感受。關島的氣候怡人，天空晴朗，山光水色，讓關島成為旅遊勝地，每年臺灣民眾到關島的旅遊人數達 5 萬人次，我們因而成為關島第三大觀光客來源國。希望在臺灣成為東亞第三個加入美國「全球入境計畫」的國家之後，觀光人數會持續成長。

　　蔡總統說，來到關島很開心的另一個原因，就是臺灣與關島關係獨特，歷史文化根源可遠溯數世紀之久，研究顯示，關島查莫洛人民（Chamorro）與臺灣原住民族關係密切。就如同她剛剛到訪過的馬紹爾群島、吐瓦魯及索羅門群島等三個友邦，我國的原住民也屬於南島語系，期待大家一起追根溯源。

　　談及臺灣與關島雙邊關係，蔡總統強調，臺灣是關島第三大觀光客來源國，也是重要的投資國，我們正合作推動對雙方社會有利的經貿發展。對於關島議會通過決議，支持臺灣參與「國際民航組織」及《聯合國氣候變化綱要公約》等國際組織，臺灣人民均銘感在心。

---

\* 　資料來源：中華民國總統府，〈https://www.president.gov.tw/NEWS/21765〉。

蔡總統進一步說明,臺灣與關島雙邊夥伴關係堅實,但還有努力的空間,期待與卡佛總督及其團隊在更多領域合作。如同她上週在臺北與卡佛總督見面時所說,「臺灣很高興,能夠有像您這樣的朋友!」她相信在卡佛總督的領導下,臺灣與關島將更加密切合作。

隨後,關島議會為了歡迎蔡總統的來訪,特別由議長克魯茲(Benjamin Cruz)呈贈蔡總統決議文,歡迎蔡總統蒞訪關島,並對蔡總統在人道救援、環境保護及永續發展政策上的耕耘,表達認可與讚揚。

包括我國總統府秘書長吳釗燮、國家安全會議副秘書長蔡明彥、外交部長李大維、僑務委員會委員長吳新興、衛福部長陳時中、原民會主委夷將・拔路兒 Icyang・Parod 及駐布里斯本辦事處處長洪振榮等均陪同總統出席是場行程。

## 九、總統接見「美國在臺協會」主席莫健(民國 106 年 12 月 11 日)*

蔡英文總統今(11)日下午接見「美國在臺協會」(AIT)主席莫健(James Moriarty),回顧臺美關係過去一年來的合作交流與成果,期盼雙方未來能在區域穩定上持續扮演重要角色。莫健主席也肯定臺灣對國際參與所展現的意願與能力,並樂見臺美雙方在各領域持續合作與發展。

總統表示,自從川普總統就職以來,臺美關係在各個層面都持續穩定與深化,包括建立更緊密的雙邊貿易,以及國際合作關係,雙邊在各個領域上也都不斷擴大合作。

總統特別感謝莫健主席及美國政府在她前陣子過境夏威夷及關島時的熱情接待。她表示,回顧過去一年,她 4 次過境美國,均符合便利、安全、舒適與尊嚴的原則。今年6 月,美國宣布對臺重大軍售,展現對《臺灣關係法》的承諾;臺美也透過「全球合作暨訓練架構」(GCTF),共同為區域發展做出許多貢獻。此外,美方在 APEC 峰會上,安排我國代表宋楚瑜與川普總統等美國政要見面,凡此均足證臺美關係的穩定發展。

總統進一步指出,過去一年,臺美間也有許多的互動交流。例如,今年 6 月,臺灣派出史上規模最大的訪團出席「選擇美國」(Select USA)投資峰會;9 月時,我們也派遣農業訪問團到美國訪問交流,同時也有許多包括 10 月特地來臺參加「玉山論壇」的美國政要來臺訪問。

總統也提到,臺灣和美國共同合作,支持在中東的人道救援及地雷清除工作,也

---

* 　資料來源:中華民國總統府,〈https://www.president.gov.tw/NEWS/21858〉。

配合聯合國安理會決議,協助制裁北韓。此外,臺灣近來也加入美國「全球入境計畫」(Global Entry),讓臺灣旅客可以節省在美入關的時間。她表示,臺灣是亞太地區第3個加入此計畫的國家。我們也很高興,美國成為第一個加入臺灣自動查驗通關系統(E-gate)的國家。

總統認為,上述成果均顯現臺美關係處於前所未有的友好狀態。我們透過雙邊的努力,共同以務實的態度,持續提升彼此間的關係。在長期建立的基礎之上,一步步秉持共享的價值、互惠互助,讓雙邊關係不斷前進。總統表示,「誠如美國一直支持臺灣,我們也會持續支持美國。」透過雙邊合作來促進美國經濟的發展,也讓亞太區域更加和平穩定、繁榮發展。

總統表示,臺灣將在區域穩定上持續扮演重要的角色。我們會與美國合作,一起穩定朝鮮半島情勢,並跟美國在此一區域的盟友深化合作。另外,臺灣將加速軍事改革,以擁有更堅實的自我防衛能力,也會在國防議題上跟美國持續強化雙邊合作。

總統希望,透過深化臺美「全球合作暨訓練架構」,並跟美國及理念相近的國家一起合作,以擴大臺灣的國際參與。同時,我國也會推動更緊密的臺美雙邊經貿關係,包括加強在「新南向政策」上的合作。

總統強調,臺灣是印度─太平洋區域的自由民主國家,自然是「自由開放的印度─太平洋」戰略中的相關者。她相信,臺灣可以對這個區域做出更多貢獻,「我們不只願意保衛自由、開放的共同成果、更願意守護以法規為基礎的國際秩序。」

最後,總統感謝莫健主席、「美國在臺協會」臺北辦事處處長梅健華(Kin Moy)及所有「美國在臺協會」同仁,在過去一年與我們一起打造如此強健的臺美關係。相信未來只要持續努力,明年將會有更豐碩的成果。

隨後,莫健主席致詞表示,此次為他第三度以「美國在臺協會」主席的身分到訪臺灣,除了倍感歡喜,也很感謝總統及在臺所有夥伴的協助與款待。

莫健主席指出,臺美關係向來堅實穩固,兩國在各項領域的合作也不斷深化,相信彼此對於這個建立在共享利益與價值上的友誼,都感到相當驕傲。

莫健主席表示,美國身為印度─太平洋區域的一員,確保夥伴安全相當重要,並且相信臺灣的安全對於全區域的安全更是不可或缺,因此美國對於臺灣的支持,也如同支持《臺灣關係法》般堅定。同時,美國也肯定臺灣參與各項國際事務所展現的意願與能力,未來願意持續與臺灣在各項議題上共同努力與合作。

## 十、總統接見美國國會「美中經濟暨安全檢討委員會」訪問團（民國 107 年 5 月 22 日）*

　　總統致詞時表示，「美中經濟暨安全檢討委員會」去（2017）年組團訪問臺灣之後，發表了 2017 年度報告，其中建議美國國會鼓勵行政部門邀請臺灣參與美國主導的雙邊或多邊演習，以及提升雙邊官員互訪層級等，充分展現對臺灣的支持。她要代表臺灣人民，向訪賓表達最誠摯的感謝。

　　總統指出，我們所處的世界正面臨許多傳統與非傳統的挑戰。「美中經濟暨安全檢討委員會」對臺美關係的支持，在這個時候格外重要。我們之間共享著民主價值，當面對挑戰的時候，更需要結合力量一起合作。

　　對於 172 位美國眾議員以及 13 位參議員分別聯名致函「世界衛生組織」（WHO）秘書長，支持臺灣參與「世界衛生大會」（WHA），總統也表達感謝與欣慰之意。這些議員站出來為民主人權價值發聲，他們的行動彰顯了每一個國際社群的成員，應該要以行動支持這些價值。

　　總統指出，臺灣身為印太區域負責任的一員，一直努力強化在區域的角色，也積極推動新南向政策，希望跟區域內國家共同創造繁榮發展。同時，我國也不斷致力於提升臺美關係。今（2018）年 6 月，政府將再次派遣大規模的代表團前往美國華府，參加「選擇美國」（SelectUSA）投資高峰會。

　　總統強調，穩健的臺美經濟夥伴關係對美國經濟安全扮演著正面的角色。我們希望美國能夠將臺灣列入「鋼鋁 232 關稅案」的豁免名單，並且持續針對雙邊經貿議題進行建設性對話。同時，我們也期待「美中經濟暨安全檢討委員會」能夠協助強調臺美進階經貿關係的戰略重要性。

　　最後，總統除盼訪賓能夠透過這次訪問，更了解臺灣的國際處境，也希望未來他們能夠繼續協助，促使臺美之間的互動更加密切。

　　訪賓一行包括「美中經濟暨安全檢討委員會」副主席白嘉玲（Carolyn Bartholomew）、委員甘浩森（Roy Kamphausen）、史泰佛（Jonathan Stivers）、唐凱琳（Katherine Tobin）及武爾澤（Larry Wortzel）等，由外交部長吳釗燮及美國在臺協會臺北辦事處副處長傅德恩（Robert Forden）陪同，前來總統府晉見總統，國家安全會議秘書長李大維也在座。

---

* 資料來源：中華民國總統府，〈https://www.president.gov.tw/NEWS/23362〉。

## 十一、總統出席休士頓僑界晚宴（民國 107 年 8 月 19 日）*

　　總統首先以英文致詞表示，記得上次是以總統候選人的身分，在 2015 年來訪。當時只有 4 小時的短暫停留，就在機場附近的一所小學，她感受到了各位的熱情與支持。而今，身為總統的她，把休士頓當成轉機的第一首選。她感謝大家熱情的歡迎。

　　總統指出，今天在場有兩位美國聯邦眾議員蒞臨晚宴－強森（Eddie Bernice Johnson）眾議員及葛林（Al Green）眾議員。在美國國會，他們長期以來都是臺美關係的忠實支持者，不斷努力為臺灣的國際參與發聲，同時也支持更強勁的臺美關係。

　　總統說，在今晚這場臺美人的聚會，她已經覺得彷彿回到家。今晚有一千位貴賓，是休士頓所舉辦過規模最大的僑宴。我們看到了一些臺灣的元素，也看到了美國的元素。透過這些手足朋友情誼，讓兩國更靠近。也因為商業的連結讓臺灣成為美國最重要的貿易夥伴之一。而臺美的共享價值還有使命感，也讓兩國的命運緊緊相繫。

　　總統提到，這次的旅程中，有位年輕的女士問她，臺美人的身分代表的意思，她認為，身分認同的問題從來就沒有對與錯的答案。身為臺美人，代表對自身的文化背景感到驕傲，也代表美國夢背後的那份野心。也就是願意為了兩國的共享價值挺身而出，那是民主、自由，以及對人類尊嚴的一份堅信，並且將它們深化為原則及驕傲。臺美在價值上的共同點，就是臺美人能在美國各地發達、成功的原因之一。因此，臺美人在當地的社群一向十分活躍，同時也力挺支持與他們共享價值的政治人物。這就是為什麼臺美人能夠迅速地反抗威權主義逐漸升高的聲音。他們的行動不只侷限在這個飯店外，更擴展到全世界。

　　總統指出，臺灣和美國都堅信自由、民主價值。在世界劇變的此時，臺美關係愈益穩固。最好的例子就是川普政府首次通過對臺軍售，以及《臺灣旅行法》，都要特別感謝美國國會朋友的支持。另外臺美關係也彰顯在今（2018）年 6 月「美國在臺協會」（AIT）新館的落成，以及兩國在公衛、推動性別平等以及打擊跨國犯罪等議題上的合作。

　　總統肯定僑胞的努力，並表示，臺美關係一定會持續堅韌、強健。當臺灣同胞及企業面臨言論自由及民主生活方式的打壓，我們知道臺美關係會成為點亮前方道路的光。感謝僑胞讓這道光持續點燃。

　　總統指出，政府全力讓臺灣的經濟可以更好，讓臺灣的經濟可以轉型。過去的兩

---

* 　資料來源：中華民國總統府，〈https://www.president.gov.tw/NEWS/23595〉。

年，臺灣各項指標都呈現正面的發展趨勢。各種經濟數據，不論是經濟成長率、外銷出口還是股市指數，全部創下過去 10 年罕見的好成績，而且和其他國家比也不遜色。像 Microsoft、Google、Amazon、IBM、CISCO 等國際大企業，也都選擇在臺灣投資，或擴充在臺灣的發展計畫。本土的台積電、華邦電也根留臺灣，在臺南、高雄設廠。還有在綠能產業上，很多國際級公司到臺灣發展離岸風力發電，預估將有臺幣 1 兆元投入在彰化的綠能或離岸風電。不論國內或國際的廠商都選擇投資臺灣，這就代表臺灣正在進步，而且前景是看好的。

包括美國在臺協會（AIT）主席莫健（James Moriarty）、我國總統府秘書長陳菊、國家安全會議秘書長李大維、外交部長吳釗燮、僑務委員會委員長吳新興、僑務諮詢委員宋明麗、我駐美國代表處大使高碩泰、立法委員蕭美琴、李俊俋、陳怡潔、蔡適應、周春米、賴瑞隆等均出席是場僑宴。

## 十二、總統與美國華府三智庫於 CSIS 舉行視訊會議（民國 107 年 4 月 9 日）*

蔡英文總統今（9）日晚間，應美國華府智庫「戰略暨國際研究中心」（CSIS）與「布魯金斯研究院」（The Brookings Institution）及「威爾遜國際學人中心」（The Woodrow Wilson International Center for Scholars）之邀請，在總統府連線 CSIS，與美國重要政、學界人士進行視訊會議。

會議由美國前副國務卿阿米塔吉（Richard Armitage）擔任引言人、CSIS 亞洲事務資深副會長暨日本講座主任葛林（Michael Green）擔任主持人。總統在發表專題演講後，依序回應阿米塔吉、布魯金斯研究院「臺灣講座」卜睿哲（Richard Bush）、「威爾遜學人中心」亞洲計畫主任鄧志強（Abraham Denmark）、CSIS「中國權力計畫」主任葛來儀（Bonnie Glaser）及葛林等人的提問，會議結束前並發表結語。

視訊會議實況於總統臉書及總統府官網 Youtube 亦同步直播，總統臉書約 1 萬人收看，總統府官網 Youtube 約 9 千人（中文版加英文版）收看。

總統致詞內容為：

謝謝大家。在華府的各位，早安，這是來自臺北的問候！

阿米塔吉大使，謝謝您的介紹。視訊會議由「戰略暨國際研究中心」會長何

---

* 資料來源：中華民國總統府，〈https://www.president.gov.tw/NEWS/24262〉。

慕理開場，我非常榮幸能在此致詞，也要感謝「戰略暨國際研究中心」、「布魯金斯研究院」、「威爾遜國際學人中心」、以及「戰略暨國際研究中心」中國權力計畫主任葛來儀（Bonnie Glaser）、「布魯金斯研究院」臺灣講座卜睿哲（Richard Bush）與「威爾遜國際學人中心」亞洲計畫主任鄧志強（Abe Denmark）籌辦本次會議。

很高興看到許多臺灣的朋友，CSIS 亞洲事務資深副會長暨日本講座主任葛林（Michael Green）、以及美國在臺協會（AIT）主席莫健（James Moriarty）也在現場，你們好。

臺北這邊，再過幾小時就是四月十日了，四十年前的這一天，《臺灣關係法》通過了，為臺美關係開啟新頁。

四十年前，臺灣史上的艱難時刻，一些重大事件的推衍促成《臺灣關係法》迅速通過。當時在美國和臺灣的許多人士，對於臺灣的未來不表樂觀，也不知道臺灣未來能否與臺海對岸不同。

很少人預料到，《臺灣關係法》起草人的先見之明及情誼，使得雙方最終在共享的價值基礎上，再次深化臺美關係。

也很少人預料到，臺美夥伴關係體現前所未有的穩固，並成為世界上一股良善的力量。

## 永續的夥伴關係

在美國國會的堅定支持下，《臺灣關係法》成為美國與臺灣互動的指導原則，並且信守雙邊過去的協議。美國透過《臺灣關係法》設立的美國在臺協會，也即將搬入內湖新址，無庸置疑已經歷過時間的考驗。

美國國會堅持立法保障臺灣安全，確保臺灣安然度過最黑暗的時期，並成為今日自由強健的民主社會。

《臺灣關係法》不但體現美國與我們共同維護太平洋地區和平、安全與穩定的承諾，同時也支持臺灣發展自主防禦能力，以對抗任何形式的脅迫。

美國歷任政府及國會皆信守此一承諾與支持。

1996 年 3 月，柯林頓政府決定派遣兩艘航空母艦巡弋臺灣附近海域，遏阻中國企圖干擾臺灣第一次總統民選時，更加彰顯此一承諾。在那個歷史性的時刻，美國和臺灣站在一起，向世界展現對共享民主價值的承諾。

臺灣人民也予以回應，向世界展現我們決心行使民主基本進程的選舉權，證明我們有能力加入全球自由民主國家之列。

　　1996 年，我們的民主邁進一大步，二十年後，臺灣成為全球最自由的國家之一，臺灣人民選出第一位女性總統。

　　回顧過去四十年的歷史，我相信在座各位都同意《臺灣關係法》已協助建立了一股良善的力量，奠定臺灣成為世界民主燈塔的基礎。

　　臺灣挺過了歷史的挑戰，不但沒有被打倒，反而成為堅韌之島。我們努力不懈為這個區域和全球打造一個更美好的未來。

　　今天藉由這個會議，我們慶祝《臺灣關係法》的成果，也重申對共享價值與共同目標的承諾。

　　其中最重要的是，確保我們的全球夥伴關係持續茁壯，尤其是臺美的特別關係。

## 世界上一股良善的力量

　　過去三年來，臺美關係有顯著的進展。

　　在安全層面上，《臺灣關係法》制定的架構不只「提供防禦性武器給臺灣人民」，同時也提到「任何企圖以非和平方式來決定臺灣的前途之舉─包括使用經濟抵制及禁運手段在內，將被視為對西太平洋地區和平及安定的威脅，而為美國所嚴重關切。」

　　我們兩國的合作也持續落實《臺灣關係法》的精神。美國現任政府已宣布要穩步對臺軍售，同時還有其他方案在籌劃中。

　　美國也持續支持臺灣發展國造能力，目前，臺美兩國間的訓練以及合作計畫已更加緊密堅實。

　　但是，這一切只有在臺灣有能力並決心自主防衛時才能奏效。我們不能期待別人做我們不願做的事。所以，我從 2016 年以來，強化國軍戰力就成為我的施政重點之一。

　　我們已經連續兩年增加國防預算。這些預算將用在加強國防策略、技術與軍力，確保我們的國軍更加敏捷靈活並與時俱進，這些都揭櫫在我全力支持的「整體防衛構想」中。

　　前開作為，並不是要引發衝突，而是要恪遵《臺灣關係法》的精神，確保臺海永久和平。如果我們沒有能力遏止脅迫和侵略，就無法獲致和平。

　　這個區域的外交官也正一起攜手合作，推動我們共享的價值及利益，並對抗威權主義在全球逐漸興起的浪潮。我們太了解威權主義的危險，其基本思想是反對自由以及人民的選擇權。

　　《臺灣關係法》明載：「西太平洋地區的和平及安定符合美國的政治、安全及經濟

利益，而且是國際關切的事務。」

上個月，臺灣和美國宣布成立「印太民主治理諮商」平臺，幫助我們和理念相近的國家合作推動良善治理與人權。

我們也合作推動區域宗教自由。上個月，臺灣和美國共同舉辦了「印太區域保衛宗教自由公民社會對話」，在全球宗教自由遭受威脅之際，我們一起發聲，我們要保護所有民族的宗教自由，因為沒有人該為自己的信仰被處罰甚至「再教育」。

臺美「全球合作暨訓練架構」，是我們針對全球急迫性議題合作的一個好例子，我們不只為這項計畫增加了三倍預算，也一起參與因應女性賦權、媒體識讀等更多議題。最近，我們也歡迎日本的加入，讓區域夥伴藉由這個架構一起促進共享的價值與利益。

我們也要破除外界認為我們的價值觀可以或應該受到威權政府威逼利誘所操縱的想法。

因此，我們正加強與美國「海外私人投資公司」合作，尋找在這個區域及友邦的投資機會。我們早在 1952 年就開始合作，而《臺灣關係法》也有條文規範這樣的合作關係。今天，我們已從受援國轉變為高科技強國，有能力也有專業可以跟美國一起支援友人與夥伴的經濟發展。

這一切都發生在我們的國際空間遭受前所未有挑戰的時刻。

中國正在大肆否決臺灣人民國際參與的機會，他們這麼做，不是因為今天是民進黨執政，也不是因為我們不承認九二共識。他們這麼做，是因為他們真心認為臺灣人民沒有獨立參與全球事務的權利。

中國的所作所為干擾兩岸關係的良性發展，造成兩岸的不安。

所以我們非常感謝美國和其他理念相近的國家持續支持我們在國際社會的努力。我們看到美國致力維護我邦交，並遏止中國在那些國家的影響力。另外每半年一次的國際組織諮詢會議中，我們也看到越來越多理念相近的國家支持臺灣參與聯合國專門機構，以確保臺灣在國際社會的貢獻獲得肯定。

《臺灣關係法》通過後，我們也看到了臺美經濟關係的長足進展。今天，擁有兩千三百萬人的臺灣是美國第 11 大貿易夥伴。我們的經貿關係是互補的，而不是相競的，兩國的貿易持續顯著升溫。

《臺灣關係法》通過時，很少人預見臺灣的國際企業現今在美國投資及採購的速度。相對地，美國科技巨擎包括 Google、Microsoft、Amazon 和 IBM 過去一年也擴大在臺布局。

除了這些正面的發展外，我們還看到許多發展潛力。這也是為什麼我們亟盼與美國

洽簽雙邊貿易協定，我們可以共同打造一個以價值及理念為基礎的協定，成為印太地區其他國家的典範。

《臺灣關係法》希望建立一個能夠保障我們共同利益的關係，並提供一個捍衛共享價值的架構。在世界局勢日益複雜、充滿挑戰的時刻，這比以往更加重要。

我們從上個世紀學到一件事，那就是民主的進展不會是從天而降。

此時此刻，世界各地的反自由民主勢力越來越激進。我們以自由與個人自由作為進步的指標，而他們卻在海內外散布恐懼和施加控制。

事實上，不到兩個禮拜前，中國人民解放軍的兩架戰機跨越了臺海中線，破壞了二十多年來維繫和平與穩定的默契。

美國國家安全顧問波頓（John Bolton）大使在推特發文表示：「中國的軍事挑釁無法贏得臺灣人民的心，只會加強世界各地人民珍視民主的決心。《臺灣關係法》跟我們的承諾非常明確。」

我們完全同意。

面對今日這些傳統以及非傳統的挑戰，更有必要共同回應。臺灣已準備好、很樂意、也有能力盡一己之力，達成我們共享的願景。

## 我的承諾：一個可信賴的夥伴

在《臺灣關係法》四十週年之際，我們矢志要確保臺灣人民能夠堅持民主信念，繼續享有免於恐懼與脅迫的生活。

《臺灣關係法》的起草人早在四十年前就啟動了這項工作，惟至今尚未完成，當我們落實區域的自由、開放、民主時，即大功告成。

臺灣不只是接受者，而是參與其中的夥伴。

在這個關鍵的時刻，最重要的是確保《臺灣關係法》的條文和精神歷久彌堅，讓我們共享的價值繼續形塑這個區域的未來。

雖然我今天人不在華府，但我們共同的願景，讓我們兩國較以往更密切合作。

在各位的支持下，我們大家一起努力，繼續提醒全世界，臺灣是世界上一股不可或缺的良善力量。謝謝大家。

## 十三、總統接見「美國在臺協會」主席莫健（民國 108 年 4 月 16 日）*

　　蔡英文總統今（16）日下午接見「美國在臺協會」主席莫健（James Moriarty）時表示，臺美關係不僅密切，還在持續升溫，臺灣將與美國及區域內理念相近國家，繼續緊密合作，共同為印太區域的繁榮發展貢獻力量。

　　總統致詞時表示，這段時間與莫健主席特別有緣，上個月，她跟莫健主席才在檀香山見面，隔了幾週，又再次會面。昨天她接見了萊恩（Paul Ryan）前議長訪問團，以及江笙（Eddie Bernice Johnson）主席訪問團，在 AIT 新館也和莫健主席見面，見證《臺灣關係法》立法四十週年。

　　總統提到，今天上午她參加了兩場重要的研討會，包括印太安全對話及臺美「全球合作暨訓練架構」（GCTF）的婦女賦權會議。這代表臺美共同推動的很多區域對話及合作，都已經具體呈現，也可以看出在區域內，大家都了解這些對話的重要性。這代表臺美雙方關係非常密切，而且還在持續升溫，她要謝謝訪賓們在臺美關係上所做的努力和貢獻。

　　總統也特別感謝川普政府，依據《臺灣關係法》兩度宣布對臺軍售，並常態化對臺軍售程序。這不僅有助於臺灣國防及自我防衛能力的提升，也強化臺海的和平及穩定，更展現了美國支持印太地區盟邦及夥伴的決心。

　　總統進一步說明，臺美在經貿層面上的互動也非常密切。被暱稱為 FAAMG 的五大科技巨擘，也都在臺灣投資，她前幾天才去參觀了 Facebook 的臺北辦公室，親身感受這些年輕人的創意跟熱情，以及外商對投資臺灣的信心。

　　總統說，幾天前米德偉（David Meale）副助卿來訪時她曾提到，隨著臺美經貿互動越來越密切，我們非常期待在不久的將來，雙方可以簽署雙邊貿易協定（BTA），進一步強化彼此的經貿往來。

　　最後，總統指出，龐培歐（Mike Pompeo）國務卿上個月在國會聽證會中，再一次表達了美國對臺灣的支持和決心。作為印太地區的重要夥伴，臺灣會跟美國以及區域內理念相同國家，繼續密切合作，共同為印太區域的繁榮發展，貢獻力量。

　　隨後，莫健主席致詞，他首先感謝蔡總統及臺灣人民對於《臺灣關係法》四十週年展現的熱情。從華府、紐約以及臺灣這一系列的慶祝活動中，可以看到《臺灣關係法》

---

*　資料來源：中華民國總統府，〈https://www.president.gov.tw/NEWS/24285〉。

以及臺美關係的重要性。

　　莫健主席指出，今天上午他在印太安全對話論壇上聽到兩個演講，再次的強調臺美關係的深化，以及雙方對臺美關係的承諾。他認為，現在的局勢非常具有挑戰性，但若好友們能夠一同合作，我們可以克服一切的挑戰。美國非常期待持續與臺灣合作並充分履行在《臺灣關係法》下所做的承諾，他也期待與蔡總統繼續合作。

　　訪賓一行尚包括美國國務院亞太局臺灣協調處處長何樂進（Jim Heller）等，由外交部長吳釗燮、駐美國代表處大使高碩泰及「美國在臺協會」處長酈英傑（William Brent Christensen）陪同，前來總統府晉見總統，國家安全會議秘書長李大維也在座。

## 十四、總統出席「2019 印太安全對話開幕典禮」（民國 108 年 4 月 16 日）*

　　蔡英文總統今（16）日上午出席「2019 印太安全對話開幕典禮」，強調臺灣作為美國「自由開放的印太戰略」的全面合作夥伴，已準備好且很樂意、也有能力在印太以及其他地區做更多事，並期盼臺美持續攜手努力，開創夥伴關係全新的一頁。

　　總統以英文致詞時表示，很高興看到「美國在臺協會」莫健（James F. Moriarty）主席、酈英傑（William Brent Christensen）處長，還有這麼多舊雨新知出席今年的「印太安全對話研討會」，並感謝遠景基金會董事長陳唐山及其團隊、和華府智庫「哈德遜研究所」的努力，促成今日的盛會。

　　總統歡迎美國國會代表團團長萊恩（Paul Ryan）前眾議長、強森（Hank Johnson）眾議員、貝肯（Don Bacon）眾議員及卡巴赫（Salud Carbajal）眾議員，他們的到訪印證臺灣和美國國會議員的堅定友誼。

　　總統說，昨天在「美國在臺協會」的新館，她向酈英傑處長承諾不透露這棟美不勝收的新館費時多久才完工，並共同在新館紀念臺美夥伴關係里程碑：《臺灣關係法》立法 40 週年。

　　總統指出，40 年來我們同舟共濟、共度時艱，以至現在能攜手打造更加繁榮穩定的世界，《臺灣關係法》的起草者們倘回顧過往，相信會引以為傲；《臺灣關係法》的精神流傳迄今仍屹立不搖，他們也會欣慰並引以為榮。在這基礎上，去（2018）年通過了《臺灣旅行法》及《亞洲再保證倡議法案》，而今年又提出了《臺灣保證法》。

---

\* 　資料來源：中華民國總統府，〈https://www.president.gov.tw/NEWS/24279〉。

　　總統提到，這項立法見證了臺美共同合作肯定臺灣的戰略重要性，並凸顯臺灣與國際社會的緊密關聯。我們知道在全球事務上，可以藉由與世界各地理念相近的朋友結合，加大合作力道和影響力。

　　總統說，為迎接全球日趨複雜的挑戰，我們需要一個全面性的策略，來加強我們的夥伴關係。這個夥伴關係可以透過共享的經濟安全、區域安全與區域參與，形塑我們共同的未來。

　　總統表示，經濟多元與國際連結有助臺灣提升經濟安全，我們有幸能吸引美國科技巨擘包括 Google、Microsoft 及 Amazon 來臺投資，去年 6 月臺灣也籌組了史上規模最大的代表團參加「選擇美國投資論壇」。她很高興郭台銘總裁也在現場，他和鴻海團隊對鞏固臺灣在世界經濟版圖的地位上，扮演了不可或缺的角色。

　　總統進一步指出，臺灣已是美國高科技供應鏈上的重要一環，也是美國許多企業在此區域及全球的重要夥伴，相信在座貴賓都同意，和理念相近的朋友共同確保全球供應鏈至關重要。

　　總統相信在座貴賓也都同意，貿易協定對於驅動全球成長極為重要。她有信心，鑑於臺美經貿的互補關係，締結貿易協定符合雙方最佳利益，並可作為印太區域其他國家的典範，展現我們的共享價值，以及堅持自由公平貿易制度的理念。

　　總統提到，區域安全是臺美夥伴關係的另一個重要面向，為了繼續捍衛我們的共享價值，臺灣的自由民主扮演關鍵的角色。

　　總統指出，我國在振興國防產業及創造更多與美國國防製造商合作的機會方面，大獲進展，相信還有更多軍購案在籌劃當中。幾年前原本不被看好的潛艦國造計畫現也進行順利，她很高興該計畫第一階段已經完成。

　　總統說，過去三年來，我們也看到美國現任政府持續穩定通過軍購案。那些軍購案讓我們有能力捍衛民主、自由市場及生活方式，也是維持臺海兩岸和平穩定的良好投資。

　　總統提出，中國軍隊昨天派遣大批軍機和艦艇進入我鄰近區域，這樣的舉動已威脅臺灣及此區域其他理念相近的國家。身為總統，她要告訴大家臺灣不會被恫嚇，這些行為只會加強我們的決心，我們的國軍有能力並決心全力保衛臺灣，不讓威嚇主宰我們的未來。

　　總統提到，值此重要時刻，我們接獲川普政府對臺第三次軍售的消息，美國將在亞利桑納州路克空軍基地訓練我飛行員。美國以訓練美軍的規格訓練我飛行員，加強保衛我領空的能力，她要感謝美國政府這項宣告，期待看到我們最優秀的飛行員接受全球最佳的訓練。

總統強調，作為美國「自由開放的印太戰略」的全面合作夥伴，臺灣已準備好、很樂意、也有能力在印太以及其他地區做更多事。

總統表示，上個月，我們舉行了首次的宗教自由區域對話，也宣布成立「印太民主治理諮商」，藉由這些平臺在理念相近的國家推動良善治理與人權。

總統指出，除了安全和戰略合作外，我們也看到了企業合作的極大潛力。我們正與美國「海外私人投資公司」合作，讓臺灣和美國公司能為東南亞與盟邦的基礎設施發展做出貢獻，並發揮「新南向政策」相輔相成的功能。

總統說，大家可以看到我們正在各方面取得重大進展，如同40年前推動《臺灣關係法》的國會議員，我們會勤力克服今日的挑戰，不會留待明天。

最後，總統表示，當我們重申友好關係之際，也必須開創臺美夥伴關係全新的一頁。相信今天的對話是一個討論如何推展我們夥伴關係的機會，我們攜手的努力也將繼續發揮關鍵作用，共同打造更美好的未來。

包括國家安全會議秘書長李大維及外交部長吳釗燮等亦出席是項活動。

總統致詞結束後，在會場外接受媒體訪問，針對美國國務院宣布新一批次對我國的軍售案，總統表示，這項軍售案的宣布來得及時。尤其昨天看到共軍的動態，不論是在空中或在海上，共軍所動員的船隻跟飛機，對區域及臺海間的穩定都造成蠻大的破壞。這不是一個負責任的區域大國應該做的事情。同時，我們非常感謝國軍弟兄姊妹的全程監控，掌握整個情勢，讓我們保衛國家的信心更加強化。她再次強調，「我們的國土主權是一寸都不讓，我們的民主自由，我們永遠都堅持。」

總統指出，美國宣布對臺軍售案，並持續提供我國空軍飛行員在路克空軍基地的培訓計畫，我們希望將來能強化我們空軍飛行員的品質，並且持續保持穩定，甚至是跟世界上所有優質的空軍都有同樣的品質，這對我們的國防來講，是非常重要。

## 十五、總統出席「中華民國中樞暨各界慶祝108年國慶大會」（民國108年10月10日）*

蔡英文總統今（10）日上午出席在總統府府前廣場舉行的「中華民國中樞暨各界慶祝108年國慶大會」，以「堅韌之國　前進世界」為題發表演說。

總統致詞全文如下：

---

* 資料來源：中華民國總統府，〈https://www.president.gov.tw/NEWS/24860〉。

大會主席蘇嘉全院長、現場各位貴賓、電視機前和網路上的全體國人同胞，大家早安，大家好。

今天，是中華民國一百零八年的國慶日，謝謝來自世界各地的好朋友，跟我們共度這個值得紀念的日子。

這一天，是屬於全國兩千三百萬人民的日子。我也要感謝馬前總統、呂前副總統、吳前副總統，以及各政黨主席，一起前來慶祝國慶。

去年，也是在國慶日，我和大家說，臺灣正處在變局當中。世界貿易局勢的變動、國際政治情勢的變化，都讓未來充滿挑戰。我們必須「求穩、應變、進步」，厚植實力、壯大臺灣。

轉眼又過了一年，世界依然快速變化，甚至更加劇烈。美中貿易戰的持續進行；距離我們不遠的香港，因為「一國兩制」的失敗，正處於失序邊緣。

儘管如此，中國依然以「一國兩制臺灣方案」，不斷威脅我們，並且採取各種文攻武嚇，強烈挑戰了區域的穩定及和平。

各位國人同胞，當自由民主受到挑戰，當中華民國的生存發展受到威脅，我們就必須站出來捍衛。拒絕「一國兩制」，是兩千三百萬臺灣人民不分黨派、不分立場，彼此間最大的共識。

中華民國已經在臺灣屹立超過七十年，一旦接受「一國兩制」，中華民國就沒有生存的空間。身為總統，站出來守衛國家主權，不是挑釁，而是我最基本的責任。

七十年來，我們共同經歷了種種嚴峻的挑戰。每一次挑戰，不但沒有擊倒我們，反而讓我們更強壯、更堅定。

我們一起走過八二三砲戰，一起度過一九九六年臺海危機。一次又一次文攻武嚇，從來就沒有讓臺灣人民屈服。我們共同捍衛我們腳下這塊土地，也捍衛我們國家的主權。

我們經歷過退出聯合國的恐慌，也承受過一次又一次的斷交壓力。但臺灣人民想要走向世界的決心，不曾有任何改變。

一九七零年代的石油危機，一九九七年的亞洲金融風暴，千禧年的網路泡沫，還有十年前的金融海嘯。經濟總是充滿挑戰，但一卡皮箱走遍天下的臺商，加上勤奮又有創意的臺灣人民，讓我們一次又一次，把危機化做轉機，讓臺灣的經濟持續往前走。

我們也經歷過八七水災、九二一地震、SARS 風暴、八八風災。天災病變的磨難，沒有擊敗過臺灣人民奮鬥生存的意志。家園毀壞了，我們重建；土地受傷了，我們復原。擦乾眼淚，重新站起，明天又是充滿希望的一天。

這些共同的記憶，彰顯了臺灣人民的韌性。因為有這樣的韌性，我們成為亞洲四小龍的一員。因為這樣的韌性，我們走過了民主化的艱鉅歷程，成為世界上重要的民主典範。

我們共同走過這一段路，無論是哪個黨派，只要是生活在這塊土地上的人民，都不能分割彼此。中華民國不是誰的專利，臺灣也不是誰可以獨占。「中華民國臺灣」六個字，絕對不是藍色、也不會是綠色，這就是整個社會最大的共識。

展望未來，前方的挑戰還有很多，等著我們一一來克服。

我們看見中國崛起跟擴張，以威權體制，結合民族主義和經濟力量，挑戰自由民主的價值和世界秩序。也因此，處於印太地區戰略前緣的臺灣，成為守護民主價值的第一道防線。

中國利用「銳實力」步步進逼，但我們很清楚，作為區域的重要成員，臺灣要善盡國際責任。我們不挑釁、不冒進，結合理念相近的國家，確保臺海和平穩定的現狀，不會被片面改變。

要做到這些，我們必須要團結。儘管臺灣社會曾經因為族群、世代、信仰、黨派的差異，而出現爭執，但透過對話，我們一定可以找到彼此可以接受的最大公約數。經驗證明，衝突、對話、團結進步，會引導國家往正確的方向前進。

我們也必須堅守自由民主的價值。臺灣人民曾經一起走過民主化艱辛的道路，民主偶有紛擾，但只有民主制度，能夠保障得來不易的自由，也才能讓下一代保有決定未來的權利。

我們也必須持續壯大臺灣。三年多來，我們努力調整經濟結構，引導產業升級轉型、推動國際多元布局。我們迎來投資大爆發，在全球經濟的變動中，站穩了腳步，方向是對的，我們就要繼續往前走。

三年多來，我們努力維護社會公平，加薪減稅、全面照顧，讓全民分享經濟成長的果實。未來，推動長照2.0升級，推動幼托補助擴大，減輕民眾負擔，使人人可以享有優質的照顧，是政府要繼續努力的方向。

三年多來，我們推動國防自主、採購先進武器，提升國軍士氣，強化充足戰力。國造高教機的原型機剛剛出廠，國造艦艇也將陸續加入建軍行列。捍衛國土、堅守自由民主，國軍責無旁貸。

三年多來，我們積極參與國際，負責任、肯貢獻，成為維護區域和平穩定，不可或缺的良善力量。我們會持續和理念相近的國家攜手，爭取更多實質合作的機會。

未來的路線很清楚，目標也很明確。

第一，讓國人繼續團結在自由民主的旗幟下，捍衛國家主權。

第二，持續壯大臺灣，強化經濟實力，讓民富而國強。

第三，積極走向世界，克服挑戰，讓中華民國臺灣在國際舞台上抬頭挺胸，勇敢自信。

上一季，我們的經濟成長率已經重返亞洲四小龍之首。世界經濟論壇評比我們是四大「超級創新國」之一。我們的高科技和創新產業，也走在世界的最前端。

我們的體育選手、我們的技能國手，無數充滿創意的設計師、藝術家，在國際舞台發光發熱，帶給臺灣榮耀和驕傲。

我們自製的福衛五號，以及福衛七號接連升空，展現太空科技實力。就連人類歷史上第一次觀測到的黑洞影像，也都有臺灣科學團隊的參與。

當我們可以上太空，可以看見五千五百萬光年外的黑洞，那麼，眼前還有什麼挑戰，是我們沒有勇氣面對的？

歷史的磨難，會因為我們的韌性，而被轉化為成長的力量。天災的挑戰，會因為我們的努力，而成為再生的契機。這塊土地上每一個努力的人，還有每一個人的努力，都讓我們的國家，一天一天變得更好、更進步。

在國慶日這一天，這塊土地上的所有人民，都團結在自由民主的旗幟下，樂觀面對未來、堅定克服挑戰。天佑臺灣，臺灣加油，中華民國加油。謝謝大家。

## 十六、總統接受美國「時代雜誌」（TIME）專訪（民國 109 年 1 月 9 日）*

蔡英文總統 108 年 10 月間接受「時代雜誌」專訪，該刊於 109 年 1 月 9 日刊出相關報導，針對當前國際局勢、臺美關係、兩岸關係等議題，專訪問答內容如下：

問：在川普總統當選後，您打電話恭賀他勝選，後來演變成一個外交事件，也對雙邊關係造成一些影響。請問您是否後悔當初打了這樣的一通電話呢？

總統：當初打電話的過程，其實是一個很自然的事情，也就是當一位友好國家的元首當選的時候，我們打電話去致意及恭喜。我想我們現在看到兩岸關係上的轉變，真正的問題是在於中國在這個區域的戰略企圖心越來越強。還有再加上美國跟中國之間在這個地區的衝突。另外，當然還有您現在看到正在香港發生的一些事情。

---

* 資料來源：中華民國總統府，〈https://www.president.gov.tw/NEWS/25171〉。

所以對於中國來講，它所謂的臺灣問題，就變成它在處理其所面臨的區域或國際問題中的一部分。也就是說，我們以前看到所謂的兩岸關係，現在確實已經是區域問題的一部分，也是一個全球的問題。

問：川普總統在與中國的談判中曾說過，所有事情都可以討論，包括美國承認「一中政策」。川普總統以善於交易和談判聞名，您是否擔心他在和中國進行貿易協商或其他協議時以臺灣為籌碼？

總統：首先，我要釐清的是，美國的「一中政策」跟中國的「一個中國原則」，是不一樣的東西。現在美國國內不論是哪一個黨派，不論是在國會、行政部門，或者是不同的政黨，對臺灣的支持都是有很高的共識。支持臺灣不僅是一個經濟貿易的問題，支持臺灣更是一個民主自由，還有這個區域戰略的問題。

我們當然會很仔細的去觀察美中之間的談判過程，但是我們也有信心，就是美國整體不論是行政或立法部門，對臺灣的支持是有史以來最強的。

問：中國的崛起對於區域、對於國際社會，不管是在雙邊貿易夥伴，或是在國際體系裡面，都是顯而易見的，您認為北京的崛起對於民主所造成的威脅有多大？

總統：其實我們在過去這段時間，越來越可以看得出來，中國對這個區域、甚至全球的企圖心是越來越強，也試圖用它的經濟實力來支撐其政治上的擴張計畫。因此我們也看到它其實在每一個國家，都試圖用直接或間接的方法，試圖去影響決策者的決定。

問：近來臺灣想要向美國購買超過價值 20 億元的軍售，想必您認為中國的軍事威脅真實且嚴重？

總統：中國軍事的能量持續在強化，也越來越有向外擴張的意圖。不僅是臺灣，我相信整個區域其他國家都有開始注意到這個發展，也開始有一些擔心。

所以，一方面，我們有一些國防武器或是設備已經有些老化，我們也必需讓國防很多的設備能夠現代化。另外一方面，我們也希望讓國防可以更符合現代的軍事衝突，或者是說我們所遇到的軍事挑戰，做相對應的調整。

問：在您的第一個任期內，7 個邦交國不再承認臺北政府而轉向北京。您擔心臺灣陷入全面的外交孤立嗎？

總統：我們的邦交國其實是我們整體對外關係的一部分，除了邦交國之外，我們還有很多對外關係，比如跟主要國家、民主國家之間的合作關係，或者是貿易、投資往來，或者是在共同價值的護衛與追尋上面，我們都有越來越好的一個共識，因此我們相互之間的合作也越來越多。即便是在我們的邦交國家，我相信還是有很多邦交國家，是基於共同的理念與價值來支持我們，而不會因為中國經濟利誘而轉向。

問：今年 1 月，習近平主席提出「一國兩制臺灣方案」。目前，香港正針對「一國兩制」執行情況惡化進行激烈抗爭。臺灣和香港的情況顯然大不相同，但是，您是否認為，目前香港發生的事情對臺灣人民傳達了一個訊息：北京政府的提議不可相信？

總統：今年初習近平主席提到「一國兩制臺灣方案」的時候，當時臺灣社會對這個講話的反應，其實是滿強烈的，也就是說，我們對於所謂的「一國兩制臺灣方案」是沒有辦法接受的。不僅對這個方案本身沒有辦法接受，其實還有一點非常重要，就是中國是不是可以信賴。

我覺得在香港這一段時間，從今年稍早 3、4 月一直到現在的發展，顯現出中國在國際承諾下，維持香港「一國兩制」的承諾，遭到香港人的質疑，對中國的可信賴度，確實在臺灣人的心裡大打折扣。

問：但與此同時，香港的困境似乎與您競選連任的聲望提升同時發生，是否可以說，您在香港抗爭中意外獲益？

總統：我想我們應該不要做這樣的解讀說香港的情況是不是有哪一個特定的政治人物受到利益或者是不利益，我想我們應該要這樣來看這個現象，也就是說，當香港的事情持續在發生的時候，臺灣的人民需要一個很堅定的領導者，能夠為臺灣堅持臺灣應該堅持的事情，而且能夠很清楚地講出臺灣人的心聲。

問：競選活動受到假訊息還有民粹式語言的影響，其實似乎是全球化的現象，美國、英國以及許多其他國家也都有遇到這樣子的狀況。民粹主義崛起，假新聞攻擊，還有惡意勢力對媒體的影響，這些對於民主國家造成的威脅，您是否感到擔憂？

總統：確實假訊息或者民粹主義對於執政者的挑戰是非常大，在去年的地方選舉裡面，我們就明顯地感受到民粹主義跟假訊息對於我們整個選舉結果的衝擊。

但是我們在檢討上一次的選舉之後，開始強化了政府的溝通能量。包括我們用社群媒體來強化政府訊息的傳送，同時用很快的速度能夠把錯誤的訊息排除掉。我們也讓政府機關用比較淺顯易懂的語言，甚至有時候用圖畫、圖文，來讓整個政府的訊息可以更快地流通，而且更清晰地流通。

事實上，民粹主義跟假訊息兩者也是實質相關的，因為假訊息可以激發更嚴重的民粹主義。而且民粹主義也會讓民眾去選擇相信錯誤的資訊。所以臺灣社會的民主成熟度，就變成是一個非常關鍵的因素。在上一次選舉之後，臺灣的民眾開始感受到，上個選舉確實有一些事情讓我們感到不安，對臺灣的民主制度也是一種挑戰，我們也看到越來越多的臺灣民眾，願意站出來協助政府來澄清很多的假訊息，對臺灣民主來講，確實是一件很重要的事情，也就是說，你有你的人民來參與，共同處理這些假訊息的問題。

問：目前看來，臺灣人一方面也希望可以跟北京及中國擁有更好的關係，但是同時又希望能夠保持國家的自主、主權，以及現有的生活方式。如果考量北京對您的政黨的反感，您認為您是否是能夠執行這個任務的最佳人選？

總統：我想，這兩個確實是臺灣人民都想達到的目標。但是，如果兩個是不可以兼得的話，我想臺灣人選擇的是讓我們國家的民主自由能夠不受侵犯，我們的主權也不受侵犯，這是最重要的事情。

但是要維持跟中國的關係，必須要來自於臺灣人的自信跟臺灣人的實力，我們才有那個條件跟中國坐下來談，談出一個雙方可以改進關係的方案。

所以我覺得真正的問題就是我們是不是夠團結，我們的實力是不是夠強，這樣子我們在談判桌上，或者我們跟中國坐下來談的時候，我們才會找到一個雙方都可以接受的方案。

當然，北京最想看到的是，臺灣是一個分裂的社會，臺灣的經濟跟各方面的發展遲滯，讓他們在形塑雙邊的關係上，有一個比較好的著力點。

但是從現在來看，臺灣人對於臺灣的主權、民主自由這件事情上，其實意見還算蠻一致的。

在我們執政的這幾年，經濟還有很多社會各層面的發展，都持續在進步當中。

問：就社會層面而言，在您的執政下，臺灣成為亞洲的第一個同婚合法的國家，臺灣人民要向世界傳達什麼訊息？

總統：臺灣基本上是一個華人社會，所以也有一些華人的傳統，尤其是保守的傳統。但臺灣也是一個移民的社會，所以在移民社會裡面，你可以看到包容、開放的精神。

所以看到像新的議題，比如說同婚議題，在臺灣的社會裡面其實進行了很多的辯論，還有很多的掙扎。不同世代的人、不同信仰的人、不同價值觀的人，對這件事情都有不同的想法跟看法。

臺灣在這個議題上，爭論了大概兩、三年，但在大家共同經歷了一個很痛苦的過程之後，我們總算有一個方案出來，現在臺灣的社會也都大致可以接受，這顯現出來臺灣人是開放的、是包容的，同時，臺灣的民主制度也是夠成熟的。

問：隨著香港現在的情勢變化，自由受到侵害，您是否認為，臺灣經濟會因此獲益？讓目前在中國投資而仍希望留在大中華圈內的外商、媒體轉移基地到臺灣來？

總統：其實，現在我們看到了美中的貿易戰也好，或香港的情勢也好，已經引發了一些投資案轉向到臺灣來，尤其是在中國的台商，開始把他們的投資轉回來臺灣。從今

年1月到現在，我們所收到台商回到臺灣來投資的申請，已經超過6,000億台幣。

事實上，我們也看到很多的訂單現在都轉到臺灣來。臺灣越來越是下一個世代的通訊電子產品，及很多高階產品，最安全的生產地，所以外商也在這裡增加投資；另外一方面，很多在創新產業裡面的新的公司，也都在臺灣陸續地設立起來。

臺灣的言論自由應該是亞洲數一數二的，這是亞洲最自由的地方之一，對媒體來講，是一個最好的環境。另外就是，臺灣其實是一個非常舒適、適合居住的地方，所以，我們歡迎國際媒體利用臺灣做區域中心，他們會覺得這是一個很舒適、很自由的國家，對於媒體的運作也充分尊重國家。

## 十七、總統出席「中華民國中樞暨各界慶祝 109 年國慶大會」（民國 109 年 10 月 10 日）*

蔡英文總統今（10）日上午出席在總統府府前廣場舉行的「中華民國中樞暨各界慶祝109年國慶大會」，以「團結臺灣，自信前行」為題發表演說。

總統致詞全文如下：

大會主席游錫堃院長、現場各位貴賓、電視機前和網路上的全體國人同胞：大家早安，大家好！

## 一、防疫成果貢獻國際

今天是中華民國109年的國慶日，今年因為疫情，慶典的規模縮小了，但所有的國人同胞，無論身在何處，都發自內心，慶賀中華民國臺灣，度過了重重挑戰的一年。

2020這一年，在新型冠狀病毒威脅下，無論對臺灣或全世界，都是驚濤駭浪的一年。但是，也因為這場全球性的危機，才讓國際社會看到臺灣「堅韌之島」的特質和能耐。

我們沒有封城，沒有關閉學校，也是世界上少數還能夠在管制措施下，開打職棒、舉辦大型藝文活動的國家。我們更展現了傲人的國力，將防疫物資送到世界各地。

從今年三月以來，有超過三千三百篇國際媒體報導，都在談論臺灣的防疫表現。臺灣在國際上的面貌，越來越清晰，比過去任何時期都更加亮眼。

---

\* 　資料來源：中華民國總統府，〈https://www.president.gov.tw/NEWS/25628〉。

這樣的成就，要歸功於全體臺灣人民的團結、合作。除了最辛苦的醫護和檢疫人員，我們也要感謝，製造業攜手投入防疫物資生產，科技業開發 APP，藥師朋友、超商員工協助發放口罩，還有我們所有的民眾，并然有序的配合各項防疫措施。

我們也看到，海外歸來的國人，依規定居家隔離、檢疫。旅行業者提供防疫旅館，租賃車業者提供防疫車隊，餐廳娛樂場所落實實名制規定。因為全國上下一心，我們守住了疫情的防線，讓臺灣成為世界的模範生。

當日本的森喜朗前首相、捷克的韋德齊參議長、美國的阿札爾部長和柯拉克國務次卿，相繼來訪，表達他們對臺灣的敬意的時候，相信許許多多的國人，都感到無比的振奮。

透過因應疫情的挑戰，我們證明了國家在逆境中的生存能力，建立了國民的自信。更重要的是，我們團結了，因為我們深刻體會到守護家園的重要。所以這一年，確實是辛苦而險峻的一年，但也是豐收的一年。

今天的大會中，邀請到各行各業的防疫英雄，來為我們領唱國歌。其中有很多我們熟悉的故事，像是賴碧蓮護理師，臉上光榮的口罩壓痕，或者是張莞爾護理師，瞞著家人出任務，陪伴血友病少年返台的感人事蹟。

還有更多無名英雄，不曾被報導，因為這一場戰役，有太多人的投入，有說不完的故事。我要請現場的好朋友，用最熱烈的掌聲，再一次給我們的防疫英雄們滿滿的感謝，謝謝他們為臺灣所做的付出。

## 二、新情勢下的經濟戰略

因為疫情控制得當，臺灣成為全球少數可以維持經濟正成長的國家，我們也為疫情後的經濟發展，超前部署。「六大核心戰略產業」正在積極規劃推動；前瞻基礎建設計畫，也已經分期編列特別預算，加速進行當中。

最讓我們感到振奮的，是國人及企業，對臺灣經濟發展的信心更強了。臺灣資本長期以來外流的趨勢，已經翻轉過來。

我們迎來幾十年來最大規模的資金回流潮，台商返台投資，已經超過新台幣一兆元，還有數以千億元計的海外資金，正在陸續匯回；許多外商及知名跨國企業，也在加碼投資臺灣。這些，都是現在進行式。

在國際經貿合作的領域中，我們也有不少實質進展。臺灣和美國將進行高層經濟對話，在全球供應鏈重組、科技合作、基礎建設等領域，尋求未來合作空間。

上週，臺美雙方宣布，已經完成簽署「臺美基礎建設融資及市場建立合作架構」，

雙方將攜手投入美洲，以及印太地區的基礎建設計畫。臺美經濟合作的深化，已經進入到行動階段，這也是我們在國際經貿合作上，尋求全面性突破的開始。

不過，我也要提醒國人。全球疫情還沒有結束，疫情帶給各國在經濟、社會層面的複雜挑戰，仍然很嚴峻。

展望未來，還有更艱鉅的挑戰等著我們去克服。疫情後世界經濟的復原，人類生活型態的轉變，全球以及區域貿易情勢的劇烈變化，還有經濟秩序的重整，每一項都考驗我們經濟的續航力，以及整體的應變能力。

面對數十年來最大的內、外變局，臺灣會持續展現我們的韌性，政府會掌好舵，朝三個策略方向前進，打造大家所期待的新臺灣經濟。

首先，我們要全力、全方位投入供應鏈的重組。現在，全球供應鏈的快速解構及重組，是一個不可逆轉的趨勢。各地台商也正在朝向區隔市場、轉移生產基地、回台投資等方向，加速調整。

我們已經在推動的「5+2產業創新」、「六大核心戰略產業」、兆元投資計畫、「新南向政策」、臺美經濟合作、參與區域經濟整合等等，都和供應鏈重組息息相關。

我們會將這些相關的政策和計畫串聯起來，並且整合政府和民間的資源，以及跨部會的能量，全力、全方位的投入，讓臺灣成為全球供應鏈不可或缺的關鍵力量。

第二，我們要打造臺灣成為國際資本、人才及數位技術匯聚的重鎮。未來供應鏈的重組，最關鍵的元素是資本、人才，以及邁向數位經濟時代的核心技術。

我們將會在吸引國際資本跟人才的環境及法制上，持續深化改革，排除障礙。同時，也會透過國際交流、產學合作，以及雙語國家政策的努力，積極培育國內產業人才。

另外一方面，我們也會運用臺灣在資通訊、半導體、物聯網、人工智慧等優勢，開發及掌握核心技術，加速推動產業及經濟的數位轉型。

第三，我們要全力落實經濟與社會的均衡發展。疫情後的經濟、產業發展，可能會有失衡的風險，資金供給大幅的增加，也可能帶來後遺症。

所以，未來政府會更加重視資源的合理分配，照顧因為經濟轉型而受衝擊的弱勢族群，加強促進青年就業，引導資金進行最有效的利用，讓臺灣經濟再起的紅利，可以讓全國的人民共享。

## 三、堅實國防維護國家安全

當然，臺灣經濟的前景，是有賴於區域的和平穩定。我們很清楚，示弱退讓不會帶來和平，只有自我準備充足，憑藉著堅實的防衛決心和實力，才能保障臺灣的安全、維護區域的和平。

精進國防實力，降低戰爭風險，這是當前我們國防政策的原則。這段時間，面對對岸機艦騷擾，台海情勢雖然比較緊張，但是我們的國軍，都能夠即時掌握和因應，達成防衛固守的任務。

這幾年來，只要我有時間，我就會前往部隊，看看我們的國軍官兵。從高山上的空軍雷達站，到返航靠港的海軍艦隊；從在陣地操練火砲的陸軍部隊，到培養年輕軍士官的學校。

我的目的，不僅是要對這些日夜輪班、保家衛國的軍人，說一聲謝謝，也要讓我們的國人知道，國軍是我們的家人，也是國家主權、自由民主最強的後盾。

在跟國軍官兵的互動中，許多故事堅定了我的信心。我還記得，當我到第一線空軍部隊的時候，警戒室裡，隨時準備緊急出勤的飛官，充滿信心地告訴我「務必將空防交給空軍」。

我也記得，我在陸軍工訓中心，看到我們女性軍官，帶領著工兵同袍，展現出「逢山開路、遇水架橋」的氣魄。在海軍水下作業大隊，則有穿戴重裝備的弟兄姊妹，奮勇潛入海底，排除障礙。

這就是中華民國國軍。他們不分前線後勤，不分男女，都是我們的子弟，都有共同守護國家的信念。

這段時間以來，也有國軍弟兄姊妹在執行任務的過程中，為國受傷，甚至殉職。我們感念他們的付出，並且以英勇盡責的國軍為榮。

身為三軍統帥，國軍的未來、未來的國軍，就是我最心心念念的事情。

面對對岸的軍事擴張和挑釁，我們會持續強化防衛戰力的現代化，並且提升不對稱戰力。在外購武器裝備的同時，我們仍然堅持加速推動國防自主，高教機國造、潛艦國造，已經有相當的成效。我們將以雙軌並進的方式，來強化我們的防衛實力。

不僅武器裝備性能正在提升，國軍更需要有素質優秀的戰士。除了提升志願從軍的官士兵的專業素養，更要建立有效的後備制度，來強化國軍的人力素質以及戰力。

這段時間以來，相信很多被教育召集的後備軍人都覺得，教召變得更加精實。而在常後一體的原則下，接下來，後備動員制度的改革，將會快速推動。

面對區域和平穩定受到威脅，我們堅守「不畏戰，不求戰」的原則，避免擦槍走火。國防部也會適時發布共軍動態，和周邊國家交換資訊，強化安全夥伴角色；也讓國人明瞭台海動態，讓全民國防更加堅實。

## 四、積極作為參與區域合作

這段時間，我們都密切注意著區域安全情勢的變動。從南海、東海主權爭議，中印衝突，到台海局勢的變動，乃至於各國關切的港版國安法實施，印太區域的民主、和平與繁榮，正受到嚴峻的挑戰。

區域內的國家，為了確保自身安全和民主體制，不受到外在因素影響，而展開了各種形式的合縱連橫，已經導致這個區域，發生前所未有的情勢變化。

我們要把變局的試煉，轉變成歷史的機遇。我們堅持主權以及守護民主價值的原則，不會改變；但在策略上，也會保持彈性、靈活應用。

情勢在改變，只有超前部署，才能掌握未來，才不會在變局中隨波逐流，甚至被別人決定了命運。

我們將積極參與未來的國際和區域新秩序的建立。我們會秉持「價值同盟」的原則，在國際社會廣結善緣，並且跟理念相近和友我的國家，持續提升夥伴關係；我們也會更積極地參與區域及國際的多邊合作和對話。

維持和平、促進繁榮發展，這就是中華民國臺灣，在區域中最重要的價值。我們要做良善力量的倡議者，將進步及良善的價值，推廣到全世界。

我也注意到，對岸領導人最近在對聯合國的視訊演說中，公開表示：中國永遠不稱霸，不擴張，不謀求勢力範圍。

在區域國家、乃至於全世界，都在擔憂中國擴張霸權的此刻，我們希望，這是一個真正改變的開始。

尤其，在全球高度關注印太及兩岸局勢變化的重要時刻，北京如果能夠正視臺灣的聲音，改變處理兩岸關係的態度，和臺灣共同促成兩岸的和解及和平對話，相信一定可以化解區域的緊張局勢。

面對兩岸關係，我們不會冒進，也會堅守原則。維持兩岸關係的穩定，是兩岸共同的利益；我們有決心維持兩岸的穩定，但這不是臺灣可以單方面承擔的，而是雙方共同的責任。

現階段兩岸當務之急，是本於相互尊重、善意理解的態度，共同討論和平相處之道、共存之方；只要北京當局有心化解對立，改善兩岸關係，在符合對等尊嚴的原則

下，我們願意共同促成有意義的對話。這就是臺灣人民的主張，也是朝野政黨的共識。

## 五、結語：團結合作共度挑戰

這段時間，我們可以明顯感受，臺灣人民在對外關係以及國家安全的議題上，彼此的距離正在拉近。臺灣人民都希望區域的和平繁榮，能夠安定永續。

朝野政黨之間也是如此。像是最近在立法院，在野黨提出促進臺美關係的議案，獲得朝野黨團的支持，無異議通過。還有，六都首長一致對外，共同抗議，成功更正了國際組織矮化臺灣的做法。這些都是跨黨派合作，團結表達立場的表現。

我想透過這些例子，呼籲並且請國內各個政黨，一起攜手努力。對內，互相競爭，立場針鋒相對，是民主日常。不過，為了國家的生存發展，為了民主自由的價值，對外，我們應該團結努力，攜手帶領國家度過挑戰。

就如同過去七十一年來，臺灣經歷的一切，困境磨練出我們的堅韌，挑戰激發我們的志氣，一場疫情，可以凝聚出臺灣人民團結的意識，給我們繼續前進的勇氣。

我們守住疫情防線、發展經濟戰略、穩定區域情勢、捍衛臺灣安全，為的是什麼？就是要把一個壯大的國家，留給臺灣的下一代。

今年的金曲獎，我們也看到了年輕世代蓬勃的創造力和生命力。他們用各種曲風，自信地唱出自己的母語，呈現出對各種議題的價值觀。尤其是《kinakaian 母親的舌頭》這張專輯，獲得了「年度專輯獎」的大獎。

這些年輕的創作者，雖然風格各自不同，但都能夠在舞台上發光發亮，也為臺灣的多元文化，做出最好的詮釋。而支撐起這一切的，就是我們民主、自由的環境。

我們現在打拚的一切，都是為了下一代、讓世世代代的臺灣人，可以在創作上展現自信，也能對土地的文化和價值感到光榮，並且勇敢的走向世界。

在中華民國國慶這一天，我們也一起許下願望，願二十年後的臺灣人，回想 2020 年的時候，會想起正是在這一年，因為我們在時代中把握機遇，在變局中勇敢前進，克服了挑戰、擺脫了枷鎖，讓他們有真正以自己的意志，選擇未來的機會。

從現在起，就讓我們團結彼此，一步一步，「有路，咱沿路唱歌；無路，咱蹽溪過嶺」，一起朝有光的地方前進。

中華民國生日快樂！謝謝大家。

十八、總統召開國安高層會議 就中國軍事威脅與區域安全、持續深化臺美關係、穩定兩岸關係、國內政經穩定及安全、未來經濟發展等五個面向做出裁示（民國 109 年 10 月 31 日）*

鑑於近期國際情勢的重大發展，包括美國總統大選以及中共五中全會，對美中及兩岸關係皆有廣泛而深遠的影響，蔡總統在上月已指示國安會組成專案小組，就相關情勢的可能發展，進行持續掌握及分析研判，並就各種可能狀況沙盤推演，預為因應部署。

總統也在今（31）日上午召開國安高層會議，就中國軍事威脅與區域安全、持續深化臺美關係、穩定兩岸關係、國內政經穩定及安全、未來經濟發展等五個面向做出裁示。

總統指出，面對全新情勢與可能的挑戰，政府將會在堅守、捍衛民主自由價值的原則下，繼續深化、鞏固臺美關係，堅定維護臺海和平穩定；政府有信心、也有能力應對各種不同的狀況，請全體國人放心。而總統裁示如下：

## 一、中國軍事威脅與區域安全

總統表示，這段時間，中國解放軍在臺海、南海乃至東海日益頻密的軍事活動，對區域安全情勢已造成衝擊，作為區域一員，臺灣將持續善盡責任。證諸歷史，示弱退讓從不會帶來和平，只有堅實的防衛決心和實力，才能捍衛家園。

對於近期以來共軍在區域間的軍事作為，國防部、國安會應妥為掌握，並針對各種可能的威脅風險縝密評估，務必有萬全準備。我國也將持續強化防衛戰力的現代化，提升不對稱戰力、推動國防自主，以及後備動員制度改革，以因應對岸軍事擴張及挑釁。

## 二、持續深化臺美關係

總統表示，近期以來，臺灣得到美國主流民意，以及朝野政黨的一致支持。美國國會已經通過「臺灣旅行法」、「臺北法案」、「臺灣保證法」等多項法案；行政部門也有多位高層官員訪臺，也通過多次軍售案，臺美關係的進展，國人有目共睹。

臺美關係是我國外交工作的重中之重，無論選舉結果為何，持續深化與美國共和黨及民主黨之關係，爭取美國跨黨派持續對民主臺灣的一致支持，就是我們推動臺美關係發展的首要目標。

---

* 資料來源：中華民國總統府，〈https://www.president.gov.tw/NEWS/26154〉。

　　總統指示國安會、外交部、駐美代表處要持續加強對美外交工作，包括相關情勢發展的有效掌握、美國朝野各界對臺支持的爭取，以及進行中重要政策方案的穩健進行，就未來幾個月最優先工作項目，積極落實執行。

　　臺灣和美國是理念和價值的同盟，相信未來臺美關係會在既有互動合作的基礎上，持續鞏固深化，不會受到任何變數的影響。

## 三、穩定兩岸關係

　　面對兩岸關係的變化，總統重申，維持兩岸關係的穩定，是兩岸共同的利益；兩岸雙方應本於相互尊重、善意理解的態度，共同討論和平相處之道、共存之方；我們願意在符合對等尊嚴的原則下，共同促成兩岸之間有意義的對話；希望北京當局也能負起相對的責任，及早促其實現。

## 四、國內政經穩定及安全

　　總統指示，為避免外在因素影響治安與社會秩序，海巡署、警政署等相關部門，應確實做好維護社會治安、防範虛假訊息散布、強化基礎設施安全防護等工作，有力維護我國民主制度與自由生活的方式。

## 五、未來經濟發展

　　總統也指示，財經部會要特別注意美國總統大選後金融市場及經濟情勢的變化，並加強落實對受疫情影響產業的紓困措施，重大投資計畫及基礎建設計畫要加速推動，以強化經濟應變能力。

　　在供應鏈重整方面，總統強調，未來應在「5+2 產業創新」、「六大核心戰略產業」、兆元投資計畫的基礎上，加速推動國內產業轉型升級；並配合「新南向政策」及和主要貿易夥伴雙邊、多邊經貿合作，協助供應鏈的海外佈局。

　　總統也再次強調，要深化臺美經濟合作。在 8 月 28 日宣布放寬美豬、美牛進口政策後，除了第一時間美國副總統、美國國務卿、美國跨黨派國會議員，以及臺美產業界以各種管道，公開、積極回應支持深化經濟合作以外；國務次卿柯拉克也在日前訪臺，臺美雙方就各項經濟議題進行廣泛意見討論；乃至美國參議院跨黨派、過半的參議員，聯合致函美國貿易代表署，呼籲行政部門應展開與臺灣洽簽「雙邊貿易協議」（BTA）的談判等，都是因為臺灣願意面對問題、解決問題，展現重建國際信用決心，而推動的實質進展。相信臺美貿易談判在這些進展的基礎上，可以持續累積前進的動能，俟時機

成熟，自可水到渠成。

最後，總統也表示，除依據蘇院長上週四在行政院院會指示，加強在策略性領域的供應鏈合作之外，也要積極落實召開「臺美經濟對話」，爭取恢復「臺美貿易暨投資架構協定」（TIFA）商談，及開啟「臺美雙邊貿易協定」（BTA）諮商，為雙方合作奠定制度化基礎。同時，也要充分利用「臺美基礎建設融資及市場建立合作架構」，積極推動臺美在新南向及中南美國家建立供應鏈合作網路。

今天出席是項會議的，除了總統、副總統與行政院蘇貞昌院長、行政院沈榮津副院長，並有總統府李大維秘書長、國安會顧立雄秘書長、行政院鄧振中政務委員、行政院龔明鑫政務委員、內政部徐國勇部長、外交部吳釗燮部長、國防部嚴德發部長、參謀總長黃曙光、經濟部王美花部長、陸委會陳明通主委、海委會李仲威主委、國安局邱國正局長、駐美代表蕭美琴、國安會諮詢委員傅棟成、國安會諮詢委員陳俊麟、海基會詹志宏副董事長兼秘書長，及警政署陳家欽署長等。

而在會議開始之前，總統也帶領全體與會人員，向日前 F-5E 墜機事故不幸殉職的朱冠甍上尉默哀致敬。總統並在會議結束後，隨即前往臺東，向家屬表達慰問致意。

有關長榮大學馬來西亞學生遇害案，總統在會中也特別表達高度關注，除了向學生家人致上最深的哀悼，也請政府相關部門全力協助家屬辦理各項後續事宜。

對於馬來西亞學生在我國受害，總統也向學生家屬、馬國人民表達至深歉意。總統認為，臺灣應該是最友善安全的國度，發生這樣的不幸事件，不僅對臺灣的國際形象有莫大傷害，更代表我們在社會安全的維持上出現了漏洞，必須徹底檢討，確保這樣的不幸不再發生。

另外，針對昨（30）日土耳其愛琴海地區發生強烈地震，造成相當災情。對此，總統在得知後相當關心，除了指示外交部儘速了解我國僑民的安全情形，總統也請外交部轉達她與臺灣人民對土耳其人民的關切及慰問，盼望受災地區早日復原，臺灣也非常願意提供各項可能的協助。

# 第二部分　臺美關係：官方相關言論與文件節錄

一、總統府對美國政府核准對臺軍售項目表示歡迎與感謝（民國107 年 9 月 25 日、108 年 4 月 16 日、108 年 7 月 9 日、109 年 7 月 10 日、109 年 10 月 22 日、109 年 10 月 27 日、109 年 11 月 4 日、109 年 12 月 8 日、110 年 8 月 5 日）*

## 107 年 9 月 25 日

針對美國政府今天（美東時間 24 日）稍早核准新一批次對臺軍售項目，並向國會提交通知，總統府發言人黃重諺對此表示歡迎與感謝。

黃重諺說，堅強的自我防衛，將助益臺灣人民在面對嚴峻的安全挑戰時更有自信，也讓我國更有能力確保臺海與區域的和平穩定，更從而在此基礎上，持續尋求兩岸關係的良性發展。

黃重諺表示，感謝美國政府對臺灣國防安全的重視，以及堅定履行臺灣關係法與六項保證的承諾。在此同時，我們也會持續提高對國防的投資，強化國防工業與國防科技研發，並在國防安全在內的各項議題與美方保持密切溝通與合作。

## 108 年 4 月 16 日

針對美國政府今天（美東時間 15 日）稍早宣布新一批次對我國軍售，總統府發言人張惇涵表示，對於美國政府履行對臺灣關係法與六項保證的承諾，協力臺灣強化自我防衛，確保臺海和平與區域安全，中華民國政府表示誠摯感謝。

張惇涵說，美國政府對我國提供防衛性武器，協助臺灣建立堅強國防實力，防止臺海現狀被片面改變，讓臺灣在捍衛和平穩定現狀更具能力與信心。在此同時，臺灣也

* 資料來源：中華民國總統府，〈https://www.president.gov.tw/NEWS/23696〉、〈https://www.president.gov.tw/NEWS/24278〉、〈https://www.president.gov.tw/NEWS/24539〉、〈https://www.president.gov.tw/NEWS/25416〉、〈https://www.president.gov.tw/NEWS/25656〉、〈https://www.president.gov.tw/NEWS/25668〉、〈https://www.president.gov.tw/NEWS/25691〉、〈https://www.president.gov.tw/NEWS/25769〉、〈https://www.president.gov.tw/NEWS/26148〉。

將持續提高在國防上的投資，包括強化國防工業與國防科技研發，具體展現臺灣自我防衛，貢獻臺海與區域安全決心。

## 108 年 7 月 9 日

　　針對美國政府於美東時間（8 日）向美國國會發出新一批次對我國軍售通知，總統府表示歡迎。總統府發言人張惇涵表示，在臺美雙方共同紀念《臺灣關係法》立法 40 週年之際，美國政府持續以具體行動履行對臺灣關係法與六項保證的承諾，協助我國強化自我防衛力量，我們也表達由衷感謝。

　　張惇涵表示，美國政府對臺提供防衛性武器，支持臺灣建立堅強國防實力，以嚇阻可能的軍事威脅，讓臺灣在捍衛臺海和平與區域穩定上更具能力與信心。張惇涵說，作為印太區域中負責任的一員，臺灣將加速國防投資，並持續強化與美國及理念相近國家的安全夥伴關係，共同捍衛區域中的安全與穩定，並守護臺灣的自由民主價值。

## 109 年 7 月 10 日

　　針對美國國務院於美東時間（9 日）批准新一批次對我國軍售，並正式通知國會，總統府發言人黃重諺表示歡迎，並感謝美國履行《臺灣關係法》與「六項保證」承諾，協助我國持續強化防衛能量，以確保台海及區域的和平安全。

　　黃重諺說，本項軍售為我國愛國者三型飛彈後勤維修與技術服務，鑑於近期中國在臺海及區域間頻頻施加各項軍事壓力，本案將助益我國高空層防禦的進一步堅實。未來臺灣也將持續提高在國防上投資、推動國防事務革新，並強化國防工業與國防科技研發，以具體行動展現臺灣自我防衛決心，更讓臺灣為印太地區長遠的和平、穩定與繁榮做出貢獻。

## 109 年 10 月 22 日

　　關於美國政府於美東時間（21 日）知會美國國會，發出新一批次對我國三項軍售通知，總統府發言人張惇涵表示，對於美國政府基於《臺灣關係法》，持續以具體行動履行「六項保證」的安全承諾，協助我國強化自我防衛力量，我國政府表達誠摯歡迎及感謝。

　　張惇涵表示，美國政府對我國提供防衛性武器，有助於臺灣建立堅實國防實力，強化防衛戰力的現代化，同時提升不對稱戰力，讓臺灣在捍衛臺海及區域和平穩定上更具能力與信心。

　　張惇涵強調，在對外購置武器裝備之同時，我國政府仍將持續加速推動國防自主，並且提升國軍人力素質與戰力。臺灣也會持續深化與美國及理念相近國家的合作夥伴關係，共同維護印太區域的和平穩定與繁榮發展，堅定守護臺灣的民主自由。

## 109 年 10 月 27 日

　　關於美國政府於美東時間（26 日）知會美國國會，發出對我國「魚叉飛彈海岸防衛系統」軍售通知，總統府發言人張惇涵表示，這是繼上週的三項軍售案後，美國政府對我國再度提供重要防衛性武器，我國政府再次表達誠摯感謝。

　　張惇涵表示，這不僅顯示美國政府基於《臺灣關係法》，再次以具體行動履行「六項保證」的安全承諾，也充分展現美國政府對協助臺灣強化自我防衛能量的高度重視。

　　張惇涵強調，該項軍售案將進一步充實國軍戰略與防衛需求，強化防衛戰力的現代化，並加速提升不對稱戰力。而臺灣也會以堅實的國防，持續與美國及理念相近國家深化合作，共同維護印太區域的和平穩定與繁榮發展。

## 109 年 11 月 4 日

　　關於美國政府於美東時間（3 日）知會美國國會，發出對我國「MQ-9B 無人機」軍售通知，總統府發言人張惇涵表示，這是美國政府於兩週內第三度提供我國重要防衛性武器，對於美國政府基於《臺灣關係法》，持續以具體行動履行「六項保證」的安全承諾，我國政府再次表達誠摯感謝。

　　張惇涵表示，該項裝備也因應我國軍戰略與防衛需求，將有效提升國軍全時段監偵能力，並加速提升不對稱戰力，強化自我防衛能量。臺灣也會在既有互動合作的基礎上，持續鞏固深化臺美關係，並持續與美國及理念相近國家深化合作，持續為區域和平穩定貢獻良善力量。

## 109 年 12 月 8 日

　　關於美國政府於美東時間（7 日）知會美國國會，發出對我國「野戰資訊通信系統」軍售通知，總統府發言人張惇涵今（8）日表示，這是今年第六度，也是川普總統任內第十一度對臺軍售，我國政府再次感謝美國政府對協助臺灣強化自我防衛能量的高度重視。

　　張惇涵表示，這也再次顯示美國政府以具體行動落實《臺灣關係法》及「六項保證」的安全承諾，並將進一步增強我國軍戰略與防衛需求。

　　張惇涵強調，臺灣也將持續以堅實的國防，與美國及理念相近國家深化安全夥伴關係，堅定成為維護印太區域的和平穩定與繁榮發展的良善力量。

## 110 年 8 月 5 日

　　對於美國政府於美東時間（4 日）宣布，將對臺出售 40 門 M109A6 自走砲，總統府發言人張惇涵今（5）日表示，對於美國政府履行對《臺灣關係法》及「六項保證」的承諾，我國政府表示誠摯感謝。

　　張惇涵表示，這是美國拜登總統上任後，首度對臺軍售，充分展現美國政府對於臺灣防衛能力的高度重視。而美國政府對我國提供防衛性武器，協助臺灣強化自我防衛能力，亦讓臺灣在確保臺海和平與區域安全，更具能力與信心。

　　張惇涵強調，臺灣將與美國等理念相近的國家持續深化合作，堅定為臺海和平穩定及印太區域的繁榮發展，貢獻正面良善的力量。

## 二、我政府籌組代表團參加第 58 屆美國總統副總統就職典禮（民國 106 年 1 月 16 日）*

### 中華民國外交部第 009 號新聞稿

　　第 58 屆美國總統副總統就職典禮訂於本（106）年 1 月 20 日（週五）在美國首都華盛頓國會山莊前草坪舉行。為表示我國政府與人民對雙方緊密友好關係之重視，同時回應上（105）年美方派遣慶賀團來臺祝賀蔡總統就職之善意，我政府循例籌組跨黨派代表團出席美國總統就職典禮。我代表團由前行政院長游錫堃擔任團長，團員包括游前院長夫人、臺中市長林佳龍、嘉義縣長張花冠、國安會諮詢委員童振源，以及立法院陳亭妃、呂玉玲、柯志恩、林為洲、林昶佐、陳怡潔等 6 位委員。

　　代表團於本年 1 月 16 日啟程，除出席就職大典相關活動外，並將與美國政要、智庫學者及僑界代表會晤，就當前國際局勢及臺美雙邊關係廣泛交換意見，預定 1 月 23 日返抵國門。

---

*　資料來源：中華民國外交部，〈https://www.mofa.gov.tw/News_Content.aspx?n=96&s=74208〉。

　　美國總統就職典禮係由聯邦參眾兩院成立之「就職大典國會聯席委員會」（Joint Congressional Committee on Inaugural Ceremonies, JCCIC）負責籌辦。本屆就職典禮主題「讓美國再度偉大」（Make America Great Again）與川普總統當選人之競選口號相同，展現川普總統當選人帶領全美人民齊心使美國更安全、更強盛之決心。

　　川普（Donald J. Trump）總統當選人將依憲法規定，將於 1 月 20 日在美最高法院首席大法官 John G. Roberts, Jr. 主持下宣誓出任美國第 45 任總統，彭斯（Mike Pence）副總統當選人將成為美國第 48 任副總統。

　　臺美關係源遠流長，近年來更有大幅進展；中華民國政府對川普總統當選人就職特別表達恭賀之意，未來將在既有之良好互信與互動基礎上，繼續強化臺美關係。

## 三、外交部感謝美國聯邦眾議院外交委員會亞太小組無異議通過「臺灣旅行法案」（Taiwan Travel Act, H.R.535）（民國 106 年 6 月 16 日）*

### 中華民國外交部第 096 號新聞稿

　　美國聯邦眾議院外交委員會「亞太小組」於美東時間本（106）年 6 月 15 日舉行法案審查會議，以口頭表決方式通過「臺灣旅行法案」（Taiwan Travel Act, H.R.535），要求美國政府應增進臺美間各層級官員之互訪並解除交流限制；准許包括美國內閣層員級官員、將級軍官及行政部門官員訪臺，以及准許臺灣高階官員訪美會晤包括美國國防部及國務院在內等官員。中華民國外交部對美國國會採具體行動協助提升臺美關係表達誠摯歡迎及感謝。

　　該法案是由美國聯邦眾議院外交委員會主席羅伊斯（Ed Royce, R-CA）及夏波（Steve Chabot, R-OH）等眾議員於本年元月共同提案，夏波眾議員於法案審查會議中特別發言指出，中國大陸持續採取行動孤立臺灣，美國有法律及道德承諾協助臺灣抵抗中國大陸之攻擊；限制臺灣高層官員來訪，不僅污辱美國盟友，在日益危險之世局中，更對美國國家安全造成危害。

　　另美國聯邦參議員魯比歐（Marco Rubio, R-FL）、「參議院臺灣連線」共同主席殷霍夫（James Inhofe, R-OK）與孟南德茲（Robert Menendez, D-NJ），以及外委會亞太小

---

*　資料來源：中華民國外交部，〈https://www.mofa.gov.tw/News_Content.aspx?n=96&s=74295〉。

組主席賈德納（Cory Gardner, R-CO）等參議員亦於本年5月間共同提出相對應的參議院版「臺灣旅行法案」，充分展現美國國會兩院對臺美關係的共同重視與支持。

外交部感謝美國國會兩黨友人對提升臺美雙邊交流之支持，並將密切關注前述兩項法案之審議，同時持續在雙邊緊密友好、溝通管道多元順暢的良好基礎上，推動「升級版」的臺美關係。

## 四、中華民國政府捐贈美金80萬元協助美方進行哈維颶風災後重建工作（民國106年8月30日）*

### 中華民國外交部第147號新聞稿

哈維颶風（Hurricane Harvey）本（106）年8月25日登陸侵襲美國德州及路易斯安納州，造成嚴重災情。為協助當地政府及災民進行救災及重建工作，中華民國政府決定捐贈美金80萬元，以實際行動幫助當地民眾早日恢復正常生活。

我國與美國關係友好，人民情誼深厚，尤其臺灣每年夏秋經常遭受颱風侵襲，對於美國受災民眾失去親人及家園殘破的處境感同身受。蔡英文總統8月28日已透過推特表達對受災民眾的關懷，外交部及駐美國代表處也分別向美方表達我政府的關心。

上述捐款將由我駐美國代表處及駐休士頓辦事處與美方有關單位研商，擇適當時機透過公開儀式捐贈，以協助災民儘早重建家園。

## 五、外交部感謝美國聯邦眾議院通過「臺灣旅行法案」及「支持臺灣參與世界衛生大會法案」（民國107年1月10日）*

### 中華民國外交部第003號新聞稿

美國聯邦眾議院院會於美東時間本（2018）年1月9日一致通過「臺灣旅行法案」（Taiwan Travel Act, H.R.535）及「支持臺灣參與世界衛生大會（WHA）法案」

---

\* 資料來源：中華民國外交部，〈https://www.mofa.gov.tw/News_Content.aspx?n=96&s=74346〉。
\* 資料來源：中華民國外交部，〈https://www.mofa.gov.tw/News_Content.aspx?n=96&s=74449〉。

（H.R.3320），外交部對美國國會採取具體行動提升臺美關係及支持我國際參與，表達歡迎及誠摯感謝。

　　「臺灣旅行法案」是由美國聯邦眾議院外交委員會主席羅伊斯（Ed Royce, R-CA）及眾議員夏波（Steve Chabot, R-OH）等人於上（2017）年元月間共同提案，並獲得眾議院兩黨共 81 位議員連署。該法案要求美國政府應增進臺美間各層級官員的互訪，允許包括美國閣員級官員、將級軍官及行政部門官員訪臺，以及准許臺灣高階官員訪美，會晤包括國防部及國務院在內的美國政府部會官員。

　　另由眾議院外交委員會「亞太小組」主席 Ted Yoho（R-FL）所提出的「支持臺灣參與世界衛生大會（WHA）法案」，除表達美國國會支持臺灣參與如「世界衛生組織」（WHO）等處理跨國挑戰性議題的國際組織外，並強化美國務卿每年就協助臺灣參與WHA 向國會提出報告的做法；倘臺灣未能獲邀出席任何一屆 WHA，美國務卿應向國會說明美國行政部門就支持及協助臺灣取得 WHA 觀察員地位所做的政策改善及精進做法。

　　美國眾議院通過上述兩項法案後，外交委員會主席羅伊斯即發表聲明，肯定此舉是表達對臺灣作為美國緊密夥伴及友人的堅定支持。

　　外交部感謝美國國會兩黨友人堅定支持進一步提升臺美關係及我國際參與，並將持續在現有的良好基礎上，推動「升級版」的臺美夥伴關係。

## 六、外交部感謝美國聯邦參議院通過「臺灣旅行法案」（民國 107 年 3 月 1 日）*

### 中華民國外交部第 027 號新聞稿

　　美聯邦參議院院會於美東時間本（107）年 2 月 28 日晚間以「一致同意」方式通過聯邦眾議院版本的「臺灣旅行法案」（H.R.535），鼓勵美國政府增進臺美間各層級官員的互訪，外交部感謝美國會參、眾兩院以一致行動，展現對強化兩國官員互動交流及深化臺美雙邊關係的跨黨派支持。

　　外交部亦感謝美國行政部門近年來對我國採取更友善及開放的態度，持續派遣相關部會資深官員來臺，就各項重要議題與我方交流，外交部將續與美方發展更為堅實的

*　資料來源：中華民國外交部，〈https://www.mofa.gov.tw/News_Content.aspx?n=96&s=74473〉。

合作關係，推進雙方的共同價值理念與互惠利益，共同為區域的和平穩定與福祉貢獻力量。

## 七、外交部感謝美國川普總統簽署「臺灣旅行法案」，並將持續以穩健踏實步伐深化臺美互惠互利的堅強夥伴關係（民國107年3月17日）*

### 中華民國外交部第042號新聞稿

　　繼美國聯邦眾議院及參議院分別於本（2018）年1月及2月間通過「臺灣旅行法案」（H.R.535），完成國會立法程序後，該法案由美國川普總統於美東時間本（3）月16日正式簽署生效。該法鼓勵美國政府增進臺美雙邊官方交流層級，進一步提升臺美關係。外交部對美國行政及立法部門所展現的善意及支持表達誠摯歡迎及感謝。

　　臺美關係緊密友好，近年來在雙方的共同努力下，臺美關係更加堅實穩固。尤其川普總統上任迄今，美國行政部門頻繁派遣相關部會資深官員來臺，參與商務、文教及「臺美合作暨訓練架構」（GCTF）等相關活動，使雙方實質合作關係更加緊密。外交部對美國國會友人的善意，以及川普政府的友好作為表示肯定與感謝。外交部也將持續秉持互信、互惠及互利的原則，與美方保持密切聯繫溝通，持續深化兩國各領域及各層級的合作夥伴關係，共同攜手促進區域的和平及穩定。

## 八、外交部感謝美國國會友我議員就中國政府壓迫美國企業不當指稱臺灣事表達正義支持（民國107年5月19日）*

### 中華民國外交部第109號新聞稿

　　美國聯邦參議院外交委員會資深成員魯比歐（Marco Rubio, R-FL）於美東時間本（5）月18日公布由他與參院臺灣連線共同主席孟南德茲（Robert Menendez, D-NJ）等共8位跨黨派參議員寫給遭中國施壓的「美國航空」（AA）執行長Doug Parker及「聯

---

＊　資料來源：中華民國外交部，〈https://www.mofa.gov.tw/News_Content.aspx?n=96&s=74488〉。
＊　資料來源：中華民國外交部，〈https://www.mofa.gov.tw/News_Content.aspx?n=96&s=74555〉。

合航空」（UA）執行長 Oscar Munoz 的聯名函，表達美國國會對臺灣的強力支持，並允諾將盡全力捍衛美國企業不受中國的脅迫。外交部對美國國會友我議員的正義支持表達誠摯感謝。

繼美國白宮於本月 5 日發布公開聲明強烈反對中國政府企圖壓迫美國等外籍航空公司須以特定政治意涵文字指稱臺灣後，美國國會也採取一系列具體友我舉措，除參院這封聯名信外，美國聯邦眾議院外交委員會「亞太小組」主席游賀（Ted Yoho, R-FL）也於 5 月 10 日致函呼籲美國航空公司抗拒中國的蠻橫做法。

我們再次呼籲國際社會正視中國干預企業運作與網站內容的不良意圖，以及在北京當局變本加厲的打壓下，臺灣外交處境日趨艱困的事實。我們感謝美國政府、國會乃至人民對臺灣的堅定支持與協助，並將持續聯合其他理念相近國家，共同捍衛民主自由制度，爭取臺灣更寬廣的國際生存空間。

## 九、外交部誠摯祝賀美國在臺協會內湖新館落成啟用（民國 107 年 6 月 11 日）*

### 中華民國外交部第 141 號新聞稿

美國在臺協會（AIT）訂本（107）年 6 月 12 日舉行內湖新館啟用典禮，國務院日前特別推文表示：「新館落成是反映臺美夥伴關係重要性的里程碑」，外交部特別利用這個機會，代表全體國人向 AIT 及美國政府表達誠摯的祝賀，也要對從美國遠道而來參與此一盛會的貴賓，表達熱烈的歡迎，期盼共同見證臺美關係嶄新的一頁。

AIT 全新辦公大樓的興建及順利完工啟用，在臺美關係上具有極重要及正面的歷史意涵。美國政府在臺斥資興建新館舍，且決定租用內湖新址長達 99 年，充分展現其依據「臺灣關係法」及「六項保證」對我國堅定不移的承諾。臺美關係歷經近 40 年的演進，雙邊實質交流合作不斷深化鞏固；AIT 新館的落成，更象徵臺美關係歷久彌新的深厚友誼，即將邁向更緊密友好的新時代。

美國政府重視 AIT 新館落成，特別指派國務院主管教育文化事務助卿羅伊斯（Marie Royce）專程來臺，代表美國政府出席啟用典禮，她是繼 2015 年國務院經濟商業助卿芮福金（Charles Rivkin）訪臺以來，美國務院訪臺最高層級官員。此外，聯邦眾

---

* 資料來源：中華民國外交部，〈https://www.mofa.gov.tw/News_Content.aspx?n=96&s=74587〉。

院國會臺灣連線共同主席哈博（Gregg Harper），也特別在忙碌的國會議程中撥冗來臺參與盛會，展現美國行政與立法部門一致對臺美關係的高度重視與強勁支持。

　　外交部非常期待與這次專程來訪的美國政府代表、國會議員以及所有遠道而來的友人，攜手共同見證雙方關係更上一層樓的歷史性時刻。如同 AIT 處長梅健華所說：「立穩根基、展望未來」，臺灣是美國在自由開放印太區域的長期忠實盟友，我政府將一貫維持與美國政府在經濟與安全方面的密切夥伴關係，持續共同努力合作，促進區域及全球的和平、穩定及繁榮。

## 十、中華民國政府竭誠歡迎酈英傑出任美國在臺協會臺北辦事處處長（民國 107 年 6 月 27 日）*

### 中華民國外交部第 158 號新聞稿

　　美國在臺協會（AIT）於美東時間本（107）年 6 月 26 日在美國華府正式宣布將由酈英傑 (William Brent Christensen) 出任美國在臺協會臺北辦事處（AIT/T（新任處長，中華民國政府對此項人事安排表示竭誠歡迎。

　　酈英傑為美國資深外交官，曾分別於 2010 年至 2012 年及 2012 年至 2015 年間，先後擔任國務院亞太局臺灣協調處處長及 AIT/T 副處長，嫻熟臺美雙邊關係。酈氏外交資歷完整，在國務院服務近 30 年，曾多次獲頒獎章肯定其傑出的表現與貢獻。

　　酈氏擔任臺灣協調處處長及 AIT/T 副處長任內，推動臺美關係不遺餘力，曾參與多項臺美關係重要推案，包括我國參與美國「免簽證計畫」（VWP）、簽署新版臺美「特權、免稅暨豁免協定」、成立臺美「全球合作暨訓練架構」（GCTF）、「國際環境夥伴」計畫（IEP）及「太平洋島國青年領袖計畫」（PILP）等。酈氏並曾協助促成美環保署署長麥卡馨（Gina McCarthy）及國務院經濟暨商務助理國務卿芮福金（Charles Rivkin）等高層官員訪臺，對強化臺美關係著有貢獻，曾獲外交部部頒贈睦誼外交獎章。

　　酈氏充分瞭解臺美各項議題及我國政策立場，且積極參與推動臺美關係，以具體行動展現對臺灣的堅定支持及深厚情誼。我政府歡迎酈氏接任 AIT/T 新任處長，期盼其就任後，帶領美國在臺協會臺北辦事處續與我方密切合作，在梅健華（Kin Moy）等歷任處長奠定的堅實基礎上，進一步強化臺美夥伴關係。

---

\* 資料來源：中華民國外交部，〈https://www.mofa.gov.tw/News_Content.aspx?n=96&s=74604〉。

## 十一、外交部感謝美國務卿龐培歐肯定我國為「印太戰略」密切夥伴（民國 107 年 7 月 31 日）*

### 中華民國外交部第 191 號新聞稿

美國務卿龐培歐（Mike Pompeo）美東時間本（7）月 30 日在「美國總商會」（US Chamber of Commerce）華府總部的「印太商務論壇」（Indo-Pacific Business Forum）發表演說，其中特別肯定臺灣的經濟發展及創造的開放民主社會使臺灣成為高科技的動力引擎。外交部對龐培歐國務卿在闡述「印太戰略」的演說中肯定臺灣的多方成就，表達誠摯歡迎與感謝。

川普總統上（2017）年底於「亞太經濟合作」（APEC）企業領袖高峰會及「國家安全戰略」（NSS）報告中首度揭櫫「自由開放之印度洋－太平洋」倡議。美方官員並曾多次公開闡釋臺灣在「印太戰略」中所扮演的角色，包括國務院亞太副助卿黃之瀚（Alex Wong）本年 3 月在出席「臺北美國商會」謝年飯演說時，盛讚臺灣的民主制度為整個印太地區樹立典範；國防部亞太安全事務助理部長薛瑞福（Randy Schriver）本年 7 月於「傳統基金會」演說中也肯定臺灣為「印太戰略」有價值的夥伴。此外，美國務院另曾多次公開表示美國視臺灣為重要夥伴、臺灣為民主成功故事及世界上的一股良善力量。

如同龐培歐國務卿所指出，臺灣的經濟發展與開放、民主社會使臺灣在高科技供應鏈中位居樞紐。此外，臺美在數位經濟、能源、基礎建設、「新南向政策」，以及臺美「全球合作暨訓練架構」（GCTF）等密切合作，本年 6 月並派遣最大規模的代表團出席「選擇美國投資高峰會」（SelectUSA Investment Summit），均顯示我持續強化臺美在「印太戰略」下更密切的夥伴關係。我政府將持續與美國及願共同推動「自由開放之印太區域」的周邊國家密切合作，在區域穩定上扮演更為積極及正面的角色。

## 十二、外交部對美國參眾兩院審議通過，及川普總統簽署美國『2019 會計年度國防授權法案』表達誠摯謝意（民國 107 年 8 月 14 日）*

---

* 資料來源：中華民國外交部，〈https://www.mofa.gov.tw/News_Content.aspx?n=96&s=74637〉。
* 資料來源：中華民國外交部，〈https://www.mofa.gov.tw/News_Content.aspx?n=96&s=74647〉。

中華民國外交部第 201 號新聞稿

美國「2019 會計年度國防授權法案」（2019 NDAA）於本（107）年 7 月 26 日及 8 月 1 日分別獲美國聯邦眾議院及參議院審議通過後，川普總統繼於美東時間 8 月 13 日正式簽署生效。外交部感謝美國行政及國會部門對臺灣安全的一致支持，我國將續積極配合美國政府，穩健深化臺美互惠互利的安全夥伴關係。

「2019 會計年度國防授權法案」的條文包括多項支持強化臺美自我防禦戰備能力、以及提升臺美國防安全合作交流的文字，充分展現川普總統及美國國會兩院兩黨共同對臺灣展現堅定的支持。

面對區域緊張情勢發展，我國政府會繼續加速國防投資，強化自我防衛能力。外交部也將持續就臺美間各項國防安全合作議題，在現有良好堅實的基礎上，與美國密切聯繫溝通，並善盡區域成員的責任，共同維護臺海及區域的和平與穩定。

## 十三、外交部對美國白宮及國務院發布聲明關切薩爾瓦多外交轉向的友我行動表示誠摯謝意（民國 107 年 8 月 24 日）*

中華民國外交部第 206 號新聞稿

美國白宮於美東時間本（8）月 23 日發布聲明，對於薩爾瓦多外交轉向的決定，表達嚴正關切；美國並持續反對中國破壞臺海穩定及政治干預西半球事務的作為。外交部對美國的正義聲援表達誠摯謝意。

繼美國務院及美國在臺協會（AIT）於本月 21 日分別發布聲明，對薩國外交轉向的做法表示極度失望，強調美國將依據「臺灣關係法」繼續支持臺灣後，白宮聲明進一步指出，薩國的決定將對美洲地區整體經濟健全及安全情勢造成影響，尤其中國透過經濟利誘手段導致經濟依賴及宰制，而非建構夥伴關係，美國將持續反對中國對兩岸穩定關係的破壞及對西半球的政治干預。

中國不僅從未停止對臺灣的外交打壓，近月來更變本加厲，打擊力道尤甚以往。作為國際社會負責任的成員，我政府不會與北京進行金錢外交競逐，仍將秉持民主原則，與友邦及理念相近國家持續深化合作關係，全力捍衛國家主權與尊嚴，以及國人的民主

---

\* 　資料來源：中華民國外交部，〈https://www.mofa.gov.tw/News_Content.aspx?n=96&s=74652〉。

人權及國際生存空間。針對美國行政部門以及國會友人近日來持續公開力挺我國，外交部表達誠摯謝意，並再次呼籲全體國人，在我外交工作遭受中國一再打壓的情況下，唯有不分彼此，團結一致，才能讓臺灣在民主、自由及主權的道路上走得更遠更堅定。

## 十四、外交部對美國聯邦參議員馬侃奮戰病魔年餘仍不幸辭世，表達誠摯追思與哀悼（民國 107 年 8 月 26 日）*

### 中華民國外交部第 207 號新聞稿

美國聯邦參議院軍事委員會主席馬侃（John McCain）不幸於 8 月 25 日病逝於家鄉亞歷桑納州，外交部對此深表哀悼，已立即指示駐美國代表處，向馬侃主席家屬轉達我國政府及人民誠摯慰問。

馬侃主席一生貢獻於國家，曾是越戰英雄，也曾為美國共和黨 2008 年總統候選人，在美國會任職 30 多年，在美國政界德高望重，被視為捍衛自由民主的領導者，也是臺灣最忠實堅定友人之一。馬侃主席曾多次在國會提案重申支持美國奠基於「臺灣關係法」及「六項保證」的對臺安全承諾，並積極推動強化臺美安全合作交流的各項立法措施，包括過去數年所通過的國防授權法案，都曾納入多項友我條文。105 年 6 月蔡總統上任不久，馬侃主席即率領共計 7 位美國聯邦參議員所組成的大型國會訪問團來臺，表達對我國及臺美關係的堅定支持，並盛讚臺灣的民主發展成就。

馬侃主席過去一年多來持續力抗病魔，他的堅強意志與過人勇氣令人感佩。外交部對馬侃主席的逝世深表惋惜與哀悼，也對他在國會任職期間不遺餘力促進臺美關係，以及對我國的深厚情誼，表達崇高敬意及感念。

## 十五、外交部感謝美國聯邦參議院外交委員會亞太小組主席賈德納等多位參議員聯合提出法案助我鞏固邦交（民國 107 年 9 月 6 日）*

### 中華民國外交部第 221 號新聞稿

---

* 　資料來源：中華民國外交部，〈https://www.mofa.gov.tw/News_Content.aspx?n=96&s=74653〉。
* 　資料來源：中華民國外交部，〈https://www.mofa.gov.tw/News_Content.aspx?n=96&s=74667〉。

美國聯邦參議院外交委員會亞太小組主席賈德納（Cory Gardner）於美東時間本（9）月4日領銜提出「2018年國際保護及強化臺灣邦交國倡議法案」〔2018 Taiwan Allies International Protection and Enhancement Initiative (TAIPEI) Act，簡稱「臺北法案」〕，該委員會其他三位成員包括民主黨首席議員孟南德茲（Robert Menendez）、西半球事務小組主席魯比歐（Marco Rubio）及亞太小組民主黨首席議員馬基（Edward Markey）亦均連署擔任原始共同提案人，彰顯美國國會對於共同促請行政部門採取更積極行動助我鞏固邦交的跨黨派支持，以及對中國近來升高外交攻勢，不斷恫嚇霸凌臺灣等片面改變臺海現做法的高度關切。

外交部誠摯感謝相關提案議員採取具體立法行動，表達對民主自由臺灣及臺美關係的鼎力支持，未來除將密切觀察該法案發展動向及審議情形外，同時也將在臺北及華府兩地持續與美國政府保持密切的溝通聯繫，確保臺海及區域的和平穩定，並期在我面臨鞏固邦誼的艱鉅挑戰時刻，獲得美國及更多理念相近國家的仗義聲援。

## 十六、外交部感謝美國副總統彭斯公開演說，肯定我國民主成就，重申「臺灣關係法」及展現對臺海安全的重視（民國107年10月5日）*

### 中華民國外交部第266號新聞稿

美國副總統彭斯（Mike Pence）本（10）月4日於華府智庫哈德遜研究所（Hudson Institute）發表重要演說，高度肯定臺灣民主發展成就，同時也重申「臺灣關係法」。外交部對於彭斯副總統代表美國政府展現對臺灣的一貫堅定支持，表達誠摯感謝。

彭斯副總統在演說中也譴責中國當局一連串打壓臺灣國際生存空間、奪我邦交行徑，意圖破壞臺灣海峽的穩定。外交部感謝美國政府展現一貫道德勇氣，為我仗義執言，並以具體行動展現對臺海安全及區域和平的重視。

美國政府所揭櫫並積極推動的「自由及開放的印太戰略」，提倡公平自由貿易及以規則為基礎的國際秩序，臺灣作為實施市場經濟及奉行民主體制的區域內重要成員，樂願在既有良好基礎上與美國及理念相近國家攜手合作，善盡區域成員的責任，在促進區域和平穩定及繁榮上繼續扮演關鍵角色。

---

* 資料來源：中華民國外交部，〈https://www.mofa.gov.tw/News_Content.aspx?n=96&s=74712〉。

## 十七、外交部長吳釗燮出席「第47屆臺美當代中國大陸國際研討會」發表開幕演說，強調臺美關係密切友好，並將深化與理念相近國家關係，爭取更多國際支持（民國107年11月29日）*

### 中華民國外交部第309號新聞稿

外交部長吳釗燮本（11）月29日上午應邀出席由國立政治大學國際關係研究中心及美國馬里蘭大學（University of Maryland）共同舉辦的第47屆臺美「當代中國大陸：美中關係新方向？」國際研討會，並發表開幕致詞，與現場國際學者及政大師生分享對臺美關係及美中關係的觀察。

吳部長首先指出，觀察當前美中關係有三項指標，第一為安全層面，中國在南海、臺海、東海及印度洋等地區的軍事作為，影響區域安全情勢；其次是經貿層面，中國長期不公平的貿易舉措，致川普政府採取加徵關稅等行動反制，美中貿易衝突，短期內恐難化解；第三則是美中在自由、民主、人權等基本價值上亦存在嚴重分歧。

吳部長強調，近期區域情勢變化中，臺灣也受到影響，北京持續加大對臺灣打壓力道，包括軍事威脅、掠奪邦交國及阻撓臺灣的國際參與。面對這些嚴峻挑戰，臺灣絕對不會屈服，我政府仍將致力維繫兩岸和平穩定，同時更要繼續深化與美國、日本、澳大利亞及歐盟等理念相近國家的關係。我們期盼相關國家給予臺灣更多實質支持，以助臺灣能有效維繫目前溫和理性的政策。

針對臺美關係，吳部長引述美國副總統彭斯（Mike Pence）10月上旬在「哈德遜研究所」（Hudson Institute）的演說，感謝美國公開肯定臺灣民主發展的成就。此外，川普政府上任近兩年來已兩度宣布對臺軍售案，展現對臺安全的承諾與支持。吳部長強調，明年是《臺灣關係法》立法40週年的重要里程碑，我期盼在既有堅實基礎上，持續深化兩國關係，也樂願與印太各國分享臺灣民主、自由及人權的經驗，共同促進印太區域的和平、穩定及繁榮。

## 十八、美國聯邦參、眾兩院一致通過「亞洲再保證倡議法案」，納入多項正面友我條文，展現美國會對臺灣的堅定支持（民國107年12月18日）*

---

*    資料來源：中華民國外交部，〈https://www.mofa.gov.tw/News_Content.aspx?n=96&s=74755〉。
*    資料來源：中華民國外交部，〈https://www.mofa.gov.tw/News_Content.aspx?n=96&s=74772〉。

中華民國外交部第 326 號新聞稿

　　「亞洲再保證倡議法案」（Asia Reassurance Initiative Act of 2018）已於美東時間本
（107）年 12 月 4 日及 12 日分別經聯邦參、眾兩院一致表決通過，內容包括重申美國
基於《臺灣關係法》及「六項保證」對臺灣的安全承諾，籲請川普總統定期對臺軍售，
並依據「臺灣旅行法」鼓勵美國資深官員訪臺，以及肯定美國與臺灣等區域夥伴交往的
價值。

　　該法案由聯邦參院外委會亞太小組主席賈德納（Cory Gardner, R-CO）領銜提出，
旨在制定美國在「印度洋—太平洋」的長期戰略願景，並向區域盟邦及夥伴展現推動「自
由開放之印太區域」的決心。臺灣與美國在區域具有共享價值與共同目標，樂願與美國
及區域內理念相近國家攜手合作，共同促進印太區域的和平、穩定及繁榮。

　　美國國會繼本年初通過「臺灣旅行法」後，再度以一致同意的方式通過友我法案，
充分展現美國會兩院對進一步提升臺美關係及區域和平穩定的跨黨派支持。外交部對美
國國會以具體行動展現對我堅定支持，表示誠摯感謝，並將持續與相關行政部門保持密
切聯繫，以深化臺美在各領域的合作夥伴關係。

## 十九、美總統川普簽署聯邦參、眾兩院通過之「2018 年亞洲再保證倡議法案」，外交部表示歡迎與感謝（民國 108 年 1 月 1 日）*

中華民國外交部第 002 號新聞稿

　　繼美國聯邦參議院及眾議院分別於上（2018）年 12 月以一致同意方式通過「亞洲
再保證倡議法案」（Asia Reassurance Initiative Act of 2018, ARIA），完成國會立法程序，
該法案由美國川普總統於美東時間上年 12 月 31 日正式簽署生效。適值「臺灣關係法」
（TRA）立法邁入第 40 週年之際，該法案獲得美國總統簽署，別具意義。

　　該法案納入多項友我的條文，包括重申美國基於「臺灣關係法」及「六項保證」（Six
Assurances）對臺灣的安全承諾，支持美國政府定期對臺軍售，及依據「臺灣旅行法」
（TTA）鼓勵美國資深官員訪臺，並肯定美國與臺灣等區域夥伴交往的價值。外交部對
美國行政及立法部門一致展現對臺灣的友好與支持表達誠摯歡迎與感謝。

---

\*　資料來源：中華民國外交部，〈https://www.mofa.gov.tw/News_Content.aspx?n=96&s=74782〉。

　　臺美關係立基於自由民主與人權的共同價值以及區域和平穩定與繁榮的共同利益，一向緊密友好，近年來在雙方共同努力下，更加堅實穩固。中華民國外交部將持續秉持互信、互惠及互利的原則，與美方保持密切溝通，持續深化兩國各領域及各層級的合作夥伴關係。我們也樂願與美國及區域內理念相近國家攜手合作，共同促進印太區域的和平繁榮與穩定發展。

## 二十、美國聯邦參議員賈德納及魯比歐就中國領導人近日發表對臺談話公開聲援我國，外交部表達歡迎與感謝（民國 108 年 1 月 7 日）*

### 中華民國外交部第 008 號新聞稿

　　中國領導人日前發表強加「一國兩制」於臺灣的談話，繼 9 位美國聯邦參、眾議員發表支持我國的推文後，美國聯邦參議員賈德納（Cory Gardner, R-CO）及魯比歐（Marco Rubio, R-FL）亦於美東時間本（1）月 6 日分別透過推文公開力挺聲援我國。

　　賈德納及魯比歐兩位參議員於推文中強調，美方將持續堅定支持臺灣自由民主。賈德納參議員更表示，繼他推動的「亞洲再保證倡議法案」（ARIA）立法生效後，將儘速在新一屆國會再度提出「臺北法案」（TAIPEI Act），進一步協助臺灣拓展國際活動空間。

　　外交部對美國國會展現一貫對臺灣的跨黨派強力支持，表示高度歡迎及誠摯謝意，我政府亦將與美國行政部門積極合作，持續深化臺美友好合作夥伴關係。

## 二十一、我國任命首位宗教自由無任所大使及我政府捐助美國務院「國際宗教自由基金」（民國 108 年 3 月 12 日）*

### 中華民國外交部第 055 號新聞稿

　　美國務院去（107）年 7 月舉辦首屆「促進宗教自由部長級會議」（Ministerial

---

to Advance Religious Freedom），會中發布「波多馬克行動計畫」（Potomac Plan of Action），籲請與會各國設立宗教自由無任所大使，共同發揮影響力，並宣布成立「國際宗教自由基金」（International Religious Freedom Fund, I-ReFF），鼓勵各國捐輸，將相關資源用以推動全球宗教自由。

　　為響應美國的倡議，我政府經過數個月的推甄及徵詢，甫於日前由蔡英文總統同意遴聘玉山神學院布興・大立院長擔任我國首任宗教自由無任所大使，未來將敦請布興・大立大使代表政府，協助推動與理念相近國家以及全球公民社會，在宗教自由議題方面加強國際連結與合作。

　　我政府亦將捐助美國務院「國際宗教自由基金」，預計自本（108）年開始，分五年捐助，每年捐助 20 萬美元。這項基金除了美國本身捐款外，挪威及荷蘭等歐洲國家也已陸續承諾捐助。我政府樂願以實際行動為全球宗教自由貢獻心力，未來將與美國務院切取聯繫，確保基金提供給世界各地需要的個人或團體。

## 二十二、臺美成立「印太民主治理諮商」對話（民國 108 年 3 月 19 日）*

### 中華民國外交部第 059 號新聞稿

　　為紀念《臺灣關係法》（TRA）立法 40 週年，並彰顯臺美之間 40 年來的深厚夥伴關係及共享價值，外交部長吳釗燮與美國在臺協會臺北辦事處（AIT/T）處長酈英傑（Brent Christensen）本（3）月 19 日上午在外交部共同舉行記者會，宣布臺美正式成立「印太民主治理諮商」（Indo-Pacific Democratic Governance Consultations）機制。美方預計最快將於本（108）年 9 月間由國務院「民主、人權暨勞工局」資深官員率團訪臺，展開首屆對話。未來臺美雙方將定期透過此一交流平臺，尋求可能的合作方式，共同在印太地區推動人權、民主及良善治理等核心價值，維護區域內的自由及法治秩序。

　　此一諮商機制的成立是繼本月初臺美雙方在臺北合辦「印太區域保衛宗教自由公民社會對話」，以及我方宣布自本年起分 5 年捐助 100 萬美元予美國國務院「國際宗教自由基金」後，另一項臺美推動共享價值的具體成果。

---

\* 　資料來源：中華民國外交部，〈https://www.mofa.gov.tw/News_Content.aspx?n=96&s=74839〉。

　　吳部長在記者會上表示，臺灣作為國際間備受肯定的民主成功故事及良善力量，不僅在捍衛民主自由的最前線維護自身的民主成果，也願意在國際社會貢獻所能，為保衛國際自由秩序與普世價值克盡己力，並積極與美國等理念相近國家共同合作。

　　酈英傑處長也在記者會中強調，臺灣是美國在推動自由且開放的印太地區方面最好的夥伴，民主價值、基本自由與人權不僅是臺美雙方自我定位的核心，更是美國尋求與臺灣合作的基礎。

　　吳部長及酈處長也在會中宣布本月 26 至 28 日將在臺美「全球合作暨訓練架構」（GCTF）下舉辦「打擊公私部門貪瀆國際研習營」。

## 二十三、美國國家安全顧問波頓及國防部分別就中國軍機穿越臺海中線的挑釁舉措發表回應力挺臺灣，外交部表達誠摯謝意（民國 108 年 4 月 2 日）*

### 中華民國外交部第 070 號新聞稿

　　針對中國軍機穿越臺海中線的刻意挑釁行動，繼美國在臺協會臺北辦事處（AIT/T）昨（4 月 1）日發表友我聲明後，美國國家安全顧問波頓（John Bolton）頃於臺北時間本（4）月 2 日以發表推文的方式表達強烈反對立場。波頓國安顧問指出，中國的軍事挑釁舉措不會贏得臺灣人民的支持，只會更強化臺灣人民珍惜民主價值的決心；同時重申美方在《臺灣關係法》下堅守對臺灣的承諾。此外，美國防部也做出正式回應，反對北京試圖片面改變現狀及破壞區域穩定的作為，重申信守《臺灣關係法》的堅定承諾。美國防部同時再次肯定臺灣是「可信賴的夥伴、民主典範，也是世界上的良善力量」。對美方主管涉我事務各部會適時為臺灣仗義執言，並譴責中國軍機的冒進行為，外交部表達誠摯感謝。

　　身為國際社會成員，我國政府善盡維持區域穩定與臺海和平的堅定立場與努力，始終如一，不會動搖或改變；而作為一個民主國家，臺灣政府更將全力捍衛國人的民主自由與生活方式。外交部再次呼籲國際社會共同關注並譴責北京危害區域和平穩定的挑釁作為。我國政府將持續強化自我防衛能力，並與美國及理念相近國家攜手合作，共同維護印太區域的和平穩定，捍衛以規則為基礎的國際秩序。

---

\* 　資料來源：中華民國外交部，〈https://www.mofa.gov.tw/News_Content.aspx?n=96&s=74850〉。

## 二十四、臺美共同紀念《臺灣關係法》立法暨美國在臺協會成立40週年（民國108年4月10日）*

### 中華民國外交部第076號新聞稿

美國在臺協會（AIT）訂本（108）年4月15日在內湖新館舉行紀念《臺灣關係法》立法40週年及慶祝AIT成立40週年活動。美方慶賀團團長、聯邦眾議院前議長萊恩（Paul Ryan, R-WI）將偕美國在臺協會主席莫健（James Moriarty）、美國國務院經濟暨商業事務局副助卿米德偉 （David Meale）等多位美方政要代表美國政府出席見證此一臺美關係的里程碑。此外，聯邦眾院「科學、太空暨科技」委員會主席江笙（Eddie Bernice Johnson, D-TX）、聯邦眾議員強森（Hank Johnson, D-GA）、貝肯（Don Bacon, R-NE）及卡巴赫（Salud Carbajal, D-CA）等多位美國會議員也將來臺參與盛會，展現美國行政及立法部門對臺美關係的高度重視與強勁支持。外交部表達熱烈歡迎。

本年適逢《臺灣關係法》（TRA）立法40週年，為彰顯臺美40年來的密切夥伴關係及共享價值，外交部已規劃於本年內在臺美兩地舉辦一系列紀念活動，包括於4月16日在臺北舉辦「印太安全對話」研討會以及臺美「全球合作暨訓練架構」（GCTF）「女力經濟賦權峰會」，美方訪賓也將分別出席上述活動。外交部期盼與美國政府代表、國會議員以及所有遠道而來的友人，共同見證臺美關係更上一層樓。

《臺灣關係法》作為臺美關係發展近40年來的基石，促進雙邊實質交流合作不斷穩健提升。AIT/T處長酈英傑（Brent Christensen）本（4）月10日投書，表達對持續深化臺美關係的決心與期許。誠如酈英傑處長所言，臺美夥伴關係「建立在雙方的共享利益、共享價值，及堅持做正確的事的共同意願之上」，臺灣是美國在自由開放印太區域的恆久夥伴，我政府將持續致力強化與美國政府在民主、經濟及安全等全方面的堅實夥伴關係，共同譜寫臺美關係的新篇章。

## 二十五、美國聯邦參議院通過「重新確認美國對臺灣及對執行臺灣關係法之承諾」決議案，外交部表達誠摯謝意（民國108年5月1日）*

---

* 資料來源：中華民國外交部，〈https://www.mofa.gov.tw/News_Content.aspx?n=96&s=74856〉。
* 資料來源：中華民國外交部，〈https://www.mofa.gov.tw/News_Content.aspx?n=96&s=74882〉。

中華民國外交部第 102 號新聞稿

美國聯邦參議院於美東時間 4 月 30 日一致同意通過由外交委員會亞太小組主席賈德納（Cory Gardner, R-CO）領銜提出的「重新確認美國對臺灣及對執行臺灣關係法之承諾」決議案（S.Con.Res.13），外交部對此表達誠摯歡迎與感謝。

該決議案由參院外交委員會主席芮胥（Jim Risch, R-ID）、軍事委員會主席殷霍夫（James Inhofe, R-OK）、外委會民主黨首席議員孟南德茲（Robert Menendez, D-NJ）以及亞太小組民主黨首席議員馬基（Ed Markey, D-MA）等 4 位重量級參議員擔任原始共同提案人，並獲得魯比歐（Marco Rubio, R-FL）、柯寧（John Cornyn, R-TX）、愛薩克森（Johnny Isakson, R-GA）等 3 位參議員共同連署，展現美國國會不分黨派對我國的堅定支持。

參院版決議案與 4 月 9 日獲眾議院外交委員會口頭表決一致通過的眾院版決議案主要內容一致，均重申《臺灣關係法》及「六項保證」是臺美關係的基石，並鼓勵臺美各層級官員互訪。該決議案敦促美總統應依據「亞洲再保證倡議法案（Asia Reassurance Initiative Act of 2018, ARIA）」等各項立法，常態性轉移國防裝備予臺灣，探索與臺灣擴展及深化雙邊經貿關係的機會；同時呼籲美國務卿支持臺灣有意義參與國際組織，並肯定臺美在對抗恐怖主義及全球人道援助等領域的合作。

在《臺灣關係法》立法 40 週年之際，美國聯邦參、眾兩院多位跨黨派領導階層議員聯袂提出友臺決議案，以具體行動展現對我國的堅定支持，殊具意義，外交部對此表達誠摯感謝。外交部未來也將持續以務實態度，與美方攜手合作，穩健深化臺美合作夥伴關係。

**二十六、外交部誠摯感謝美國聯邦眾議院一致同意通過「2019 年臺灣保證法案」及「重新確認美國對臺灣及對執行臺灣關係法之承諾」決議案（民國 108 年 5 月 8 日）***

中華民國外交部第 107 號新聞稿

美國聯邦眾議院頃於美東時間本（108）年 5 月 7 日以一致同意方式，通過眾院第

---

* 資料來源：中華民國外交部，〈https://www.mofa.gov.tw/News_Content.aspx?n=96&s=74887〉。

2002 號「2019 年臺灣保證法案」（Taiwan Assurance Act of 2019），另以 414 票贊成、無人反對的壓倒性票數表決通過眾院第 273 號「重新確認美國對臺灣及對執行臺灣關係法之承諾」決議案，外交部對此表達誠摯歡迎與感謝。

　　眾院「2019 年臺灣保證法案」由眾院外交委員會主席安格爾（Eliot Engel, D-NY）、共和黨首席議員麥考爾（Michael McCaul, R-TX）、亞太小組主席薛爾曼（（Brad Sherman, D-CA）、共和黨首席議員游賀（Ted Yoho, R-FL）及眾院「國會臺灣連線」兩位主席迪馬里（Mario Diaz-Balart, R-FL）、康納利（Gerald Connolly, D-VA）等 6 位眾議員於本年 4 月 1 日共同提案。該法案重申美國支持臺灣有意義參與國際組織的一貫政策；支持對臺軍售常態化，協助我發展及整合不對稱戰力。該法案也敦促美國務卿檢視對臺交往準則，並對檢討結果及「臺灣旅行法」執行情形向國會提交報告。

　　眾院「重新確認美國對臺灣及對執行臺灣關係法之承諾」則由上揭 6 位眾議員及另兩位眾院「國會臺灣連線」主席席瑞斯（Albio Sires, D-NJ）及夏波（Steve Chabot, R-OH）於同日提出。該決議案除重申《臺灣關係法》及「六項保證」是臺美關係的基石之外，也鼓勵臺美所有層級官員依《臺灣旅行法》進行互訪。該決議案敦促美國總統應依據「亞洲再保證倡議法案 （ARIA）」等各項立法，常態性轉移國防裝備予臺灣；同時呼籲國務卿支持臺灣有意義參與國際組織，並肯定臺美在對抗恐怖主義及全球人道援助等領域的合作。

　　美聯邦參議院前已於本年 4 月 30 日以一致同意方式通過參院版「重新確認美國對臺灣及對執行臺灣關係法之承諾」決議案，充分展現美國國會兩院對臺美關係的一致重視與支持。適值《臺灣關係法》立法 40 週年之際，美國國會兩黨臺灣友人以具體行動展現對我國的堅定支持，極具正面意義。外交部對此表達誠摯感謝，並將持續以務實態度，與美方攜手合作，穩健深化臺美合作夥伴關係。

## 二十七、外交部宣布「北美事務協調委員會」將更名為「臺灣美國事務委員會」，象徵臺美關係緊密，意義非凡（民國 108 年 5 月 25 日）*

### 中華民國外交部第 131 號新聞稿

　　為明確反映我國處理對美國事務代表機構的工作內涵，外交部經與美方充分協調溝

---

*　資料來源：中華民國外交部，〈https://www.mofa.gov.tw/News_Content.aspx?n=96&s=74911〉。

通，決定將「北美事務協調委員會」（Coordination Council for North American Affairs, CCNAA）更名為「臺灣美國事務委員會」（Taiwan Council for U.S. Affairs, TCUSA）。

美國依據 1979 年《臺灣關係法》的規定，成立「美國在臺協會」（American Institute in Taiwan, AIT），作為執行美國政府與臺灣相關事務的代表機構，我方相應於同（1979）年設立「北美事務協調委員會」，作為 AIT 的對等機構。此一名稱在當年有其特殊的時空背景，年來經我政府努力不懈，積極爭取我國處理對美國事務代表機構的名稱更能切實反映實質業務及臺美關係內涵，經過臺美雙方不斷協調及共同努力，終於就新名稱取得共識。本（2019）年適逢《臺灣關係法》立法 40 週年，我處理美國事務的代表機構獲該新名稱，象徵臺美關係緊密，互信良好，意義非凡。

近年來臺美雙邊關係穩健提升，雙方亦持續就區域和平及印太安全等議題進行更密切的合作。昨（24）日亞太局資深官員莫菲（Patrick Murphy）公開表示，中國對我太平邦交國採取的行為，將改變現狀並加深衝突發生的可能。美國國務卿龐培歐（Mike Pompeo）亦曾於本年 2 月間在帛琉召開的「第 19 屆密克羅尼西亞元首高峰會」發表聲明，讚譽臺灣為成功的民主故事、可信賴的夥伴，以及世界一股正向力量。外交部對美國政府官員的相關發言表達感謝。

為持續深化臺美雙方的各項交流與合作，國家安全會議秘書長李大維於本（5）月 13 日至 21 日訪問美國，與美方學界及政府官員討論臺美共同的安全挑戰。李秘書長會晤來自包括戰略暨國際研究中心、布魯金斯研究院及喬治城大學等智庫亞洲議題學者，以及美國國家安全顧問與其他政府官員。訪問期間，李秘書長亦與美國政府官員共同會晤我邦交國政府官員，均重申對自由及開放印太地區的支持與承諾。

## 二十八、臺美「印太民主治理諮商」首屆對話圓滿完成，雙方將共同在印太地區推廣人權、民主及良善治理等共享價值（民國 108 年 9 月 12 日）*

### 中華民國外交部第 203 號新聞稿

臺美於本（108）年 3 月 19 日共同宣布成立「印太民主治理諮商」（Taiwan-U.S. Consultations on Democratic Governance in the Indo-Pacific Region），並於 9 月 12 日在美國在臺協會臺北辦事處（AIT/T）內湖新館舉行首屆對話。

---

*　資料來源：中華民國外交部，〈https://www.mofa.gov.tw/News_Content.aspx?n=96&s=74983〉。

　　外交部長吳釗燮在開幕式中致詞指出，臺美對印太區域具有共同願景，因此無論在強化政府的良善治理、確保自由選舉、支持青年領袖、婦女賦權、反制假訊息、推廣人權價值等各領域，臺灣都是美國可靠的夥伴。吳部長並強調，臺灣位處於抵抗極權專制擴張的前線，我國政府將繼續堅定捍衛國家主權、守護共享價值，並與區域及全世界分享臺灣的民主經驗。今天的對話使雙方進一步邁向我方對區域的共享願景。

　　AIT/T 處長酈英傑（Brent Christensen）致詞時推崇臺灣為美國在印太地區的最佳夥伴，雙方在經濟、安全及良善治理均享有密切關係，重申臺灣為美國在印太區域不可多得的最佳夥伴。美國國務院民主、人權暨勞工局副助卿巴斯比（Scott Busby）在致詞中肯定臺灣從過去威權體制轉型民主政體的成就，並認為臺灣是世界各國捍衛民主的典範。許多印太及歐洲理念相近國家的駐臺使節也出席觀禮，共襄盛舉。

　　臺美雙方在本次對話中針對推動區域良善治理、打擊假訊息、促進公民社會對話等共同關切議題，進行深入的意見交流，並獲致豐碩成果，例如臺灣願積極參與美國副總統彭斯（Mike Pence）於去（107）年 11 月提出的《印太透明倡議》（Indo-Pacific Transparency Initiative）。臺美雙方將尋求與區域其他國家合作來推動民主及良善治理的計畫，並協同臺灣民間組織、國際非政府組織、企業及學界的力量，協助提升臺灣國際能見度，彰顯臺灣為區域民主的典範。

　　本年 3 月臺美合辦「印太區域保衛宗教自由公民社會對話」，我方曾宣布將自本年起分 5 年捐助 100 萬美元予美國國務院「國際宗教自由基金」。吳部長也在這次對話開幕式中將第一筆捐款交給美國在臺協會。未來臺美雙方將定期透過此一交流平臺，共同在印太地區推動自由、民主、人權及良善治理，維護以規則為基礎的國際秩序。

## 二十九、臺美簽署「有關部分領事職權瞭解備忘錄」（民國 108 年 9 月 14 日）*

### 中華民國外交部第 206 號新聞稿

　　為強化臺美雙方派駐人員行使領事職權的基礎，使我國旅美國人權益獲得更妥適的保障，臺美已於美東時間本（108）年 9 月 13 日分別由我駐美國代表處副代表黃敏境與美國在臺協會執行理事羅瑞智（John J. Norris Jr.）代表雙方在臺府簽署「有關部分領事職權瞭解備忘錄」。

---

\* 　資料來源：中華民國外交部，〈https://www.mofa.gov.tw/News_Content.aspx?n=96&s=74986〉。

　　臺美雙方人民交流互動密切，在國人旅外遭遇急難時，外交部及駐外館處一向積極提供應有協助及服務，包括在遭外國政府逮捕或拘禁當事人的要求下，在外國政府同意後，行使領事探視等領事職權及提供相關協助。臺美雙方期盼透過該備忘錄的簽署，將臺美實務上執行領事職權事項訴諸文字，秉持「1963 年維也納領事關係公約」的精神，表述雙方將相互協助對方派駐人員執行領事通知及領事探視等職權，使雙方派駐機構及人員更能有效執行其領事功能。

　　本年適逢《臺灣關係法》（TRA）立法 40 週年，臺美基於互惠原則，攜手合作建置此一領事事務合作機制，不僅對雙方旅外國人權益提供更好的保障，也進一步彰顯雙方基於自由、民主與人權等共享價值的緊密合作夥伴關係。

## 三十、我國政府持續籌組「農產品貿易赴美友好訪問團」促進臺美經貿交流（民國 108 年 9 月 15 日）*

### 中華民國外交部第 207 號新聞稿

　　「2019 年中華民國（臺灣）農產品貿易赴美友好訪問團」於本（108）年 9 月 15 日至 27 日訪問美國華府和相關農業州，並將與美國農畜產品協會簽署採購意向書。這是自 1998 年以來我國第 13 度籌組的農訪團赴美。本年將由行政院農業委員會副主任委員陳駿季擔任總團長，團員包括臺灣區植物油製煉工業同業公會、臺灣區飼料工業同業公會、臺灣區麵粉工業同業公會、臺灣區冷凍肉品工業同業公會、美國黃豆出口協會、美國穀物協會及美國小麥協會等業界高階代表。

　　訪團成員首先將訪問華府，其後將分為「黃豆玉米」、「小麥」及「肉類」三個分團前往美國農業州，與地方政要及農業團體進行互動交流。「黃豆玉米」分團將訪問密西西比州、印第安納州、伊利諾州及內布拉斯加州，「小麥」分團將訪問奧克拉荷馬州、南達科他州及愛達荷州，「肉類」分團則將訪問堪薩斯州、科羅拉多州、懷俄明州及阿肯色州。

　　我國民眾喜愛美國優質農產品，去（107）年臺灣名列美國海外第八大市場，以人均消費而言，臺灣僅次於加拿大。依據意向書內容，臺灣未來兩年預計將採購價值約 37 億美元的美國黃豆、玉米、小麥及肉品。外交部盼藉由我國再度籌組農訪團，能結合我

---

*　資料來源：中華民國外交部，〈https://www.mofa.gov.tw/News_Content.aspx?n=96&s=74987〉。

國公部門與私部門的力量，促進雙邊農業合作與交流，並進一步深化臺美經貿夥伴關係。

## 三十一、臺美官員共同出席美國「戰略暨國際研究中心」舉辦「臺灣協助拉丁美洲暨加勒比海發展之角色」研討會（民國 108 年 9 月 27 日）*

### 中華民國外交部第 221 號新聞稿

美國「戰略暨國際研究中心」（CSIS）於當地時間本（9）月 26 日上午舉辦「臺灣協助拉丁美洲暨加勒比海發展之角色」（The Evolving Role of Taiwan in Promoting Development in Latin America and the Caribbean）研討會，由多位臺灣與美國的政府官員共同參與，會議上就臺灣對友邦的貢獻、臺美雙方將如何在拉美地區推動經濟成長、良善治理及國家發展等議題進行深入討論。

我駐美代表高碩泰大使致詞時表示，本（108）年為「臺灣關係法」立法 40 週年，在美國行政部門及國會跨黨派支持下，臺美的緊密合作也延伸至拉美及加勒比海地區。臺灣與美國享有共同承諾，將致力促進永續經濟成長、良善治理及活躍的公民社會。臺灣作為美國的關鍵夥伴與世界的良善力量，將持續在印太、拉美乃至全球，為促進共同價值與捍衛共同利益做出貢獻。

外交部拉美司長俞大潘在會議上指出，維護臺灣與友邦的邦交關係以防制極權國家的勢力擴張，值得所有理念相近國家共同努力。俞司長感謝美國與臺灣近期在拉美地區不斷增進合作，例如臺灣曾與「海外私人投資公司」（OPIC）在本年 5 月共同攜手在友邦巴拉圭推動中小企業及婦女融資，此即是臺美雙方深化合作的最佳案例。我方期盼未來持續與美國及理念相近國家共同協助在拉美地區的我國友邦國家發展，為區域穩定及繁榮貢獻心力。

國務院西半球事務局副助卿 Kevin O'Reilly 於會中也有致詞，並在會後推文強調，「美國樂於與臺灣合作協力支持我們在拉美夥伴國家的發展願景。在提升該區經濟發展、良善治理及醫療保健上，臺灣正是美國的重要夥伴」。

研討會由 CSIS 美洲計畫主任 Michael A. Matera 及「中國權力計畫」主任葛來儀

---

* 資料來源：中華民國外交部，〈https://www.mofa.gov.tw/News_Content.aspx?n=96&s=75001〉。

（Bonnie Glaser）共同主持。我國際合作發展基金會秘書長項恬毅也在會議上發表專題演講，簡介國合會在拉美地區進行的合作計畫成果。其他來賓包括：我國中央銀行派駐紐約代表張啟佑主任、美國國際開發總署（USAID）拉美暨加海局副助理署長 Bernardo Rico、美國「海外私人投資公司」（OPIC）西半球資深顧問 Kristie Pellecchia，以及多位我邦交國及理念相近國家駐美大使館的官員。

本次研討會有臺灣外交部拉美司官員與美國國務院西半球官員同座，深入探討臺美雙方如何加強合作，共同促進拉美與加勒比海地區的發展，象徵臺美關係的深化，深具意義。

## 三十二、臺美首次「太平洋對話」將在臺北舉行（民國 108 年 10 月 5 日）*

### 中華民國外交部第 230 號新聞稿

臺美將於本（10）月 7 日在臺北召開首屆「太平洋對話」（Pacific Islands Dialogue），美國國務院亞太局主管澳紐暨太平洋事務副助卿暨 APEC 資深官員孫曉雅（Sandra Oudkirk）將代表美方率團來臺與談，雙方並將於同（7）日上午 11 時在外交部所屬的外交學院舉行開幕儀式。

臺灣是經濟高度發展的自由民主國家，有義務善盡國際責任、積極回饋國際社會，臺灣一向樂於分享發展經驗及技術強項，並透過諸如醫衛、交通、教育、農漁業、科技及環境保護及基礎建設等合作計畫，協助我友邦國家達成永續發展及改善人民福祉。正如蔡英文總統所言，臺灣對邦交國的態度就是「當一個真誠的朋友，竭盡心力，誠意待人」。

為使我國與友邦雙方合作更密切直接，並維護區域穩定及共同價值，臺美決定召開首屆「太平洋對話」，盼藉此平臺討論各國在太平洋島國發展援助項目的協調合作，使我國對太平洋友邦國家的各項援助發揮最大效益。

外交部誠摯歡迎孫曉雅副助卿擔任新職不到半年的時間就來臺灣訪問，顯示她對臺灣的支持，也彰顯臺美關係的堅實友好。孫曉雅副助卿本次來臺灣除了將出席「太平洋對話」外，也將受邀參加「玉山論壇」，並將拜會我國相關政府官員。

* 資料來源：中華民國外交部，〈https://www.mofa.gov.tw/News_Content.aspx?n=96&s=75010〉。

## 三十三、外交部長吳釗燮與美國聯邦參議員賈德納聯名撰擬專文刊登於美國「國會山莊報」（民國 108 年 10 月 10 日）*

### 中華民國外交部第 243 號新聞稿

外交部長吳釗燮與美國聯邦參議院外交委員會亞太小組主席賈德納（Cory Gardner, R-CO）於美東時間本（2019）年 10 月 9 日聯名撰擬專文刊登在美國「國會山莊報」（The Hill），呼籲強化臺美關係並結合理念相近國家共同對抗中國在太平洋區域日益擴張的影響力。此為首度有我國外交部長與美國聯邦參議員共同聯名撰擬社論，意義重大。

吳部長及賈德納主席在社論中指出，近期索羅門群島與吉里巴斯相繼與我國斷交，此絕非孤立個案。過去 3 年來，中國透過明目張膽的賄賂、華而不實的承諾及債務陷阱，已利誘 7 個臺灣的邦交國外交轉向。在美中貿易戰、中國經濟趨緩、國際社會愈加批評中方迫害人權的情形下，中國對太平洋的野心並未收斂，反而不斷升高。

專文強調，中國近期的擴張舉措已威脅臺灣得來不易的民主。目前距離臺灣選舉不到 4 個月期間，許多證據顯示北京正在透過假訊息、經濟抑制、對臺灣國際空間施壓等手法，企圖干預我國選舉。此與過去三年來中國片面斷絕兩岸官方溝通管道、將我國排除於國際組織之外、或派遣戰機穿越臺灣海峽等作法有跡可循，均無益於兩岸關係的和平與穩定。

吳部長及賈德納主席另說明，中國奪取索羅門群島與吉里巴斯已對整體印太區域構成安全威脅。臺灣與美國及區域的共享願景在本質上與中國共產黨互不相容。舉例而言，中國提供不透明的基礎建設承諾，或是給予特定政治人物誘因，均不符合兩國人民最佳利益，往往中國人民也反對中國政府的行徑。

社論提及，中國在太平洋擴張影響力使人更加擔憂中方的意圖是要將太平洋軍事化。中國前已違反習近平 2015 年所作的承諾，將南海軍事化。中國軍事化的行動對美國、澳洲等所有區域內自由民主國家構成直接威脅。因此，理念相近國家需要警醒，並避免在太平洋區域重蹈覆轍。區域內負責任成員共同防止上述情境發生的最佳方式，即為珍視臺灣在太平洋的存在價值，並且強而有力地反制中國侵蝕臺灣的所作所為。

吳部長及賈德納主席在文章中表示，美國國會在支持臺灣國際地位方面向來扮演領導角色，例如參院外交委員會近通過兩黨一致支持的「臺北法案」，以及上年 12 月完

---

* 資料來源：中華民國外交部，〈https://www.mofa.gov.tw/News_Content.aspx?n=96&s=75023〉。

成立法的「亞洲再保證倡議法」，均向國際社會傳達美國將持續阻止中國打壓臺灣的堅定訊息。專文同時呼籲，確保自由、開放的太平洋符合臺灣、美國及其他民主國家的共同利益。繼續支持過去數十年來維護和平穩定的區域秩序，刻不容緩，此刻正是大家皆應採取作為的時候。

## 三十四、外交部誠摯感謝美國行政部門致函美國 500 大企業鼓勵強化與臺灣往來（民國 108 年 10 月 18 日）*

### 中華民國外交部第 253 號新聞稿

美國國務院、商務部及農業部本（10）月初聯名致函美國 500 大企業，強調臺美夥伴合作緊密友好，並鼓勵美國企業加強與我國的貿易及投資關係，外交部表達誠摯感謝。

臺灣外交處境日趨艱難，來自中國的打壓也從未停歇。中國除誘奪我國邦交國、杯葛我國參與國際組織，更鎖定民間企業及美方友我人士做出符合中方政治思想的表述。例如近期要求我國內飲料連鎖店、美國國家籃球協會（NBA）、國際精品迪奧（Christian Dior）等跨國企業公開表態，擁護中國官方立場。若拒絕屈服中方要脅時，中國則施以報復手段。例如，美國聯邦眾議員馬隆尼（Sean Maloney）曾於 10 月 13 日在臺爾街日報（Wall Street Journal）發表文章指出，中國曾威脅馬隆尼拒發簽證，要求取消訪臺計畫。

作為國際社會負責任且積極貢獻分享的一員，我國始終致力維持兩岸及區域的和平穩定，捍衛民主自由制度，爭取臺灣更寬廣的國際空間。臺灣的民主、自由、人權及法治發展等成就已普遍獲得國際社會的肯定。無論中國採取任何手段，威脅恐嚇他國屈從中國虛妄的政治主張，僅將引起臺灣人民對中國政府的反感，以及國際社會對臺灣更強而有力的支持。

外交部誠摯感謝美國政府對北京霸凌臺灣及施壓國際企業的不當舉措一再挺身相助。除了此次致函美國 500 大企業外，美國國務院亞太助卿史達偉（David Stilwell）及國防部印太安全事務助理部長薛瑞福（Randy Schriver）也在 10 月 16 日聯邦參議院外委員會亞太小組聽證會上特別關切中共對臺灣的施壓及霸凌威脅情形，並重申美國將持

---

* 資料來源：中華民國外交部，〈https://www.mofa.gov.tw/News_Content.aspx?n=96&s=75033〉。

續支持臺灣。

　　我國政府也再次呼籲全球理念相近國家團結一致，正視中國政府以政逼商問題的嚴重性，以及中方持續干擾全球各地國際企業及國際航空公司的自主營運。自由民主國家應攜手合作，以具體的行動抑制中國侵略性的蠻橫行徑不斷擴張。

## 三十五、外交部誠摯感謝美國副總統彭斯發表演說提及民主臺灣展現更好的途徑（民國 108 年 10 月 25 日）*

### 中華民國外交部第 263 號新聞稿

　　美國副總統彭斯（Mike Pence）於美東時間本（10）月 24 日在臺府智庫威爾遜中心（Wilson Center）發表重要演說，特別提及美國與臺灣站在一起捍衛得來不易的自由，肯定臺灣在世界經貿具舉足輕重的地位，且為華人文化與民主的明燈。外交部對於彭斯副總統代表美國政府展現對我國的一貫堅定支持表達誠摯感謝。

　　彭斯副總統在演說中也嚴正關切中國當局迫害宗教自由與人權，竊取智慧財產權及個資，以軍事行動挑釁區域及鄰國，並透過支票外交奪取臺灣邦交國以及壓迫我國民主體制。彭斯副總統強調，國際社會必須記得與臺灣交往將維護臺灣及區域和平；美國永遠相信臺灣擁抱民主為所有華人展現更好的途徑。此外，彭斯副總統也再度重申美方信守《臺灣關係法》。

　　外交部誠摯感謝美國政府不斷公開為臺灣仗義執言，並以具體行動展現對臺海安全及區域和平的重視。無論中國採取任何手段在國際社會打壓臺灣，我國政府絕不會退卻，並將持續在既有良好基礎上與美國及理念相近國家攜手合作，並善盡區域成員的責任，共同捍衛民主制度及區域內以規則為基礎的國際秩序。

## 三十六、外交部對美國參、眾兩院審議通過，及川普總統簽署美國「2020 會計年度國防授權法案」表達誠摯感謝（民國 108 年 12 月 21 日）*

---

\*　資料來源：中華民國外交部，〈https://www.mofa.gov.tw/News_Content.aspx?n=96&s=75043〉。
\*　資料來源：中華民國外交部，〈https://www.mofa.gov.tw/News_Content.aspx?n=96&s=90819〉。

中華民國外交部第 302 號新聞稿

美國「2020 會計年度國防授權法案」（NDAA 2020）於本（108）年 12 月 11 日及 17 日分別獲美國聯邦眾議院及參議院審議通過後，川普總統並於美東時間 12 月 20 日正式簽署生效。外交部誠摯感謝美國行政部門及國會對臺灣安全承諾的一致支持，我國將繼續積極深化與美國政府在各領域的合作，穩健提升臺美互惠互利的夥伴關係。

「2020 會計年度國防授權法案」的條文首次納入加強臺美網路安全合作，並關切中國影響臺灣選舉情形的相關文句。法案也包括多項支持臺灣自我防衛能力，以及提升臺美軍事交流與合作的友我條文，充分展現川普總統及美國國會兩院跨黨派對維護臺海和平穩定與臺灣民主自由所共同展現的堅定支持。

面對區域緊張情勢發展，我國政府將繼續加速國防投資，強化自我防衛能力。外交部也將持續就臺美間各項國防安全合作議題，在現有堅實友好的基礎上，與美國密切聯繫溝通，並善盡區域成員的責任，共同維護臺海及區域的和平與穩定。

## 三十七、外交部感謝美國國會跨黨派領袖聯名致函世界銀行關切我國人在世界銀行工作權益（民國 109 年 1 月 11 日）*

中華民國外交部第 010 號新聞稿

美國聯邦眾議院外交委員會民主黨籍主席安格爾（Eliot Engel, D-NY）、共和黨籍首席議員麥考爾（Michael McCaul, R-TX），以及參議院外交委員會共和黨籍主席芮齊（Jim Risch, R-ID）、民主黨籍首席議員孟南德茲（Robert Menendez, D-NJ）四位美國國會領袖，於本（1）月 7 日聯名致函世界銀行總裁馬爾帕斯（David Malpass），關切世銀月前要求其臺籍員工必須持中國護照事，並要求世銀於兩週內提出說明。對於美國跨黨派國會領袖堅定支持臺灣有意義參與國際組織，以及關切臺籍人士在國際組織任職的正當權益，外交部表達誠摯感謝。臺灣將持續與美國、理念相近國家及國際友人合作，堅定捍衛我國人民貢獻國際社會的權益與機會。

外交部同時呼籲世界銀行應秉持專業考量，並堅守其「不歧視」的承諾，尊重及保障臺籍職員的正當權益，讓臺籍的專家也能善用其專業及經驗參與國際事務，共同為增

* 資料來源：中華民國外交部，〈https://www.mofa.gov.tw/News_Content.aspx?n=96&s=90830〉。

進全人類福祉貢獻心力。

　　安格爾主席等四位美國國會領袖在聯名函中嚴正指出，世銀的行為準則明確揭示組織的「不歧視」承諾，禁止基於政治、國籍或社會出身的歧視。聯名函強調，中華人民共和國政府宣稱的「臺灣是中國的一部分」觀點，不符合聯合國大會第2758號決議內容，也不是聯合國所有會員國的共識。議員們另重申，排除臺灣及持有中華民國臺灣護照者有意義參與國際組織或在國際組織工作，因斷定不具正當性等論調，此並非國際社會的共識，因此世銀或任何其他國際組織不得主張類此觀點是共識。

## 三十八、外交部歡迎美國聯邦參、眾兩院一致通過「2019年臺灣友邦國際保護暨強化倡議法案」並感謝美國會對臺灣的堅定支持（民國109年3月12日）*

### 中華民國外交部第061號新聞稿

　　「2019年臺灣友邦國際保護暨強化倡議法案」（簡稱「臺北法案」，TAIPEI Act）已於本（3）月4日在美國聯邦眾議院以415票贊成、無人反對的壓倒性票數表決通過。美國聯邦參議院後於本月11日以一致同意方式表決通過。「臺北法案」獲得美國國會不分黨派的一致支持，充分反映臺美關係的緊密友好，外交部表達誠摯歡迎與感謝。

　　「臺北法案」由聯邦參議院外交委員會亞太小組主席賈德納（Cory Gardner, R-CO）領銜提出，內容包含支持臺美進一步強化雙邊貿易及經濟關係、支持臺灣參與國際組織、美國政府應採取作為支持臺灣強化與印太地區及全球各國的正式外交關係及夥伴關係，以及對於強化與臺灣關係或嚴重損害臺灣安全、繁榮的國家，美國政府也應研議以適當方式提升或改變美國與該等國家的關係。

　　我國政府感謝美國國會以「臺北法案」肯定臺灣民主成就、支持我國外交空間、國際參與並深化臺美經貿與安全關係。作為國際社會積極貢獻的成員，我國政府將繼續與美國等理念相近國家攜手合作，守護共享價值，持續作為國際社會的良善力量，並爭取臺灣更寬廣的國際空間。

---

*　資料來源：中華民國外交部，〈https://www.mofa.gov.tw/News_Content.aspx?n=96&s=90881〉。

## 三十九、外交部與美國在臺協會臺北辦事處發表臺美防疫合作聯合聲明（民國 109 年 3 月 18 日）*

### 中華民國外交部第 070 號新聞稿

外交部與美國在臺協會臺北辦事處（AIT/T）於本（3）月 18 日共同發表臺美防疫夥伴關係聯合聲明，展現臺美攜手對抗武漢肺炎疫情的決心。雙方將在臺美密切合作交流的既有成果基礎上，推動更快速以及更多層面的合作，共同維護全人類的健康安全。

## 四十、臺美就擴大臺灣國際參與舉行電話會議，外交部對美方的堅定支持表示誠摯感謝（民國 109 年 4 月 3 日）*

### 中華民國外交部第 085 號新聞稿

中華民國（臺灣）外交部、衛生福利部及駐美國代表處與美國國務院、美國在臺協會（AIT）華盛頓總部及臺北辦事處於本（109）年 3 月 31 日舉行電話會議，討論如何擴大臺灣國際參與事宜。雙方高度肯定日前所建立合作對抗武漢肺炎的新夥伴關係，並就推動臺灣以觀察員身分出席世界衛生大會（WHA）等議題持續深入交換意見。外交部對美方多年來堅定支持臺灣擴大國際空間，並在國際社會作出貢獻表示誠摯感謝。

我方在會中分享對抗武漢肺炎的各項措施。我方也強調，在武漢肺炎疫情的威脅下，更凸顯臺灣完整參與世界衛生組織（WHO）的會議、機制與活動的必要性及急迫性。雙方也討論如何持續提升臺灣與理念相近國家的合作，以擴大我國的國際參與。

外交部感謝美國行政部門與國會持續不斷以具體行動支持臺灣參與 WHO 等國際組織，包括：美國國會通過並獲川普總統簽署《2019 年臺灣友邦國際保護暨強化倡議法》（簡稱《臺北法》，TAIPEI Act），以及國務卿龐培歐（Mike Pompeo）公開表示，美國國務院將完全遵守《臺北法》，全力協助臺灣在 WHO 取得適當角色。美國駐聯合國日內瓦分部代表團也推文感謝臺灣在國際對抗疫情中扮演重要角色，強調臺灣理應獲邀參與 WHO 及 WHA。

---

* 資料來源：中華民國外交部，〈https://www.mofa.gov.tw/News_Content.aspx?n=96&s=90890〉。
* 資料來源：中華民國外交部，〈https://www.mofa.gov.tw/News_Content.aspx?n=96&s=90905〉。

　　此次電話會議，我方由外交部政務次長謝武樵及駐美國代表高碩泰大使分別在臺北及華府率團與會。美方出席代表包括：AIT 華盛頓總部執行理事羅瑞智（John J. Norris Jr）及臺北辦事處處長酈英傑（William Brent Christensen）、美國國務院國組局代理助卿 Pam Pryor、副助卿奈瑞莎・庫克 （Nerissa J. Cook）、亞太局首席副助卿 柯夏譜（Atul Keshap）、副助卿費德瑋 （Jonathan Fritz）等資深官員，充分顯示雙方對此會議的重視，也再度凸顯臺美夥伴關係的緊密友好。我國將持續與美國及其他理念相近國家攜手合作，持續擴大臺灣的國際參與，在各領域積極落實「臺灣能幫忙，而且臺灣正在幫忙」（Taiwan can help, and Taiwan is helping）的承諾。

## 四十一、外交部捐贈美國 200 萬片口罩已陸續啟運，並將捐贈第二波口罩協助美國疫情嚴峻的州（民國 109 年 4 月 9 日）*

### 中華民國外交部第 088 號新聞稿

　　外交部與美國在臺協會臺北辦事處（AIT/T）於上（3）月 18 日發布「臺美防疫夥伴關係聯合聲明」，在防疫物資的合作中，臺灣提供美國每週 10 萬片醫療口罩，其中本（4）月份的 40 萬片口罩已經運交美國。本次捐贈美國聯邦政府 100 萬片及有急迫需要的相關州 100 萬片口罩，也已經陸續分批啟運。我國的愛心人道援助獲得美國行政部門及國會議員等各界大力肯定。外交部將再捐贈 100 萬片口罩提供美國疫情特別嚴峻的州，支援第一線防疫的醫護人員。

　　繼美國白宮國安會、國務院亞太局日前分別推文肯定臺灣的防疫成果，美國國務卿龐培歐 （Mike Pompeo）也在美東時間 4 月 8 日推文表示，值此「新型冠狀病毒」（武漢肺炎）疫情在全球擴散之際，患難見真情，美國政府感謝臺灣捐贈 200 萬片口罩支援美國前線醫療人員。龐培歐國務卿並稱，臺灣的慷慨捐輸實為對抗武漢肺炎疫情的楷模。

　　外交部對於美國政府一再公開肯定我國的防疫成果及國際人道援助行動表示竭誠歡迎。在全球抗疫的艱辛時刻，臺灣能盡棉薄之力，支援美國前線醫護及相關人員感到自豪。在武漢肺炎疫情於全球擴散之際，外交部與美方將持續在「臺美防疫夥伴關係聯合聲明」及既有的合作機制上攜手抗疫，同時與全球各理念相近國家就疫情資訊分享、疫苗與藥品研發、醫療設備交流等各項議題並肩努力，共同維護臺美雙方人民及全人類的

---

\* 　資料來源：中華民國外交部，〈https://www.mofa.gov.tw/News_Content.aspx?n=96&s=90908〉。

健康與安全。

## 四十二、行政院副院長陳其邁與美國衛生部副部長哈根線上會議對談，分享臺灣防疫經驗並呼籲「世界衛生組織」納我參與（民國109年5月9日）*

### 中華民國外交部第110號新聞稿

　　行政院副院長陳其邁於美東時間5月8日上午9時（臺北時間5月8日晚間9時）在美國華府智庫「戰略暨國際研究中心」（CSIS）線上會議中發表專題演講，分享臺灣對抗武漢肺炎（COVID-19）疫情的成功經驗，並與美國衛生部副部長哈根（Eric Hargan）對談，臺美公衛資深官員罕見在智庫公開隔空互動，吸引近300人即時線上收視。陳副院長於會中強調，「臺灣模式」包括透明（transparency）、科技（technology）及團隊精神（teamwork）等三大支柱，臺灣證明民主國家有能力戰勝新冠病毒，臺灣也有能力協助世界衛生組織（WHO）在全球的防疫工作，應該讓臺灣的2千3百萬人參與WHO。

　　陳副院長表示，臺灣防疫成果部分歸功於對中國疫情的審慎判斷與超前部署。基於2003年「嚴重急性呼吸道症候群」（SARS）的經驗，再加上對於中國所公佈資訊的直覺懷疑，促使我們對此疫情採取迅速及有效率的風險評估與行動。臺灣未待WHO指示，即迅速啟動管制邊境、成立中央流行疫情指揮中心、儲備關鍵物資及確保醫院及醫護人員做好準備。

　　陳副院長也談到大數據分析及科技運用對防疫所起的作用，例如研發口罩配給的手機程式，智慧追蹤居家隔離者，整合有關旅遊、移民入境及健保等資料庫，用來強化入境檢疫及指認病例等，並確保每一步都在相關法律條文規範下秉持開放、透明、對公眾負責的原則。

　　陳副院長還指出，全民共同防疫均為「臺灣模式」的成功關鍵，例如「口罩國家隊」及大甲鎮瀾宮媽祖遶境的取消，最能詮釋臺灣防疫的民主成功故事。陳副院長特別感謝美國衛生部長阿札爾（Alex Azar）對臺灣的肯定，並與我衛生福利部部長陳時中進行交流。我們將繼續就參與世衛組織議題與美方合作，並強調臺灣有能力協助WHO的各項工作，不應被排拒在外。

---

\* 　資料來源：中華民國外交部，〈https://www.mofa.gov.tw/News_Content.aspx?n=96&s=92552〉。

美國衛生部副部長哈根則盛讚臺灣防疫成功經驗，允值各國學習，美國支持臺灣參與世衛，將臺灣排拒在外將提高全球防疫體系出現破口的風險。哈根並於會後立即推文表示，臺灣經驗證明臺灣有能力對全球公共衛生做出貢獻，WHO 近年將臺灣排除在「世界衛生大會」（WHA）之外，令人甚為失望。

會議由「戰略暨國際研究中心」中國權力計畫主任葛來儀（Bonnie Glaser）主持，「戰略暨國際研究中心」資深副會長暨「全球衛生政策中心」主任莫里森（Stephen Morrison）亦與會對談。會前外交部長吳釗燮親自歡迎並陪同陳副院長到達外交部視訊會議室，外交部政務次長徐斯儉及北美司長姚金祥也在場陪同。

## 四十三、臺美日共同舉辦「全球合作暨訓練架構」成立 5 週年記者會（民國 109 年 6 月 1 日）*

### 中華民國外交部第 128 號新聞稿

外交部長吳釗燮、美國在臺協會臺北辦事處（AIT/T）處長酈英傑（Brent Christensen）及日本臺灣交流協會臺北事務所代表泉裕泰（Hiroyasu Izumi）本（6）月 1 日上午在外交部舉行聯合記者會，共同慶祝 GCTF 成立滿 5 週年，並於會後發布《「全球合作暨訓練架構」（GCTF）5 週年聯合聲明》，展現臺美日持續強化三邊合作夥伴關係的決心。

吳部長在記者會上表示，5 年前的今天，臺美簽署瞭解備忘錄（MOU）正式成立 GCTF，希望透過此平台發揮臺灣強項及專業，協助區域國家能力建構、加強多邊合作，並進一步拓展臺灣的國際空間。吳部長強調，欣見日本上（108）年以「正式夥伴」（full partner）身分加入，瑞典及澳洲也陸續參與合辦，希望未來能有更多國家加入充滿活力的 GCTF 合作平台。

為了使 GCTF 更制度化運作，吳部長在記者會上宣布，在外交部北美司成立「全球合作暨訓練架構小組」作為 GCTF 秘書處，由專責人員協調辦理 GCTF 活動，並建立校友網絡。吳部長也公布 GCTF 專屬標誌。

酈英傑處長及泉裕泰代表也稱讚 GCTF 是一個提供各國政府官員及專家，針對共同關切的議題交換意見的務實平台，各方可學習臺灣在相關領域的專業知識。酈處長再次

---

\* 資料來源：中華民國外交部，〈https://www.mofa.gov.tw/News_Content.aspx?n=96&s=92570〉。

稱讚臺灣為可信賴夥伴、民主制度典範及世界良善力量，並以「真朋友，真進展」形容臺美關係，強調雙方均以此態度與印太區域及全球各國互動。泉代表也表示，日本將持續積極參與 GCTF 活動，並強調日本不會離開臺灣，也離不開臺灣，日臺一定要同行。

GCTF 自 2015 年成立迄今，已就公共衛生、執法合作、婦女賦權、數位經濟、網路安全及媒體識讀等重要議題舉辦 23 場國際研習營，共計邀請全球 38 個國家、超過 500 位政府官員及專家與會受訓，成果有目共睹。外交部將持續在既有良好合作基礎上，透過 GCTF 與美國、日本及其他理念相近國家深化在全球事務上的實質合作。

## 四十四、臺美「太平洋防疫援助線上對話」以遠距視訊方式順利完成（民國 109 年 6 月 4 日）*

### 中華民國外交部第 131 號新聞稿

「臺美太平洋防疫援助線上對話」（Virtual Pacific Islands Dialogue on COVID-19 Assistance）已於 6 月 4 日上午在外交部透過視訊連線方式舉行並圓滿落幕，臺美雙方分別由外交部政務次長徐斯儉與美國國務院亞太局主管澳紐暨太平洋事務副助卿兼 APEC 資深官員孫曉雅（Sandra Oudkirk）主談。美方與會人員包括：美國在臺協會臺北辦事處（AIT/T）處長酈英傑、美國國際開發總署（USAID）代表、美國內政部代表及美國疾病管制與預防中心（CDC）代表及美國駐太平洋相關國家大使館等單位與會。我方與會人士除徐政務次長外，另包括我駐美國代表處高碩泰大使、財團法人國際合作發展基金會代表、我駐太平洋友邦 4 大使、太平洋 4 友邦「臺灣醫療計畫」（Taiwan Medical Program, TMP）醫院代表。

徐次長表示，武漢肺炎（COVID-19）至今對全球造成劇烈衝擊，為儘快提升包括友邦在內的太平洋各國防疫能量，我國除已捐贈口罩、紅外線熱像測溫儀及其他醫療物資外，更盼藉此次對話與美國推動「超前部署」，共同就「後疫情」（post-pandemic）時代各方在太平洋地區的醫衛合作進行協調，共同協助島國提升防疫能量，同時避免資源重置。

為實現前述目標，外交部此次也邀請在太平洋 4 友邦執行「臺灣醫療計畫」（TMP）的 4 家醫院派員進行簡報，勾勒我方未來協助友邦建置或完善防疫體系的願景，以利將

---

* 資料來源：中華民國外交部，〈https://www.mofa.gov.tw/News_Content.aspx?n=96&s=92573〉。

來與美國或其他有意願參與的國家相互協調與合作。

徐次長強調，臺灣縱使防疫成果廣受讚譽並獲全球多國聲援，仍因為中國蠻橫阻撓，無法出席本年的世界衛生大會（WHA），但我國仍積極對太平洋島國等全球許多國家伸出援手，因為臺灣相信，疫情當前沒有國家可以獨善其身，「防疫共榮」才是人類戰勝武漢肺炎的唯一方式。

本日會中各方對未來在太平洋地區如何在防疫領域加強合作充分交換意見，互動熱烈，成果豐碩，並決定在疫情告一段落後面對面正式辦理第二屆臺美太平洋對話。

## 四十五、外交部誠摯歡迎美國衛生部長阿札爾訪問臺灣（民國 109 年 8 月 5 日）*

### 中華民國外交部第 165 號新聞稿

美國衛生部長阿札爾（Alex Azar II）訂於近日內率團訪問臺灣，期間將晉見總統，拜會外交部長吳釗燮、衛生福利部長陳時中、參訪中央流行疫情指揮中心，並與國內醫療衛生專家對談，強化臺美間的防疫及醫衛合作關係。

阿札爾部長是臺灣長期堅定友人，上任後大力支持我國參與「世界衛生組織」（WHO）及相關活動，並持續在「世界衛生大會」（WHA）及相關國際場域以具體行動支持臺灣參與全球衛生事務。他在武漢肺炎（COVID-19）疫情期間，多次公開肯定「臺灣模式」在全球抗疫的貢獻。外交部對他的支持表達由衷感謝。

此次阿札爾部長來訪是自 2014 年以來，美國再度派遣閣員訪問我國，也是 1979 年以來訪臺排序最高的美國政府閣員，足證近年來在臺美共同努力下，雙方互信基礎穩固，溝通順暢，同時也彰顯美國對我的堅定支持與臺美緊密友好關係。未來我國政府將在既有良好基礎上，穩健提升臺美全球合作夥伴關係，並持續捍衛民主、自由及人權等共享價值。

## 四十六、臺美就深化臺灣國際參與議題舉行視訊會議，外交部對美方的堅定支持表達誠摯感謝（民國 109 年 8 月 25 日）*

---

* 資料來源：中華民國外交部，〈https://www.mofa.gov.tw/News_Content.aspx?n=96&s=92607〉。
* 資料來源：中華民國外交部，〈https://www.mofa.gov.tw/News_Content.aspx?n=96&s=92623〉。

## 中華民國外交部第 181 號新聞稿

　　臺美雙方於本（109）年 8 月 19 日就深化臺灣國際參與議題舉行視訊會議，深入討論拓展臺灣國際參與的策略及作法，議題涵蓋公共衛生、跨國犯罪及民航合作等；雙方也共同研商如何爭取更多理念相近國家共同支持臺灣參與國際組織。此次會議緊接在美國衛生部長阿札爾（Alex Azar II）成功訪臺後舉行，更彰顯臺美關係緊密友好，極具意義。

　　美方在會中重申將繼續全力支持臺灣參與國際組織，並加強與臺灣交流合作。外交部主任秘書徐儷文則代表外交部誠摯感謝美方的堅定支持，另強調臺灣的國際參與在美方及其他理念相近國家的大力支持下，已經廣獲國際認同，且更具國際能見度，使我方得以更廣泛且更深入參與更多國際組織。外交部將繼續秉持「專業、務實、有貢獻」的原則，積極拓展臺灣的國際活動空間。

　　此次會議，我方由外交部主任秘書徐儷文及駐美國代表蕭美琴大使分別在臺北及華府偕相關同仁與會；美方出席代表包括國務院國際組織局代理助卿普萊爾（Pam Pryor）、東亞暨太平洋事務局副助理國務卿費德瑋（Jonathan Fritz）、國際組織局副助理國務卿庫克（Nerissa Cook）、美國在臺協會臺北辦事處處長酈英傑（William Brent Christensen）等人。

## 四十七、外交部與美國在臺協會共同發布臺美「5G 安全共同宣言」（民國 109 年 8 月 26 日）*

## 中華民國外交部第 182 號新聞稿

　　外交部長吳釗燮與美國在臺協會臺北辦事處（AIT/T）處長酈英傑（Brent Christensen）於本（8）月 26 日共同發表臺美「5G 安全共同宣言」（Joint Declaration on 5G Security），雙方承諾在自由、公平競爭、透明及法治的基礎上，善用 5G 通訊網路提供的各項服務，同時確保 5G 通訊網路不受惡意破壞或操縱，進一步保障隱私、個人自由及社會經濟的發展。

　　吳部長致詞時表示，「資安即國安」，臺灣長期處於資安防衛的最前線，在佈建 5G 的資安考量上，早已超前部署，完全排除具有資安疑慮的軟硬體設備與服務，堪稱

---

* 　資料來源：中華民國外交部，〈https://www.mofa.gov.tw/News_Content.aspx?n=96&s=92624〉。

國際社會的先驅與典範。臺美此次攜手加強 5G 安全的合作，除了響應「布拉格提案」（Prague Proposals）對 5G 安全的呼籲外，也象徵臺灣在 5G 資安的作為已與國際標準接軌。我方期待未來能與更多理念相近國家一起努力，秉持蔡英文總統宣示建立保護自己、也被世界信賴的資安系統及產業鏈，共同建構安全、穩健且可信賴的 5G 生態系統。

臺灣與美國共享民主、自由、人權的核心價值，近期在各領域均有密切交流及合作，雙邊關係持續穩健成長。此次美國在肯定我國 5G 安全措施，並將我國 5G 釋照的電信業者全部納入「5G 乾淨路徑」（5G Clean Path）的乾淨電信公司清單後，再次與我國政府共同發布「5G 安全共同宣言」，足證臺灣的 5G 安全符合國際標準。未來臺美雙方將持續透過「全球合作暨訓練架構」（GCTF）推展 5G 安全合作，協力發展合適的 5G 標準、準則及最佳實作。

本次活動由美方安排在美國創新中心（American Innovation Center, AIC）舉行，國家通訊傳播委員會主任委員陳耀祥、立法院數位國力促進會會長劉世芳委員及臺美資安產業代表等均在場見證。

## 四十八、外交部就美國各界對我國宣布開放美牛、美豬進口發表正面回應表達誠摯感謝（民國 109 年 8 月 29 日）*

### 中華民國外交部第 187 號新聞稿

蔡英文總統於昨（28）日宣布進一步開放美豬、美牛進口政策後，在不到 24 個小時內，已經獲得美國共和、民主兩黨，政、商、學界人士一致的強烈歡迎與肯定。根據外交部及駐美代表處蒐報結果，截至目前為止已經有 74 位美方各界人士公開表達對我國政府決策的支持。

親自發言支持的重量級美國政要包括：美國副總統彭斯（Mike Pence）及白宮國安會高層、國務卿龐培歐（Mike Pompeo）、商務部長羅斯（Wilbur Ross）、農業部長普度（Sonny Perdue）等三位部長與其他資深官員、美國聯邦參議院代議長暨財政委員會主席葛萊斯里（Chuck Grassley, R-IA）、參院外交委員會主席芮胥（Jim Risch, R-ID）、民主黨首席議員孟南德茲 （Robert Menendez, D-NJ），以及參、眾兩院臺灣連線兩黨

---

\*　資料來源：中華民國外交部，〈https://www.mofa.gov.tw/News_Content.aspx?n=96&s=92629〉。

共同主席等。此外，民主黨總統候選人拜登（Joe Biden）的首席外交政策顧問布林肯（Anthony Blinken），也代表拜登陣營推文讚許臺灣開放政策的決定。

　　至於商界及學界方面，美國總商會、美臺商業協會、臺北市美國商會也立即分別公開表達肯定，強調我國政府的決心對臺美進一步深化經貿關係的意義。在美國學界方面，美國傳統基金會、布魯金斯研究院、戰略暨國際研究中心（CSIS）、美國企業研究院（AEI）等智庫學者，也有多位專家陸續以發表專文或推文方式，讚許蔡總統的決策勇氣，並呼籲應把握此一契機，儘速推動臺美自由貿易協定。

　　對於美國政府高層、國會、學、商等各界齊聲對臺灣政府的決定表達肯定，外交部表示歡迎與感謝。在蔡總統期許國人邁開腳步、勇敢走向世界的同時，外交部也將與國內經貿部會密切協調合作，並持續透過各種管道，積極推動深化臺美雙邊經貿合作，讓臺灣走向世界，與國際接軌。

## 四十九、外交部誠摯感謝美方公布「六項保證」解密檔案以展現對台堅定支持（民國 109 年 8 月 31 日）*

### 中華民國外交部第 189 號新聞稿

　　美國在臺協會臺北辦事處（AIT/T）於本（8）月 31 日在官方網站公布美國政府有關 1982 年「八一七公報」及「六項保證」（Six Assurances）當年美國國務院電報的歷史解密檔案，並重申「六項保證」為美對台政策的基本要素，強調美國將持續對台軍售。值此中國不斷以文攻武嚇破壞台海及區域和平與穩定之際，外交部對美方展現對臺灣安全的堅定承諾表達由衷感謝。

　　美國政府多年來一再重申「臺灣關係法」及「六項保證」的對台承諾，並依據我方防禦需求對台軍售，以實際行動反映美方一貫對臺灣安全的堅定支持。美方解密相關重要歷史檔案，且首度公布美國對臺灣「六項保證」的詳細內容。這是繼於去（108）年 8 月 30 日將雷根總統 1982 年簽署「八一七公報」的秘密備忘錄內容解密後，進一步還原當時美方與兩岸交涉的情形，藉此正告中方切勿再錯誤引用上述公報，籲請中國正視其對和平解決台海問題的承諾，並闡明美方將持續致力助臺灣維持防衛能力。

　　臺灣作為印太地區重要的民主國家，會堅定對抗來自中國的打壓與脅迫，矢志捍

---

* 　資料來源：中華民國外交部，〈https://www.mofa.gov.tw/News_Content.aspx?n=96&s=92631〉。

衛民主、自由與人權的普世價值。我國也將善盡區域成員的責任,持續強化自我防衛能力,以及與美國和理念相近國家的安全夥伴關係,以確保台海及區域的和平、安定與穩定。

## 五十、外交部竭誠歡迎美國國務院主管經濟成長、能源與環境次卿柯拉克率團訪問臺灣(民國 109 年 9 月 17 日)*

中華民國外交部第 204 號新聞稿

美國國務院主管經濟成長、能源與環境次卿柯拉克(Keith Krach)於本(109)年 9 月 17 日至 19 日率團訪問我國。這是美國國務院自 1979 年以來,訪臺最高層級官員。外交部對柯拉克次卿來訪表達誠摯歡迎。

在臺期間柯拉克次卿將與蔡總統及我國政府高層互動,並與同團的美國國務院民主、人權暨勞工局助卿戴斯卓(Robert Destro)代表美方出席故前總統李登輝的告別追思禮拜,向李前總統對臺灣民主的貢獻致敬。

我們也樂見在國務院亞太助卿史達偉(David Stilwell)於 8 月 31 日宣布將與我方進行經濟對話後,美國務院立即派遣柯拉克次卿來台,與我方討論如何就各項優先領域強化臺美經濟合作。

在本年 8 月美國政府派遣衛生部長阿札爾(Alex Azar II)訪臺後,再次派遣高層政府官員來訪,彰顯美國對臺美關係的重視及一貫堅定支持。我方深信,柯拉克次卿訪問團將透過實地瞭解我國最新政經發展,進一步深化臺美之間緊密的經濟連結,以及基於共享價值的全面合作夥伴關係。

## 五十一、第二屆「臺美印太民主治理諮商」會議圓滿成功並發布會議成果事實文件(民國 109 年 10 月 28 日)*

中華民國外交部第 244 號新聞稿

---

\* 　資料來源:中華民國外交部,〈https://www.mofa.gov.tw/News_Content.aspx?n=96&s=92646〉。
\* 　資料來源:中華民國外交部,〈https://www.mofa.gov.tw/News_Content.aspx?n=96&s=94780〉。

臺美於本（109）年 10 月 28 日召開第二屆「臺美印太民主治理諮商」總結會議，採實體及視訊混合方式辦理，臺北端在美國在臺協會臺北辦事處（AIT/T）以實體方式辦理，與華府端進行視訊對話。會議首先由外交部長吳釗燮代表我方以視訊致詞，美國務院民主、人權暨勞工局助卿戴斯卓（Robert Destro）則代表美方致詞並主持會議，另邀請美國國際民主協會（National Democratic Institute, NDI）、國際共和研究所（International Republican Institute, IRI）、國家民主基金會（National Endowment for Democracy, NED）、自由之家（Freedom House）、臺灣民主基金會、臺灣海外援助發展聯盟、開放文化基金會及勵馨基金會等臺美公民社會團體參與。

吳部長致詞指出，臺美於上（108）年共同宣布成立此對話機制，過去一年來雙方討論如何在印太地區持續深化合作促進自由、民主、婦女賦權及良善治理，已達致豐碩成果。部長也強調，臺灣是捍衛自由民主的堡壘，中國近期密集的挑釁行動不僅針對臺灣，將持續影響整個區域的和平穩定，呼籲所有民主國家保持警覺。

戴斯卓助卿及美國務院全球婦女議題無任所大使柯莉（Kelley Currie）本年稍早訪臺期間於 9 月 18 日已與我方進行本次對話會議，本（28）日再召開總結會議，檢視首屆諮商會議以來的具體成果，並綜整未來一年的優先合作領域（詳細資訊請參考「第二屆《臺美印太民主治理諮商》會議事實文件」）。臺美未來將持續與美國等理念相近國家深化合作，分享在促進宗教自由、婦女經濟賦權、打擊網路假訊息、透明政府及公正選舉等領域的經驗，共同維護民主價值的核心，促進自由、開放及繁榮的印太區域。

## 五十二、首屆臺美經濟繁榮夥伴對話成果豐碩，進一步深化臺美緊密夥伴關係（民國 109 年 11 月 21 日）*

### 中華民國外交部第 280 號新聞稿

首屆「臺美經濟繁榮夥伴對話」（Taiwan-US Economic Prosperity Partnership Dialogue）在美國國務院主管經濟成長、能源與環境次卿柯拉克（Keith J. Krach）及我國行政院政務委員鄧振中率領下，於本（109）年 11 月 20 日透過實體及視訊方式在臺盛頓舉行。我方由經濟部政務次長陳正祺率小型代表團赴美國華府與美方進行實體會議，另在臺北以視訊方式參加討論的我方相關部會官員則包括：經濟部長王美花、科技部長吳政忠、外交部政務次長曾厚仁等。

---

* 資料來源：中華民國外交部，〈https://www.mofa.gov.tw/News_Content.aspx?n=96&s=94816〉。

　　會中首先由美國在臺協會（AIT）及駐美國臺北經濟文化代表處（TECRO）簽署一份為期 5 年，並得再延長 5 年的備忘錄（MOU），做為未來輪流在臺府及臺北召開年度高階對話的基礎，促進雙方進行更深化及廣泛的經濟合作。雙方接續就科學與技術、5G 及電信安全、供應鏈、婦女經濟賦權、基礎建設合作、投資審查及全球健康安全議題進行討論，重點如次：

- 科學與技術：為促進對廣泛科學及技術議題的共同認知，雙方宣布將就科學及技術協定進行諮商，以做為持續深化科學技術合作的承諾。期盼藉此協定，雙方將能透過數據、專業知識、人員等交流及其他合作，更進一步促進科學知識、技術創新、在第三國的能力建構，以及研究誠信及保護。

- 5G 及電信安全：臺灣為 5G 乾淨通道（5G Clean Path）的夥伴。臺灣的產能可提供美商就乾淨網路方面堅實的支援。雙方並就推廣乾淨網路、以及供應商多元化的方式進行討論。

- 供應鏈：慮及臺灣在高科技硬體製造具競爭優勢，且美國在全球高科技產業具領導地位，其中半導體產業將帶動雙方經濟顯著而長期的利益，雙方確認在半導體領域的戰略合作為優先項目，另將致力在醫療及其他關鍵技術供應鏈的合作。

- 婦女經濟賦權：基於雙方近期在拉丁美洲與加勒比海地區就提倡年輕女性企業家合作，以及在新南向國家共同推動婦女經濟賦權，雙方確認對全球婦女經濟賦權的支持。

- 基礎建設合作：雙方藉由近期簽署的「基礎建設融資及市場建立合作架構」，強化技術交流與資訊分享，以促進在印太及新南向國家基礎建設的投資。臺灣並確認對於藍點網絡（Blue Dot Network）倡議，包括透明化、負責任、韌性、環境與社會永續發展等原則的支持。雙方也同意籌組夥伴商機考察團（PODs），針對優先領域，與南亞、東南亞、太平洋及拉丁美洲夥伴國，共同探索海外商機。雙方並致力探尋在基礎建設、再生能源資源如風能、太陽能等領域的共同商機。

- 投資審查：雙方承諾共同探討如何增進美國海外投資委員會（CFIUS）與經濟部在投資審查工作上的交流與合作。

- 全球健康安全：臺灣的個人防護裝備生產製造，及美國在疫苗、藥品及試劑的研發居全球領先地位。雙方盼於數位科技研發加強合作，以提供健康照護及醫療產品相關的商機。

　　雙方確認「印太地區」應是之後討論的區域焦點之一，包括推動與臺灣新南向政策及美國區域戰略目標一致的合作倡議。雙方並同意在對話項下成立數個工作小組，討論目前及未來的經濟合作議題，並在未來年度對話時持續更新進展。

美國國務院亞太助卿史達偉（David Stilwell）今年 8 月底宣布將成立臺美經濟暨商業對話後，臺美雙方於柯拉克次卿今年 9 月中旬訪臺期間，曾就正式啟動此項對話的相關細節交換意見。經過雙方近期密集磋商，於昨（20）日完成簽署備忘錄並召開首屆對話會議。

本次對話是臺美經濟合作夥伴關係深化的重大里程碑，彰顯臺美持續發展的強健雙邊關係。雙方共享透明化、民主、自由市場及法治的價值，未來將展開更緊密、廣泛的合作。外交部期待與相關部會協同合作，持續深化臺美夥伴的互動關係。

## 五十三、臺美共同宣布正式啟動臺美教育倡議（民國 109 年 12 月 3 日）*

### 中華民國外交部第 285 號新聞稿

「臺美教育倡議」啟動儀式於本（109）年 12 月 3 日於外交部舉行，由外交部長吳釗燮主持，美國在臺協會臺北辦事處（AIT/T）處長酈英傑（Brent Christensen）、教育部政務次長劉孟奇，以及僑務委員會副委員長呂元榮均出席致詞。

吳部長首先宣布，臺美共同正式啟動「臺美教育倡議」，作為臺美展開全面教育合作的起點，未來合作將尤其著重在語文教育。雙方未來將持續強化並擴大現有的華語及英語學習計畫，並加強推動臺美教育機構之間的交流，透過雙向交流深化臺美年輕世代的友誼，進一步提升兩國的合作夥伴關係。

在這項倡議下，臺美規劃了一系列相關活動。美東時間 12 月 2 日下午駐美代表蕭美琴大使與美國在臺協會執行理事藍鶯（Ingrid Larson）在臺府簽署為期五年的「臺美國際教育合作瞭解備忘錄」（MOU），美國教育部副部長薩伊斯（Mitchell Zais）及國務院教育暨文化局助卿羅伊斯（Marie Royce）也在線上見證。透過這項備忘錄，臺美將有系統地整合雙方語文教育資源並建立制度化架構，以增加選送華語教師赴美教學、鼓勵美國學生來台學習中文，以及擴大現有官方語言交流計畫等，全面強化臺美語言教學合作。

此外，首場「臺美教育倡議」對話已於臺北時間 12 月 2 日晚間以線上方式辦理，美國教育部副部長薩伊斯及國務院亞太局助卿史達偉（David Stilwell）與我國安會副秘

---

* 　資料來源：中華民國外交部，〈https://www.mofa.gov.tw/News_Content.aspx?n=96&s=94821〉。

書長徐斯儉、教育部政務次長劉孟奇及外交部政務次長曾厚仁等雙方資深官員參與，討論美國的華語教學需求、促進臺美在聯邦及地方層級的合作、在美國推廣臺灣「華語文測驗」（TOCFL），以及我國推動「2030 雙語國家政策」等議題。

「臺美教育倡議」是臺美教育合作的里程碑，雙方首次在教育領域建立系統性、制度化的合作，也是跨部會同心協力的成果。臺灣有信心、也有能力在美國華語文教育扮演重要角色，為美國學生提供自由、民主、多元的中文學習環境。同時透過臺美強化英語教育合作，推動我國政府「2030 雙語國家政策」目標。外交部期待未來持續與美方及相關部會協同合作，持續深化臺美夥伴關係及共同利益。

## 五十四、2020 年「臺美日三邊印太安全對話」研討會在臺舉行，彰顯臺美日在印太區域堅實夥伴關係（民國 109 年 12 月 8 日）*

### 中華民國外交部第 291 號新聞稿

外交部委託臺美日三地智庫「遠景基金會」、「2049 計畫研究所」（Project 2049 Institute）及「日本國際問題研究所」（JIIA）合作，於本（12）月 8 日在臺北喜來登大飯店，以「印太及台海情勢的挑戰與契機：2020 年之後」為題，舉辦 2020 年「臺美日三邊印太安全對話」研討會。

蔡總統親臨開幕式致詞指出，2020 年因武漢肺炎（COVID-19）疫情、香港民主運動與美國總統大選等重大事件，對臺灣如何因應未來的區域地緣政治影響重大。而三位香港民運青年被捕入獄，就是嚴正的警訊，總統強調，我們不是捍衛民主，就是屈服於威權主義的威脅。此外，當面臨傳統和非傳統威脅同時帶來嚴峻挑戰，臺灣已準備好幫忙，例如「全球合作暨訓練架構」（GCTF）這個重要的平台，日本去（108）年成為 GCTF 的正式夥伴，瑞典、澳洲及荷蘭也以特定議題夥伴的身分加入，未來 GCTF 將成為區域合作的樞紐，透過發揮專業與影響力，有效因應未來挑戰。

美國歐巴馬總統時期的國務院亞太助卿、現任「亞洲集團」主席坎博（Kurt Campbell）以視訊方式發表開幕專題演講。坎博指出，美國的亞太政策具延續性十分重要，未來拜登政府必須確保「四方對話機制」（QUAD）變得更加穩健蓬勃，美國也必須重新加入國際組織，發揮領導力。坎博另表示，期盼兩岸緊張情勢趨緩並恢復某種程

---

* 資料來源：中華民國外交部，〈https://www.mofa.gov.tw/News_Content.aspx?n=96&s=94827〉。

度的對話，但是這超越美國的能力範圍，而且球在北京那方。美國的目標是信守對臺灣的承諾，包括臺灣民主及台海甚至亞洲的安全。美國政界也深切瞭解維持穩固臺美關係的戰略利益。對於川普政府在亞太政策上做得好的部分，也期盼拜登政府得以延續。

美國聯邦參議院民主黨首席議員孟南德茲（Robert Menendez，D-NJ）則以預錄影片發表午宴專題演講。孟南德茲參議員表示，建立自由及開放的印太區域至為重要，美國的印太戰略必須植基於與理念相近國家的合作，包括臺灣與日本。另強調美國對臺灣深厚且跨黨派的承諾，包括安全承諾、協助臺灣拓展國際空間及維繫邦交。

本（109）年研討會延續過去臺美日國會議員對話的傳統，邀請美國聯邦眾議員貝拉（Ami Bera, D-CA）及日本眾議員鈴木馨祐，與我國立法委員羅致政、陳以信及林昶佐於國會議員對話場次進行意見交流。

因應 2020 年全球情勢變遷，本年研討會分別就美國大選結果對印太局勢及台海安全的影響，及在疫情與區域情勢變動下建立印太區域的信任產業供應鏈等面向，邀請美、日、印度、澳洲前資深官員及重要學者進行討論，成果充實豐碩。

## 五十五、臺美經濟繁榮夥伴對話架構下的《臺美科學及技術合作協定》完成簽署（民國 109 年 12 月 18 日）*

### 中華民國外交部第 300 號新聞稿

外交部於本（12）月 18 日舉行《臺美科學及技術合作協定》宣布茶會，由外交部長吳釗燮主持，並邀請科技部長吳政忠、經濟部政務次長陳正祺，以及美國在臺協會臺北辦事處（AIT/T）處長酈英傑（Brent Christensen）等人出席。

《臺美科學及技術合作協定》是上（11）月 20 日召開「臺美經濟繁榮夥伴對話」（Taiwan-US Economic Prosperity Partnership Dialogue）機制下的第一項具體成果。在前述對話結束後，臺美雙方以不到一個月的時間順利協商完成簽署，充分展現彼此緊密合作的夥伴關係。臺美雙方透過這項新協定，將有助雙方在科技領域更進一步的合作與交流。

新協定是由我國駐美代表蕭美琴大使及美國在臺協會（AIT）執行理事藍鶯（Ingrid Larson）於本月 15 日在臺府簽署，並由雙方官員以視訊方式共同見證。在臺北端包括外

---

* 資料來源：中華民國外交部，〈https://www.mofa.gov.tw/News_Content.aspx?n=96&s=94836〉。

交部長吳釗燮、科技部長吳政忠及經濟部政務次長陳正祺與 AIT/T 處長酈英傑；華府端則包括國務院主管經濟成長、能源及環境事務次卿柯拉克（Keith Krach）、亞太助卿史達偉（David Stilwell）、海洋、國際環境及科學事務代理助卿 Jonathan Moore、國務卿科技顧問蔣濛（Mung Chiang）等官員。

　　臺美關係持續升溫，近月來更建構許多新的合作與對話機制，議題廣泛且多元，包括「臺美經濟繁榮夥伴對話」、「臺美基礎建設融資及市場建立合作架構」、「臺美教育倡議」及「婦女生計債券計畫」等。外交部將持續與相關部會協同合作，在現有的堅實良好基礎上，持續深化臺美全面性夥伴關係。

## 五十六、外交部感謝美國聯邦參眾議院通過 2020 年臺灣保證法案並撥款支應全球合作暨訓練架構（民國 109 年 12 月 22 日）*

### 中華民國外交部第 304 號新聞稿

　　美國聯邦參、眾議院於美東時間本（109）年 12 月 21 日深夜通過「2021 會計年度聯邦政府撥款法案」，其中匡列 300 萬美元的授權額度予「全球合作暨訓練架構」（GCTF），也將「2020 年臺灣保證法案」（Taiwan Assurance Act of 2020）的本文納入併案通過，展現美國國會不分黨派對臺美關係的強勁支持。外交部對此表達誠摯歡迎與感謝。

　　「2020 年臺灣保證法案」在參、眾兩院分別由聯邦參議員柯頓（Tom Cotton, R-AR），以及聯邦眾院外交委員會主席安格爾（Eliot Engel, D-NY）與共和黨首席議員麥考爾（Michael McCaul, R-TX）等議員提出，眾院院會曾於上（108）年 5 月無異議通過。其內容旨在支持對台軍售常態化、協助我國加強自我防衛能力、支持臺灣有意義參與國際組織，另敦促美國務卿檢視對台交往準則，並對檢討結果及「臺灣旅行法」執行情形向國會提交報告。

　　本次「2021 會計年度聯邦政府撥款法案」也首度納入撥款支應 GCTF 相關活動的文字，匡列預算達 300 萬美元，並肯定 GCTF 為臺灣、美國及日本在印太區域共同推動公共衛生、執法、災害救助、能源合作、婦女賦權、媒體識讀及良善治理的平台，充分展現美國國會兩院肯定 GCTF 成立 5 年來的豐碩成果，極具正面意義，並有助未來臺美

---

\* 資料來源：中華民國外交部，〈https://www.mofa.gov.tw/News_Content.aspx?n=96&s=94840〉。

日三方持續透過 GCTF 平台擴大與理念相近國家的專業交流及合作範疇。

外交部再次感謝美國國會跨黨派友人透過具體行動支持臺美關係。我國政府將持續在既有的良好基礎上，秉持互信、互惠及互利的原則，與美方攜手合作，穩健深化臺美在各領域的全球合作夥伴關係。

## 五十七、我國政府祝賀拜登先生當選美國總統（民國 110 年 1 月 8 日）＊

### 中華民國外交部第 002 號新聞稿

美國國會於美東時間本（110）年 1 月 7 日凌晨完成各州選舉人票認證程序，民主黨總統候選人拜登（Joe Biden）及副總統候選人賀錦麗（Kamala Harris）正式當選美國第 46 任總統及第 49 任副總統。外交部對拜登總統當選人、賀錦麗副總統當選人表達誠摯祝賀。

外交部在上（109）年 11 月美國大選投票結果明朗後，已請我駐美國代表處轉致蔡總統致拜登總統當選人的賀函。我國除祝賀勝選外，也表達盼未來與拜登領導的美國政府密切合作，使臺灣與美國的友好關係進一步強化。

臺美共享自由、民主、人權、尊重法治等核心價值，近年來在雙方共同努力下，臺美互信基礎穩固、溝通順暢，不斷深化雙方在政治、安全及經濟等各領域的合作夥伴關係。中華民國政府期盼在既有良好基礎上，與美國新政府繼續攜手合作，積極強化臺美友好關係，並共同促進亞太區域的和平、穩定與繁榮。

## 五十八、中華民國政府感謝美國政府宣布取消雙方官員交往限制（民國 110 年 1 月 10 日）＊

### 中華民國外交部第 004 號新聞稿

美國國務院於美東時間本（1）月 9 日以國務卿龐培歐（Michael Pompeo）的名義

---

＊　資料來源：中華民國外交部，〈https://www.mofa.gov.tw/News_Content.aspx?n=96&s=95104〉。
＊　資料來源：中華民國外交部，〈https://www.mofa.gov.tw/News_Content.aspx?n=96&s=95114〉。

發表新聞聲明，宣布取消美國行政部門與我國官員之間的所有交往限制，外交部對此表示誠摯歡迎與感謝。對長期支持放寬對台交往限制的美國跨黨派國會議員，政府也表達感謝之意。

　　我國一向以務實與負責的態度推動對外政策，讓臺美互信得以不斷提升。而臺美共享自由、民主、人權等核心價值，近年來在雙方的努力下，更進一步確立全球合作夥伴關係。外交部會在既有的良好互信基礎上，持續推動並深化臺美關係。

# 第三部分　臺灣參與重要國際組織之官方文件與說帖

## 一、2017 年衛福部長專文──爭取參與世界衛生組織（WHO）（民國 106 年）*

### 對抗全球流感大流行，臺灣不能缺席

陳時中部長
衛生福利部

　　防疫無國界，唯有全球攜手合作，才能解決全球化環境下新興傳染病的難題。每年，因為流感病毒的多變，且存在於人類及多種動物身上，近幾年來發生的禽流感及新型流感疫情，都造成全球衛生安全的緊張。世衛一直以來均呼籲全球投入更多的資源，致力於發展和採行各種非藥物和藥物策略。

　　2003 年全球爆發 SARS 疫情，全臺遭受無情肆虐，包括：多位醫護人員因照護病人而不幸感染 SARS 病亡（其中尚包含即將臨盆的護理人員和她腹中胎兒）、醫院關閉、超過 151,000 人居家隔離、旅遊限制、學校停課等等慘痛代價，讓臺灣深刻體認疫病無國界，全球各國必須共同攜手面對傳染病威脅的重要性。2003 年當時，因臺灣非 WHO 會員國而未能及時取得 SARS 病毒相關防疫資訊，僅靠著美國 CDC 派遣防疫專家來臺協助，直到和平醫院爆發院內感染之際，WHO 才在闊別 31 年後首度派遣專家抵臺協助我國防治疫情。SARS 之經驗教訓，也終讓 WHO 及國際社會開始認真思考如何彌補臺灣這塊全球防疫缺口。

　　因此，我國防疫官員及專家在 SARS 疫情後期，即獲邀出席 WHO 舉辦的 SARS 研討會。臺灣並遵循 WHO 流感大流行整備指引，自 2003 年開始儲備流感抗病毒藥劑、並於 2005 年建立我國因應流感大流行準備計畫、2007 年起儲備人用 A/H5N1 疫苗。另亦建立中央、地方及醫療機構之防護裝備三級庫存機制，安全儲備量為 30 天，並建置傳染病防治醫療網，於全國指定 6 家應變醫院。此外，自 2005 年起獲邀出席若干

---

* 　資料來源：中華民國外交部，〈https://subsite.mofa.gov.tw/igo/News_Content.aspx?n=6048&s=110497〉。

WHO 流感相關技術性會議，與各國防疫專家進行交流；並於 2009 年起納入 WHO 國際衛生條例（IHR 2005）運作機制，與 WHO 總部建立直接聯繫對口單位，以向 WHO 通報我國重要公共衛生事件。因為有直接的聯繫管道，當 2009 年爆發 H1N1 新型流感全球大流行，臺灣得以有效進行各項防治措施，即時監測個案並通報 WHO，與國際分享 H1N1 流感病毒基因序列。同時索取疫苗種株，自製生產 H1N1 流感疫苗，促使我國 H1N1 疫苗接種完成率達 7 成以上，有效降低 H1N1 流感死亡、避免流感疫情在國內外的傳播。

此外，我國亦在 2013 年確認全球首例 H6N1 禽流感人類病例，與國際分享病毒基因序列；而今（2017）年初，臺灣境外移入 1 位 H7N9 禽流感人類確定病例，流感病毒基因定序結果顯示該病毒對禽類具高病原性，且對抗病毒藥劑具抗藥性，但在禽傳人或人傳人能力上並未增強。臺灣除第一時間將個案資訊及檢驗報告透過 IHR 窗口通報 WHO，亦率先將病毒基因定序結果上傳 GISAID 資料庫、發表於國際期刊與全球分享，並將分離病毒株寄送 WHO 流感合作中心，作為 WHO Global Influenza Surveillance and Response System 選擇季節性流感疫苗株之參考。因應這項重大訊息，WHO 邀臺灣召開病例討論電話會議，而臺灣身為國際防疫夥伴，一如往常樂願分享我國經驗，提供 WHO 檢視 H7N9 臨床診治建議及全球抗病毒藥劑儲備策略的重要參考。

此外，我國除了持續發生的 H5N2 禽流感疫情，今年，在中國大陸導致 17 人感染、致死率高於 70% 的高病原性 H5N6 禽流感病毒也在臺灣家禽現蹤；儘管臺灣尚無人類病例，因為位處關鍵的地理位置及候鳥遷徙動線，臺灣亦謹慎的進行禽流感病毒監視，以避免人禽介面之傳播。

但我們很遺憾，我國歷年申請參與 WHO 技術性會議，因政治干擾而遭拒的比例甚高，造成臺灣與國際社會共同維護全球防疫缺口的極大困難，我方更是失望今年 WHO 未依循其憲章宗旨，以及國際社會廣泛支持邀請臺灣參與 WHA 的呼籲，屈從於特定會員的政治利益。WHO 作為專業國際醫衛組織，應依其憲章宗旨，為全人類健康福祉服務，不得因種族、宗教、政治信仰、經濟或社會條件之差異，而有所區別。此普世健康人權價值明載於 WHO 憲章，並構成 WHO 邀我參與 WHA，以及我平等參與 WHO 各項活動及技術性會議之基礎。

我們籲請 WHO 及相關各方注及臺灣長期以來對全球公共衛生防疫以及健康人權之貢獻，與 WHO 會員國建立之醫衛夥伴關係。臺灣有能力也有意願善盡作為國際社會成員的責任，與 WHO 共同合作因應防疫挑戰。WHO 應該正視臺灣參與 WHO 及 WHA 的正當性與重要性，為了維護全球健康人權與防疫無缺口，臺灣需要 WHO，WHO 也同樣需要臺灣。

## 二、外交部誠摯感謝美國、加拿大、日本及歐盟公開支持臺灣出席本（107）年第71屆「世界衛生大會」（民國107年5月15日）*

中華民國外交部第101號新聞稿

外交部誠摯感謝美國、加拿大、日本及歐盟本（107）年公開支持我國參與「世界衛生大會」（WHA）的堅定立場，美國及加拿大更對臺灣迄未接獲邀請函表示遺憾及失望。各國的公開發言不僅彰顯臺灣為全球衛生安全工作不可或缺的一環，更展現各國殷切期盼「世界衛生組織」（WHO）基於維護全人類健康福祉，邀請臺灣出席WHA的共同立場。

美國在臺協會臺北辦事處（AIT/T）本（5）月9日在其臉書表示，美國強烈支持臺灣以觀察員身分參與WHA；AIT/T發言人游詩雅（Sonia Urbom）於答覆媒體詢問時表示，對於中國再次阻撓臺灣參與感到非常失望。

歐盟對外事務部（EEAS）發言人Maja Kocijancic本月9日答復記者詢問時稱，歐盟支持以務實方式處理臺灣國際參與問題，包括歡迎臺灣參與WHO及其技術性會議，因為臺灣的參與符合歐盟及全球的利益。

加拿大外交部國會事務代理人Matt DeCourcey本月10日在國會答覆眾議院保守黨外交事務副發言人Garnett Genuis詢問時說明，加拿大必將持續支持臺灣有意義參與國際多邊論壇，臺灣的參與可為全球公共利益做出重要貢獻，對臺灣本年未獲邀感到失望。

公益財團法人日本臺灣交流協會本月14日在其臉書表示，日本一貫支持臺灣參加WHA，為避免防疫產生空白，將繼續支持臺灣參與WHA。

德不孤、必有鄰。外交部感謝理念相近國家及歐盟積極的助我行動，誠摯歡迎更多國家加入，同聲籲促WHO邀請臺灣出席第71屆WHA，以及支持臺灣平等、有尊嚴參與WHO的相關機制、會議及活動。

## 三、外交部感謝美國聯邦眾議院發聲支持我國參加「世界衛生大會」（WHA）（民國107年5月17日）*

---

\*　資料來源：中華民國外交部，〈https://www.mofa.gov.tw/News_Content.aspx?n=96&s=74547〉。
\*　資料來源：中華民國外交部，〈https://www.mofa.gov.tw/News_Content.aspx?n=96&s=67708〉。

### 中華民國外交部第 104 號新聞稿

美國聯邦眾議院外交委員會主席羅伊斯（Ed Royce）及民主黨首席議員安格爾（Eliot Engel）頃於美東時間 5 月 16 日發表聲明，公布由他們兩位領銜發起，寫給「世界衛生組織」（WHO）幹事長譚德塞（Tedros Adhanom Ghebreyesus）的聯名函，強力呼籲 WHO 應該邀請臺灣參加今年第 71 屆「世界衛生大會」（WHA），這封信獲得高達 172 位眾議員同僚連署。另外聯邦參議院外交委員會資深成員魯比歐（Marco Rubio）以及其他多位重量級參議員，也預計在近日聯名致函 WHO 幹事長，力挺臺灣參與世衛大會。這些行動不僅展現美國會參眾兩院不分黨派一致支持臺灣參與世衛大會的決心，眾院聯名函更是美國國會首度為我案直接致函 WHO 幹事長，且參與連署的眾議員占眾院總席次四成。對於美國國會長期以來在我們參與 WHO 議題上不遺餘力的支持，本年亦復如此，外交部表達誠摯感謝。

美國對臺灣參與 WHO 的關心與支持從未停歇，除國會議員聯名致函外，行政部門也已多次公開重申美國強烈支持臺灣參與本年世衛大會，如美國務院亞太副助卿黃之瀚（Alex Wong）甫於本（5）月 15 日出席參院聽證會時，明確表達美國政府堅定支持臺灣參與包含世界衛生組織在內的國際組織，不僅直接向國際社會傳達美方的立場與期盼，更發揮協調各國挺身為我發聲的領頭羊角色。

臺灣雖然在爭取參與今年世衛大會面臨艱難的挑戰，但感謝美國堅定不移的支持力挺，尤其積極邀集理念相近國家為我發聲，外交部感謝美國政府、國會乃至人民對於臺灣參與世界衛生組織的支持與協助，也誠摯歡迎更多國家與臺灣一起努力，共同維護全人類的健康安全。

### 四、外交部感謝美國聯邦參議員致聯名函力促「世界衛生組織」幹事長邀我參加「世界衛生大會」（民國 107 年 5 月 18 日）*

### 中華民國外交部第 106 號新聞稿

繼美國聯邦眾議院本（5）月 15 日大規模聯名致函力挺我參加本年「世界衛生大會」（WHA）後，美國聯邦參議院外交委員會資深議員魯比歐（Marco Rubio）頃於美東時間本月 17 日發表聲明，公布由他領銜發起，寫給「世界衛生組織」（WHO）幹事長譚

---

\* 資料來源：中華民國外交部，〈https://www.mofa.gov.tw/News_Content.aspx?n=96&s=74552〉。

德塞（Tedros Adhanom Ghebreyesus）的聯名函，力促「世界衛生組織」邀我以觀察員身分參加本（第 71）屆「世界衛生大會」（WHA）以及未來會議。該函並獲參院多數黨黨鞭柯寧（John Cornyn, R-TX）、參院臺灣連線兩位共同主席殷霍夫（James Inhofe, R-OK）及孟南德茲（Robert Menendez, D-NJ）等共 13 位重量級參議員連署支持。

　　該聯名函再度彰顯美國會參、眾兩院不分黨派對我國人民健康權益的重視，以及對臺灣參與全球醫療衛生事務的堅定支持。對於美國國會長期以來在我國參與「世界衛生大會」等相關議題上不遺餘力的支持，外交部表達誠摯感謝。

## 五、外交部誠摯感謝友邦及友好國家在「世界衛生大會」發言支持臺灣的參與（民國 107 年 5 月 22 日）＊

### 中華民國外交部第 117 號新聞稿

　　第 71 屆「世界衛生大會」（WHA）於本（107）年 5 月 21 日上午在瑞士日內瓦開議，外交部誠摯感謝 15 個友邦向「世界衛生組織」（WHO）提出「邀請臺灣以觀察員身分參與世界衛生大會」（Inviting Taiwan to participate in the World Health Assembly as an observer）議案，以及史瓦帝尼、索羅門群島、馬紹爾群島與聖文森等四友邦為我案在總務委員會及大會進行「二對二辯論」。友邦提案最終雖未獲納入議程，但我國參與 WHA 的正當性與必要性，經過友邦衛生部長條理清晰的論述說明，已獲國際社會的充分理解。

　　我國友邦發言嚴詞駁斥聯大 2758 號、WHA25.1 號兩項決議以及「一中原則」，並強調上述決議與臺灣專業參與 WHA 無關，更未賦予中國代表臺灣 2,300 萬人民的權利。外交部籲請「世界衛生組織」堅持其守護全球衛生安全的專業與職責，正視健康為其工作重點，而非政治，並將臺灣納入全球衛生安全網絡。

　　中國聲稱已照顧臺灣人民的健康權利，以及臺灣參與 WHO 技術性會議無障礙的說法，完全悖離事實。健康為普世基本人權，絕非壟斷專擅的特權，海峽兩岸的政治分歧更不應成為影響臺灣參與「世界衛生大會」的藉口。

　　我國友邦宏都拉斯等與美國、日本、澳大利亞、加拿大、德國及紐西蘭等理念相近國家，以直接或間接發言的方式支持我國參與 WHA，充分揭露 WHO 以政治理由拒絕

---

＊　資料來源：中華民國外交部，〈https://www.mofa.gov.tw/News_Content.aspx?n=96&s=74563〉。

邀我與會的荒謬與不合理，亦彰顯全球衛生安全有賴各國綿密的互助合作，以及任何一個國家或人民皆不應被排除在全球衛生安全體系之外的普世價值。

外交部重申，只有在臺灣的民選政府才能代表臺灣人民，並為臺灣 2,300 萬人民的健康人權負責。WHO 應依據其憲章精神，邀請臺灣參與 WHA。

中華民國政府對我全數友邦及理念相近國家本年所採取的多元助我作為，表達誠摯謝意。臺灣將持續追求平等、有尊嚴參與「世界衛生大會」的目標，並將與友邦及友我國家共同協力維護全球衛生安全。

## 六、我推動參與「國際刑警組織」（INTERPOL）案訴求普獲國際支持，外交部表達誠摯感謝（民國 107 年 11 月 16 日）*

### 中華民國外交部第 295 號新聞稿

第 87 屆「國際刑警組織」（INTERPOL）大會訂本（107）年 11 月 18 日至 21 日在阿拉伯聯合大公國杜拜召開，友邦、理念相近國家及國際媒體均表達對我國爭取參與 INTERPOL 大會及其機制與活動的支持，外交部表達誠摯謝忱。

我友邦貝里斯、宏都拉斯、尼加拉瓜、索羅門群島、聖克里斯多福及尼維斯、聖露西亞、聖文森及史瓦帝尼等已分別致函 INTERPOL 秘書長 Jürgen Stock，要求 INTERPOL 儘速就臺灣的參與做出務實可行的安排。預期其他友邦也會在大會期間以適當方式發聲支持我案。

美國國務院及司法部日前曾分別公開表達支持臺灣有意義參與 INTERPOL 的立場，美聯邦參議員 Tom Cotton（R-AR）、聯邦眾議院外委會榮譽主席 Ileana Ros-Lehtinen（R-FL）、聯邦眾議院「國會臺灣連線」共同主席 Mario Diaz-Balart（R-FL）、聯邦眾議員 Glenn Grothman（R-WI）、Sheila Jackson Lee（D-TX）及 Hank Johnson（D-GA）則分別表達對我推案的支持。

此外，德國在臺協會處長王子陶（Thomas Prinz）接受媒體專訪時，肯定臺灣在國際事務上扮演的角色，並支持臺灣參與 INTERPOL 的訴求。英國國會「臺英國會小組」（The British-Taiwanese All-Party Parliamentary Group）共同主席伊凡斯下議員（Nigel Evans, MP）及上議員羅根勛爵（Lord Rogan）在本（11）月 2 日發表聯合聲明，支持

---

* 資料來源：中華民國外交部，〈https://www.mofa.gov.tw/News_Content.aspx?n=96&s=74741〉。

我參與 INTERPOL；英國國會何樂邦下議員（Philip Hollobone, MP）則就我案向英政府提出書面質詢，獲英內政部主管警政及消防業務的副部長 Nick Hurd 以書面公開答覆稱，英國政府一向認為臺灣在打擊組織犯罪等全球性議題可做出有意義貢獻，並已就我國參與 INTERPOL 為觀察員事與國際夥伴進行討論。英國外交部主管國協及聯合國事務副部長 Lord Ahmad of Wimbledon 在答覆臺英國會小組榮譽會長 Lord Steel 的書面質詢中，也表達相同立場。甫訪臺的法國國民議會友臺小組主席賽沙里尼（Jean-Francois Cesarini）接受媒體專訪時則稱，預防犯罪需要跨國界合作，不能以政治觀點排除臺灣參與 INTERPOL。

國際媒體亦高度重視臺灣不能參與 INTERPOL 的議題，目前已有超過 85 篇相關報導及評論。內政部警政署刑事警察局局長蔡蒼柏所撰，以「共同合作邁向更安全的世界支持臺灣以觀察員身分參與『國際刑警組織』」為題的專文，分別獲得美國「國家利益」（National Interest）雙月刊、新加坡「海峽時報」與「聯合早報」，以及「歐洲商業評論」（European Business Review）等重要媒體的刊登，「法新社」（Agence France-Presse）等也發表支持我訴求的評論文章。

INTERPOL 的宗旨既為連結全球警察，建構更安全的世界，即不應將臺灣排除在外。為確保全球打擊跨境犯罪的合作體系沒有缺口及漏洞，INTERPOL 應儘速就納我參與做出務實可行的安排。外交部將持續與內政部警政署等相關機關共同合作推案，積極爭取擴大國際友我力量，以期早日達成參與 INTERPOL 的目標。

## 七、我出席 APEC 年會代表團圓滿完成任務，外交部表示誠摯感謝與敬意（民國 107 年 11 月 19 日）*

### 中華民國外交部第 300 號新聞稿

張領袖代表忠謀伉儷率團出席本（107）年亞太經濟合作（APEC）年會，成果豐碩，圓滿完成任務，於本（11）月 19 日下午返國。外交部對張領袖代表伉儷及全體團員的辛勞及優異表現，表達誠摯感謝與敬意。

張領袖代表於出席經濟領袖會議（AELM）期間，除與各經濟體領袖就如何因應當前全球經貿情勢及數位經濟發展等議題積極交換意見外，也與包括美國副總統彭斯、日

---

* 資料來源：中華民國外交部，〈https://www.mofa.gov.tw/News_Content.aspx?n=96&s=74746〉。

本首相安倍晉三及新加坡總理李顯龍等領袖舉行雙邊會談，並與各經濟體領袖自然互動。張領袖代表夫人也積極出席會方所安排的領袖夫人行程，與各經濟體領袖配偶熱絡互動聯誼，發揮柔性外交的魅力，讓許多領袖夫人印象深刻，成功行銷臺灣的軟實力。

此外，行政院政務委員鄧振中及國家發展委員會主任委員陳美伶本年代表我方出席雙部長年會，與各經濟體與會代表深入討論數位時代強化永續及包容性成長等議題，期間並安排多場部長級雙邊會談，傳達我國熱切期盼參與 CPTPP 的立場。

本年亞太經濟合作（APEC）年會於 11 月 12 日至 18 日在巴布亞紐幾內亞首都莫士比港（Port Moresby）舉行，包括總結資深官員會議（CSOM）、雙部長年會（AMM）及經濟領袖會議（AELM）。

## 八、外交部誠摯感謝美國、英國、加拿大及歐盟公開支持臺灣有意義參與「世界衛生組織」（民國 108 年 4 月 13 日）*

### 中華民國外交部第 079 號新聞稿

近日美國、英國、加拿大等國家及歐盟陸續公開聲援支持臺灣參與「世界衛生組織」（WHO），彰顯臺灣為全球醫衛及防疫合作不可或缺的一員，更展現理念相近國家期盼 WHO 基於維護全人類健康福祉的專業考量，邀請臺灣出席本（108）年「世界衛生大會」（WHA）的共同立場。上述國家的大力支持令人深感鼓舞，外交部表達誠摯感謝。

美國務院代理亞太助卿墨菲（Patrick Murphy）本（4）月 9 日出席華府智庫舉辦的紀念臺灣關係法立法 40 週年研討會上，重申支持臺灣有意義參與各項專業國際組織。美國在臺協會（AIT）發言人孟雨荷（Amanda Mansour）亦於上（3）月 22 日公開表示，美方支持臺灣有意義參與 WHO、「國際民航組織」（ICAO）、「國際刑警組織」（INTERPOL）等國際組織。

英國衛生暨社會照護部副部長普萊斯（Jackie Doyle-Price）及外交部副部長費爾德（Mark Field）則分別於本月 5 日及 10 日表示，英國將持續支持臺灣有意義參與不以國家為參與要件、且臺灣可做出具體貢獻的國際組織，並相信 WHA 及 WHO 技術性會議符合此等要件。英國在臺辦事處也於上月 22 日公開表示，英國政府已向 WHO 表態，

---

* 資料來源：中華民國外交部，〈https://www.mofa.gov.tw/News_Content.aspx?n=96&s=74859〉。

支持臺灣以觀察員身分參加本年 WHA，英國亦將繼續支持臺灣有意義參與 WHA。

加拿大外交部長方慧蘭（Chrystia Freeland）於本月 9 日在參議院外交委員會上答覆獨立參議員葛林（Stephen Greene）詢問加拿大是否支持臺灣參與國際事務，如本年 WHA 的質詢時表示，加國將持續支持臺灣有意義參相關國際多邊論壇，為全球公益做成重要貢獻。

歐盟發言人則於本月 9 日於回復記者電郵時表示，歐盟支持以務實方式解決臺灣國際參與問題，包括參與 WHO 及其所有技術性會議，因為這符合歐盟及更廣泛的全球利益。

外交部感謝理念相近國家的聲援與支持，顯示臺灣有意義參與國際社會的重要性及正當性獲得主流國際社會的認同，也充分說明「德不孤，必有鄰」及「得道者多助」的道理。我將藉此良好動能，持續推動參與各項國際組織，以維護國人的權益與福祉，並對國際共同關切議題做出貢獻。外交部再度呼籲 WHO 秉持其憲章宗旨，傾聽各方支持臺灣應參與 WHA 的訴求，儘速邀請臺灣出席本年 WHA，達成臺灣、WHO 與國際社會多贏的局面。

## 九、政府及民間共同努力推動參與聯合國案，獲國際廣泛支持、動能持續提升，外交部表示誠摯感謝（民國 108 年 10 月 2 日）*

### 中華民國外交部第 228 號新聞稿

本（108）年聯合國大會總辯論於 9 月 30 日閉幕，經政府繼續採取多元方式推動參與聯合國，以及民間自發配合辦理相關活動，有效增進國際社會對我案訴求的瞭解，國際支持動能持續提升，顯示政府推案的方向正確。外交部對此深受鼓舞，並對友邦、理念相近國家、各界友人及民間團體等的支持及協助，表達誠摯感謝之意。

在聯合國場域內，包括貝里斯、史瓦帝尼、瓜地馬拉、海地、教廷、宏都拉斯、馬紹爾群島、諾魯、帛琉、巴拉圭、聖克里斯多福及尼維斯、聖露西亞、聖文森及吐瓦魯在內共 14 個友邦透過聯合或單獨致函聯合國秘書長古特雷斯（António Guterres）、協助遞函、在聯大總辯論及相關高階會議中為我執言等方式表達對臺灣的支持。我國友邦堅定助我之情令人心感。

---

* 　資料來源：中華民國外交部，〈https://www.mofa.gov.tw/News_Content.aspx?n=96&s=75008〉。

　　美國及日本等理念相近國家也秉持專業立場，以各種方式表達對我方訴求的支持。其中，美國首度邀請我駐紐約辦事處處長徐儷文大使出席美方在聯合國總部舉辦、由川普總統主持的「全球呼籲保護宗教自由」（Global Call to Protect Religious Freedom）活動，殊具意義，充分展現對臺灣的支持與重視。此外，美國衛生部長 Alex Azar II 在美方所舉辦的聯大周邊會議中，也肯定臺灣在衛生議題上是強而有力的夥伴。澳大利亞、德國、日本及美國的駐臺機構並分別在其官方臉書轉推外交部製作的「真誠的朋友」（A True Friend）短片，肯定臺灣協助落實聯合國「永續發展目標」（SDGs）的成果及貢獻。

　　此外，馬紹爾群島與宏都拉斯的國會，以及巴拉圭上巴拉納省議會均分別通過支持臺灣國際參與的決議案，秘魯及哥倫比亞的國會議員則以簽署聯合聲明及致函聯合國秘書長等方式聲援我案。另歐洲記者協會、斯洛伐克公共事務協會、哥倫比亞新聞協會及秘魯記者協會也分別致函聯合國秘書長，支持臺灣的媒體應享有採訪聯合國體系會議及活動的基本權利。國際記者聯盟（International Federation of Journalists, IFJ）今年 6 月也在第 30 屆世界代表大會上通過緊急決議（Urgent Resolution），要求聯合國終止針對臺灣記者的歧視性排除政策。

　　在聯合國場外，我國政府在紐約與當地重要大學、知名智庫、記者協會及青年團體等，合辦多場有關「永續發展」、「氣候變遷」、「全民健康覆蓋」及「青年培力」等活動。行政院政務委員唐鳳、行政院環境保護署副署長蔡鴻德、衛生福利部中央健保署署長李伯璋及財團法人國際合作發展基金會秘書長項恬毅均與會，吸引諸多聯合國社群人士及當地意見領袖出席，活動反應熱烈正面，充分達成彰顯「臺灣是全球落實 SDGs 建設性夥伴」的目標。立法院由陳靜敏委員代表赴紐約視導，當面向聯合國社群人士傳達支持政府推動參與聯合國的堅定民意支持。

　　國內民間團體及紐約當地僑團也自發性籌辦多項活動，透過遊行、座談會、展覽等多元方式，向聯合國傳達臺灣人民殷切期盼參與聯合國體系的心聲，獲得廣泛關注與支持。

　　在國際文宣部分，外交部長吳釗燮發表題為「建構包容性的聯合國需要納入臺灣」的專文，獲得美國、英國、荷蘭、加拿大、比利時、日本、菲律賓、俄羅斯、瓜地馬拉及哥倫比亞等國的國際及當地主流媒體刊登或報導超過 170 篇次。截至 10 月 1 日止，外交部製作的「真誠的朋友」短片獲觀看次數已超過 1,347 萬次；外交部官方臉書相關貼文的觸及人次也超過 36 萬人。

　　外交部強調，我國自 1993 年起開始推動參與聯合國，儘管困難重重，但在政府及民間持續積極努力下，在國際上已獲得越來越多的瞭解與支持。面對中國持續蠻橫打壓臺灣的國際參與空間，政府走向世界的決心不會改變。外交部將協同相關部會，繼續秉

持「專業、務實、有貢獻」的原則積極推案，以確保臺灣人民平等、有尊嚴參與聯合國體系的基本權利，並對全球攜手落實 SDGs 做出貢獻。

## 十、國際支持臺灣推動參與「國際民航組織」的動能及聲量顯著提升，外交部深感鼓舞，將繼續與交通部民航局等單位共同積極推案（民國 108 年 10 月 5 日）*

### 中華民國外交部第 231 號新聞稿

　　「國際民航組織」（ICAO）第 40 屆大會已於本（10）月 4 日閉幕，由於中國的蠻橫阻撓及打壓，臺灣未能受邀與會，外交部表達最強烈的不滿及遺憾。然而，在政府相關各單位共同積極努力下，國際社會對我國爭取參與 ICAO 的務實專業訴求已有充分瞭解，本（108）年支持我案的國際動能及聲量也顯著提升，顯示將臺灣納入國際民航體系的必要性已經獲得肯定及認同。外交部對相關正面發展深感鼓舞，也感謝各方的支持及協助，並將在現有良好基礎上，持續與交通部民航局等單位密切合作，積極推案。

　　本年 4 月，由美國、日本、加拿大、英國、德國、法國及義大利組成的 7 大工業國集團（G7）首度在外長會議公報中納入與我案訴求一致的內容，令人振奮；我友邦貝里斯、史瓦帝尼、瓜地馬拉、海地、宏都拉斯、馬紹爾群島、諾魯、帛琉、巴拉圭、聖克里斯多福及尼維斯、聖露西亞、聖文森及吐瓦魯也以致函 ICAO 理事會主席、在大會期間適當場合為我執言或出席我外交酒會致詞等方式助我。此外，美國、日本、加拿大、法國、紐西蘭、澳大利亞、匈牙利、西班牙、智利、秘魯、韓國、比利時、南非、墨西哥、奧地利、約旦、哥倫比亞、菲律賓及瑞典等國的行政或立法部門或國會議員，也以進洽、致函、公開發言、發表聲明，以及通過法案或決議等多元方式支持臺灣參與 ICAO。這些正面發展，均有助提升我案的國際能見度，並進一步強化我推案的正當性及合理性，為後續推案奠定堅實基礎。

　　友邦、友好國家及專業民航組織另透過與我交通部民航局所籌組的「ICAO 行動團」在蒙特婁舉行雙邊會談，以及參加由駐加拿大代表處舉辦的歡迎酒會等方式，表達對臺灣的重視及支持。在超過 20 場雙邊會談中，我「ICAO 行動團」向相關國家代表團及 NGOs 詳盡說明我推案訴求，並就各項民航專業議題充分交換意見，順利達成擴大國際支持及建立專業聯結的預設目標。

---

* 資料來源：中華民國外交部，〈https://www.mofa.gov.tw/News_Content.aspx?n=96&s=75011〉。

　　為展現對政府推動 ICAO 案的支持，逾 200 位旅加僑胞及學生也在大會開議首日，自發前往 ICAO 總部發聲，表達對排除臺灣參與的不滿及失望。對於僑胞及學生的愛國熱忱，外交部表達高度敬意及誠摯感謝。

　　我案文宣也獲得國際社會廣泛注意及正面回應。外交部製作的宣傳短片「許一個無縫天空的未來」（For a Seamless Sky）在 2 週內已累積超過 261 萬人次觀看、觸及人數則超過 409 萬，並獲美國、日本、德國、法國、澳大利亞及英國駐臺機構分別在其官方臉書轉推；加拿大駐臺北貿易辦事處則重申 ICAO 納入國際航空界所有活躍成員的重要性，呼應我案訴求。美國、日本、加拿大及澳大利亞等國的主流媒體也分別刊登交通部林部長專文或做友我報導，總篇數達 137 篇。另在 ICAO 大會期間，政府也在 ICAO 總部附近的人行道及地下鐵車站等明顯處刊登我案廣告，並租用 LED 宣傳車播放我案文宣短片，成功吸引各國與會代表及當地民眾的注意，宣傳效果甚佳。

　　外交部強調，臺灣爭取參與 ICAO，是基於維護及確保「臺北飛航情報區」內 313 條客貨運航線、超過 175 萬航班及 6,800 萬旅客飛航安全的專業務實考量。只有主管「臺北飛航情報區」的我國交通部民航局，才有權在 ICAO 中代表臺灣，並在對等尊嚴的基礎上，與其他國家的民航主管機關討論各項國際民航議題。外交部再度呼籲 ICAO 應回歸專業，保持中立，堅拒政治干擾，早日接納臺灣的參與，以利臺灣對全球飛安及保安做出具體完整的貢獻。

## 十一、2019 年推動參與「國際刑警組織」獲得空前強勁的國際支持，外交部深感鼓舞並表達誠摯感謝（民國 108 年 10 月 19 日）*

### 中華民國外交部第 255 號新聞稿

　　「國際刑警組織」（INTERPOL）第 88 屆大會已於本（10）月 18 日閉幕。我國雖然再度因為政治因素而未能獲邀以觀察員身分與會，但我案獲得前所未有的國際支持，充分證明我爭取參與 INTERPOL 的訴求既正當又合理，也顯示越來越多國家對於 INTERPOL 基於政治考量，將臺灣排除於全球治安網絡外，感到不滿。外交部由衷感謝友邦及理念相近國家秉持專業，發揮道德勇氣，為我發出正義之聲；並強調將再接再厲，繼續秉持「專業、務實、有貢獻」的原則，與內政部等相關單位密切合作，爭取擴大國際支持。

---

*　資料來源：中華民國外交部，〈https://www.mofa.gov.tw/News_Content.aspx?n=96&s=75035〉。

友邦對我案的堅定支持令人感動。本年計有貝里斯、史瓦帝尼、瓜地馬拉、海地、宏都拉斯、馬紹爾群島、巴拉圭、諾魯、聖克里斯多福及尼維斯、聖露西亞及聖文森等 11 友邦為我致函 INTERPOL 主席金鍾陽，促請邀我以觀察員身分與會。貝里斯、瓜地馬拉、馬紹爾群島、諾魯、帛琉、吐瓦魯、克里斯多福及尼維斯與聖露西亞 8 友邦的警政高層官員還特別錄製短片，表達對我案的支持。另外，貝里斯、史瓦帝尼、瓜地馬拉、宏都拉斯、巴拉圭、聖克里斯多福及尼維斯 6 友邦的與會代表更接連在大會中強力為我執言，嚴正呼籲為確保全球執法無漏洞，應將臺灣納入 INTERPOL。這是自臺灣於 1984 年被迫退出 INTERPOL 以後，首次在大會中出現如此強勁的友我聲音，深受矚目，有效增進 INTERPOL 社群瞭解及正視臺灣所遭受的不公平待遇。

理念相近國家本年對我案的支持也更勝以往，對其它國家將具示範效果。美國務院代理亞太助卿 Patrick Murphy、國組局助卿 Jonathan Moore、美國在臺協會臺北辦事處處長酈英傑（William Brent Christensen）及發言人孟雨荷（Amanda Mansour）都曾公開表達對臺灣爭取參與 INTERPOL 的堅定支持。此外，美國、日本、英國、德國及澳大利亞 5 國駐臺機構也分別以在其官方臉書轉推友邦所錄製的短片，以及轉貼內政部警政署刑事警察局局長黃明昭專文等方式，明確表達支持我案的立場。美、德駐臺機構更嚴正指出，將執法政治化，只會助長犯罪。

在各國立法部門方面，總計有超過 14 國、140 位相關國家國會議員以多元方式表達對我案的支持。美國聯邦眾議院首先在本年 5 月以 414 票贊成，無人反對的壓倒性多數通過「臺灣保證法」（Taiwan Assurance Act of 2019），重申美國的既定政策是支持臺灣參與包括 INTERPOL 在內的政府間國際組織；眾議院外交委員會亞太小組成員匡希恆（John Curtis, R-UT）等 47 位跨黨派聯邦眾議員也在 9 月聯名致函美國司法部長及國務卿，要求行政部門採具體作為協助臺灣參與 INTERPOL。英國「臺英國會小組」共同主席下議員伊凡斯（Nigel Evans）及上議員羅根（Lord Rogan）則發表聯合聲明，呼籲 INTERPOL 邀請臺灣以觀察員身分出席本年大會。此外，智利、德國、宏都拉斯、匈牙利、義大利、日本、韓國、馬紹爾群島、墨西哥、荷蘭、西班牙及土耳其共 12 國的國會議員則首度以致函、通過決議或公開聲明等方式，表達對我爭取參與 INTERPOL 的支持。

為使國際社會更加瞭解臺灣參與 INTERPOL 的訴求及急迫性，內政部警政署刑事警察局局長黃明昭發表題為「打擊跨國犯罪，不能沒有臺灣：一個更安全的世界－臺灣可提供協助」的專文，共獲得 49 家重要國際媒體刊登，以及 29 篇相關報導，將我案專業務實的訴求廣向國際傳達。

對於中國代表在會中誆稱，臺灣是中國領土的一部分，無權取得觀察員地位，臺灣

向 INTERPOL 提出的通聯請求，皆可透過北京中央局直接溝通等不當說法，外交部予以嚴正駁斥，並譴責中方刻意誤導國際視聽的惡劣做法。外交部重申：臺灣不是中華人民共和國的一部分，臺灣不受中國政府的管轄是不爭的事實，只有經民主程序選出的臺灣政府才能在國際間代表臺灣 2,300 萬人民。有關臺灣參與 INTERPOL 的相關安排，中國無權、也沒有立場過問或介入。

外交部強調，INTERPOL 的任務既然是建構一個「更安全的世界」（a safer world），就不應排除任何警察機關。身為國際社會重要的利害關係者，臺灣絕對有意願及能力做出貢獻（Taiwan can help）。誠如剛當選連任的 INTERPOL 秘書長 Jürgen Stock 在本年大會致詞時所說的，面對持續變動的威脅環境，強大且中立的 INTERPOL 至為重要。外交部籲請 INTERPOL 應以其確保及增進所有警政機關間互助的宗旨為念，落實其憲章第三條的規定，停止從事如排除臺灣參與等具政治性質的行動，儘速尋求適當方式接納臺灣完整參與其會議、機制、訓練與活動，無礙使用「I-24/7 全球警察通訊系統」，以及包括「遭竊與遺失旅行文件系統」在內的 17 個資料庫；唯有如此，才能確保全球警察網絡沒有缺口及漏洞。

## 十二、我國結合公私部門參與「聯合國氣候變化綱要公約」第 25 屆締約方大會，為臺灣有力發聲、展現優異能量（民國 108 年 12 月 16 日）*

### 中華民國外交部第 299 號新聞稿

「聯合國氣候變化綱要公約」第 25 屆締約方大會（UNFCCC COP25）於本（108）年 12 月 2 日至 15 日在西班牙馬德里舉行。本年 COP25 會議主辦國原為智利，上個月臨時宣布改到西班牙馬德里舉行。雖然地點更動，我方仍循例以工業技術研究院（ITRI）的 NGO 觀察員名義組團與會，並由行政院環境保護署長張子敬率團，秉持「專業、務實、有貢獻」等原則，順利完成各項與會工作。此外，立法院視導團共有葉宜津委員、陳曼麗委員及余宛如委員等三位立委，與會期間也積極與友邦及友我國家的國會議員及政府官員等進行雙邊會談與交流，為我 COP25 行動團加油打氣，同時展現我國會外交的充沛動能。

此外，本年我方參與 UNFCCC 的重要成果包括：

---

\* 　資料來源：中華民國外交部，〈https://www.mofa.gov.tw/News_Content.aspx?n=96&s=90816〉。

一、友邦及友我國家以實際行動積極助我參與：本年計有 13 個友邦以致函或執言方式助我參與 UNFCCC，另有英國、西班牙、德國、瑞典、匈牙利、葡萄牙、智利、厄瓜多、墨西哥、約旦、立陶宛、巴西等 12 國友我國會議員以致函公約秘書處、向其國家的行政機關提出質詢案、或以公開貼文等方式，聲援臺灣參與 UNFCCC 的必要性。

（一）本年有 13 個友邦以致函或執言方式助我參與 UNFCCC 締約方大會。包括：馬紹爾群島、諾魯、帛琉、吐瓦魯、史瓦帝尼王國、貝里斯、瓜地馬拉、海地、宏都拉斯、巴拉圭、聖克里斯多福及尼維斯聯邦、聖露西亞、聖文森及格瑞那丁。

（二）聖文森、聖克里斯多福及尼維斯、帛琉 3 國友邦代表團，因為與會層級因素，未能在高階會議（High Level Segment）登記發言。

（三）巴拉圭本年雖未能在 COP25 高階會議中發言助我，但是已為我方致函公約秘書處及大會主席，並在 COP 周邊會議等相關場域高度肯定我方貢獻。

（四）尼加拉瓜雖未為我執言及致函，但其代表團積極與我方進行雙邊會談及參加我團外交酒會，互動熱絡；尼方肯定我國協助尼國及國際社會因應氣候變遷所做的貢獻。

二、我團與友邦、友我國家舉行共 42 場雙邊會談，與各國廣泛交換意見並宣介我UNFCCC 推案訴求：我團與友邦及美國、日本等理念相近及友我國家的總理、部長、大使層級代表、代表團高階談判代表、相關主管等人進行共計 42 場雙邊會談。

三、本年我方參與 13 場周邊會議，為歷年場次最多，吸引超過千人與會者參與，大幅增進國際社會對我案訴求的深入瞭解。

（一）我國各 NGOs 觀察員共計辦理

6 場周邊會議（與友邦合辦 3 場、與國外 NGOs 合辦 3 場）。貝里斯、瓜地馬拉及吐瓦魯國 3 友邦，曾分別與「工業技術研究院」、「媽媽監督核電廠聯盟」、「臺灣永續能源研究基金會」（TAISE）及「產基會」等 4 個國內 NGO 觀察員合辦 UNFCCC 周邊會議。此外，「臺灣綜合研究院」、「台達電子文教基金會」及「臺灣永續生態工法發展協會」分別與國際 NGOs 共同舉辦周邊會議。

（二）我國代表團成員行政院能源及減碳辦公室副執行長林子倫，以及行政院農業委員會、臺南市等地方政府、臺灣青年氣候聯盟及財團法人國際合作發展基金會等政府官員及民間代表，分別應邀出席 7 場周邊會議，發表專題報告或參與討論，展現我國多元充沛的能量。

四、 我代表團團長及相關成員（包括國會視導團、國合會等）共接受 12 場媒體專訪包括歐洲主流媒體「德國之聲」、西班牙第三大報「ABC 日報」及「道理日報」，國

內媒體則有中央社、天下雜誌等專訪。

五、 本年在會場馬德里國際會議中心附近規劃文宣亮點活動，包括公車站牌、捷運車體廣告及行動小巴車體廣告，動靜態文宣交互運用，宣播效果加乘，廣受各界好評：本年我國續以「Combating Climate Change-Taiwan Can Help」做為推案標語，以綠色能源為文宣基調，搭配以「太陽能」及「風力」發電為主視覺圖案的設計，在行經會場及馬德里國際機場的第八號捷運線、會場附近候車亭設置廣告。此外，我方也安排行動小巴穿梭於會場周邊及馬德里市區街道，獲得國際與會人士讚賞，也獲國內主流媒體正面轉載報導，極具文宣效益，彰顯我國貢獻國際社會的能力與決心。

六、外交部另於 11 月 25 日推出文宣短片「隨風起飛」，透過我國興建第一座離岸風力發電場的劃時代建設，向國際社會說明臺灣不僅致力落實 UNFCCC 的目標，也積極為地球減碳貢獻心力。影片配製中、英、日、西、法、德、越、泰、印尼、俄等 10 語版字幕，同步上線向國際廣宣。自推出三週以來，目前已有超過 1,070 萬的總觀看次數，廣獲好評。

## 十三、外交部宣布對美國、歐盟、歐洲國家及友邦捐贈 1,000 萬片口罩的國際人道援助（民國 109 年 4 月 1 日）*

### 中華民國外交部第 082 號新聞稿

面對武漢肺炎肆虐全球，外交部宣布對美國、歐盟及疫情較嚴重的歐洲國家，以及我友邦進行第一波國際人道援助行動，我國將捐贈 1,000 萬片口罩，支援這些疫情較嚴重國家的醫護防疫人員，展現「Taiwan Can Help!」的一貫精神，並呼籲強化國際社會的防疫合作。

臺灣在防疫作為上的部署和經驗，已經獲得國際社會普遍的肯定，由於現在疫情持續在各國蔓延，全球死亡人數不斷攀升，我國除了對外分享臺灣的防疫作為與經驗外，政府也收到國際期盼我方援助的聲音。在不影響國內防疫準備的情形下，外交部也做好準備對國際社會伸出援手，將對美國及疫情較嚴重的歐洲國家，以及我們的友邦，進行第一波國際人道援助行動，包括：

（一）持續在臺美防疫合作架構下，提供美國迫切需求的口罩每週 10 萬片，並且

---

* 　資料來源：中華民國外交部，〈https://www.mofa.gov.tw/News_Content.aspx?n=96&s=90902〉。

再捐贈 200 萬片口罩協助強化美國第一線醫療人員的防護措施；

（二）臺灣與歐盟是理念價值夥伴，雙方也共同合作對抗疫情。我國將針對歐盟及疫情較嚴重的會員國（包括義大利、西班牙、德國、法國、比利時、荷蘭、盧森堡、捷克及波蘭）、英國和瑞士捐贈共 700 萬片口罩，協助這些歐洲國家的醫護防疫人員，緩解對防疫物資的大量需求，後續並將與歐盟或個別歐洲國家諮商，建立互惠的防疫合作，例如就防疫物資建立互補供應鏈，互通有無；

（三）在邦交國的部分，許多大使館已採用當地購買防疫物資的方式協助，包括已有 100 萬片自國外採購的外科口罩，外交部也將再捐贈 100 萬片我國產口罩、我國產熱像體溫顯示儀 84 臺，以及額溫槍等，協助邦交國因應疫情。後續並將針對個別友邦疫情發展及我國防疫物資能量，評估提供相關實質援助，以協助友邦共度難關。

外交部強調，向我國尋求支援的國家相當多，且很早就提出，但政府為確保國內需求無虞，一直未同意。現在提供給國內民眾的口罩數量已提升，海外國人的問題也解決，政府行有餘力，首波援助也是提供給受創較重的國家，以提供當地醫護防疫人員更多資源以對抗疫情。未來我國會持續評估疫情發展與我國自身的防疫能量，規劃接下來的援助，包括新南向國家。

病毒沒有國界，面對新冠病毒肆虐全球，臺灣的防疫作為受到國際的肯定，臺灣也有責任站在協助各國抗疫的第一線。國際社會必須強化防疫合作，以共同應對疫情所造成的嚴峻挑戰，尋求全球解決方案，幫助別人也是幫助自己，讓「Taiwan Can Help!」不只是口號，而是具體行動。

在強化國際防疫合作方面，最近我們也看到更多進展，包括以下領域：

•防疫科技合作：陸續有美國、歐盟、捷克及加拿大等國與我國中央研究院及國內頂尖的疫苗公司等進行會談或視訊會議，就快篩、試劑及疫苗等生物科技研發，討論合作方向，並將持續深化彼此合作；

•建立防疫合作夥伴關係：除了與美國建立防疫合作架構外，我國也與澳洲進行防疫物資合作，臺灣與捷克也將在快篩、疫苗及藥品的研發及生產開啟合作，並就醫療物資及設備等進行交流，建立多面向的防疫醫療合作架構。

•連結民間團體、NGOs 合作：例如，我國天主教團體甚為關心義大利疫情，近日募集護目鏡、醫療防護帽、防護面罩、氣管導管及抽痰包等防疫物資，透過教廷駐臺大使館轉交義大利。此外，近日外交部與我國民間企業合作捐贈 25 臺呼吸器、防護面罩、消毒噴霧及呼吸器濾心等物資給受到疫情嚴重影響的捷克各地醫院。

外交部表示，為有效執行對國際社會的人道援助行動，將持續與相關部會密切聯

繫，妥慎繼續規畫相關援助及合作方案。

　　臺灣長年被孤立在國際醫療衛生體系之外，這次面對武漢肺炎侵襲，臺灣在抗疫一開始雖只能單打獨鬥、過程艱辛，卻因超前部署、因應得宜，獲得世界多國政府肯定。臺灣有意願、更有能力提供協助，在雙邊及多邊架構下都能與國際合作防堵疫情。

　　Taiwan can help and Taiwan is helping! 臺灣不應該一再被排除在國際公衛體系之外。我國再次呼籲 WHO 將臺灣完整納入相關會議、機制及活動，讓臺灣與國際社會攜手共度難關。臺灣以實際行動，向國際社會證明，世界需要臺灣，臺灣不會缺席！

## 十四、外交部誠摯感謝 205 位美國聯邦眾議員聯名致函世界衛生組織幹事長呼籲邀請臺灣參與本（73）屆世界衛生大會（民國 109 年 5 月 15 日）＊

### 中華民國外交部第 116 號新聞稿

　　美國聯邦眾議院「國會臺灣連線」共同主席等共 205 位聯邦眾議員於本（5）月 13 日聯名寫信給世界衛生組織（WHO）幹事長譚德塞（Tedros Adhanom Ghebreyesus），力促邀請臺灣出席本（109）年世界衛生大會（WHA）。外交部對美國國會連續採取堅定的助我行動表達誠摯歡迎與感謝。

　　該聯名函由美國眾院「國會臺灣連線」共同主席夏波（Steve Chabot, R-OH）、席瑞斯 (Albio Sires, D-NJ)、康納利（Gerald Connolly, D-VA）共同領銜，參與連署的議員包括共和黨黨團會議主席錢尼（Liz Cheney, R-WY）、眾院外交委員會主席恩格爾（Eliot Engel, D-NY）與共和黨首席議員麥考爾（Michael McCaul, R-TX）、程序委員會主席麥考文（Jim McGovern, D-MA）、國土安全委員會主席湯普森（Bennie Thompson, D-MS）、軍事委員會共和黨首席議員索恩貝里（Mac Thornberry, R-TX）、科學、太空暨科技委員會主席江笙（Eddie Bernice Johnson, D-TX）、退伍軍人事務委員會主席高野（Mark Takano, D-CA）、自然資源委員會主席葛哈瓦 （Raúl Grijalva, D-AZ）以及紀律委員會主席道奇（Ted Deutch, D-FL）等領導階層與重量級議員，連署議員人數高達眾院總席次半數，充分展現美國國會對臺灣參與 WHO 享有廣泛及不分黨派的強勁支持。

　　該聯名函內容肯定我國對全球公共衛生的貢獻及因應武漢肺炎（COVID-19）疫情

---

＊　資料來源：中華民國外交部，〈https://www.mofa.gov.tw/News_Content.aspx?n=96&s=92558〉。

的專業與出色表現，強調 WHO 排除臺灣以觀察員身分參與本年 WHA 是違反憲章揭櫫的全民均健（Health for All）的精神。此外，聯名函強調，聯合國大會第 2758 號決議及 WHA 第 25.1 號決議均未賦予北京代表臺灣人民的權利。外交部已多次呼籲 WHO 應該摒棄政治考量，廣納國際社會所有成員及利害關係者，切勿再阻撓臺灣秉持「專業、務實、有貢獻」的原則參與 WHO 相關的會議、機制及活動。

美國對臺灣參與 WHO 的關心與支持從未停歇，除國會議員聯名致函外，行政部門也多次公開重申美國政府強烈支持臺灣參與本年世衛大會。臺灣雖然在爭取參與今年 WHA 面臨艱難挑戰，但感謝美國堅定不移的支持力挺，尤其積極邀集理念相近國家為臺灣發聲。外交部由衷感謝美國政府、國會及人民對於臺灣參與世界衛生組織的有力支持與協助，也誠摯歡迎更多國家與臺灣一起努力，共同攜手維護全人類的健康安全。

## 十五、外交部誠摯感謝友邦及理念相近國家在第 73 屆「世界衛生大會」線上會議強力支持臺灣參與世界衛生組織（民國 109 年 5 月 19 日）*

### 中華民國外交部第 123 號新聞稿

第 73 屆「世界衛生大會」（WHA）線上會議於本（109）年 5 月 18 日至 19 日舉行。儘管議程大幅縮短，各國發言時間僅限兩分鐘，但友邦及理念相近國家仍在會中強力發聲支持臺灣參與世界衛生組織（WHO），外交部表達最誠摯感謝之意。

此次會議議程緊湊，我方顧全大局，決定接受友邦及理念相近國家的建議，同意將我友邦提案延至預定本年稍晚舉行的 WHA 實體會議再行討論，獲得諸多國家的肯定及讚許，益加凸顯我國「專業、務實、有貢獻」的推案原則，也使得支持我案的聲量顯著成長，令人深感振奮。

會議中，14 個我國友邦均堅定表達對臺灣參與 WHO 的支持，並要求 WHO 邀請臺灣以觀察員身分出席 WHA。此外，美國、日本、英國、法國、德國、加拿大、澳大利亞、紐西蘭及捷克等理念相近國家，分別以直接表達支持臺灣，或強調包容性及全球防疫應廣納各方、不應有缺口等呼應我方訴求的方式，表達對我案的支持。

美國衛生部長阿札爾（Alex Azar II）發言時，明確指出讓臺灣以觀察員身分參與

---

* 資料來源：中華民國外交部，〈https://www.mofa.gov.tw/News_Content.aspx?n=96&s=92565〉。

WHA 非常重要，因為臺灣對疫情的因應措施有效且出色，並認為 WHO 不該因政治考量而犧牲臺灣 2,300 萬人民的健康。日本更首度以提及臺灣的方式，直接為我執言；其厚生勞動大臣加藤勝信發言呼籲 WHO 應將成功應對武漢肺炎的臺灣納入。此外，馬爾他騎士團在發言及書面聲明中均強調，將所有利害關係方儘可能納入全面國際合作的必要性，並指出包括臺灣在內的許多國家均協助其抗疫工作，展現當下國際社會最需要的團結與互助精神。

面對強大的正義之聲，中國在行使答辯權時，仍重彈「一中原則」濫調，誆稱透過兩岸及 WHO 的安排，臺灣已獲得相關訊息並參與必要的技術性活動等，意圖混淆國際視聽。美國務院國組局經濟發展事務處處長 Margaret Bond 隨即予以駁斥，指出 WHO 成立的目地既是保障及促進全球衛生，就更應接納所有公衛機構，尤其是具有防治武漢肺炎第一手經驗的機構，因此呼籲 WHO 展現領導力、獨立性及包容性，讓臺灣完整參與全球防治武漢肺炎的工作，包括以觀察員身分參加本年稍晚的復會。

本年我推案訴求也在會場外獲得空前強勁的國際支持。截至目前為止，已經有超過 30 個國家行政部門以多元方式表達對我案的支持，許多理念相近國家高層也公開表態，例如日本首相安倍晉三、加拿大總理小杜魯道（Justin Trudeau）、美國務卿龐培歐（Mike Pompeo）及紐西蘭副總理兼外長 Winston Peters 均為我發聲，意義重大。43 個國家的政要，包括超過 600 位美國、加拿大、南美與墨西哥等國會議員及歐洲議會議員，也以多元方式表達對臺灣的強烈支持。此外，美國、日本、英國、德國、澳大利亞及加拿大等理念相近國家駐臺機構也在其臉書貼文表達支持。

國際媒體的正面報導也大幅超越往年，充分展現國際輿論對我案的重視及支持。目前已有 60 多國媒體，超過 2,100 篇支持我國參與 WHO 的報導、評論、專欄或投書，重要者包括美國「華爾街日報」、「華盛頓郵報」、「紐約時報」、「洛杉磯時報」、「外交政策」、「美國公共廣播電台」、「外交家」、「布萊巴特新聞網」、英國「國家廣播公司」、「金融時報」、「衛報」、「每日電訊報」、德國「德國之聲」、「第一電視台」、法國「世界報」、瑞士「新蘇黎士報」、澳洲「澳洲人報」等。外交部製作的「翻轉人生」（Looking Up Again）短片，總觀看次數也超過 1,245 萬人次。此外，本部吳部長也接受「福斯新聞」、「華盛頓郵報」、加拿大「國家廣播公司」、「歐洲新聞台」、英國「Sky News」及日本「每日新聞」等 23 家國際媒體專訪。

為展現臺灣是負責任的利害關係者，以及「臺灣能夠幫忙，而且臺灣正在幫忙」（Taiwan can help, and Taiwan is helping.）的精神，政府在滿足國內需求之後，主動提供防疫物資予全球 80 多個國家，另亦與美國、日本、歐盟、菲律賓、土耳其及俄羅斯、中美洲統合體（SICA）等 35 國之政府、智庫及醫院等機構合辦 31 場線上會議，與國

際社會分享成功防疫的「臺灣模式」。此外，在外交部協助下，衛生福利部於 5 月 15 日成功舉行「新型冠狀病毒肺炎防治檢討」視訊論壇，邀獲美國、日本、加拿大等共 14 個理念相近國家 / 區域組織近 50 位衛生官員參加，與會各國代表均肯定我國防疫成果，並感謝我國提供的協助。

　　本年我案所獲得的強勁國際支持，充分證明我爭取參與 WHO 的訴求，已普獲國際社會的認同，而我國防治武漢肺炎的成功經驗及無私協助各國的作為，更令各國瞭解 WHO 接納臺灣參與的必要性及急迫性。

　　外交部強調，未來將協同友邦及理念相近國家，繼續爭取獲邀以觀察員身分參與本年稍晚復會的 WHA；也呼籲 WHO 堅守專業中立，摒除中國的政治干預，基於維護全人類衛生福祉的考量，讓臺灣完整無礙的參與 WHO 所有會議、機制及活動。

# 第四部分　臺美政經文化交流及互訪紀錄

## 一、臺美政府合作協議、機制及「全球合作暨訓練架構」（GCTF）交流紀錄

| 時間 | | 臺美協議、機制及「全球合作暨訓練架構」交流紀錄 |
|---|---|---|
| 2017 | 1/30 | 駐美國代表處與美國在臺協會完成「核能管制與安全進行技術資訊交流及合作協議之下關於熱流程式應用與維護之執行協定書」及「核能管制與安全進行技術資訊交流及合作協議之下關於參與美國核能管制委員會之嚴重事故研究計畫之執行協定書」。 |
| | 2/22 | 駐美國代表處與美國在臺協會簽署「智慧財產權執法合作備忘錄」。 |
| | 4/13 | 駐美國代表處與美國在臺協會完成「臺美有關氣象、電離層與氣候衛星星系觀測系統之發展、發射及操作技術合作協定第 5 號執行辦法」。 |
| | 5/15 | 美國國家核子安全局假臺北田徑場辦理 4 天「2017 大型活動輻射事件應變訓練」。 |
| | 5/22 | 美國國家核子安全局假臺北集思北科大會議中心舉行 3 天「輻射源實體防護及保安管理訓練」。 |
| | 6/5 | 美國國家核子安全局假財政部財政人員訓練所舉行 5 天「2017 保安計畫訓練」。 |
| | 6/26 | 美國代表處與美國在臺協會完成「臺美氣象先進資料同化與預報模式系統發展計畫合作協議第 14 號執行辦法」。 |
| | 8/24 | 科技部次長蘇芳慶、駐美國代表高碩泰、美國在臺協會主席莫健（James MORIARTY）、執行理事羅瑞智（John J. NORRIS Jr.）見證於美國加州范登堡空軍基地福衛五號成功發射。 |
| | 9/15 | 駐美國代表處與美國在臺協會完成「臺美氣象預報系統發展技術合作協議第 29 號執行辦法」。 |
| | 10/26 | 臺美雙方在桃園國際機場舉行美國「全球入境計畫」（Global Entry, GE）及我國「入出國自動查驗通關系統」（e-Gate）互惠機制啟用儀式。 |
| | 11/1 | 臺美正式啟用美國「全球入境計畫」及我國「自動查驗通關系統」互惠便利通關機制。 |
| | 11/14 | 臺美透過「全球合作暨訓練架構」合辦「打造女性科技創業新未來工作坊」。 |
| | 11/29 | 駐美國代表處與美國在臺協會完成「微脈衝雷射雷達監測與氣膠自動監測網合作協議」。 |
| | 12/4 | 臺美透過「全球合作暨訓練架構」合辦「提升亞太寬頻普及率及縮短數位落差研習營」。 |

| 時間 | | 臺美協議、機制及「全球合作暨訓練架構」交流紀錄 |
|---|---|---|
| | 12/7 | 駐美國臺北經濟文化代表處與美國在臺協會簽署「水資源發展技術支援協議第 7 號、第 8 號附錄第 3 號修正」。 |
| 2018 | 2/7 | 駐美國代表處與美國在臺協會完成「臺美建立衛星監測海上油污染技術合作協定」第 1 號修訂之簽署。 |
| | 4/23 | 臺美合作辦理「全球合作暨訓練架構」「腸病毒檢驗診斷國際研習營」。 |
| | 5/10 | 駐美國代表處與美國在臺協會完成「臺美物理科學合作計畫綱領」第 3 號執行協議之簽署。 |
| | 8/13 | 臺美在「全球合作暨訓練架構」下合辦「打擊跨境犯罪及美鈔、護照鑑識國際研習營」。 |
| | 8/14 | 駐美國代表處與美國在臺協會完成「臺美全球學習與觀測裨益環境計畫合作協定」修訂之簽署。 |
| | 10/3 | 駐美國代表處與美國在臺協會完成「臺美氣象先進資料同化與預報模式系統發展技術合作協議」第 15 號執行辦法之簽署。 |
| | 10/12 | 駐美國代表處與美國在臺協會完成「臺美科學及氣象技術系統支援之技術合作協議」第 4 號執行辦法之簽署。 |
| | 10/17 | 臺美在「全球合作暨訓練架構」下聯合舉辦「培養媒體識讀以捍衛民主國際工作坊」。 |
| | 12/10 | 臺美在「全球合作暨訓練架構」下聯合舉辦「邁向平等：印太女性領導人培力工作坊」。 |
| | 12/14 | 臺美續在「全球合作暨訓練架構」下攜手合辦「人道援助及災害防救國際研習營」。 |
| | 12/14 | 駐美國代表處與美國在臺協會完成「臺美氣象預報系統發展技術合作協定」第 30 號執行辦法之簽署。 |
| 2019 | 1/29 | 駐美國代表處與美國在臺協會簽署「輻射防護電腦程式分析及維護合作計畫展期協定」。 |
| | 3/5 | 美國國家衛生研究院國家癌症研究所（NCI）與國立陽明大學及臺北榮民總醫院之跨國合作實驗室正式啟動。 |
| | 3/19 | 美國在臺協會臺北辦事處處長酈英傑與外交部部長吳釗燮共同宣布成立「印太民主治理諮商」。 |
| | 3/26 | 2019 年「全球合作暨訓練架構」首場活動「打擊公私部門貪瀆國際研習營」正式展開。 |
| | 4/12 | 駐美國代表處與美國在臺協會簽署「臺美合作處理跨國父母擅帶兒童離家瞭解備忘錄」。 |
| | 4/13 | 我國與美國簽署「臺美合作處理跨國父母擅帶兒童離家瞭解備忘錄」。 |
| | 4/16 | 外交部與美國在臺協會臺北辦事處委託「遠景基金會」及「哈德遜研究所」以「《臺灣關係法》立法 40 週年紀念：深化臺美關係」為題，辦理本年度「印太安全對話」研討會，美國聯邦眾議院前議長萊恩（Paul RYAN, R-WI）擔任開幕專題演講人。 |

| 時間 | | 臺美協議、機制及「全球合作暨訓練架構」交流紀錄 |
|---|---|---|
| | 4/16 | 臺美日共同舉辦「女力經濟賦權高峰會」與「全球合作暨訓練架構女力經濟賦權國際研習營」。 |
| | 4/30 | 臺美日共同舉辦「全球合作暨訓練架構抗藥性結核病計畫管理國際研習營」。 |
| | 5/28 | 臺美日在臺北舉辦為期3天之「全球合作暨訓練架構」―「網路安全與新興科技國際研習營」 |
| | 5/30 | 外交部歡迎美國務院資深顧問蘿倫斯來臺參加首屆「臺美合作處理跨國父母擅帶兒童離家聯合委員會」。 |
| | 6/25 | 駐美國代表處與美國在臺協會簽署之「在桃園國際機場轉機託運之行李在美國在臺協會代表之領域檢查意向書」生效。 |
| | 7/16 | 我國再度應邀參加美國國務院第二屆「促進宗教自由部長級會議」。 |
| | 9/9 | 「全球合作暨訓練架構」之「培養媒體識讀以捍衛民主國際工作坊」以及臺美「印太民主治理諮商」首屆對話。 |
| | 9/12 | 臺美共同在美國在臺協會臺北辦事處內湖新館舉行「印太民主治理諮商」首屆對話。 |
| | 9/13 | 駐美國代表處與美國在臺協會簽署「臺美有關部分領事職權瞭解備忘錄」。 |
| | 9/23 | 科技部與美國國家科學基金會（NSF）共同召開「2019年臺美雙邊科技合作會議」。 |
| | 9/29 | 「全球合作暨訓練架構」首度移師帛琉舉辦「2019南島語言復振國際論壇」。 |
| | 10/7 | 臺美首次「太平洋對話」在臺北舉行。 |
| | 10/15 | 美國在臺協會臺北辦事處致函臺灣美國事務委員會並通知美國續指定臺灣為「免簽證計畫」（Visa Waiver Program, VWP）成員。 |
| | 11/5 | 駐美國代表處與美國在臺協會簽署「臺美氣象先進資料同化與預報模式系統發展技術合作協議」第16號執行協議。 |
| | 11/20 | 臺灣、美國、日本、澳洲在「全球合作暨訓練架構」下共同辦理「印太區域良善能源治理研討會」。 |
| | 12/11 | 駐美國代表處與美國在臺協會簽署「臺美氣象預報系統發展技術合作協定」第31號執行辦法。 |
| 2020 | 2/10 | 臺美簽署「輻射防護電腦程式分析及維護合作計畫」第二次展期協定。 |
| | 3/18 | 外交部與美國在臺協會臺北辦事處共同發表「臺美防疫夥伴關係聯合聲明」。 |
| | 4/9 | 外交部部長吳釗燮在美國智庫「哈德遜研究所」（Hudson Institute）線上研討會發表演說，分享臺灣防疫經驗及國際合作成果。 |
| | 4/10 | 駐丹佛處長張詩瑞代表我國捐贈美國科羅拉多州第一批10萬片口罩。 |
| | 4/13 | 駐休士頓處長陳家彥代表我國捐贈美國德州10萬片醫療用口罩，德州州務卿休斯（Ruth R. HUGHS）代表州政府接受。 |

| 時間 | 臺美協議、機制及「全球合作暨訓練架構」交流紀錄 |
|---|---|
| 4/15 | 駐舊金山處長馬鍾麟代表我國捐贈美國加州 10 萬片醫療用口罩，副州長康伊蓮（Eleni KOUNALAKIS）代表接受。 |
| 4/20 | 駐波士頓處長徐佑典代表我國捐贈美國麻薩諸塞州 10 萬片醫療用口罩，麻州國際貿易投資廳執行主任蘇利文（Mark SULLIVAN）代表州政府接受。<br>駐休士頓處長陳家彥代表我國捐贈美國路易斯安納州 10 萬片醫療用口罩，路州州長愛德華茲（John Bel EDWARDS）親自受贈。<br>駐芝加哥處長黃鈞耀代表我國捐贈芝加哥市醫療口罩，伊利諾州聯邦眾議員戴維斯（Danny DAVIS, D-IL）出席見證。 |
| 4/23 | 我國捐贈美國懷俄明州 5 萬片醫療用口罩，州長高登（Mark GORDON）等政要在社群媒體致謝。 |
| 5/8 | 駐西雅圖處長范國樞代表我國捐贈美國華盛頓州 10 萬片醫療用口罩，州務卿魏蔓（Kim WYMAN）及州參議員瓦格納（Keith WAGONER）代表接受。 |
| 5/11 | 駐美國代表處捐贈美國馬里蘭州 10 萬片醫療用口罩，州務卿沃本史密斯（John WOBENSMITH）辦公室國際關係主任妮趣（Mary NITSCH）及馬州疫情緊急管理中心經理蘇連森（William SORENSON）代表受贈，另州長霍根（Larry HOGAN）致函駐美國代表高碩泰申致謝意。<br>駐舊金山處長馬鍾麟代表我國捐贈美國內華達州 3 萬片醫療用口罩，州長夫人希索拉克（Kathy SISOLAK）代表接受。 |
| 5/12 | 駐休士頓處長陳家彥代表我國捐贈美國奧克拉荷馬州 10 萬片醫療用口罩，州長斯提特（Kevin STITT）親自受贈。 |
| 5/14 | 駐美國代表處捐贈美國維吉尼亞州 10 萬片醫療用口罩，維州商務暨貿易廳廳長波爾（Brian BALL）代表受贈，州長諾頓（Ralph NORTHAM）致函駐美國代表高碩泰表達感謝。<br>駐休士頓處長陳家彥代表我國捐贈美國阿肯色州 10 萬片醫療用口罩，副州長葛瑞芬（Tim GRIFFIN）代表州政府受贈。 |
| 5/15 | 駐休士頓處長陳家彥代表我國捐贈美國密西西比州 10 萬片醫療用口罩，密州農業暨商務廳廳長吉普森（Andy GIPSON）代表受贈。<br>我國援贈美國奧勒岡州 5 萬片醫療用口罩，州長布朗（Kate BROWN）致函感謝。 |
| 5/20 | 我國捐贈美國阿拉斯加州 3 萬片醫療用口罩，由阿州衛生暨社福廳代表受贈。 |
| 5/27 | 駐美國代表處捐贈美國西維吉尼亞州 3 萬片醫療用口罩，美國聯邦參議員曼欽（Joe MANCHIN, D-WV）、聯邦眾議員米勒（Carol MILLER, R-WV），以及西維吉尼亞州州長幕僚長霍爾（Mike HALL）、州眾議會議長韓肖(Roger HANSHAW)、代理議長考爾斯（Daryl COWLES）及數名州眾議員公開致謝。<br>外交部及法務部分別捐贈美國蒙大拿州州政府 3 萬片醫療用口罩及法務廳 1 萬片醫療用口罩，州檢察長福克斯（Tim FOX）向我國致謝。 |
| 5/28 | 駐美國代表處捐贈美國德拉瓦州 8 萬片醫療用口罩，州眾議員龐巴哈（Paul BAUMBACH）與州政府衛生暨社會服務廳代表受贈，多位州參議員及州眾議員等議會領袖公開致謝。 |

| 時間 | 臺美協議、機制及「全球合作暨訓練架構」交流紀錄 |
|---|---|
| 5/29 | 駐波士頓處長徐佑典代表我國捐贈美國新罕布夏州州政府 5 萬片醫療用口罩及該州州議會 1 萬片口罩，州參議會議長蘇西（Donna SOUCY）及眾議會議長夏特列夫（Stephen SHURTLEFF）分別代表州政府及州議會受贈，州參議員瓦特斯（David WATTERS）受邀觀禮。<br>駐波士頓辦事處代表我國捐贈美國佛蒙特州 3 萬片醫療用口罩。<br>駐檀香山處長曾永光代表我國捐贈美國夏威夷州 3 萬片醫療用口罩，州長伊芸（David IGE）親自受贈。 |
| 5/30 | 駐波士頓辦事處代表我國捐贈美國緬因州 3 萬片醫療用口罩。 |
| 6/1 | 臺、美、日共同發表「全球合作暨訓練架構」5 週年聯合聲明，表示將擴大運用 GCTF 來因應全球挑戰，並積極協助公、私部門及公民社會強化能力建構。 |
| 6/4 | 臺美完成「臺美有機農產品同等性相互承認函」換函。<br>臺美舉辦「太平洋防疫援助線上對話」，由外交部政務次長徐斯儉及美國國務院亞太局主管澳紐暨太平洋事務副助卿兼「亞太經濟合作」（APEC）資深官員孫曉雅（Sandra OUDKIRK）主談，討論臺美在太平洋區域之防疫合作。 |
| 6/5 | 駐波士頓處長徐佑典代表我國捐贈美國羅德島州州政府 10 萬片醫療用口罩，羅州緊急事務管理署署長帕伯斯（Marc PAPPAS）代表州政府受贈，州眾議會代議長（Speaker Pro Tempore）甘迺迪（Brian KENNEDY）受邀觀禮。 |
| 6/9 | 駐美國代表處捐贈美國馬里蘭州 1 萬片 N95 醫療用口罩，馬州疫情緊急管理中心表達感謝。<br>駐邁阿密處長錢冠州代表我國捐贈美國邁阿密市市長蘇瓦雷斯（Francis SUAREZ）防疫口罩。 |
| 6/10 | 駐丹佛處長張詩瑞代表我國捐贈美國科羅拉多州丹佛市 3 萬片口罩，市長漢考克（Michael HANCOCK）代表受贈。 |
| 6/16 | 駐波士頓處長徐佑典代表我國再度捐贈美國麻薩諸塞州 1 萬片 N95 口罩及 5 萬片醫療用口罩，麻州國際貿易投資廳執行主任蘇利文代表受贈，老年事務廳廳長陳倩（Elizabeth CHEN）、州眾議員柯涵凱（Kay KHN）及黃子安（Donald WONG）受邀觀禮。 |
| 6/24 | 臺、美、日、澳共同舉辦全球合作暨訓練架構「新冠肺炎病毒：防範第二波疫情」線上工作坊。 |
| 7/6 | 駐美國代表處捐贈美國馬里蘭州蒙哥馬利郡（Montgomery County）1 萬片醫療用口罩，郡長艾里奇（Marc ELRICH）致謝。 |
| 7/24 | 駐邁阿密處長錢冠州代表我國捐贈美國佛羅里達州 22 萬片醫療用口罩，州務卿李蘿蘭（Laurel LEE）代表受贈。 |
| 8/1 | 駐亞特蘭大處長王翼龍代表我國捐贈美國喬治亞州 1 萬片 N95 口罩。 |
| 8/10 | 美國衛生部部長阿札爾（Alex AZAR II）與衛生福利部部長陳時中共同見證臺美在臺北簽署「醫衛合作瞭解備忘錄」。 |

| 時間 | 臺美協議、機制及「全球合作暨訓練架構」交流紀錄 |
|---|---|
| 8/20 | 駐美國代表處與美國在臺協會簽署「臺美氣象先進資料同化與預報模式系統發展技術合作協議」第 16 號執行辦法第 2 年工作說明書。 |
| 8/25 | 駐洛杉磯處長黃敏境偕洛杉磯臺美商會會長陳慶恩代表我國及該商會分別捐贈 9 萬片及 20 萬片口罩予美國洛杉磯市，副市長賀琪珍（Nina HACHIGIAN）代表受贈。<br>駐休士頓處長羅復文代表我國捐贈美國德克薩斯州 1 萬片 N 95 口罩，州務卿休斯代表受贈。 |
| 8/26 | 外交部部長吳釗燮與美國在臺協會臺北辦事處處長酈英傑（Brent CHRISTENSEN）共同發布臺美「5G 安全共同宣言」。 |
| 9/4 | 美國在臺協會臺北辦事處與歐洲經貿辦事處、日本臺灣交流協會、外交部、經濟部及中華民國對外貿易發展協會共同舉辦「重組供應鏈：促進理念相近夥伴間之韌性」論壇。 |
| 9/4 | 駐美國代表處與美國在臺協會簽署「臺美肺癌研究合作備忘錄」執行辦法。 |
| 9/10 | 駐美國代表處與美國在臺協會簽署「臺美環境保護技術合作協定」第 13 號執行辦法。 |
| 9/17 | 駐美國代表處與美國在臺協會簽署「臺美基礎建設融資及市場建立合作架構」。 |
| 9/29 | 臺、美、日首度在聯合國大會期間共同舉辦「全球合作暨訓練架構」，「透過公私夥伴關係促進國際發展」視訊工作坊。 |
| 10/29 | 臺美農業科技合作會議以視訊方式舉行，由行政院農業委員會副主任委員陳駿季與美國農業部農業研究署署長賈可楊（Chavonda JACOBS-YOUNG）共同主持。 |
| 10/29 | 臺美舉行「臺美基礎建設融資及市場建立合作架構」下之首次雙邊工作小組視訊會議，由財政部政務次長阮清華與美國財政部助理部長蘇騏（Mitchell SILK）共同主持。 |
| 11/20 | 首屆「臺美經濟繁榮夥伴對話」（Taiwan-US Economic Prosperity Partnership Dialogue）在行政院政務委員鄧振中及美國國務院主管經濟成長、能源與環境次卿柯拉克（Keith RACH）共同主持下以視訊方式舉行。我國經濟部政務次長陳正祺率團赴華府與美方交換意見，經濟部部長王美花、科技部部長吳政忠、外交部政務次長曾厚仁等參與討論，雙方並於會中簽署瞭解備忘錄（MOU）。 |
| 12/2 | 駐美國代表蕭美琴與美國在臺協會執行理事藍鶯（Ingrid LARSON）簽署「臺美國際教育合作瞭解備忘錄」。 |
| 12/3 | 外交部部長吳釗燮與美國在臺協會臺北辦事處處長酈英傑宣布正式啟動「臺美教育倡議」（U.S.-Taiwan Education Initiative）。 |

| 時間 | 臺美協議、機制及「全球合作暨訓練架構」交流紀錄 |
|---|---|
| 12/8 | 外交部委託臺、美、日三地智庫「遠景基金會」、「2049計畫研究所」（Project 2049 Institute）及「日本國際問題研究所」（JIIA）合作，舉辦2020年「臺美日三邊印太安全對話」研討會，由總統蔡英文致開幕詞，並邀請美國國務院前亞太助卿坎博（Kurt CAMPBELL）發表視訊專題演說；美國聯邦參議院外交委員會民主黨首席議員孟南德茲（Robert MENENDEZ, D-NJ）亦以預錄影片方式發表專題演講；另美國聯邦眾議院外交委員會亞太小組主席貝拉（Ami BERA, D-CA）及日本眾議員鈴木馨祐（SUZUKI Keisuke）與立法院立法委員羅致政、陳以信及林昶佐進行線上對話。 |
| 12/15 | 駐美國代表蕭美琴與美國在臺協會執行理事藍鶯簽署「臺美科學及技術合作協定」。 |
| 12/15 | 臺、美、日發表「全球合作暨訓練架構」聯合委員會聯合聲明。 |
| 12/21 | 臺美簽署「公共衛生暨預防醫學合作計畫綱領第4號執行辦法」第1號修正。 |

資料來源：中華民國外交部新聞稿，〈https://www.mofa.gov.tw/News_Content.aspx〉；中華民國外交部，106-110年度《外交年鑑》，〈https://www.mofa.gov.tw/News.aspx?n=245&sms=109〉。

## 二、美國政府官員及卸任官員訪臺紀錄

| 時間 | | 訪臺之美國現任及卸任政府官員 |
|---|---|---|
| 2017 | 2/13 | 美國國家衛生研究院國家癌症研究所全球衛生中心主任慶博（Edward L. TRIMBLE）訪問我國3天。 |
| | 3/22 | 美國前國防部長裴利（William PERRY）一行訪問我國4天。 |
| | 4/21 | 美國商務部主管全球市場之首席副助理部長芬尼爾（Holly VINEYARD）率由多家美企業代表組成之「智慧科技貿易訪團」訪問我國4天。 |
| | 4/23 | 美國在臺協會主席莫健訪問我國7天。 |
| | 4/24 | 美國核能管制委員會輻射安全計畫團隊一行11人訪問我國5天。 |
| | 4/28 | 美國在臺協會主席莫健訪問我國。 |
| | 5/11 | 美國環保署署長之幕僚長劉麥廷（Martin LIEU）率團訪問我國6天。 |
| | 5/27 | 美國前副國務卿阿米塔吉（Richard ARMITAGE）一行訪問我國5天。 |
| | 6/1 | 美國國務院代理亞太副助卿石露蕊（Laura STONE）國國務院代理亞太副助卿石露蕊訪問我國2天。 |
| | 7/5 | 美國環保署代理助理署長西田（Jane NISHITA）率團訪問我國4天。 |
| | 7/8 | 美國前海軍軍令部長格林納（Jonathan W. GREENERT）率「國家亞洲研究局」（NBR）訪問團一行3人訪問我國7天。 |

| 時間 | | 訪臺之美國現任及卸任政府官員 |
|---|---|---|
| | 8/6 | 美國前副總統錢尼（Dick CHENEY）訪問我國 4 天。 |
| | 10/10 | 美國中小企業署副助理署長施敏芬（Michele SCHIMPP）訪問我國 4 天。 |
| | 10/22 | 美國國務院前亞太助卿羅素（Daniel RUSSEL）訪問我國 4 天。 |
| | 10/23 | 美國在臺協會執行理事羅瑞智訪問我國 5 天。 |
| | 11/7 | 美國環保署代理助理署長西田（Jane NISHIDA)訪問我國 4 天。 |
| | 11/13 | 美國中小企業署主管國際貿易副助理署長柯尼朗（Eugene CORNELIUS, JR.）訪問我國 6 天 |
| | 11/15 | 美國消費品安全委員會（CPSC）代理主席布爾克爾（Ann Marie BUERKLE）訪問我國 3 天 |
| | 11/15 | 美國前副總統高爾（Al GORE）應 Gogoro 電動車公司邀請訪問我國 2 天。 |
| | 12/10 | 美國在臺協會主席莫健訪問我國 7 天。 |
| | 12/12 | 美國前白宮幕僚長蒲博思（Reince PRIEBUS）訪問我國 2 天。 |
| 2018 | 1/28 | 美國商務部亞洲事務副助理部長費黛安（Diane FARRELL）一行訪問我國 4 天。 |
| | 3/12 | 美國國務院主管澳洲、紐西蘭及太平洋島國事務副助卿暨「亞太經濟合作」資深官員馬志修大使（Amb. Matthew J. Matthews） |
| | 3/20 | 美國國務院亞太副助卿黃之瀚（Alex WONG）訪問我國。 |
| | 3/22 | 美國商務部主管製造業副助理部長史宜恩（Ian STEFF）一行訪問我國 6 天。 |
| | 6/3 | 美國華府智庫「新美國安全中心」（CNAS）執行長、前國務院歐洲暨歐亞事務助卿盧嵐（Victoria NULAND）大使率「下一世代國安領袖訪問團」訪問我國 7 天。 |
| | 6/10 | 美國國務院教育及文化事務局助卿羅伊斯（Marie ROYCE）、美國在臺協會主席莫健、AIT 執行理事羅瑞智、國務院亞太局臺灣協調處處長何樂進（Jim HELLER）等，出席美國在臺協會臺北辦事處新館落成典禮。 |
| | 7/23 | 美國前國防部長卡特（Ash CARTER）訪問我國 2 天。 |
| | 8/30 | 美國前白宮副國安顧問薛德麗（Nadia SCHADLOW）訪問我國。 |
| | 10/10 | 美國環保署首席副助理署長西田（Jane NISHIDA）訪問我國 2 天。 |
| | 11/5 | 美國在臺協會主席莫健訪問我國。 |
| | 11/11 | 美國國家標準技術院物理量測實驗室計畫主任雷耶斯（Darwin REYES）博士訪問我國 5 天。 |
| | 11/25 | 美國國家勞資關係委員會主席約翰霖（John RING）、公平就業機會委員會主席利尼（Victoria LIPNIC）、公平就業機會委員會委員費德布朗（Chai FELDBLUM）、聯邦調解調停署署長賈柯隆（Richard GIACOLONE）、職業安全衛生審議委員會主席麥克道格（Heather MACDOUGALL）一行訪問我國 7 天。 |

| 時間 | | 訪臺之美國現任及卸任政府官員 |
|---|---|---|
| 2019 | 12/3 | 美國商務部主管全球市場代理助理部長史宜恩率團訪問我國 2 天。 |
| | 3/10 | 美國國務院國際宗教自由無任所大使布朗貝克（Samuel BROWNBACK）訪問我國出席臺美合辦之「印太地區保衛宗教自由公民社會對話」並發表專題演說。 |
| | 3/29 | 美國國務院國際組織局副助理國務卿奈瑞莎・庫克（Nerissa J. Cook）訪問我國。 |
| | 4/9 | 美國國務院經濟暨商業事務局副助卿米德偉（David Meale）訪問我國。 |
| | 4/22 | 美國農業部海外服務署署長艾斯利（Ken Isley）訪問我國。 |
| | 5/30 | 美國國務院主管兒童議題資深顧問蘿倫斯（Suzanne Lawrence）訪問我國。 |
| | 7/17 | 美國財政部主管國際市場代理助理部長蘇騏（Mitchell SILK）訪問我國 2 天。 |
| | 9/9 | 美國國務院民主、人權暨勞工局代理助卿巴斯比（Scott Busby）率團訪問我國。 |
| | 10/8 | 美國白宮前發言人桑德斯（Sarah SANDERS）、美國國務院亞太局主管澳紐暨太平洋事務副助卿兼 APEC 資深官員孫曉雅訪問我國。 |
| | 10/15 | 美國在臺協會主席莫健、AIT 政軍組長唐默迪（Matthew Tritle） |
| | 12/9 | 美國商務部主管全球市場助理部長史宜恩率團訪問我國 5 天 |
| 2020 | 2/17 | 美國智庫「2049 計畫研究所」（Project 2049 Institute）主席暨美國國防部前印太安全事務助理部長薛瑞福（Randall SCHRIVER）訪問我國 5 天 |
| | 8/9 | 美國衛生部部長阿札爾率團一行 8 人訪問我國 4 天，為 1979 年以來訪問我國排序最高之美國政府閣員。 |
| | 9/17 | 美國國務院主管經濟成長、能源與環境次卿柯拉克（Keith KRACH）率團訪問我國 3 天，為 1979 年以來國務院訪問我國層級最高官員，國務院民主、人權暨勞工局助卿戴斯卓（Robert DESTRO）、商務部主管全球市場助理部長史宜恩、國務院全球婦女議題無任所大使柯莉（Kelley CURRIE）等資深官員亦參團。 |
| | 10/21 | 美國商務部助理部長兼國家海洋暨大氣總署代理署長傑克博（Neil JACOBS）參加財團法人國家實驗研究院國家太空中心舉辦之「2020 年第 5 屆國際導航衛星掩星觀測研討會」視訊會議，致開幕詞並專題演講。 |

資料來源：中華民國外交部，106-110 年度《外交年鑑》，〈https://www.mofa.gov.tw/News.aspx?n=245&sms=109〉。

## 三、美國國會議員訪臺紀錄

| 時間 | | 訪臺之美國國會議員 |
|---|---|---|
| 2017 | 5/7 | 美國聯邦眾議員蘿倫絲（Brenda LAWRENCE, D-MI）及貝瑞耿（Nanette BARRAGAN, D-CA）訪問我國 4 日。 |
| | 8/25 | 美國聯邦眾議院軍事委員會「海權暨戰力投射小組」主席魏特曼（Rob WITTMAN, R-VA）及眾議員博達悠（Madeleine Z. BORDALLO, D-GU）訪問我國 2 日。 |
| | 8/31 | 美國聯邦眾議員金恩（Steve KING, R-IA）及羅德薇（Aumua RADEWAGEN, R-AS）訪問我國 5 日。 |
| | 9/22 | 美國聯邦參議員丹思（Steve DAINES, R-MT）訪問我國 1 日。 |
| 2018 | 2/20 | 美國聯邦參議院「臺灣連線」共同主席殷霍夫（James Inhofe, R-OK）、聯邦參議員朗茲（Michael Rounds, R-SD）、恩絲特（Joni Ernst, R-IA）、蘇利文（Daniel Sullivan, R-AK）；聯邦眾議員凱利（Trent Kelly, R-MS）訪問我國 3 天。 |
| | 3/26 | 美國聯邦眾議院外交委員會主席羅伊斯（Ed ROYCE, R-CA）訪問我國 3 天。 |
| | 4/1 | 美國聯邦眾議院外交委員會榮譽主席羅斯蕾緹南（Ileana ROS-LEHTINEN, R-FL）及眾議員檀妮（Claudia TENNEY, R-NY）訪問我國 3 天。 |
| | 4/27 | 美國聯邦參議院外交委員會成員昆斯（Chris Coons, D-DE）及聯邦參議員何珊（Maggie Hassan, D-NH）。 |
| | 4/29 | 美國聯邦眾議員蓋耶哥（Ruben GALLEGO, D-AZ）訪問我國 4 天。 |
| | 5/19 | 美國國會「美中經濟暨安全檢討委員會」（USCC）代表團訪問我國 5 天。 |
| | 5/26 | 美國聯邦參議院外交委員會亞太小組主席賈德納（Cory GARDNER, R-CO）訪問我國 2 天。 |
| | 6/1 | 美國聯邦參議員蒲度（David PERDUE, R-GA）訪問我國 1 天。 |
| | 6/10 | 美國聯邦眾議院「國會臺灣連線」共同主席哈博（Gregg HARPER, R-MS）訪問我國。 |
| | 8/30 | 美國聯邦眾議員江笙（Eddie Bernice JOHNSON, D-TX）訪問我國。 |
| 2019 | 4/14 | 美國聯邦眾議院「科學、太空暨科技」委員會主席江笙、眾議員強森（Hank JOHNSON, D-GA）、貝肯（Don BACON, R-NE）及卡巴赫（Salud CARBAJAL, D-CA）一行訪問我國 4 天。 |
| | 4/27 | 美國聯邦參議員昆斯（Chris COONS, D-DE）、何珊（Maggie HASSAN, D-NH）訪問我國 3 天。 |
| | 6/2 | 美國聯邦參議院外交委員會亞太小組主席賈德納（Cory Gardner, R-CO）。 |
| | 10/9 | 美國聯邦參議員克魯茲（Ted CRUZ, R-TX）訪問我國 2 天。 |
| | 11/22 | 美國聯邦眾議員佛羅瑞斯（Bill FLORES, R-TX）及瑞森紹爾（Guy RESCHENTHALER, R-PA）訪問我國 5 天。 |

資料來源：中華民國外交部，106-110 年度《外交年鑑》，〈https://www.mofa.gov.tw/News.aspx?n=245&sms=109〉。

## 四、美國州長與地方重要官員訪臺紀錄

| 時間 | | 訪臺之美國州長與地方重要官員 |
|---|---|---|
| 2017 | 10/9 | 美國懷俄明州州長米麥特（Matt MEAD）率州參議會議長貝包特（Eli BEBOUT）等訪問我國 6 天。 |
| 2018 | 6/23 | 美國新墨西哥州州長馬婷妮（Susana MARTINNEZ）一行訪問我國 7 天。 |
| | 7/29 | 美國關島總督卡佛（Eddie CALVO）一行訪問我國 8 天。 |
| | 9/20 | 美國猶他州州長賀伯特（Gary HERBERT）率該州經貿訪問團訪問我國 2 天。 |
| | 9/30 | 美國懷俄明州州長米麥特（Matt MEAD）一行訪問我國 6 天。 |
| | 11/19 | 美國愛達荷州州長歐士傑（C. L. "Butch" OTTER）夫婦一行訪問我國 4 天。 |
| | 12/3 | 美國「全美婦女議員基金會」（NFWL）主席狄瑪索（Serena DIMASO，紐澤西州眾議員）等一行 10 人訪問我國 6 天。 |
| 2019 | 4/17 | 美國羅德島州副州長麥丹尼（Daniel MCKEE）率團訪問我國 5 天。 |
| | 6/9 | 美國關島議會議長穆緹娜（Tina MUÑA BARNES）率團一行 6 人訪問我國 6 天。 |
| | 7/29 | 美國加州州眾議會議長藍道安（Anthony RENDON）率團訪問我國 6 天。 |
| | 8/26 | 美國密西西比州州長布萊恩（Phil BRYANT）一行訪問我國 4 天。 |
| | 9/6 | 美國德拉瓦州、馬里蘭州、西維吉尼亞州及維吉尼亞州議會領袖參加駐美國代表處籌組之「中大西洋州議會領袖訪問團」訪問我國 8 天。 |
| | 10/17 | 美國亞利桑納州鳳凰城市長蓋耶哥（Kate GALLEGO）訪問我國 7 天。 |
| | 10/20 | 美國愛達荷州州長李睿德（Brad LITTLE）夫婦率團訪問我國 4 天。 |
| | 11/11 | 美國奧克拉荷馬州副州長兼參議會議長平磊（Matt Pinnell）。 |

資料來源：中華民國外交部，106-110 年度《外交年鑑》，〈https://www.mofa.gov.tw/News.aspx?n=245&sms=109〉。

## 五、我國政府官員、立法委員訪美紀錄

| 時間 | | 訪美之我國政府官員、立法委員 |
|---|---|---|
| 2017 | 1/7 | 總統蔡英文率「英捷專案」訪問團過境休士頓，美聯邦眾議員費倫候（Blake FARENTHOLD, R-TX）接機。蔡總統分別接見美國在臺協會主席莫健及休士頓市長唐納（Sylvester TURNER, D-TX）。下午參訪美國德州大學安德森癌症中心及休士頓美術館，並於晚間出席僑宴。 |
| | 1/8 | 蔡總統分別與美前駐聯合國常代博騰（Amb. John BOLTON）大使及美聯邦參議院軍事委員會主席馬侃（John McCAIN, R-AZ）通電話，並接見美聯邦參議員克魯茲（Ted CRUZ, R-TX）及德州州長艾伯特（Greg ABBOTT, R-TX）。 |

| 時間 | 訪美之我國政府官員、立法委員 |
|---|---|
| 1/16 | 前行政院院長游錫堃夫婦率跨黨派代表出席第 58 屆美國總統暨副總統就職典禮，赴華府訪問 6 天。 |
| 2/17 | 僑務委員會吳委員長新興訪問訪問美國紐約、華府、達拉斯、休士頓及洛杉磯等地共 10 天。 |
| 2/22 | 國家傳播委員會陳委員憶寧訪問美國紐約及華府共 4 天。 |
| 2/28 | 前總統馬英九訪問美國紐約、波士頓及華府共 11 天，期間於母校哈佛大學及華府智庫「布魯金斯研究院」等發表專題演講。 |
| 3/9 | 交通部部長李大維應邀出席美國智庫「美國企業研究院」（AEI）於喬治亞州海濱（Sea Island）舉辦之「2017 年世界論壇」（2017 World Forum）。 |
| 4/1 | 科技部部長陳良基訪問美國舊金山及波士頓共 10 天。 |
| 4/5 | 科技部部長陳良基赴美國波士頓訪問 4 天，廣宣科技部推動之「海外人才歸國橋接方案」及「博士創新之星計畫」。 |
| 5/15 | 交通部中央氣象局氣象科技研究中心主任程家平及資訊中心主任申湘雄一行 4 人赴美國海洋暨大氣總署討論雙方協議之執行內容。 |
| 6/4 | 監察院前院長錢復率「臺北論壇」訪團一行 6 人訪問美國紐約及華府共 4 天。 |
| 6/8 | 僑務委員會委員長吳新興訪問美國紐約、亞特蘭大及波士頓等地共 12 天。 |
| 6/15 | 法務部部長邱太三訪問美國西雅圖及舊金山共 10 日，出席「全美州檢察長協會」（NAAG）夏季會議。 |
| 6/15 | 統府國策顧問何美玥率領「2017 年企業領袖訪美團」出席「2017 年選擇美國投資高峰會」（2017 SelectUSA Investment Summit）。 |
| 6/16 | 行政院政務委員吳政忠及科技部政務次長蘇芳慶訪問美國共 9 天。 |
| 7/4 | 桃園市市長鄭文燦率「2017 桃園市府美西政經之旅」訪問團訪問美國共 11 天。 |
| 7/11 | 行政院大陸委員會副主委林正義訪問美國華府 5 天。 |
| 7/21 | 行政院退除役官兵輔導委員會主委李翔宙訪問美國紐奧良及華府等地共 11 天。 |
| 7/30 | 立法院「外交及國防委員會」召集委員王定宇一行 18 人訪問美國洛杉磯、鳳凰城及檀香山等地共 7 天。 |
| 8/8 | 行政院退除役官兵輔導委員會副主委李文忠訪問美國 7 天。 |
| 8/13 | 台中市市長林佳龍訪美國美國愛達荷州。 |
| 8/20 | 科技部政務次長蘇芳慶率團訪問美國 8 天。 |
| 8/24 | 行政院人事行政總處人事長施能傑率團訪問美國華府、紐約、波士頓等地共 11 天。 |
| 8/28 | 經濟部工業局副局長游振偉率「深化臺美產業合作連結訪問團」訪問美國華盛頓州 6 天。 |

| 時間 | | 訪美之我國政府官員、立法委員 |
|---|---|---|
| | 9/18 | 行政院環境保護署署長李應元訪問美國紐約及華府 6 日。 |
| | 9/25 | 行政院原子能委員會 5 人代表團於美國核管總部參加 2017 年技術交流會議。 |
| | 10/4 | 監察院院長張博雅訪問美國華府 4 天。 |
| | 10/12 | 科技部部長陳良基赴美國訪問 3 天。 |
| | 10/15 | 臺美國防工業會議於紐澤西州普林斯頓舉行，國防部軍備副部長張冠群率團參加。 |
| | 10/27 | 總統蔡英文率團訪問馬紹爾群島、吐瓦魯及索羅門群島 3 友邦，往返分別過境美國檀香山及關島。 |
| | 11/4 | 前總統馬英九應南加州大學及美國智庫「太平洋政策研究理事會」邀請訪問美國洛杉磯 6 天。 |
| | 11/16 | 行政院大陸委員會副主委張天欽訪問美國路易斯安納州首府巴頓魯治（Baton Rouge）及休士頓。 |
| | 12/14 | 僑務委員會委員長吳新興訪問美國休士頓及紐約共 7 天。 |
| 2018 | 2/15 | 大陸委員會副主委林正義赴美國華府訪問。 |
| | 3/8 | 立法委員王定宇以立法院「外交及國防委員會」召集委員名義率立委王金平、呂玉玲、江啟臣、邱志偉、蔡適應、林昶佐、及其他委員會委員陳瑩、劉世芳、林俊憲、許毓仁等 11 人赴美國訪問 7 天。 |
| | 3/17 | 高雄市市長陳菊赴美國紐約及華府訪問 10 天。 |
| | 4/4 | 科技部部長陳良基、教育部次長姚立德及 11 所大學校長、副校長、研發長等一行近 20 人赴美國紐約及波士頓訪問 4 天。 |
| | 4/9 | 前總統馬英九赴美國訪問，並在史丹福大學發表演說。 |
| | 4/22 | 行政院政務委員唐鳳偕科技部政務次長許有進一行赴美國矽谷及西雅圖，與微軟等當地科技產業交流。 |
| | 5/6 | 國家災害防救科技中心主任陳宏宇一行 6 人訪問美國。 |
| | 5/6 | 南部科學工業園區管理局副局長蘇振綱一行 4 人赴美國波士頓訪問 4 天。 |
| | 6/4 | 行政院政務委員吳政忠率臺灣代表團近 260 餘人赴美國波士頓訪問 6 天。 |
| | 6/18 | 行政院政務委員鄧振中率企業領袖代表團訪問美國華府。 |
| | 6/25 | 經濟部部長沈榮津率團赴訪美國華府、西雅圖。 |
| | 7/16 | 立法委員蕭美琴以立法院「臺美國會議員聯誼會」會長名義率立法委員呂玉玲、劉世芳、林麗蟬、江啓臣、蔣萬安、余宛如及林俊憲等 8 人訪問美國 6 天。 |
| | 7/16 | 大陸委員會主任委員陳明通訪問美國華府及紐約 8 天。 |
| | 7/17 | 立法院「臺美國會議員聯誼會」訪問美國 3 天。 |
| | 7/22 | 勞動部部長許銘春率團訪問美國蒙大拿州及加州。 |
| | 8/1 | 經濟部政務次長龔明鑫率團赴美國芝加哥訪問。 |

| 時間 | | 訪美之我國政府官員、立法委員 |
|---|---|---|
| | 8/12 | 總統蔡英文過境美國洛杉磯，過境期間均獲美方高規格接待，共計與 3 位聯邦參議員、8 位（9 人次）聯邦眾議員互動。 |
| | 8/19 | 總統蔡英文過境美國休士頓，出席「台商產業論壇」與路易斯安納州州長愛德華茲（John Bel EDWARDS）及美國聯邦眾議員江笙（Eddie Bernice JOHNSON, D-TX）座談。 |
| | 8/24 | 國軍退除役官兵輔導委員會主任委員邱國正率團赴美國西雅圖訪問。 |
| | 8/31 | 立法院院長蘇嘉全代表我國政府出席已故美國聯邦參議院軍事委員會主席馬侃（John MCCAIN, R-AZ）追思活動。 |
| | 9/10 | 僑務委員會委員長吳新興赴美國西雅圖訪視僑社。 |
| | 9/12 | 科技部政務次長許有進一行 16 人赴美國波士頓訪問 4 天。 |
| | 9/16 | 行政院環境保護署副署長詹順貴訪問美國紐約。 |
| | 9/18 | 立法委員林靜儀、陳曼麗、徐永明及李麗芬等 4 人代表立法院籌組視導團赴美國紐約觀察本年聯合國大會推案 7 天。 |
| | 9/22 | 行政院政務委員唐鳳以臺灣「數位閣員」身分訪問美國紐約。 |
| | 10/28 | 第 17 屆美臺國防工業研討會於美國馬里蘭州安納波里斯市（Annapolis）舉行，國防部軍備副部長張冠群上將率團參加，國安會副秘書長陳文政、立法委員羅致政、立法委員王定宇、立法委員劉世芳、美國防部印太安全事務首席副助理部長何大維（David HELVEY）及美國在臺協會主席莫健均出席。 |
| | 10/29 | 科技部次長謝達斌赴美國波士頓訪問 3 天。 |
| | 11/4 | 交通部政務次長王國財率團訪問美國西雅圖。 |
| | 11/25 | 大陸委員會副主任委員邱垂正赴美國洛杉磯及休士頓訪問 10 天。 |
| | 12/16 | 行政院發言人 Kolas Yotaka（谷辣斯・尤達卡）赴美國夏威夷州訪問 4 天。 |
| 2019 | 2/10 | 「立法院兒少權利連線」會長立法委員李麗芬一行 3 人訪問美國舊金山 7 天。 |
| | 2/28 | 桃園市市長鄭文燦訪問美國洛杉磯、華府及紐約 12 天。 |
| | 3/8 | 基隆市市長林右昌訪問美國紐約、華府、鹽湖城及西雅圖 11 天。 |
| | 3/9 | 立法院立法委員林靜儀赴美國紐約出席聯合國婦女地位委員會第 63 屆大會相關活動 8 天。 |
| | 3/16 | 臺北市市長柯文哲訪問美國紐約、亞特蘭大、華府及波士頓 14 天。 |
| | 3/26 | 總統蔡英文「海洋民主之旅」出訪太平洋友邦返程過境美國檀香山 2 天。 |
| | 4/27 | 立法委員江啓臣訪問美國並出席《臺灣關係法》立法 40 週年活動 6 天。 |
| | 5/13 | 國家安全會議秘書長李大維訪問美國華府會晤白宮國家安全顧問博騰（John BOLTON），美方首度同意我方公開此項行程。 |
| | 5/19 | 文化部部長鄭麗君訪問美國 8 天並拜會美國國務院教育暨文化事務助卿羅伊斯。 |
| | 6/3 | 行政院政務委員吳政忠一行訪問美國費城 4 天並參加「BIO 2019 北美生物科技產業展」。 |

| 時間 | | 訪美之我國政府官員、立法委員 |
|---|---|---|
| | 6/6 | 監察院監察委員張武修赴美國訪問 10 天。 |
| | 6/6 | 外交部政務次長徐斯儉赴美國華府、紐約及波士頓訪問 10 天。 |
| | 6/8 | 立法委員許毓仁訪問美國華府 6 天。 |
| | 6/10 | 行政院政務委員鄧振中率「高階企業領袖訪美團」訪問美國。 |
| | 6/16 | 僑務委員會委員長吳新興訪問美國西雅圖。 |
| | 6/25 | 科技部部長陳良基率團訪問美國 5 天。 |
| | 7/6 | 桃園市市長鄭文燦訪問美國休士頓、達拉斯、華府、紐約及西雅圖等 12 天。 |
| | 7/11 | 總統蔡英文於「自由民主永續之旅」去程過境美國紐約 2 晚。 |
| | 7/11 | 總統府秘書長陳菊訪問美國紐約、波士頓、芝加哥、明尼亞波尼斯及丹佛 11 天。 |
| | 7/16 | 科技部部長陳良基率團訪問美國。 |
| | 7/19 | 總統蔡英文「自由民主永續之旅」返程過境美國科羅拉多州丹佛市 2 晚。 |
| | 8/12 | 衛生福利部次長薛瑞元訪問美國 10 天。 |
| | 8/19 | 衛生福利部次長蘇麗瓊率團訪問美國 12 天。 |
| | 8/28 | 經濟部部長沈榮津赴美國訪問 5 天。 |
| | 9/17 | 行政院農業委員會副主任委員陳駿季率「2019 年中華民國（臺灣）農產品貿易赴美友好訪問團」訪問美國 13 天。 |
| 2020 | 2/2 | 副總統當選人賴清德訪問美國紐約、華府，出席「國家祈禱早餐會」（National Prayer Breakfast）、拜會白宮國安會官員及美國國會議員等。 |
| | 2/10 | 行政院政務委員唐鳳訪問美國華府。 |
| | 3/9 | 行政院科技會報辦公室主任蕭景燈一行 20 餘人訪問美國華府。 |
| | 4/24 | 副總統陳建仁參加美國約翰霍普金斯大學彭博公衛學院（Johns Hopkins Bloomberg School of Public Health）視訊會議，分享臺灣對抗新冠肺炎疫情成功經驗。 |
| | 5/8 | 行政院副院長陳其邁於美國智庫「戰略暨國際研究中心」（CSIS）線上會議發表專題演講，分享臺灣對抗新冠肺炎疫情成功經驗，並與美國衛生部副部長哈根（Eric HARGAN）對談。 |
| | 5/12 | 行政院環境保護署副署長蔡鴻德與美國環保署首席副助理署長西田珍（Jane NISHIDA）共同主持視訊會議，討論《臺美環境保護技術合作協定》第 13 號執行辦法及環保相關議題之推動進展及現況。 |
| | 6/9 | 外交部部長吳釗燮參加美國智庫「德國馬歇爾基金會」（GMF）舉辦之「布魯塞爾論壇」線上研討會，主題為「後疫情秩序：探討對中國策略」。 |
| | 6/11 | 副總統賴清德參加美國哈佛大學「新冠肺炎對臺灣的影響：過去、現在和未來」網路研討會，分享臺灣防疫經驗。 |

| 時間 | 訪美之我國政府官員、立法委員 |
|---|---|
| 8/12 | 總統蔡英文與駐美國代表蕭美琴參加美國智庫「哈德遜研究所」及「美國進步中心」（CAP）合辦之視訊研討會，分享臺灣防疫成果與面對之外交、國安與經濟挑戰。 |
| 8/31 | 經濟部部長王美花參加美國智庫「傳統基金會」（The Heritage Foundation）舉辦之「美臺經濟合作前景」線上視訊座談會，與美國國務院亞太助卿史達偉（David STILWELL）對談，史助卿重申「六項保證」，並表示臺美將舉行經貿商業對話。 |
| 9/10 | 外交部部長吳釗燮應美國「亞特蘭大國際關係協會」邀請，以「邁向臺、美更堅實之經濟夥伴關係」為題發表視訊演說。 |
| 9/15 | 外交部部長吳釗燮於美國智庫「全球臺灣研究中心」（GTI）線上年度研討會發表演說。 |
| 11/20 | 我國經濟部政務次長陳正祺率團赴美國華府參與首屆「臺美經濟繁榮夥伴對話」。 |
| 12/8 | 總統蔡英文參加美國國際民主協會（NDI）線上民主獎頒獎宴會並發表演說。 |

資料來源：中華民國外交部，106-110 年度《外交年鑑》，〈https://www.mofa.gov.tw/News.aspx?n=245&sms=109〉；媒體公開資料。

## 六、美國政府官員、國會議員對臺重要言論紀錄

| 時間 | | 美國政府官員、國會議員對臺重要言論紀錄 |
|---|---|---|
| 2017 | 1/11 | 美國國務卿提名人提勒森（Rex TILLERSON）於參院任命聽證會應詢表示，美國透過「臺灣關係法」及「六項保證」對臺灣許下重要承諾，美國須不斷重申該等承諾，並讓臺灣清楚瞭解美國會履行承諾。另在事前書面答詢重申美國信守美中「三公報」、「臺灣關係法」及「六項保證」之「一中政策」，將支持對臺軍售及臺美各層級交流；臺灣人民為美國之友人，不應被視為談判籌碼。美國對臺灣具有法律承諾及道德責任，渠將努力維持兩岸經濟及軍事穩定。 |
| | 1/12 | 美國防部長提名人馬提斯（James MATTIS）於參院任命聽證會之書面答詢資料表示，美國長期維持基於美中「三公報」及「臺灣關係法」之「一中政策」，過去多任政府，包括共和黨及民主黨均維持一貫政策，並重申美國依據「臺灣關係法」確保臺灣獲得數量足以使其維持充分自衛能力之防禦軍資及技術服務。 |
| | 6/3 | 美國國防部長馬提斯於新加坡「香格里拉對話」公開表示美方基於「臺灣關係法」仍堅定致力於提供臺灣必要之防禦軍備。 |
| | 6/6 | 美國國防部發佈「2017 年中國軍力報告」，重申美方維持其基於「臺灣關係法」及「三公報」之「一中政策」，並依據「臺灣關係法」，提供防禦性軍資及服務。 |

| 時間 | 美國政府官員、國會議員對臺重要言論紀錄 |
|---|---|
| 6/15 | 美國聯邦眾議院外交委員會亞太小組舉行「重新保證：強化美臺關係」聽證會，外委會主席羅伊斯等出席議員就進一步提升臺美關係、呼籲美行政部門續依據「臺灣關係法」對臺軍售、支持臺灣國際參與及強化臺美經貿關係等議題表達對臺灣之堅定支持。 |
| 10/12 | 美國聯邦眾議院外交委員會審議通過「臺灣旅行法案」，該法案旨在鼓勵美國政府放寬臺美高層官員互訪之限制。 |
| 11/16 | 美國國防部亞太安全事務助理部長提名人薛瑞福（Randy SCHRIVER）於聯邦參議院任命聽證會上表示，加強投資與臺灣及新加坡之安全夥伴關係，及投資越南等崛起中夥伴之關係將為其優先工作目標之一。另於書面答詢中表示，渠一向公開支持美臺軍艦互訪靠港，並認為其與美方定義之「一中政策」相符；且美國可透過提供臺灣更多訓練及援助，及提高雙方國防主管單位日常交往層級等方式，加強美臺軍事關係等。 |
| 12/18 | 川普政府公布「國家安全戰略」（National Security Strategy, NSS）報告，其中「區域戰略」章節有關「印度洋—太平洋」區域之軍事安全優先行動提及，美國將依據美方之「一個中國」政策維持與臺灣之堅實關係，包括美方在「臺灣關係法」下之承諾為臺灣提供正當防衛需求及嚇阻脅迫。 |
| 2018 1/9 | 美國聯邦眾議院通過 H.R.3320，法案要求美國務卿制定策略協助臺灣重新取得「世界衛生大會」（WHA）之觀察員資格。 |
| 1/23 | 美國代表團團長、衛生部全球事務處處長格斯比（Garrett GRIGSBY）於世界衛生組織（WHO）「執行委員會」（EB）會議公開發言表示，疾病無國界，故公共衛生準備及應變議題之討論應具包容性及普遍性，臺灣應再度以觀察員身分參加本年 5 月世界衛生大會，使其人民獲納入公共衛生之相關討論，此乃當為之事。 |
| 1/30 | 美國聯邦眾議員季辛格（Adam KINZINGER, R-IL）發起 28 位眾議員聯名函就中國片面啟用 M503 等航路事表達關切。 |
| 2/14 | 美軍太平洋司令哈里斯（Harry HARRIS）在聯邦眾議院軍事委員會有關美國之印太戰略聽證會之書面證詞，重申美國對臺之安全承諾，並支持對臺軍售及廣泛之安全合作。 |
| 3/16 | 美國總統川普（Donald TRUMP）簽署「臺灣旅行法」（Taiwan Travel Act），該法正式生效。 |
| 4/7 | 美國國務院正式核准美國國防廠商參與我國潛艦國造案之行銷許可。 |
| 4/12 | 美國聯邦參議院外交委員會就國務卿提名人龐培歐（Mike POMPEO）舉行任命聽證會，龐氏回復參議院外交委員會亞太小組主席賈德納（Cory GARDNER, R-CO）時，公開重申「六項保證」及堅定支持美對臺軍售，並稱對「臺灣旅行法」知之甚詳。 |
| 4/17 | 美國聯邦眾議院外交委員會亞太小組以「強化美臺關係」為題舉行聽證會，多位議員發言支持臺灣參與 WHA。 |

| 時間 | 美國政府官員、國會議員對臺重要言論紀錄 |
|---|---|
| 4/19 | 美國聯邦參議院「臺灣連線」共同主席殷霍夫（James INHOFE, R-OK）及孟南德茲（Robert MENENDEZ, D-NJ）共同領銜提出參議院版「要求國務卿研擬策略協助臺灣重獲 WHO 觀察員地位法案」。 |
| 4/24 | 美國聯邦參議院外交委員會亞太小組主席賈德納（Cory GARDNER, R-CO）領銜提出「2018 年亞洲再保證倡議法案」，重申美國基於《臺灣關係法》及「六項保證」對臺灣之安全承諾，籲請美國總統川普對臺軍售及鼓勵派遣美國高階官員訪問我國。 |
| 5/1 | 美國國務院亞太局發言人就中國要求國際航空業者更改網站之我國名稱事表示反對，並稱已向北京當局表達強烈關切。美國國務院亞太局發言人就多明尼加與我國斷交表示，此等改變現狀之行為無益區域穩定，美方敦促中方努力恢復具成效之對話，及避免採取進一步提升緊張或破壞穩定之行為。 |
| 5/16 | 美國聯邦眾議院外交委員會主席羅伊斯與民主黨首席議員安格爾（Eliot ENGEL, D-NY）領銜致 WHO 幹事長譚德塞（Tedros ADHANOM GHEBREYESUS）力促邀請我國參與 WHA 之聯名函完成連署並寄出。 |
| 5/18 | 美國聯邦參議員魯比歐（Marco RUBIO, R-FL）領銜致聯名函予遭中國施壓之美國籍航空公司執行長表達關切。 |
| 5/22 | 美國衛生部長阿札爾於「世界衛生大會」全會聲援我國，公開表示美國對臺灣此次又再度未能受邀出席 WHA 表達失望，另與我國衛生福利部部長陳時中在日內瓦進行雙邊會談。 |
| 5/23 | 美國聯邦眾議院外交委員會亞太小組舉行「亞洲之外交及安全架構：計劃美國之參與」聽證會，該小組主席游賀（Ted YOHO, R-FL）籲促各方思考將臺灣納入美國「印太戰略」，美國應遵守對臺承諾，提供其防衛機制等。 |
| 5/24 | 美國聯邦參議院外交委員會亞太小組主席賈德納（Cory GARDNER, R-CO）及該小組民主黨首席議員馬基（Ed MARKEY, D-MA）共同領銜提出「2018 臺灣國際參與法案」。 |
| 5/25 | 美國國務院亞太局發言人針對布吉納法索與我國斷交案表示，中國正改變臺灣海峽現狀，破壞數十年來造就和平、穩定與發展之架構，美方於國際安全穩定具共同利益，對布國之決定感到失望。 |
| 6/2 | 美國國防部長馬提斯（James MATTIS）於新加坡「香格里拉對話」發表演說表示，國防部持續信守基於《臺灣關係法》之相關義務，提供臺灣防衛性武器與服務，確保足夠之自衛能力。美國反對任何改變現狀之片面行為，並將持續堅持以兩岸人民均可接受之方式解決歧異。 |
| 6/8 | 美國聯邦參議員魯比歐（Marco RUBIO, R-FL）、柯寧（John CORNYN, R-TX）、賈德納（Cory GARDNER, R-CO）及殷霍夫（James INHOFE, R-OK）聯名致函美國總統川普，籲請指派閣員出席美國在臺協會臺北辦事處內湖新館落成典禮。 |
| 6/11 | 美國聯邦參議院外交委員會亞太小組主席賈德納（Cory GARDNER, R-CO）及西半球小組主席魯比歐（Marco RUBIO, R-FL）於參議院議場就美國在臺協會臺北辦事處內湖新館落成典禮發言致賀；聯邦眾議院外交委員會主席羅伊斯及成員匡希恆（John CURTIS, R-UT）亦推文力挺臺美友誼。 |

| 時間 | | 美國政府官員、國會議員對臺重要言論紀錄 |
|---|---|---|
| | 8/13 | 美國總統川普簽署美國「2019 會計年度國防授權法」（NDAA 2019），持續敦促美國國防部依法執行臺美高階軍事人員交流，並要求美國國防部長與臺灣諮商後提出總體評估報告，以強化及改革臺灣軍力。 |
| | 8/22 | 美國國務院發布聲明表示，美方對薩爾瓦多轉向決定表達失望，刻審視與薩爾瓦多之關係；基於《臺灣關係法》，任何企圖以非和平方式決定臺灣前途，包含使用經濟抵制及禁運手段等舉措，美國均嚴重關切；中國片面改變現狀無益區域穩定，美方敦促中國節制，勿採取危害臺灣人民安全、社會或經濟制度之脅迫手段。 |
| | 8/23 | 美國白宮發布聲明表示，薩爾瓦多外交轉向決定對美洲地區整體經濟健全及安全情勢造成影響，尤其中國透過經濟利誘手段導致經濟依賴及宰制，而非建構夥伴關係，美國持續反對中國對兩岸穩定關係之破壞及西半球的政治干預，美國將依《臺灣關係法》繼續支持臺灣。 |
| | 9/11 | 美國國務院發言人諾爾特（Heather NAUERT）於例行記者會表示，受召回之駐多明尼加、薩爾瓦多及巴拿馬使節將與政府高層討論美國如何在中美洲及加拉勒比海地區，支持強健、獨立且民主之機制與經濟。美方視臺灣為一成功民主案例及可信賴夥伴，在臺灣為因應全球挑戰擴大貢獻，以及面對打壓仍努力參與國際社會之際，美國將持續支持臺灣。 |
| | 10/4 | 美國副總統彭斯（Mike PENCE）在華府智庫「哈德遜研究所」發表對中政策演說，批判中國謀奪臺灣友邦、施壓美國企業矮化對臺灣名稱，強調「美國始終相信，臺灣對民主的擁抱，為所有華人展示一條更佳道路」。 |
| | 11/16 | 美國聯邦參議員柯頓（Tom COTTON, R-AR）等 7 位國會議員以公開發表聲明方式支持我國參與「國際刑警組織」（INTERPOL）大會。 |
| | 12/31 | 美國總統川普簽署由聯邦參、眾兩院通過之「2018 年亞洲再保證倡議法」（Asia Reassurance Initiative Act of 2018），重申美國基於《臺灣關係法》及「六項保證」對臺灣之安全承諾，支持對臺軍售及鼓勵派遣美國高階官員訪問我國。 |
| 2019 | 1/7 | 美國國家安全會議發言人馬奇斯（Garrett MARQUIS）針對習近平 1 月 2 日發表「告臺灣同胞書 40 週年」之「一國兩制」談話推文指出，美國反對威脅或使用武力，以逼迫臺灣人民就範，兩岸任何分歧均需在雙方人民合意之基礎上，和平解決。 |
| | 1/8 | 美國聯邦眾議員游賀（Ted YOHO, R-FL）提出「要求國務卿研擬策略協助臺灣重獲『世界衛生大會』觀察員地位法案」。 |
| | 1/29 | 美國聯邦參議員殷霍夫（James INHOFE, R-OK）提案「要求國務卿研擬策略協助臺灣重獲『世界衛生大會』觀察員地位法案」。 |
| | 2/7 | 美國聯邦參議院外交委員會亞太小組主席賈德納（Cory GARDNER, R-CO）等 5 位聯邦參議員聯名致函眾議院議長裴洛西（Nancy PELOSI, D-CA）籲促邀請總統蔡英文赴美國國會發表演講。 |
| | 2/19 | 美國國務卿龐培歐（Mike POMPEO）為帛琉舉行之「密克羅尼西亞元首高峰會」發表聲明，讚譽臺灣係成功之民主故事、可信賴之夥伴，以及世界一股正向力量。 |

| 時間 | 美國政府官員、國會議員對臺重要言論紀錄 |
|---|---|
| 3/8 | 美國聯邦眾議院外交委員會亞太小組共和黨首席議員游賀（Ted YOHO, R-FL）致函衛生部部長阿札爾籲請其出席在臺灣舉辦之「全球合作暨訓練架構」公衛相關會議並支持臺灣參與本年「世界衛生大會」。 |
| 3/21 | 美國聯邦眾議院「國會臺灣連線」共同主席夏波（Steve CHABOT, R-OH）提出「表達聯邦眾議院意見認為美國之一中政策不同於中華人民共和國之一中原則決議案」。 |
| 3/26 | 美國聯邦參議員柯頓（Tom COTTON, R-AR）提出「2019年臺灣保證法案」。 |
| 4/1 | 美國白宮國家安全顧問博騰（John BOLTON）針對中國軍機飛越臺海中線之挑釁行動推文表示：中國之軍事挑釁不會贏得任何臺灣民心，反增強所有珍惜民主價值者之決心，《臺灣關係法》及美國對臺承諾十分明確。<br>美國聯邦眾議員麥考爾（Michael MCCAUL, R-TX）提出「2019年臺灣保證法案」。 |
| 4/9 | 美國聯邦眾議院外交委員會通過「重新確認美國對臺灣及對執行臺灣關係法之承諾決議案」。 |
| 4/30 | 美國聯邦參議院通過「重新確認美國對臺灣及對執行《臺灣關係法》之承諾決議案」。 |
| 5/7 | 美國聯邦眾議院通過「2019年臺灣保證法案」及「重新確認美國對臺灣及對執行《臺灣關係法》之承諾決議案」。 |
| 5/8 | 美國聯邦眾議院議長裴洛西（Nancy PELOSI, D-CA）在內共27位聯邦參、眾議員出席駐美國代表處於美國國會舉辦之「紀念《臺灣關係法》立法40週年酒會」。 |
| 5/17 | 美國聯邦眾議院「國會臺灣連線」4位共同主席致函「世界衛生組織」幹事長譚德塞（Tedros ADHANOM GHEBREYESUS）力促WHO邀請我國出席2019年「世界衛生大會」。<br>美國聯邦參議院外委會亞太小組主席賈德納（Cory GARDNER, R-CO）等6位國會議員就我國未受邀參與「世界衛生大會」公開表達關切或個別致函美國國務院國際組織事務助卿莫里（Kevin MOLEY）。 |
| 9/12 | 美國聯邦眾議院匡希恆（John CURTIS, R-UT）等47位眾議員聯名致函美國司法部部長巴爾（William BARR）及國務卿龐培歐（Mike POMPEO）籲促支持臺灣以觀察員身分參與「國際刑警組織」（INTERPOL）。 |
| 9/25 | 美國聯邦參議院外委會通過「2019年臺灣友邦國際保護及加強倡議法案」（簡稱「臺北法案」）。 |
| 10/24 | 美國副總統彭斯（Mike PENCE）於「威爾遜國際學人中心」發表演說指出：美國支持臺灣捍衛得來不易之自由，肯定臺灣係中華文化及民主之燈塔，臺灣擁抱民主，為所有華人展示一條更佳道路。<br>美國聯邦參議院通過「2019年臺灣友邦國際保護及加強倡議法案」（「臺北法案」）。 |
| 10/30 | 美國聯邦眾議院外交委員會通過「2019年臺灣友邦國際保護及加強倡議法案」（「臺北法案」）。 |

| 時間 | | 美國政府官員、國會議員對臺重要言論紀錄 |
|---|---|---|
| | 12/20 | 美國總統川普簽署「2020 會計年度國防授權法案」（NDAA 2020）並納入支持臺灣安全相關條文。 |
| 2020 | 1/7 | 美國聯邦參議院外交委員會主席瑞胥（James RISCH, R-ID）及民主黨首席議員孟南德茲（Robert MENENDEZ, D-NJ）、聯邦眾議院外交委員會主席安格爾（Eliot ENGEL, D-NY）及共和黨首席議員麥考爾（Michael MCCAUL, R-TX）4 位兩院外委會領袖聯名致函「世界銀行」（World Bank）總裁馬爾帕斯（David MALPASS），關切世銀要求其臺籍員工必須持有中國護照事。 |
| | 1/11 | 美國白宮國安會、國務卿龐培歐（Mike POMPEO）、聯邦參議院外交委員會主席瑞胥（James RISCH, R-ID）及民主黨首席議員孟南德茲（Robert MENENDEZ, D-NJ）等 20 位重量級聯邦參、眾議員陸續以發表公開聲明、致函或透過社群媒體推文等方式，祝賀總統蔡英文勝選連任以及臺灣人民再次完成民主選舉。 |
| | 1/20 | 美國聯邦眾議院議長裴洛西（Nancy PELOSI, D-CA）、參議院代議長葛萊斯里（Charles GRASSLEY, R-IA）等共 79 位美國國會議員分別以發表國會演說、公開聲明、致函或透過社群媒體推文等方式祝賀總統蔡英文當選連任及肯定我國再次完成民主選舉。聯邦參議院外交委員會亞太小組主席賈德納（Cory GARDNER, R-CO）並親自致電祝賀總統蔡英文連任。<br>外交部政務次長徐斯儉與美國退伍軍人事務部部長威爾基（Robert WILKIE）共同參訪我國在馬紹爾群島共和國首都馬久羅醫院設立之臺灣衛生中心。 |
| | 1/31 | 美國聯邦參議院外交委員會亞太小組主席賈德納（Cory GARDNER, R-CO）等 7 位參議員聯名致函「世界衛生組織」幹事長譚德塞（Tedros ADHANOM GHEBREYESUS），敦促 WHO 邀請臺灣成為觀察員。 |
| | 2/3 | 美國聯邦眾議院外交委員會主席安格爾（Eliot ENGEL, D-NY）及共和黨首席議員麥考爾（Michael MCCAUL, R-TX）、亞太小組主席貝拉（Ami BERA, D-CA）、共和黨首席議員游賀（Ted YOHO, R-FL）及「國會臺灣連線」4 位共同主席聯名致函「國際民航組織」（ICAO）理事會主席夏基塔諾（Salvatore SCIACCHITANO），關切 ICAO 大量封鎖友臺人士帳號情形，並呼籲該組織應納入臺灣參與。 |
| | 2/5 | 美國聯邦參議員克魯茲（Ted CRUZ, R-TX）致函「國際民航組織」（ICAO）秘書長柳芳，呼籲該組織應納入臺灣參與。 |
| | 2/13 | 美國聯邦參議員克魯茲（Ted CRUZ, R-TX）提出「臺灣主權象徵法案」。 |
| | 2/27 | 美國聯邦參議院外交委員會亞太小組主席賈德納（Cory GARDNER, R-CO）及民主黨首席議員馬基（Ed MARKEY, D-MA）、參議院外交委員會主席瑞胥（James RISCH, R-ID）共同提出決議案，恭賀總統蔡英文連任並呼籲美國應派高階官員出席總統蔡英文之就職典禮。 |
| | 2/28 | 美國聯邦眾議員提普頓（Scott TIPTON，R-CO）及史考特（David SCOTT, D-GA）共同提出「2020 年臺灣公平僱用法案」。 |
| | 3/4 | 美國聯邦眾議院院會以 415 票贊成通過「2019 年臺灣友邦國際保護暨強化倡議法案」（簡稱「臺北法案」）。 |

| 時間 | 美國政府官員、國會議員對臺重要言論紀錄 |
|---|---|
| 3/11 | 美國聯邦參議院院會無異議一致通過「2019年臺灣友邦國際保護暨強化倡議法案」（簡稱「臺北法案」）。 |
| 3/12 | 美國聯邦眾議員匡希恆（John CURTIS, R-UT）提出「臺灣主權象徵法案」眾院版法案。 |
| 3/25 | 美國聯邦眾議院外交委員會亞太小組主席貝拉（Ami BERA, D-CA）及共和黨首席議員游賀（Ted YOHO, R-FL）、「國會臺灣連線」共同主席夏波（Steve CHABOT, R-OH）提出決議案，恭賀總統蔡英文連任，並呼籲美國應派高階官員出席總統蔡英文之就職典禮。 |
| 3/26 | 美國總統川普簽署「臺灣友邦國際保護暨強化倡議法案」並生效，完成立法。 |
| 4/27 | 衛生福利部部長陳時中與美國衛生部部長阿札爾進行電話會議，部長阿札爾讚揚臺灣抗疫成果，並強調美國總統川普、國務卿龐培歐（Mike POMPEO）及他本人全力推動臺灣以觀察員身分參與「世界衛生大會」。 |
| 5/6 | 美國國務卿龐培歐（Mike POMPEO）在例行記者會表示支持臺灣參與「世界衛生大會」。<br>美國衛生部部長阿札爾致函「世界衛生組織」幹事長譚德塞（Tedros ADHANOM GHEBREYESUS），要求恢復邀請臺灣參加「世界衛生大會」之慣例。<br>美國聯邦眾議院「國會臺灣連線」共同主席迪馬里（Mario DIAZ-BALART, R-FL）致函國務卿龐培歐（Mike POMPEO），抨擊中國政府隱匿新冠肺炎疫情，並促請龐卿研議協助提升臺灣國際地位及參與國際組織與多邊決策機制等。 |
| 5/8 | 美國聯邦參議院外交委員會主席瑞胥（James RISCH, R-ID）及民主黨首席議員孟南德茲（Robert MENENDEZ, D-NJ）、眾議院外交委員會主席安格爾（Eliot ENGEL, D-NY）及共和黨首席議員麥考爾（Michael MCCAUL, R-TX）聯名致函理念相近國家領袖及歐盟，並副知各該國外交部長或重要國會領袖，敦促各國政府支持臺灣獲邀出席本年「世界衛生大會」，並應納入參與「世界衛生組織」所有層級會議等。 |
| 5/11 | 美國聯邦參議院以一致同意方式通過「要求國務卿擬定策略協助臺灣重獲『世界衛生組織』觀察員地位法案」。 |
| 5/14 | 美國聯邦眾議院「國會臺灣連線」共同主席夏波（Steve CHABOT, R-OH）、塞瑞斯（Albio SIRES, D-NJ）、康納利（Gerry CONNOLLY, D-VA）等領銜共205位聯邦眾議員致函「世界衛生組織」幹事長譚德塞（Tedros ADHANOM GHEBREYESUS），力促邀請臺灣以觀察員身分參與本屆「世界衛生大會」。 |
| 5/15 | 美國衛生部部長阿札爾致函衛生福利部部長陳時中，表達持續支持臺灣參與「世界衛生組織」並將強化臺美衛生合作關係。 |
| 5/18 | 美國國務卿龐培歐（Mike POMPEO）發布聲明，譴責「世界衛生大會」將臺灣排除在外，並在社群媒體上推文支持臺灣參與。<br>美國衛生部部長阿札爾出席「世界衛生大會」線上會議發言時指出臺灣參與WHA之重要性，並表示「世界衛生組織」不應因政治考量犧牲臺灣2,300萬人民健康。 |

| 時間 | 美國政府官員、國會議員對臺重要言論紀錄 |
|---|---|
| 5/19 | 美國國務卿龐培歐（Mike POMPEO）發表聲明恭賀總統蔡英文就職。<br>美國聯邦眾議員佩里（Scott PERRY, R-PA）提出兩項法案，分別要求行政部門凍結對「聯合國」及「世界衛生組織」之經費，直至中華人民共和國之會籍遭到中止，而中華民國（臺灣）在該二國際組織之會籍、權益及相應責任獲完全恢復方才解凍。 |
| 5/20 | 美國白宮副國安顧問博明（Matt POTTINGER）、國務院亞太助卿史達偉（David STILWELL）等多位行政部門重要官員錄製影片恭賀總統蔡英文就職。<br>美國聯邦眾議院議長裴洛西（Nancy PELOSI, D-CA）致函總統蔡英文，恭賀總統蔡英文就職。聯邦參議院代議長暨財政委員會主席葛萊斯里（Charles GRASSLEY, R-IA）、軍事委員會主席殷霍夫（James INHOFE, R-OK）、外交委員會主席瑞胥（James RISCH, R-ID）、民主黨首席議員孟南德茲（Robert MENENDEZ, D-NJ）及聯邦眾議院外交委員會主席安格爾（Eliot ENGEL, D-NY）等共 14 名聯邦參、眾議員錄製我國總統、副總統就職致賀影片。 |
| 6/10 | 美國聯邦參議員霍利（Josh HAWLEY, R-MO）提出「臺灣防衛法案」，要求美國恪遵《臺灣關係法》義務，確保美國國防部維持足以擊退中國欲侵略臺灣造成「既成事實」（fait accompli）之戰力，並定期就該政策目標向國會提出報告。 |
| 6/24 | 美國聯邦參議院外交委員會民主黨首席議員孟南德茲（Robert MENENDEZ, D-NJ）、情報委員會代理主席魯比歐（Marco RUBIO, R-FL）、軍事委員會空陸小組主席柯頓（Tom COTTON, R-AR）及外交委員會成員昆斯（Chris COONS, D-DE）4 位參議員聯名致函美國國防部部長艾斯培（Mark ESPER），要求國防部邀請臺灣軍隊以適當方式參與「2020 年環太平洋軍演」（RIMPAC 2020）。 |
| 7/27 | 美國聯邦參議院外交委員會亞太小組民主黨首席議員馬基（Edward MARKEY, D-MA）、聯邦參議員魯比歐（Marco RUBIO, R-FL）提出「臺灣學人法案」參院版法案。 |
| 7/28 | 美國國務院發布第 30 屆美澳部長級諮商會議（AUSMIN）聯合聲明，重申臺灣在印太區域扮演之重要角色，支持臺灣有意義參與國際組織，並承諾強化與臺灣之捐助協調關係，尤其著重提供太平洋島國之發展援助。 |
| 7/29 | 美國聯邦眾議院外交委員會亞太小組共和黨首席議員游賀（Ted YOHO, R-FL）提出「防止臺灣遭入侵法案」，釐清並強化美國防禦臺灣不受武力攻擊之承諾，美國應立即針對臺灣訂出中國不可跨越之紅線。 |
| 8/25 | 美國聯邦參議員魯比歐（Marco RUBIO）、歐洲議會友臺小組主席凱勒（Michael GAHLER）、德國、法國、加拿大、澳洲、英國、立陶宛、斯洛伐克及愛沙尼亞等 68 位跨國國會議員發表聯合聲明，支持捷克參議院議長韋德齊（Miloš VYSTR IL）率團訪問我國。 |
| 8/31 | 美國在臺協會臺北辦事處在官方網站公布美國國務院有關 1982 年「六項保證」之解密電報，重申「六項保證」為美國對臺灣政策的基本要素，強調美國將持續對臺軍售。 |

| 時間 | 美國政府官員、國會議員對臺重要言論紀錄 |
|---|---|
| 9/17 | 美國聯邦參議員史考特（Rick SCOTT, R-FL）提出「防止臺灣遭入侵法案」參院版法案。 |
| 10/1 | 美國聯邦參議院「臺灣連線」共同主席殷霍夫（James NHOFE, R-OK）及孟南德茲（Robert MENENDEZ, D-NJ）領銜共 50 位兩黨參議員聯名致函美國貿易代表賴海哲（Robert LIGHTHIZER），籲請川普政府啟動與臺灣之雙邊貿易協定（BTA）談判。 |
| 10/20 | 美國聯邦眾議院共和黨領袖麥卡錫（Kevin MCCARTHY, -CA）及外交委員會共和黨首席議員兼「中國任務小組」主席麥考爾（Michael MCCAUL, R-TX）共同提出「中國任務小組法案」，要求眾院以包裹方式通過 137 項與中國有關議案，並包含 7 項友臺法案。<br>美國聯邦參議員魯比歐（Marco RUBIO, R-FL）及莫克利（Jeff MERKLEY, D-OR）共同提出「2020 年臺灣關係強化法案」，以全面提升貿易、文化等各項臺美關係。 |
| 11/20 | 美國聯邦參議員魯比歐（Marco RUBIO, R-FL）等 5 位參議員聯名致函「世界衛生組織」幹事長譚德塞（Tedros ADHANOM GHEBREYESUS），對於臺灣未能參與 11 月 9 日至 14 日本年線上「世界衛生大會」復會會期表達失望，並敦促 WHO 再度邀請臺灣有意義參與未來各項會議。 |
| 12/8 | 美國聯邦眾議院通過兩院協商完成「2021 會計年度國防授權法案」（NDAA 2021）最終版本，納入包含重申《臺灣關係法》、承諾對臺軍售、臺美醫療安全夥伴關係及國際金融機構公平僱用臺籍人士等友我條款。聯邦參議院於 12 月 11 日通過該法案。 |
| 12/17 | 美國聯邦參議員杜米（Pat TOOMEY, R-PA）及眾議員瑞森紹爾（Guy RESCHENTHALER, R-PA）分別於參、眾議院提出「支持臺美洽簽雙邊貿易協定（BTA）」決議案，共獲 25 位共和黨參議員及 6 位共和黨眾議員擔任原始共同提案人。<br>美國聯邦眾議院「國會臺灣連線」共同主席夏波（Steve CHABOT, R-OH）及迪馬里（Mario DIAZ-BALART, R-FL）等共 78 位共和黨眾議員聯名致函國務卿龐培歐（Mike POMPEO），支持駐美國代表處更名「臺灣代表處」、改善美國國務院對臺交往準則以及呼籲美國行政部門洽簽臺美雙邊貿易協定（BTA）等訴求。 |
| 12/27 | 美國總統川普簽署 1.4 兆美元之「2021 會計年度綜合撥款法案」並生效；該法納入「2020 年臺灣保證法案」全文及匡列 300 萬美元額度予臺美「全球合作暨訓練架構」相關計畫使用。 |
| 2021 1/9 | 美國國務院發布新聞聲明解除臺美交往限制。 |

資料來源：中華民國外交部，106-110 年度《外交年鑑》，〈https://www.mofa.gov.tw/News.aspx?n=245&sms=109〉。

# 第五部分　中國與美國關係

## 一、習近平同美國總統特朗普通電話（2017 年 2 月 10 日）*

### 新華社發布，中國北京

習近平祝賀特朗普正式就任美國總統，感謝特朗普 2 月 8 日來信就元宵節和中國農曆雞年向中國人民致以節日祝福，對特朗普表示願意努力拓展中美合作、發展惠及中美兩國和國際社會的建設性雙邊關係表示高度讚賞。

特朗普對此表示感謝，再次祝賀習近平主席和中國人民節日快樂。

習近平指出，總統先生就任以來，中美雙方就共同關心的問題保持了密切溝通。面對當前紛繁複雜的國際形勢和層出不窮的各種挑戰，中美加強合作的必要性和緊迫性進一步上升。中美兩國發展完全可以相輔相成、相互促進，雙方完全能夠成為很好的合作夥伴。搞好中美關係，符合兩國人民根本利益，也是中美兩個大國對世界的應有擔當。中方積極致力於同世界各國和諧相處、合作共贏。我們願意加強同美方在經貿、投資、科技、能源、人文、基礎設施等領域互利合作，加強在國際和地區事務中溝通協調，共同維護世界和平穩定。

特朗普表示，很高興同習近平主席通話，美中保持高層溝通十分重要。我對上任以來雙方保持密切聯繫感到滿意。我欽佩中國發展取得的歷史性成就，向中國人民致意。發展美中關係受到美國人民廣泛支持。我相信，美中作為合作夥伴，可以通過共同努力，推動我們雙邊關係達到歷史新高度。美方致力於加強兩國在經貿、投資等領域和國際事務中的互利合作。

特朗普強調，我充分理解美國政府奉行一個中國政策的高度重要性。美國政府堅持奉行一個中國政策。

習近平讚賞特朗普強調美國政府堅持一個中國政策，指出一個中國原則是中美關係的政治基礎。中方願意同美方一道努力，加強溝通，拓展合作，推動中美關係健康穩定發展，取得更加豐碩的成果，造福兩國人民和各國人民。

---

* 　資料來源：新華網，〈http://www.xinhuanet.com/politics/2017-02/10/c_1120444690.htm〉。

　　兩國元首同意保持密切聯繫，就共同關心的問題及時交換意見，加強各領域交流合作，並期待著早日會晤。

## 二、美國總統特朗普會見楊潔篪（2017 年 2 月 28 日）*

**新華社發布，中國北京**

　　美國總統特朗普 27 日在白宮會見到訪的中國國務委員楊潔篪。

　　楊潔篪向特朗普轉達了習近平主席的問候。特朗普對此表示感謝，並請楊潔篪轉達他對習近平主席的問候。

　　楊潔篪表示，不久前，習近平主席同總統先生進行的通話意義重大，為下階段中美關係發展指明了方向。中方願同美方按照兩國元首通話精神，秉持不衝突不對抗、相互尊重、合作共贏原則，加強高層及各級別交往，拓展廣泛雙邊領域和重大國際地區問題上的協調與合作，尊重彼此核心利益和重大關切，推動中美關係健康穩定向前發展，更好造福兩國人民和世界人民。

　　特朗普表示，我很高興同習近平主席進行了十分重要的通話。美方非常重視同中方的合作關係，雙方需要加強高層交往，密切各領域合作，增進國際地區事務中協調和合作。

　　美國副總統彭斯、總統高級顧問庫什納參加會見。

　　同日，楊潔篪還會見美國總統高級顧問庫什納、白宮首席戰略師班農、總統國家安全事務助理麥克馬斯特等美國高級官員，就進一步發展中美關係和其他共同關心的問題交換了意見。

## 三、習近平同特朗普開始舉行中美元首會晤（2017 年 4 月 7 日）*

**中華人民共和國外交部發布，美國佛羅里達州海湖莊園**

---

\* 資料來源：中華人民共和國政府網，〈http://big5.www.gov.cn/gate/big5/www.gov.cn/guowuyuan/2017-02/28/content_5171605.htm〉。

\* 資料來源：中華人民共和國外交部，〈https://www.mfa.gov.cn/web/ziliao_674904/zt_674979/ywzt_675099/2017nzt/xjpdfljxgsfw_689445/zxxx_689447/201704/t20170407_9281072.shtml〉。

　　當地時間 2017 年 4 月 6 日，國家主席習近平在美國佛羅里達州海湖莊園同美國總統特朗普舉行中美元首會晤。兩國元首進行了深入、友好、長時間的會晤，雙方高度評價中美關係取得的歷史性進展，同意在新起點上推動中美關係取得更大發展，更好惠及兩國人民和各國人民。

　　下午 5 時許，習近平和夫人彭麗媛抵達海湖莊園，特朗普和夫人梅拉尼婭在停車處熱情迎接。兩國元首夫婦合影留念，親切交談。兩國元首夫婦共同欣賞了特朗普外孫女和外孫演唱中文歌曲《茉莉花》並背誦《三字經》和唐詩。

　　會晤中，習近平指出，一段時間以來，我同總統先生保持了密切聯繫，進行了多次通話和通信。我很高興應總統先生邀請來美國舉行這次會晤。我願同總統先生就中美關係和重大國際及地區問題深入交換意見，達成更多共識，為新時期中美關係發展指明方向。

　　習近平強調，中美兩國關係好，不僅對兩國和兩國人民有利，對世界也有利。我們有一千條理由把中美關係搞好，沒有一條理由把中美關係搞壞。中美關係正常化 45 年來，兩國關係雖然歷經風風雨雨，但得到了歷史性進展，給兩國人民帶來巨大實際利益。中美關係今後 45 年如何發展？需要我們深思，也需要兩國領導人作出政治決斷，拿出歷史擔當。我願同總統先生一道，在新起點上推動中美關係取得更大發展。

　　習近平指出，合作是中美兩國唯一正確的選擇，我們兩國完全能夠成為很好的合作夥伴。下階段雙方要規劃安排好兩國高層交往。我歡迎總統先生年內對中國進行國事訪問。雙方可以繼續通過各種方式保持密切聯繫。要充分用好新建立的外交安全對話、全面經濟對話、執法及網絡安全對話、社會和人文對話 4 個高級別對話合作機制。要做大合作蛋糕，制定重點合作清單，爭取多些早期收穫。推進雙邊投資協定談判，推動雙向貿易和投資健康發展，探討開展基礎設施建設、能源等領域務實合作。要妥善處理敏感問題，建設性管控分歧。雙方要加強在重大國際和地區問題上的溝通和協調，共同推動有關地區熱點問題妥善處理和解決，拓展在防擴散、打擊跨國犯罪等全球性挑戰上的合作，加強在聯合國、二十國集團、亞太經合組織等多邊機制內的溝通和協調，共同維護世界和平、穩定、繁榮。

　　特朗普再次歡迎習近平主席到訪海湖莊園。特朗普表示，美中兩國作為世界大國責任重大。雙方應該就重要問題保持溝通和協調，可以共同辦成一些大事。我對此次美中元首會晤充滿期待，希望同習近平主席建立良好的工作關係，推動美中關係取得更大發展。特朗普愉快接受了習近平主席發出的訪華邀請，並期待盡快成行。

　　中美兩國元首還介紹了各自正在推進的內外優先議程，並就有關地區熱點問題交換了意見。

## 四、習近平同特朗普舉行中美元首第二場正式會晤（2017 年 4 月 8 日）*

### 新華社發布，美國佛羅里達州海湖莊園

當地時間 7 日，國家主席習近平在美國佛羅裡達州海湖莊園同美國總統特朗普舉行中美元首第二場正式會晤。兩國元首就中美雙邊重要領域務實合作和共同關心的國際及地區問題廣泛深入交換意見。雙方認為，這次兩國元首會晤是積極和富有成果的。雙方同意共同努力，擴大互利合作領域，並在相互尊重的基礎上管控分歧。

習近平指出，中美元首這次海湖莊園會晤對中美關系發展具有特殊重要意義。我同總統先生進行了長時間深入溝通，加深了彼此了解，增進了相互信任，達成了許多重要共識，建立起良好工作關係。雙方要不斷鞏固已建立起來的關系，深化友好合作，推動中美關系向前發展，更好造福兩國和兩國人民，為促進世界和平、穩定、繁榮盡到我們的歷史責任。

習近平強調，中美已經互為第一大貿易伙伴國，兩國人民都從中受益良多。中國正在推進供給側結構性改革，不斷擴大內需，服務業佔國民經濟比重不斷提高。中國經濟將保持良好發展勢頭，中美加強經貿合作前景廣闊，雙方要抓住這個機遇。中方歡迎美方參與"一帶一路"框架內合作。

習近平指出，兩軍關系是中美關系的重要組成部分。軍事安全互信是中美戰略互信基礎。雙方要保持兩軍各級別交往，繼續發揮好中美國防部防務磋商、亞太安全對話等對話磋商機制作用，用好將建立的聯合參謀部對話機制新平台，落實好雙方已經商定的年度交流合作項目，用好並不斷完善重大軍事行動相互通報信任措施機制和海空相遇安全行為准則兩大互信機制。雙方要共同努力，不斷增進兩軍互信和合作。

習近平強調，中方願同美方加強執法合作，共同打擊販毒、拐賣兒童、洗錢、網絡犯罪、有組織犯罪等各種形式的跨國犯罪。中美在維護網絡安全方面擁有重要共同利益。雙方要利用好執法及網絡安全對話機制，共同推動和建設和平、安全、開放、合作、有序的網絡空間。中國正在全力反對腐敗，希望美方在追逃追贓方面給予中方更多配合。

習近平強調，人文交流是兩國關系的地基。兩國人民對彼此素懷友好感情。雙方應

---

* 資料來源：人民網，〈http://politics.people.com.cn/BIG5/n1/2017/0408/c1024-29196494.html〉。

該加強人文交流，擴大兩國人民友好往來，推動校際合作，促進旅游業合作，拓展藝術交流，加強體育合作，開展醫療衛生合作，夯實兩國關系民意基礎，給中美關系長期健康發展提供更多正能量。

習近平向特朗普介紹了中國發展理念，強調中國堅定不移走和平發展道路，不奉行你輸我贏的理念，不走國強必霸的老路，願同美方一道維護世界和平、穩定、繁榮。

特朗普表示，我和美方團隊非常榮幸在海湖莊園接待習近平主席和中國代表團。我同習近平主席談得很好，建立了非凡的友誼。此次會晤取得重要、豐碩成果，有力推動了美中關系向前發展。雙方團隊已經通過啟動外交安全對話、全面經濟對話進行了直接溝通交流，並取得實質性進展。美方願同中方繼續加強經貿、兩軍、人文等各領域合作，支持中方追逃追贓方面的努力。美方將同中方開展合作，努力消除影響兩國關系的因素和問題，使美中關系實現更大發展，美中關系一定能發展得更好。

王滬寧、汪洋、栗戰書、楊潔篪、房峰輝，美國國務卿蒂勒森及多位內閣成員、白宮高級官員等出席。

會晤后，習近平同特朗普到秀麗宜人的海湖莊園中散步，在輕鬆友好的氣氛中繼續就兩國友好合作進行討論。

兩國元首會晤前，國務院副總理汪洋同美國財政部長姆努欽、商務部長羅斯啟動中美全面經濟對話機制，國務委員楊潔篪同美國國務卿蒂勒森、國防部長馬蒂斯啟動中美外交安全對話機制，雙方就相關問題進行了深入交流，商定了兩個機制下一步工作的議程。兩國元首對兩個機制啟動及取得的初步成果感到滿意。

## 五、習近平同美國總統特朗普通電話（2017 年 4 月 12 日）*

### 新華社發布，中國北京

12 日上午，國家主席習近平同美國總統特朗普通電話。

習近平強調，很高興同總統先生通話。我同總統先生不久前在海湖莊園舉行的會晤取得了重要成果，中國人民和國際社會都予以積極評價。感謝總統先生的熱情接待和周到安排。

---

* 資料來源：中國共產黨新聞網，〈http://cpc.people.com.cn/n1/2017/0412/c64094-29205967.html〉。

　　習近平指出，我們在海湖莊園就新時期中美關係及重大國際和地區問題進行了深入溝通，達成重要共識。我同總統先生增進了相互了解，建立了良好工作關係。下一步，雙方要通過外交安全對話、全面經濟對話、執法及網絡安全對話、社會和人文對話 4 個高級別對話機制，推進經濟合作"百日計劃"實施，拓展兩軍、執法、網絡、人文等方面交流合作，加強在重大國際和地區問題上的溝通協調，爭取盡可能多的早期收穫，為兩國關係發展注入新的動力，為促進世界和平和發展而共同努力。雙方工作團隊要密切合作，確保總統先生年內訪華取得豐碩成果。

　　特朗普表示，很高興在佛羅里達海湖莊園接待習近平主席並舉行中美元首會晤，這次會晤很成功。兩國元首保持密切聯繫十分重要。我贊同美中雙方應該共同努力，拓展廣泛領域務實合作。我期待著對中國進行國事訪問。

　　兩國元首就朝鮮半島局勢等共同關心的問題交換了意見。習近平強調，中方堅持實現半島無核化目標，堅持維護半島和平穩定，主張通過和平方式解決問題，願同美方就半島問題保持溝通協調。

　　關於敘利亞問題，習近平指出，任何使用化學武器的行為都不可接受。敘利亞問題要堅持政治解決的方向。聯合國安理會保持團結對解決敘利亞問題非常重要，希望安理會發出一致聲音。

　　兩國元首同意通過各種方式保持密切聯繫。

## 六、習近平同美國總統特朗普通電話（2017 年 4 月 24 日）*

### 新華社發布，中國北京

　　24 日，國家主席習近平同美國總統特朗普通電話。

　　習近平指出，我同總統先生在海湖莊園會晤，近日又進行了很好的通話，達成重要共識，受到兩國民眾和國際社會積極評價。當前，國際形勢迅速變化，中美雙方保持密切聯繫，及時就重要問題交換意見，十分必要。

　　習近平強調，中美雙方要落實好我們達成的共識，鞏固兩國關係穩定發展勢頭。雙方工作團隊要加強協調，做好總統先生年內訪華籌備工作，早日開啟中美首輪外交安全對話、全面經濟對話、執法及網絡安全對話、社會和人文對話相關安排，推進經貿、兩

---

*　資料來源：新華網，〈https://www.xinhuanet.com//politics/2017-04/24/c_1120863707.htm〉。

軍、執法、網絡、人文、地方等領域交流合作，加強在國際和地區問題上的溝通，推動中美關係不斷取得新發展。

特朗普表示，我同習近平主席在海湖莊園進行了很好的會晤。我對兩國關係發展感到滿意，對中國人民充滿敬意。美中雙方就重大問題保持溝通和協調十分重要。我期待盡快同習近平主席再次見面，並期待著對中國的國事訪問。

兩國元首就朝鮮半島局勢交換了意見。習近平強調，中方堅決反對違反聯合國安理會決議的行為，同時希望有關各方保持克制，避免做加劇半島局勢緊張的事。只有有關各方都負起該負的責任、相向而行，才能盡快解決朝鮮半島核問題，實現半島無核化。我們願同包括美方在內有關各方一道，為朝鮮半島和平、東北亞和平、世界和平共同努力。

兩國元首同意通過各種方式保持密切聯繫，及時就共同關心的問題交換意見。

## 七、美國總統特朗普會見楊潔篪（2017 年 6 月 23 日）*

### 新華社發布，美國白宮

當地時間 22 日，美國總統特朗普在白宮會見正在華盛頓出席首輪中美外交安全對話的國務委員楊潔篪。

楊潔篪轉達了習近平主席對特朗普總統的誠摯問候。楊潔篪表示，在兩國元首海湖莊園會晤重要共識引領下，近來中美關係取得新的重要進展。雙方在各領域交流合作繼續推進，就經濟合作百日計劃“早期收穫”事項達成一致，並就重大國際和地區問題保持溝通與協調。上述進展給兩國人民帶來了實實在在的利益。下階段，中方願同美方一道，堅持中美合作大方向，保持高層及各級別交往，擴大互利合作，在相互尊重基礎上妥善管控分歧，推動中美關係持續健康穩定向前發展。

楊潔篪説，中美舉行首輪外交安全對話是落實兩國元首共識的重要步驟。雙方均認為此次對話是建設性和富有成果的。楊潔篪表示，習近平主席期待同總統先生在二十國集團領導人漢堡峰會期間再次會晤，歡迎總統先生年內對中國進行國事訪問。中方願與美方共同努力，確保上述高層交往取得豐碩成果。

---

* 　資料來源：中華人民共和國政府網，〈http://big5.www.gov.cn/gate/big5/www.gov.cn/guowuyuan/ 2017-06/23/content_5204793.htm〉。

特朗普請楊潔篪轉達他對習近平主席的誠摯問候。特朗普説，我和習近平主席在海湖莊園進行了成功會晤，達成很多重要共識。很高興看到會晤以來美中各領域合作都取得了積極進展。我期待同習近平主席在二十國集團領導人漢堡峰會期間再次會晤，並在年內應習近平主席邀請對中國進行國事訪問。希望通過上述高層交往，推動美中關係取得新的發展。

楊潔篪説，不久前總統先生派美國政府代表出席"一帶一路"國際合作高峰論壇，中方表示高度讚賞。中方願在共建"一帶一路"方面與美方開展合作。特朗普表示，美方願同中方在"一帶一路"有關項目上進行合作。

雙方還就朝鮮半島核問題等交換了看法。特朗普表示，美方期待著同中方就朝鮮半島核問題加強合作，推動早日實現半島無核化。楊潔篪重申了中方在半島核問題上的原則立場，表示中方願繼續同包括美國在內有關各方保持溝通與協調，共同為緩解半島緊張局勢、推動半島核問題的妥善解決作出努力。

同日，楊潔篪還在白宮會見了美國總統國家安全事務助理麥克馬斯特和總統高級顧問庫什納。中央軍委委員、中央軍委聯合參謀部參謀長房峰輝等參加了上述會見。

## 八、習近平應約同美國總統特朗普通電話（2017 年 7 月 3 日）*

### 新華社發布，中國北京

7 月 3 日上午，國家主席習近平應約同美國總統特朗普通電話。雙方就中美關係和二十國集團領導人漢堡峰會交換了意見。

習近平強調，我和總統先生在海湖莊園會晤以來，中美關係取得重要成果。與此同時，兩國關係也受到一些消極因素的影響，中方已向美方表明了立場。我們很重視總統先生重申美國政府堅持奉行一個中國政策，希望美方切實按照一個中國原則和中美三個聯合公報妥善處理涉台問題。

習近平強調，中美雙方應該按照我們在海湖莊園達成的共識，牢牢把握中美關係發展大方向，堅持相互尊重、互惠互利的原則，聚焦合作、管控分歧，推動中美關係取得更多實實在在的進展。

---

\* 資料來源：中華人民共和國政府網，〈https://www.rmzxb.com.cn/c/2017-07-03/1630621.shtml〉。

特朗普表示，美中關係前景廣闊，我們兩國擁有廣泛共同利益，可以相得益彰。我願重申，美國政府繼續堅持一個中國政策，這一立場沒有變化。

特朗普表示，即將在德國漢堡舉行的二十國集團領導人峰會議題廣泛，十分重要。我期待著同習近平主席及其他領導人就共同關心的重大問題深入探討。

習近平指出，當前，全球經濟面臨挑戰。中美有必要同其他成員一道，加強二十國集團作用，形成合力。各成員應該加強溝通、協調、合作，圍繞"塑造聯動世界"的主題，推動漢堡峰會取得積極成果，促進世界經濟增長。

雙方還談及朝鮮半島和平穩定等問題。

兩國元首同意在德國漢堡舉行會晤，就共同關心的問題繼續交換意見。

## 九、習近平會見美國總統特朗普（2017 年 7 月 9 日）*

### 新華社發布，德國漢堡

8 日，國家主席習近平在二十國集團領導人漢堡峰會閉幕後會見美國總統特朗普，就中美關係及共同關心的重大國際和地區問題深入交換意見。

習近平指出，自海湖莊園會晤以來，雙方工作團隊按照兩國元首達成的共識，推動兩國各領域交流合作取得新進展。下階段，雙方要共同努力，牢牢把握中美關係大方向，相互尊重、互利互惠，拓展各領域務實合作，加強在國際和地區問題上的協調，推動中美關係健康穩定向前發展。

兩國元首同意保持高層密切交往，增進雙方戰略互信。雙方商定首輪全面經濟對話于 7 月 19 日舉行，並將于近期舉行首輪執法及網絡安全對話、社會和人文對話。雙方將充分發揮 4 個高級別對話機制作用，增進相互了解，推進務實合作。

習近平指出，中美經濟合作百日計劃已取得重要進展，雙方正商談開展一年合作計劃。雙方要共同推動兩國經濟關係健康穩定發展。要積極推進執法、網絡安全、人文、地方等領域交流與合作。要促進兩軍關係發展。兩國國防部長要早日互訪，要共同做好美軍參聯會主席 8 月訪華、兩軍聯合參謀部 11 月舉行首次對話、中國海軍參加 2018 年"環太平洋"軍演等工作。

---

* 資料來源：新華網，〈http://big5.news.cn/gate/big5/www.xinhuanet.com//world/2017-07/09/ c_1121287185.htm〉。

習近平強調，雙方要尊重彼此核心利益和重大關切，妥善處理分歧和敏感問題。

特朗普表示，很高興同習近平主席建立起良好的工作關係。當前，美中關係發展很好。中國是美國重要貿易夥伴，也是在國際事務中有重要影響的國家。美方願同中方拓展各相關領域的對話和互利合作，在重大國際和地區問題上保持溝通協調。

雙方就朝鮮半島核問題深入交換了意見。習近平強調，中方始終堅持實現朝鮮半島無核化、堅持維護朝鮮半島和平穩定、堅持通過對話協商解決問題。中方已多次表明自己的原則立場，即國際社會在對朝鮮違反聯合國安理會相關決議的活動作出必要反應的同時，要加大促談和管控局勢的努力。中方重申反對美國在韓國部署"薩德"反導係統。兩國元首同意繼續就朝鮮半島核問題保持密切溝通與協調。

雙方還討論了其他共同關心的問題，並就加強中美在二十國集團框架下的協調與合作交換了意見。

王滬寧、汪洋、栗戰書、楊潔篪，美國國務卿蒂勒森及多位內閣成員、白宮高級官員等參加會見。

## 十、習近平應約同美國總統特朗普通電話（2017 年 8 月 12 日）*

### 新華社發布，中國北京

國家主席習近平 12 日應約同美國總統特朗普通電話。

習近平指出，我同總統先生上個月在德國漢堡舉行了很好的會晤。我們作為中美兩國的領導人，就共同關心的問題保持密切溝通，對中美關系發展十分重要。雙方應該繼續按照我和總統先生達成的共識，加強對話與溝通，推進各領域交流合作，妥善處理彼此關心的問題，推動中美關系健康穩定向前發展。中方重視總統先生年內將對中國進行的國事訪問，兩國工作團隊要共同努力做好准備工作。

特朗普表示，很高興漢堡會晤后再次同習近平主席通話。我同習主席就重大問題保持溝通和協調、兩國加強各層級和各領域交往十分重要。當前，美中關系發展態勢良好，我相信可以發展得更好。我期待著對中國進行國事訪問。

兩國元首就當前朝鮮半島局勢交換了意見。習近平強調，中美在實現朝鮮半島無核化、維護朝鮮半島和平穩定方面擁有共同利益。當前，有關方面要保持克制，避免加劇

---

\* 資料來源：人民網，〈http://politics.people.com.cn/BIG5/n1/2017/0812/c1024-29466603.html〉。

朝鮮半島局勢緊張的言行。解決朝鮮半島核問題，歸根結底還是要堅持對話談判、政治解決的大方向。中方願在相互尊重的基礎上同美方保持溝通，共同推動朝鮮半島核問題妥善解決。

特朗普表示，充分理解中方在朝鮮半島核問題上發揮的作用，美方願同中方繼續就共同關心的重大國際和地區問題保持密切溝通。

## 十一、習近平應約同美國總統特朗普通電話（2017 年 9 月 6 日）*

### 新華社發布，中國北京

國家主席習近平 6 日應約同美國總統特朗普通電話。

習近平指出，當前，中美各領域交往與合作繼續推進。兩國外交安全團隊和經濟團隊保持密切溝通，雙方正在籌備首輪中美社會和人文對話、執法及網絡安全對話。中方重視總統先生年內對中國的國事訪問，希望雙方團隊共同努力，確保訪問取得成功。

特朗普表示，我同習近平主席保持密切溝通、就重大國際和地區問題加強協調十分重要。我期待著年內對中國進行國事訪問並同習主席再次會晤。

兩國元首重點就當前朝鮮半島局勢交換了看法。習近平強調，中方堅定不移致力於實現朝鮮半島無核化，維護國際核不擴散體系。同時，我們始終堅持維護朝鮮半島和平穩定，堅持通過對話協商解決問題。要堅持和平解決的大方向，解決朝鮮半島核問題，歸根結底要靠對話談判、綜合施策，積極探尋長久解決之道。

特朗普表示，美方對當前朝鮮半島形勢的發展深感關切，重視中方在解決朝核問題上的重要作用，願加強同中方的溝通，盡早找到解決朝鮮半島核問題的辦法。

## 十二、習近平應約同美國總統特朗普通電話（2017 年 9 月 18 日）*

### 新華社發布，中國北京

國家主席習近平 18 日同美國總統特朗普通電話。

---

* 資料來源：人民網，〈http://politics.people.com.cn/BIG5/n1/2017/0907/c1024-29519860.html〉。
* 資料來源：新華網，〈https://www.xinhuanet.com//politics/2017-09/18/c_1121684371.htm〉。

　　特朗普首先表示，美中兩國元首保持密切接觸和良好工作關係令人滿意。今年美中都有重要國內議程，希望這些議程都能順利進行。我十分期待即將對中國進行的國事訪問，相信此次訪問將有力推動美中關係向前發展。

　　習近平強調，很高興同總統先生就共同關心的問題保持經常性溝通。中美兩國擁有廣泛的共同利益，當前各領域交往與合作勢頭良好。雙方要加強高層及各級別交往，辦好首輪中美社會和人文對話、執法及網絡安全對話，拓展兩國各領域合作。中方重視總統先生年內對中國的國事訪問，雙方要密切合作，確保此次訪問富有成果，為中美關係發展注入新動力。

　　習近平就美國近日連續遭受颶風襲擊向特朗普並通過特朗普向美國人民表示慰問。特朗普對此表示感謝。

　　兩國元首並就當前朝鮮半島局勢交換了看法。

## 十三、習近平應約同美國總統特朗普通電話（2017 年 10 月 25 日）*

### 新華社發布，中國北京

　　國家主席習近平 25 日應約同美國總統特朗普通電話。

　　特朗普祝賀中共十九大勝利閉幕，祝賀習近平再次當選中共中央總書記。特朗普表示，中共十九大舉世矚目，我也密切關注習主席在會上發出的重要政策信息。美國人民都在熱議我即將對中國進行的國事訪問，我期待著同習主席在北京會面，就加強美中合作及共同關心的國際和地區問題充分交換看法。

　　習近平感謝特朗普來電祝賀。習近平指出，剛剛閉幕的中共十九大繪制了中國未來發展的宏偉藍圖，是一次十分重要的大會。我在十九大所作報告中明確指出，中國將始終不渝走和平發展道路、奉行互利共贏的開放戰略，擴大同各國利益的交匯點，推進大國協調和合作。

　　習近平強調，中方高度重視發展中美關系，願同美方在相互尊重、互利互惠的基礎上推動兩國關系長期健康穩定發展。總統先生不久將對中國進行國事訪問，我期待著在北京同你共同規劃中美關系未來發展，推動中美開展更多互利合作，給兩國人民帶來更多實實在在的利益，為地區及世界和平、穩定、繁榮作出更大貢獻。

---

*　資料來源：人民網，〈http://politics.people.com.cn/BIG5/n1/2017/1026/c1001-29609047.html〉。

# 十四、習近平同美國總統特朗普舉行會談（2017 年 11 月 9 日）*

## 新華社發布，中國人民大會堂

國家主席習近平 9 日在人民大會堂同美國總統特朗普舉行會談。兩國元首就中美關係及共同關心的重要國際和地區問題廣泛、深入交換意見。中共中央政治局常委、國務院副總理汪洋出席。

雙方認為，今年以來中美關係取得重要進展。中美關係事關兩國人民福祉，也關乎世界的和平、穩定、繁榮。合作是中美兩國唯一正確選擇，共贏才能通向更好未來。

雙方同意繼續發揮元首外交對兩國關係的戰略引領作用，加強兩國高層及各級別交往，充分發揮 4 個高級別對話機製作用，拓展經貿、兩軍、執法、人文等領域交流合作，加強在重大國際和地區問題上的溝通和協調，推動中美關係得到更大發展。

習近平強調，中美關係正處在新的歷史起點上。中方願同美方一道，相互尊重、互利互惠，聚焦合作、管控分歧，給兩國人民帶來更多獲得感，給地區及世界人民帶來更多獲得感。

特朗普表示，美中關係是偉大的關係，美中合作符合兩國的根本利益，對解決當今世界重大問題也十分重要。我願繼續同習近平主席保持密切溝通，推動美中關係深入發展，促進兩國在國際事務中更加密切合作。

兩國元首聽取了中美外交安全對話、全面經濟對話、社會和人文對話、執法及網絡安全對話 4 個高級別對話機制雙方牽頭人的匯報，並就深化中美各領域交流合作提出指導性意見。

習近平強調，建立 4 個高級別對話機制，是我同特朗普總統海湖莊園會晤時作出的戰略決定，對兩國關係發展具有重要支撐作用。希望 4 個高級別對話既聚焦具有全局性、戰略性影響的重大問題，也紮實做好每個合作項目，擴大共同利益，及時、妥善排除乾擾因素，確保中美關係行穩致遠。

習近平指出，外交安全領域事關中美關係總體發展和兩國戰略互信水平。雙方要按照兩國元首確定的方向，規劃中美關係發展路線圖，就重大敏感問題增信釋疑。臺灣問題是中美關係中最重要、最敏感的核心問題，也事關中美關係的政治基礎。希望美方繼續恪守一個中國原則，防止中美關係大局受到干擾。兩軍關係應該成為中美關係的穩定

---

* 資料來源：中華人民共和國政府網，〈https://www.gov.cn/xinwen/2017-11/09/content_5238327. htm〉。

因素。太平洋足夠大，容得下中美兩國。中美在亞太的共同利益遠大於分歧，雙方要在亞太地區開展積極合作，讓越來越多地區國家加入中美兩國的共同朋友圈，一道為促進亞太和平、穩定、繁榮作出貢獻。

習近平指出，經貿合作是中美關係的穩定器和壓艙石。中美經貿關係的本質是互利共贏的，雙方經貿合作給兩國和兩國人民帶來巨大利益。根據中共十九大作出的戰略部署，我們將推動形成全面開放新格局，實施高水平的貿易和投資自由化、便利化政策。為拓展兩國經貿合作，促進中美經貿關係進一步朝著動態平衡、互利雙贏的方向健康發展，雙方要儘早制定和啟動下一階段經貿合作計劃，推動中美經貿合作向更大規模、更高水平、更寬領域邁進。雙方要加強宏觀經濟政策溝通和協調。拓展在能源、基礎設施建設、"一帶一路"建設等領域務實合作，推動在放寬出口限制、擴大市場准入、營造更好營商環境等方面雙向取得更多進展。雙方要加強在國際貨幣基金組織、世界銀行、二十國集團、亞太經合組織等多邊機制中的協調和合作，合力推動世界經濟強勁、可持續、平衡、包容增長。

習近平指出，人文交流是"前人栽樹，後人乘涼"的長期事業，事關中美關係長遠發展的基礎。希望雙方落實好中美雙向留學及青年、文化交流合作項目，加深兩國人民相互了解和友誼，為中美關係持續發展不斷注入活力。

習近平指出，執法及網絡安全事關兩國人民的安全感和幸福感，是中美重要合作領域。希望雙方圍繞追逃追贓、禁毒、非法移民、打擊網絡犯罪、網絡反恐、網絡安全保護開展更多合作。

習近平強調，雙方要共同努力，把4個高級別對話機制打造成為中美增進互信的加速機、培育合作的孵化器、管控分歧的潤滑劑，為中美關係取得新的更大發展發揮積極作用。

特朗普表示，美中均是世界重要大國，互為重要貿易夥伴。雙方擁有廣泛的共同利益，合作前景廣闊，加強對話與合作很有必要。美國政府堅持奉行一個中國政策。美方願加強兩國在外交安全、經濟、社會和人文、執法及網絡安全等領域各層級交流合作，繼續加強在國際和地區問題上的溝通協調。美方高度重視中方在朝鮮半島核問題上的重要作用，希望同中方合作推動實現朝鮮半島無核化的目標。

會談中，兩國元首就加強中美雙邊、地區和全球層面合作達成多項重要成果和共識。雙方同意，擴大經貿、投資、能源等領域合作，通過做大中美經濟合作蛋糕解決兩國經濟關係快速發展過程中出現的問題和矛盾。繼續加強網絡安全、追逃追贓、遣返非法移民、禁毒等領域合作。共同努力促進中美雙向留學，推動教育、科技、文化、衛生等領域合作。

　　雙方重申致力於促進亞太地區和平、穩定與繁榮。致力於維護國際核不擴散體系，致力於實現朝鮮半島無核化目標，強調兩國在通過對話談判最終解決朝鮮半島核問題方面擁有共同目標，雙方致力於維護半島和平穩定。

　　會談後，兩國元首共同見證了能源、製造業、農業、航空、電氣、汽車等領域商業合同和雙向投資協議的簽署。特朗普總統訪華期間，兩國簽署的商業合同和雙向投資協議總金額超過 2500 億美元。

　　會談前，習近平在人民大會堂東門外廣場為特朗普舉行歡迎儀式。習近平主席夫人彭麗媛，中共中央政治局常委、國務院副總理汪洋，中共中央政治局委員、中央書記處書記、中央辦公廳主任丁薛祥，中共中央政治局委員、全國人大常委會副委員長王晨，中共中央政治局委員、中央財經領導小組辦公室主任劉鶴，國務院副總理劉延東，中共中央政治局委員、國務委員楊潔篪，中共中央政治局委員、中央書記處書記、國務委員郭聲琨，全國政協副主席董建華，全國政協副主席萬鋼等參加。

## 十五、習近平同美國總統特朗普共同會見記者（2017 年 11 月 9 日）*

### 新華社發布，中國人民大會堂

　　國家主席習近平 9 日在人民大會堂同來華進行國事訪問的美國總統特朗普共同會見記者。

　　習近平指出，兩天來，我同特朗普總統就中美關係和共同關心的重大國際和地區問題深入交換了意見，就今後一個時期兩國關係發展達成了一系列新的重要共識。我們的會晤是建設性的，取得了豐碩成果。中美兩國的發展相輔相成、並行不悖，中美各自的成功符合雙方共同利益。面對複雜多變的國際形勢，中美兩個大國在維護世界和平穩定、促進全球發展繁榮方面擁有共同利益更多了，肩負責任更大了，合作空間更廣了。一個健康穩定發展的中美關係不僅符合兩國人民根本利益，也是國際社會的共同期待。對中美兩國來說，合作是唯一的正確選擇，共贏才能通向更好的未來。我和特朗普總統同意繼續通過多種方式保持密切聯繫，及時就共同關心的重大問題交換意見。雙方同意充分用好中美外交安全、全面經濟、社會和人文、執法及網絡安全 4 個高級別對話機制，共同努力推動對話機制取得更多成果。雙方同意加強兩軍各層級交往和對話，加強

---

* 資料來源：中華人民共和國政府網，〈https://www.gov.cn/xinwen/2017-11/09/content_5238386.htm〉。

執法及網絡安全領域合作。

在談到中美經貿合作時，習近平指出，兩國元首認為，中美作為世界前兩大經濟體和全球經濟增長引領者，應該擴大貿易和投資合作，加強宏觀經濟政策協調，推動兩國經貿關係健康穩定、動態平衡向前發展。有必要製定並啟動下一步中美經濟合作計劃，積極拓展兩國在能源、基礎設施建設、“一帶一路”建設等領域的務實合作。訪問期間雙方簽署的商業合同和雙向投資協議充分展示了兩國在經貿領域的廣闊合作空間，將給兩國人民帶來巨大實惠。

關於朝鮮半島核問題，習近平指出，中美雙方重申堅定致力於實現半島無核化，維護國際核不擴散體系。雙方將致力於通過對話談判解決半島核問題，並願同有關各方共同探討實現半島和東北亞長治久安的途徑。

習近平強調，中美的共同利益遠大於分歧，應該尊重彼此的主權和領土完整，尊重彼此對發展道路的選擇和彼此的差異性。只要始終採取建設性的態度，雙方就能求同存異、聚同化異、推進合作。中美都是亞太地區具有重要影響的國家。太平洋足夠大，容得下中美兩國。雙方應該在亞太事務中加強溝通和合作，培育共同的朋友圈，形成建設性互動的局面，共同維護和促進地區的和平與繁榮。

習近平指出，我和特朗普總統都認為，兩國人民的友誼是中美關係長期穩定發展的根基，同意擴大人文交流。

習近平強調，特朗普總統對中國的國事訪問是一次成功的歷史性訪問，此次兩國元首會晤為今後一個時期中美關係的發展明確了方向、規劃了藍圖。中方願同美方一道，按照雙方達成的共識，推動中美關係取得更大進展，更好造福兩國人民和各國人民。

特朗普表示，感謝習近平主席熱情接待我此次訪華，在中國的訪問令人印象深刻，難以忘懷。中國有著悠久的歷史和欣欣向榮的文化。中國人民為自己取得的偉大成就感到自豪和驕傲。我願再次祝賀中共十九大成功舉行。美中兩國現在比任何時候都有更好的機遇加強雙邊關係，改善兩國人民的生活，增進雙邊合作。我們共同承諾致力於朝鮮半島無核化。雙方致力於製止恐怖主義活動。美方願同中方發展公平、互惠、強勁的經貿關係。我們兩國肩負著共同促進地區和世界和平、穩定、繁榮的重要責任。

## 十六、習近平和夫人彭麗媛舉行宴會歡迎美國總統特朗普和夫人梅拉尼婭（2017 年 11 月 9 日）*

---

\* 資料來源：中華人民共和國政府網，〈https://www.gov.cn/xinwen/2017-11/09/content_5238454.htm〉。

新華社發布，中國人民大會堂

國家主席習近平和夫人彭麗媛 9 日晚在人民大會堂舉行宴會，歡迎美國總統特朗普和夫人梅拉尼婭。李克強、張德江、俞正聲、張高麗、栗戰書、汪洋、王滬寧、趙樂際、韓正、劉云山、王岐山出席。

人民大會堂金色大廳金碧輝煌，高朋滿座，兩國元首在宴會上分別發表了熱情洋溢的講話。

習近平指出，中美兩國雖然遠隔重洋，但地理距離從未阻隔兩個偉大國家彼此接近。雙方尋求友好交往和互利合作的努力從未停息。自 45 年前尼克松總統訪華、開啟中美重新交往大門以來，在中美幾代領導人和兩國人民的共同努力下，中美關係實現了歷史性發展，造福了兩國人民，改變了世界格局。今天中美關係已經變成你中有我、我中有你的利益共同體。現在，兩國在維護世界和平、促進共同發展方面擁有更多、更廣的共同利益，肩負更大、更重的共同責任，中美關係的戰略意義和全球影響進一步上升。

習近平強調，特朗普總統此次訪華具有重要的歷史意義。兩天來，我同特朗普總統共同規劃了未來一個時期中美關係發展的藍圖。我們一致認為，中美應該成為夥伴而不是對手，兩國合作可以辦成許多有利於兩國和世界的大事。中國古人說，"誌之所趨，無遠勿屆，窮山距海，不能限也"。我堅信，中美關係面臨的挑戰是有限的，發展的潛力是無限的。只要本著堅韌不拔、鍥而不捨的精神，我們就一定能譜寫中美關係新的歷史篇章，中美兩國一定能為人類美好未來作出新的貢獻。

特朗普表示，感謝習近平主席熱情接待我到訪中國這個偉大的國度。美國人民十分景仰中國悠久的文明傳承。在此歷史性時刻，我深信美中合作可以造福美中兩國人民，並為世界帶來和平、安全與繁榮。

宴會開始前，金色大廳內回放了習近平主席同特朗普總統海湖莊園會晤、漢堡會晤以及特朗普總統此次訪華的經典片段。特朗普總統並現場提議播放了他外孫女用中文演唱中國歌曲、背誦《三字經》和中國古詩的視頻。現場一再響起熱烈掌聲。

出席宴會的還有丁薛祥、王晨、劉鶴、劉延東、楊潔篪、郭聲琨、蔡奇、韓啟德、董建華、萬鋼、周小川以及美國國務卿蒂勒森等多位內閣成員、白宮高級官員。

## 十七、習近平應約同美國總統特朗普通電話（2017 年 11 月 30 日）*

---

\* 資料來源：中華人民共和國政府網，〈https://www.gov.cn/xinwen/2017-11/30/content_5243329.htm〉。

### 新華社發布，中國北京

　　國家主席習近平 29 日應約同美國總統特朗普通電話。

　　習近平指出，總統先生不久前對中國進行了十分成功的國事訪問，我們就中美關係和共同關心的重大問題深入交換意見，達成多方面重要共識，對推動中美關係保持健康穩定發展具有重要意義。

　　習近平強調，中美雙方要落實好兩國元首達成的重要共識，精心規劃和安排兩國高層及各級別交往，辦好中美 4 個高級別對話機制第二輪對話，抓緊落實兩國間合作協議和項目。雙方要就重大國際和地區問題保持密切溝通和協調。

　　特朗普表示，再次感謝習近平主席對我到訪中國給予的熱情接待，中國悠久燦爛的歷史文化也給我留下深刻印象。我贊同習主席對訪問成果的積極評價和推進美中關係的看法。

　　特朗普表示，美方對朝鮮再次試射彈道導彈對國際安全的影響深感擔憂。美方重視中方在解決朝核問題上的重要作用，願加強同中方溝通協調，找到解決朝鮮半島核問題的辦法。

　　習近平強調，實現朝鮮半島無核化、維護國際核不擴散體系、維護東北亞和平穩定，是中方堅定不移的目標。中方願同包括美方在內有關各方繼續保持溝通，共同推動朝鮮半島核問題朝著對話談判、和平解決的方向發展。

## 十八、習近平應約同美國總統特朗普通電話（2018 年 1 月 16 日）*

### 新華社發布，中國北京

　　國家主席習近平 16 日應約同美國總統特朗普通電話。

　　習近平指出，過去的一年，中美關係總體保持穩定並取得重要進展。保持中美關係健康穩定發展，符合兩國和兩國人民利益，也是國際社會共同期待。雙方要保持高層及各級別交往，充分發揮 4 個高級別對話機製作用並適時舉辦第二輪對話。中美經貿合作給兩國人民帶來許多實實在在的利益。雙方應該採取建設性方式，通過對彼此開放市場、做大合作蛋糕，妥善解決雙方關切的經貿問題。要積極推進兩軍、執法、禁毒、人

---

* 資料來源：新華網，〈https://www.xinhuanet.com/world/2018-01/16/c_1122266400.htm〉。

文、地方等合作，就重大國際和地區問題保持密切溝通協調。雙方要相向而行、相互尊重、聚焦合作，以建設性方式處理敏感問題，尊重彼此核心利益和重大關切，維護中美關係健康穩定發展勢頭。

特朗普表示，美方高度重視對華關係和美中合作，願同中方一道，加強高層及各級別交往，拓展務實領域合作，處理好兩國經貿中的問題，推動雙邊關係取得更大發展。

習近平應詢介紹了對當前朝鮮半島局勢的看法，指出朝鮮半島形勢出現一些積極變化。各方應該共同努力把來之不易的緩和勢頭延續下去，為重啟對話談判創造條件。實現朝鮮半島無核化，維護朝鮮半島和平穩定符合各方共同利益，維護國際社會在這個問題上的團結十分重要。中方願繼續同包括美方在內的國際社會一道，密切溝通、相互信任、相互尊重、加強合作，推動朝鮮半島問題朝著妥善解決的方向不斷取得進展。

特朗普表示，美方重視中方在朝鮮半島問題上的重要作用，願繼續加強同中方的溝通協調。

## 十九、美國總統特朗普會見楊潔篪（2018 年 2 月 10 日）*

### 新華社發布，美國白宮

當地時間 2 月 9 日，美國總統特朗普在白宮橢圓形辦公室會見正在美國訪問的中共中央政治局委員、國務委員楊潔篪。

楊潔篪向特朗普轉達了習近平主席的誠摯問候。

楊潔篪表示，去年 11 月總統先生訪華期間，習近平主席同總統先生達成重要共識，強調中美在維護世界和平、穩定、繁榮方面擁有廣泛共同利益和重要責任，中美關係的走向具有重要的全球影響，一個不斷發展的中美關係不僅符合兩國人民根本利益，也是國際社會普遍期待。今年以來，兩國元首通過通電話、通信等方式保持密切聯繫，要求兩國團隊以只爭朝夕的精神推進廣泛領域的合作，這為雙方團隊指明了努力方向。希望雙方一道努力，以落實兩國元首北京會晤共識和成果為主線，保持密切高層及各級別交往，辦好中美 4 個高級別對話機制第二輪對話，拓展經貿、兩軍、執法、禁毒、人文、地方等領域合作，加強在朝鮮半島核等國際和地區問題上的協調，妥善管控分歧和敏感問題，推動中美關係在新的一年取得更大發展。

---

\* 資料來源：中華人民共和國政府網，〈https://www.gov.cn/guowuyuan/2018-02/10/content_5265611.htm〉。

　　特朗普請楊潔篪轉達他對習近平主席的誠摯問候。特朗普表示，去年11月我對中國的國事訪問十分成功。美中關係非常重要。我贊同雙方應當落實好我同習主席北京會晤達成的共識和成果。美方願同中方加強合作，推動兩國關係取得更多積極進展。

　　同日，楊潔篪在白宮會見美國總統國家安全事務助理麥克馬斯特和總統高級顧問庫什納，雙方就加強中美在重要雙邊領域和國際地區問題上的合作交換了意見。

## 二十、習近平應約同美國總統特朗普通電話（2018年3月9日）[*]

### 新華社發布，中國北京

　　國家主席習近平9日應約同美國總統特朗普通電話，著重就當前朝鮮半島局勢和兩國關係深入交換意見。

　　特朗普表示，圍繞朝鮮核問題的接觸最近出現積極進展，朝鮮方面作出了積極表態，美朝能夠舉行高層會晤對各方都是好事，希望朝鮮核問題最終能夠和平解決。事實證明，習主席堅持美國應該同朝鮮開展對話的主張是正確的。美方十分感謝並高度重視中方在朝鮮半島問題上的重要作用，願繼續密切同中方的溝通協調。

　　習近平指出，中方堅定致力於實現朝鮮半島無核化、維護朝鮮半島和平穩定，堅持通過對話協商解決問題。當前，朝鮮半島局勢出現的積極變化，有利於把朝鮮半島無核化進程重新納入對話解決的正確軌道，也符合聯合國安理會涉朝決議確定的方向。我讚賞總統先生政治解決朝鮮半島問題的積極意願，希望美朝雙方盡快啟動接觸對話，爭取取得積極成果。我們也希望有關各方能多釋放一些善意，避免做可能影響和乾擾朝鮮半島局勢持續走向緩和的事情，努力把目前出現的積極勢頭保持下去。我相信，只要各方堅持政治外交解決的大方向，就一定能推動朝鮮半島問題朝著國際社會共同期待的方向不斷取得進展。

　　兩國元首還就中美關係交換了看法。習近平指出，今年以來，我同總統先生保持了密切聯繫，我們都同意雙方團隊要以只爭朝夕的精神推進兩國廣泛領域的對話合作，保持中美關係健康穩定發展大局。希望雙方共同努力，在相互尊重、互惠互利基礎上，聚焦合作、管控分歧，推動中美經濟合作共贏，推動兩國關係在新的一年取得更大進展。

　　特朗普祝賀中國全國"兩會"成功召開，表示兩國元首保持密切聯繫對美中關係發

---

* 　資料來源：新華網，〈http://www.xinhuanet.com/politics/2018-03/09/c_1122515031.htm〉。

展十分重要。美方高度重視美中關係和雙方合作，願同中方共同努力，推動美中關係向前發展。

習近平感謝特朗普的良好祝願，指出中國全國"兩會"成功舉行，將為中國發展和中國同包括美國在內的各國關係發展提供積極推動力。

## 二十一、習近平應約同特朗普通電話（2018 年 5 月 9 日）*

### 新華社發布，中國北京

國家主席習近平 8 日應約同美國總統特朗普通電話。

習近平指出，當前，中美關係發展處在一個重要階段。我高度重視發展兩國關係，珍視同總統先生的良好工作關係。希望雙方認真落實我同總統先生在北京會晤時達成的共識，保持高層及各級別交往，相互尊重、互利互惠，聚焦合作、管控分歧，推動兩國關係健康穩定向前發展。經貿合作一直是中美關係的壓艙石和推進器。上週，中美雙方在北京就經貿問題進行了坦誠、高效、建設性的磋商。雙方團隊可以保持溝通，爭取找到妥善解決存在問題的辦法，取得互利雙贏的成果。

特朗普表示，美方高度重視美中關係，我期待同習近平主席繼續保持密切聯繫。美方願同中方共同努力，加強各領域務實合作，妥善處理好經貿問題，推動美中關係取得更大發展，造福兩國人民。

兩國元首並就朝鮮半島局勢交換意見。習近平重申了中方在朝鮮半島問題上的立場，強調中方支持美朝領導人會晤，希望美朝雙方相向而行，建立互信，分階段行動，通過會晤協商解決各自關切，考慮朝方合理安全關切，共同推進朝鮮半島問題政治解決進程。中方願繼續為實現半島無核化和地區長治久安發揮積極作用。

特朗普表示，美方高度重視中方在朝鮮半島問題上的立場，讚賞中方發揮的重要作用，願同中方加強溝通協調，共同推動通過談判協商解決半島問題。

## 二十二、《關於中美經貿摩擦的事實與中方立場》白皮書節錄（2018 年 9 月）*

---

* 資料來源：新華網，〈http://203.192.15.131/content/20180509/Articel01004BB.htm〉。
* 資料來源：中華人民共和國政府網，〈https://www.gov.cn/zhengce/2018-09-24/content_5324957.htm〉。

**中華人民共和國國務院新聞辦公室發布**

## 四、美國政府的貿易霸凌主義行為

美國作為二戰結束後國際經濟秩序和多邊貿易體制的主要建立者和參與者，本應帶頭遵守多邊貿易規則，在世界貿易組織框架下通過爭端解決機制妥善處理與其他成員國之間的貿易摩擦，這也是美國政府曾經向國際社會作出的明確承諾。但是，美國新政府上任以來，片面強調"美國優先"，奉行單邊主義和經濟霸權主義，背棄國際承諾，四面出擊挑起國際貿易摩擦，不僅損害了中國和其他國家利益，更損害了美國自身國際形象，動搖了全球多邊貿易體制根基，最終必將損害美國長遠利益。

### （一）根據美國國內法單方面挑起貿易摩擦

美國現任政府以產業損害和保護智慧財產權為由，繞開世界貿易組織爭端解決機制，單純根據美國國內法挑起國際貿易摩擦，以"232 條款"、"201 條款"和"301 條款"名義發起一系列調查。在調查中選擇性使用證據材料，得出武斷結論，而且未經世界貿易組織授權，非法使用懲罰性高關稅對待世界貿易組織成員，嚴重違反世界貿易組織最基本、最核心的最惠國待遇、關稅約束等規則和紀律。這種單邊主義行為，不僅損害了中國和其他成員利益，更損害了世界貿易組織及其爭端解決機制的權威性，使多邊貿易體制和國際貿易秩序面臨空前險境。

對多國產品開展"232 調查"。美國政府濫用「國家安全」概念推行貿易保護措施。2017 年 4 月，美國政府依據本國《1962 年貿易擴展法》第 232 條款，以所謂"國家安全"為由對包括中國在內的全球主要經濟體的鋼鐵和鋁產品發起"232 調查"（注 53），並依據單方面調查結果，於 2018 年 3 月宣佈對進口鋼鐵和鋁分別加征 25% 和 10% 的關稅，招致各方普遍反對和報復。2018 年 4 月 5 日，中國率先將美國鋼鋁 232 措施訴諸世界貿易組織。美國宣布自 6 月 1 日恢復對歐盟鋼鋁產品加征關稅后，歐盟也予以反擊並向世界貿易組織申訴，指責美國的措施違反世界貿易組織規則。歐盟貿易專員馬姆斯特羅姆稱，美國正在進行「危險遊戲」，歐盟如不作回應將等同於接受這些非法關稅。截至 2018 年 8 月，已有 9 個世界貿易組織成員向世界貿易組織起訴美國鋼鋁 232 措施。2018 年 7 月，美國政府又以所謂「國家安全」為由，對進口汽車及零配件發起新的"232 調查"。

眾所周知，鋼、鐵等屬於一般性生產資料，汽車屬大眾消費品，與"國家安全"建

立聯繫非常牽強。 美國彼得森國際經濟研究所高級研究員查德‧鮑恩認為，美國汽車產能利用率超過了 80%，美國約 98% 的乘用車進口來自歐盟、日本、加拿大、韓國和墨西哥，以汽車危及美國國家安全為由開展調查是站不住腳的（注 54）。美國政府隨意擴大國家安全概念範圍，毫無理論和歷史依據，其實質是利用相關法條賦予總統行政權力，繞過常規法律限制實施貿易保護（專欄 6）。

專欄 6　美國單邊主義行為引發多國譴責和共同反制

| 美國單邊主義行為引發多國譴責和共同反制 |
|---|
| 2018 年 3 月，美國政府依據 "232 調查" 報告，宣布對進口鋼鐵產品徵收 25% 的關稅，對進口鋁產品徵收 10% 的關稅。2018 年 4 月 2 日，為平衡因美國 232 措施造成的損失，中國決定對原產於美國的部分進口商品中止關稅減讓義務，並加徵關稅。5 月 18-21 日，歐盟、印度、俄羅斯、日本、土耳其等 5 個世界貿易組織成員先後通報世界貿易組織貨物貿易理事會和保障措施委員會，擬針對美國鋼鋁 232 措施實施水平對等的報復。6 月 5 日至 7 月 1 日，墨西哥、歐盟、土耳其和加拿大先後對美國鋼鋁 232 措施實施報復措施。<br>2018 年 4 月 5 日，中國第一個就美國鋼鋁 232 措施啟動世界貿易組織訴訟程序。5 月 18 日至 8 月 15 日，印度、歐盟、加拿大、墨西哥、挪威、俄羅斯、瑞士、土耳其先後在世界貿易組織爭端解決機制下啟動訴美國鋼鋁 232 措施起訴程序。 |

對多國產品開展 "201 調查"。 2017 年 5 月，美國依據本國《1974 年貿易法》，對進口洗衣機和光伏產品發起 "201 調查"（注 55），並在 2018 年 1 月決定對前者徵收為期 3 年、稅率最高達 50% 的關稅，對後者徵收為期 4 年、稅率最高達 30% 的關稅。這是 2001 年以來美國首次發起 "201 調查"。作為美國進口洗衣機的主要來源，韓國已於 5 月向世界貿易組織提起磋商請求，並宣佈將中止對美國部分產品的關稅減讓措施，以回應美國對韓國產品徵稅的做法。2018 年 8 月 14 日，中國將美國光伏產品 201 措施訴諸世界貿易組織爭端解決機制。

對中國開展 "301 調查"。2017 年 8 月，美國依據本國《1974 年貿易法》，對中國發起 "301 調查"（注 56），並在 2018 年 7 月和 8 月分兩批對從中國進口的 500 億美元商品加徵 25% 關稅，此後還不斷升級關稅措施，2018 年 9 月 24 日起，又對 2000 億中國輸美產品徵收 10% 的關稅。 "301 調查" 是基於美國國內法相關條款開展的貿易調查，衡量並要求其他國家接受美國的智慧財產權標準和市場准入要求，否則就採取報復性的貿易制裁手段，早在上世紀 90 年代就被稱為 "激進的單邊主義"。 從歷史數據看， "301 調查" 使用頻率較低且多通過磋商協議解決。根據彼得森國際經濟研究所 2018 年 3 月發佈的研究報告（注 57），1974 年至今，美國共進行 122 起 "301 調查"，但自 2001 年起，只有一起 "301 調查" 被正式啟動。 美國政府曾於 1994 年做出一項行政行動聲明，表示要按照符合世界貿易組織規則的方式來執行「301 條款」，即美國只

有在獲得世界貿易組織爭端解決機制授權後才能實施"301 條款"所規定的制裁措施。1998 年，當時的歐共體向世界貿易組織提出關於"301 條款"的爭端解決案。世界貿易組織爭端解決機構認為，單從其法律規定上看，可以初步認定"301 條款"不符合世界貿易組織規定。在本次中美經貿摩擦中，美國政府動用「301 條款」對中國開展調查，在未經世界貿易組織授權的情況下對中國產品大規模加征關稅，明顯違反美國政府的上述承諾，其行為是完全非法的。

## （二）片面指責他國實施產業政策

產業政策是一種彌補市場失靈、改善社會福利的有效工具，只要符合世界貿易組織確定的規則，不應受到無端指責。

美國是世界上較早運用產業政策的國家之一。儘管美國很少承認實行產業政策，但事實上美國政府實施了比官方說法多得多的產業政策（注 58）。這些產業政策的範疇從推進技術創新到政府採購、對特定部門和企業的補貼，以及關稅保護、貿易協定等，為增強美國產業競爭力發揮了重要作用。

美國為強化製造業在全球的領導者地位，近年來研究制定了一大批產業政策。進入新世紀后，特別是國際金融危機爆發後的近十年來，美國出臺了一系列產業政策，其中包括《重振美國製造業框架》（注 59）（2009）、《美國製造業促進法案》（注 60）（2010）、《先進位造業夥伴計劃》（注 61）（2011）、《美國製造業復興——促進增長的 4 大目標》（注 62）（2011）、《先進位造業國家戰略計劃》（注 63）（2012）、《美國創新戰略》（注 64）（2011）、《美國製造業創新網路：初步設計》（注 65）（2013）等等，針對重點領域研究制定了《電網現代化計劃》（2011）、《美國清潔能源製造計劃》（注 66）（2013）、《從互聯網到機器人——美國機器人路線圖》（注 67）（2013）、《金屬增材製造（3D 列印）技術標準路線圖》（注 68）（2013）、《美國人工智慧研究與發展戰略計劃》（注 69）（2016）、《美國機器智慧國家戰略》（注 70）（2018）等。這些政策提出要調整優化政府投資，加大對製造業投資的力度；加強政府對商品的採購；為出口企業提供信貸支援，拓展國際市場；資助製造業重點領域創新等具體措施。

美國在制定推行產業政策的同時，卻對他國正常的產業政策橫加責難。聯合國貿易和發展會議發布的《世界投資報告 2018》指出，為應對新工業革命的機遇與挑戰，在過去十年中，發達國家和發展中國家至少有 101 個經濟體（占全球 GDP 的 90% 以上）出臺了正式的產業發展戰略。《中國製造 2025》也是在這樣的背景下，借鑒了美國的《先進位造業國家戰略計劃》、《美國創新戰略》等政策檔，結合中國實際制定出臺的。《中國製造 2025》是一個引導性、願景性的檔，也是一個堅持市場主導、開放包容的發展規

劃。中國政府一直強調《中國製造2025》是一個開放的體系，對內資外資具有普遍適用性。中國領導人在多個場合表示，歡迎外國企業參與《中國製造2025》。2017年發布的《國務院關於擴大對外開放積極利用外資若干措施的通知》明確提出，外商投資企業和內資企業同等適用於《中國製造2025》政策。檔制定過程中，中國嚴格遵循世界貿易組織規定，確保相關政策合規透明、公平無歧視。《中國製造2025》實施以來，包括美國企業在內的許多外國企業均已參與到相關的建設專案中來。

## （三）以國內法"長臂管轄"制裁他國

"長臂管轄"是指依託國內法規的觸角延伸到境外，管轄境外實體的做法。近年來，美國不斷擴充「長臂管轄」的範圍，涵蓋了民事侵權、金融投資、反壟斷、出口管制、網路安全等眾多領域，並在國際事務中動輒要求其他國家的實體或個人必須服從美國國內法，否則隨時可能遭到美國的民事、刑事、貿易等制裁。

以出口管制為例，美國為鞏固技術領先優勢，很早就構建起一攬子出口管制制度。主要依據《出口管理法》、《出口管制條例》、《國際緊急經濟權力法》，要求美國出口商或使用者出口時必須申請許可證。對於國外購買方而言，則要求不得違反商品最終用途、最終使用者等限制性規定，否則將受到處罰，包括被列入「實體清單」，嚴格限制或禁止從美國進口。統計顯示，截至2018年8月1日，全球範圍內被列入美國商務部「實體清單」的主體數量達到1013家。這種行為不僅損害了包括美國公司在內的相關企業利益，還損害了廣大發展中國家發展權利。

美國還在抓緊審查修訂現行出口管制法規，強化「長臂管轄」行為。2018年8月13日，美國總統簽署了《2019財年國防授權法案》，作為其重要組成部分的《出口管制改革法案》提高了對外國控股公司的限制條件，增加了對"新興和基礎技術"的出口控制，建立了跨部門協商機制以提高執法能力。近期，美國商務部產業和安全域以「違反美國國家安全或外交政策利益」為由，將44個中國機構新列入出口管制名單。這種行為給中國企業參與相關貿易製造了障礙，實質是對「長臂管轄」強化和升級。

## （四）將國內問題國際化、經貿問題政治化

現任美國政府基於國內政治需要，將國內問題國際化、經貿問題政治化，通過指責他國轉嫁國內矛盾。

美國將國內政策失誤和制度缺陷導致的失業問題錯誤歸因於國際貿易。美國政府認為他國通過不公平貿易的方式搶奪了本國就業崗位，作為美國貿易逆差最大來源國，中國首當其衝成為主要的被指責物件。事實是，根據聯合國數據，2001-2017年，中美貿

易額增長了 4.4 倍，但美國失業率則從 5.7% 下降到 4.1%。 尤其是 2009 年以來，美國從中國進口快速增長，同期美國失業率反而呈現出持續下降的態勢，美國政府指責的貨物進口和失業率之間的替代關係並不存在（圖 1）。2017 年美國國會研究中心報告顯示，2010-2015 年，儘管美國製造業從中國進口整體增加 32.4%，美國製造業的工作機會反而增加了 6.8%（注 71）。

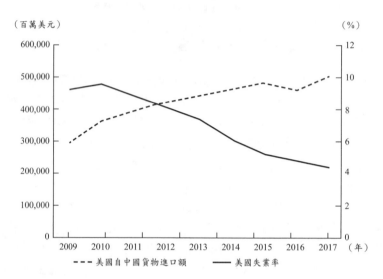

圖 1　美國自中國貨物進口額與美國失業率變化
資料來源：美國商務部經濟分析局和美國勞工部

　　事實上，美國部分社會群體失業問題，主要是技術進步和經濟結構調整背景下，國內經濟政策失誤和再分配、再就業機制缺失引起的。根據美國印第安那州波爾州立大學的研究，2000-2010 年期間，美國製造業工作機會減少 560 萬個，88% 是由於生產率提高導致的（注 72）。 在市場經濟條件下，一切要素都在流動變化之中，沒有永遠不變的工作崗位。隨著美國比較優勢變化，不同行業就業情況出現差異，傳統製造業等行業出現就業崗位減少，這本是經濟發展和結構調整的正常現象。美國政府本應順應經濟結構調整大趨勢，採取積極有效的再分配和再就業支援措施，說明失業人員轉移到新興行業就業。但是，受制於傳統的分配機制和利益格局，美國政府沒有及時建立合理的再分配和再就業支持機制，導致部分社會群體的失業問題長期積累、積重難返，為政治上的民粹主義和孤立主義提供了土壤。

　　現任美國政府把失業問題歸咎於國際貿易和出口國不符合事實，是在國內政治矛盾

難以解決的情況下試圖向外轉嫁矛盾。美國如不真正解決自身的深層次結構性問題，而是通過貿易保護措施引導製造業迴流，這種本末倒置、以鄰為壑、逆經濟規律而動的行為，只會降低全球經濟效率，引發世界各國反對，損人而不利己。

## （五）現任美國政府背信棄義

　　規則意識和契約精神是市場經濟和現代國際秩序的基礎。遵守規則、尊重契約使得不同個人、群體和國家可以形成廣泛合作，是人類進入文明社會的主要特徵。現任美國政府不顧各國公認、普遍遵循的國際交往準則，採取了一系列背信棄義的做法，對國際關係採取機會主義態度，引發國際社會廣泛質疑和批評。美國這些急功近利的短視做法，損害了美國的國際信譽，將動搖美國國際地位和戰略利益。

　　美國政府藐視國際協定的權威性，擾亂全球治理秩序。以國家名義做出的承諾和簽署的協定不受政府換屆干擾，保持一貫性，是一國保持國際信譽的基礎。現任美國政府誇大多邊體制問題和國家之間的分歧，不願承擔維護國際秩序成本，對國際規則約束進行選擇性遵守，接連退出聯合國教科文組織、人權理事會等多個國際組織，退出了上屆美國政府力推達成的跨太平洋夥伴關係協定和巴黎氣候協定，強制要求重談北美自由貿易協定和美韓自貿協定。

　　以聯合國、世界銀行、國際貨幣基金組織和關貿總協定為起點，經過不斷完善，形成了今天的全球政治經濟治理體系。世界貿易組織是當前重要的多邊經貿機制，在國際經貿合作中發揮著關鍵作用，在世界上受到普遍尊重和認同，目前成員已超過160個。但是，美國經常違反世界貿易組織規則，1995-2015年期間，因美國未執行世界貿易組織爭端解決機制裁定而被勝訴方提出暫停申請、中止對美國關稅減讓義務的案件數量佔到世界貿易組織同類案件總數量的2/3（注73）。

　　這一系列行為，是對國際契約的違背，是對經貿夥伴的不尊重，更是對美國國家信譽的損害。世界經濟論壇發布的《2018年全球風險報告》指出，美國對多邊主義秩序造成的侵害，以及美國阻撓世界貿易組織上訴機構新法官任命，將加劇2018年的全球風險。

　　美國政府破壞市場機制，直接干預商業行為。現任美國政府屢屢突破政府邊界，對市場主體實施直接干預。例如，不顧商業規律，要求蘋果公司等美國企業海外工廠回遷。此外，美國政府還對美國企業對外投資進行恐嚇阻撓。例如，2017年1月3日，警告通用汽車，如果它繼續在墨西哥製造雪佛蘭科魯茲型號汽車的話，將需要支付大額關稅（注74）；2018年7月3日，威脅哈雷公司不得將生產業務轉移出美國（注75）；通過社交媒體點名批評威脅企業高管，以各種藉口加強對正常併購交易的審查等。

　　美國政府在雙邊經貿談判中出爾反爾，不守承諾。中國歷來高度重視維護中美關係穩定，特別是 2017 年以來，積極回應美國經貿關切，以極大的誠意和耐心與美國政府開展了多輪磋商，力圖彌合分歧、解決問題。2018 年 2 月下旬到 3 月上旬，應美國方面強烈要求，中國派團赴美舉行經貿談判。4 月 3 日，美國公佈對 500 億美元中國輸美產品加征 25% 關稅的產品清單。面對美國反覆無常、不斷抬高要價的行為，中國本著最大限度通過對話解決問題的誠意，於 5 月初與來華談判的美國代表進行了認真磋商。5 月 15 日至 19 日，中國應美國要求再次派代表團赴美談判，並在談判中對美國訴求做了積極回應。雙方在付出艱辛努力後，達成「雙方不打貿易戰」的共識，並於 5 月 19 日對外發表了聯合聲明。但是，僅僅 10 天之後，美國政府就公然撕毀雙方剛剛達成的聯合聲明，背棄不打貿易戰的承諾，越過世界貿易組織爭端解決機制，宣佈將對來自中國的產品實施大規模徵稅措施，單方面挑起貿易戰（專欄 7）。

專欄 7　美方撕毀 2018 年 5 月 19 日中美經貿磋商聯合聲明

| 美方撕毀 2018 年 5 月 19 日中美經貿磋商聯合聲明 |
| --- |
| 2018 年 5 月 19 日，中美雙方在華盛頓就中美經貿磋商發表聯合聲明：<br>"雙方同意，將採取有效措施實質性減少美對華貨物貿易逆差。為滿足中國人民不斷增長的消費需求和促進高質量經濟發展，中方將大量增加自美購買商品和服務。這也有助於美國經濟增長和就業。<br>雙方同意有意義地增加美國農產品和能源出口，美方將派團赴華討論具體事項。雙方就擴大製造業產品和服務貿易進行了討論，就創造有利條件增加上述領域的貿易達成共識。雙方高度重視知識產權保護，同意加強合作。中方將推進包括《專利法》在內的相關法律法規修訂工作。雙方同意鼓勵雙向投資，將努力創造公平競爭營商環境。雙方同意繼續就此保持高層溝通，積極尋求解決各自關注的經貿問題。"<br>僅僅 10 天之後，5 月 29 日，美國白宮發表聲明，宣布將對中國 500 億美元商品加徵關稅，並進一步限制中國投資和加緊對華出口管制，公然違背了中美雙方於 5 月 19 日達成的共識。 |

## 五、美國政府不當做法對世界經濟發展的危害

　　美國政府採取的一系列極端貿易保護措施，破壞了國際經濟秩序，傷害了包括中美經貿交往在內的全球經貿關係，衝擊了全球價值鏈和國際分工體系，干擾了市場預期，引發國際金融和大宗商品市場劇烈震蕩，成為全球經濟復甦的最大不確定因素和風險源。

### （一）破壞多邊貿易規則和國際經濟秩序

　　在走向文明的歷史進程中，人類社會已普遍接受一套基於規則和信用的國際治理體

系。　各國無論大小強弱，均應相互尊重、平等對話，以契約精神共同維護國際規則，這對於促進全球貿易投資、促進全球經濟增長具有基礎性作用。然而，美國政府近期採取了一系列違背甚至破壞現行多邊貿易規則的不當做法，嚴重損害了現行國際經濟秩序。美國政府多次在公開場合抨擊世界貿易組織規則及其運行機制，拒絕支援多邊貿易體制，消極參與全球經濟治理，造成 2017 年和 2018 年亞太經合組織貿易部長會議均未在支援多邊貿易體制問題上達成一致立場。特別是美國政府不同意將反對貿易保護主義「寫入部長聲明，遭到亞太經合組織其他成員一致反對」。美國猛烈抨擊世界貿易組織上訴機構，還數次阻撓上訴機構啟動甄選程式，導致世界貿易組織上訴機構人員不足，爭端解決機制瀕臨癱瘓。

## （二）阻礙國際貿易和全球經濟復甦

隨著全球化進程發展，各國經濟基於經貿關係的相互關聯度越來越高，貿易已成為全球經濟增長的重要動力。　根據世界銀行統計，全球經濟對貿易增長的依存度已從 1960 年的 17.5% 上升到 2017 年的 51.9%（圖 2）。

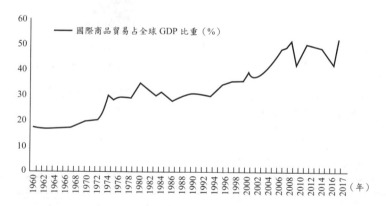

圖 2　全球經濟對貿易的依存度（1960-2017 年）
資料來源：世界銀行數據庫

當前，全球經濟剛剛走出國際金融危機的陰影，回升態勢並不穩固。美國政府大範圍挑起貿易摩擦，阻礙國際貿易，勢必會對世界經濟復甦造成負面影響。為了遏制美國的貿易保護主義行為，其他國家不得不採取反制措施，這將導致全球經貿秩序紊亂，阻礙全球經濟復甦，殃及世界各國企業和居民，使全球經濟落入"衰退陷阱"（表 1）。

世界銀行 2018 年 6 月 5 日發布的《全球經濟展望》報告指出，全球關稅廣泛上升

將會給全球貿易帶來重大負面影響，至 2020 年全球貿易額下降可達 9%，對新興市場和發展中經濟體的影響尤為明顯，特別是那些與美國貿易或金融市場關聯度較高的經濟體（圖 3）。世界貿易組織總幹事羅伯特・阿澤維多表示，若關稅回到關稅總協定 / 世界貿易組織之前的水準，全球經濟將立即收縮 2.5%，全球貿易量削減 60% 以上，影響將超過 2008 年國際金融危機。貿易戰對所有人都有害，特別是窮人將損失 63% 的購買力（注 76）。歷史教訓一再表明，貿易戰沒有贏家，甚至會給世界和平和發展帶來嚴重影響（專欄 8）。

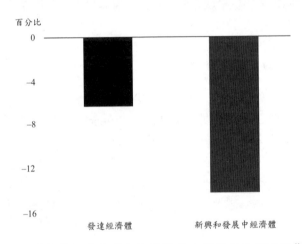

圖 3　全球關稅升至世界貿易組織規則允許的最高水準對貿易額的影響
資料來源：世界銀行《全球經濟展望》

表 1　美國挑起貿易摩擦對全球經濟的影響

| 預測機構 | 貿易戰對全球經濟的影響 |
|---|---|
| 世界貿易組織 | 若關稅回到關稅總協定／世界貿易組織之前的水平，全球經濟將立即收縮 2.5%，全球貿易量削減 60% 以上。 |
| 國際貨幣基金組織 | 增加關稅的措施將導致全球經濟增速下降大約 0.5 個百分點。 |
| 巴克萊資本 | 全球經濟增速下降 0.6 個百分點，全球通脹率上升 0.7 個百分點。 |
| 標準普爾 | 全球經濟增速或下滑 1%。 |
| 英國央行 | 如果美國和所有貿易伙伴的關稅提高 10%，美國國內生產總值可能降低 2.5%，全球經濟可能降低 1%。 |
| 法國央行 | 一國對進口加徵 10% 關稅，將使其貿易伙伴國的出口下降 13% ～ 25%。 |

資料來源：世界貿易組織、國際貨幣基金組織、巴克萊資本、標準普爾、英國英行、法國央行

專欄 8 美國 1930 年《斯姆特—霍利關稅法》的歷史教訓

### 美國 1930 年《斯姆特—霍利關稅法》的歷史教訓

1930 年,為保護國內市場,美國總統胡佛簽署《斯姆特—霍利關稅法》。該法修訂了"關稅目錄中的兩萬多個稅則,稅率幾乎全都提高"據估算"使總體實際稅率達到了應稅進口商品價值的 60%"。該法頒布後,"在美國國內乃至國際上引起的評論、爭議和謾罵比有史以來任何關稅措施都多"。在美國國內,有 1028 位經濟學家簽署了反對請願書;在國際上,美國實行高關稅的措施遭到了 30 多個國家的強烈反對,許多國家第一時間對美國實施了關稅報復措施。美國的進口額從 1929 年的 44 億美元驟降 67% 至 1933 年的 14.5 億美元,出口額則跌得更慘,從 51.6 億美元驟降 68% 至 16.5 億美元,超過同期 50% 的 GDP 降福。在此期間,全球貿易整體稅率大幅躍升,加深了世界經濟危機,"而這場世界經濟災難在德國孕育出了希特勒的納粹統治,在日本則催生了對外擴張的軍國主義"。
歷史的教訓不能忘記,歷史的悲劇更不應重演。

## (三)衝擊全球價值鏈

當前,全球經濟已經深度一體化,各國充分發揮各自在技術、勞動力、資本等方面的比較優勢,在全球經濟中分工合作,形成運轉高效的全球價值鏈,共同分享價值鏈創造的經濟全球化紅利。尤其是以跨國公司為代表的各國企業通過在全球範圍內配置資源,最大限度降低了生產成本,提高了產品和服務品質,實現了企業之間、企業與消費者之間的共贏。

美國政府通過加征關稅、高築貿易壁壘等手段在世界範圍內挑起貿易摩擦,以貼「賣國標籤」、威脅加稅等方式要求美資跨國公司回流美國,將嚴重破壞甚至割裂全球價值鏈,衝擊全球範圍內正常的產品貿易和資源配置,並通過各國經貿的相互關聯,產生廣泛的負面溢出效應,降低全球經濟的運行效率。比如,汽車、電子、飛機等行業都依靠複雜而龐大的產業鏈支撐,日本、歐盟、韓國等供應鏈上的經濟體都將受到貿易收縮的負面影響,併產生一連串的鏈式反應,即使美國國內的供應商也會在劫難逃。根據中國商務部測算,美國對華第一批 340 億美元徵稅產品清單中,約有 200 多億美元產品(占比約 59%)是美、歐、日、韓等在華企業生產的。包括美國企業在內,全球產業鏈上的各國企業都將為美國政府的關稅措施付出代價。

國際貨幣基金組織 2018 年 4 月 17 日發布的《世界經濟展望》報告指出,關稅和非關稅貿易壁壘的增加將破壞全球價值鏈,減緩新技術的擴散,導致全球生產率和投資下降。彼得森國際經濟研究所認為,若美國對中國施加貿易制裁並導致中國反制,許多向中國出口中間產品和原材料的國家與地區也將遭受嚴重衝擊(注 77)。

## (四)貿易保護主義最終損害美國自身利益

　　在經濟全球化的時代，各國經濟你中有我、我中有你，特別是大型經濟體存在緊密的相互聯繫。美國政府單方面挑起貿易戰，不僅會對世界各國經濟產生衝擊，也會損害美國自身利益。

　　提高美國製造業成本，影響美國就業。彼得森國際經濟研究所發佈報告指出，95%被加征關稅的中國商品是零配件與電子元件，它們被組裝在"美國製造"的最終產品中，提高相關產品關稅將損害美國企業自身（注 78）。《紐約時報》稱，中國生產的發動機及其他零部件對美造船企業至關重要，暫時無法找到替代品，造船企業利潤空間基本不可能消化 25% 的關稅成本，提高自身產品價格將失去市場份額（注 79）。通用電氣公司預測，美國對自中國進口商品加征關稅將導致其成本上升 3 億 -4 億美元。通用汽車、福特及菲亞特 - 克萊斯勒等汽車製造商紛紛下調了全年利潤預測（注 80）。美國最大的鐵釘製造商中洲公司表示，對進口鋼鐵加征關稅致使其成本提升，產品價格被迫上漲，銷售額預計將下降 50%，公司經營面臨較大衝擊。今年 6 月，該公司已解僱了 500 名工人中的 60 名，並計劃再解僱 200 名工人。中洲公司的困境還擴散到其下游的包裝環節 —— 與其合作的 SEMO 包裝公司，由於業務縮減，已經開始裁員（注 81）。彼得森國際經濟研究所的評估指出，美國對進口汽車加征關稅將導致美國減少 19.5 萬個就業崗位，若受到其他國家報復性措施，就業崗位可能減少 62.4 萬個（注 82）。

　　導致美國國內物價上升，消費者福利受損。美國自中國進口產品中，消費品一直佔很高比重。根據美國商務部經濟分析局統計，2017 年消費品（不包括食品和汽車）佔中國對美出口的比重為 46.6%。長期進口中國物美價廉的消費品是美國通脹率保持低位的重要因素之一。美國設備製造商協會在敦促美國政府不要實施損害經濟的關稅措施時指出，關稅是對美國消費者的稅收。美國國家納稅人聯盟在 2018 年 5 月 3 日寫給國會與總統的公開信中警告稱，保護性關稅將導致美國消費品價格上漲，傷害多數美國公民利益（注 83）。美國汽車製造商聯盟在 6 月提交給政府的一份檔稱，其對 2017 年汽車銷售數據的分析顯示，對進口汽車徵收 25% 的關稅將導致平均價格上漲 5800 美元，這將使美國消費者每年的消費成本增加近 450 億美元（注 84）。

　　引發貿易夥伴反制措施，反過來損害美國經濟。美國政府向包括中國在內的很多重要貿易夥伴發動貿易戰，已引發各貿易夥伴的反制措施，勢必使美國一些地區、產業、企業承擔大量損失。截至 2018 年 7 月底，包括中國、加拿大、墨西哥、俄羅斯、歐盟、土耳其在內的美國主要貿易夥伴均已宣布對其貿易保護主義措施實施反制，並相繼通過世界貿易組織提起訴訟。例如，加拿大政府 6 月 29 日宣布，將從 7 月 1 日起，對價值約 126 億美元從美國進口的商品加征關稅。7 月 6 日，俄羅斯經濟部宣布將對部分美國商品加征 25%-40% 的關稅。歐盟針對美國鋼鋁關稅採取反制措施，將美國進口摩托車關稅從 6% 提高至 31%。

美國商會指出，貿易戰將導致美國相關州利益受損，德克薩斯州 39 億美元的出口產品、南卡羅來納州 30 億美元的出口產品以及田納西州 14 億美元的出口產品或受到報復性關稅打擊（注 85）。美國消費者選擇研究中心稱，美國政府實際上在用關稅「懲罰」其選民，依賴出口的北卡羅來納州超過 15 萬個工作崗位、南卡羅來納州 6500 名工人將受到報復性關稅的直接影響（注 86）。美國知名摩托車製造企業哈雷公司評估，歐盟的報復性關稅措施將導致每輛銷往歐洲的摩托車成本增加 2200 美元，會在 2018 年內給公司造成 3000 萬至 4500 萬美元的損失。為應對這一不利局面，哈雷公司已表示計劃將部分摩托車製造產能轉移出美國（注 87）。

影響投資者對美國經濟環境的信心，導致外國直接投資淨流入降低。不斷升級的經貿摩擦使企業信心不穩，在投資上持觀望態度。彼得森國際經濟研究所所長亞當·波森指出，美國政府的 "經濟民族主義" 政策不僅使美國在貿易領域付出了代價，在投資領域引發的消極後果也開始顯現。近期，美國及外國跨國公司在美投資數量幾乎為零，企業投資方向轉變將影響美國的長期收入增長和高收入就業崗位，並使全球企業加速遠離美國。根據美國商務部經濟分析局數據，2016 年和 2017 年第一季度，美國外國直接投資流入額分別為 1465 億美元和 897 億美元，而 2018 年同期已降至 513 億美元。這一變化是美國對長期投資吸引力下降的結果（注 88）。

## 六、中國的立場

經濟全球化是大勢所趨，和平與發展是民心所向。把困擾世界的問題、影響本國發展的矛盾簡單歸咎於經濟全球化，搞貿易和投資保護主義，企圖讓世界經濟退回到孤立的舊時代，不符合歷史潮流。中美經貿關係事關兩國人民福祉，也關乎世界和平、繁榮、穩定。對中美兩國來說，合作是唯一正確的選擇，共贏才能通向更好的未來。中國的立場是明確的、一貫的、堅定的。

### （一）中國堅定維護國家尊嚴和核心利益

積極發展中美經貿合作、鞏固中美關係是中國政府和人民的願望。對於貿易戰，中國不願打、不怕打、必要時不得不打。我們有強大的經濟韌性和廣闊的市場空間，有勤勞智慧、眾志成城的中國人民，有國際上一切反對保護主義、單邊主義和霸權主義的國家支持，我們有信心、有決心、有能力應對各種風險挑戰。任何外部因素都不可能阻止中國發展壯大。同時，中國將對受經貿摩擦影響較大的企業和行業給予必要說明。

中國一貫主張，對中美兩國經貿關係快速發展過程中出現的問題和爭議，雙方應

秉持積極合作的態度，通過雙邊磋商或訴諸世界貿易組織爭端解決機制，以雙方都能接受的方式解決分歧。中國談判的大門一直敞開，但談判必須以相互尊重、相互平等和言而有信、言行一致為前提，不能在關稅大棒的威脅下進行，不能以犧牲中國發展權為代價。我們相信，美國的成熟政治家最終能夠回歸理性，客觀全面認識中美經貿關係，及時糾正不當行為，使中美經貿摩擦的處理回到正確軌道上來。

## （二）中國堅定推進中美經貿關係健康發展

美國和中國是世界前兩大經濟體。中美經貿摩擦事關全球經濟穩定與繁榮，事關世界和平與發展，應該得到妥善解決。中美和則兩利，鬥則俱傷，雙方保持經貿關係健康穩定發展，符合兩國人民根本利益，符合世界人民共同利益，為國際社會所期待。中國願同美國相向而行，本著相互尊重、合作共贏的精神，聚焦經貿合作，管控經貿分歧，積極構建平衡、包容、共贏的中美經貿新秩序，共同增進兩國人民福祉。中國願意在平等、互利前提下，與美國重啟雙邊投資協定談判，適時啟動雙邊自貿協定談判。

## （三）中國堅定維護並推動改革完善多邊貿易體制

以世界貿易組織為核心的多邊貿易體制是國際貿易的基石，是全球貿易健康有序發展的支柱。中國堅定遵守和維護世界貿易組織規則，支持開放、透明、包容、非歧視的多邊貿易體制，支援基於全球價值鏈和貿易增加值的全球貿易統計制度等改革。支援對世界貿易組織進行必要改革，堅決反對單邊主義和保護主義。堅持走開放融通、互利共贏之路，構建開放型世界經濟，加強二十國集團、亞太經合組織等多邊框架內合作，推動貿易和投資自由化便利化，推動經濟全球化朝著更加開放、包容、普惠、平衡、共贏的方向發展。

## （四）中國堅定保護產權和智慧財產權

中國高度重視知識產權保護，將其作為完善產權保護制度最重要的內容之一。中國將不斷完善智慧財產權保護相關法律法規，提高智慧財產權審查品質和審查效率，針對故意侵權積極引入懲罰性賠償制度，顯著提高違法成本。中國依法嚴格保護外商企業合法智慧財產權，對於各種形式的侵權事件和案件將認真查處、嚴肅處理。中國法院不斷完善符合智慧財產權案件特點的訴訟證據規則，建立實現智慧財產權價值的侵權損害賠償制度，加強智慧財產權法院體系建設，積極推動國家層面智慧財產權案件上訴機制，保障司法裁判標準統一，加快推進智慧財產權審判體系和審判能力向現代化邁進。中國

願意與世界各國加強知識產權保護合作，也希望外國政府加強對中國知識產權的保護。中國主張通過法律手段解決智慧財產權糾紛問題，反對任何國家以保護智慧財產權之名，行貿易保護主義之實。

## （五）中國堅定保護外商在華合法權益

中國將著力構建公開、透明的涉外法律體系，不斷改善營商環境，為各國企業在華投資經營提供更好、更優質的服務。中國尊重國際營商慣例，遵守世界貿易組織規則，對在中國境內註冊的企業，一視同仁、平等對待。中國鼓勵包括外商投資企業在內的各類市場主體，開展各種形式的合作，並致力於創造平等競爭的市場環境。中國政府高度關注外國投資者合理關切，願意回應和努力解決企業反映的具體問題。 中國始終堅持保護外國投資者及其在華投資企業的合法權益，對侵犯外商合法權益的行為將堅決依法懲處。

## （六）中國堅定深化改革擴大開放

改革開放是中國的基本國策，也是推動中國發展的根本動力。中國改革的方向不會逆轉，只會不斷深化。中國開放的大門不會關閉，只會越開越大。中國繼續按照既定部署和節奏，堅定不移深化改革、擴大開放，全面推進依法治國，建設社會主義法治國家。中國堅持發揮市場在資源配置中的決定性作用，更好發揮政府作用，鼓勵競爭、反對壟斷。中國和世界其他各國一樣，有權根據自己的國情選擇自己的發展道路包括經濟模式。中國作為一個發展中國家，並非十全十美，願意通過改革開放，學習借鑒先進經驗，不斷完善體制機制和政策。 中國將切實辦好自己的事情，堅定實施創新驅動發展戰略，加快建設現代化經濟體系，推動經濟高質量發展。 中國願與世界各國分享中國發展新機遇。中國將實行高水準的貿易和投資自由化便利化政策，全面實行准入前國民待遇加負面清單管理制度，大幅放寬市場准入，擴大服務業對外開放，進一步降低關稅，建設透明、高效、公平的市場環境，發展更高層次的開放型經濟，創造更有吸引力的投資環境，與世界上一切追求進步的國家共同發展、共用繁榮。

## （七）中國堅定促進與其他發達國家和廣大發展中國家的互利共贏合作

中國將與歐盟一道加快推進中歐投資協定談判，爭取早日達成一致，並在此基礎上將中歐自貿區問題提上議事日程。中國將加快中日韓自貿區談判進程，推動早日達成「區域全面經濟夥伴關係協定」。中國將深入推進「一帶一路」國際合作，堅持共商共

建共享原則，努力實現政策溝通、設施聯通、貿易暢通、資金融通、民心相通，增添共同發展新動力。

## （八）中國堅定推動構建人類命運共同體

面對人類發展面臨的一系列嚴峻挑戰，世界各國特別是大國要肩負起引領和促進國際合作的責任，相互尊重、平等協商，堅決摒棄冷戰思維和強權政治，不搞唯我獨尊、你輸我贏的零和遊戲，不搞以鄰為壑、恃強凌弱的強權霸道，妥善管控矛盾分歧，堅持以對話解決爭端、以協商化解分歧，以文明交流超越文明隔閡、文明互鑒超越文明衝突、文明共存超越文明優越。中國將繼續發揮負責任大國作用，與其他國家一道，共同建設持久和平、普遍安全、共同繁榮、開放包容、清潔美麗的世界。

得道多助，失道寡助。面對不確定不穩定不安全因素增多的國際形勢，中國不忘初心，始終與世界同行，順大勢、擔正義、行正道，堅定不移維護多邊貿易體制，堅定不移推動全球治理體系變革，始終做世界和平的建設者、全球發展的貢獻者、國際秩序的維護者，堅定不移推動構建人類命運共同體。

（注 53）"232 調查"指美國商務部根據《1962 年貿易擴展法》第 232 條款授權，對特定產品進口是否威脅美國國家安全進行立案調查，並在立案之後 270 天內向總統提交報告，美國總統在 90 天內作出是否對相關產品進口採取最終措施的決定。

（注 54）查德・鮑恩推特，2018 年 5 月 27 日。

（注 55）"201 條款"指美國《1974 年貿易法》第 201-204 節。根據該條款規定，美國國際貿易委員會（USITC）對進口至美國的產品進行全球保障措施調查，對產品進口增加是否對美國國內產業造成嚴重損害或嚴重損害威脅作出裁定，並在 120 天向總統提交報告和建議。總統根據法律授權，在收到美國國際貿易委員會報告后 140 天內作出最終措施決定。

（注 56）"301 條款"是美國《1974 年貿易法》第 301 條的俗稱。根據這項條款，美國可以對它認為是"不公平"的其他國家的貿易做法進行調查，並可與有關國家政府協商，最後由總統決定採取提高關稅、限制進口、停止有關協定等報復措施。

（注 57）彼得森國際經濟研究所網站（http://piie.org），《流氓 301：特朗普準備重新使用另一個過時的美國貿易法？》。

（注 58）羅伯特・韋德：《美國悖論：自由市場意識形態和指導推動的隱蔽實踐》，《劍橋經濟學雜誌》，2017 年 5 月。

（注 59）美國總統辦公室，2009 年 12 月。

（注 60）美國總統辦公室，2010 年 8 月。

（注 61）美國總統辦公室，2011 年 6 月。

（注 62）美國全國製造商協會，2011 年 12 月。

（注 63）美國總統辦公室和國家科技委員會，2012 年 2 月。

（注 64）美國總統辦公室，2011 年。

（注 65）美國總統辦公室、國家科技委員會、先進位造國家項目辦公室，2013 年 1 月。

（注 66）美國能源部，2013 年 4 月。

（注 67）美國科技政策辦公室，2013 年 3 月。

（注 68）美國國家標準和技術研究院，2013 年 5 月。

（注 69）美國國家科技委員會，2016 年 10 月。

（注 70）美國戰略和國際研究中心，2018 年 3 月。

（注 71）韋恩・莫裡森：《中美貿易問題》，美國國會研究局，2017 年 3 月 6 日。

（注 72）美國波爾州立大學：《美國製造的神話與現實》，2015 年 6 月。

（注 73）阿裡・賴克：《世貿組織爭端解決機制的有效性》，歐洲大學研究院法律系，2017 年 11 月。

（注 74）特朗普推特，2017 年 1 月 3 日。

（注 75）特朗普推特，2018 年 7 月 3 日。

（注 76）美國有線電視新聞網網站（https://www.cnn.com），2018 年 4 月 3 日。

（注 77）彼得森國際經濟研究所網站（https://piie.com）。

（注 78）彼得森國際經濟研究所網站（https://piie.com），《特朗普、中國與關稅：從大豆到半導體》，2018 年 6 月 18 日。

（注 79）紐約時報網站（https://nytimes.com），《與中國的貿易戰在前線是什麼樣子？》。

（注 80）路透社，《美中貿易關稅對美國企業的衝擊》，2018 年 7 月 30 日。

（注 81）赫芬頓郵報網站（https://www.huffingtonpost.com），《美國最大鐵釘製造商很快將因特朗普關稅停產》，2018 年 6 月 29 日。

（注 82）彼得森國際經濟研究所網站（https://piie.com），《特朗普提出的汽車關稅將使美國汽車製造商出局》，2018 年 5 月 31 日。

（注83）美國國家納稅人聯盟網站（https://www.ntu.org），2018 年 5 月 3 日。

（注84）美國汽車製造商聯盟網站（https://autoalliance.org），2018 年 6 月 27 日。

（注85）美國全國廣播公司網站（https://www.nbc.com），2018 年 7 月 2 日。

（注86）夏洛特觀察家報網站（https://www.charlotteobserver.com），《特朗普關稅如何損害卡羅來納》，2018 年 6 月 21 日。

（注87）彭博新聞社網站（https://www.bloombergquint.com），2018 年 6 月 25 日。

（注88）亞當‧波森：《特朗普經濟民族主義的代價：外國對美投資的損失》，2018 年 7 月 24 日。

## 二十三、習近平同美國總統特朗普通電話（2018 年 11 月 1 日）*

新華社發布，中國北京

國家主席習近平 1 日應約同美國總統特朗普通電話。

特朗普表示，我重視同習近平主席的良好關係，願通過習近平主席向中國人民致以良好的祝願。兩國元首經常直接溝通非常重要，我們要保持經常聯繫。我期待著同習主席在阿根廷二十國集團領導人峰會期間再次會晤，我們可以就一些重大問題進行深入探討。希望雙方共同努力，為我們的會晤做好充分準備。美方重視美中經貿合作，願繼續擴大對華出口。兩國經濟團隊有必要加強溝通磋商。我支持美國企業積極參加首屆中國國際進口博覽會。

習近平表示，很高興再次同總統先生通電話。中方已就中美關係多次闡明原則立場。希望雙方按照我同總統先生達成的重要共識，促進中美關係健康穩定發展。我也重視同總統先生的良好關係，願同總統先生在出席阿根廷二十國集團領導人峰會期間再次會晤，就中美關係及其他重大問題深入交換意見。我們兩人對中美關係健康穩定發展、擴大中美經貿合作都有良好的願望，我們要努力把這種願望變為現實。

習近平指出，中美經貿合作的本質是互利共贏。過去一段時間，中美雙方在經貿領域出現一些分歧，兩國相關產業和全球貿易都受到不利影響，這是中方不願看到的。中國即將舉辦首屆國際進口博覽會，這顯示了中方增加進口、擴大開放的積極意願。很高

*　資料來源：新華網，〈https://www.xinhuanet.com/politics/2018-11/01/c_1123649939.htm〉。

興眾多美國企業踴躍參與。中美雙方也有通過協調合作解決經貿難題的成功先例。兩國經濟團隊要加強接觸，就雙方關切問題開展磋商，推動中美經貿問題達成一個雙方都能接受的方案。

兩國元首還就朝鮮半島局勢交換意見。習近平強調，今年以來，朝鮮半島形勢出現積極變化。中方讚賞總統先生同金正恩委員長舉行歷史性會晤，推動了朝鮮半島無核化和政治解決進程。希望美朝雙方照顧彼此關切，進一步推進朝鮮半島無核化和構建朝鮮半島和平機制進程。中方將繼續發揮建設性作用。

特朗普表示，今年以來，美朝會談取得了積極進展。美方高度重視中方在朝鮮半島問題上的重要作用，願繼續同中方加強溝通協調。

## 二十四、習近平同美國總統特朗普舉行會晤（2018 年 12 月 2 日）*

### 新華社發布，阿根廷布宜諾斯艾利斯

當地時間 12 月 1 日晚，國家主席習近平應邀同美國總統特朗普在布宜諾斯艾利斯共進晚餐並舉行會晤。兩國元首在坦誠、友好的氣氛中，就中美關係和共同關心的國際問題深入交換意見，達成重要共識。雙方同意，在互惠互利基礎上拓展合作，在相互尊重基礎上管控分歧，共同推進以協調、合作、穩定為基調的中美關係。

習近平指出，中美在促進世界和平和繁榮方面共同肩負著重要責任。一個良好的中美關係符合兩國人民根本利益，也是國際社會的普遍期待。合作是中美雙方最好的選擇。雙方要把握好中美關係發展的大方向，推動兩國關係長期健康穩定發展，更多更好地造福兩國人民和世界各國人民。

特朗普贊同習近平對兩國關係的評價。特朗普表示，美中關係十分特殊、重要，我們兩國都是有重要世界影響的國家，雙方保持良好合作關係對兩國和世界有利。美方願同中方通過協商增進兩國合作，並就雙方存在的問題積極探討對雙方都有利的解決辦法。

兩國元首同意繼續通過各種方式保持密切交往，共同引領中美關係發展方向。雙方將適時再次進行互訪。雙方同意加強各領域對話與合作，增進教育、人文交流。特朗普表示，美方歡迎中國學生來美國留學。雙方同意採取積極行動加強執法、禁毒等合作，

* 資料來源：新華網，〈http://www.xinhuanet.com/politics/leaders/2018-12/02/c_1123796067.htm〉。

包括對芬太尼類物質的管控。中方迄今採取的措施得到包括美國在內的國際社會的充分肯定。中方決定對芬太尼類物質進行整類列管，並啟動有關法規的調整工作。

關於經貿問題，習近平強調，中美作為世界最大兩個經濟體，經貿往來十分密切，相互依賴。雙方在經貿領域存在一些分歧是完全正常的，關鍵是要本著相互尊重、平等互利的精神妥善管控，並找到雙方都能接受的解決辦法。兩國元首對中美經貿問題進行了積極、富有成果的討論。兩國元首達成共識，停止加徵新的關稅，並指示兩國經濟團隊加緊磋商，朝著取消所有加徵關稅的方向，達成互利雙贏的具體協議。中方表示，願意根據中國新一輪改革開放的進程以及國內市場和人民的需要，開放市場，擴大進口，推動緩解中美經貿領域相關問題。雙方達成互利雙贏的具體協議是中方對美方採取相關積極行動的基礎和前提。雙方應共同努力，推動雙邊經貿關係盡快回到正常軌道，實現合作共贏。

習近平闡述了中國政府在臺灣問題上的原則立場。美方表示，美國政府繼續奉行一個中國政策。

兩國元首還就朝鮮半島等重大國際地區問題交換了意見。中方支持美朝領導人再次會晤，希望美朝雙方相向而行，照顧彼此的合理關切，並行推進半島完全無核化和建立半島和平機制。美方讚賞中方發揮的積極作用，希望同中方就此保持溝通與協調。

兩國元首一致認為，這次會晤非常成功。雙方同意繼續保持密切聯繫。

丁薛祥、劉鶴、楊潔篪、王毅、何立峰，以及美國國務卿蓬佩奧、財政部長姆努欽等多位美國政府高級官員出席。

## 二十五、習近平同美國總統特朗普通電話（2018 年 12 月 30 日）*

新華社發布，中國北京

國家主席習近平 29 日應約同美國總統特朗普通電話。

特朗普向習近平和中國人民致以新年的問候和祝願。特朗普表示，美中關係很重要，全世界高度關注。我珍視同習近平主席的良好關係。很高興兩國工作團隊正努力落實我同習近平主席在阿根廷會晤達成的重要共識。有關對話協商正取得積極進展，希望能達成對我們兩國人民和世界各國人民都有利的成果。

* 資料來源：新華網，〈http://www.xinhuanet.com/politics/2018-12/30/c_1123927139.htm〉。

習近平向特朗普和美國人民致以新年祝福。習近平指出，我同總統先生都讚同推動中美關係穩定向前發展。當前，我們兩國關係正處於一個重要階段。本月初，我同總統先生在阿根廷舉行了成功會晤，達成重要共識。這段時間以來，兩國工作團隊正在積極推進落實工作。希望雙方團隊相向而行，抓緊工作，爭取儘早達成既互利雙贏、又對世界有利的協議。

習近平強調，明年是中美建交 40 週年。中方高度重視中美關係發展，讚賞美方願發展合作和建設性的中美關係，願同美方一道，總結 40 年中美關係發展的經驗，加強經貿、兩軍、執法、禁毒、地方、人文等交流合作，保持在重大國際和地區問題上的溝通與協調，相互尊重彼此重要利益，推進以協調、合作、穩定為基調的中美關係，讓兩國關係發展更好造福兩國人民和各國人民。

兩國元首還就朝鮮半島形勢等共同關心的國際和地區問題交換了看法。習近平重申，中方鼓勵和支持朝美雙方繼續開展對話並取得積極成果。

## 二十六、習近平同美國總統特朗普通電話（2019 年 6 月 18 日）*

### 新華社發布，中國北京

國家主席習近平 18 日應約同美國總統特朗普通電話。

特朗普表示，我期待著同習近平主席在二十國集團領導人大阪峰會期間再次會晤，就雙邊關係和我們共同關心的問題進行深入溝通。美方重視美中經貿合作，希望雙方工作團隊能展開溝通，儘早找到解決當前分歧的辦法。相信全世界都希望看到美中達成協議。

習近平指出，近一段時間來，中美關係遇到一些困難，這不符合雙方利益。中美合則兩利、鬥則俱傷。雙方應該按照我們達成的共識，在相互尊重、互惠互利基礎上，推進以協調、合作、穩定為基調的中美關係。中美作為全球最大的兩個經濟體，要共同發揮引領作用，推動二十國集團大阪峰會達成積極成果，為全球市場注入信心和活力。我願意同總統先生在二十國集團領導人大阪峰會期間舉行會晤，就事關中美關係發展的根本性問題交換意見。

習近平強調，在經貿問題上，雙方應通過平等對話解決問題，關鍵是要照顧彼此的

---

* 資料來源：新華網，〈http://www.xinhuanet.com/politics/leaders/2019-06/18/c_1124640733.htm〉。

合理關切。我們也希望美方公平對待中國企業。我同意兩國經貿團隊就如何解決分歧保持溝通。

## 二十七、習近平同美國總統特朗普舉行會晤（2019 年 6 月 29 日）*

### 新華社發布，日本大阪

　　國家主席習近平 29 日同美國總統特朗普在大阪舉行會晤。兩國元首就事關中美關係發展的根本性問題、當前中美經貿摩擦以及共同關心的國際和地區問題深入交換意見，為下階段兩國關係發展定向把舵，同意推進以協調、合作、穩定為基調的中美關係。

　　習近平指出，中美關係是世界上最重要的雙邊關係之一。回顧中美建交以來的 40 年，國際形勢和兩國關係都發生了巨大變化，但一個基本的事實始終未變，那就是中美合則兩利、鬥則俱傷，合作比摩擦好，對話比對抗好。當前，中美關係遇到一些困難，這不符合雙方利益。中美兩國雖然存有一些分歧，但雙方利益高度交融，合作領域廣闊，不應該落入所謂衝突對抗的陷阱，而應相互促進、共同發展。總統先生多次表示，希望搞好中美關係；你還表示百分之百地贊同雙方要相互尊重、互惠互利。這是我們應該牢牢把握的正確方向。雙方要按照我同總統先生確定的原則和方向，保持各層級交往，加強各領域合作，共同推進以協調、合作、穩定為基調的中美關係。

　　特朗普表示，很高興同習近平主席再次會面。我對 2017 年對中國的訪問仍然記憶猶新，那是我最愉快的一次出訪。我親眼看到了非常了不起的中華文明和中國取得的非常偉大的成就。我對中國沒有敵意，希望兩國關係越來越好。我珍視同習近平主席保持良好的關係，願意和中國加強合作。特朗普表示，美方將和中方按照兩國元首確定的原則和方向，努力工作，共同推進以協調、合作、穩定為基調的美中關係，並表示相信美中元首此次會晤將有力推動美中關係發展。

　　關於經貿問題，習近平強調，從根本上講，中美經貿合作的本質是互利雙贏。中美雙方存在巨大利益交集，兩國應該成為合作好夥伴，這有利於中國，有利於美國，也有利於全世界。中方有誠意同美方繼續談判，管控分歧，但談判應該是平等的，體現相互尊重，解決各自合理關切。在涉及中國主權和尊嚴的問題上，中國必須維護自己的核心

---

\* 　資料來源：新華網，〈http://www.xinhuanet.com/politics/2019-06/29/c_1124688101.htm〉。

利益。作為世界前兩大經濟體,中美之間的分歧終歸是要通過對話磋商,尋找彼此都能接受的辦法解決。

習近平強調,中方希望美方公平對待中國企業和中國留學生,保證兩國企業經貿投資正常合作和兩國人民正常交流。

特朗普表示,美方希望通過協商,妥善解決兩國貿易平衡,為兩國企業提供公正待遇。美方將不再對中國出口產品加徵新關稅。希望中方能從美國增加進口。美方願同中方達成彼此都可接受的貿易協議,這將具有歷史意義。

兩國元首同意,在平等和相互尊重基礎上重啟經貿磋商,美方不再對中國產品加徵新的關稅。兩國經貿團隊將就具體問題進行討論。

特朗普表示,中國有很多非常優秀的學生。我一直歡迎中國留學生來美國留學。

習近平闡述了中國政府在臺灣問題上的原則立場。特朗普表示,我重視中方在臺灣問題上的關切,美方繼續奉行一個中國政策。

習近平重申了中方在朝鮮半島問題上的原則立場,表示中方支持美朝領導人保持對話接觸,希望美朝雙方顯示靈活,相向而行,盡快重啟對話,找到解決彼此關切的辦法。中方願為此繼續發揮建設性作用。特朗普表示,美方重視中方在朝鮮半島問題上的重要作用,願同中方保持溝通協調。

丁薛祥、劉鶴、楊潔篪、王毅、何立峰,以及美國國務卿蓬佩奧、財政部長姆努欽等多位政府高級官員出席。

## 二十八、習近平應約同美國總統特朗普通電話(2019 年 12 月 21 日)*

新華社發布,中國北京

國家主席習近平 20 日晚應約同美國總統特朗普通電話。

特朗普表示,美中達成第一階段經貿協議,對於美國、中國和整個世界都是一件好事,美中兩國市場和世界對此都作出了十分積極反應。美方願同中方保持密切溝通,爭取盡快簽署並予以落實。

---

* 資料來源:新華網,〈http://www.xinhuanet.com/world/2019-12/21/c_1125371565.htm〉。

　　習近平指出，中美兩國在平等和相互尊重基礎上達成了第一階段經貿協議。在當前國際環境極為複雜的背景下，中美達成這樣的協議有利於中國，有利於美國，有利於整個世界和平和繁榮。

　　習近平強調，開展中美經貿合作為中美關係穩定發展、為世界經濟發展作出了重要貢獻。現代經濟和現代技術把世界連成了一體，中美利益更加交融，雙方在合作中會出現一些分歧。只要雙方始終把握中美經貿合作互利共贏的主流，始終尊重對方國家尊嚴、主權、核心利益，就能夠克服前進中出現的困難，在新的歷史條件下推動中美經貿關係向前發展，造福兩國和兩國人民。

　　習近平強調，我們對近一段時間來美方在涉台、涉港、涉疆、涉藏等問題上的消極言行表示嚴重關切。這些做法干涉了中國內政、損害了中方利益，不利於雙方互信合作。希望美方認真落實我們多次會晤和通話達成的重要共識，高度關注和重視中方關切，防止兩國關係和重要議程受到干擾。

　　特朗普表示，我期待有機會通過各種方式與你保持經常性溝通。我相信我們兩國能夠妥善處理分歧問題，美中兩國關係能夠保持順利發展。

　　習近平表示，我願繼續通過各種方式與你保持聯繫，就雙邊關係和國際問題交換意見，共同推進以協調、合作、穩定為基調的中美關係。

　　兩國元首還就朝鮮半島局勢交換意見。習近平強調，要堅持政治解決的大方向，各方要相向而行，保持對話緩和勢頭，這符合各方共同利益。

## 二十九、習近平同美國總統特朗普通電話（2020 年 2 月 7 日）*

新華社發布，中國北京

　　國家主席習近平 7 日上午應約同美國總統特朗普通電話。

　　習近平強調，新冠肺炎疫情發生以來，中國政府和人民全力以赴抗擊疫情。我們全國動員、全面部署、快速反應，採取了最全面、最嚴格的防控舉措，打響了一場疫情防控的人民戰爭。有關工作正在逐步取得成效，我們完全有信心、有能力戰勝疫情。中國經濟長期向好發展的趨勢不會改變。

　　習近平指出，中方不僅維護中國人民生命安全和身體健康，也維護世界人民生命安

---

*　資料來源：新華網，〈http://www.xinhuanet.com/politics/2020-02/07/c_1125542069.htm〉。

全和身體健康。我們本著公開、透明、負責任態度，及時向世衛組織以及美國在內的有關國家和地區作了通報，並邀請世衛組織等相關專家前往武漢實地考察。中國是這次疫情防控的第一線。我們及時採取果斷有力措施，得到世衛組織及許多國家充分肯定和高度評價。

習近平指出，中美就疫情防控保持著溝通。我讚賞總統先生多次積極評價中方防控工作，感謝美國社會各界提供物資捐助。流行性疾病需要各國合力應對。當前疫情防控處於關鍵階段。世衛組織從專業角度多次呼籲，所有國家不要過度反應。希望美方冷靜評估疫情，合理制定並調整應對舉措。中美雙方可保持溝通，加強協調，共同防控疫情。

特朗普表示，美國全力支持中國抗擊新型冠狀病毒感染肺炎疫情，願派遣專家前往中國，並以其他各種方式向中方提供援助。中方在極短時間內就建成專門的收治醫院，令人印象深刻，這充分展示了中方出色的組織和應對能力。相信在習近平主席領導下，中國人民毫無疑問一定能夠取得抗擊疫情的勝利。美方對中國經濟的發展抱有信心。美方將本著冷靜態度看待和應對疫情，願通過雙邊和世衛組織渠道同中方保持溝通合作。

習近平強調，中美雙方不久前簽署了第一階段經貿協議。中美達成這樣的協議有利於中國，有利於美國，有利於世界和平繁榮。這充分說明，儘管中美存在一些分歧，但只要雙方本著平等和相互尊重精神，總能通過對話磋商找到彼此都能接受的解決辦法。希望美方同中方相向而行，認真落實兩國元首達成的共識，堅持協調、合作、穩定的總基調，推動中美關係在新的一年沿著正確軌道向前發展。

特朗普表示，美國願同中方一道努力落實好協議，共同推進兩國關係。

兩國元首同意，繼續通過各種方式保持密切溝通。

## 三十、習近平同美國總統特朗普通電話（2020 年 3 月 27 日）*

### 新華社發布，中國北京

國家主席習近平 27 日應約同美國總統特朗普通電話。

習近平強調，新冠肺炎疫情發生以來，中方始終本著公開、透明、負責任態度，及時向世衛組織以及包括美國在內的有關國家通報疫情信息，包括第一時間發布病毒基因

---

* 　資料來源：新華網，〈http://www.xinhuanet.com/politics/2020-03/27/c_1125776865.htm〉。

序列等信息，毫無保留地同各方分享防控和治療經驗，並儘己所能為有需要的國家提供支持和援助。我們將繼續這樣做，同國際社會一道戰勝這場疫情。

習近平指出，流行性疾病不分國界和種族，是人類共同的敵人。國際社會只有共同應對，才能戰而勝之。在各方共同努力下，昨天舉行的二十國集團領導人應對新冠肺炎特別峰會達成不少共識，取得積極成果。希望各方加強協調和合作，把特別峰會成果落到實處，為加強抗疫國際合作、穩定全球經濟注入強勁動力。中方願同包括美方在內的各方一道，繼續支持世衛組織發揮重要作用，加強防控信息和經驗交流共享，加快科研攻關合作，推動完善全球衛生治理；加強宏觀經濟政策協調，穩市場、保增長、保民生，確保全球供應鏈開放、穩定、安全。

習近平應詢詳細介紹了中方為打好疫情防控阻擊戰採取的舉措。習近平強調，我十分關注和擔心美國疫情發展，也注意到總統先生正在採取一系列政策舉措。中國人民真誠希望美國早日控制住疫情蔓延勢頭，減少疫情給美國人民帶來的損失。中方對開展國際防控合作一向持積極態度。當前情況下，中美應該團結抗疫。中美兩國衛生部門和防控專家就國際疫情形勢、中美防控合作一直保持著溝通，中方願繼續毫無保留同美方分享信息和經驗。中國一些省市和企業紛紛在向美方提供醫療物資援助。中方理解美方當前的困難處境，願提供力所能及的支持。習近平強調，目前在美國仍有大量中國公民包括留學生。中國政府高度重視他們的生命安全和身體健康。希望美方採取切實有效措施，維護好他們的生命安全和身體健康。

習近平強調，當前，中美關係正處在一個重要關口。中美合則兩利、鬥則俱傷，合作是唯一正確的選擇。希望美方在改善中美關係方面採取實質性行動，雙方共同努力，加強抗疫等領域合作，發展不衝突不對抗、相互尊重、合作共贏的關係。

特朗普表示，我認真聆聽了主席先生昨天晚上在二十國集團特別峰會上的講話，我和各國領導人都讚賞你提出的看法和倡議。

特朗普向習近平詳細詢問了中方有關疫情防控舉措，表示美中兩國都正面臨新冠肺炎疫情挑戰，我高興看到中方在抗擊疫情方面取得了積極進展。中方的經驗對我很有啟發。我將親自過問，確保美中兩國排除乾擾，集中精力開展抗疫合作。感謝中方為美方抗疫提供醫療物資供應，並加強兩國醫療衛生領域交流，包括抗疫有效藥物研發方面的合作。我在社交媒體上已公開表示，美國人民非常尊敬和喜愛中國人民，中國留學生對美國教育事業非常重要，美方將保護好在美中國公民包括中國留學生。

兩國元首同意就共同關心的問題保持溝通。

# 三十一、習近平向特朗普總統致慰問電（2020 年 10 月 03 日）<sup>*</sup>

## 新華社發布，中國北京

國家主席習近平 10 月 3 日致電美國總統特朗普，就特朗普總統夫婦感染新冠病毒致以慰問。

習近平在慰問電中表示，得知總統先生和梅拉尼婭女士感染新冠病毒，我和我夫人彭麗媛謹向你和你夫人表示慰問，祝你們早日康復。

---

* 資料來源：新華網，〈http://www.xinhuanet.com/politics/2020-10/03/c_1126572336.htm〉。

# 附錄二

## 英文文獻

## 第一部分　美國印太戰略節錄

1. **U.S. Strategic Framework for the Indo-Pacific (January 5, 2021)** *

   **National Security Challenges**

- How to maintain U.S. strategic primacy in the Indo-Pacific region and promote a liberal economic order while preventing China from establishing new, illiberal spheres of influence, and cultivating areas of cooperation to promote regional peace and prosperity?

- How to ensure North Korea does not threaten the United States and its allies, accounting for both the acute present danger and the potential for future changes in the level and type of the threat posed by North Korea? How to advance U.S. global economic leadership while promoting fair and reciprocal trade?

   **Enduring Vital Interests of the United States:**

- Protect the homeland;

- Advance American prosperity;

- Preserve peace through strength; and

- Advance American influence.

   **Top Interests of the United States in the Indo-Pacific:**

- Defend the homeland and American citizens abroad; prevent the spread of nuclear weapons and the means to deliver them;

- Preserve U.S. economic, diplomatic, and military access to the most populous region of the world and more than one-third of the global economy;

---

\* 資料來源：The White House, "U.S. Strategic Framework for the Indo-Pacific," https://trumpwhitehouse.archives.gov/wp-content/uploads/2021/01/IPS-Final-Declass.pdf.

- Enhance the credibility and effectiveness of our alliances; and
- Maintain U.S. primacy in the region while protecting American core values and liberties at home.

**Assumptions:**

- U.S. security and prosperity depend on free and open access to the Inda-Pacific region, which will remain an engine of U.S., regional, and global economic growth.
- North Korea's nuclear missiles and its stated intention of subjugating South Korea pose a grave threat to the U.S. homeland and our allies.
- Shifting regional power balances will continue to drive security competition across the Inda-Pacific, leading to increased defense investment by many countries in the region, including India and Japan.
- Proliferation, maritime security, terrorism, and unresolved territorial disputes will remain the primary security concerns and sources of conflict.
- Loss of U.S. preeminence in the Indo-Pacific would weaken our ability to achieve U.S. interests globally.
- Strong U.S. alliances are key to deterring conflict and advancing our vital interests.
- Strategic competition between the United States and China will persist, owing to the divergent nature and goals of our political and economic systems. China will circumvent international rules and norms to gain an advantage.
- China aims to dissolve U.S. alliances and partnerships in the region. China will exploit vacuums and opportunities created by these diminished bonds.
- A strong India, in cooperation with like-minded countries, would act as a counterbalance to China.
- Chinese economic, diplomatic, and military influence will continue to increase in the near-term and challenge the U.S. ability to achieve its national interests in the Indo Pacific region.
- China seeks to dominate cutting-edge technologies, including artificial intelligence and bio-genetics, and harness them in the service of authoritarianism. Chinese dominance in these technologies would pose profound challenges to free societies.
- China's proliferation of its digital surveillance, information controls, and influence operations will damage U.S. efforts to promote our values and national interests in the Indo-Pacific region and, increasingly, in the Western hemisphere. and at home.

- China will take increasingly assertive steps to compel unification with Taiwan.
- Russia will remain a marginal player in the Indo Pacific region relative to the United States, China, and India.

**Desired End States:**

- North Korea no longer poses a threat to the U.S. homeland or our allies; the Korean Peninsula is free of nuclear, chemical, cyber, and biological weapons.
- The United States maintains diplomatic, economic, and military preeminence in the fastest-growing region of the world; most nations in the Indo-Pacific view the United States as their preferred partner; U.S. economic strength and influence increase throughout the region.
- Regional countries uphold the principles that have enabled U.S. and regional prosperity and stability, including sovereignty, freedom of navigation and overflight, standards of trade and investment, respect for individual rights and rule of law, and transparency in military activities.
- Free markets arethe mainstream of Asia, and the U.S. economy generates jobs and growth as a consequence of its interaction with the Indo-Pacific region. Regional disputes are resolved lawfully and without coercion.
- Southeast Asia is bound more tightly together in business, security, and civil society - including through a strengthened Association of Southeast Asian Nations (ASEAN) – and works closely with the United States and our allies and key partners to uphold the principles identified above.
- Southeast Asia is capable of managing terrorist threats with minimal assistance from non-ASEAN states.
- India's preferred partner on security issues is the United States.The two cooperate to preserve maritime security and counter Chinese influence in South and Southeast Asia and other regions of mutual concern. India maintains the capacity to counter border provocations by China.
- India remains preeminent in South Asia and takes the leading role in maintaining Indian Ocean security, increases engagement with Southeast Asia, and expands its economic, defense, and diplomatic cooperation with other U.S. allies and partners in the region.
- The United States and its partners on every continent are resistant to Chinese activities aimed at undermining their sovereignty, including through covert or coercive influence.

**Lines of Effort:**

Alliances & Partnerships

- Objective : Emphasize our commitment to the region, highlighting a shared vision for a "free and open Indo-Pacific."

- Actions: Invigorate U.S. technical assistance to friendly governments to promote rule of law and civil institutions while communicating the strings attached to China's "Belt and Road Initiative." (See: "U.S. Strategic Framework for Countering China's Economic Aggression.") Develop a robust public diplomacy capability, which can compete with China's information campaigns; puncture the narrative that Chinese regional domination is inevitable.

- Objective: Strengthen the capabilities and will of Japan, the Republic of Korea, and Australia to contribute to the end states of this strategy.

- Align our Inda-Pacific strategy with those of Australia, India, and Japan.

- Aim to create a quadrilateral security framework with India, Japan, Australia, and the United States as the principal hubs.

- Deepen trilateral cooperation with Japan and Australia.

- Encourage South Korea to play a larger role in regional security issues beyond the Korean peninsula.

- Empower Japan to become a regionally integrated, technologically advanced pillar of the Indo-Pacific security architecture.

- Assist in the modernization of Japan's Self Defense Forces.

- Objective: Reinvigorate alliances with the Philippines and Thailand, to strengthen their role in upholding a rules-based regional order.

- Actions: Preserve and where possible expand foreign development assistance and defense engagement, including access, exercises and training, and interoperability.

- Objective: Advance U.S. security leadership in the region through expanded engagement with Indo-Pacific countries on non-traditional security challenges.

- Actions: Expand collaboration with Indo-Pacific countries on peacekeeping, humanitarian assistance/disaster response, and global health.

- Share the burdens and fruits of research and development with allies and like-minded partners to retain our military edge.

- Encourage like-minded countries to play a greater role in addressing these challenges and in increasing burden sharing. Share the benefits of our research and development with allies andlike-minded parterns to retain our collective military edge.

- Objective: Enable Taiwan to develop an effective asymmetric defense strategy and capabilities that will help ensure its security, freedom from coercion, resilience, and ability to engage China on its own terms.

### India and South Asia

- Objective: Accelerate India's rise and capacity to serve as a net provider of security and Major Defense Partner; solidify an enduring strategic partnership with India underpinned by a strong Indian military able to effectively collaborate with the United States and our partners in the region to address shared interests.

- Actions: Build a stronger foundation for defense cooperation and interoperability; expand our defense trade and ability to transfer defense technology to enhance India's status as a Major Defense Partner; increase our cooperation on shared regional security concerns and encourage India's engagement beyond the Indian Ocean Region; support India's membership in the Nuclear Supplier's Group; and work with India toward domestic economic reform and an increased leadership role in the East Asia Summit (EAS) and ADMM+. Offer support to India - through diplomatic, military, and intelligence channels - to help address continental challenges such as the border dispute with China and access to water, including the Brahmaputra and other rivers facing diversion by China .

- Support India's "Act East" policy and its aspiration to be a leading global power, highlighting its compatibility with the U.S., Japanese, and Australian vision of a free and open Inda-Pacific.

- Build regional support for U.S.-India Common Principles in the Indian Ocean, including unimpeded commerce, transparent infrastructure-debt practices, and peaceful resolution of territorial disputes.

- Promote U.S.-India energy cooperation across all sources and technologies to diversify India's energy sources and supplies.

- Partner with India on cyber and space security and maritime domain awareness. Expand U.S.-India intelligence sharing and anal exchanges creating a more robust intelligence partnership.

- Work with India and Japan to help finance projects that enhance regional connectivity between India and countries of the region.

- Objective: Strengthen the capacity of emerging partners in South Asia, including the Maldives, Bangladesh, and Sri Lanka, to contribute to a free and open order.
- Actions: Establish a new initiative with South Asian partners modeled on the Maritime Security Initiative in Southeast Asia to improve maritime domain awareness, interoperability, and data-sharing with the United States.
- Support creation of a maritime information "fusion center" in the Indian Ocean.
- Establish a regional forum to promote common principles and standards.
- Establish and gain broad consensus on a statement of principles on acceptable maritime behavior, to include a commitment to regional cooperation in line with shared security objectives.

### China

- Objective: Prevent China's industrial policies and unfair trading practices from distorting global markets and harming U.S. competitiveness.
- Actions: Counter Chinese predatory economic practices that freeze out foreign competition, undermine U.S. economic competitiveness, and abet the Chinese Communist Party's aspiration to dominate the 21st century economy. (See: "U.S. Strategic Framework for Countering China's Economic Aggression.")
- Build an international consensus that China's industrial policies and unfair trading practices are damaging the global trading system.
- Actions: (See: "U.S. Strategic Framework for Countering China's Economic Aggression.")
- Objective: Maintain American industry's innovation edge vis-ā-vis China.
- Actions: Work closely with allies and like-minded countries to prevent Chinese acquisition of military and strategic capabilities; broaden the scope of the Committee on Foreign Investment in the United States to cover venture capital and other forms of investment by China; and adopt domestic policies that promote growth in key technologies.

   (See:"U.S. Strategic Framework for Countering China's Economic Aggression.")
- Objective: Promote U.S. values throughout the region to maintain influence and counterbalance Chinese models of government.
- Actions: Develop public and private messaging and promote initiatives that show the benefits of democracy and liberty to all countries, including economic, technologic, and societal benefits.

- Coordinate efforts to protect and promote internationally recognized rights and freedoms with likeminded partners.

- Engage South Korea, Taiwan, Mongolia, Japan, and other regional democratic partners to demonstrate their own successes and the benefits they have accrued.

- Support activists and reformers throughout the region.

- Offer development, technical, and legal assistance to those countries who seek to reform.

- Objective: Deter China from using military force against the United States and U.S. allies or partners, and develop the capabilities and concepts to defeat Chinese actions across the spectrum of conflict.

- Actions: Enhance combat-credible U.S. military presence and posture in the Indo-Pacific region.to uphold U.S. interests and security commitments.

- Devise and implement a defense strategy capable of, but not limited to: (1) denying China sustained air and sea dominance inside the "first island chain" in a conflict; (2) defending the first-island-chain nations, including Taiwan; and (3) dominating all domains outside the first-island-chain.

- Help our allies and partners improve their security posture, including military capabilities and interoperability, to ensure strategic independence and freedom from Chinese coercion. Expand partnerships and capabilities that limit China's ability to coerce allies andpartners.

- Objective: Enhance U.S. engagement in the region while also educating governments, businesses, universities, Chinese overseas students, news media, and general citizenries about China's coercive behavior and influence operations around the globe.

- Actions: Establish a mechanism that provides publicly available information that explains Chinese activities and the problems they pose to the interests, liberty and sovereignty of nations.

- Invest in capabilities that promote uncensored communication between Chinese people.

- Objective: Cooperate with China when beneficial to U.S. interests.

- Actions: In our diplomacy with China, emphasize high-level, substantive interaction to realize the President's vision for a constructive, results-oriented relationship. Past diplomacy has often been broad and shallow, which suits China's interests.

- Objective: Maintain an intelligence advantage over China, and inoculate the United States, its allies, and partners against Chinese intelligence activities.

- Actions: Equip U.S. allies andpartners to cooperate with the United States in operating against China and countering China's clandestine activities in their countries.

- Expand and prioritize U.S. intelligence and law enforcement activities that counter Chinese influence operations. Get like-minded countries to do the same.

- Strengthen defensive and offensive counter-intelligence functions across the public and private sectors to neutralize China's growing intelligence advantages; expand intelligence diplomacy and law enforcement cooperation with other governments to bolster understanding of Chinese intentions and capabilities.

- Help allies andpartners develop high standards in counterintelligence, counter proliferation, cyber security, industrial security, and management of classified information.

### Korean Peninsula

- Objective: Convince the Kim regime that the only path to its survival is to relinquish its nuclear weapons.

- Actions: Maximize pressure on Pyongyang using economic, diplomatic, military, law enforcement, intelligence, and information tools to cripple North Korea's weapons of mass destruction programs, choke off currency flows, weaken the regime, and set the conditions for negotiations aimed at reversing its nuclear and missile programs, ultimately achieving the complete, verifiable, and irreversible denuclearization of the Peninsula. Consider negotiations if North Korea takes steps to reverse its nuclear and missile programs. (See: "The President's North Korea Strategy," Cabinet Memo, 28 March 2017.)

- Do this by: (1) helping South Korea and Japan acquire advanced, conventional military capabilities; (2) drawing South Korea and Japan closer to one another.

### Southeast Asia & the Pacific Islands

- Objective: Promote and reinforce Southeast Asia and ASEAN's central role in the region's security architecture, and encourage it to speak with one voice on key issues.

- Actions: Deepen our relationships with Singapore, Malaysia, Vietnam, and Indonesia.

- Highlight ASEAN centrality as a core component of the free and open Indo-Pacific strategy.

- Reinforce Japan's proactive leadership to amplify U.S. strategic goals in Southeast Asia.

- Objective: Prevent the spread of terrorism in Southeast Asia.

- Actions: Expand the involvement of Southeast Asian nations in the Defeat-ISIS coalition;

foster better law enforcement, military, and intelligence cooperation among Indo-Pacific states; and provide direct U.S. asistance to counter-terror efforts.

- Objective: Promote and support Burma's transition to democracy.
- Objective: Ensure the Pacific Islands (e.g., the U.S. ferritories, the Freely Associated States, the Melanesian and the Polynesian states,) remain aligned with the United States.
- Actions: Solidify our diplomatic, military, intelligence, economic, development assistance, and informational advantages across the Pacific Islands.
- Objective: Pursue economic ties and increase connectivity with countries willing to adopt market-based reforms. Pursue trade agreements that contain trade and investment standards set by the United States and that reduce the region's economic reliance on China.

**Assign strategic purpose to the combined financial resources and economic power of the United States; promote an integrated economic development model in the Indo-Pacific that provides a credible alternative to One Belt One Road; create a task force on how best to use public-private partnerships.**

- Promote the U.S., ally, and partner-led development of energy, telecommunications, and logistics standards and infrastructure.
- Expand the Asia-Pacific Economic Cooperation's work in promoting regional economic integration and support the formation of the ASEAN Economic Community through trade facilitation, customs modernization, and standards harmonization.
- Incentivize the U.S. private sector to reignite an expeditionary spirit so that it expands two-way trade and investment in the Indo-Pacific.

# 第二部分　臺灣與美國關係

## 1. AIT-TECRO Agreements (2017-2021)

| 協議類別 | 簽約日期 | 標題 |
|---|---|---|
| Administrative | 2018/8/8 | Exchange of Letters Between the Coordination Council for North American Affairs and the American Institute in Taiwan Concerning the Agreement on Mutual Granting of Rent-free Use of Property |
| | 2019/3/11 | Exchange of Letters Between the Coordination Council for North American Affairs and the American Institute in Taiwan Concerning the Agreement on Mutual Granting of Rent-free Use of Property |
| | 2019/6/5 | Exchange of Letters Concerning the Mutual Recognition of Organic Equivalence Between the Taipei Economic and Cultural Representative Office in the United States and the American Institute in Taiwan |
| | 2019/6/21 | Exchange of Letters Concerning Renaming the Coordination Council for North American Affairs (CCNAA) In Taipei to the Taiwan Council for US Affairs (TCUSA) |
| Agriculture | 2020/6/5 | Exchange of Letters Concerning the Mutual Recognition of Organic Equivalence Between the Taipei Economic and Cultural Representative Office in the United States and the American Institute in Taiwan |
| Consular | 2019/4/12 | MOU between the AIT and the TECRO in the US on Cooperation on International Parental Child Abduction |
| Education and Culture | 2020/12/2 | MOU between AIT and TECRO on International Education Cooperation |
| Environment | 2017/11/28 | Agreement Between the Taipei Economic and Cultural Representative Office in the United States and the American Institute in Taiwan for Cooperation in the Micro-pulse Lidar Network and the Aerosol Robotic Network Renewed (with Amendments) |
| | 2017/12/7 | Amendment No.7 to the Agreement Between the American Institute in Taiwan and the Taipei Economic and Cultural Representative Office in the United States for Technical Assistance in Areas of Water Resource Development |

| 協議類別 | 簽約日期 | 標題 |
|---|---|---|
| | 2017/12/7 | Amendment No.3 to Appendix No.8 to the Agreement Between the American Institute in Taiwan and the Taipei Economic and Cultural Representative Office in the United States for Technical Assistance in Areas of Water Resource Development |
| | 2018/8/13 | Amendment of the Agreement Between the Taipei Economic and Cultural Representative Office in the United States and the American Institute in Taiwan for Cooperation in the Global Learning and Observations to Benefit the Environment Program |
| Intellectual Property | 2017/2/22 | Enforcement Cooperation (MOU) |
| International Development and Humanitarian Assistance | 2017/12/13 | Amendment No. 3 to Appendix No. 8 to the Agreement Between the Taipei Economic and Cultural Representative Office in the United States and the American Institute in Taiwan for Technical Assistance in Areas of Water Resource Development |
| | 2017/12/13 | Amendment No.7 to the Agreement Between the Taipei Economic and Cultural Representative Office in the United States and the American Institute in Taiwan for Technical Assistance in Areas of Water Resource Development |
| | 2018/2/7 | Amendment No. 1 to the Agreement Between the Taipei Economic and Cultural Representative Office in the United States and the American Institute in Taiwan for Technical Cooperation Associated with Establishing Satellite-based Marine Oil Monitoring Collaborative Activity |
| | 2018/5/10 | Implementing Arrangement Number 03 to the Guidelines for a Cooperative Program in Physical Sciences Between the Taipei Economic and Cultural Representative Office in the United States and the American Institute in Taiwan for the Design & Fabrication of A Superconducting Quantum Interference Device (squid) Multiplexers |
| | 2018/10/2 | Implementing Arrangement Number 15 Consultancy Services for the Enhancement of the CWB Regional NWP System to the Agreement Between the Taipei Economic and Cultural Representative Office in The United States and the American Institute in Taiwan for Technical Cooperation Associated with Establishment of Advanced Data Assimilation and Modeling Systems |

| 協議類別 | 簽約日期 | 標題 |
|---|---|---|
| | 2019/12/6 | Amendment No.1 to the Agreement Between the Taipei Economic and Cultural Representative Office in the United States and the American Institute in Taiwan for Technical Cooperation Associated with Establishing Satellite-based Marine Oil Monitoring Collaborative Activity |

資料來源：中華民國外交部，106-110 年度《外交年鑑》，〈https://www.mofa.gov.tw/News.aspx?n= 245&sms=109〉；American Institute in Taiwan (AIT), "AIT-TECRO Agreements," https://www.ait.org.tw/zhtw/ait-tecro-agreements-zh/.

## 2. Remarks by Director W. Brent Christensen at the Welcome Dinner for SelectUSA Delegates TECRO (June 11, 2019) *

### American Institute in Taiwan

Minister Deng, Deputy Secretary Kelley, Director General Yang, Representative Kao, and distinguished delegates. Good evening and welcome to Washington, D.C.

It is a pleasure to be here this evening to celebrate the joint efforts of the United States and Taiwan to promote investment in America. I would be remiss if I did not take this opportunity to recognize the support of Minister John Deng and Director General Jen-Ni Yang. Their partnership has been critical to the successful recruitment of the largest delegation at the Investment Summit. Moreover, it is a delegation composed of sophisticated and accomplished companies. Thank you to you both.

We know that investing in the United States is a business decision. We feel honored that you consider the United States to be a good destination for your business.

The delegates from Taiwan represent the success and the potential of the U.S. – Taiwan commercial relationship. This delegation truly runs the gamut. Some companies are new to investing in the United States but have had many years of success operating manufacturing facilities across Asia. On the other end, we have delegates whose companies have been investing in the United States for decades. The broad spectrum of participants in events like this one demonstrates that the commercial ties between Taiwan and the United States are deep and will continue to flourish.

---

* 資料來源：American Institute in Taiwan, https://www.ait.org.tw/remarks-by-director-christensen-at-the-welcome-dinner-for-selectusa-delegates/.

I also want to recognize the five associations from Taiwan that are attending the Investment Summit – the Taiwan Electrical and Electronic Manufacturers' Association, the Taiwan Automation Industries and Robotics Association, the Importers and Exporters Association of Taipei, the Taiwan Semiconductor Industry Association, and the Taiwan Bio Industry Organization.

The participation by Taiwan industry associations in the Investment Summit mirrors the historic importance of industry associations in the United States. It is admirable that companies that might be engaged in competition instead choose to cooperate to build association ties that work to enhance the prosperity of all of their members.

I am also pleased to see U.S. state and local government representatives here tonight. Thank you for coming to the event to meet the Taiwan delegates. I am confident that after you learn about their businesses, you will be impressed.

Whenever I give speeches in Taiwan – which is frequently – I talk about my four major policy priorities for my tenure as Director: promote U.S.-Taiwan economic and commercial ties; promote U.S.-Taiwan security cooperation; promote Taiwan's role in the international community; and promote U.S.-Taiwan people-to-people ties.

I realize this event obviously contributes to the first goal of strengthening our commercial ties, but I believe it actual contributes in important ways to all four goals. Forging diverse and reliable commercial relationships with partners who respect international norms is critical to the security and stability of the entire Indo-Pacific region. In addition, events like this give Taiwan an opportunity to demonstrate for an international audience its incredible potential as both a trade partner and a partner in addressing some of the world's most pressing challenges. Finally, events like these allow us to forge personal bonds with current and future business partners, an important element in a resilient business relationship. So thank you all for helping me advance my priorities.

Before I close, I would like to acknowledge the team from AIT's Commercial Section who are here to support you.

Please stand up so everyone can recognize you:

From our Taiwan office: Mr. Andrew Gately, Deputy Senior Commercial Officer, Mr. Matthew Quigley, Commercial Officer, and Ms. Jackie Hong, Commercial Specialist.

I'd also like to recognize their colleagues from the U.S. Department of Commerce domestic team: Ms. Xiaobing Feng and Mr. Simon Kim.

Please reach out to any of them if you have any questions or need their support.

I look forward to spending time with all of you over the next couple of days.

### 3. Remarks by AIT Director W. Brent Christensen At the Fourth Digital Dialogue (January 17, 2020) *

#### American Institute in Taiwan

Good afternoon!  Wu an! Welcome to the fourth and final Digital Dialogue Public Forum and the final event of our yearlong AIT@40 campaign.

Before I begin, I would like to once again congratulate Taiwan on Saturday's election.  I echo Secretary of State Pompeo's words of congratulations to President Tsai and hope that Taiwan will continue to serve as a shining example for countries that strive for democracy, prosperity, and a better path for their people.

Today I want to talk about our accomplishments over the past year; say a few words about the fourth Digital Dialogue theme: people-to-people ties; and provide a preview of our vision and activities for 2020.

2019 marked the 40th anniversary of the Taiwan Relations Act and AIT's 40th birthday. Anniversaries are a time to reflect on how we have changed and grown.  They are also an opportunity to recommit ourselves to the pursuits that have enriched our lives and expanded our possibilities.

In this spirit, we spent this year not only celebrating 40 years of U.S.-Taiwan friendship, but also examining the many ways this partnership has benefitted both our societies and how we might expand our partnership for future generations.

There was a lot to celebrate and a lot to examine!  Each month, we focused on a different theme, from Arts & Culture to Security Cooperation; Digital Economy to the Environment; Shared Values to Innovation & Entrepreneurship.  We held conferences and workshops; shared stories on social media; opened museum exhibitions; and organized student exchanges.  We held our first-ever U.S.-Taiwan Consultations on Democratic Governance; launched our Digital Dialogue series; and lit up the night sky with an AIT@40 message across the side of Taipei 101.

---

\*　資料來源：American Institute in Taiwan, https://www.ait.org.tw/remarks-by-ait-director-w-brent-christensen-at-the-fourth-digital-dialogue/.

This was truly an extraordinary year, packed with activities that engaged the highest levels of government, the youngest members of our communities, and everyone in between. And even after all that, there is so much more to celebrate that we joked about launching an AIT@41 campaign.

AIT@40 also proved to be an ideal way for us to make progress on the four priorities that I identified for my tenure as AIT Director, which I call my《四個增進》: promote U.S.-Taiwan security cooperation; promote U.S.-Taiwan economic and commercial ties; promote Taiwan's engagement in the international community; and promote U.S.-Taiwan people-to-people ties.

On security cooperation, the U.S. notified more than 10 billion U.S. dollars in sales of defense articles to Taiwan, including F16 fighter jets and M1 tanks, part of our continuing effort to fulfill our commitment in the TRA to support Taiwan's self-defense. We also launched the Indo-Pacific Security Fellowship, designed to cultivate a future generation of leadership for the bilateral security relationship and plant the seeds for enhanced U.S.-Taiwan security cooperation for the coming decade.

On economic and commercial ties, we held the third Digital Economy Forum, in which U.S. and Taiwan representatives identified ways to enhance our cooperation on critical tech issues such as 5G, AI, and digital trade. We also held the Women's Economic Empowerment Summit, which connected young women in Taiwan with female business leaders from across the Indo-Pacific, including representatives from some of the United States' most successful companies: Microsoft, Bloomberg, Facebook, and Uber, just to name a few. In June, for the second year in a row, Taiwan sent the largest delegation worldwide to the annual SelectUSA investment summit in Washington, DC, which further strengthened our bilateral economic ties.

On Taiwan's global engagement, we worked with Taiwan's leadership to host the first ever Civil Society Dialogue on Securing Religious Freedom in the Indo-Pacific Region, which brought together members of civil society from over 18 countries here in Taipei to forge solutions to the growing trend of religious repression. And in October, the United States and Taiwan cohosted the first Pacific Islands Dialogue, where Pacific Island nations could learn from Taiwan's successes in achieving sustainable, inclusive economic growth.

Finally, on people-to-people ties, we introduced the Talent Circulation Alliance, designated 2019 as a U.S.-Taiwan Travel Year to increase two-way travel between the United States and Taiwan, and announced an effort to establish preclearance operations at Taoyuan Airport, which will make travel to the United States even easier. In addition, in October, we helped launch the first Flagship Chinese language program in Taiwan at the National Taiwan University.

And that brings me to the topic of today's Digital Dialogue Public Forum: strengthening people-to-people ties between the United States and Taiwan. It would be easy to say that this is an area in which we have already enjoyed so much success that we no longer need to make it our focus. Generations of Taiwan's most prominent political leaders, successful businesspeople, and influential cultural icons have spent time in the United States. Taiwan sends roughly the same number of students to the United States as Mexico and Germany combined. And last year, two-way travel hit a historic high, surpassing a million travelers.

But it is absolutely critical that we not [chi lao ben 吃老本 ]. People-to-people ties bring more than just a shared love of baseball and superheroes; more than a collection of life- and career-altering exchange experiences; more than sister city relationships that help small towns see the wider world, though people-to-people ties do bring these things.

These ties also form the connective tissue that allows the United States and Taiwan to cooperate in ways that have immeasurably benefitted both of our societies and the entire global community. These ties allow us to confront new challenges head-on and side-by-side. And these ties are the inspiration for AIT's theme for 2020: Real Friends, Real Progress 真朋友，真進展 .

Perhaps this concept sounds very simple, but it is important to consider its significance within the current context. Some use the cover of friendship to dominate and manipulate; promising mutual benefit but instead delivering extortion; exporting problems rather than solutions.

The United States and Taiwan, and the friendship we have built over the past forty years, stand in stark contrast to the cynical opportunism I just described. We do not define our interests solely in terms of dollar signs or how well they conform to global trends or views of the day. Instead, the United States and Taiwan are sincerely invested in each other's successes and in forging a shared future together 真朋友，真進展 .

This shared future means that we strive together and thrive together 共同努力，共同得益 . The United States and Taiwan are capable partners with societies and economies uniquely equipped to drive global progress and tackle emerging threats. Furthermore, we are natural partners in promoting a free and open Indo-Pacific.

And our partnership is built not on the coincidence of common geography or race, but rather on something fundamental: we share a common character 相同本質 . This character is exemplified by our shared values:

Our political values 政治價值觀 , which include our dedication to rule of law, protection of human rights and freedoms, and appreciation of diversity.

Our economic values 經濟價值觀 , which include our commitment to free markets, private sector-driven growth, protection of intellectual property rights, and adherence to international trade rules.

Our international values 國際價值觀 , which include contributing to global problem-solving, generosity with foreign assistance and humanitarian relief, and working to lift up countries around the world as they strive towards greater prosperity and more democratic systems of governance.

The United States and Taiwan are members of the same family of democracies, bonded by these common values. In the coming year, we will work in concert with Taiwan and the other members of this family to fortify these real friendships and together pursue real progress.

We will expand the Global Training and Cooperation Framework (or GCTF), a platform we founded in 2015 to bring Taiwan's expertise and leadership to the global stage. In 2020, we plan to hold a record 11 workshops. Each of these workshops will be cohosted not only by Japan, our new trilateral partner, but also by a rotating fourth co-host. Our first workshop of the year, on sustainable materials management, will be cohosted by the Netherlands and will focus on solutions to the global marine debris challenge. We also plan to host workshops outside of Taiwan, including in one of Taiwan's diplomatic partner nations; these workshops will provide a platform for Taiwan to share best practices and expertise, while highlighting the many benefits of strengthening partnerships with Taiwan, official or unofficial.

The year 2020 will also feature a series of events promoting our newly-launched Talent Circulation Alliance, or TCA. The Talent Circulation Alliance was born from the idea that the 21st century solution to brain drain is not talent retention; it is talent circulation. In an increasingly globalized world where careers look less like ladders and more like jungle gyms, economies thrive when they encourage their best and brightest to gain experience abroad. The United States has long been the destination of choice for scholars and experts in all disciplines to sharpen their skills before returning home to become leaders and drivers of growth and progress. The TCA currently features more than 20 programs aimed at facilitating talent exchange, talent cultivation, and talent networking opportunities between Taiwan, the United States, and other like-minded countries. While China is seeking to poach Taiwan's talent, the

United States is helping Taiwan internationalize its workforce for the digital age through talent circulation.

AIT is also organizing complementary programs aimed at building STEM capacity among Taiwan's youth and young professionals, including expert visits and exchanges on cybersecurity and a tech camp for girls. Stay tuned for more information for these and many other exciting programs in 2020.

Before I conclude I would like to thank all of the people who made AIT@40 and the Digital Dialogues a success: Thank you to Foreign Minister Wu and our colleagues at the Foreign Ministry for your partnership. Thanks to our counterparts at TECRO in Washington, whose TRA@40 programming helped educate Americans about the value of the U.S.-Taiwan friendship. Thanks to partners from ministries across Taiwan's government and to the many private partners who supported the many programs and activities that comprised AIT@40. And I would like to give a very special thanks to Digital Minister Audrey Tang and her team. She is without a doubt the global trailblazer when it comes to finding ways to digitally democratize not only domestic government, but international affairs. She not only developed the tools which made the Digital Dialogues possible, but personally guided the process.

As the United States and Taiwan look back on the past 40 years, we can see clearly that our journey together not only exemplifies mutual benefit, but also convergence. We have converged on a commitment to democratic governance; we have converged on an economic model that views human capital as the most valuable of all; and we have converged on an international posture of striving to be a force for good in the world. To me, this convergence demonstrates that sometimes we are not defined by where we are born but rather by the values we choose to live by. I look forward to seeing what the United States, Taiwan, and the world family of democracies will accomplish in the year to come.

### 4. U.S. Statement on Public Health Emergencies: Preparedness and Response World Health Organization Executive Board – Agenda Item 15.2 (February 7, 2020) *

#### U.S. Ambassador Andrew Bremberg

We would like to congratulate WHO on progress made in emergency preparedness under

---

\* 資料來源：American Institute in Taiwan, https://www.ait.org.tw/u-s-statement-on-public-health-emergencies-preparedness-and-response/.

the International Health Regulations, especially launching several new tools to close life-threatening gaps in preparedness and improve the efficiency of response. We encourage WHO to continue these efforts. The U.S. Government's support to the Health Emergencies Program is meant to promote WHO's ability to respond to several Grade 3 emergencies simultaneously. The ongoing Ebola outbreak in the Democratic Republic of the Congo coupled with the responses to newly emerging novel Coronavirus (nCoV) outbreaks, have emphasized the importance of strong coordination at all levels and a multi-sectoral approach for pathogens of pandemic potential, including enhanced security, robust data sharing, and community engagement.

We urge WHO to demonstrate steadfast global leadership while providing timely and effective coordination with other UN agencies, Member States and NGOs, and the wider international community in every response. The United States encourages WHO to work with Member States and its partners to identify gaps in preparedness that need to be addressed immediately to ensure timely detection and rapid response to public health threats. For the rapidly evolving coronavirus, it is a technical imperative that WHO present visible public health data on Taiwan as an affected area, and engage directly with Taiwan public health authorities on actions.

We appreciate the creation of the preparedness division under ADG Mahjour within the Health Emergencies Program and recognize preparedness as a critical part of addressing health emergencies. We encourage WHO to continue to prioritize the Health Cluster as the mechanism for humanitarian health coordination in all hazards, and to strengthen coordination between the Incident Management System and the Health Cluster.

Once again, we deeply appreciate all that China is doing on behalf of its own people and the world, and we look forward to continuing to work together as we move ahead in response to the coronavirus. Lastly, as I stated on Monday, the United States is implementing appropriate public health measures in keeping with WHO's recommendations, and the IHR's, to minimize the spread based on the best available evidence.

We would ask the WHO to provide technical assistance to Member States to better understand how they too can implement appropriate travel restrictions consistent with the IHRs that support the domestic travel restrictions China has put in place to minimize the spread. Thank you.

## 5. Remarks by AIT Director W. Brent Christensen at the Opening of "U.S.-Taiwan Relations Since 1979" Exhibition (March 11, 2020) *

### American Institute in Taiwan

It's wonderful to have this opportunity to speak with you all. It's especially nice to look out at the audience and not see an ocean of business suits!

I was about your age when I came to Taiwan for the first time as a missionary. I lived in the Kaohsiung suburb of Tsoying and spent all of my time out in the community talking to people. Unbeknownst to the many shopkeepers, government workers and students I came in contact with, they were my most important teachers. They taught me some Taiwanese slang. They taught me about Taiwan's history. They taught me about the many cultures, imported and indigenous, that blend together to make Taiwan such a special place. In short, they gave me the most practical training I needed to do this job. Beyond that, they sparked within me a love for and fascination with Taiwan that would go on to define my career.

This is actually my third time serving in Taiwan as a diplomat. I have also led the State Department's Taiwan Desk and served three times in Beijing and once in Hong Kong, with the cross-Strait dynamic often foremost in my mind. So, if you walk away with no other lesson today, I hope you will believe me when I say that the experiences you have early in your life can truly define your life's work.

Repeatedly returning to Taiwan over the course of 40 years has also afforded me a unique vantage point from which to view Taiwan's development and the development of the U.S.-Taiwan relationship.

Looking back from today's viewpoint, it is easy to forget how miraculous the current state of affairs would appear to both U.S. and Taiwan policy makers in 1979. The strong U.S.-Taiwan friendship of today and Taiwan's development into an economic powerhouse and a vibrant democracy were far from inevitable. In fact, I think it is fair to say they have exceeded all expectations. Taiwan has demonstrated to the world that democracy knows no race, religion, or ethnicity and is compatible with both Eastern and Western cultural traditions.

I hope that over the next few weeks you will visit the new exhibit on "U.S.-Taiwan Relations since 1979" that we are opening on your campus to see the incredible breadth and

---

\* 資料來源：American Institute in Taiwan, https://www.ait.org.tw/remarks-by-ait-director-w-brent-christensen-at-the-opening-of-u-s-taiwan-relations-since-1979-exhibition/.

depth of the U.S.-Taiwan partnership. You will see that we work together on everything from science and technology to arts and culture, education to the environment. You will notice that generations of Taiwan's most prominent political leaders, most successful businesspeople, and most influential cultural icons have spent time in the United States; and that the U.S.-Taiwan partnership has enjoyed the support of seven U.S. presidents and both Republicans and Democrats in the U.S. Congress.

I think as you walk through the exhibit, you will see that our journey together over the past 40 years not only exemplifies mutual benefit, but also convergence. We have converged on a commitment to democratic governance; we have converged on an economic model that views human capital as the most valuable of all inputs; and we have converged on an international posture of striving to be a force for good in the world. To me, this convergence demonstrates that sometimes we are not defined by the family we are born into, but instead by the family we choose to belong to.

Both the United States and Taiwan have chosen to be members of the same family of democracies. We are bonded by our common character ( 相同本質 ) comprised of our shared values.

These values include: political values ( 政 治 價 值 觀 ), such as rule of law and equal protection under the law; respect for human rights; democratic and transparent governance; freedom of press, expression, and religion; and appreciation of diversity.

Our shared values also include economic values ( 經 濟 價 值 觀 ), such as free markets; private sector-driven growth; innovation and entrepreneurship; respect for intellectual property rights; and international rules and agreements that create a level playing field.

And finally, these values include international values ( 國際價值觀 ), like contributing to global problem-solving; providing international assistance and humanitarian aid; helping to "lift up" countries around the world as they strive towards greater prosperity and more democratic systems of governance; and exporting solutions, rather than problems.

We often talk about the U.S.-Taiwan partnership in very simple terms: Real Friends, Real Progress ( 真 朋 友 ， 真 進 展 ). What does that mean? It means that the United States is a committed partner and a true friend to Taiwan; that our words match our deeds; that with us, what you see is what you get; and that the United States and Taiwan are sincerely invested in each other's success.

And what exactly does "real friends, real progress" mean in practical terms? It means that every year AIT is working with the Taiwan authorities on activities that ensure that countries throughout the Indo-Pacific and around the world understand that Taiwan is a leader in fields like infectious disease prevention, disaster relief, women's economic empowerment, and combatting drug trafficking; these activities reaffirm the critical need to expand Taiwan participation in the international community and its role in global problem solving. The latest issue of the Journal of American Medical Association highlighted just one example of this in describing Taiwan's impressive handling of the coronavirus outbreak as a model of rapid and efficient response to the crisis.

"Real friends, real progress" also means that the United States and Taiwan work tirelessly to expand our already impressive economic and commercial ties. It means we help each other create jobs and grow our economies. It means people in Taiwan are enjoying a more consistent supply of U.S. apples and Americans are now discovering Taiwan's guavas.

"Real friends, real progress" also means overcoming common challenges, or as we say "we strive together and thrive together" (共同努力，共同得益). What are these common challenges? We are working together to face environmental challenges, like keeping our oceans healthy by managing marine debris. We are enhancing our security cooperation to confront both conventional and non-traditional security challenges, including cyber threats. And we are cooperating on disarming disinformation, sometimes called "fake news."

Tackling disinformation is a challenge shared by all members of the family of democracies. Strong societies benefit from real news; flawed governments traffic in fake news. The United States and Taiwan have great stories to tell, in terms of our economies and our democracies. We benefit when people understand the truth. Disinformation is a means of deflecting attention away from the consequences of bad governance and obscuring the successes of good governance.

Disinformation seeks to deepen existing divides within societies, interfere in elections, and in our case, undermine public confidence in the U.S.-Taiwan friendship. As democratic societies, we are looking for approaches that address this challenge while protecting freedom of the press and freedom of expression.

AIT has worked with our Taiwan partners to share information and expertise, to fund academic research to better understand this challenge, and to empower civil society to come up with innovative solutions.

"Real friends, real progress" also means helping Taiwan to confront the challenge of brain drain and to internationalize its workforce for the digital age. Last year, AIT worked with our Taiwan partners to launch the Talent Circulation Alliance, or TCA. The TCA was born from the idea that the 21st century solution to brain drain is not talent retention; it's talent circulation. In an increasingly globalized world where careers look less like ladders and more like jungle gyms, economies thrive when they encourage their best and brightest to gain experience abroad. The TCA currently features more than 20 programs aimed at facilitating talent exchange, talent cultivation, and talent networking opportunities between Taiwan, the United States, and other like-minded countries.

I would urge you, when you are considering where to spend your precious time during the formative years of your education and career, to pick a place where your voice will be heard; where you can explore your intellectual curiosity without fear of reprisal; where your freedom will be protected; where your internet will work; where your intellectual property will be respected; where you can forge relationships with companies that do not operate at the whims of their government; where you will not be pressured to spy on others or steal trade secrets. Pick a place, like Taiwan, that has flourished by relying on ingenuity, creativity, and the spirit of entrepreneurship.

While I will acknowledge that there many places that fit the description above, I cannot pretend to be impartial. I wholeheartedly recommend that you choose the United States. In an everchanging geo-political landscape, some things remain constant: the United States attracts more students, scholars, and high-skilled workers than any country in the world. The United States continues to be the destination of choice for scholars and experts in all disciplines to sharpen their skills before returning home to become leaders and drivers of growth and progress. The United States continues to be the leader in cutting-edge research that will make our lives safer, more convenient, and healthier in the coming decades. During the 2018-2019 academic year, the number of international students in the United States reached an all-time high of more than one million students with an increasing number of students taking advantage of Optional Practical Training (OPT) opportunities. During the same time period, the number of students from Taiwan studying in the United States also increased for the third year in a row. As you consider your future professional and academic plans, please think of the United States.

Before I close today, I want to make one final appeal to you all: take pride in Taiwan. I know it sounds like a strange message coming from a foreigner, but sometimes we need outsiders to serve as our mirrors so we can better see ourselves. I encourage you all to feel proud to represent a society whose democratic transformation is an inspiration the world over and whose economic development is a model that others aspire to replicate. Take solace in the fact that all democracies face roadblocks and gridlock; all economies speed up and slow down; progress is sometimes hard-won over generations. Remember that democracies are works in progress. They are imperfect because the people they represent are imperfect. And when you're not satisfied with the direction of your society or government policies, the answer is not apathy; it's more engagement. It's your voice. It's your vote.

Finally, please make sure to visit the exhibit on "U.S.-Taiwan Relations since 1979 and learn more about the extraordinary story of U.S.-Taiwan partnership. I hope you will all consider becoming a part of that story.

**6.　Remarks by AIT Director W. Brent Christensen at USA Caucus Launch Event Legislative Yuan（July 20, 2020）***

**American Institute in Taiwan**

Legislative Yuan Secretary-General Lin, Chairman Lo, Deputy Chairman Chiu, Deputy Chairwoman Liu, Deputy Minister Hsu, and Representative-Designate Hsiao, I am pleased to join you today at this inaugural event of the USA Caucus of the 10th Legislative Yuan.

Last year, we at AIT celebrated forty years since the U.S. Congress codified our commitment to Taiwan in the Taiwan Relations Act, and also established the American Institute in Taiwan. The TRA was passed swiftly and overwhelmingly on a bipartisan basis by both the U.S. Senate and House of Representatives. Forty-one years later, Taiwan still enjoys powerful support in the U.S. Congress and U.S.-Taiwan relations continue to grow stronger with each passing year.

In the last two years, the Taiwan Relations Act has been supplemented by the Taiwan Travel Act and the TAIPEI Act, which were similarly passed by overwhelming, bipartisan majorities.

Together, these laws – even beyond their practical effects – are a potent symbol of the deep reservoir of support for Taiwan in the U.S. Congress, and more broadly, among the American people they represent. The Congressional Taiwan Caucus and its Senate counterpart have for

---

*　資料來源：American Institute in Taiwan, https://www.ait.org.tw/remarks-by-ait-director-w-brent-chris tensen-at-usa-caucus-launch-event-legislative-yuan/.

years ranked among the largest legislative caucuses in Washington and have consistently played an important role in advancing U.S.-Taiwan ties.

Likewise, the formation of this caucus embodies the goodwill of Taiwanese people from all walks of life towards the United States that I have personally experienced over the decades. One need only look at the personal biographies of those in attendance today to see the long and enduring nature of the friendship between the United States and Taiwan.

This friendship is based on the free and open nature of our democratic societies, in our shared respect for human rights and fundamental freedoms, a common commitment to the value of diversity and competition – both in the business sector and the marketplace of ideas – and a desire to contribute to global problem solving in pursuit of a more prosperous, more compassionate, and more democratic world.

These values have acted as a guiding light for our relationship, enabling us to collaborate across initiatives ranging from the Global Cooperation Training Framework (GCTF) which commemorated its fifth anniversary this June, to the Talent Circulation Alliance, launched last year to facilitate the circular flow of human capital between Taiwan, the United States, and like-minded countries, to last September's convening of the U.S.-Taiwan Consultations on Democratic Governance in the Indo-Pacific.

We often describe the U.S.-Taiwan relationship as "real friends, real progress" [ 真朋友, 真進展 ]. There are few examples that better exemplify this spirit than our partnership against the Covid-19 pandemic, where we are working together in areas such as vaccine development, medical supply chains, and expert exchanges.

And so, I am confident that though today's event comes at a time when the breadth and depth of U.S.-Taiwan ties have recently been on full display, this caucus can and will find new and creative ways, working together with your counterparts in the U.S. Congress and across all segments of Taiwan society, to bring our relationship to new heights.

Thank you for your leadership and your initiative in launching the USA Caucus of the 10th Legislative Yuan. On behalf of AIT, we look forward to partnering in this worthwhile endeavor to continue forging a shared future for the United States and Taiwan, and to advance a free and open Indo-Pacific region.

## 7. HHS Secretary Alex Azar Statement on Meeting with President Tsai Ing-wen (August 10, 2020) *

### American Institute in Taiwan

Thank you, President Tsai [ts-eye], for welcoming me to Taiwan today. It is a true honor to be here to convey a message of strong support and friendship from President Trump to Taiwan.

I would like to congratulate President Tsai on beginning her second term earlier this year. As Secretary Pompeo said in marking her inauguration in May, President Tsai's courage and vision in leading Taiwan's vibrant democracy are an inspiration to the region and the world.

I also want to offer my condolences to everyone in Taiwan on the loss of your former President Lee Teng-hui, the father of Taiwan's democracy and one of the great leaders of the 20th century's movement toward democracy.

Under President Trump, the United States has expressed our admiration for Taiwan's democratic success in tangible ways. President Trump has signed legislation to strengthen the partnership between Taiwan and the United States, and in 2018, we opened a new American Institute in Taiwan, a brick-and-mortar commitment to our treasured friendship.

The particular focus of both my discussion with President Tsai and of our trip is highlighting Taiwan's success on health, in combating COVID-19, and cooperating with the United States to prevent, detect, and respond to health threats.

Taiwan's response to COVID-19 has been among the most successful in the world, and that is a tribute to the open, transparent, democratic nature of Taiwan's society and culture. Taiwan had tremendous success in detecting COVID-19, managing the outbreak, and sharing this valuable information with other nations. Taiwan's success in health and industry has allowed it to extend a helping hand to others, sending needed supplies around the world, including to the United States and Pacific Island nations.

Again, I am grateful to President Tsai for welcoming us to Taiwan and I look forward to using this visit to convey our admiration for Taiwan and to learn about how our shared democratic values have driven success in health.

---

* 資料來源：American Institute in Taiwan, https://www.ait.org.tw/hhs-secretary-alex-azar-statement-on-meeting-with-president-tsai-ing-wen/.

### 8. Remarks by AIT Director W. Brent Christensen at the Announcement of the AIT-TECRO Joint Declaration on 5G Security (August 26, 2020) *

#### American Institute in Taiwan

Minister Wu, NCC Chairperson Chen, Commissioner Sun, Legislator Liu, DG Jyan, distinguished panelists, honored guests, ladies and gentleman, Wu-An!

It is my distinct pleasure to be with you today to announce the AIT-TECRO Joint Declaration on 5G Security. We are proud to stand with Taiwan, a truly reliable partner, to publicly proclaim our shared values and close cooperation on 5G Security.

The United States advocates for a vibrant digital economy worldwide that benefits from the promise of fifth-generation (5G) networks. 5G is transformative and will touch every aspect of our lives, including critical infrastructure. Innovative new capabilities will power smart manufacturing, smart cities, autonomous vehicles, healthcare, and other groundbreaking technologies. Due to the way 5G networks are built, it is impossible to separate any one part of the network from another. With so much on the line, it is urgent that trustworthy companies build the information infrastructure for the 21st century.

In May 2019, government officials from more than 30 countries across the globe, alongside representatives from the European Union, the North Atlantic Treaty Organization, and industry, participated in discussions regarding the important national security, economic, and commercial considerations that must be part of each country's evaluation of 5G vendors. The resulting Prague Proposals on 5G security published by the Czech conference chair serve as a set of recommendations and principles for nations to consider as they design, construct, and administer their 5G infrastructure. We welcome Taiwan's endorsement of these important measures.

Let me be clear, the consequences of 5G deployment choices made now by governments and by telecom operators will be felt for years, if not decades, to come. Countries need to be able to trust the 5G equipment and software companies and know that they will not threaten their national security, privacy, intellectual property, or human rights. Trust cannot exist where telecom vendors are subject to authoritative governments like the People's Republic of China,

---

* 資料來源：American Institute in Taiwan, https://www.ait.org.tw/remarks-by-ait-director-christensen-ait-tecro-declaration-5g-security/.

which lacks an independent judiciary or the rule of law, and whose limited privacy protections result in security vulnerabilities.

On April 29, 2020, Secretary Pompeo announced that the U.S. Department of State will begin requiring a Clean Path for all 5G network traffic entering and exiting U.S. diplomatic facilities. The 5G Clean Path is an end-to-end communication path that does not use any transmission, control, computing, or storage equipment from extremely problematic, untrusted IT vendors, such as Huawei and ZTE. The 5G Clean Path embodies the highest standards of security against untrusted, high-risk vendors' ability to disrupt, manipulate or deny services to private citizens, financial institutions, or critical infrastructure. We are happy that Taiwan is a member of the 5G Clean Path Initiative.

Taiwan and the United States are joined by other "clean" partners with the aim of keeping technology systems clean and free of untrusted vendors to promote the security of nations by protecting sensitive data of our citizens and companies from authoritarian governments. This Clean Network, which is rooted in internationally recognized digital trust standards, will ensure that only trusted clean vendors are used in critical technologies. Here in Taiwan, all five local 5G telecom providers are considered by the U.S. Department of State to be Clean Carriers. This environment of trust should encourage cooperation between U.S. and Taiwan communication equipment and cybersecurity companies.

As the world continues to battle the COVID-19 pandemic and to adapt to the new normal, we have depended on digital technology and connectivity more than ever. The fact that we're able to speak virtually and continue to get work done is due to the incredible phenomenal advances made in the information and communications technology space over the last decade. Everyone now realizes the importance of digital technology for telemedicine, education, and doing business. We all need to realize that information communications technology is, in fact, critical infrastructure and should be secured as such.

Today's Joint Declaration says, "We believe that it is critical to transition from untrusted network hardware and software suppliers in existing networks to trusted ones through regular lifecycle replacements. Such efforts will not only improve our respective security, but also provide opportunities for private sector innovators to succeed under free and fair competition and benefit our respective digital economies."

As you may know, this month we are celebrating U.S.-Taiwan Security Cooperation Month. When we talk about our security cooperation with Taiwan, most people think about arms sales. But the security challenges our societies face span both traditional and non-traditional threats, like natural disasters, disinformation, and cyber-attacks. Our shared values and commitment to facing the challenges and opportunities that new technologies present are exactly why we describe the US-Taiwan relationship as "Real Friends, Real Progress [真朋友真進展]," and I would like to take this opportunity to once again express the sincere appreciation of the United States for Taiwan's support and friendship."

We look forward to a fruitful panel discussion today.

## 9. Remarks by AIT Director W. Brent Christensen at the Forum on Supply Chain Restructuring: Improving Resilience Amongst Like-Minded Partners (September 4, 2020) *

### American Institute in Taiwan

Senate President Vystr  il, Minister Wu, Representative Grzegorzewski, Representative Izumi, TAITRA Chairman Huang, distinguished guests, good afternoon. We are delighted that this delegation from the Czech Republic made this visit to Taiwan despite the many challenges, both logistical and political. We commend Senate President Vystr  il for his vision and leadership.

I would like to first share some good news with the delegation: Just last week, the American Institute in Taiwan (AIT) and Taiwan's Representative Office in the United States issued a joint declaration on 5G security, echoing the Prague Proposals, a set of guidelines were so important for developing a common approach to 5G network security adopted at the landmark conference hosted by your government in May 2019.

Senate President Vystr  il and his delegation's visit to Taiwan showcases Taiwan's significance in so many areas that are vital to our future prosperity and national security. Supply chain resiliency is just one of the areas in which Taiwan will play a key role in the post-COVID-19 era.

The American Institute in Taiwan is pleased to co-host this Forum with our likeminded partners to discuss this very important question: How can we work together to improve the resilience of our supply chains to both prevent and prepare for future crises?

---

* 資料來源：American Institute in Taiwan, https://www.ait.org.tw/remarks-by-ait-director-w-brent-chris tensen-at-the-forum-on-supply-chain-restructuring-improving-resilience-amongst-like-minded-partners/.

The COVID-19 pandemic has exposed the risks of relying too much on a single country or supplier for critical materials like medical supplies and pharmaceuticals and for inputs for strategically important industries. The U.S. government is undertaking a whole-of-government approach to address supply chain restructuring. We know this is a challenge faced by everyone in this room, and we want to cooperate on this difficult but important undertaking. Our shared interests and shared values make us natural partners, and we believe we will be stronger and more effective if we work together.

As we plan for a post-pandemic world and evaluate what changes to the global supply chain are necessary, one thing is certain: Taiwan has demonstrated time and again that it is a reliable partner and a critical player for moving toward a more sustainable global economy. Taiwan's ability to manage the pandemic is impressive. But equally impressive – and truly inspiring – is Taiwan's ability and willingness to offer assistance to the United States and other countries around the world in dealing with the pandemic.

Over the past eight months, the American Institute in Taiwan has engaged with counterparts in the Taiwan government, industries, and academia to explore how we can work together on supply chain restructuring. I urge Taiwan to capitalize on the unique opportunity to join the effort to reshape global supply chains for the betterment of the world.

We know that Taiwan is already at the center of regional high-technology supply chains. Taiwan firms are the leading industry players that helped to develop ICT and other supply chains in the PRC over 30 years ago. However, in contrast to PRC companies, Taiwan firms adhere to the rule of law and protect intellectual property.

Many firms, including Taiwan businesses, have begun to seek alternative production and manufacturing hubs as they increasingly recognize the dangers of linking their futures to the PRC. The Taiwan Ministry of Economic Affairs has already found success in business reshoring programs, which have attracted more than US $33.3 billion of investment back to Taiwan since the program was launched in January 2019.

However, not every Taiwan company operating in the PRC can easily be brought back to Taiwan. There simply isn't enough space, energy or labor. As a result, many Taiwan firms are seeking partnerships in the United States and in other like-minded economies to build out the new supply chains of the future.

Helping economies, sectors, and companies to build out secure supply chains will require a coordinated effort from all of us. We hope today's event will represent progress in that difficult but critical process.

As many of you know, earlier this week, the United States announced that we will be launching an Economic and Commercial Dialogue with Taiwan. The United States wants to strengthen our bilateral economic ties across a range of priority issues, and reorienting technology and medical product supply chains is at the top of the list.

Before I close, I want to return to the topic of our shared values. Supply chain restructuring would seem to be chiefly concerned with national interests, especially economic interests to ensure our supply always meets our demand. But the factor that makes the parties in this room especially good partners for such a high-stakes undertaking is actually shared values.

Like Taiwan, the Czech Republic has dazzled the world by transforming itself into one of the world's most vibrant democracies and successful economies. Both places have come to symbolize how the spark of democracy and innovation can be kept alive under any circumstances. Both places inspire both their neighbors and countries around the world to be freer and more prosperous.

And all of us in this room are connected by our shared values. These include our political values: equal protection under the law; respect for human rights; the freedoms of press, expression, and religion.

They include our economic values: free markets; private sector-driven, sustainable growth; innovation and entrepreneurship; respect for intellectual property rights; and compliance with international rules.

And these include our international values: seeking to resolve global problems and providing international assistance, humanitarian aid, and exporting solutions rather than problems.

These are the shared values that will inform how we reinvent the supply chains of the future.

Once again, I thank the European Economic and Trade Office, Japan-Taiwan Exchange Association, Taiwan Ministry of Foreign Affairs, Taiwan Ministry of Economic Affairs, and Taiwan External Trade Development Council for co-hosting such an important forum with us and for embarking with us as partners on this path together.

## 10. Remarks by AIT Director W. Brent Christensen at Taiwan Internet Governance Forum (November 11, 2020) *

### American Institute in Taiwan

National Communications Commission (NCC) Chairperson Chen, Digital Minister Tang, Minister without Portfolio Lo, ICANN Chairman Botterman, TWNIC CEO Huang, TWIGF Chairman Wu, distinguished guests and friends, wu an!

It is my great pleasure to speak to you all at the Taiwan Internet Governance Forum's annual meeting, entitled "One World, One Internet?"

Indeed, as the Internet evolves and new network technologies blur the line between the physical world and the virtual, now is the time as a multi-stakeholder community to take stock of the rising challenges to the global, open Internet. Together, we must decide how we can ensure emerging technologies are governed to reflect our shared values and to protect data, privacy, and human rights.

In looking at the schedule planned for the next two days, whether it is cybersecurity and public-private cooperation, data sovereignty, or 5G, it strikes me that the topics at hand are also those that are at the forefront of U.S. foreign policy.

As 2020 marked the rollout of commercial 5G networks in Taiwan, I would like to take the opportunity to talk about the United States' own efforts to ensure the security and reliability of these emerging networks.

First, let me be clear: The United States advocates for a vibrant digital economy worldwide that enables all people to benefit from the promise of 5G wireless networks. 5G networks will touch every aspect of our lives and economy, including critical infrastructure such as transportation, electrical distribution, and telemedicine.

At the same time, the United States is deeply concerned about the dangers of networks that can be manipulated, disrupted, or controlled by authoritarian governments that have no democratic checks and balances and no regard for human rights, privacy, or international norms. In 5G networks, sensitive information will be stored and analyzed on all parts of the

---

* 資料來源：American Institute in Taiwan, https://www.ait.org.tw/remarks-by-ait-director-christensen-taiwan-internet-governance-forum/.

network – the core and the edge – so we need to pay special attention to how we secure the physical infrastructure of the networks themselves.

The new and distinct security challenges posed by 5G networks mean countries, companies, and citizens must not allow untrustworthy vendors to control any parts of a 5G network. Untrusted, high-risk vendors don't need a back door—they have front doors through software updates and patches to insert malicious code or skim data.

In light of these challenges, earlier this year U.S. Secretary of State Pompeo announced the Clean Network program, which is a comprehensive approach to address the long-term threats to data privacy, security, human rights, and trusted collaboration posed to the free world from malign actors such as the Chinese Communist Party. It is rooted in internationally accepted digital trust standards and represents the execution of a multi-year, enduring strategy built on a coalition of trusted partners.

Taiwan is a model for how to protect 5G networks, having taken steps as early as 2011 to limit, and ultimately remove, Huawei from its telecommunications networks. We welcome Taiwan's recent decision to go a step further and require a 5G Clean Path for its overseas official communications, and congratulate all of Taiwan's largest telecom companies for being certified as Clean Carriers.

Taiwan is not alone. To-date more than 30 countries, territories, and telecommunications carriers have taken strong steps to secure their 5G networks from untrusted vendors.

However, the threats posed by untrusted vendors are not limited to 5G—they are present across the full information and telecommunications (ICT) spectrum. We encourage Taiwan and other likeminded countries to think about how to protect other aspects of your ICT infrastructure from untrusted vendors, including your subsea cables and cloud service providers.

We are proud to stand with Taiwan, a truly reliable partner, to publicly proclaim our shared values and close cooperation on 5G Security and ensuring the Internet remains a free, democratic, and global platform.

We often describe our partnership with the phrase "Real Friends, Real Progress"（真朋友，真進展）and our mutual support of democratic governance of the Internet perfectly illustrates this concept.

In closing, I would like to congratulate Taiwan for its championship of an open, democratic Internet. We look forward to continued collaboration over the years to come.

## 11. Fact Sheet To be Released by AIT and TECRO U.S.-Taiwan Economic Prosperity Partnership Dialogue (November 21, 2020) *

### American Institute in Taiwan

Convened under the auspices of the American Institute in Taiwan (AIT) and the Taipei Economic and Cultural Representative Office (TECRO) in the United States, the U.S.-Taiwan Economic Prosperity Partnership (EPP) Dialogue signifies that the United States-Taiwan economic relationship is strong and growing. Bound together by a belief in transparency, democracy, free markets, and the rule of law, Taiwan and the United States are natural economic partners. Our shared interests in secure and diverse supply chains, safe telecommunications networks, and transparent infrastructure development can help us work towards a more inclusive and prosperous world.

Led by Under Secretary of State for Economic Growth, Energy, and the Environment Keith J. Krach and Taiwan Minister without Portfolio John Deng, the EPP Dialogue's inaugural meeting took place on November 20 in Washington. At the meeting, the two sides discussed and accomplished the following:

Memorandum of Understanding: Both sides welcomed the signing of a Memorandum of Understanding (MOU) between AIT and TECRO on Establishing a U.S.-Taiwan Economic Prosperity Partnership (EPP) Dialogue. The MOU is expected to create the foundation for future high-level annual EPP Dialogues, to be held alternately in Washington and Taipei, and promote deeper and broader economic cooperation. The U.S. Department of State and the Ministry of Economic Affairs of Taiwan, or another designated representative as TECRO identifies in writing, will serve as the respective Designated Representatives of AIT and TECRO.

Areas for Economic Collaboration and Cooperation: Through the EPP Dialogue, the two sides intend to set up working groups to cover issues that include, but are not limited to, the economic issues listed below. The working groups are expected to meet as needed to discuss present and future economic cooperation. Their goal is to continue to assess, prioritize, add, and recalibrate lines of effort, as necessary, in advance of future EPP Dialogues so that discussion reflects the most up-to-date policy priorities. The conveners of each working

---

\* 資料來源：American Institute in Taiwan, https://www.ait.org.tw/fact-sheet-by-ait-tecro-us-taiwan-ep pd/.

group expect to report progress and propose new collaboration at future high-level annual EPP Dialogues. Both sides also confirmed that the Indo-Pacific should be one of the regional focuses for subsequent discussions including possible collaboration on initiatives that align with Taiwan's New Southbound Policy and U.S. strategic goals in the Indo-Pacific region.

Global Health Security: Taiwan is a global leader in the production of personal protective equipment, while the United States is a global leader in biomedical research and development (R&D), and the production of vaccines, medicine, and reagents. The two sides look forward to greater cooperation in R&D on digital technologies to deliver health care and in international commercial opportunities related to medical products. Both sides also look forward to seeking opportunities to promote talent exchanges and assist third-country capacity building to promote global health security. Both sides aspire to cooperate to ensure the free flow of medical supplies and services between the two and to explore new mechanisms to cooperate.

Science and Technology: Both sides are pleased with the successful scientific and technological cooperation, based on scientific excellence and research integrity, that has developed over many years under the auspices of AIT and TECRO. As a sign of continued and expanded commitment to science and technology collaboration, AIT and TECRO announced their intention to negotiate a Science and Technology Agreement to advance joint understanding on a broad range of science and technology topics. Through this anticipated agreement, both sides intend to advance scientific knowledge, technological innovation, capacity-building in third countries, and research integrity and protections through exchanges of data, knowledge, people, or other forms of cooperation.

5G and Telecommunications Security: The United States is proud to have Taiwan as a 5G Clean Path Partner. Taiwan's technical capacity can serve as a solid backing to U.S. companies in support of the Clean Network. The two sides discussed ways to encourage deployment of secure 5G networks and increase vendor diversity.

Supply Chains: Both sides noted Taiwan's competitive advantage in high-end manufacturing and the United States' leading global role in high-tech industries. Both sides confirmed that strategic cooperation on the semiconductor industry is a mutual priority given its potential to generate significant, long-term benefits for both economies. Both sides also aim to cooperate on medical, energy, and other critical technology supply chains.

Women's Economic Empowerment: The EPP Dialogue focused on women's economic empowerment as a cross-cutting priority. Noting recent U.S.-Taiwan collaboration on promoting young women's entrepreneurship in Latin America and the Caribbean, as well as women's economic empowerment in New Southbound countries, both sides affirmed support for women's economic participation globally.

Infrastructure Cooperation: The United States and Taiwan are partners on jointly developing regional infrastructure and bilateral financing in the Indo-Pacific region. AIT and TECRO recently signed a Framework to Strengthen Infrastructure Finance and Market Building Cooperation, which aims to facilitate technical exchanges and information-sharing to catalyze investments in infrastructure across the Indo-Pacific and New Southbound countries. The Taiwan side affirmed its support for the principles of transparency, accountability, resiliency, and financial, environmental, and social sustainability that underpin the Blue Dot Network initiative. Both sides also intend to continue exploring the formation of Partnership Opportunity Delegations (PODs), a U.S. Department of State initiative to foster deeper collaboration between the United States, foreign partners, and the private sector to explore overseas business opportunities in priority sectors with partner countries in South and Southeast Asia, the Pacific, and Latin America. Taiwan companies have established good business models in the region in areas including energy and transportation infrastructure. Both sides aspire to work closely in the region and explore joint business opportunities in infrastructure, renewable energy sources like wind and solar, and related areas.

Investment Screening: Both sides committed to explore ways to increase communication and collaboration between the Committee on Foreign Investment in the United States (CFIUS) and Taiwan's Ministry of Economic Affairs (MOEA) on investment screening, through AIT and TECRO.

## 12. Remarks by AIT Director W. Brent Christensen at the Launch of the U.S.-Taiwan Education Initiative (December 3, 2020) *

### American Institute in Taiwan

Foreign Minister Wu, Deputy Minister of Education Lio, OCAC Vice Minister Leu, other esteemed guests, good afternoon!

I am excited to be here today for the public launch of the U.S.-Taiwan Education Initiative.

---

* 資料來源：American Institute in Taiwan, https://www.ait.org.tw/remarks-by-ait-director-christensen-at-the-us-taiwan-education-mou-launch/.

This new bilateral Initiative is aimed at expanding access to Chinese and English language instruction, while safeguarding academic freedom. Specifically, the Initiative will highlight and enhance Taiwan's role in providing Chinese language instruction to Americans and to people around the world.

As you know, AIT and TECRO signed a Memorandum of Understanding, which lays the framework for our partnership in this critical area. Under this MOU, both sides have agreed to enhance and expand existing programs for two-way educational exchange, meaning once travel conditions allow, more Americans can come to teach and study in Taiwan, and more people from Taiwan can teach and study in the United States.

Yesterday, we held a very productive virtual meeting with representatives from the Taiwan NSC, MOFA, MOE, the U.S. Department of State and the U.S. Department of Education, along with local government officials. This discussion allowed the action offices from our respective governments to begin exploring the practicalities of realizing the goals identified in the MOU. We plan to continue our dialogue on these issues. It was an important first step in a process I am confident will pay dividends for both of our societies.

The U.S.-Taiwan Education Initiative is set against the backdrop of two distinct but related trends. First, universities around the world, including many in the United States, have been closing Confucius Institutes because of their role in censorship and malign influence campaigns by the People's Republic of China (PRC). However, interest in Chinese language learning remains strong among American and international students.

Taiwan can and should play a key role in addressing that interest. We are already encouraging students of the Chinese language to choose Taiwan as their place of study. We are also examining opportunities to move more U.S. Government-sponsored Chinese language programs to Taiwan. In line with this, in 2020 we increased AIT's annual funding of the Taiwan Fulbright program by approximately NT$6 million.

The Second trend is Taiwan's heightened commitment to English education. Taiwan has increased its investment in English language instruction in the hopes of internationalizing both its student body and its workforce. President Tsai has announced a goal of making Taiwan completely bilingual by 2030. Doing so would mean that Taiwan's students and young talent who wish to gain experience outside of Taiwan would have options in every region of the world. The United States is eager to help provide English language instruction to support this goal.

These two trends are both rooted in the same principle: young people should be able to pursue academic and professional opportunities in an environment free from coercion and censorship. In this way, the U.S.-Taiwan Education Initiative will provide a platform for expanded cooperation in pursuing both our shared interests and our shared values.

I hope you will continue to follow the progress of this Initiative, as we move from planning and coordination through implementation. I would encourage all of you to visit the Talent Circulation Alliance website for additional information on resources related to the Chinese and English language programs supported by the U.S. Government and Taiwan.

Before I close, I would like to thank the civil society and private sector partners here today. You have all be instrumental in forging the people-to-people ties that make this friendship so strong and so special. You also have a pivotal role in the success of the U.S.-Taiwan Education Initiative. I look forward to working with all of you to train the next generations of bilingual leaders!

## 13. Remarks by AIT Director W. Brent Christensen On the Announcement of the U.S.-Taiwan Scientific and Technological Cooperation Agreement (December 18, 2020) *

### American Institute in Taiwan

Foreign Minister Wu, Minister of Science and Technology Wu Tsung-tsong, Deputy Minister of Economic Affairs CC Chen, other esteemed guests, good afternoon!

I am delighted to be a part of this ceremony for the signing of this new U.S.-Taiwan Science and Technology Agreement, an important outcome of the U.S.-Taiwan Economic Prosperity Partnership Dialogue.

Having previously served as an Environment, Science, Technology and Health officer at Embassy Pretoria and then later as the Environment, Science Technology and Health Counselor in Embassy Beijing, I have a clear understanding and appreciation for how important this agreement will be for the U.S.-Taiwan relationship.

While the United States and Taiwan have signed many S&T cooperation MOUs, this agreement will allow that relationship to significantly deepen and grow.

This agreement provides a much-needed legal structure for further collaboration to

---

* 資料來源：American Institute in Taiwan, https://www.ait.org.tw/remarks-by-ait-director-christensen-on-us-taiwan-scientific-and-technological-agreement/.

advance scientific research, unleash technological innovation and ensure research integrity and intellectual property protection.

More importantly, this agreement is symbolic of the trust and the values that we both share.

The United States and Taiwan have an impressive record of cooperation and joint achievements, particularly in the area of science and technology. Our shared traditions of innovation and entrepreneurship ensure that both the United States and Taiwan will benefit from our continued scientific and technological engagements.

I am confident that the whole world will continue to benefit from the ongoing innovative scientific and technological cooperation between the United States and Taiwan, as our most brilliant minds from industries, academia, and research communities work together to meet the challenges ahead. As we often like to say, the United States and Taiwan are "Real Friends" making "Real Progress" together. 真朋友 , 真進展 (Zhen pengyou, zhen jinzhan).

# 第三部分　美國與中國關係

## 1. Remarks by President Trump and Vice Premier Liu He of the People's Republic of China in a Meeting (October 11, 2019) *

### The White House Oval Office

PRESIDENT TRUMP: Well, thank you very much. We've had a lot of very big news and some very good news today. But I'd like to hold this for China. There's nothing bigger than what we're doing with China. I think it's important that these are the questions that are asked. And, as you know, we have the Vice Premier of China, one of the most respected men in all of China, and the world, for that matter. And we have great respect for him, a great friendship with him.

And we've come to a very substantial phase one deal, and I'll go through some of the points, and then I'll ask the Vice Premier to say a few words and any comments that he may have.

We have come to a deal, pretty much, subject to getting it written. It'll take probably three weeks, four weeks, or five weeks. As you know, we're going to be in Chile together for a big summit. And maybe it'll be then, or maybe it'll be sometime around then.

But we've come to a deal on intellectual property, financial services. A tremendous deal for the farmers. A purchase of — from 40 to 50 billion dollars' worth of agricultural products. To show you how big that is, that would be two and a half, three times what China had purchased at its highest point thus far. So, they were purchasing $16 or $17 billion at the highest point, and that'll be brought up to $40 billion to $50 billion. So I'd suggest the farmers have to go and immediately buy more land and get bigger tractors. They'll be available at John Deere and a lot of other great distributors.

But we're taking the purchase of agricultural products from $40 to $50 billion, meaning in that neighborhood — from 40 to 50, approximately, billion. And what they've been doing now, I believe, is about $8 billion, right? Eight — right now it's eight.

The other thing I will say is, over the last two weeks, a lot of purchases have started going

---

\* 資料來源：The White House, https://trumpwhitehouse.archives.gov/briefings-statements/remarks-president-trump-vice-premier-liu-peoples-republic-china-meeting/.

back to our farmers. And you've been doing a lot of business with us, which we appreciate very much. But it really started a few weeks ago, but they intend to go up, ultimately, once the agreement is signed, from $40 to $50 billion. And, really, from — that was from a base of probably $16 billion, and right now it's $8 billion. And the $8 billion was lower than $8 billion. They got up to $8 billion because they've been purchasing quite a bit over the last couple of weeks.

So, we also have the agricultural structural issues. We have some incredible progress on the structure and structural issues. And, Bob, perhaps you could discuss that, please, on agriculture, and explain the importance of the structural issues that we've solved.

AMBASSADOR LIGHTHIZER: Well, I would say probably at least as important as the purchases is the fact that we've corrected a variety of SPS — what we call sanitary and phytosanitary issues. And we've corrected biotechnology issues. And it will be — it will be much easier now for American farmers to be able to ship to China. And we've made some corrections on our side to — that will help them on the Chinese side.

PRESIDENT TRUMP: And that's been completed and pretty much done.

AMBASSADOR LIGHTHIZER: That's correct.

PRESIDENT TRUMP: Another big issue that we've come to conclusion on is currency, foreign exchange. And, Steve, do you want to explain that, please?

SECRETARY MNUCHIN: Well, we've had very good discussions with Governor Yi, head of the People's Bank of China — their central bank. We've also had extensive discussions on financial services, opening up their markets to our financial services firms. So that we have pretty much almost a complete agreement on both those issues. And as you know, Mr. President, currency has been a very big concern of yours since the campaign. And we have an agreement around transparency into the foreign exchange markets and free markets. So we're very pleased with that.

PRESIDENT TRUMP: We've also made very good progress on technology transfer, and we'll put some of technology transfer in phase one. Phase two will start negotiations almost immediately after we've concluded phase one and papered it. And I think phase one should happen pretty quickly.

So you have intellectual property. We have an agreement on intellectual property. Financial services — the banks and all of the financial services companies will be very, very happy with what we've been able to get. And I think China is going to be very happy because they'll be served very well by these great institutions being able to go into China. And it's going to be a tremendous thing for banks and for financial service companies.

Agricultural structural issues — tremendous for the farmers. As Steve said, that's almost as good as — which I disagree with him on that, but it's almost as good as going from $8 billion and then to $16 billion, which was their all-time high, to $40 to $50 billion. So we're going to be up to 40 to 50 billion dollars of agricultural purchases, which means the farmers are going to have to work a lot of overtime to produce that much. That's the largest order in the history of agriculture, by far, by two and a half times.

And technology transfer — we'll have some technology transfer in the agreement, but technology transfer will largely be done here and also in phase two. So we're going to start negotiating phase two after phase one is completed and signed. And then there may be a phase three or we may get it done in phase two. So you'll either have two phases or three phases.

So we're very happy with it. We have great respect for China, great respect for President Xi. And I want to just tell you that I watched the 70th anniversary in great detail, and it was an incredible event. And congratulations on the 70th, everyone. That was really something very amazing to watch.

Mr. Lighthizer has done a terrific job. All of my team, I think, has done a fantastic job. The Vice Premier, I want to just thank you very much for being here with your team. You're very tough negotiators. Congratulations.

But it's something that we both realized right from the beginning is very important — not only for China and not only for the U.S., but for the world. And every time there's a little bad news, the market would go down incredibly. Every time there was a little bit of good news, the market would go up incredibly. And yet, other news that was also very big, the market just didn't really care. They just seemed to care about the deal with USA and China, and that's okay with me.

So we've had a tremendous, really, negotiation, a very complex negotiation, but something that's going to be great for both countries.

And, Mr. Vice Premier, would you like to say something?

VICE PREMIER LIU: (As interpreted.) First, on behalf of the Chinese government, we would like to extend our thanks to President Trump for your congratulatory message to the 70th anniversary of the founding of the People's Republic of China.

We very much agree that to get the China-U.S. economic relationship right, it's something that is good for China, for the United States, and for the whole world, and we are making a lot of progress towards a positive direction.

Over the recent days, I have had very good communication with both Ambassador Lighthizer and Secretary Mnuchin. And, Mr. President, as you just mentioned, we have made substantial progress in many fields. We are happy about it. We'll continue to make efforts.

And thank you for this opportunity for me to speak up. And all my colleagues are happy about it.

PRESIDENT TRUMP: Well, thank you very much. And it's a great honor. I think that the currency, foreign-exchange agreement that we made will be a tremendous — of tremendous benefit, both in terms of the magnitude of it and in terms of the simplicity of what we're able to do. It'll make a very complicated process much simpler. I think that, in itself, I just see as something that we both have been working for.

Yes, please.

VICE PREMIER LIU: (Inaudible) read later to you.

PRESIDENT TRUMP: Well, thank you very much. Could I see that? That would be very nice.

VICE PREMIER LIU: Well, of course. Of course.

PRESIDENT TRUMP: That would be very nice. That's very nice.

(The Vice Premier presents President Trump with a document.)

PRESIDENT TRUMP: Thank you very much.

VICE PREMIER LIU: (Inaudible.)

PRESIDENT TRUMP: Yes. Oh.

VICE PREMIER LIU: (Inaudible.)

PRESIDENT TRUMP: Yes. That's — this is for guys like Jon that can't — that aren't good with Chinese.

They'll have that magnified so fast your head will spin.

Well, it's a tremendous message, and thank you very much. And I've read this, and I appreciate it very much. This is from President Xi.

VICE PREMIER LIU: Yes. (Inaudible.)

PRESIDENT TRUMP: And we knew that we were going to have a very successful phase one. And it took us a long time to get here, but it's something that's going to be great for China and great for the USA, and we appreciate it very much. And please congratulate President Xi. Thank you very much.

VICE PREMIER LIU: Thank you. Thank you.

SECRETARY MNUCHIN: Mr. President, I just want to clarify on the tariffs —

PRESIDENT TRUMP: Please.

SECRETARY MNUCHIN: So, I was just going to clarify, the Vice Premier has requested, and the President has approved, while we go through a process of documenting this, we will not be implementing the increase of tariffs that were scheduled to go in place from 25 to 30 percent.

Q   The ones that were supposed to go into place on Tuesday of next week, is that right?

SECRETARY MNUCHIN: That's correct. That's correct. Those will be confirmed while we —

PRESIDENT TRUMP: Including the other ones.

Q   Mr. President, are we not closer to a complete end of this trade war? (Inaudible.)

PRESIDENT TRUMP: Yeah, I think we're very close. I think this is a very important phase. A lot of things are — our agriculture will be completed because, when we bring it up to $50 billion — I project is going to be the number — I don't know if there's a question as to whether or not our farmers can produce that much. And I think they can, but they're literally — and I said it jokingly, and I think I mean it — they're going to have to buy more land, which is okay. It would be a good time to own land in Iowa, Nebraska, and a lot of other great states. So, they're very happy about it.

But we're taking it from $8 billion, which it is now — and it was about $2 or $3 billion; they got down pretty low. But if you take — the highest it ever was was $16 billion, and we're bringing that to $50 billion. So we're going from 16 to 50 — so anywhere between 40 and 50. And that'll start very soon. And they've actually already started purchasing. You've actually started purchasing a lot —

VICE PREMIER LIU: Yes, yes.

PRESIDENT TRUMP: — from the farmers. We just got messages from the Midwest.

VICE PREMIER LIU: We have already, what?

PARTICIPANT:  Twenty million.

VICE PREMIER LIU:  Twenty million tons.

PRESIDENT TRUMP:  You have 20 billion?

INTERPRETER:  Twenty million.  Twenty million tons of soybeans.

PRESIDENT TRUMP:  Oh, 20 million tons.

PARTICIPANT:  Of soybeans.

VICE PREMIER LIU:  Already.

PRESIDENT TRUMP:  Yeah, a tremendous amount of soybeans.  And that was over the last couple of weeks.  We got word of that.  You know, we got word.  We notice it; it goes quickly — because we see a price go up a little bit, right?  It's incredible the way the market works.  But, yes —

VICE PREMIER LIU:  About 398 dollars.

PRESIDENT TRUMP:  That's right.  That's right.

Q   How will this deal be enforced, Mr. President?

PRESIDENT TRUMP:  We're working on enforcement right now, and that's been largely agreed to, and that's one of the things in this agreement.  We have an enforcement provision. And they're working out the final aspects of that enforcement position, and I think that's something — Bob, do you want to say something about that?

AMBASSADOR LIGHTHIZER:  Sure.  So, we're going to have a very elaborate consultation process.  We have an escalation in various areas so that difficulties can be resolved. Both parties have allocated — or have assigned various people; have created a structure under it.  And we're down to the final details of what will happen if there's not a resolution.  And that's, kind of, the final issue that we're putting together.

But both sides agree it absolutely has to have it, a workable dispute settlement mechanism. And we're very close to that.

Q   Mr. President, how do you see the U.S.-China relations right now?  Do you see — what kind — what areas U.S. and China can still work together?

THE PRESIDENT:  Yeah, I think they're great.  I think the relationship, in certain ways, may be better than it's ever been.  We've been through a very tough negotiation.  There's never been a negotiation like this.　In all fairness, I give China tremendous credit because, for 25 or 30 years, they've done very well with the U.S., and now we're doing something jointly.　We're doing it in a fair manner.

I give China credit for what they've done over the last 30 years.　Tremendous credit.　I don't blame China; I blame the people representing our country.　Now we have a deal that I think ultimately is going to be just fantastic for China and fantastic for the United States.

Q　Mr. President, can you clarify: Is this an actual deal or is this progress towards a deal?

PRESIDENT TRUMP:　No, it's subject to getting everything papered.　You have to do it — we've agreed in principle to just about everything I mentioned, all of the different points.　And now we're getting it papered, and I don't think it should be a problem getting it papered.　I think that China wants it badly, and so we want it also.　And we should be able to get that done over the next four weeks.　We're going to be in Chile in five weeks, so we'll see, in terms of signing, when it happens.　We'll do a formal signing with President Xi and myself.

But this is just something that's very exciting.　And I'm very excited, actually.　We cover a lot more territory than agriculture, but I'm very excited for the farmer because this is — there's never been a deal of this magnitude for the American farmer.

Q　On Huawei?

PRESIDENT TRUMP:　Bob, do you want to talk about the Huawei?

Q　Is Huawei in the deal, Ambassador Lighthizer?

Q　Or Secretary Ross?

AMBASSSADOR LIGHTHIZER:　I'm sorry, the question is —

Q　Huawei.

AMBASSSADOR LIGHTHIZER:　In this agreement, we're not dealing specifically with Huawei.　It's not part of this agreement.　That's a separate process.

Q　Mr. President, have you or your advisors raised the business dealings of Hunter Biden with Chinese officials in the last week?

PRESIDENT TRUMP:　Well, we're going to discuss where's Hunter.　Where is Hunter, by the way? Whatever happened to him? We're going to discuss where's Hunter when I get out because I'll stop at the helicopter. But, right now, in respect to China and to the Vice Premier, we're going to only ask questions about today.

Jon.

Q Mr. President, on that point, can you assure that American people that you did not bring up Joe Biden in these negotiations; that you have not brought up that with the Chinese?

PRESIDENT TRUMP: I have not brought up Joe Biden. China can do whatever they want with respect to the Bidens. China can do whatever they want with respect to $1.5 billion going to somebody. That's up to China. But we do have to look into corruption. But, no, it has not been brought up.

Q Mr. President, how do you assure the American people that this deal, over the next three, four, five weeks, won't fall apart as it's being papered? And then, secondly, that phase two can —

THE PRESIDENT: Well, anything can happen. That can happen. I don't think it will. I think we know each other very well. We've been negotiating this for a long time. There's a possibility, of course, that maybe there's something that they're unable to get papered. But I've been doing this for a long time. And the Vice Premier has been doing it for a long time, in many other deals for many, many years — both of us.

And his people are very profess- — great professionals, and so am I. And I think the likelihood of it falling apart is not so good.

What do you think, Steve? What would you say?

SECRETARY MNUCHIN: I think we have a fundamental understanding on the key issues. We've gone through a significant amount of paper, but there is more work to do. And we will not sign an agreement unless we get and can tell the President that this is on paper. And I know the Vice Premier needs to go back and do some work with his team, but we've — we've made a lot of progress over the last two days.

THE PRESIDENT: And most of this is also known by the people in China, by President Xi. He's been following it very closely, and (inaudible).

Q Your teams have been working together for over a year and a half now. Can you comment on the progress — I mean the performances of the teams, of both sides?

THE PRESIDENT:  Well, I think — are you from China?

Q　Yes.  China (inaudible).

THE PRESIDENT:  I think the people of China have to be very proud of your team.  They are unrelenting.  I say that in a positive way.  But they're unrelenting.  They're tough.  They're smart.  And they have negotiated a great deal.

But I think the people of China should be very proud of this team, starting with the Vice Premier.  He's a very extraordinary man, and we've gotten to know each other well.  And everybody on my team respects your team.  So, I think they've really handled themselves incredibly well.

Q　Mr. President, (inaudible) tariffs, sir — are the December tariffs also suspended as this process goes on?

THE PRESIDENT:  So the tariffs on the increase from 25 percent to 30 percent, that will be suspended.  We'll be paying 25, but we're not increasing it to 30.  And then you might want to mention the additional tariff.

AMBASSADOR LIGHTHIZER:  The addition — the additional tariffs are scheduled to go into effect, as many of you know, the second half of the September.  That is scheduled into effect on December the 15th.  And the President has not made a final decision on that, but there's plenty of time to make that decision.  And that is certainly a part of this process that the Chinese are working their way through.

So, the first one has been suspended.  The second one is subject to the President making a final decision.  But, the way this timing works out, that will be well in advance of that date.

Q　Mr. President, when can students who are (inaudible) in this country —
THE PRESIDENT:  Say it?

Q　— that have difficul- — I mean, many Chinese students have difficulty in this country with their visas.
THE PRESIDENT:  Students?

Q　Yes.  Chinese students in this country.
THE PRESIDENT:  No, no, no, no, no, no.

Q　Can you clarify to us —

THE PRESIDENT: We're going to be very good to Chinese students. Nope. I've heard this question many times before, including from our own security people. We want all the people that want to come over from China. We have the greatest university system in the world, and we're going to keep it that way. And one of the reasons it's great is we have a lot of students from China.

No, we're not going to make it tough. We're going to make it like for everybody else. Okay? We're going to make it — I think that's important.

I think, Steve, I think it's very important, Bob, our universities are available. The world comes in. They use our universities. We have the greatest system in the world. And China is not going to be treated any differently.

I think it's important for you to say that, too, to the people of China. Our system is open. People get in based on merit. We have incredible talent coming in from China. They occupy a big space in our universities, and we want to keep it that way. Okay?

Because there was a false — there was false rumors going on that we were going to close the schools to China. That is so false. It's just false.

VICE PREMIER LIU: Some Chinese (inaudible) already exchanged our opinion.

THE PRESIDENT: You've already exchanged. Yes.

VICE PREMIER LIU: With (inaudible).

Q　Mr. President, any chance of —

THE PRESIDENT: Wait, one second.

SECRETARY MNUCHIN: Mr. President, I think you've been very clear in your directive all along, through the trade negotiations, on your view on the universities. And we will follow up.

Q　Are you going to do anything to reassure the students?

THE PRESIDENT: Yeah. I can give them my word. I want them coming here. We want the greatest talent in the world coming to our great universities — to Harvard, Yale, Princeton, the great Wharton School of Finance — (laughter) — to Stanford, all of these great schools. We want them — we want them coming here. And that's what we have. And that's one of the reasons we have the great system.

And there have been discussing about that — not by me, because I ended them very quickly. I want to let you know, I end those discussions very quickly.

Q　(Inaudible) rescinding the currency manipulation designation?

SECRETARY MNUCHIN: We'll be making a decision on that and evaluating it. Although I would comment that, assuming we close the agreement and we have the assurances, that will be a big step in the right direction for our evaluation.

Q　What about Chinese business? Do you still welcome Chinese business to invest in the U.S.?

THE PRESIDENT: Absolutely we do. We do. We're doing a lot of business with Chinese companies. We do have to be — you know, security companies and certain companies — we have to be careful with and we have to pay very close attention. But we're doing tremendous business with China and with Chinese businesses.

It's tailed off. We've tailed it off. We've purposefully tailed it off. But that'll start building up very quickly again. We expect that to build up to a much bigger extent, I think, than even before.

Q　When you've talked about a big trade deal with China, is this what you've envisioned?

THE PRESIDENT: Well, this is phase one, and it's a big part of it. The farmers, the intellectual property — a lot of — a lot of areas are covered here that, frankly, are in great shape — intellectual property. Financial services is going to be a massive boon to the banks and credit card companies and all of these companies, including ownership interests.

You know, before you had to do certain things that made it very difficult for banks and institutions to really go into China. China has really been opened up now, for the first time, to financial services and to the big banks and credit card companies and other types of financial services. So that's a tremendous thing. And I think we have complete agreement on that.

Intellectual property — a lot of agreement. But we'll have some of that included in phase two.

Agriculture should be done. I don't think the farmers can handle any more than what they're getting. Don't forget: We just signed a big deal with Japan. And that was a very big deal. And a lot of that had to do with agriculture also. So the farmers are doing well.

In currency, foreign exchange — we're all set on that. That we've been able to do. And not only through simplification, but the importance of it — it's very important.

And technology transfer — so we're going to have some technology transfer here, and some will be in phase two. We think we'll probably be able to conclude it with phase two, but it may be phase two, phase three. Okay?

Q  Mr. President, how did you come around to the idea of doing a phase one? You've been saying, as recently as earlier this week, that you wanted one big deal. What changed your mind?

PRESIDENT TRUMP:  Because it's such a big deal and it covers so much territory that doing it in sections and phases is, I think, really better. And we're talking about very big — don't forget, we've covered, fully, agriculture — even in terms of agricultural structural issues, and then in terms of $50 billion of agriculture.

So that will be covered in its entirety. Currency foreign exchange will be covered in entirety. Financial services, I think, will be covered pretty much in its entirety. So the banks and lending institutions — all institutions — are covered.

Some of technology transfer, a large part of intellectual property will be covered. So I think it actually works out to be a very neat package. And now we can focus on phase two.

Q  Mr. President, how much time are you going to allow to go by as this goes through? So you said it might take four or five or six weeks to put it in paper.

PRESIDENT TRUMP:  Whatever it is.

Q  At what point would you raise tariffs again if you don't have a deal that you can actually sign?

PRESIDENT TRUMP:  Well, we'll see. Only — only good faith and faith. And I think we have a lot of good faith right now going on. I think we have —

Q  So no new tariffs in the foreseeable future?

PRESIDENT TRUMP:  What we're doing is we're going to start, Jon, right away, in getting this papered. Right now it's — it's already partially papered. Much of this has been pretty much completed, from the standpoint of paper. But we think it'll take four weeks, five weeks — something like that. Now, we happen to be together in Chile. So that could be a point, or maybe not. President Xi will be there and I'll be there for the big summit.

Q　Mr. President, the last time the Vice Premier was in the Oval Office, in April, you said a deal, at that point, was about four weeks away. I would love to hear from both of you why this time is different? What's changed in the relationship?

PRESIDENT TRUMP: Well, I think we got to know each other a lot better. Don't forget, there's been a lot of back-and-forth since that happened. We thought we had a deal, and perhaps they didn't, but it didn't work out that way. This deal is a bigger deal than the last deal, relatively speaking. Now, we're talking about big parts of it, with financial services and agriculture.

But when we talk about $50 billion in agriculture, we never had that in mind in the first deal. We were thinking about $20 [billion]. We were thinking about anywhere from $16 [billion], I would say, to $20 billion. Now we're talking about $50 billion.

So this is actually a much bigger deal. It's a big chunk of it, but it's a much bigger deal than we had in mind — certainly, in terms of — I would say, Steve — financial services is bigger and more complete. Intellectual property will be in both phases of the deal. Currency foreign exchange — we didn't really discuss that very much in the last deal; now we're including it in this deal because a lot of things have happened during the course of the last year (inaudible). So —

Q　I thought that was agreed in the spring.

PRESIDENT TRUMP: I think this is actually, when you add it up, going to be a more important deal — a bigger deal. And more precise.

Q　So the (inaudible) on currency had been agreed last spring as well, before talks broke down, right?

PRESIDENT TRUMP: Well, now we have currency — the currency foreign exchange is included. The foreign exchange aspect of it is much more complete now than it would have been under the other system. And don't forget, a lot of things have happened with currency and foreign exchange that we weren't talking about a year ago. Things have happened.

Q　On the summit —

PRESIDENT TRUMP: Yes. From China.

Q　You mentioned about the summit. When and where would you like it to be? And also —

PRESIDENT TRUMP: Well, we're going to find that out. That'll be up to the Vice Premier and to President Xi. So we'll find that out.

Q   Okay. On the global economic slowdown, do you think this kind of win-win will help the global economy?

PRESIDENT TRUMP: Well, the United States has been doing very well. China, I think, will — I think this will be a tremendously positive — this is going to be a tremendous thing for China. We've been doing well and I think we'll do better. I mean, we've been doing really well. We've been leading the world in many aspects of what we're talking about. I think we'll do even better. And I think China will do tremendously well with this deal. This is a great deal for China. It's a great deal for us.

Q   This $40 [billion] to $50 billion — is that an annual figure? Will it rise to that figure? Is that over two or three years?

PRESIDENT TRUMP: Do you want to define that, please?

SECRETARY MNUCHIN: It will scale up to an annual figure. Yes.

Q   To an annual figure of $40 [billion] to $50 billion?

SECRETART MNUCHIN: Yes.

Q   Can you say over how long, Mr. Secretary?

SECRETARY MNUCHIN: Within the second year.

PRESIDENT TRUMP: Over the — over the — less than two years.

Q   Mr. President, did Hong Kong and the Uyghurs come up at all? That's a big issue in other parts of — on Capitol Hill, for example. Or is that separate to trade to you?

PRESIDENT TRUMP: We discussed Hong Kong. And I think great progress has been made by China in Hong Kong. And I've been watching. And I actually told the Vice Premier it really has toned down a lot from the initial days of a number of months ago, when I saw a lot of people. And I see far fewer now.

We were discussing it, and I think that's going to take care of itself. I actually think this deal is a great deal for the people of Hong Kong to see what happened. I think this is a very positive thing for Hong Kong.

But — but it really has — it's — the escalation, it really has deescalated a lot from the beginning, and we were discussing that.

Q　Would you put a stop on the blacklist of Chinese companies, which seems to be expanding these days?

PRESIDENT TRUMP:　Well, we'll be looking at the blacklist, and we'll be making a determination as to which companies would be on that list.

Q　Mr. President, if this deal goes forward — helps the economy, economic growth, et cetera — do you still think that the Federal Reserve needs to cut rates?　And if so, by how much?

PRESIDENT TRUMP:　Yeah, I do.　I do.　I think the Federal Reserve should cut rates regardless of this deal because we're higher than other nations.　Germany is loaning money, and when it has to be paid back, they get paid, okay?　It's ridiculous.

And I think that the Federal Reserve should cut rates regardless of how good this is.　We have a great economy, but we have a Federal Reserve that's not in step with the rest of the world.　So I think they ought to get in step.　And if they were in step, we'd — we would — regardless of the China deal — the China deal is much more important than the interest rates, but —

Because this has to do with more than trade; this has to do with world peace.　This has to do with getting along.　This has to do with the rest of the world.　This isn't just a deal on trade. This has to do with a lot of friction, a lot of bad things that are happening in the world.

So, this is far more important than the Federal Reserve and interest rates.　But the Federal Reserve should cut interests rates.　Absolutely.

Q　Did you tell them anything about the impeachment process and how that might affect your ability to complete this deal?

THE PRESIDENT:　Well, I think it's helped me, because yesterday we had the biggest crowd.　We broke a stadium record.　We broke the record in Minnesota.　Nobody has ever seen anything like that.　And you saw it, and you understand it, too.　And my poll numbers are going way up.　And so, the impeachment, it's a hoax.

No, we didn't discuss it, but I would tell him it's a hoax.　It's a hoax done by people that are losing.　And they want to try and use it to try and win an election, and I don't think it's going to happen.  And I don't think China believes it's going to happen, because if they did, they'd rather deal with a Sleepy Joe Biden, who is failing badly.  He's not going to make it anyway.  But whoever does emerge on the other side, they'd probably be better off maybe waiting.

But they also know that when I win, the deal gets even tougher.  It gets even tougher.  And they expect that I'm going to win, otherwise they wouldn't sign the deal.  It's very simple.

Next.

Q  Mr. President, you've made clear that you like putting tariffs out.

THE PRESIDENT:  I do like tariffs.

Q  How are you — what's your inclination then, about December?

THE PRESIDENT:  I think then we're going to have a deal that's a great deal, that's beyond tariffs.  This is a deal that's a very important deal for China, a very important deal for the world, a very important deal for the United States.  I think this is a deal that is beyond tariffs.

I really mean that.  I think that world peace — you know, there was a lot of friction between the United States and China.  And now, it's a lovefest.  That's a good thing.  But that's good for China and it's good for us, but it's good for the world.

The Vice Premier said the same thing.  And he said it better than anybody could have said it.  He said, "This is a great thing for the world."  He didn't say "China" or "us" ; he said this is a great thing "for the world."  And he's absolutely right.

Perhaps you'd like to comment on that.

VICE PREMIER LIU:  Yes, I fully agree with you.  It's good for China.  It's good for U.S.  But it's good — also good for the whole world.

THE PRESIDENT:  Yeah.  The whole world is watching.

VICE PREMIER LIU:  Yes.  Whole world is watching.

THE PRESIDENT:  And it is amazing, and I say —

VICE PREMIER LIU:  Not only (inaudible).

THE PRESIDENT:  Yes.

VICE PREMIER LIU:  Not only a treaty.  It provides peace and prosperity and development for the whole world. I think it's very important.

THE PRESIDENT: He said, "peace and prosperity… for the whole world."

So, it's beyond the trade deal. It really is. And, you know, talk was getting tough, rhetoric was getting tough. We have ships and they have ships, and we have planes and they have planes. And, you know, bad things could happen. Stupid things could happen. But this is a great — a great thing that's taken place. We have a very good bond and relationship.

And I have very little doubt that we'll be able to get this thing finalized now. It's not overly complex. And then they'll start phase two. But this was a very important deal for a lot of reasons.

Thank you very much. I hear a helicopter. I hear a helicopter.

I'm going down to Louisiana. We have a totally sold-out crowd in Louisiana. And hopefully the governor of Louisiana, who is not doing a very go- — you know, he's not doing a very good job in Louisiana. Hopefully, he won't get the 50 percent, we'll have a runoff, and you have a nice, new Republican governor of Louisiana.

And I hope a lot of you are going to join us. You're joining us, Jon? You're going to be joining us to Louisiana?

Q    I'll be watching, sir. I'll be watching.

THE PRESIDENT: Did you watch last night?

Q    Yes, yes.

THE PRESIDENT: Did you enjoy it?

Q    You know, it's my job to watch. (Laughter.)

THE PRESIDENT: A lot of people enjoyed it, Jon. Have a good time everybody.

Q    Would you take Huawei off the blacklist, sir? Would you take Huawei off the blacklist, possibly?

THE PRESIDENT: I — I — we'll talk about that later.

END

4:11 P.M. EDT

## 2. President Donald J. Trump is Signing a Landmark Phase One Trade Agreement with China (January 15, 2020) *

### The White House

"From day one, my Administration has fought tirelessly to achieve a level playing field for the American worker." -- President Donald J. Trump

SIGNING A LANDMARK PHASE ONE TRADE AGREEMENT: Today, President Trump is signing a new, fully-enforceable Phase One Trade Agreement with China.

- President Trump is making good on his promise to fix the failed policies of the past and deliver fairer trade for the United States.
- This historic agreement will begin to rebalance our vital trade partnership with China and benefit both of our countries.
- The signing of this agreement will be an incredible boost for American businesses, farmers, manufacturers, and innovators.

ENACTING CRITICAL REFORMS: China has agreed to make significant structural reforms in a wide range of critical areas.

- This agreement will help level the playing field for America's innovators to compete and win.

Importantly, the reforms included in the agreement are fully enforceable and include a strong dispute resolution system to ensure effective implementation and enforcement.

- For the first time in any trade agreement, China agreed to end its practice of forcing foreign companies to transfer their technology to Chinese companies in order to gain market access.
- China will address numerous longstanding intellectual property concerns in the areas of trade secrets, trademarks, enforcement against pirated and counterfeit goods, and more.
- China agreed to strong commitments on currency practices regarding currency devaluations and exchange rates.
- The agreement addresses a wide range of trade and investment barriers that have prevented American financial services companies from being able to compete in China.

---

* 資料來源：The White House, https://trumpwhitehouse.archives.gov/briefings-statements/president-donald-j-trump-signing-landmark-phase-one-trade-agreement-china/.

- The agreement addresses structural barriers that have unfairly limited United States food and agricultural exports.
- The agreement includes significant commitments by China on accepting United States agricultural biotechnology products.

REBALANCING TRADE: This agreement will begin rebalancing our trade relationship with China and provide new opportunity for American businesses and farmers.

- As a part of the new agreement, China has pledged to increase imports of American goods and services by at least $200 billion.
- China's increase in United States imports will take place over the next 2 years, and the trajectory is expected to continue even after 2021.
- This increase will make important progress in rebalancing the United States-China trade relationship.
- China will be making purchases of United States manufactured goods, agriculture, energy, and services under this deal.
- China has agreed to purchase between $40 and $50 billion in American agricultural goods each year for two years – providing a massive boost to America's hardworking farmers.

3. **Remarks Delivered by President Donald J. Trump** (May 30, 2020) [*]

**The White House Rose Garden**

Thank you very much. Good afternoon. Thank you. I'm here today to talk about our relationship with China and several new measures to protect American security and prosperity.

China's pattern of misconduct is well known. For decades, they have ripped off the United States like no one has ever done before. Hundreds of billions of dollars a year were lost dealing with China, especially over the years during the prior administration. China raided our factories, offshored our jobs, gutted our industries, stole our intellectual property, and violated their commitments under the World Trade Organization. To make matters worse, they are considered a develop- ing nation getting all sorts of benefits that others, including the United States, are not entitled to.

---

[*]　資料來源：The White House, https://trumpwhitehouse.archives.gov/wp-content/uploads/2020/11/Trump-on-China-Putting-America-First.pdf/.

But I never solely blamed China for this. They were able to get away with a theft like no one was able to get away with before because of past politicians and, frankly, past presidents. But unlike those who came before, my administration negotiated and fought for what was right. It's called: fair and reciprocal treatment.

China has also unlawfully claimed territory in the Pacific Ocean, threat- ening freedom of navigation and international trade. And they broke their word to the world on ensuring the autonomy of Hong Kong.

The United States wants an open and constructive relationship with China, but achieving that relationship requires us to vigorously defend our national interests. The Chinese government has continually vio- lated its promises to us and so many other nations.

These plain facts cannot be overlooked or swept aside. The world is now suffering as a result of the malfeasance of the Chinese govern- ment. China's cover-up of the Wuhan virus allowed the disease to spread all over the world, instigating a global pandemic that has cost more than 100,000 American lives and over a million lives worldwide.

Chinese officials ignored their reporting obligations to the World Health Organization and pressured the World Health Organization to mislead the world when the virus was first discovered by Chinese authorities.

Countless lives have been taken, and profound economic hardship has been inflicted all around the globe. They strongly recommended against me doing the early ban from China, but I did it anyway and was proven to be 100 percent correct.

China has total control over the World Health Organization, despite only paying $40 million per year compared to what the United States has been paying, which is approximately $450 million a year.

We have detailed the reforms that it must make and engage with them directly, but they have refused to act. Because they have failed to make the requested and greatly needed reforms, we will be today terminat- ing our relationship with the World Health Organization and redirecting those funds to other worldwide and deserving, urgent, global public health needs.

The world needs answers from China on the virus. We must have trans- parency. Why is it that China shut off infected people from Wuhan to all other parts of China? It went nowhere else. It didn't go to Beijing; it went nowhere else. But allowed them to freely travel throughout the world, including Europe and the United States.

The death and destruction caused by this is incalculable. We must have answers not only for us but for the rest of the world.

This pandemic has underscored the crucial importance of building up America's economic independence, reshoring our critical supply chains and protecting America's scientific and technological advances.

For years, the government of China has conducted illicit espionage to steal our industrial secrets, of which there are many. Today, I will issue a proclamation to better secure our nation's vital university research and to suspend the entry of certain foreign nationals from China who we have identified as potential security risks.

I am also taking action to protect the integrity of America's financial system—by far, the best in the world. I am instructing my Presidential Working Group on Financial Markets to study the differing practices of Chinese companies listed on the U.S. financial markets, with the goal of protecting American investors.

Investment firms should not be subjecting their clients to the hidden and undue risks associated with financing Chinese companies that do not play by the same rules. Americans are entitled to fairness and transparency.

Several of the most significant actions we're taking pertain to the deeply troubling situations unfolding in Hong Kong.

This week, China unilaterally imposed control over Hong Kong secu- rity. This was a plain violation of Beijing's treaty obligations with the United Kingdom in the Declaration of 1984 and explicit provisions of Hong Kong's Basic Law. It has 27 years to go.

The Chinese government's move against Hong Kong is the latest in a series of measures that are diminishing the city's longstanding and very proud status.

This is a tragedy for the people of Hong Kong, the people of China, and indeed the people of the world. China claims it is protecting national security. But the truth is that Hong Kong was secure and prosperous as a free society. Beijing's decision reverses all of that. It extends the reach of China's invasive state security apparatus into what was formerly a bastion of liberty.

China's latest incursion, along with other recent developments that degraded the territory's freedoms, makes clear that Hong Kong is no longer sufficiently autonomous to warrant the special treatment that we have afforded the territory since the handover.

China has replaced its promised formula of "one country, two systems" with "one country, one system."

Therefore, I am directing my administration to begin the process of eliminating policy exemptions that give Hong Kong different and special treatment.

My announcement today will affect the full range of agreements we have with Hong Kong, from our extradition treaty to our export controls on dual-use technologies and more, with few exceptions.

We will be revising the State Department's travel advisory for Hong Kong to reflect the increased danger of surveillance and punishment by the Chinese state security apparatus.

We will take action to revoke Hong Kong's preferential treatment as a separate customs and travel territory from the rest of China.

The United States will also take necessary steps to sanction PRC and Hong Kong officials directly or indirectly involved in eroding Hong Kong's autonomy and—just if you take a look, smothering—absolutely smothering Hong Kong's freedom. Our actions will be strong. Our actions will be meaningful.

More than two decades ago, on a rainy night in 1997, British soldiers lowered the Union Flag, and Chinese soldiers raised the Chinese flag in Hong Kong. The people of Hong Kong felt simultaneously proud of their Chinese heritage and their unique Hong Kong identity. The people of Hong Kong hoped that in the years and decades to come, China would increasingly come to resemble its most radiant and dynamic city. The rest of the world was electrified by a sense of optimism that Hong Kong was a glimpse into China's future—not that Hong Kong would grow into a reflection of China's past.

In every decision, I will continue to proudly defend and protect the workers, families, and citizens of the United States of America.

Thank you very much. Thank you.

4. **On Beijing's Imposition of National Security Legislation on Hong Kong (June 30, 2020) ***

---

資料來源：U.S. Department of State, https://2017-2021.state.gov/on-beijings-imposition-of-national-security-legislation-on-hong-kong/.

**Secretary Michael R. Pompeo, U.S. Department of State**

The Chinese Communist Party'sdecision to impose draconian national security legislation on Hong Kong destroys the territory's autonomy and one of China's greatest achievements. Hong Kong demonstrated to the world what a free Chinese people could achieve – one of the most successful economies and vibrant societies in the world. But Beijing's paranoia and fear of its own people's aspirations have led it to eviscerate the very foundation of the territory's success, turning "One Country, Two Systems" into "One Country, One System."

The CCP's action demonstrates once again that Beijing's commitments – in this case, the 1984 Sino-British Joint Declaration and the Basic Law – are empty words. The CCP promised 50 years of freedom to the Hong Kong people, and gave them only 23. Within the past few years, Beijing has also violated its agreements with the World Health Organization, the World Trade Organization, and the United Nations. This is a pattern the world cannot ignore.

The United States will not stand idly by while China swallows Hong Kong into its authoritarian maw. Last week, we imposed visa restrictions on CCP officials responsible for undermining Hong Kong's autonomy. We are ending defense and dual-use technology exports to the territory. Per President Trump's instruction, we will eliminate policy exemptions that give Hong Kong different and special treatment, with few exceptions.

The United States will continue to stand with the freedom-loving people of Hong Kong and respond to Beijing's attacks on freedoms of speech, the press, and assembly, as well as the rule of law, all of which have, until now, allowed the territory to flourish. Today marks a sad day for Hong Kong, and for freedom-loving people across China.

## 5.　U.S. Position on Maritime Claims in the South China Sea (July 13, 2020) [*]

**Secretary Michael R. Pompeo, U.S. Department of State**

The United States champions a free and open Indo-Pacific. Today we are strengthening U.S. policy in a vital, contentious part of that region — the South China Sea. We are making clear: Beijing's claims to offshore resources across most of the South China Sea are completely unlawful, as is its campaign of bullying to control them.

In the South China Sea, we seek to preserve peace and stability, uphold freedom of the seas

---

[*]　資料來源：U.S. Department of State, https://2017-2021.state.gov/u-s-position-on-maritime-claims-in-the-south-china-sea/.

in a manner consistent with international law, maintain the unimpeded flow of commerce, and oppose any attempt to use coercion or force to settle disputes. We share these deep and abiding interests with our many allies and partners who have long endorsed a rules-based international order.

These shared interests have come under unprecedented threat from the People's Republic of China (PRC). Beijing uses intimidation to undermine the sovereign rights of Southeast Asian coastal states in the South China Sea, bully them out of offshore resources, assert unilateral dominion, and replace international law with "might makes right." Beijing's approach has been clear for years. In 2010, then-PRC Foreign Minister Yang Jiechi told his ASEAN counterparts that "China is a big country and other countries are small countries and that is just a fact." The PRC's predatory world view has no place in the 21st century.

The PRC has no legal grounds to unilaterally impose its will on the region. Beijing has offered no coherent legal basis for its "Nine-Dashed Line" claim in the South China Sea since formally announcing it in 2009. In a unanimous decision on July 12, 2016, an Arbitral Tribunal constituted under the 1982 Law of the Sea Convention – to which the PRC is a state party – rejected the PRC's maritime claims as having no basis in international law. The Tribunal sided squarely with the Philippines, which brought the arbitration case, on almost all claims.

As the United States has previously stated, and as specifically provided in the Convention, the Arbitral Tribunal's decision is final and legally binding on both parties. Today we are aligning the U.S. position on the PRC's maritime claims in the SCS with the Tribunal's decision. Specifically:

• The PRC cannot lawfully assert a maritime claim – including any Exclusive Economic Zone (EEZ) claims derived from Scarborough Reef and the Spratly Islands – vis-a-vis the Philippines in areas that the Tribunal found to be in the Philippines' EEZ or on its continental shelf. Beijing's harassment of Philippine fisheries and offshore energy development within those areas is unlawful, as are any unilateral PRC actions to exploit those resources. In line with the Tribunal's legally binding decision, the PRC has no lawful territorial or maritime claim to Mischief Reef or Second Thomas Shoal, both of which fall fully under the Philippines' sovereign rights and jurisdiction, nor does Beijing have any territorial or maritime claims generated from these features.

• As Beijing has failed to put forth a lawful, coherent maritime claim in the South China

Sea, the United States rejects any PRC claim to waters beyond a 12-nautical mile territorial sea derived from islands it claims in the Spratly Islands (without prejudice to other states' sovereignty claims over such islands). As such, the United States rejects any PRC maritime claim in the waters surrounding Vanguard Bank (off Vietnam), Luconia Shoals (off Malaysia), waters in Brunei's EEZ, and Natuna Besar (off Indonesia). Any PRC action to harass other states' fishing or hydrocarbon development in these waters – or to carry out such activities unilaterally – is unlawful.

• The PRC has no lawful territorial or maritime claim to (or derived from) James Shoal, an entirely submerged feature only 50 nautical miles from Malaysia and some 1,000 nautical miles from China's coast. James Shoal is often cited in PRC propaganda as the "southernmost territory of China." International law is clear: An underwater feature like James Shoal cannot be claimed by any state and is incapable of generating maritime zones. James Shoal (roughly 20 meters below the surface) is not and never was PRC territory, nor can Beijing assert any lawful maritime rights from it.

The world will not allow Beijing to treat the South China Sea as its maritime empire. America stands with our Southeast Asian allies and partners in protecting their sovereign rights to offshore resources, consistent with their rights and obligations under international law. We stand with the international community in defense of freedom of the seas and respect for sovereignty and reject any push to impose "might makes right" in the South China Sea or the wider region.

## 6. Remarks Delivered by Attorney General William Barr (July 17, 2020) *

### The 85th U.S. Attorney General, at Gerald R. Ford Presidential Museum Grand Rapids, Michigan

Thank you very much, Andrew for your very kind introduction and I'd like to say that I really appreciate the work that Andrew and Matt, our U.S. Attorneys for the Eastern and Western District of Michigan our doing here for the people of Michigan and all the law enforcement community from Michigan, that is here today. We really appreciate your work and as Andrew said, after my remarks they are going to put on a presentation of the China Initiative,

---

* 資料來源：The White House, https://trumpwhitehouse.archives.gov/wp-content/uploads/2020/11/Trump-on-China-Putting-America-First.pdf/.

which I think you'll find very interesting, so if you have the time I urge you to stay for that. I would like to thank the leadership and staff of the Gerald R. Ford Presidential Museum—especially Elaine Didier—for hosting this event. I also thank the Ford Presidential Foundation and its Executive Director Joe Calvaruso. Even under normal circumstances, it's hard to put together an event like this, but in the current circumstances it's especially challenging and I really appreciate it. And I really appreciate all of you who've come, I know many have come from around the state and I appreciate the effort that was made to be here for these remarks.

I was last in Grand Rapids, it would be 30 years ago John. John Smietanka, from here, was one of my Principal Deputy when I was Deputy Attorney General and stayed on while I was Attorney General. He was U.S. Attorney here in the Western District, so John it's great to see you here. I feel a special bond to the Ford Administration so it's appropriate to be here today for these remarks, because I started out in the CIA in 1973 and President Ford took office and because of what was going on at the agency, I had the privilege of working closely with many of the superb people that he brought into government. Many of whom I had the opportunity to work with over the years, several of whom were my mentors. One of the people I met was the Attorney General, at that time, Ed Levi, who President Ford made Attorney General. His portrait is up in my conference room and his grandson Will Levi is my Chief of Staff, so as I say, I feel a special closeness with the Ford Administration even though I wasn't a political appointee in that administration. Many of the political appointees that I work with over the years really cut their teeth during the Ford Administration.

I'm privileged to speak here today about what may prove to be the most important issue for our nation and the world in the twenty-first century and that is, the United States' response to the global ambitions of the Chinese Communist Party. The CCP rules with an iron fist over one of the great ancient civilizations of the world. It seeks to leverage the immense power, productivity, and ingenuity of the Chinese people to overthrow the rule-based international system and to make the world safe for dictatorship. How the United States responds to this challenge will have historic implications and will determine whether the United States and its liberal democratic allies will continue to shape their own destiny or whether the CCP and its autocratic tributaries will continue, will control the future. Since the 1890's, at least, the United States has been the technological leader of the world. And from that prowess, has come our prosperity, the opportunity for generations of Americans, and our security. It's because of that that we were able to play such a pivotal role in world history, but turning back the threat of fascism and the threat of communism. What's at stake these days is whether we can maintain that leadership position and that technological leadership. Are we going to be the generation that has allowed that to be stolen—which is really stealing the future of our children and our grandchildren?

Several weeks ago, National Security Advisor Robert O'Brien spoke about the CCP's ideology and global ambitions. He declared, and I agree, that "the days of American passivity and naivety regarding the People's Republic of China are over." And last week, the FBI Director Chris Wray, described how the CCP pursues its ambitions through the nefarious and even illegal conduct, including industrial espionage, theft, extortion, cyberattacks, and malign influence activities. In the coming days, you will hear from Secretary Mike Pompeo, who will sum up what is at stake for the United States and the free world. Now, Chris Wray, told me that shortly after his speech last week, one of the leaders of the Chinese Communist Party pronounced that his speech was particularly disgusting. I told him that I was going to aim to be despicable, but I'll settle for especially disgusting. But no matter how the Chinese seek to characterize it I do hope that my speech and Mike Pompeo speech will encourage the American people to reevaluate their relationship with China, so long as it continues to be ruled by the Chinese Communist Party. It is fitting that were here today at the Ford Presidential Museum. Gerald Ford served in the highest echelons of the government at the dawn of America's reengagement with China, which began obviously with President Nixon in 1972, and three years later in 1975, President Ford visited China for a summit with PRC leaders including Mao Zedong.

At the time it was unthinkable that China would emerge after the Cold War as a near-peer competitor of the United States. And even then, there were signs of China's immense latent power. In the joint report of their visit to China in 1972, House Majority Leader Hale Boggs and then minority leader Gerald Ford wrote: "If she manages to achieve as she aspires, China in the next half century can emerge as a self-sufficient power of a billion people… this last impression—of the reality of China's colossal potential—is perhaps the most vivid of our journey. As our small party traveled through that boundless land, this sense of a giant stirring, a dragon waking, gave us much to ponder." It is now nearly fifty years later and the pressing pondering as of these two congressmen have come to pass.

Deng Xiaoping, whose economic reform launched China's remarkable rise had a famous motto: "hide your strength and bide your time." That is precisely what China has done. China's economy has quietly grown from about 2 percent of the world's GDP in 1980, to nearly 20 percent today. And by some estimates based on purchasing parity, the Chinese economy is already larger than ours. The General Secretary of the Chinese Communist Party, Xi Jinping, who has centralized power to a degree not seen since the dictatorship of Mao Zedong, now speaks openly of China moving closer to the center stage, building a socialism that is superior to capitalism, and replacing the American dream with the Chinese solution. China is no longer hiding it strength nor biding its time. From the perspective of its communist rulers, China's time has arrived.

The People's Republic of China is now engaged in an economic blitzkrieg—an aggressive, orchestrated, whole-of-government (indeed, whole-of-society) campaign to seize the commanding heights of the global economy and to surpass the United States as the world's pre- eminent technological superpower. A centerpiece of this effort is the Chinese Communist Party's "Made in China 2025" initiative, a plan for PRC domination of high-tech industries like robotics, advanced information technology, aviation, and electric vehicles, and many other technologies. Backed by hundreds of billions of dollars in subsidies, this initiative poses a real threat to U.S. technological leadership. Despite World Trade Organization rules prohibiting quotas for domes- tic output, "Made in China 2025" sets targets for domestic market share (sometimes as high as 70 percent) in core components and basic materials for industries such as robotics and telecommunications. It is clear that the PRC seeks not merely to join the ranks of other advanced industrial economies, but to replace them altogether.

"Made in China 2025" is the latest iteration of the PRC's state-led, mercantilist economic model. For American companies in the global marketplace, free and fair competition with China has long been a fantasy. To tilt the playing field to its advantage, China's communist government has perfected a wide array of predatory and often unlawful tactics: currency manipulation, tariffs, quotas, state-led strategic investment and acquisitions, theft and forced transfer of intellectual property, state subsidies, dumping, cyberattacks, and industrial espionage. About 80% of all federal economic espionage prosecutions have alleged conduct that would benefit the Chinese state, and about 60% of all trade secret theft cases have been connected to China.

The PRC also seeks to dominate key trade routes and infrastructure in Eurasia, Africa, and the Pacific. In the South China Sea, for example, through which about one-third of the world's maritime trade passes, the PRC has asserted expansive and historically dubious claims to nearly the entire waterway, flouted the rulings of international courts, built artificial islands and placed military outposts on them, and harassed its neighbors' ships and fishing boats.

Another ambitious project to spread its power and influence is the PRC's "Belt and

Road" infrastructure initiative. Although billed as "foreign aid," in fact these investments appear designed to serve the PRC's strategic interests and domestic economic needs. For example, the PRC has been criticized for loading poor countries up with debt, refusing to renegotiate terms, and then taking control of the infrastructure itself, as it did with the Sri Lankan port of Hambantota in 2017. This is little more than a form of modern-day colonialism.

Just as consequential, however, are the PRC's plans to dominate the world's digital infrastructure through its "Digital Silk Road" initiative. I have previously spoken at length about the grave risks of allowing the world's most powerful dictatorship to build the next generation of global telecommunications networks, known as 5G. Perhaps less widely known are the PRC's efforts to surpass the United States in other cutting-edge fields, like artificial intelligence. Through innovations such as machine learning and big data, artificial intelligence allows machines to mimic human functions, such as recognizing faces, interpreting spoken words, driving vehicles, and playing games of skill, much like chess or the even more complex Chinese game, Go. In 2017, Beijing unveiled its "Next Generation Artificial Intelligence Plan," a blueprint for leading the world in AI by 2030. Whichever nation emerges as the global leader in AI will be best positioned to unlock not only its considerable economic potential, but a range of military applications, such as the use of computer vision to gather intelligence.

The PRC's drive for technological supremacy is complemented by its plan to monopolize rare earth materials, which play a vital role in industries such as consumer electronics, electric vehicles, medical devices, and military hardware. According to the Congressional Research Service, from the 1960s to the 1980s, the United States led the world in rare earth production. "Since then, production has shifted almost entirely to China," in large part due to lower labor costs and lighter eco- nomic and environmental regulation.

The United States is now dangerously dependent on the PRC for these essential materials. Overall, China is America's top supplier, accounting for about 80 percent of our imports. The risks of dependence are real. In 2010, for example, Beijing cut exports of rare earth materials to Japan after an incident involving disputed islands in the East China Sea. The PRC could do the same to us. As China's progress in these critical sectors illustrates, the PRC's predatory economic policies are succeeding. For a hundred years, America was the world's largest manufacturer—allowing us to serve as the world's "arsenal of democracy." China overtook the United States in manufacturing output in 2010. The PRC is now the world's "arsenal of dictatorship."

How did China accomplish all this? No one should underestimate the ingenuity and industry of the Chinese people. At the same time, no one should doubt that America made China's meteoric rise possible. China has reaped enormous benefits from the free flow of American aid and trade. In 1980, Congress granted the PRC most-favored-nation trading status. In the 1990s, American companies strongly supported the PRC's accession to the World Trade Organization and the permanent normalization of trade relations. Today, U.S.-China trade totals about $700 billion.

Last year, Newsweek ran a cover story titled "How America's Biggest Companies Made China Great Again." The article details how China's communist leaders lured American business with the promise of market access, and then, having profited from American investment and know-how, turned increasingly hostile. The PRC used tariffs and quotas to pressure American companies to give up their technology and form joint ventures with Chinese companies. Regulators then discriminated against American firms, using tactics like holding up permits. Yet few companies, even Fortune 500 giants, have been willing to bring a formal trade complaint for fear of angering Beijing.

Just as American companies have become dependent on the Chinese market, the United States as a whole now relies on the PRC for many vital goods and services. The COVID-19 pandemic has shown a spot- light on that dependency. For example, China is the world's largest producer of certain protective equipment, such as face masks and medical gowns. In March, as the pandemic spread around the world, the PRC hoarded the masks for itself, blocking producers—including American companies—from exporting them to other countries that needed them. It then attempted to exploit the shortage for propaganda purposes, shipping limited quantities of often defective equipment and requiring foreign leaders to publicly thank Beijing for these shipments.

China's dominance of the world market for medical goods goes beyond masks and gowns. It has become the United States' largest supplier of medical devices, while at the same time discriminating against American medical companies in China. China's government has targeted foreign firms for greater regulatory scrutiny, instructed Chinese hospitals to buy products made in China, and pressured American firms to build factories in China, where their intellectual property is more vulnerable to theft. As one expert has observed, American medical device manufacturers are effectively "creating their own competitors."

America also depends on Chinese supply, Chinese supply chains in other vital sectors, especially pharmaceuticals. America remains the global leader in drug discovery, but

China is now the world's largest producer of active pharmaceutical ingredients, known as "APIs." As one Defense Health Agency official noted, "[s]hould China decide to limit or restrict the delivery of APIs to the [United States]," it "could result in severe shortages of pharmaceuticals for both domestic and military uses."

To achieve dominance in pharmaceuticals, China's rulers went to the same playbook they've used to gut other American industries. In 2008, the PRC designated pharmaceutical production as a "high-value-added-industry" and boosted Chinese companies with subsidies and export tax rebates. Meanwhile, the PRC has systematically preyed on American companies. American firms face well-known obstacles in China's health market, including drug approval delays, unfair pricing limitations, IP theft, and counterfeiting. Chinese nationals working as employees at pharma companies have been caught stealing trade secrets both in America and in China. And the CCP has long engaged in cyber-espionage and hacking of U.S. academic medical centers and healthcare companies.

In fact, PRC-linked hackers have targeted American universities and firms in a bid to steal IP related to coronavirus treatments and vaccines, sometimes disrupting the work of our researchers. Having been caught covering up the coronavirus outbreak, Beijing is desperate for a public relations coup, and may hope that it will be able to claim credit for any medical breakthroughs.

As all of these examples should make clear, the ultimate ambition of China's rulers isn't to trade with the United States. It is to raid the United States. If you are an American business leader, appeasing the PRC may bring short-term rewards. But in the end, the PRC's goal is to replace you. As a U.S. Chamber of Commerce report put it, "[t]he belief by foreign companies that large financial investments, the sharing of expertise and significant technology transfers would lead to an ever opening China market is being replaced by boardroom banter that win-win in China means China wins twice."

Although Americans hoped that trade and investment would liberalize China's political system, the fundamental character of the regime has never changed. As its ruthless crackdown of Hong Kong demonstrates once again, China is no closer to democracy today than it was in 1989 when tanks confronted pro-democracy protesters in Tiananmen Square. It remains an authoritarian, one-party state in which the Chinese Communist Party wields absolute power, unchecked by popular elections, the rule of law, or an independent judiciary. The CCP surveils its own people and assigns them social credit scores, employs an army of government censors, tortures dissidents, and persecutes religious and ethnic minorities, including a million Uighurs detained in indoctrination and labor camps.

If what happened in China stayed in China, that would be bad enough. But instead of America changing China, China is leveraging its economic power to change America. As this Administration's China Strategy recognizes, "the CCP's campaign to compel ideological conformity does not stop at China's borders." Rather, the CCP seeks to extend its influence around the world, including on American soil.

All too often, for the sake of short-term profits, American companies have succumbed to that influence—even at the expense of freedom and openness in the United States. Sadly, examples of American business bowing to Beijing are legion.

Take Hollywood. Hollywood's actors, producers, and directors pride themselves on celebrating freedom and the human spirit. And every year at the Academy Awards, Americans are lectured about how this country falls short of Hollywood's ideals of social justice. But Hollywood now regularly censors its own movies to appease the Chinese Communist Party, the world's most powerful violator of human rights. This censor- ship infects not only versions of movies that are released in China, but also many that are shown in American theaters to American audiences.

For example, the hit movie World War Z depicts a zombie apocalypse caused by a virus. The original version of the film reportedly contained a scene with characters speculating that the virus may have originated in China. But the studio, Paramount Pictures, reportedly told producers to delete the reference to China in the hope of landing a Chinese distribution deal. The deal never materialized.

In the Marvel Studios blockbuster Dr. Strange, filmmakers changed the nationality of a major character known as the "Ancient One," a Tibetan monk in the comic book, changed it from Tibetan to Celtic. When challenged about this, a screenwriter explained that "if you acknowledge that Tibet is a place and that he's Tibetan, you risk alienating one billion people." Or, as the Chinese government might say, "[w]e're not going to show your movie because you decided to get political."

These are just two examples of the many Hollywood films that have been altered, one way or another, to please the CCP. National Security Advisor O'Brien offered even more examples in his remarks. But many more scripts never see the light of day, because writers and producers know not to even test the limits. Chinese government censors don't need to say a word, because

Hollywood is doing their work for them. This is a massive propaganda coup for the Chinese Communist Party.

The story of the film industry's submission to the CCP is a familiar one. In the past two decades, China has emerged as the world's largest box office. The CCP has long tightly controlled access to that lucrative market—both through quotas on American films, imposed in violation of China's WTO obligations, and a strict censorship regime. Increasingly, Hollywood also relies on Chinese money for financing. In 2018, films with Chinese investors accounted for 20 percent of U.S. box-office ticket sales, compared to only three percent five years earlier.

But in the long run, as with other American industries, the PRC may be less interested in cooperating with Hollywood than in co-opting Hollywood—and eventually replacing it with its own homegrown pro- ductions. To accomplish this, the CCP has been following its usual modus operandi. By imposing a quota on American films, the CCP pressures Hollywood studios to form joint ventures with Chinese companies, who then gain U.S. technology and know-how. As one Chinese film executive recently put it, "[e]verything we learned, we learned from Hollywood." Notably, in 2019, eight of the 10 top-grossing films in China were produced in China.

Hollywood is far from alone in kowtowing to the PRC. America's big tech companies have also allowed themselves to become pawns of Chinese influence. In the year 2000, when the United States normalized trade relations with China, President Clinton hailed the new century as one in which "liberty will be spread by cell phone and cable modem."

Instead, over the course of the next decade, American companies, such as Cisco, helped the Communist Party build the Great Firewall of China—the world's most sophisticated system for Internet surveillance and censorship.

Over the years, corporations such as Google, Microsoft, Yahoo, and Apple have shown themselves all too willing to collaborate with the CCP. For example, Apple recently removed the news app Quartz from its app store in China, after the Chinese government complained about the coverage of the Hong Kong democracy protests. Apple also removed apps for virtual private networks, which had allowed users to circumvent the Great Firewall, and eliminated pro-democracy songs from its Chinese music store. Meanwhile, the company announced that it would be transferring some of its iCloud data to servers in China, despite concerns that the move would give the Communist Party easier access to e-mails, text messages, and other user information stored in the iCloud.

Recently, we were able to get into two cell phones used by the Al-Qaeda terrorist who shot eight Americans at the Pensacola Naval Air Station. During the gun fight with him, he stopped, disengaged, put his cell phones down and tried to destroy them, shooting a bullet into one of his two cell phones and we thought that suggested that there may be very important information about terrorist activities in those cell phones. And for four and a half months we tried to get in, without any help at all from Apple. Apple failed to give us any help getting into the cell phones. We were ultimately able to get in through a fluke that we will not be able to reproduce in the future, where we found communications with Al-Qaeda operatives in the Middle East up to the day before the attack. Do you think when Apple sells phones in China that Apple phones in China are impervious to penetration by Chinese authorities? They wouldn't be sold if they were impervious to Chinese authorities. And what we've asked for is a warrant—when we have a warrant from a court—that we should be able to get into because cellphones. That's the double standard that has been emerging among American tech companies.

The CCP has long used public threats of retaliation and barred market access to exert influence. More recently, however, the CCP has also stepped up behind-the-scenes efforts to cultivate and coerce American business executives to further its political objectives—efforts that are all the more pernicious because they are largely hidden from public view.

As China's government loses credibility around the world, the Justice Department has seen more and more PRC officials and their proxies reaching out to corporate leaders and inveighing them to favor policies and actions favored by the Chinese Communist Party. Their objective varies, but their pitch is generally the same: the businessperson has economic interests in China, and there is a suggestion that things will go better (or worse) for them depending on their response to the PRC's request. Privately pressuring or courting American corporate leaders to promote policies (or U.S. politicians) presents a significant threat, because hiding behind American voices allows the Chinese government to elevate its influence campaigns and put a "friendly face" on pro-regime policies. The legislator or policymaker who hears from these American businessmen is properly more sympathetic to that constituent than to a foreigner. And by masking its participation in our political process, the PRC avoids accountability for its influence efforts and the public outcry that might result, if its lobbying were exposed.

America's corporate leaders might not think of themselves as lobbyists. You might think, for example, that cultivating a mutually beneficial relationship is just part of the "guanxi" — or system of influential social networking—necessary to do business with the PRC. But you should be alert to how you might be used, and how your efforts on behalf of a foreign company or government could implicate the Foreign Agents Registration Act. FARA does not prohibit any speech or conduct. But it does require those who are acting as the "agents" of foreign principals to publicly disclose that relationship, and their political or other similar activities, by registering with the Justice Department, allowing the audience to take into account the origin of the speech when evaluating credibility.

By focusing on American business leaders, of course, I don't mean to suggest that they are the only targets of Chinese influence operations in the United States. The Chinese Communist Party also seeks to infiltrate, censor, or co-opt American academic and research institutions. For example, dozens of American universities host Chinese government-funded "Confucius Institutes," which have been accused of pressuring host universities to silence discussion or cancel events on topics considered controversial by Beijing. Universities must stand up for each other; refuse to let the CCP dictate research efforts or suppress diverse voices; support colleagues and students who wish to speak their minds; and consider whether any sacrifice of academic integrity or freedom is worth the price of appeasing the CCP's demands.

In a globalized world, American corporations and universities alike may view themselves as global citizens, rather than American institutions. But they should remember that what allowed them to succeed in the first place was the American free enterprise system, the rule of law, and the security afforded by America's economic, technological, and military strength.

Globalization does not always point in the direction of greater freedom. A world marching to the beat of Communist China's drums will not be a hospitable one for institutions that depend on free markets, free trade, or the free exchange of ideas. There was a time American companies understood this and they saw themselves as American and proudly defended American values.

In World War II, for example, the iconic American company, Disney, made dozens of public information films for the government, including training videos to educate American sailors on navigation tactics. During the war, over 90 percent of Disney employees were devoted to the production of training and public information films. To boost the morale of America's troops, Disney also designed insignia that appeared on planes, trucks, flight jackets, and other military equipment used by American and Allied forces.

I suspect Walt Disney would be disheartened to see how the company he founded deals with the foreign dictatorships of our day. When Disney produced Kundun, the 1997 film about the PRC's oppression of the Dalai Lama, the CCP objected to the project and pressured Disney to abandon it. Ultimately, Disney decided that it couldn't let a foreign power dictate whether it would distribute a movie in the United States. But that moment of courage wouldn't last long. After the CCP banned all Disney films in China, the company lobbied hard to regain access. The CEO apologized for Kundun, calling it a "stupid mistake." Disney then began courting the PRC to open a $5.5 billion theme park in Shanghai. As part of that deal, Disney agreed to give Chinese government officials a role in management. Of the park's full-time employees, 300 are active members of the Communist Party. They reportedly display hammer-and-sickle insignia at their desks and attend Party lectures at the facility during business hours.

Like other American companies, Disney may eventually learn the hard way the cost of compromising its principles. Soon after Disney opened its park in Shanghai, a Chinese-owned theme park popped up a couple hundred miles away featuring characters that, according to news reports, looked suspiciously like Snow White and other Disney trademarks.

American companies must understand the stakes. The Chinese Communist Party thinks in terms of decades and centuries, while we tend to focus on the next quarter's earnings report. But if Disney and other American corporations continue to bow to Beijing, they risk undermining both their own future competitiveness and prosperity, as well as the classical liberal order that has allowed them to thrive.

During the Cold War, Lewis Powell—later Justice Powell—sent an important memorandum to the U.S. Chamber of Commerce. He noted that the free enterprise system was under unprecedented attack, and urged American companies to do more to preserve it. "[T]he time has come," he said, "indeed, it is long overdue—for the wisdom, ingenuity and resources of American business to be marshaled against those who would destroy it." So too today. The American people are more attuned than ever to the threat that the Chinese Communist Party poses not only to our way of life, but to our very lives and livelihoods. And they will increasingly call out corporate appeasement.

If individual companies are afraid to make a stand, there is strength in numbers. As Justice Powell wrote: "Strength lies in organization, in careful long-range planning and implementation, in consistency of action over an indefinite period of years, in the scale of financing avail- able only through joint effort, and in the political power available only through united action and national organizations." Despite years of acquiescence to communist authorities in China, American tech companies may finally be finding their courage through collective action. Following the recent imposition of the PRC's draconian national security law in Hong Kong, many big tech companies, including Facebook, Google, Twitter, Zoom, and LinkedIn, reportedly announced that they would temporarily suspend compliance with governmental requests for user data. True to form, communist officials have threatened imprisonment for noncompliant company employees. We will see if these companies hold firm and how long they will hold firm. I hope they do. If they stand together, they will provide a worthy example for other American companies in resisting the Chinese Communist Party'scorrupt and dictatorial rule.

The CCP has launched an orchestrated campaign, across all of its many tentacles in Chinese government and society, to exploit the open- ness of our institutions in order to destroy them. To secure a world of freedom and prosperity for our children and grandchildren, the free world will need its own version of the whole-of-society approach, in which the public and private sectors maintain their essential separation but work together collaboratively to resist domination and to win the contest for the commanding heights of the global economy. America has done that before and we rekindle our love and devotion for our country and each other, I am confident that we—the American people, the American government, and American business together— can do it again. Our freedom depends on it.

### 7.　Remarks Delivered by Secretary of State Michael R. Pompeo　(July 23, 2020) *

### The White House and U.S. Department of State

SECRETARY POMPEO:  Thank you.  Thank you all.  Thank you, Governor, for that very, very generous introduction.  It is true:  When you walk in that gym and you say the name "Pompeo,"  there is a whisper.  I had a brother, Mark, who was really good – a really good basketball player.

And how about another round of applause for the Blue Eagles Honor Guard and Senior Airman Kayla Highsmith, and her wonderful rendition of the national anthem? (Applause.)

Thank you, too, to Pastor Laurie for that moving prayer, and I want to thank Hugh Hewitt and the Nixon Foundation for your invitation to speak at this important American institution.  I was great to be sung to by an Air Force person, introduced by a Marine, and they let the Army guy in in front of the Navy guy's house. (Laughter.)  It's all good.

It's an honor to be here in Yorba Linda, where Nixon's father built the house in which h

---

*　資料來源：The White House, https://trumpwhitehouse.archives.gov/wp-content/uploads/2020/11/Trmp-on-China-Putting-America-First.pdf/.

was born and raised.

To all the Nixon Center board and staff who made today possible – it's difficult in these times – thanks for making this day possible for me and for my team.

We are blessed to have some incredibly special people in the audience, including Chris, who I've gotten to know – Chris Nixon. I also want to thank Tricia Nixon and Julie Nixon Eisenhower for their support of this visit as well.

I want to recognize several courageous Chinese dissidents who have joined us here today and made a long trip.

And to all the other distinguished guests – (applause) – to all the other distinguished guests, thank you for being here. For those of you who got under the tent, you must have paid extra.

And those of you watching live, thank you for tuning in.

And finally, as the governor mentioned, I was born here in Santa Ana, not very far from here. I've got my sister and her husband in the audience today. Thank you all for coming out. I bet you never thought that I'd be standing up here.

My remarks today are the fourth set of remarks in a series of China speeches that I asked National Security Advisor Robert O'Brien, FBI Director Chris Wray, and the Attorney General Barr to deliver alongside me.

We had a very clear purpose, a real mission. It was to explain the different facets of America's relationship with China, the massive imbalances in that relationship that have built up over decades, and the Chinese Communist Party'sdesigns for hegemony.

Our goal was to make clear that the threats to Americans that President Trump's China policy aims to address are clear and our strategy for securing those freedoms established.

Ambassador O'Brien spoke about ideology. FBI Director Wray talked about espionage. Attorney General Barr spoke about economics. And now my goal today is to put it all together for the American people and detail what the China threat means for our economy, for our liberty, and indeed for the future of free democracies around the world.

Next year marks half a century since Dr. Kissinger's secret mission to China, and the 50th anniversary of President Nixon's trip isn't too far away in 2022.

The world was much different then.

We imagined engagement with China would produce a future with bright promise of comity and cooperation.

But today – today we're all still wearing masks and watching the pandemic's body count rise because the CCP failed in its promises to the world. We're reading every morning new headlines of repression in Hong Kong and in Xinjiang.

We're seeing staggering statistics of Chinese trade abuses that cost American jobs and strike enormous blows to the economies all across America, including here in southern California. And we're watching a Chinese military that grows stronger and stronger, and indeed more menacing.

I'll echo the questions ringing in the hearts and minds of Americans from here in California to my home state of Kansas and beyond:

What do the American people have to show now 50 years on from engagement with China?

Did the theories of our leaders that proposed a Chinese evolution towards freedom and democracy prove to be true?

Is this China's definition of a win-win situation?

And indeed, centrally, from the Secretary of State's perspective, is America safer? Do we have a greater likelihood of peace for ourselves and peace for the generations which will follow us?

Look, we have to admit a hard truth. We must admit a hard truth that should guide us in the years and decades to come, that if we want to have a free 21st century, and not the Chinese century of which Xi Jinping dreams, the old paradigm of blind engagement with China simply won't get it done. We must not continue it and we must not return to it.

As President Trump has made very clear, we need a strategy that protects the American economy, and indeed our way of life. The free world must triumph over this new tyranny.

Now, before I seem too eager to tear down President Nixon's legacy, I want to be clear that he did what he believed was best for the American people at the time, and he may well have been right.

He was a brilliant student of China, a fierce cold warrior, and a tremendous admirer of the Chinese people, just as I think we all are.

He deserves enormous credit for realizing that China was too important to be ignored, even when the nation was weakened because of its own self-inflicted communist brutality.

In 1967, in a very famous Foreign Affairs article, Nixon explained his future strategy. Here's what he said:

He said, "Taking the long view, we simply cannot afford to leave China forever outside of the family of nations···The world cannot be safe until China changes. Thus, our aim – to the extent we can, we must influence events. Our goal should be to induce change."

And I think that's the key phrase from the entire article: "to induce change."

So, with that historic trip to Beijing, President Nixon kicked off our engagement strategy. He nobly sought a freer and safer world, and he hoped that the Chinese Communist Party would return that commitment.

As time went on, American policymakers increasingly presumed that as China became more prosperous, it would open up, it would become freer at home, and indeed present less of a threat abroad, it'd be friendlier. It all seemed, I am sure, so inevitable.

But that age of inevitability is over. The kind of engagement we have been pursuing has not brought the kind of change inside of China that President Nixon had hoped to induce.

The truth is that our policies – and those of other free nations – resurrected China's failing economy, only to see Beijing bite the international hands that were feeding it.

We opened our arms to Chinese citizens, only to see the Chinese Communist Party exploit our free and open society. China sent propagandists into our press conferences, our research centers, our high-schools, our colleges, and even into our PTA meetings.

We marginalized our friends in Taiwan, which later blossomed into a vigorous democracy.

We gave the Chinese Communist Party and the regime itself special economic treatment, only to see the CCP insist on silence over its human rights abuses as the price of admission for Western companies entering China.

Ambassador O'Brien ticked off a few examples just the other day: Marriott, American Airlines, Delta, United all removed references to Taiwan from their corporate websites, so as not to anger Beijing.

In Hollywood, not too far from here – the epicenter of American creative freedom, and self-appointed arbiters of social justice – self-censors even the most mildly unfavorable reference to China.

This corporate acquiescence to the CCP happens all over the world, too.

And how has this corporate fealty worked? Is its flattery rewarded? I'll give you a quote from the speech that General Barr gave, Attorney General Barr. In a speech last week, he said that "The ultimate ambition of China's rulers isn't to trade with the United States. It is to raid the United States."

China ripped off our prized intellectual property and trade secrets, causing millions of jobs[1] all across America.

It sucked supply chains away from America, and then added a widget made of slave labor.

It made the world's key waterways less safe for international commerce.

President Nixon once said he feared he had created a "Frankenstein" by opening the world to the CCP, and here we are.

Now, people of good faith can debate why free nations allowed these bad things to happen for all these years. Perhaps we were naive about China's virulent strain of communism, or triumphalist after our victory in the Cold War, or cravenly capitalist, or hoodwinked by Beijing's talk of a "peaceful rise."

Whatever the reason – whatever the reason, today China is increasingly authoritarian at home, and more aggressive in its hostility to freedom everywhere else.

And President Trump has said: enough.

I don't think many people on either side of the aisle dispute the facts that I have laid out today. But even now, some are insisting that we preserve the model of dialogue for dialogue's sake.

Now, to be clear, we'll keep on talking. But the conversations are different these days. I traveled to Honolulu now just a few weeks back to meet with Yang Jiechi.

It was the same old story – plenty of words, but literally no offer to change any of the behaviors.

Yang's promises, like so many the CCP made before him, were empty. His expectations, I surmise, were that I'd cave to their demands, because frankly this is what too many prior administrations have done. I didn't, and President Trump will not either.

As Ambassador O'Brien explained so well, we have to keep in mind that the CCP regime is a Marxist-Leninist regime. General Secretary Xi Jinping is a true believer in a bankrupt totalitarian ideology.

It's this ideology, it's this ideology that informs his decades-long desire for global hegemony of Chinese communism. America can no longer ignore the fundamental political and ideological differences between our countries, just as the CCP has never ignored them.

My experience in the House Intelligence Committee, and then as director of the Central

Intelligence Agency, and my now two-plus years as America's Secretary of State have led me to this central understanding:

That the only way – the only way to truly change communist China is to act not on the basis of what Chinese leaders say, but how they behave.  And you can see American policy responding to this conclusion.  President Reagan said that he dealt with the Soviet Union on the basis of "trust but verify."  When it comes to the CCP, I say we must distrust and verify. (Applause.)

We, the freedom-loving nations of the world, must induce China to change, just as President Nixon wanted.  We must induce China to change in more creative and assertive ways, because Beijing's actions threaten our people and our prosperity.

We must start by changing how our people and our partners perceive the Chinese Communist Party.  We have to tell the truth.  We can't treat this incarnation of China as a normal country, just like any other.

We know that trading with China is not like trading with a normal, law-abiding nation. Beijing threatens international agreements as – treats international suggestions as – or agreements as suggestions, as conduits for global dominance.

But by insisting on fair terms, as our trade representative did when he secured our phase one trade deal, we can force China to reckon with its intellectual property theft and policies that harmed American workers.

We know too that doing business with a CCP-backed company is not the same as doing business with, say, a Canadian company.  They don't answer to independent boards, and many of them are state-sponsored and so have no need to pursue profits.

A good example is Huawei.  We stopped pretending Huawei is an innocent telecommunications company that's just showing up to make sure you can talk to your friends. We've called it what it is – a true national security threat – and we've taken action accordingly.

We know too that if our companies invest in China, they may wittingly or unwittingly support the Communist Party'sgross human rights violations.

Our Departments of Treasury and Commerce have thus sanctioned and blacklisted Chinese leaders and entities that are harming and abusing the most basic rights for people all across the world.  Several agencies have worked together on a business advisory to make certain our CEOs are informed of how their supply chains are behaving inside of China.

We know too, we know too that not all Chinese students and employees are just normal students and workers that are coming here to make a little bit of money and to garner themselves some knowledge. Too many of them come here to steal our intellectual property and to take this back to their country.

The Department of Justice and other agencies have vigorously pursued punishment for these crimes.

We know that the People's Liberation Army is not a normal army, too. Its purpose is to uphold the absolute rule of the Chinese Communist Party elites and expand a Chinese empire, not to protect the Chinese people.

And so our Department of Defense has ramped up its efforts, freedom of navigation operations out and throughout the East and South China Seas, and in the Taiwan Strait as well. And we've created a Space Force to help deter China from aggression on that final frontier.

And so too, frankly, we've built out a new set of policies at the State Department dealing with China, pushing President Trump's goals for fairness and reciprocity, to rewrite the imbalances that have grown over decades.

Just this week, we announced the closure of the Chinese consulate in Houston because it was a hub of spying and intellectual property theft. (Applause.)

We reversed, two weeks ago, eight years of cheek-turning with respect to international law in the South China Sea.

We've called on China to conform its nuclear capabilities to the strategic realities of our time.

And the State Department – at every level, all across the world – has engaged with our Chinese counterparts simply to demand fairness and reciprocity.

But our approach can't just be about getting tough. That's unlikely to achieve the outcome that we desire. We must also engage and empower the Chinese people – a dynamic, freedom-loving people who are completely distinct from the Chinese Communist Party.

That begins with in-person diplomacy. (Applause.) I've met Chinese men and women of great talent and diligence wherever I go.

I've met with Uyghurs and ethnic Kazakhs who escaped Xinjiang's concentration camps. I've talked with Hong Kong's democracy leaders, from Cardinal Zen to Jimmy Lai. Two days ago in London, I met with Hong Kong freedom fighter Nathan Law.

And last month in my office, I heard the stories of Tiananmen Square survivors. One of them is here today.

Wang Dan was a key student who has never stopped fighting for freedom for the Chinese people. Mr. Wang, will you please stand so that we may recognize you? (Applause.)

Also with us today is the father of the Chinese democracy movement, Wei Jingsheng. He spent decades in Chinese labor camps for his advocacy. Mr. Wei, will you please stand? (Applause.)

I grew up and served my time in the Army during the Cold War. And if there is one thing I learned, communists almost always lie. The biggest lie that they tell is to think that they speak for 1.4 billion people who are surveilled, oppressed, and scared to speak out.

Quite the contrary. The CCP fears the Chinese people's honest opinions more than any foe, and save for losing their own grip on power, they have reason – no reason to.

Just think how much better off the world would be – not to mention the people inside of China – if we had been able to hear from the doctors in Wuhan and they'd been allowed to raise the alarm about the outbreak of a new and novel virus.

For too many decades, our leaders have ignored, downplayed the words of brave Chinese dissidents who warned us about the nature of the regime we're facing.

And we can't ignore it any longer. They know as well as anyone that we can never go back to the status quo.

But changing the CCP's behavior cannot be the mission of the Chinese people alone. Free nations have to work to defend freedom. It's the furthest thing from easy.

But I have faith we can do it. I have faith because we've done it before. We know how this goes.

I have faith because the CCP is repeating some of the same mistakes that the Soviet Union made – alienating potential allies, breaking trust at home and abroad, rejecting property rights and predictable rule of law.

I have faith. I have faith because of the awakening I see among other nations that know we can't go back to the past in the same way that we do here in America. I've heard this from Brussels, to Sydney, to Hanoi.

And most of all, I have faith we can defend freedom because of the sweet appeal of freedom itself.

Look at the Hong Kongers clamoring to emigrate abroad as the CCP tightens its grip on that proud city. They wave American flags.

It's true, there are differences. Unlike the Soviet Union, China is deeply integrated into the global economy. But Beijing is more dependent on us than we are on them. (Applause.)

Look, I reject the notion that we're living in an age of inevitability, that some trap is pre-ordained, that CCP supremacy is the future. Our approach isn't destined to fail because America is in decline. As I said in Munich earlier this year, the free world is still winning. We just need to believe it and know it and be proud of it. People from all over the world still want to come to open societies. They come here to study, they come here to work, they come here to build a life for their families. They're not desperate to settle in China.

It's time. It's great to be here today. The timing is perfect. It's time for free nations to act. Not every nation will approach China in the same way, nor should they. Every nation will have to come to its own understanding of how to protect its own sovereignty, how to protect its own economic prosperity, and how to protect its ideals from the tentacles of the Chinese Communist Party.

But I call on every leader of every nation to start by doing what America has done – to simply insist on reciprocity, to insist on transparency and accountability from the Chinese Communist Party. It's a cadre of rulers that are far from homogeneous.

And these simple and powerful standards will achieve a great deal. For too long we let the CCP set the terms of engagement, but no longer. Free nations must set the tone. We must operate on the same principles.

We have to draw common lines in the sand that cannot be washed away by the CCP's bargains or their blandishments. Indeed, this is what the United States did recently when we rejected China's unlawful claims in the South China Sea once and for all, as we have urged countries to become Clean Countries so that their citizens' private information doesn't end up in the hand of the Chinese Communist Party. We did it by setting standards.

Now, it's true, it's difficult. It's difficult for some small countries. They fear being picked off. Some of them for that reason simply don't have the ability, the courage to stand with us for the moment.

Indeed, we have a NATO ally of ours that hasn't stood up in the way that it needs to with respect to Hong Kong because they fear Beijing will restrict access to China's market. This is the kind of timidity that will lead to historic failure, and we can't repeat it.

We cannot repeat the mistakes of these past years. The challenge of China demands exertion, energy from democracies – those in Europe, those in Africa, those in South America, and especially those in the Indo-Pacific region.

And if we don't act now, ultimately the CCP will erode our freedoms and subvert the rules-based order that our societies have worked so hard to build. If we bend the knee now, our children's children may be at the mercy of the Chinese Communist Party, whose actions are the primary challenge today in the free world.

General Secretary Xi is not destined to tyrannize inside and outside of China forever, unless we allow it.

Now, this isn't about containment. Don't buy that. It's about a complex new challenge that we've never faced before. The USSR was closed off from the free world. Communist China is already within our borders.

So we can't face this challenge alone. The United Nations, NATO, the G7 countries, the G20, our combined economic, diplomatic, and military power is surely enough to meet this challenge if we direct it clearly and with great courage.

Maybe it's time for a new grouping of like-minded nations, a new alliance of democracies.

We have the tools. I know we can do it. Now we need the will. To quote scripture, I ask is "our spirit willing but our flesh weak?"

If the free world doesn't change – doesn't change, communist China will surely change us. There can't be a return to the past practices because they're comfortable or because they're convenient.

Securing our freedoms from the Chinese Communist Party is the mission of our time, and America is perfectly positioned to lead it because our founding principles give us that opportunity.

As I explained in Philadelphia last week, standing, staring at Independence Hall, our nation was founded on the premise that all human beings possess certain rights that are unalienable.

And it's our government's job to secure those rights. It is a simple and powerful truth. It's made us a beacon of freedom for people all around the world, including people inside of China.

Indeed, Richard Nixon was right when he wrote in 1967 that "the world cannot be safe until China changes." Now it's up to us to heed his words.

Today the danger is clear. And today the awakening is happening. Today the free world must respond. We can never go back to the past. May God bless each of you. May God bless the Chinese people. And may God bless the people of the United States of America.

Thank you all.

8. **Remarks by President Trump to the 75th Session of the United Nations General Assembly (September 22, 2020)** [*]

**The White House**

PRESIDENT TRUMP: It is my profound honor to address the United Nations General Assembly.

Seventy-five years after the end of World War II and the founding of the United Nations, we are once again engaged in a great global struggle. We have waged a fierce battle against the invisible enemy — the China virus — which has claimed countless lives in 188 countries.

In the United States, we launched the most aggressive mobilization since the Second World War. We rapidly produced a record supply of ventilators, creating a surplus that allowed us to share them with friends and partners all around the globe. We pioneered life-saving treatments, reducing our fatality rate 85 percent since April.

Thanks to our efforts, three vaccines are in the final stage of clinical trials. We are mass-producing them in advance so they can be delivered immediately upon arrival.

We will distribute a vaccine, we will defeat the virus, we will end the pandemic, and we will enter a new era of unprecedented prosperity, cooperation, and peace.

As we pursue this bright future, we must hold accountable the nation which unleashed this plague onto the world: China.

In the earliest days of the virus, China locked down travel domestically while allowing flights to leave China and infect the world. China condemned my travel ban on their country, even as they cancelled domestic flights and locked citizens in their homes.

The Chinese government and the World Health Organization — which is virtually controlled by China — falsely declared that there was no evidence of human-to-human transmission. Later, they falsely said people without symptoms would not spread the disease.

---

[*] 資料來源：The White House, https://trumpwhitehouse.archives.gov/briefings-statements/remarks-president-trump-75th-session-united-nations-general-assembly/.

The United Nations must hold China accountable for their actions.

In addition, every year, China dumps millions and millions of tons of plastic and trash into the oceans, overfishes other countries' waters, destroys vast swaths of coral reef, and emits more toxic mercury into the atmosphere than any country anywhere in the world. China's carbon emissions are nearly twice what the U.S. has, and it's rising fast. By contrast, after I withdrew from the one-sided Paris Climate Accord, last year America reduced its carbon emissions by more than any country in the agreement.

Those who attack America's exceptional environmental record while ignoring China's rampant pollution are not interested in the environment. They only want to punish America, and I will not stand for it.

If the United Nations is to be an effective organization, it must focus on the real problems of the world. This includes terrorism, the oppression of women, forced labor, drug trafficking, human and sex trafficking, religious persecution, and the ethnic cleansing of religious minorities.

America will always be a leader in human rights. My administration is advancing religious liberty, opportunity for women, the decriminalization of homosexuality, combatting human trafficking, and protecting unborn children.

We also know that American prosperity is the bedrock of freedom and security all over the world. In three short years, we built the greatest economy in history, and we are quickly doing it again. Our military has increased substantially in size. We spent $2.5 trillion over the last four years on our military. We have the most powerful military anywhere in the world, and it's not even close.

We stood up to decades of China's trade abuses. We revitalized the NATO Alliance, where other countries are now paying a much more fair share. We forged historic partnerships with Mexico, Guatemala, Honduras, and El Salvador to stop human smuggling. We are standing with the people of Cuba, Nicaragua, and Venezuela in their righteous struggle for freedom.

We withdrew from the terrible Iran Nuclear Deal and imposed crippling sanctions on the world's leading state sponsor of terror. We obliterated the ISIS caliphate 100 percent; killed its founder and leader, al-Baghdadi; and eliminated the world's top terrorist, Qasem Soleimani.

This month, we achieved a peace deal between Serbia and Kosovo. We reached a landmark breakthrough with two peace deals in the Middle East, after decades of no progress. Israel, the United Arab Emirates, and Bahrain all signed a historic peace agreement in the White House, with many other Middle Eastern countries to come. They are coming fast, and they know it's great for them and it's great for the world.

These groundbreaking peace deals are the dawn of the new Middle East. By taking a different approach, we have achieved different outcomes — far superior outcomes. We took an approach, and the approach worked. We intend to deliver more peace agreements shortly, and I have never been more optimistic for the future of the region. There is no blood in the sand. Those days are, hopefully, over.

As we speak, the United States is also working to end the war in Afghanistan, and we are bringing our troops home. America is fulfilling our destiny as peacemaker, but it is peace through strength. We are stronger now than ever before. Our weapons are at an advanced level like we've never had before — like, frankly, we've never even thought of having before. And I only pray to God that we never have to use them.

For decades, the same tired voices proposed the same failed solutions, pursuing global ambitions at the expense of their own people. But only when you take care of your own citizens will you find a true basis for cooperation. As President, I have rejected the failed approaches of the past, and I am proudly putting America first, just as you should be putting your countries first. That's okay — that's what you should be doing.

I am supremely confident that next year, when we gather in person, we will be in the midst of one of the greatest years in our history — and frankly, hopefully, in the history of the world.

Thank you. God bless you all. God bless America. And God bless the United Nations.

END

## 9. On Transparency and Foreign Funding of U.S. Think Tanks (October 13, 2020) *
### Secretary Michael R. Pompeo, U.S. Department of State

The Department of State maintains close ties with the academic community, think tanks, and various external sources of expertise in foreign affairs to advance the interests of the United States. We welcome diverse views when doing so. We are mindful, however, that some foreign governments, such as those of the People's Republic of China (PRC) and the Russian Federation, seek to exert influence over U.S. foreign policy through lobbyists, external experts,

---

\* 資料來源：U.S. Department of State, https://2017-2021.state.gov/on-transparency-and-foreign-funding-of-u-s-think-tanks/.

and think tanks.

The unique role of think tanks in the conduct of foreign affairs makes transparency regarding foreign funding more important than ever. To protect the integrity of civil society institutions, the Department requests henceforth that think tanks and other foreign policy organizations that wish to engage with the Department disclose prominently on their websites funding they receive from foreign governments, including state-owned or state-operated subsidiary entities.

Disclosure is not a requirement for engaging with such entities. Department staff will, however, be mindful of whether disclosure has been made and of specific funding sources that are disclosed when determining whether and how to engage. This policy is distinct from disclosure requirements under the Foreign Agents Registration Act (FARA), 22 U.S.C. 611 et seq.

We hope one day soon that U.S. efforts to promote free and open dialogue about economic and personal liberty, equal citizenship, the rule of law, and authentic civil society, will be possible in places such as China and Russia.

## 10. Designation of Additional PRC Propaganda Outlets as Foreign Missions (October 21, 2020) *

### U.S. Department of State

Over the past decade, and particularly under General Secretary Xi Jinping's tenure, the Chinese Communist Party (CCP) has asserted greater control over China's state-backed propaganda outlets while trying to disguise them as independent news agencies. General Secretary Xi himself has stated, "Party-owned media must ⋯ embody the Party's will, safeguard the Party's authority ⋯ their actions must be highly consistent with the party." While free media around the world are beholden to the truth, PRC media are beholden to the CCP. Today, the United States is publicly recognizing that reality through these designations.

Pursuant to authorities under the Foreign Missions Act, the State Department is issuing today a new determination that designates the U.S. operations of Yicai Global, Jiefang Daily, Xinmin Evening News, Social Sciences in China Press, Beijing Review, and Economic Daily

---

* 資料來源：U.S. Department of State, https://2017-2021.state.gov/designation-of-additional-prc-propaganda-outlets-as-foreign-missions/.

as foreign missions. These six entities all meet the definition of a foreign mission under the Foreign Missions Act in that they are "substantially owned or effectively controlled" by a foreign government. In this case, they are effectively controlled by the government of the People's Republic of China.

The decision to designate these entities does not place any restrictions on what these organizations may publish in the United States. It simply recognizes them for what they are – PRC-controlled propaganda outlets. This action follows the February 18 designation of Xinhua News Agency, China Global Television Network, China Radio International, China Daily Distribution Corporation, and Hai Tian Development USA and the June 22 designation of China Central Television, China News Service, the People's Daily, and the Global Times.

Entities designated as foreign missions must adhere to certain requirements that increase transparency relating to their associated government's media activities in the United States. Our goal is to protect the freedom of press in the United States, and ensure the American people know whether their news is coming from the free press or from a malign foreign government. Transparency isn't threatening to those who value truth.

## 11. Launch of the U.S.-EU Dialogue on China (October 26, 2020) *

### U.S. Mission to the European Union

The following is the text of a joint press release by the U.S. Department of State and the European External Action Service.

Begin text:

On October 23, Secretary of State Michael R. Pompeo and EU High Representative for Foreign Affairs and Security Policy/Vice-President of the European Commission, Josep Borrell, met via telephone to discuss a range of issues of common interest in the context of the Transatlantic Partnership.

During the meeting, they launched a new bilateral Dialogue between the European External Action Service and the U.S. Department of State on China. High Representative/Vice President Borrell and Secretary of State Pompeo welcomed the start of this dialogue as a dedicated forum for EU and U.S. experts to discuss the full range of issues related to China.

---

\* 資料來源：U.S. Mission to the European Union, https://useu.usmission.gov/launch-of-the-u-s-eu-dialo gue-on-china/.

Secretary Pompeo and High Representative Borrell agreed to continue meetings at the senior official and expert levels on themes including human rights, security, and multilateralism. The next high-level meeting between the Deputy Secretary of State and European External Action Service Secretary General will be held in mid-November 2020.

Secretary Pompeo and High Representative Borrell called on the Belarusian authorities to engage in a meaningful dialogue with genuine representatives of civil society, in particular with the Coordination Council established by Sviatlana Tsikhanouskaya. The EU and the United States reiterated their strong support for the independence and sovereignty of Belarus.

The two principals also assessed the situation in the Nagorno Karabakh conflict zone and urged the immediate cessation of hostilities and respect for the agreed ceasefire. They called upon the sides to re-engage in meaningful negotiations without delay under the auspices of the OSCE Minsk Group Co-Chairs. The two principals call on all actors, including external parties, to refrain from actions that may increase the risks for the region.

End Text.

## 12. Designation of the National Association for China's Peaceful Unification (NACPU) as a Foreign Mission of the PRC (October 28, 2020) *

### Secretary Michael R. Pompeo, U.S. Department of State

The United Front Work Department (UFWD) is the Chinese Communist Party (CCP) organ tasked with co-opting and neutralizing threats to the Party's rule and spreading its influence and propaganda overseas. The CCP regards this party apparatus as a "magic weapon" to advance Beijing's policies.

Today, the Department of State designated a UFWD-controlled organization – the National Association for China's Peaceful Unification (NACPU) – as a foreign mission of the PRC under the U.S. Foreign Missions Act. The goal of this action is to shine a light on this organization and make clear that their messages come from Beijing, as we did when we designated the Confucius Institute U.S. Center (CIUS) as a foreign mission in August.

In addition to the NACPU, the UFWD has other affiliates seeking to spread Beijing's malign influence in the United States. We are discontinuing participation in the Memorandum

---

\* 資料來源：U.S. Department of State, https://2017-2021.state.gov/designation-of-the-national-associa tion-for-chinas-peaceful-unification-nacpu-as-a-foreign-mission-of-the-prc/.

of Understanding between the Government of the United States of America and the Government of the People's Republic of China Concerning the Establishment of the U.S-China Governors Forum to Promote Sub-National Cooperation (MOU), signed on January 19, 2011.  The MOU supported the creation of a U.S.-China National Governors Forum. Following the signing of the MOU, however, Chinese Peoples' Association for Friendship with Foreign Countries (CPAFFC) a Beijing-based organization tasked with co-opting subnational governments, has sought to directly and malignly influence state and local leaders to promote the PRC's global agenda.  CPAFFC's actions have undermined the Governors Forum's original well-intentioned purpose.

Authentic people-to-people exchanges are crucial for establishing understanding between cultures, but the UFWD is not a vehicle for people-to-people exchange.  Instead, it uses front organizations like the NACPU to advance the PRC's propaganda and malign influence.  Our actions today move us a step closer toward a relationship with the PRC based on transparency and reciprocity.

### 13. Designations of Four PRC and Hong Kong Officials Threatening the Peace, Security, and Autonomy of Hong Kong  (November 9, 2020) *

### Secretary Michael R. Pompeo, U.S. Department of State

The People's Republic of China (PRC) and Hong Kong-based officials continue to dismantle the promised autonomy and freedoms of Hong Kong through politically motivated arrests. Today, the U.S. Department of State is designating four PRC and Hong Kong officials in connection with implementing the PRC-imposed National Security Law and threatening the peace, security, and autonomy of Hong Kong, pursuant to Executive Order 13936.

The Department of State is designating Li Jiangzhou, Edwina Lau, and Steve Li Kwai-Wah as having been leaders or officials of entities, including any government entity, that have engaged in, or whose members have engaged in, developing, adopting, or implementing the Law of the People's Republic of China on Safeguarding National Security in the Hong Kong Special Administrative Region (NSL). Li Jiangzhou is the Deputy Director of the Office for Safeguarding National Security, which was established under the NSL. Edwina Lau is the head

---

* 　資料來源：U.S. Department of State, https://2017-2021.state.gov/designations-of-four-prc-and-hong-kong-officials-threatening-the-peace-security-and-autonomy-of-hong-kong/.

of the National Security Division of the Hong Kong Police Force and Steve Li Kwai-Wah is the Senior Superintendent.

Additionally, this action designates Deng Zhonghua, the Deputy Director of the Hong Kong & Macau Affairs Office (HKMAO). The HKMAO – one of the central government's primary offices on Hong Kong policy – has taken several actions to interfere in Hong Kong affairs and crack down on protestors.

These individuals will be barred from travelling to the United States and their assets within the jurisdiction of the United States or in the possession or control of U.S. persons will be blocked. These actions underscore U.S. resolve to hold accountable key figures that are actively eviscerating the freedoms of the people of Hong Kong and undermining Hong Kong's autonomy.

The United States calls on Beijing to abide by international commitments it made in the Sino – British Joint Declaration, a UN-registered treaty.

## 14. On the Political Persecution of Hong Kong Democracy Advocates (December 3, 2020) *
### Secretary Michael R. Pompeo, U.S. Department of State

The United States is appalled by the Hong Kong government's political persecution of Hong Kong's courageous pro-democracy advocates. The use of courts to silence peaceful dissent is a hallmark of authoritarian regimes and underscores once again that the Chinese Communist Party'sgreatest fear is the free speech and free thinking of its own people.

Hong Kong historically benefitted from a free and open system that celebrated the peaceful advocacy of citizens like Joshua Wong, Agnes Chow, Ivan Lam, and Jimmy Lai. Hong Kong's people should be free to exercise the rights guaranteed to them under the Basic Law; the Sino-British Joint Declaration, a UN-registered treaty; and the Universal Declaration of Human Rights. Their struggle to resist the CCP's denial of their fundamental rights will stand throughout history as a testament to the human spirit.

The United States will continue to work with our allies and partners around the world to champion the rights and freedoms of the people of Hong Kong and all those who suffer under the CCP's repressive rule. We stand with Joshua Wong, Agnes Chow, Ivan Lam, Jimmy Lai,

---

\* 資料來源：U.S. Department of State, https://2017-2021.state.gov/on-the-political-persecution-of-hong-kong-democracy-advocates/.

the people of Hong Kong, and all the people of China.

## 15. Termination of PRC-Funded Propaganda Programs (December 4, 2020) [*]

### Secretary Michael R. Pompeo, U.S. Department of State

Today, the Department of State terminated five programs, disguised as "cultural exchanges," with the People's Republic of China (PRC). These programs include the Policymakers Educational China Trip Program, the U.S.-China Friendship Program, the U.S.-China Leadership Exchange Program, and the U.S.-China Transpacific Exchange Program and the Hong Kong Educational and Cultural Program. Such programs, conducted under Section 108A of the Mutual Educational and Cultural Exchange Act (MECEA), allow U.S. government employees to travel using foreign government funds.

While other programs funded under the auspices of the MECEA are mutually beneficial, the five programs in question are fully funded and operated by the PRC government as soft power propaganda tools. They provide carefully curated access to Chinese Communist Party officials, not to the Chinese people, who do not enjoy freedoms of speech and assembly. The United States welcomes the reciprocal and fair exchange of cultural programs with PRC officials and the Chinese people, but one-way programs such as these are not mutually beneficial.

## 16. Designations of National People's Congress Officials Undermining the Autonomy of Hong Kong (December 7, 2020) [*]

### Secretary Michael R. Pompeo, U.S. Department of State

Beijing's unrelenting assault against Hong Kong's democratic processes has gutted its Legislative Council, rendering the body a rubber stamp devoid of meaningful opposition. One aspect of that assault has been the actions of the National People's Congress Standing Committee (NPCSC), which have effectively neutered the ability of the people of Hong Kong to choose their elected representatives in keeping with the Joint Declaration and Basic Law. These actions demonstrate once again Beijing's complete disregard for its international

---

[*] 資料來源：U.S. Department of State, https://2017-2021.state.gov/termination-of-prc-funded-propaganda-programs/.

[*] 資料來源：U.S. Department of State, https://2017-2021.state.gov/designations-of-national-peoples-congress-officials-undermining-the-autonomy-of-hong-kong/.

commitments under the Sino-British Joint Declaration, a U.N.-registered treaty.

Today, the Department of State is holding accountable those responsible for these brazen acts. We are designating 14 Vice-Chairpersons of the NPCSC in connection with developing, adopting, or implementing the Law of the People's Republic of China on Safeguarding National Security in the Hong Kong Special Administrative Region. The NPCSC voted unanimously to adopt the National Security Law that Beijing has used repeatedly to stifle dissent and arrest those who protest Beijing's oppressive policies.

These 14 individuals are Wang Chen, Cao Jianming, Zhang Chunxian, Shen Yueyue, Ji Bingxuan, Arken Imirbaki, Wan Exiang, Chen Zhu, Wang Dongming, Padma Choling, Ding Zhongli, Hao Mingjin, Cai Dafeng, and Wu Weihua. These designations are pursuant to section 4 (a)(iii)(A) of Executive Order (E.O.) 13936. Additionally, these individuals will also be subject to visa restrictions, pursuant to Section 7 of E.O. 13936.

These individuals and their immediate family members will be barred from travelling to the United States. Their assets within the jurisdiction of the United States or in the possession or control of U.S. persons will be blocked and U.S. persons are generally prohibited from dealing with them.

Our actions today underscore that the United States will continue to work with our allies and partners to hold Beijing accountable for undermining Hong Kong's promised autonomy. The United States again urges Beijing to abide by its international commitments and to heed the voices of many countries, which have condemned its actions.

## 17. Why China's Nuclear Build-Up Should Worry the West (January 4, 2021) [*]
### Secretary Michael R. Pompeo, U.S. Department of State

COVID-19 has taught the world that the Chinese Communist Party's lies can have vast and terrible consequences. As the United States, our allies and our partners renew calls for transparency about the virus, we also urge Beijing to come clean about another danger: China's opaque and threatening nuclear weapons buildup.

During the Cold War, the United States and the Soviet Union recognized that arms control served both our countries' national security. So, we engaged in a series of talks that

---

[*] 資料來源：U.S. Department of State, https://2017-2021.state.gov/why-chinas-nuclear-build-up-should-worry-the-west/.

allowed both sides to understand the nature of our respective nuclear arsenals. We established a framework to handle potentially deadly misunderstandings. As President Ronald Reagan famously said, citing a Russian proverb, "Trust, but verify."

Today, China allows no such transparency for the world's fastest-growing nuclear arsenal. Beijing refuses to disclose how many nuclear weapons it has, how many it plans to develop, or what it plans to do with them. It is the least transparent of the five permanent members of the United Nations Security Council.

Despite Beijing's secrecy about its nuclear activities, we know China is pursuing a nuclear triad on land, in the air and at sea, and that it is rapidly growing and modernizing its capabilities. General Secretary Xi Jinping champions this buildup. Soon after taking office in 2012, he described China's nuclear-weapons command as "support for China's status as a great power." He subsequently elevated that command to a standalone service called the People's Liberation Army (PLA) Rocket Force as a part of his plan to build a "world-class" military by 2049.

Satellite imagery shows the PLA's advances toward that goal, with a 2019 military parade in Beijing featuring nuclear-capable missiles. The display stretched nearly 3 miles—almost 10 times longer than the same segment a decade ago, and certainly only a fraction of the total arsenal. The parade also showcased the Dongfeng-41 missile, which could strike America's shores in 30 minutes. The PLA will deploy this missile in silos and on mobile platforms in the near future, and we expect that—if current trends hold—China will at least double its total nuclear arsenal in the next decade.

Beijing has done all this while exploiting the United States' decades-long compliance with ineffective arms-control agreements. While we were constrained by the Intermediate-Range Nuclear Forces Treaty's limits on ground-launched missiles with a range of 500 to 5,500 kilometers, the PLA has fielded more than a thousand theater-range ballistic missiles near its coast. Many of these weapons are dual-capable, meaning they can be armed with nuclear as well as conventional warheads. They are intended to target U.S. forces in East Asia and to intimidate and coerce America's allies.

China's ballistic missiles aren't simply collecting dust. China launched more of them in both 2018 and 2019 than the rest of the world combined. In 2020, China test fired more than 220 ballistic missiles, exceeding its totals in either of the previous two years. Commercial satellite imagery reveals year-round activity at Lop Nur, China's nuclear weapons test site.

Paired with its weapons modernization, Beijing's nuclear posture is getting more aggressive, threatening even non-nuclear neighbors and undermining confidence in its so-called "No First Use" policy. The Department of Defense's reports also show evidence that the PLA is moving to a "launch-on-warning" posture.

By contrast, the United States and other democracies uphold transparency and respect for international norms governing nuclear weapons. We participate in robust and reliable crisis communication networks with other nuclear powers, and we've encouraged Beijing to do the same. We also publicly release our Nuclear Posture Review, and we conduct biannual data exchanges with Russia on nuclear issues. Both France and the United Kingdom regularly produce statements detailing the numbers and types of nuclear weapons in their arsenals. China refuses to adopt these processes, instead clinging to secrecy as its preferred strategy.

Our calls for China's leaders to change course are reasonable. We've asked Beijing for transparency, and to join the United States and Russia in crafting a new arms control agreement covering all categories of nuclear weapons. The current U.S.-Russia New START Treaty limits our two countries' development of certain types of weapons, but leaves China free to continue its buildup unchecked. Any successor to New START must be expanded to include China. The United States has done its part to reduce nuclear dangers; it is time that China stopped posturing and began to comport itself responsibly.

We need America's friends in the fight, too. Many of our allies and partners—more than half of our NATO allies among them—have urged Beijing to come to the negotiating table. But too many countries, including champions of arms control who depend on America's nuclear deterrence capabilities, remain publicly silent about Beijing's buildup. All nations must urge China to honor its obligations under Article VI of the Treaty on the Non-Proliferation of Nuclear Weapons to pursue negotiations in good faith.

Over the past four years, the Trump administration has awakened the world to the China challenge. Beijing's two-decades-long asymmetric arms race is a core part of that challenge. It endangers the American homeland, our strategic positions in the Indo-Pacific, and our allies and partners. It is of concern to all peace-loving nations. We've briefed allies, partners and even the highest levels of the Russian government on China's nuclear buildup.

History teaches a valuable lesson about the best way forward. The United States, the Soviet Union and other nations recognized long ago that great powers must behave responsibly with the world's most dangerous weapons. So, too, must any nation with claims to greatness today.

## 18. Protecting and Preserving a Free and Open South China Sea (January 14, 2021) *
### Secretary Michael R. Pompeo, U.S. Department of State

The United States and all law-abiding nations share a deep interest in the preservation of a free and open South China Sea. All nations, regardless of military and economic power, should be free to enjoy the rights and freedoms guaranteed to them under international law, as reflected in the 1982 Law of the Sea Convention, without fear of coercion.

Today, the United States is taking additional actions to defend these rights and freedoms. Pursuant to Section 212(a)(3)(C) of the Immigration and Nationality Act, the Department of State is imposing visa restrictions on People's Republic of China (PRC) individuals, including executives of state-owned enterprises and officials of the Chinese Communist Party and People's Liberation Army (PLA) Navy, responsible for, or complicit in, either the large-scale reclamation, construction, or militarization of disputed outposts in the South China Sea, or the PRC's use of coercion against Southeast Asian claimants to inhibit their access to offshore resources in the South China Sea. Immediate family members may be subject to these visa restrictions as well.

In addition, the Department of Commerce has added China National Offshore Oil Corporation (CNOOC) Limited to the Entity List in light of its role in the PRC's campaign of coercion against other claimants of an estimated $2.5 trillion in South China Sea oil and gas resources. The Chinese Communist Party has used CNOOC and other state enterprises as weapons to attempt to enforce Beijing's unlawful "Nine Dashed Line." CNOOC used its mammoth survey rig HD-981 off the Paracel islands in 2014 in an attempt to intimidate Vietnam. CNOOC's then-chief executive touted that oil rig as "mobile national territory."

Beijing continues to send fishing fleets and energy survey vessels, along with military escorts, to operate in waters claimed by Southeast Asian nations and to harass claimant state oil and gas development in areas where it has failed to put forth a coherent, lawful maritime claim.

In a unanimous decision on July 12, 2016, an Arbitral Tribunal constituted under the 1982 Law of the Sea Convention – to which the PRC is a state party – rejected the PRC's South China Sea maritime claims as having no basis in international law. Last July, the United States aligned our position on the PRC's maritime claims in the South China Sea with key aspects of

---

* 資料來源：U.S. Department of State, https://2017-2021.state.gov/protecting-and-preserving-a-free-and-open-south-china-sea/.

the Tribunal's decision and affirmed once again that we reject the PRC's unlawful maritime claims in the South China Sea. We welcome the unprecedented number of countries that have formally protested these claims at the United Nations.

The United States stands with Southeast Asian claimant states seeking to defend their sovereign rights and interests, consistent with international law. We will continue to act until we see Beijing cease its coercive behavior in the South China Sea.

## 19. Determination of the Secretary of State on Atrocities in Xinjiang (January 19, 2021) *

### U.S. Department of State

The United States of America has led the world in holding the perpetrators of the most heinous human rights abuses accountable. From the Nuremberg Trials, to the creation of the Genocide Convention in 1948, to the declaration of ISIS's recent genocide against the Yazidis, Christians, and other religious minorities in Iraq and Syria, Americans have given voice to those who have been silenced by evil, and stood with the living who cry out for truth, the rule of law, and justice. We do so not because we are compelled to act by any international court, multilateral body, or domestic political concern. We do so because it is right.

For the past four years, this Administration has exposed the nature of the Chinese Communist Party and called it what it is: a Marxist-Leninist regime that exerts power over the long-suffering Chinese people through brainwashing and brute force. We have paid particular attention to the CCP's treatment of the Uyghur people, a Muslim minority group that resides largely in the Xinjiang Uyghur Autonomous Region in Western China. While the CCP has always exhibited a profound hostility to all people of faith, we have watched with growing alarm the Party'sincreasingly repressive treatment of the Uyghurs and other ethnic and religious minority groups.

Our exhaustive documentation of the PRC's actions in Xinjiang confirms that since at least March 2017, local authorities dramatically escalated their decades-long campaign of repression against Uyghur Muslims and members of other ethnic and religious minority groups, including ethnic Kazakhs and ethnic Kyrgyz. Their morally repugnant, wholesale policies, practices, and abuses are designed systematically to discriminate against and surveil ethnic Uyghurs as

---

\* 　資料來源：U.S. Department of State, https://2017-2021.state.gov/determination-of-the-secretary-of-state-on-atrocities-in-xinjiang/.

a unique demographic and ethnic group, restrict their freedom to travel, emigrate, and attend schools, and deny other basic human rights of assembly, speech, and worship. PRC authorities have conducted forced sterilizations and abortions on Uyghur women, coerced them to marry non-Uyghurs, and separated Uyghur children from their families.

Party apparatchiks have denied international observers unhindered access to Xinjiang and denounced reliable reports about the worsening situation on the ground, instead spinning fanciful tales of happy Uyghurs participating in educational, counter-terror, women's empowerment, and poverty alleviation projects. Meanwhile, they are delivering far darker messages to their own people, portraying Uyghurs as "malignant tumors," comparing their faith to a "communicable plague," and exhorting the Party faithful to implement a crushing blow, telling them "you can't uproot all the weeds hidden among the crops in the field one-by-one; you need to spray chemicals to kill them all."

Since the Allied forces exposed the horrors of Nazi concentration camps, the refrain "Never again" has become the civilized world's rallying cry against these horrors. Just because an atrocity is perpetrated in a manner that is different than what we have observed in the past, does not make it any less an atrocity. Today, I thus make the following determinations:

1. After careful examination of the available facts, I have determined that since at least March 2017, the People's Republic of China (PRC), under the direction and control of the Chinese Communist Party (CCP), has committed crimes against humanity against the predominantly Muslim Uyghurs and other members of ethnic and religious minority groups in Xinjiang. These crimes are ongoing and include: the arbitrary imprisonmentor other severe deprivation of physical liberty of more than one million civilians, forced sterilization, torture of a large number of those arbitrarily detained, forced labor, and the imposition of draconian restrictions on freedom of religion or belief, freedom of expression, and freedom of movement. The Nuremberg Tribunals at the end of World War II prosecuted perpetrators for crimes against humanity, the same crimes being perpetrated in Xinjiang.

2. In addition, after careful examination of the available facts, I have determined that the PRC, under the direction and control of the CCP, has committed genocide against the predominantly Muslim Uyghurs and other ethnic and religious minority groups in Xinjiang. I believe this genocide is ongoing, and that we are witnessing the systematic attempt to destroy Uyghurs by the Chinese party-state. The governing authorities of the second most economically, militarily, and politically powerful

country on earth have made clear that they are engaged in the forced assimilation and eventual erasure of a vulnerable ethnic and religious minority group, even as they simultaneously assert their country as a global leader and attempt to remold the international system in their image.

The United States calls upon the PRC immediately to release all arbitrarily detained persons and abolish its system of internment, detention camps, house arrest and forced labor; cease coercive population control measures, including forced sterilizations, forced abortion, forced birth control, and the removal of children from their families; end all torture and abuse in places of detention; end the persecution of Uyghurs and other members of religious and ethnic minority groups in Xinjiang and elsewhere in China, and afford Uyghurs and other persecuted minorities the freedom to travel and emigrate.

We further call on all appropriate multilateral and relevant juridical bodies, to join the United States in our effort to promote accountability for those responsible for these atrocities. I have directed the U.S. Department of State to continue to investigate and collect relevant information regarding the ongoing atrocities occurring in Xinjiang, and to make this evidence available to appropriate authorities and the international community to the extent allowable by law. The United States, on its part, has spoken out and taken action, implementing a range of sanctions against senior CCP leaders and state-run enterprises that fund the architecture of repression across Xinjiang.

The United States has worked exhaustively to pull into the light what the Communist Party and General Secretary Xi Jinping wish to keep hidden through obfuscation, propaganda, and coercion. Beijing's atrocities in Xinjiang represent an extreme affront to the Uyghurs, the people of China, and civilized people everywhere. We will not remain silent. If the Chinese Communist Party is allowed to commit genocide and crimes against humanity against its own people, imagine what it will be emboldened to do to the free world, in the not-so-distant future.

# 第四部分　美國與中國第一階段貿易協定

**1.　China Phase One Agreement　(January 15, 2020)** [*]

**U.S. Department of Agriculture**

Economic And Trade Agreement Between The Government Of The United States Of America And The Government Of The People's Republic Of China

PREAMBLE

The Government of the United States of America and the Government of the People's Republic of China (collectively the "Parties"), RECOGNIZING the importance of their bilateral economic and trade relationship; REALIZING that it is in the interests of both countries that trade grow and that there is adherence to international norms so as to promote market-based outcomes; CONVINCED of the benefits of contributing to the harmonious development and expansion of world trade and providing a catalyst to broader international cooperation; ACKNOWLEDGING the existing trade and investment concerns that have been identified by the Parties; and RECOGNIZING the desirability of resolving existing and any future trade and investment concerns as constructively and expeditiously as possible, HAVE AGREED as follows:

CHAPTER 1 INTELLECTUAL PROPERTY

Section A: General Obligations

The United States recognizes the importance of intellectual property protection. China recognizes the importance of establishing and implementing a comprehensive legal system of intellectual property protection and enforcement as it transforms from a major intellectual property consumer to a major intellectual property producer. China believes that enhancing intellectual property protection and enforcement is in the interest of building an innovative country, growing innovation-driven enterprises, and promoting high quality economic growth.

Article 1.1:

---

[*]　資料來源：U.S. Department of Agriculture, https://ustr.gov/sites/default/files/files/agreements/phase%20one%20agreement/Economic_And_Trade_Agreement_Between_The_United_States_And_China_Text.pdf.

China and the United States hereby affirm that they undertake provisions with respect to intellectual property, as set forth in Sections A through K.

Article 1.2:

The Parties shall ensure fair, adequate, and effective protection and enforcement of intellectual property rights. Each Party shall ensure fair and equitable market access to persons of the other Party that rely upon intellectual property protection.

Section B: Trade Secrets and Confidential Business Information

The United States emphasizes trade secret protection. China regards trade secret protection as a core element of optimizing the business environment. The Parties agree to ensure effective protection for trade secrets and confidential business information and effective enforcement against the misappropriation of such information.1

1 The Parties agree that the term "confidential business information" concerns or relates to the trade secrets, processes, operations, style of works, or apparatus, or to the production, business transactions, or logistics, customer information, inventories, or amount or source of any income, profits, losses, or expenditures of any person, natural or legal, or other information of commercial value, the disclosure of which is likely to have the effect of causing substantial harm to the competitive position of such person from which the information was obtained.

Article 1.3: Scope of Actors Liable for Trade Secret Misappropriation

1. The Parties shall ensure that all natural or legal persons can be subject to liability for trade secret misappropriation.
2. China shall define "operators" in trade secret misappropriation to include all natural persons, groups of persons, and legal persons.
3. The United States affirms that existing U.S. measures afford treatment equivalent to that provided for in this Article.

Article 1.4: Scope of Prohibited Acts Constituting Trade Secret Misappropriation

1. The Parties shall ensure that the scope of prohibited acts subject to liability for trade secret misappropriation provides full coverage for methods of trade secret theft.
2. China shall enumerate additional acts constituting trade secret misappropriation, especially:
   (a) electronic intrusions;
   (b) breach or inducement of a breach of duty not to disclose information that is secret or intended to be kept secret; and

(c) unauthorized disclosure or use that occurs after the acquisition of a trade secret under circumstances giving rise to a duty to protect the trade secret from disclosure or to limit the use of the trade secret.

3. China and the United States agree to strengthen cooperation on trade secret protection.

4. The United States affirms that existing U.S. measures afford treatment equivalent to that provided for in this Article.

Article 1.5:Burden-Shifting in a Civil Proceeding

1. The Parties shall provide that the burden of production of evidence or burden of proof, as appropriate, shifts to the accused party in a civil judicial proceeding for trade secret

misappropriation where the holder of a trade secret has produced prima facie evidence, including

circumstantial evidence, of a reasonable indication of trade secret misappropriation by the accused party.

2. China shall provide that:

(a) the burden of proof or burden of production of evidence, as appropriate, shifts to the accused party to show that it did not misappropriate a trade secret once a holder of a trade secret produces:

   (i) evidence that the accused party had access or opportunity to obtain a trade secret and the information used by the accused party is materially the same as that trade secret;

   (ii) evidence that a trade secret has been or risks being disclosed or used by the accused party; or

   (iii) other evidence that its trade secret(s) were misappropriated by the accused party; and

(b) under the circumstance that the right holder provides preliminary evidence that measures were taken to keep the claimed trade secret confidential, the burden of proof or burden of production of evidence, as appropriate, shifts to the accused party to show that a trade secret identified by a holder is generally known among persons within the circles that normally deal with the kind of information in question or is readily accessible, and therefore is not a trade secret.

3.  The United States affirms that existing U.S. measures afford treatment equivalent to that provided for in this Article.

Article 1.6: Provisional Measures to Prevent the Use of Trade Secrets

1.  The Parties shall provide for prompt and effective provisional measures to prevent the use of misappropriated trade secrets.

2.  China shall identify the use or attempted use of claimed trade secret information as an "urgent situation" that provides its judicial authorities the authority to order the grant of a preliminary injunction based on the specific facts and circumstances of a case.

3.  The United States affirms that existing U.S. measures afford treatment equivalent to that provided for in this Article.

Article 1.7: Threshold for Initiating Criminal Enforcement

1.  The Parties shall eliminate any requirement that the holder of a trade secret establish actual losses as a prerequisite to initiation of a criminal investigation for misappropriation of a trade secret.

2.  China shall:

    (a)  as an interim step, clarify that "great loss" as a threshold for criminal enforcement under the trade secret provision in the relevant law can be fully shown by remedial costs, such as those incurred to mitigate damage to business operations or planning or to re-secure computer or other systems, and substantially lower all the thresholds for initiating criminal enforcement; and

    (b)  as a subsequent step, eliminate in all applicable measures any requirement that the holder of a trade secret establish actual losses as a prerequisite to initiation of a criminal investigation for misappropriation of a trade secret.

Article 1.8:Criminal Procedures and Penalties

1.  The Parties shall provide for the application of criminal procedures and penalties to address willful trade secret misappropriation.

2.  China's criminal procedures and penalties shall at least encompass cases of trade secret misappropriation through theft, fraud, physical or electronic intrusion for an unlawful

purpose, and the unauthorized or improper use of a computer system in the scope of prohibited acts.

3.  The United States affirms that existing U.S. measures afford treatment equivalent to

that provided for in this Article.

Article 1.9: Protecting Trade Secrets and Confidential Business Information from Unauthorized Disclosure by Government Authorities

1. To further strengthen the protection of trade secrets, as well as better encourage various enterprises to innovate, China shall prohibit the unauthorized disclosure of undisclosed information, trade secrets, or confidential business information by government personnel or third party experts or advisors in any criminal, civil, administrative, or regulatory proceedings conducted at either the central or sub-central levels of government in which such information is submitted.

2. China shall require administrative agencies and other authorities at all levels to:

    (a) limit requests for information to no more than necessary for the legitimate exercise of investigative or regulatory authority;

    (b) limit access to submitted information to only government personnel necessary for the exercise of legitimate investigative or regulatory functions;

    (c) ensure the security and protection of submitted information;

    (d) ensure that no third party experts or advisors who compete with the submitter of the information or have any actual or likely financial interest in the result of the investigative or regulatory process have access to such information;

    (e) establish a process for persons seeking an exemption from disclosure and a mechanism for challenging disclosures to third parties; and

    (f) provide criminal, civil, and administrative penalties, including monetary fines, the suspension or termination of employment, and, as part of the final measures amending the relevant laws, imprisonment, for the unauthorized disclosure of a trade secret or confidential business information that shall deter such unauthorized disclosure.

3. The United States affirms that existing U.S. measures afford treatment equivalent to that provided for in this Article.

Section C: Pharmaceutical-Related Intellectual Property

Pharmaceuticals are a matter concerning people's life and health, and there continues to be a need for finding new treatments and cures, such as for cancer, diabetes, hypertension, and stroke, among others. To promote innovation and cooperation in the pharmaceutical sector and to better meet the needs of patients, the Parties shall provide for effective protection and enforcement of pharmaceutical-related intellectual property rights, including patents and undisclosed test or other data submitted as a condition of marketing approval.

Article 1.10: Consideration of Supplemental Data

1. China shall permit pharmaceutical patent applicants to rely on supplemental data to satisfy relevant requirements for patentability, including sufficiency of disclosure and inventive step, during patent examination proceedings, patent review proceedings, and judicial proceedings.

2. The United States affirms that existing U.S. measures afford treatment equivalent to that provided for in this Article.

Article 1.11: Effective Mechanism for Early Resolution of Patent Disputes

1. If China permits, as a condition of approving the marketing of a pharmaceutical product, including a biologic, persons, other than the person originally submitting the safety and efficacy information, to rely on evidence or information concerning the safety and efficacy of a product that was previously approved, such as evidence of prior marketing approval by China or in another territory, China shall provide:

   (a) a system to provide notice to a patent holder, licensee, or holder of marketing approval, that such other person is seeking to market that product during the term of an applicable patent claiming the approved product or its approved method of use;

   (b) adequate time and opportunity for such a patent holder to seek, prior to the marketing of an allegedly infringing product, available remedies in subparagraph (c); and

   (c) procedures for judicial or administrative proceedings and expeditious remedies, such as preliminary injunctions or equivalent effective provisional measures, for the timely resolution of disputes concerning the validity or infringement of an applicable patent claiming an approved pharmaceutical product or its approved method of use.

2. China shall establish a nationwide system for pharmaceutical products consistent with paragraph 1, including by providing a cause of action to allow the patent holder, licensee, or holder of marketing approval to seek, prior to the marketing approval of an allegedly infringing product, civil judicial proceedings and expeditious remedies for the resolution of disputes concerning the validity or infringement of an applicable patent. China may also provide for administrative proceedings for the resolution of such disputes.

3. The United States affirms that existing U.S. measures afford treatment equivalent to that provided for in this Article.

Section D: Patents Article 1.12: Effective Patent Term Extension

1. The Parties shall provide patent term extensions to compensate for unreasonable delays that occur in granting the patent or during pharmaceutical product marketing approvals.

2. China shall provide that:

    (a) China, at the request of the patent owner, shall extend the term of a patent to compensate for unreasonable delays, not attributable to the applicant, that occur in granting the patent. For purposes of this provision, an unreasonable delay shall at least include a delay in the issuance of the patent of more than four years from the date of filing of the application in China, or three years after a request for examination of the application, whichever is later.

    (b) With respect to patents covering a new pharmaceutical product that is approved for marketing in China and methods of making or using a new pharmaceutical product that is approved for marketing in China, China, at the request of the patent owner, shall make available an adjustment of the patent term or the term of the patent rights of a patent covering a new product, its approved method of use, or a method of making the product to compensate the patent owner for unreasonable curtailment of the effective patent term as a result of the marketing approval process related to the first commercial use of that product in China. Any such adjustment shall confer all of the exclusive rights, subject to the same limitations and exceptions, of the patent claims of the product, its method of use, or its method of manufacture in the originally issued patent as applicable to the approved product and the approved method of use of the product. China may limit such adjustments to no more than five years and may limit the resulting effective patent term to no more than 14 years from the date of marketing approval in China.

3. The United States affirms that existing U.S. measures afford treatment equivalent to that provided for in this Article.

Section E: Piracy and Counterfeiting on E-Commerce Platforms

In order to promote the development of e-commerce, China and the United States shall strengthen cooperation and jointly and individually combat infringement and counterfeiting in the e-commerce market. The Parties shall reduce piracy and counterfeiting, including by reducing barriers, if any, to making legitimate content available in a timely manner to consumers and eligible for copyright protection, and providing effective enforcement against e-commerce platforms.

Article 1.13: Combating Online Infringement

1. China shall provide enforcement procedures that permit effective and expeditious action by right holders against infringement that occurs in the online environment, including an effective notice and takedown system to address infringement.

2. China shall:

   (a) require expeditious takedowns;

   (b) eliminate liability for erroneous takedown notices submitted in good faith;

   (c) extend to 20 working days the deadline for right holders to file a judicial or administrative complaint after receipt of a counter-notification; and

   (d) ensure validity of takedown notices and counter-notifications, by requiring relevant information for notices and counter-notifications and penalizing notices and counter-notifications submitted in bad faith.

3. The United States affirms that existing U.S. enforcement procedures permit action by right holders for infringement that occurs in the online environment.

4. The Parties agree to further cooperate, as appropriate, to combat infringement.

Article 1.14: Infringement on Major E-Commerce Platforms

1. The Parties shall combat the prevalence of counterfeit or pirated goods on e-commerce platforms by taking effective action with respect to major e-commerce platforms that fail to take necessary measures against the infringement of intellectual property rights.

2. China shall provide that e-commerce platforms may have their operating licenses revoked for repeated failures to curb the sale of counterfeit or pirated goods.

3. The United States affirms that it is studying additional means to combat the sale of counterfeit or pirated goods.

Section F: Geographical Indications

The Parties shall ensure full transparency and procedural fairness with respect to the protection of geographical indications, including safeguards for generic2 terms (also known s common names), respect for prior trademark rights, and clear procedures to allow for pposition and cancellation, as well as fair market access for exports of a Party relying on trademarks or the use of generic terms.

Article 1.15: Geographical Indications and International Agreements

1.  China shall ensure that any measures taken in connection with pending or future requests from any other trading partner for recognition or protection of a geographical indication pursuant to an international agreement do not undermine market access for U.S. exports to China of goods and services using trademarks and generic terms.

2.  China shall give its trading partners, including the United States, necessary opportunities to raise disagreement about enumerated geographical indications in lists, annexes, appendices, or side letters, in any such agreement with another trading partner.

3.  The United States affirms that existing U.S. measures afford treatment equivalent to that provided for in this Article.

Article 1.16:  General Market Access-related GI Concerns

1.  China shall ensure that:

    (a)  competent authorities, when determining whether a term is generic in China, take into account how consumers understand the term in China, including as indicated by the following:

2.  The term "generic" may be deemed by a Party to be synonymous with "a term customary in the common language as the common name for the associated good."

    (i)   competent sources such as dictionaries, newspapers, and relevant websites;

    (ii)  how the good referenced by the term is marketed and used in trade in China;

    (iii) whether the term is used, as appropriate, in relevant standards to refer to a type or class of goods in China, such as pursuant to a standard promulgated by the Codex Alimentarius; and

    (iv)  whether the good in question is imported into China, in significant quantities, from a place other than the territory identified in the application or petition, and in a way that will not mislead the public about its place of origin, and whether those imported goods are named by the term, and

    (b)  any geographical indication, whether granted or recognized pursuant to an international agreement or otherwise, may become generic over time, and may be subject to cancellation on that basis.

2. The United States affirms that existing U.S. measures afford treatment equivalent to that provided for in this Article.

Article 1.17: Multi-Component Terms

1. Each Party shall ensure that an individual component of a multi-component term that is protected as a geographical indication in the territory of a Party shall not be protected in that Party if that individual component is generic.

2. When China provides geographical indication protection to a multi-component term, it shall publicly identify which individual components, if any, are not protected.

3. The United States affirms that existing U.S. measures afford treatment equivalent to that provided for in this Article.

Section G: Manufacture and Export of Pirated and Counterfeit Goods

Pirated and counterfeit goods severely undermine the interests of the general public and harm right holders in both China and the United States. The Parties shall take sustained and effective action to stop the manufacture and to block the distribution of pirated and counterfeit products, including those with a significant impact on public health or personal safety.

Article 1.18: Counterfeit Medicines

1. The Parties shall take effective and expeditious enforcement action against counterfeit pharmaceutical and related products containing active pharmaceutical ingredients, bulk chemicals, or biological substances.

2. Measures China shall take include:

    (a) taking effective and expeditious enforcement action against the related products of counterfeit medicines and biologics, including active pharmaceutical ingredients, bulk chemicals, and biological substances;

    (b) sharing with the United States the registration information of pharmaceutical raw material sites that have been inspected by Chinese regulatory authorities and that comply with the requirements of Chinese laws and regulations, as well as any necessary information of relevant enforcement inspections; and

    (c) publishing online annually, beginning within six months after the date of entry into force of this Agreement, the data on enforcement measures, including seizures, revocations of business licenses, fines, and other actions taken by the National Medical Products Administration, Ministry of Industry and Information Technology, or any successor entity.

3. The United States affirms that existing U.S. measures afford effective and expeditious

action against counterfeit pharmaceutical and related products.

Article 1.19: Counterfeit Goods with Health and Safety Risks

1. The Parties shall ensure sustained and effective action to stop the manufacture and distribution of counterfeit products with a significant impact on public health or personal safety.

2. Measures China shall take include significantly increasing the number of enforcement actions within three months after the date of entry into force of this Agreement, and publishing data online on the measurable impact of these actions each quarter, beginning within four months after the date of entry into force of this Agreement.

3. The Parties shall endeavor, as appropriate, to strengthen cooperation to combat counterfeit goods that pose health and safety risks.

Article 1.20: Destruction of Counterfeit Goods

1. With respect to border measures, the Parties shall provide that:

    (a) goods that have been suspended from release by its customs authorities on grounds that they are counterfeit or pirated, and that have been seized and forfeited as pirated or counterfeit, shall be destroyed, except in exceptional circumstances;

    (b) the simple removal of a counterfeit trademark unlawfully affixed shall not be sufficient to permit the release of the goods into the channels of commerce; and

    (c) in no event shall the competent authorities have discretion, except in exceptional circumstances, to permit the exportation of counterfeit or pirated goods or to subject such goods to other customs procedures.

2. With respect to civil judicial procedures, the Parties shall provide that:

    (a) at the right holder's request, goods that have been found to be pirated or counterfeit shall be destroyed, except in exceptional circumstances;

    (b) at the right holder's request, its judicial authorities shall order that materials and implements that have been predominantly used in the manufacture or creation of such pirated or counterfeit goods be, without compensation of any sort, promptly destroyed or, in exceptional circumstances and without compensation of any sort, disposed of outside the channels of commerce in such a manner as to minimize the risks of further infringements;

    (c) the simple removal of a counterfeit trademark unlawfully affixed shall not be sufficient to permit the release of goods into the channels of commerce; and (d)　at the right holder's request, its judicial authorities shall order a counterfeiter to pay right holders the profits from infringement or damages adequate to compensate for the injury from the infringement.

3.　With respect to criminal procedures, the Parties shall provide that:

(a)　its judicial authorities, except in exceptional cases, shall order the forfeiture and destruction of all counterfeit or pirated goods and any articles consisting of a counterfeit mark to be affixed to goods;

(b)　its judicial authorities, except in exceptional cases, shall order the forfeiture and destruction of materials and implements that have been predominantly used in the creation of pirated or counterfeit goods;

(c)　forfeiture and destruction shall occur without compensation of any kind to the defendant; and

(d)　its judicial or other competent authorities shall keep an inventory of goods and other material proposed to be destroyed, and these authorities shall have the discretion to temporarily exempt these materials from the destruction order to facilitate the preservation of evidence on notice by the right holder that it wishes to bring a civil or administrative case against the defendant or any third-party infringer.

4.　The United States affirms that existing U.S. measures afford treatment equivalent to that provided for in this Article.

Article 1.21: Border Enforcement Actions

1.　The Parties shall endeavor to strengthen enforcement cooperation with a view to reducing the amount of counterfeit and pirated goods, including those that are exported or in transit.

2.　China shall provide a sustained increase in the number of trained personnel to inspect, detain, seize, effect administrative forfeiture, and otherwise execute customs' enforcement authority against counterfeit and pirated goods, with an emphasis on counterfeit and pirated goods that are exported or in transit. Measures China shall take include significantly increasing training of relevant customs enforcement personnel within nine months after the date of entry into force of this Agreement. China also shall significantly increase the number of enforcement actions beginning within three months after the date of entry into force of this Agreement, and publishing online quarterly updates of enforcement actions.

3. The Parties agree to carry out cooperation with respect to border enforcement as appropriate.

Article 1.22: Enforcement at Physical Markets

1. The Parties shall take sustained and effective action against copyright and trademark infringement at physical markets.

2. Measures China shall take include significantly increasing the number of enforcement actions beginning within four months after the date of entry into force of this Agreement, and publishing online quarterly updates of enforcement actions at physical markets.

3. The United States affirms that existing U.S. measures afford effective enforcement against copyright and trademark infringement at physical markets.

Article 1.23: Unlicensed Software

1. The Parties shall ensure that all government agencies and all entities that the government owns or controls install and use only licensed software.

2. Measures China shall take include requiring annual audits by qualified third parties of China with no government ownership or affiliation and the publication online of the audit results, beginning within seven months after the date of entry into force of this Agreement.

3. The United States affirms that existing U.S. measures require government agencies and contractors to install and use only licensed software.

Section H: Bad-Faith Trademarks

Article 1.24:

With a view to strengthening trademark protection, the Parties shall ensure

adequate and effective protection and enforcement of trademark rights, particularly against bad faith trademark registrations.

Article 1.25:

The United States affirms that existing U.S. measures afford treatment equivalent to that provided for in this Section.

Section I: Judicial Enforcement and Procedure in Intellectual Property Cases Article 1.26 Transfer from Administrative Enforcement to Criminal Enforcement

1. China shall require the administrative authorities to transfer a case for criminal

enforcement, if, under an objective standard, there is "reasonable suspicion" based on articulable facts that a criminal violation of an intellectual property right has occurred.

2. The United States affirms that U.S. authorities have the authority to refer appropriate cases for criminal enforcement.

Article 1.27: Deterrent-Level Penalties

1. The Parties shall provide civil remedies and criminal penalties sufficient to deter future intellectual property theft or infringements.

2. China shall:

   (a) as an interim step, deter future intellectual property theft or infringements and strengthen the application of existing remedies and penalties by imposing a heavier punishment at or near the statutory maximum permitted under its laws related to intellectual property to deter intellectual property theft or infringements; and

   (b) as a subsequent step, increase the range of minimum and maximum pre-established damages, sentences of imprisonment, and monetary fines to deter future intellectual property theft or infringements.

3. The United States shall endeavor, as appropriate, to strengthen communication and cooperation with China under the bilateral Intellectual Property Criminal Enforcement Working Group and to consider opportunities for more experience-sharing and pragmatic cooperation regarding criminal enforcement of intellectual property rights.

Article 1.28: Enforcement of Judgments

1. The Parties shall ensure expeditious enforcement of any fine, penalty, payment of monetary damages, injunction, or other remedy for a violation of an intellectual property right ordered in a final judgment by its own court.

2. Measures China shall take include executing work guidelines and implementation plans to ensure expeditious enforcement of judgments, publishing its work guidelines and implementation plans within one month after the date of entry into force of this Agreement, as well as publishing online quarterly reports of implementation results.

3. The United States affirms that existing U.S. measures afford expeditious enforcement of judgments, including those pertaining to violations of intellectual property rights.

Article 1.29: Enforcement of Copyright and Related Rights

1.  In civil, administrative, and criminal proceedings involving copyright or related rights, the Parties shall:

    (a)  provide for a legal presumption that, in the absence of proof to the contrary, the person whose name is indicated as the author, producer, performer, or publisher of the work, performance, or phonogram in the usual manner is the designated right holder in such work, performance, or phonogram and that the copyright or related right subsists in such subject matter;

    (b)  when the presumption in subparagraph (a) holds, waive requirements to present copyright or related rights transfer agreements or other documentation in order to establish ownership, licensing, or infringement of copyright or related rights, in the absence of rebuttal evidence presented by the accused infringer; and

    (c)  provide that the accused infringer has the burden of production of evidence or burden of proof, as appropriate, to demonstrate that its use of a work protected by copyright or related rights is authorized, including in a case where the accused infringer claims to have obtained permission to use the work, such as through a license, from the right holder.

2.  The United States affirms that existing U.S. measures afford treatment equivalent to that provided for in this Article.

Article 1.30: Document Authentication （ "Consularization" ）

1.  In civil judicial procedures, the Parties shall not require formalities to authenticate evidence, including requiring a consular official's seal or chop, that can be introduced or authenticated through stipulation, or witness testimony under penalty of perjury.

2.  For evidence that cannot be introduced or authenticated through stipulation, or witness testimony under penalty of perjury, China shall streamline notarization and authentication procedures.

3.  The United States affirms that existing U.S. measures afford treatment equivalent to that provided for in this Article.

Article 1.31: Witness Testimony

1.  In civil judicial proceedings, China shall afford a party a reasonable opportunity to present witnesses or experts in its case and cross-examine any witness testifying in the proceeding.

2.  The United States affirms that existing U.S. measures afford treatment equivalent to

that provided for in this Article.

Section J: Bilateral Cooperation on Intellectual Property Protection Article 1.32:

Cooperation activities and initiatives undertaken in connection with the intellectual property chapter of this Agreement shall be subject to the availability of resources, and on request, and on terms and conditions mutually agreed upon between the Parties.

Article 1.33:

The Parties agree to strengthen bilateral cooperation on the protection of intellectual property rights and promote pragmatic cooperation in this area. China National

Intellectual Property Administration and the United States Patent and Trademark Office will discuss biennial cooperation work plans in the area of intellectual property, including joint programs, industry outreach, information and expert exchanges, regular interaction through meetings and other communications, and public awareness.

Section K: Implementation

Article 1.34:

Each Party shall determine the appropriate method of implementing the provisions of this Agreement within its own system and practice. If necessary, each Party shall provide suggestions for the amendment of laws to its legislative body according to its domestic legislation procedure. Consistent with the Bilateral Evaluation and Dispute Resolution Chapter, each Party shall ensure that its obligations under this Agreement are fully implemented.

Article 1.35:

Within 30 working days after the date of entry into force of this Agreement, China will promulgate an Action Plan to strengthen intellectual property protection aimed at promoting its high-quality growth. This Action Plan shall include, but not be limited to, measures that China will take to implement its obligations under this Chapter and the date by which each measure will go into effect.

Article 1.36:

The United States affirms that its existing measures are consistent with its obligations in this Chapter.

CHAPTER 2 TECHNOLOGY TRANSFER

The Parties affirm the importance of ensuring that the transfer of technology occurs on voluntary, market-based terms and recognize that forced technology transfer is a significant concern. The Parties further recognize the importance of undertaking steps to address these issues, in light of the profound impact of technology and technological change on the world economy.

To enhance mutual trust and cooperation between the Parties with respect to technology issues, protect intellectual property, promote trade and investment, and establish a foundation for addressing long-standing structural concerns, the Parties have agreed as follows:

Article 2.1: General Obligations

1. Natural or legal persons（"persons"）of a Party shall have effective access to and be able to operate openly and freely in the jurisdiction of the other Party without any force or pressure from the other Party to transfer their technology to persons of the other Party.

2. Any transfer or licensing of technology between persons of a Party and those of the other Party must be based on market terms that are voluntary and reflect mutual agreement.

3. A Party shall not support or direct the outbound foreign direct investment activities of its persons aimed at acquiring foreign technology with respect to sectors and industries targeted by its industrial plans that create distortion.

Article 2.2: Market Access

Neither Party shall require or pressure persons of the other Party to transfer technology to its persons in relation to acquisitions, joint ventures, or other investment transactions.

Article 2.3: Administrative and Licensing Requirements and Processes

1. Neither Party shall adopt or maintain administrative and licensing requirements and processes that require or pressure technology transfer from persons of the other Party to its persons.

2. Neither Party shall require or pressure, formally or informally, persons of the other Party to transfer technology to its persons as a condition for, inter alia:

   (a) approving any administrative or licensing requirements;

   (b) operating in the jurisdiction of the Party or otherwise having access to the Party'smarket; or

   (c) receiving or continuing to receive any advantages conferred by the Party.

3. Neither Party shall require or pressure, formally or informally, persons of the other Party to use or favor technology that is owned by or licensed to its persons as a

condition for, inter alia:

(a) approving any administrative or licensing requirements;

(b) operating in the jurisdiction of the Party, or otherwise having access to the Party'smarket; or

(c) receiving or continuing to receive any advantages conferred by the Party.

4. The Parties shall make their administrative and licensing requirements and processes transparent.

5. The Parties shall not require or pressure foreign persons to disclose sensitive technical information not necessary to show conformity with the relevant administrative or regulatory requirements.

6. The Parties shall protect the confidentiality of any sensitive technical information disclosed by foreign persons during any administrative, regulatory, or other review processes.

Article 2.4: Due Process and Transparency

1. The Parties shall ensure that any enforcement of laws and regulations with respect to persons of the other Party is impartial, fair, transparent, and non-discriminatory.

2. The Parties shall ensure that rules of procedure for administrative proceedings related to the subject matter of this Agreement are published and provide meaningful notice regarding, at a minimum, the subject matter of the proceeding, applicable laws and regulations, rules of evidence, and relevant remedies and sanctions.

3. The Parties shall provide that persons of the other Party have the right to:

(a) review evidence and have a meaningful opportunity to respond in any administrative proceedings against them; and

(b) be represented by legal counsel in administrative proceedings.

Article 2.5: Scientific and Technological Cooperation

The Parties agree to carry out scientific and technological cooperation where appropriate.

CHAPTER 3

TRADE IN FOOD AND AGRICULTURAL PRODUCTS1

Article 3.1: General

1. To enhance mutual trust and friendly cooperation between China and the United States on issues affecting agricultural trade, to establish a foundation for addressing long-standing concerns, and to make agriculture a strong pillar of the bilateral

relationship, the Parties:

(a)    recognizing the importance of their agriculture sectors, of ensuring safe and reliable supplies of food and agricultural products, and of helping to meet the demand of the two countries' peoples for food and agricultural products, intend to intensify cooperation in agriculture, to expand each Party'smarket for food and agricultural products, and to promote the growth of trade in food and agricultural products between the Parties;

(b)    considering that science- and risk- based sanitary and phytosanitary (SPS) measures play a crucial role in the protection of human, animal, and plant life and health, while the use of SPS measures for purposes of protectionism negatively impacts the welfare of consumers and producers, and recognizing the importance of ensuring that SPS measures are science-based, non-discriminatory, and account for regional differences in sanitary and phytosanitary characteristics, agree that neither Party shall apply sanitary or phytosanitary measures in a manner which would constitute a disguised restriction on international trade;

(c)    considering that the benefits of an agricultural trading system are reduced when importers and exporters are unfairly impeded from taking full advantage of agricultural market access opportunities, recognize that tariff-rate quota (TRQ) administration should not be employed as a means of preventing the full utilization of agricultural TRQs;

1.    Article 8.5 (Final Provisions) shall not apply with respect to any proposed or final measure, including an amendment to an existing measure, intended to implement this Chapter, including its Annexes and Appendices.

(d)    noting the ability of agricultural biotechnology to improve lives by helping to feed growing populations, by reducing the environmental impact of agriculture, and by promoting more sustainable production, intend to maintain, for products of agricultural biotechnology, science- and risk-based regulatory frameworks and efficient authorization processes, in order to facilitate increased trade in such products; and

(e)    acknowledge the importance of each Party adhering to its World Trade Organization (WTO) commitments with respect to the provision of domestic support.

2. Annexes 1-17 set out further commitments.

Annex 1. Agricultural Cooperation

1. The Parties intend to strengthen and promote cooperative activities, to be mutually agreed upon by the Parties, in agricultural science and agricultural technology. Such activities may include mutually agreed information exchanges and cooperation. The Parties intend their cooperative activities to be based on, among other things, the principles of integrity, reciprocity, openness, transparency, science, and rule of law.

2. The Parties intend to conduct technical consultations with each other on areas of potential cooperation related to pesticides for agricultural use. These consultations may include discussions of the Parties' pesticide registration data and pesticide trial data, and discussions on the setting of maximum residue levels.

3. The Parties intend to continue implementing and improving the China-United States Scientific Cooperation and Exchange Program to promote further exchanges on agriculture- related issues between U.S. and Chinese scientific and technical experts. Each Party intends to ensure the participation, as appropriate, of relevant agencies or ministries of its government in activities of the program.

4. The Parties intend to encourage exchanges and dialogues on agricultural topics between, as appropriate, U.S. and Chinese national and sub-national government authorities, farmers, academics, businesses in the agriculture sector, and others. The Parties intend to continue implementation and improvement of existing mechanisms for bilateral communication on agricultural policy, such as the Joint Committee on Cooperation in Agriculture, and to facilitate communication on agricultural policy through participation of officials from both the U.S. and Chinese governments in relevant conferences on this topic, including the China Food Security and Food Safety Strategy Summit and the United States' and China's respective Agricultural Outlook conferences.

5. The Parties intend to promote communication between U.S. and Chinese technical experts on agricultural subjects of mutual interest, including, as appropriate, on production agriculture, crop insurance, trade in agricultural products, sanitary and phytosanitary matters, and rural development.

6. The Parties intend to cooperate in technical discussions, as appropriate, related to sustainable agricultural development.

7. The Parties intend to enhance, as appropriate, their information sharing on animal

and plant pests and diseases, including through technical exchange visits. The Parties intend to communicate, as appropriate, their experiences with enhancing capacity to control animal and plant pests and diseases, and through such communication to promote disease detection and the research and development of technologies for the detection and control of such diseases and pests.

8. The Parties intend to engage each other cooperatively on agriculture-related technical, and sanitary and phytosanitary, measures, including on the subject of risk communication. The Parties intend to engage each other cooperatively on these subjects including by increasing cooperation on them in international organizations, such as the WTO, Asia-Pacific Economic Cooperation, the United Nations Food and Agriculture Organization (FAO), and the Codex Alimentarius Commission (Codex).

9. The Parties intend to establish cooperation mechanisms, under the framework of the 2019 Osaka Declaration on Digital Economy, for the discussion of ways in which digital technologies can benefit the agriculture sector.

10. The Parties intend to include all relevant agencies of their governments in the governmental activities discussed in this Annex.

11. For greater certainty, nothing in this Annex shall obligate either Party to expend, obligate, or transfer any funds, or to dedicate personnel or other resources to any cooperative activity.

Annex 2.Dairy and Infant Formula

1. As soon as practicable following the date of entry into force of this Agreement, the General Administration of Customs of the People's Republic of China (GACC) and the U.S. Food and Drug Administration (FDA) shall initiate bilateral technical discussions to review Import Alert 99-30 "Detention Without Physical Examination of All Milk Products, Milk Derived Ingredients and Finished Food Products Containing Milk from China due to the Presence of Melamine and/or Melamine Analogs" in order to clarify the steps necessary for the removal of Import Alert 99-30.

Dairy Products

2. Aiming to better meet Chinese consumers' ever-growing needs for dairy products, China shall:

   (a) upon entry into force of this Agreement, allow imports of U.S. dairy products that are:

    (i)    manufactured at a facility on a list compiled by the FDA; and

    (ii)   accompanied by an Agricultural Marketing Service (AMS) dairy sanitary certificate;

(b)   within 10 days of the date of entry into force of this Agreement, recognize the U.S. dairy-safety system as providing at least the same level of protection as China's dairy-safety system;

(c)   each time the United States provides China with an updated and complete list of dairy facilities and products under the jurisdiction of the FDA, within 20 working days of receipt of the list:

    (i)    register the facilities and publish the list of facilities and products on the GACC website; and

    (ii)   allow U.S. dairy imports into China from those facilities;

(d)   allow imports of U.S. dairy products of bovine, ovine, and caprine origins when accompanied by an AMS dairy sanitary certificate;

(e)   with respect to extended shelf life (ESL) milk:

    (i)    allow ESL milk produced in the United States to be imported and sold as pasteurized milk in China;

    (ii)   notify the draft standard to the WTO should China undertake development of a new standard for ESL milk;

    (iii)  ensure that the new standard and all implementing actions are consistent with China's WTO obligations; and

    (iv)  allow imports of U.S. ESL milk consistent with Paragraph 2(a), (c), and (d);

(f)   with respect to fortified milk:

    (i)    allow fortified milk produced in the United States to be imported into China subject to China's National Food Safety Standard - Modified Milk (GB25191), consistent with Paragraph 2(a), (c), and (d);

    (ii)   allow such product to be labeled and sold to consumers as "pasteurized-modified milk" provided the product is pasteurized;

    (iii)  notify the draft standard to the WTO should China undertake development of a new standard for fortified milk; and

    (iv)  ensure that the new standard and all implementing actions are consistent with China's WTO obligations;

(g) with respect to U.S. ultrafiltered fluid milk:

    (i) allow U.S. ultrafiltered fluid milk to be imported into China referring to China's National Food Safety Standard - Modified Milk (GB25191), consistent with Paragraph 2(a), (c), and (d) and such products should be labeled with "ultrafiltration technology";

    (ii) allow such products to be labeled as "pasteurized-modified milk" provided the product is pasteurized;

    (iii) notify the draft standard to the WTO once China develops a draft of a new standard for ultrafiltered milk; and

    (iv) ensure that the new standard and all implementing actions are consistent with China's WTO obligations; and

(h) with respect to U.S. dairy permeate powder:

    (i) within 60 working days of the date of entry into force of this Agreement:

        a. complete the approval process for U.S. dairy permeate powder for human consumption consistent with the requirements of the Notice of the General Office of the National Health and Family Planning Commission for Regulating the Review of Imported Foods for Which There Is No Chinese National Food Safety Standards (GuoWeiBanShiPinFa [2017] No.14); and

        b. allow the importation of U.S. dairy permeate powder;

    (ii) notify the draft standard to the WTO should China undertake development of a new standard for dairy permeate powder; and

    (iii) ensure that the new standard and all implementing actions are consistent with China's WTO obligations.

Infant Formula

3. Aiming to better meet Chinese consumers' ever-growing needs for infant formula products, China shall:

(a) take into full consideration section 412 of the U.S. Federal Food, Drug, and Cosmetic Act (21 U.S.C. § 350a) and its implementing regulations when China reviews applications for, and decides on, the registration of U.S. infant formula products;

(b) accept, complete review of, and issue a decision on product registration applications regardless of whether the submitting entity is associated with an already-registered facility;

(c)　complete technical reviews of infant formula product registration applications and do so ordinarily within 45 working days from receipt of the application;

(d)　normally complete within 40 working days of completing the technical review, provided the U.S. manufacturer provides timely access if needed, any audit, inspection, sampling, or testing that is required in order to register an infant formula product;

(e)　taking into consideration the FDA's previous product reviews, inspections, and determinations of the regulatory standing of the facility or facilities where the product is manufactured, complete the product registration within 20 working days following completion of the technical review or of any required audit, inspection, sampling, or testing;

(f)　ensure non-disclosure of all trade secrets provided in the infant formula product registration process;

(g)　each time the United States provides China with an updated and complete list of infant formula facilities under the jurisdiction of the FDA, within 20 working days of receipt of the list, register the facilities, publish the list on the GACC website, and allow U.S. infant formula imports into China from those facilities, provided the infant formula product is registered with the State Administration of Market Regulation;

(h)　not require renewal of registration of:

　　(i)　infant formula facilities more frequently than once every four years; and

　　(ii)　infant formula products more frequently than once every five years;

(i)　take into account previous Chinese audit reports, U.S. regulatory information, and any other relevant information, including information provided by the manufacturer, when determining whether a facility inspection is required for product registration or re-registration; and

(j)　within one week of the date of entry into force of this Agreement, register those U.S. infant formula facilities whose products have been approved in China and that have facility registration applications pending review by the GACC by publishing the complete list of facilities on the GACC website.

Audits and Inspections for Dairy Products and Infant Formula

4.　China shall:

(a)　at least 20 working days in advance of any inspection or audit at a U.S. dairy or infant formula facility, notify the FDA, the U.S. Department of Agriculture (USDA), and the facility;

(b)　to streamline procedures, improve efficiency, and advance trade facilitation, not require an on-site audit or inspection as a pre-requisite to registering a dairy or infant formula facility; and

(c)　ensure that any audit or inspection it conducts for an infant formula product registration or for the registration of a dairy or infant formula facility is for verification of either the U.S. system of oversight or of the ability of the facility to meet the applicable requirements.

5.　China continues to have the right to audit the U.S. dairy and infant formula food safety regulatory system, including a representative sample of U.S. dairy and infant formula facilities, in coordination with the FDA. Such auditing shall be risk-based. China also continues to have the right to conduct inspections of a risk-based selection of shipments of U.S. dairy and infant formula products at the port of entry. If China determines, based on scientific inspection, that a particular shipment of U.S dairy or infant formula products is in violation of applicable food safety import requirements, China may refuse importation of that shipment. If China determines that there is a significant, sustained or recurring pattern of non-conformity with an applicable food safety measure by a particular facility, China may refuse to accept shipments from that facility until the problem is resolved. China shall notify the FDA of such non-conformity. The Parties shall exchange information on their dairy and infant formula food safety regulatory systems and other public-health matters.

Annex 3.Poultry

1.　The Parties shall sign and implement the Protocol on Cooperation on Notification and Control Procedures for Certain Significant Poultry Diseases within 30 days of the date of entry into force of this Agreement.

2.　For those U.S. poultry and poultry products imported into China prior to January 1, 2015, China shall, within 30 days of the date of entry into force of this Agreement, issue, based on its previously-conducted assessment of the U.S. regulatory system, a final decision on whether to permit the importation of the product. China shall permit their importation consistently with existing bilaterally-agreed import protocols.

3.　China shall maintain measures consistent with the 2018 World Organization for

Animal Health (OIE) Terrestrial Animal Health Code Chapter 10.4, or any successor provisions.

4. Within 30 days following receipt from China of a formal request for an evaluation of a region of China for avian disease free recognition and a completed information package to support such a request that addresses the eight factors outlined in 9 CFR Part 92, or any successor provisions, the USDA's Animal and Plant Health Inspection Service (APHIS) shall initiate such an evaluation.

Annex 4. Beef

1. The Parties shall continue implementing the 2017 Protocol for the importation of U.S. beef and beef products into China; however, this Agreement shall prevail over any requirements in the Protocol that are inconsistent with this Agreement. The two Parties may revise the Protocol according to this Agreement if appropriate.

2. China acknowledges that the United States has submitted all relevant and necessary information as requested by China to enable completion of a risk assessment related to the importation of all U.S. beef, beef products, and pet food containing ruminant ingredients. China shall, within one month of the date of entry into force of this Agreement, eliminate the cattle age requirements for the importation of U.S. beef and beef products.

3. China recognizes the U.S. beef and beef products traceability system. The U.S. Government, in accordance with U.S. regulations, continuously maintains measures, including for traceability, that meet or exceed OIE guidelines for maintaining negligible risk status for the bovine disease addressed in Chapter 11.4 of the 2018 OIE Terrestrial Animal Health Code. Provided the United States maintains its OIE negligible risk classification for that disease, China shall not impose new import restrictions or requirements related to that disease on imports of U.S. beef. Should the United States' negligible risk status change, China shall administer the regulations for imports of U.S. beef in accordance with the 2018 OIE Terrestrial Animal Health Code, Chapter 11.4, Article 11.4.11 or any successor provisions.

4. Aiming to better meet Chinese consumers' ever-growing needs for meat, within one month of the date of entry into force of this Agreement, China shall permit the importation into China of those beef and beef products, except for those listed in Appendix I (Beef, Pork, and Poultry Products Considered Not Eligible for Import into China), inspected by the USDA's Food Safety and Inspection Service (FSIS) in

an FSIS-approved facility.

5. Within one month of the date of entry into force of this Agreement, China shall adopt maximum residue limits (MRLs) for zeranol, trenbolone acetate, and melangesterol acetate for imported beef. For beef tissues for which Codex has established MRLs for these hormones, China shall adopt the Codex MRLs. For beef tissues for which Codex has not established MRLs for these hormones, China shall adopt its MRLs by following Codex standards and guidelines and referring to MRLs established by other countries that have performed science-based risk assessments.

Annex 5.Live Breeding Cattle

1. Based on the request and information provided by the United States on February 13, 2019, and on March 6, 2019, the Parties shall, within one month of the date of entry into force of this Agreement, commence technical discussions on the preparation of a U.S. export health certificate and a protocol for the importation into China of U.S. breeding cattle, with a view to realizing trade as soon as possible.

Annex 6.Pork

1. The Parties intend to promote cooperative activities within the Global African Swine Fever Research Alliance (GARA) to share publicly-available scientific knowledge and information to contribute to the progressive control and eradication of African swine fever (ASF).

2. Aiming to better meet Chinese consumers' ever growing needs for meat, within 10 working days of the date of entry into force of this Agreement China shall permit the importation into China of those pork and pork products inspected by the FSIS in an FSIS-approved facility.

Annex 7.Meat, Poultry and Processed Meat

1. Upon entry into force of this Agreement, China shall recognize FSIS oversight of U.S. meat, poultry meat, and processed meat and poultry meat facilities for purposes of allowing imports of U.S. meat, poultry meat, and processed meat and poultry meat.

2. Upon entry into force of this Agreement, China shall accept meat, poultry meat, and processed meat and poultry meat, except for those products listed in Appendix I (Beef, Pork, and Poultry Products Considered Not Eligible for Import into China), inspected by the FSIS in an FSIS-approved facility and accompanied by a FSIS Export Certificate of Wholesomeness (FSIS 9060-5/FSIS 9295-1).

3. Each time the United States provides China with an updated and complete list of

FSIS- approved facilities, China shall, within 20 working days of receipt, publish the list on the GACC website and allow the importation into China of products from all facilities on the list.

4.  China continues to have the right to audit the U.S. meat and poultry food safety regulatory system, including a representative sample of U.S. meat and poultry facilities, in coordination with the FSIS. Such auditing shall be risk-based. China also continues to have the right to conduct inspections of a risk-based selection of shipments of U.S. meat and poultry products at the port of entry. If China determines, based on scientific inspection, that a particular shipment of U.S. meat or poultry products is in violation of applicable food safety import requirements, China may refuse importation of that shipment. If China determines that there is a significant, sustained or recurring pattern of non-conformity with an applicable food safety measure by a particular facility, China may refuse to accept shipments from that facility until the problem is resolved. China shall notify the FSIS of such non-conformity. The Parties shall exchange information on their meat and poultry food safety regulatory systems and other public- health matters.

5.  In consultation with U.S. experts, China shall conduct a risk assessment for ractopamine in cattle and swine as soon as possible without undue delay, and in a manner consistent both with Codex and FAO/World Health Organization (WHO) Joint Expert Committee on Food Additives (JECFA) risk assessment guidance and with the risk assessment for ractopamine previously conducted by the FAO/WHO JECFA. The risk assessment shall be based on verifiable data and the approved conditions of ractopamine use in the United States. China and the United States shall establish a joint working group to discuss the steps to be taken based on the results of the risk assessment.

Annex 8.Electronic Meat and Poultry Information System

1.  Aiming to streamline trade and deepen cooperation between the United States and China with respect to certification, the GACC shall work with the USDA to finalize the technical requirements for, and to implement, an electronic and automated system for China to access FSIS export certificates accompanying U.S. exports to China of meat, poultry, and meat and poultry products.

2.  Provided the United States has implemented the system, and demonstrates the reliability and safety of the system, China shall also implement the system by

February 2020. China shall accept via the system all information, including FSIS certificates, necessary to allow shipments of U.S. meat, poultry, and meat and poultry products into China and shall provide relevant certificate information in a timely manner to the Chinese port customs officials.

3. The USDA has a directive permitting replacement certificates in certain instances when appropriate. The GACC shall accept replacement certificates, provided that the FSIS ensures that replacement certificates are clearly identifiable. China shall accept replacement certificates issued by the USDA for situations that include the following:

   (a) the original certificate did not contain required information;

   (b) the original certificate contained typographical errors;

   (c) the importer, exporter, consignee, or consignor changed, but is within the same country that appears on the original certificate;

   (d) the certificate is lost or damaged; or

   (e) the port of entry changed.

Annex 9.Aquatic Products

1. As soon as practicable following the entry into force of this Agreement, the GACC and the FDA shall resume bilateral meetings of the U.S.-China Technical Working Group on Seafood. The Technical Working Group shall identify steps China can take to provide evidence for FDA to assess whether China has controls that would ensure that Chinese aquatic products exported to the United States meet U.S. requirements. The United States confirms that if a Chinese aquatic product producer or exporter submits sufficient evidence to the FDA and the FDA determines that the firm and product should be excluded from Import Alert 16-131, the Chinese aquatic product producer or exporter shall be added to the Green List for Import Alert 16-131.

2. Aiming to better meet Chinese consumers' ever-growing needs for aquatic products, as soon as practicable following the entry into force of this Agreement, the GACC and the U.S. National Oceanic and Atmospheric Administration (NOAA) shall meet to discuss the process for approving the importation into China of the aquatic species that are sold in U.S. interstate commerce but that are not authorized for sale in China. If the NOAA submits sufficient evidence to the GACC concerning one of these aquatic species, the GACC shall determine whether the species is safe to consume and will be allowed to be imported into China.

3. Within 20 working days of the date of entry into force of this Agreement, China shall

allow imports into China from those:

(a) aquatic products facilities considered to be in good regulatory standing by the FDA and also registered by the GACC, when the shipment is accompanied by the bilaterally–agreed certificate issued by the NOAA; and

(b) fish meal processing facilities considered to be in good regulatory standing by the NOAA and also registered by the GACC, when the shipment is accompanied by the bilaterally-agreed certificate issued by the NOAA.

4. China shall:

(a) each time the United States provides China with an updated and complete list of aquatic products facilities under the jurisdiction of the FDA, within 20 working days of receipt of the list, register the facilities, publish the list of the facilities on the GACC website, and allow U.S. aquatic product imports into China from those facilities; and

(b) each time the United States provides China with an updated and complete list of fish meal processing facilities under the jurisdiction of the NOAA, within 20 working days of receipt of the list, register the facilities, publish the list of the facilities on the GACC website, and allow U.S. fish meal imports into China from those facilities.

5. China continues to have the right to audit the U.S. aquatic products food safety regulatory system, including a representative sample of U.S. aquatic product facilities, in coordination with the FDA. Such auditing shall be risk-based. China also continues to have the right to conduct inspections of a risk-based selection of shipments of U.S. aquatic products at the port of entry. If China determines that a particular shipment of U.S. aquatic products is in violation of applicable food safety import requirements, China may refuse importation of that shipment. If China determines that there is a significant, sustained or recurring pattern of non-conformity with an applicable food safety measure by a particular facility, China may refuse to accept shipments from that facility until the problem is resolved. China shall notify the FDA of such non- conformity. The Parties shall exchange information on their aquatic products food safety regulatory systems and other public-health matters concerning aquatic products.

Annex 10.Rice

1. Each time the United States provides China with a list of rice facilities approved by

the APHIS as compliant with the Phytosanitary Protocol on the Import of Rice from the United States to China, within 20 working days of receipt of the list, China shall register the facilities, publish the list of facilities, and allow the importation of U.S. rice from each of the APHIS- approved rice facilities. China continues to have the right to conduct on-site phytosanitary audits of registered rice facilities.

Annex 11.Plant Health

1. Within one month of the date of entry into force of this Agreement, the Parties shall start technical consultations in order to sign, as soon as possible, a phytosanitary protocol on Chinese Bonsai in growing mediums for export to the United States excluding orchids, with a view to realizing trade as soon as possible.

2. Within 45 days of the date of entry into force of this Agreement, USDA/APHIS shall complete its regulatory notice process for imports of Chinese fragrant pear.

3. Within two months of the date of entry into force of this Agreement, USDA/APHIS shall complete its regulatory notice process for imports of Chinese citrus.

4. Within one month of the date of entry into force of this Agreement, USDA/APHIS shall complete its regulatory notice process for imports of Chinese Jujube.

5. Within seven working days of the date of entry into force of this Agreement, USDA/ APHIS and the GACC shall sign and implement a phytosanitary protocol to allow the importation of U.S. fresh potatoes for processing into China.

6. Within one month of the date of entry into force of this Agreement, USDA/APHIS and the GACC shall sign and implement a phytosanitary protocol to allow the importation of California nectarines into China.

7. Within three months of the date of entry into force of this Agreement, USDA/APHIS and the GACC shall sign and implement a phytosanitary protocol to allow the importation of U.S. blueberries into China.

8. Within three months of the date of entry into force of this Agreement, USDA/APHIS and the GACC shall sign and implement a phytosanitary protocol to allow the importation of California Hass avocadoes into China.

9. Within three months of the date of entry into force of this Agreement, USDA/ APHIS and the GACC shall sign and implement a phytosanitary protocol to allow the importation of U.S. barley into China. The GACC, in coordination with USDA/ APHIS, may conduct an on-site visit of U.S. barley production.

10. Within one month of the date of entry into force of this Agreement, the GACC shall

meet with USDA/APHIS and conduct an on-site visit of U.S. production of U.S. alfalfa hay pellets and cubes, U.S. almond meal pellets and cubes, and U.S. timothy hay. Within three months of the date of entry into force of this Agreement, USDA/ APHIS and the GACC shall sign and implement a phytosanitary protocol to allow importation into China of these products.

11. The Parties confirm they shall not require a phytosanitary certificate for the importation from the other Party of frozen fruits and vegetables.

12. The Parties shall continue technical consultations concerning facilitation of trade in grain and oilseed products.

Annex 12.Feed Additives, Premixes, Compound Feed, Distillers' Dried Grains, and Distillers' Dried Grains with Solubles

1. To streamline procedures, improve efficiencies, and advance trade facilitation, and to better meet demand for feed to promote the development of animal husbandry, China shall:

    (a)  not require an on-site audit or inspection as a condition for registering facilities or for approving the importation into China of feed additives, premixes, compound feed products, Distillers' Dried Grains (DDG), and Distillers' Dried Grains with Solubles (DDGS);

    (b)  not require an export protocol as a condition for permitting the importation into China of feed additives, premixes, compound feed products, DDG, and DDGS; and

    (c)  ensure that its requirements for imports of feed additives, premixes, compound feed products, DDG, and DDGS from the United States are consistent with international standards and guidelines.

2. Each time that the United States provides China with an updated and complete list of U.S. feed additive, premix, compound feed product, DDG, and DDGS facilities, China shall, within 20 working days of receiving the information, register the facilities, publish the list on the GACC website, and allow imports of feed additives, premixes, compound feed products, DDG, and DDGS from U.S. facilities appearing on the list on the GACC website.

3  China shall:

    (a)  (i)  within three months of receiving an application from a U.S. DDG or DDGS manufacturer for the approval of the importation into China of one of its products, complete the review of that application; and

    (ii)    within 20 working days of completing the review of that application, issue a license allowing importation of the product into China; and

  (b)    within 20 working days of receiving an application from a U.S. DDG or DDGS manufacturer that holds or has held a license permitting importation into China of one of its products, but whose license:

    (i)    expired on or after January 1, 2017, or

    (ii)    is scheduled to expire after that date, issue a license to that manufacturer allowing imports of the product into China.

4.    China shall:

  (a)    within nine months of receiving an application for the approval of the importation into China of a new feed additive, premix, or compound feed product, complete its review of that application and add the product onto China's List of Feed and Feed Additives;

  (b)    within three months of receiving a new application for the approval of the importation into China of a feed additive, premix, or compound feed product, complete its review of that application and issue a license allowing importation of the product; and

  (c)    within 20 working days of receiving an application for renewal for a feed additive, premix, or compound feed product license, issue a renewed license allowing importation of the product.

5.    China continues to have the right to audit the U.S. feed additive, premix, compound feed, DDG, and DDGS feed safety regulatory system, including a representative sample of U.S. feed additive, premix, compound feed, DDG, and DDGS feed facilities, in coordination with the relevant U.S. competent authority. Such auditing shall be risk-based. China also continues to have the right to conduct inspections of a risk-based selection of shipments of U.S. feed additive, premix, compound feed, DDG, and DDGS feed products at the port of entry. If China determines, based on scientific inspection, that a particular shipment of U.S. feed additives, premix, compound feed, DDG, and DDGS feed is in violation of applicable feed safety import requirements, China may refuse importation of that shipment. If China determines that there is a significant, sustained or recurring pattern of non-conformity with an applicable feed safety measure by a particular facility, China may refuse to

accept shipments from that facility until the problem is resolved. China shall notify the relevant U.S. competent authority of such non- conformity. The Parties shall exchange information on their feed additive, premix, compound feed, DDG, and DDGS feed safety regulatory systems.

Annex 13.Pet Food and Non-ruminant Derived Animal Feed

1. China shall:
   (a) within one month of the date of entry into force of this Agreement:
       (i) lift its ban on U.S. pet food containing ruminant ingredients in accordance with Annex 4.2 (Beef); and
       (ii) eliminate the use of Polymerase Chain Reaction (PCR) testing on all U.S. pet food products containing ruminant ingredients, and limit PCR testing of U.S. pet food products not containing ruminant ingredients to a risk-based selection of shipments;
   (b) upon entry into force of this Agreement, allow the importation of U.S. pet foods containing poultry products;
   (c) not require completion or submission of any facility questionnaire for registration purposes, except that China may request completion of a facility questionnaire with respect to a facility that China is auditing; and
   (d) allow the importation of pet foods with animal-origin ingredients from a 3rd country as long as the ingredients are legally imported into the United States, meet U.S. domestic requirements for inclusion in pet food, and are traceable to the country of origin.

2. Upon entry into force of this Agreement, the Parties shall engage in technical discussions to discuss the importation of U.S. pet food into China. Within two months of the date of entry into force of this Agreement, the Parties shall sign a protocol on U.S. pet food imports into China. Before a new protocol is signed, China shall continue to allow imports of U.S. pet food as detailed in the Protocol on the Veterinary Health Requirements for Non-Ruminant Derived Animal Feed and Tallow to be Imported from the United States of America to the People's Republic of China, dated November 18, 2004.

3. China has completed its review of 24 new U.S. pet food and animal feed facilities and shall, within five working days of the date of entry into force of this Agreement, include those facilities on the list of facilities allowed to export to China pet food or

non-ruminant derived animal feed.

4.　The United States shall, on a monthly basis, provide to China any updates to the list of U.S. pet food and non-ruminant derived animal feed facilities that the United States has determined to be eligible to export pet food or non-ruminant derived animal feed to China. Upon receipt of each update to the list, China shall, within 20 working days, register the facilities, publish the updates to the list of facilities on the GACC website, and allow imports of pet food and non-ruminant derived animal feed from U.S. facilities on the list on the GACC website.

5.　China continues to have the right to audit the U.S. pet food and non-ruminant derived animal feed safety regulatory system, including a representative sample of U.S. pet food and non-ruminant derived animal feed facilities, in coordination with the relevant U.S. competent authority. Such auditing shall be risk-based. China also continues to have the right to conduct inspections of a risk-based selection of shipments of U.S. pet food and non-ruminant derived animal feed at the port of entry. If China determines, based on scientific inspection, that a particular shipment of U.S pet food and non-ruminant derived animal feed is in violation of applicable pet food and non-ruminant derived animal feed safety import requirements, China may refuse importation of that shipment. If China determines that there is a significant, sustained or recurring pattern of non-conformity with an applicable feed safety measure by a particular facility, China may refuse to accept shipments from that facility until the problem is resolved. China shall notify the relevant U.S. competent authority of such non-conformity. The Parties shall exchange information on their pet food and non-ruminant derived animal feed safety regulatory systems.

Annex 14.Tariff Rate Quotas

1.　China shall ensure that, from December 31, 2019, its TRQ measures for wheat, rice, and corn are in conformity with the Panel Report in China-Tariff Rate Quotas for Certain Agricultural Products and the WTO agreements, including China's commitments under the Protocol on the Accession of the People's Republic of China to the WTO and China's Schedule CLII, Part I, Section 1(B).

2.　The entirety of China's TRQs for wheat, rice, and corn (WRC TRQs) for each year shall be allocated by January 1 of that year to end-users. China shall ensure that it does not inhibit the filling of its WRC TRQs.

3.　China's requirements for WRC TRQ eligibility, allocation, return, reallocation, and penalties shall not discriminate between State Trading Enterprises (STEs) and non-STEs and shall apply equally to the STE share of the WRC TRQ and the non-STE share of the WRC TRQ. For the purposes of China's WRC TRQ administration measures, "end-users" and "enterprises" include STEs when allocated a WRC TRQ.

4. China shall reallocate all unused and returned WRC TRQ amounts, including all unused and returned amounts allocated to STEs or designated as part of the "STE share," by October 1 of each year. Only new applicants and entities other than those returning unused quotas shall be eligible to receive reallocated WRC TRQ amounts.

5. China shall make all WRC TRQ allocations in commercially viable shipping amounts.

6. China shall clearly specify and publish all eligibility criteria for its WRC TRQs and all allocation principles for its WRC TRQ administration, and the allocation principles shall be relevant to the importation, processing, or sale of the commodity subject to the WRC TRQ. China shall ensure that a sufficient number of STE and non-STE entities, including new quota applicants, are eligible to receive WRC TRQ allocations, and that the full utilization of its WRC TRQs is not inhibited.

7. Consistent with China's WTO obligations, at the request of the United States, China shall provide the relevant WRC TRQ allocation and reallocation information requested.

8. Each Party shall make available on a public website existing laws, regulations, and announcements on its administration of WRC TRQs, if any, and publish any change to them in a timely manner. Upon request of a Party, the Parties shall hold consultations on TRQ administration pursuant to the Bilateral Evaluation and Dispute Resolution Chapter.

Annex 15.Domestic Support

1. China shall respect its WTO obligations to publish in an official journal its laws, regulations, and other measures pertaining to its domestic support programs and policies.

2. For greater certainty, nothing in this Agreement limits the rights of the United States under the WTO Dispute Settlement Understanding against China with respect to China's domestic support measures.

Annex 16.Agricultural Biotechnology

1.  To help realize the benefits of agricultural biotechnology for sustainable agriculture, the Parties agree to carry out exchanges on agricultural biotechnology, and intend to take steps to enhance engagement with the public concerning agricultural biotechnology and public awareness of scientific information relevant to agricultural biotechnology, with the aim of building public confidence in, and acceptance of, the use of safe biotechnology in agriculture and the food system.

2.  China shall implement a transparent, predictable, efficient, science- and risk-based regulatory process for safety evaluation and authorization of products of agricultural biotechnology. For agricultural biotechnology products for feed or further processing, China shall significantly reduce, to no more than 24 months, the average amount of time between:

    (a)  the submission of a formal application for authorization of such a product; and

    (b)  the final decision on approval or disapproval of the product.

China shall base its safety evaluation procedures on the relevant international standards and recommendations of Codex and the International Plant Protection Convention. China shall base any safety evaluation that it conducts on scientific data and information obtained using appropriate methods and analyzed using appropriate statistical techniques.

3.  The Parties shall strengthen communication on biotechnology regulation, in order to increase mutual understanding and to facilitate trade in products of agricultural biotechnology.

4.  China shall:

    (a)  within five working days of receipt of the product dossier submitted in support of a formal application for approval of a product of agricultural biotechnology, pre- screen for completeness, by means of comparison against the requirements on the application form, the dossier and inform the applicant of any deficiencies in the sufficiency of information in the dossier;

    (b)  accept complaints from applicants concerning the operation of the approval procedure for agricultural biotechnology products to be used for purposes of food, feed, and processing, and take corrective action upon receipt of a justified complaint;

    (c)  when additional information from an applicant is necessary for the National Biosafety Committee (NBC) to finalize a safety evaluation, within 20 working days of the NBC meeting at which the NBC ascertained its need for the additional information, request all such information in writing and provide a written explanation to the applicant of how the requested information would be relevant to the safety of the product's intended use;

(d)   when additional information has been submitted to the NBC by an applicant, ensure that the NBC meets as soon as possible and as often as necessary thereafter in order to finalize the NBC's review of the application; and

(e)   convene at least two NBC meetings per year and increase, depending on the number of applications, the frequency of NBC meetings as much as necessary.

5.   China shall establish an authorization period of at least five years for any agricultural biotechnology product.

6.   China shall, within 12 months of the date of entry into force of this Agreement, establish and make public a simplified, predictable, science- and risk-based, and efficient safety- assessment procedure for approval of food ingredients derived from genetically modified microorganisms.

7.   China shall:

(a)   accept applications for agricultural biotechnology product approvals on an on-going, year-round basis;

(b)   if prior to receipt by China of a formal application for approval of an agricultural biotechnology product but following the submission of the dossier for the product to U.S. authorities, the dossier for the product is submitted to China, pre-screen the dossier within five working days of receipt for completeness against the Chinese requirements that will apply following the submission of a formal application for approval of the product in China;

(c)   upon receipt of a formal application, begin review of any application for approval of an agricultural biotechnology product;

(d)   not request information unnecessary for assessing the safety of a product for its intended use; and

(e)   for any product that passes China's safety evaluation, make the administrative decision of approval and issue a biosafety certificate within 20 working days of conclusion of the NBC meeting.

8.   In the event of an occurrence of low-level presence (LLP) affecting a U.S. shipment exported to China, China shall:

(a)   without undue delay, inform the importer or the importer's agent of the LLP occurrence and of any additional pertinent information that will be required to be

submitted to assist China to make a decision on the management of the LLP occurrence;

(b) provide to the United States a summary of any risk or safety assessment that China has conducted in connection with the LLP occurrence;

(c) ensure that the LLP occurrence is managed without unnecessary delay; and

(d) take into account any relevant risk or safety assessment provided, and authorization granted, by the United States or any foreign country when deciding how to manage the LLP occurrence.

9. China shall evaluate inadvertent or technically unavoidable LLP occurrences on a case- by-case basis to minimize trade disruptions.

10. The Parties agree to organize experts to conduct further studies on the issue of LLP and to collaborate internationally on practical approaches to addressing LLP.

Annex 17.Food Safety

1. The Parties shall not implement food safety regulations, or require actions of the other Party'sregulatory authorities, that are not science- or risk-based and shall only apply such regulations and require such actions to the extent necessary to protec human life or health.

Appendix I: Beef, Pork, and Poultry Products Considered Not Eligible for Import into China

U.S. statutes and regulations require the condemnation of meat and poultry carcasses parts thereof, and products, found to be diseased, adulterated or otherwise unfit at the time of slaughter, or during any subsequent inspection. The FSIS does not allow meat or poultry products that are determined to be unqualified, or that are contaminated—for example, with feces, foreign material, or cerebral fluid from cattle—to enter commerce. Animals that display systemic signs of disease or pathologies are condemned. FSIS Public Health Veterinarians certify on the FSIS certificate that the meat or poultry products are from animals that received both antemortem and postmortem inspection and were found sound and healthy. In addition the product has been inspected and passed as provided by law and regulations of the USDA and is wholesome, and suitable for human consumption

The following is a list of products that are not eligible for importation into China, including when incorporated into further-processed products:

(a)  beef and pork: thyroid glands, adrenal glands, uropygial glands, tonsils, major lymph nodes exposed during slaughter and cutting, laryngeal muscle tissue, lungs, pancreas, spleen, gallbladder, uterus, hair, hoofs, and lactating mammary glands;

(b)  horns from cattle;

(c)  mechanically separated beef and distal ileum from cattle of any age;

(d)  brain, skull, eyes, trigeminal ganglia, spinal cord, dorsal root ganglia, and vertebral column (excluding the vertebrae of the tail, the transverse processes of the thoracic and lumbar vertebrae, and the wings of the sacrum), from cattle 30 months of age and older; and

(e)  feathers, heads, intestines, and tails of poultry.

## CHAPTER 4 FINANCIAL SERVICES

Article 4.1: Objectives

The Parties believe that they have a significant opportunity for cooperation and mutual benefit in bilateral services trade. Each Party requests that the other Party ensure fair, effective, and non-discriminatory participation in its market for services and services suppliers of the other Party. The Parties shall work constructively to provide fair, effective, and non-discriminatory market access for each other's services and services suppliers. To that end, the Parties shall take specific actions beginning with the actions set forth in this Chapter with respect to the financial services sector.

Article 4.2: Banking Services

1.  The Parties acknowledge the importance of mutually beneficial cooperation to enhance market access and strengthen the Parties' respective banking services sectors.

2.  China commits that when a qualified subsidiary of a U.S. financial institution provides or seeks to provide securities investment fund custody services, its parent company's overseas assets shall be taken into consideration in order to fulfill applicable asset requirements. Within five months after the date of entry into force of this Agreement, China shall allow branches of U.S. financial institutions to provide securities investment fund custody services, and the parent company's overseas assets shall be taken into consideration in order to fulfill applicable asset requirements. China shall review and approve qualified applications by U.S. financial institutions

for securities investment fund custody licenses on an expeditious basis.

3. China affirms that U.S. financial institutions applying to serve as Type-A lead underwriters for all types of non-financial debt instruments shall be evaluated and granted licenses based on the revised formula for granting lead underwriting licenses for non-financial enterprise debt instruments, which takes into account U.S. financial institutions' international qualifications in order to fulfill applicable requirements for the entity seeking the license in China.

4. The United States acknowledges current pending requests by Chinese institutions, including by CITIC Group, and affirms that such requests will be considered expeditiously.

Article 4.3: Credit Rating Services

1. China affirms that a wholly U.S.-owned credit rating services supplier has been allowed to rate domestic bonds sold to domestic and international investors, including for the interbank market. China commits that it shall continue to allow U.S. service suppliers, including wholly U.S.-owned credit rating services suppliers, to rate all types of domestic bonds sold to domestic and international investors. Within three months after the date of entry into force of this Agreement, China shall review and approve any pending license applications of U.S. service suppliers to provide credit rating services.

2. Each Party shall allow a supplier of credit rating services of the other Party to acquire a majority ownership stake in the supplier's existing joint venture.

3. The United States affirms that it accords non-discriminatory treatment to Chinese credit rating services suppliers.

Article 4.4:Electronic Payment Services

1. China shall accept any applications from a U.S. electronic payment services supplier, including an application of a supplier seeking to operate as a wholly foreign-owned entity, to begin preparatory work to become a bank card clearing institution within five working days of submission, and may make a one-time request within those five working days for any corrections or supplementary information. If such a request is made, China shall accept the application within five working days after the applicant has responded to that request. China shall make a determination with respect to the application, including an explanation of any adverse determination, within 90 working days of its acceptance.

2. No later than one month after a U.S. service supplier notifies China that it has completed its preparatory work, China shall accept the license application of such U.S. supplier, including any license application of Mastercard, Visa, or American Express, and shall make a determination with respect to the application, including an explanation of any adverse determination.

3. The United States affirms it accords non-discriminatory treatment to Chinese electronic payment service suppliers, including UnionPay.

Article 4.5:Financial Asset Management (Distressed Debt) Services

1. The Parties acknowledge the mutual beneficial opportunities in the distressed debt services sector and will work together to promote further opportunities in this sector.

2. China shall allow U.S. financial services suppliers to apply for asset management company licenses that would permit them to acquire non-performing loans directly from Chinese banks, beginning with provincial licenses. When additional national licenses are granted, China shall treat U.S. financial services suppliers on a non-discriminatory basis with Chinese suppliers, including with respect to the granting of such licenses.

3. The United States will continue to allow Chinese financial services suppliers to engage in acquisition and resolution of non-performing loans in the United States.

Article 4.6:Insurance Services

1. No later than April 1, 2020, China shall remove the foreign equity cap in the life, pension, and health insurance sectors and allow wholly U.S.-owned insurance companies to participate in these sectors. China affirms that there are no restrictions on the ability of U.S.- owned insurance companies established in China to wholly own insurance asset management companies in China.

2. No later than April 1, 2020, China shall remove any business scope limitations, discriminatory regulatory processes and requirements, and overly burdensome licensing and operating requirements for all insurance sectors (including insurance intermediation), and shall thereafter review and approve expeditiously any application by U.S. financial services suppliers for licenses to supply insurance services. In accordance with this commitment, China affirms that it has eliminated the requirement of thirty-years of insurance business operations for establishment of new foreign insurance companies.

3. The United States acknowledges current pending requests by Chinese institutions,

including by China Reinsurance Group, and affirms that such requests will be considered expeditiously.

Article 4.7:Securities, Fund Management, Futures Services

1. Each Party shall, on a non-discriminatory basis, review and approve a qualified application of a financial institution of the other Party for a securities, fund management, or futures license. The Parties affirm that licensed financial institutions of the other Party are entitled to supply the same full scope of services in these sectors as licensed financial institutions of the Party.

2. No later than April 1, 2020, China shall eliminate foreign equity limits and allow wholly U.S.-owned services suppliers to participate in the securities, fund management, and futures sectors.

3. China affirms that it substantially reduced the high net asset value requirement on majority shareholders of securities services suppliers on July 5, 2019.

4. China affirms that existing U.S.-invested securities joint ventures are allowed to retain their existing licenses when they become U.S.-controlled, U.S. majority-owned, or wholly U.S.- owned securities companies.

5. The Parties shall ensure there are no discriminatory restrictions for private fund managers of the other Party. China shall ensure that there is no prohibition on U.S.-owned private fund managers investing in H shares (i.e., shares of mainland Chinese companies listed on the Hong Kong stock exchange) and that qualified U.S.-owned private fund managers may be approved to provide investment advisory services on a case-by-case basis.

6. The Parties affirm that there are no discriminatory restrictions for institutions of the other Party in futures products, including by allowing the institutions of the other Party to invest in the full scope of futures products in which domestic institutions can invest (including financial, interest-rate, and exchange-rate futures).

7. The United States acknowledges current pending requests by Chinese institutions, including by China International Capital Corporation, and affirms that such requests will be considered expeditiously.

CHAPTER 5

MACROECONOMIC POLICIES AND EXCHANGE RATE MATTERS AND TRANSPARENCY

Article 5.1: General Provisions

1. Each Party shall respect the other Party'sautonomy in monetary policy, in accordance with its domestic law.

2. The Parties recognize that strong fundamentals, sound policies, and a resilient international monetary system are essential to the stability of exchange rates, contributing to strong and sustainable growth and investment. Flexible exchange rates, where feasible, can serve as a shock absorber.

3. The Parties share the objective of pursuing policies that strengthen underlying economic fundamentals, foster growth and transparency, and avoid unsustainable external imbalances.

4. The Parties shall honor currency-related commitments each has undertaken in G20 communiqués, including to refrain from competitive devaluations and the targeting of exchange rates for competitive purposes.

Article 5.2: Exchange Rate Practices

1. Each Party confirms that it is bound under the International Monetary Fund (IMF) Articles of Agreement to avoid manipulating exchange rates or the international monetary system in order to prevent effective balance of payments adjustment or to gain an unfair competitive advantage.

2. Each Party should:

    (a) achieve and maintain a market-determined exchange rate regime; and

    (b) strengthen underlying economic fundamentals, which reinforces the conditions for macroeconomic and exchange rate stability.

3. The Parties shall refrain from competitive devaluations and not target exchange rates for competitive purposes, including through large-scale, persistent, one-sided intervention in exchange markets.

4. The Parties will communicate regularly and consult on foreign exchange markets, activities, and policies. The Parties will consult with each other regarding the IMF's assessment of the exchange rate of each Party.

Article 5.3: Transparency

1. The Parties affirm that they shall continue to disclose publicly within the prescribed timeframes below:

    (a) monthly foreign exchange reserves data and forward positions according to the IMF's Data Template on International Reserves and Foreign Currency Liquidity, no later than 30 days after the end of each month;

      (b)    quarterly balance of payments for the sub-components of the financial account, including direct investment, portfolio investment, and other investment (loans and receivables), no later than 90 days after the end of each quarter; and

      (c)    quarterly exports and imports of goods and services, no later than 90 days after the end of each quarter.

2.    The Parties reaffirm and shall continue to consent to the public disclosure by the IMF of:

      (a)    each IMF Article IV Staff Report on the country of the Party, including the exchange rate assessment, within four weeks of the IMF Executive Board discussion; and

      (b)    confirmation of the Party'sparticipation in the IMF COFER database.

3.    If the IMF does not disclose publicly any items listed in paragraph 2 with respect to a Party, that Party shall request that the IMF disclose publicly those items.

## Article 5.4: Enforcement Mechanism

1.    Issues related to exchange rate policy or transparency shall be referred by either the U.S. Secretary of the Treasury or the Governor of the People's Bank of China to the Bilateral Evaluation and Dispute Resolution Arrangement established in Chapter 7 (Bilateral Evaluation and Dispute Resolution).

2.    If there is failure to arrive at a mutually satisfactory resolution under the Bilateral Evaluation and Dispute Resolution Arrangement, the U.S. Secretary of the Treasury or the Governor of the People's Bank of China may also request that the IMF, consistent with its mandate:

      (a)    undertake rigorous surveillance of the macroeconomic and exchange rate policies and data transparency and reporting policies of the requested Party; or

      (b)    initiate formal consultations and provide input, as appropriate.

## CHAPTER 6

## EXPANDING TRADE

## Article 6.1: Objectives

1.    The Parties acknowledge that trade and economic structural changes resulting from this Agreement and from other actions being taken by China to open up its economy and improve its trade regime should lead to improved trade flows, including significant increases in exports of goods and services to China by the United States and other countries.

2. The Parties believe that expanding trade is conducive to the improvement of their bilateral trade relationship, the optimal allocation of resources, economic restructuring, and sustainable economic development, given the high degree of complementarity in trade between them.

3. The Parties recognize that the United States produces and can supply high-quality, competitively priced goods and services, while China needs to increase the importation of quality and affordable goods and services to satisfy the increasing demand from Chinese consumers.

4. The Parties accordingly seek to work constructively and cooperatively toward an improved bilateral trade relationship and to explore appropriate steps to facilitate increased trade.

Article 6.2: Trade Opportunities

1. During the two-year period from January 1, 2020 through December 31, 2021, China shall ensure that purchases and imports into China from the United States of the manufactured goods, agricultural goods, energy products, and services identified in Annex 6.1 exceed the corresponding 2017 baseline amount by no less than $200 billion. Specifically, China shall ensure that:

   (a) For the category of manufactured goods identified in Annex 6.1, no less than $32.9 billion above the corresponding 2017 baseline amount is purchased and imported into China from the United States in calendar year 2020, and no less than $44.8 billion above the corresponding 2017 baseline amount is purchased and imported into China from the United States in calendar year 2021;

   (b) For the category of agricultural goods identified in Annex 6.1, no less than $12.5 billion above the corresponding 2017 baseline amount is purchased and imported into China from the United States in calendar year 2020, and no less than $19.5 billion above the corresponding 2017 baseline amount is purchased and imported into China from the United States in calendar year 2021;

   (c) For the category of energy products identified in Annex 6.1, no less than $18.5 billion above the corresponding 2017 baseline amount is purchased and imported into China from the United States in calendar year 2020, and no less than $33.9 billion above the corresponding 2017 baseline amount is purchased and imported into China from the United States in calendar year 2021; and

   (d) For the category of services identified in Annex 6.1, no less than $12.8 billion above the corresponding 2017 baseline amount is purchased and imported into China from the United States in calendar year 2020, and no less than $25.1 billion above the corresponding 2017 baseline amount is purchased and imported into China from the United States in calendar year 2021.

2. The Parties shall specify the increases in purchases and imports for the subcategories listed in Annex 6.1 as appropriate.

3. The Parties project that the trajectory of increases in the amounts of manufactured goods, agricultural goods, energy products, and services purchased and imported into China from the United States will continue in calendar years 2022 through 2025.

4. The United States shall ensure to take appropriate steps to facilitate the availability of U.S. goods and services to be purchased and imported into China.

5. The Parties acknowledge that purchases will be made at market prices based on commercial considerations and that market conditions, particularly in the case of agricultural goods, may dictate the timing of purchases within any given year.

6. Official Chinese trade data and official U.S. trade data shall be used to determine whether this Chapter has been implemented. If an analysis of the respective trade data gives rise to conflicting assessments of whether this Chapter has been implemented, the Parties shall engage in consultations.

7. If China believes that its ability to fulfill its obligations under this Chapter is being affected by an action or inaction by the United States or by other circumstances arising in the United States, China is entitled to request consultations with the United States.

CHAPTER 7

BILATERAL EVALUATION AND DISPUTE RESOLUTION

Article 7.1: Bilateral Evaluation and Dispute Resolution Arrangement

1. To ensure prompt and effective implementation of this Agreement, the Parties establish the following Bilateral Evaluation and Dispute Resolution Arrangement (the "Arrangement").

2. The purpose and mandate of the Arrangement are to effectively implement this Agreement, to resolve issues in the economic and trade relationship of the Parties in a fair, expeditious, and respectful manner, and to avoid the escalation of economic and trade disputes and their impact on other areas of the Parties' relationship. The Parties recognize the importance of strengthened bilateral communications in this effort.

Article 7.2: Arrangement Structure

1. High-level Engagement. The Parties shall create the Trade Framework Group to discuss the implementation of this Agreement, which shall be led by the United States Trade Representative and a designated Vice Premier of the People's Republic of China. The Trade Framework Group shall discuss (a) the overall situation regarding implementation of this Agreement, (b) major problems with respect to implementation, and (c) arrangements for future work between the Parties. The Parties shall resume macroeconomic meetings to discuss overall economic issues, which shall be led by the United States Secretary of the Treasury and the designated Vice Premier of the People's Republic of China. Both Parties shall make every effort to ensure that meetings of the Trade Framework Group and the macroeconomic meetings are efficient and oriented toward solving problems.

2. Daily Work. The Arrangement shall include a Bilateral Evaluation and Dispute Resolution Office for each Party.

    (a) For the United States, the Bilateral Evaluation and Dispute Resolution Office shall be headed by a designated Deputy United States Trade Representative. For China, the Bilateral Evaluation and Dispute Resolution Office shall be headed by a designated Vice Minister under the designated Vice Premier.

    (b) Each Party shall designate an official (the "designated official") to assist in the work of the Arrangement. By the date of entry into force of this Agreement, each Party shall provide the contact information of its respective designated official. Each Party shall update such information as necessary.

    (c) The Bilateral Evaluation and Dispute Resolution Offices shall (a) assess specific issues relating to implementation of this Agreement, (b) receive complaints regarding implementation submitted by either Party, and (c) attempt to resolve disputes through consultations. In carrying out its work, each Bilateral Evaluation and Dispute Resolution Office may consult with government agencies with relevant expertise.

Article 7.3: Requests for Information

A Party may request at any meeting, or prior to a meeting, information from the other Party regarding a matter relating to the implementation of this Agreement. The other Party shall provide a written response containing the requested information. In the event that a Party is not able to provide the requested information, the response shall contain a specific explanation of why the information cannot be provided within the time limit and the specific date when the information will be provided. Nothing in this provision shall obligate a Party to provide confidential information to the other Party.

　　Article 7.4: Dispute Resolution

1.　Appeal. Where one Party (the "Complaining Party") believes that the other Party (the "Party Complained Against") is not acting in accordance with this Agreement, the Complaining Party may submit an appeal ("Appeal") to the Bilateral Evaluation and Dispute Resolution Office of the Party Complained Against. An Appeal shall be in writing and shall contain sufficient information to allow the Party Complained Against to make a proper assessment of the matter. The Appeal may, but need not, include information that could identify any company at issue or business confidential information. The Appeal and any information and matters related to it are confidential and shall not be shared beyond the Bilateral Evaluation and Dispute Resolution Office, absent the agreement of the Parties.

2.　Scope of Appeal.

　　(a)　The dispute resolution process covers all matters that occur after the date of entry into force of this Agreement.

　　(b)　Any measure, including an action, of a Party taken prior to the date of entry into force of this Agreement, which is maintained or continues to have effect after that date, is also subject to the dispute resolution process. For an Appeal of such a measure, the Complaining Party shall provide to the Party Complained Against an explanation of the continuing effect of the measure.

3.　Assessment. The Party Complained Against shall carry out and complete an assessment of the Appeal. The Party Complained Against shall consider the facts, nature, and seriousness of the issues presented by the Appeal. After the assessment is completed, the designated officials shall begin consultations.

4.　Dispute Procedures. Both Parties will attempt to resolve the Appeal in the most efficient manner using the following procedures:

　　(a)　If the Appeal cannot be resolved by the designated officials, the concerns may be raised to the designated Deputy United States Trade Representative and the designated Vice Minister. If the Appeal is not resolved at the deputy or vice ministerial level, the Complaining Party may present the issue to the United States Trade Representative and the designated Vice Premier of the People'

Republic of China.

(b) If the concerns of the Complaining Party are not resolved at a meeting between the United States Trade Representative and the designated Vice Premier of the People's Republic of China, the Parties shall engage in expedited consultations on the response to the damages or losses incurred by the Complaining Party. If the Parties reach consensus on a response, the response shall be implemented. If the Parties do not reach consensus on a response, the Complaining Party may resort to taking action based on facts provided during the consultations, including by suspending an obligation under this Agreement or by adopting a remedial measure in a proportionate way that it considers appropriate with the purpose of preventing the escalation of the situation and maintaining the normal bilateral trade relationship. The Party Complained Against can initiate an urgent meeting between the United States Trade Representative and the designated Vice Premier of the People's Republic of China before the effective date of the action to be taken by the Complaining Party. If the Party Complained Against considers that the action by the Complaining Party pursuant to this subparagraph was taken in good faith, the Party Complained Against may not adopt a counter-response, or otherwise challenge such action. If the Party Complained Against considers that the action of the Complaining Party was taken in bad faith, the remedy is to withdraw from this Agreement by providing written notice of withdrawal to the Complaining Party.

5. Notwithstanding the provisions of subparagraph 4(a), if either the United States Trade Representative or the designated Vice Premier of the People's Republic of China considers that an implementation issue is a matter of urgency, either one may raise the matter directly at a meeting between them without prior discussions at lower level meetings. If such a meeting cannot be timely scheduled for this purpose, the Complaining Party may resort to taking action as provided in subparagraph 4(b).

Article 7.5: Implementation Period

The Arrangement shall be in effect at the same time as this Agreement and shall remain n place as long as this Agreement is in effect. The Parties may assess the Arrangement and discuss any necessary adjustments to it at Trade Framework Group meetings.

Article 7.6: Miscellaneous

1. The Parties affirm their existing rights and obligations with respect to each other

under the WTO Agreement and other agreements to which the Parties are party.

2. In the event that a natural disaster or other unforeseeable event outside the control of the Parties delays a Party from timely complying with its obligations under this Agreement, the Parties shall consult with each other.

Annex 7-A

WORKING PROCEDURES OF THE

BILATERAL EVALUATION AND DISPUTE RESOLUTION ARRANGEMENT

Schedule of Meetings

1. Meetings of the Trade Framework Group shall be held every six months.
2. The macroeconomic meetings shall be held regularly.
3. The heads of each Party'sBilateral Evaluation and Dispute Resolution Office shall meet on a quarterly basis.
4. The designated officials of each Party shall meet at least once a month.
5. During the first two years after this Agreement enters into force, the frequency of meetings may be increased as appropriate. Meetings may be held in person or through any means available to the Parties.

Responses to Requests for Information

Pursuant to Article 7.3, a Party shall respond within 15 working days to any requests for information from the other Party.

Dispute Resolution Timeline

1. Pursuant to Article 7.4.3, the Party Complained Against shall have 10 working days from the date of the receipt of the Appeal to carry out and complete an assessment of the Appeal.
2. Pursuant to Article 7.4.4(a):
   a. The designated officials shall have 21 calendar days from the date of the receipt of the Appeal to reach a resolution.
   b. If the Appeal is not resolved by the designated officials, the designated Deputy United States Trade Representative and the designated Vice Minister shall have 45 calendar days from the date of the receipt of the Appeal to reach a resolution.
   c. If the Appeal is not resolved at the deputy or vice-ministerial level and the Complaining Party presents the issue to the United States Trade Representative and the designated Vice Premier of the People's Republic of China, thes

officials shall hold a meeting within 30 calendar days from the date the Complaining Party requests such a meeting.

3. Pursuant to Article 7.4.5, if either the United States Trade Representative or the designated Vice Premier of the People's Republic of China requests to meet on a matter of urgency, a meeting shall be scheduled within 30 calendar days from the date of receipt of that request.

4. The Parties may agree, in writing, to extend the time periods set forth in this Annex.

5. The calculation of working days in this Annex is based on the official calendar of the government of the Party Complained Against.

## CHAPTER 8 FINAL PROVISIONS

### Article 8.1: Annexes, Appendices, and Footnotes

The annexes, appendices, and footnotes to this Agreement constitute an integral part of this Agreement.

### Article 8.2: Amendments

1. The Parties may agree, in writing, to amend this Agreement.

2. An amendment shall enter into force 60 days after the date on which the Parties exchange written notifications of the approval of the amendment in accordance with their respective applicable domestic procedures, or such other date as the Parties may decide.

### Article 8.3: Entry into Force and Termination

1. This Agreement shall enter into force within 30 days of signature by both Parties or as of the date on which the Parties have notified each other in writing of the completion of their respective applicable domestic procedures, whichever is sooner.

2. Either Party may terminate this Agreement by providing written notice of termination to the other Party. The termination shall take effect 60 days after the date on which a Party has provided that written notice to the other Party, or on such other date as the Parties may decide.

### Article 8.4: Further Negotiations

The Parties will agree upon the timing of further negotiations.

### Article 8.5: Notice and Comment on Implementing Measures

Except as otherwise provided in this Agreement, each Party shall provide no less than 45 days for public comment on all proposed measures implementing this Agreement. Each Party shall consider concerns raised by the other Party in any final measure or amendment intended to implement this Agreement.

Article 8.6: Authentic Texts

The English and Chinese versions of this Agreement are equally authentic. IN WITNESS WHERE OF, the undersigned, being duly authorized by their respective Governments, have signed this Agreement.

DONE in duplicate at Washington, District of Columbia, on January 15, 2020.

# 第五部分　美中網路、貿易與科技爭議

**1. Executive Order on Addressing the Threat Posed by TikTok  (August 6, 2020) ***

**The White House Executive-Order**

By the authority vested in me as President by the Constitution and the laws of the United States of America, including the International Emergency Economic Powers Act (50 U.S.C. 1701 et seq.) (IEEPA), the National Emergencies Act (50 U.S.C. 1601 et seq.), and section 301 of title 3, United States Code.

I, DONALD J. TRUMP, President of the United States of America, find that additional steps must be taken to deal with the national emergency with respect to the information and communications technology and services supply chain declared in Executive Order 13873 of May 15, 2019 (Securing the Information and Communications Technology and Services Supply Chain).  Specifically, the spread in the United States of mobile applications developed and owned by companies in the People's Republic of China (China) continues to threaten the national security, foreign policy, and economy of the United States.  At this time, action must be taken to address the threat posed by one mobile application in particular, TikTok.

TikTok, a video-sharing mobile application owned by the Chinese company ByteDance Ltd., has reportedly been downloaded over 175 million times in the United States and over one billion times globally.  TikTok automatically captures vast swaths of information from its users, including Internet and other network activity information such as location data and browsing and search histories.  This data collection threatens to allow the Chinese Communist Party access to Americans' personal and proprietary information　— potentially allowing China to track the locations of Federal employees and contractors, build dossiers of personal information for blackmail, and conduct corporate espionage.

TikTok also reportedly censors content that the Chinese Communist Party deems politically sensitive, such as content concerning protests in Hong Kong and China's treatment of Uyghurs and other Muslim minorities.  This mobile application may also be used for disinformation campaigns that benefit the Chinese Communist Party, such as when TikTok videos spread

---

* 資料來源：The White House, https://trumpwhitehouse.archives.gov/presidential-actions/executive-order-addressing-threat-posed-tiktok/.

debunked conspiracy theories about the origins of the 2019 Novel Coronavirus.

These risks are real. The Department of Homeland Security, Transportation Security Administration, and the United States Armed Forces have already banned the use of TikTok on Federal Government phones. The Government of India recently banned the use of TikTok and other Chinese mobile applications throughout the country; in a statement, India's Ministry of Electronics and Information Technology asserted that they were "stealing and surreptitiously transmitting users' data in an unauthorized manner to servers which have locations outside India." American companies and organizations have begun banning TikTok on their devices. The United States must take aggressive action against the owners of TikTok to protect our national security.

Accordingly, I hereby order:

Section 1.

(a) The following actions shall be prohibited beginning 45 days after the date of this order, to the extent permitted under applicable law: any transaction by any person, or with respect to any property, subject to the jurisdiction of the United States, with ByteDance Ltd. (a.k.a. Zìjié Tiàodòng), Beijing, China, or its subsidiaries, in which any such company has any interest, as identified by the Secretary of Commerce (Secretary) under section 1(c) of this order.

(b) The prohibition in subsection (a) of this section applies except to the extent provided by statutes, or in regulations, orders, directives, or licenses that may be issued pursuant to this order, and notwithstanding any contract entered into or any license or permit granted before the date of this order.

(c) 45 days after the date of this order, the Secretary shall identify the transactions subject to subsection (a) of this section.

Sec. 2.

(a) Any transaction by a United States person or within the United States that evades or avoids, has the purpose of evading or avoiding, causes a violation of, or attempts to violate the prohibition set forth in this order is prohibited.

(b) Any conspiracy formed to violate any of the prohibitions set forth in this order is prohibited.

Sec. 3. For the purposes of this order:

(a) the term "person" means an individual or entity;

(b) the term "entity" means a government or instrumentality of such government, partnership, association, trust, joint venture, corporation, group, subgroup, or other organization, including an international organization; and

(c) the term "United States person" means any United States citizen, permanent resident alien, entity organized under the laws of the United States or any jurisdiction within the United States (including foreign branches), or any person in the United States.

Sec. 4. The Secretary is hereby authorized to take such actions, including adopting rules and regulations, and to employ all powers granted to me by IEEPA as may be necessary to implement this order. The Secretary may, consistent with applicable law, redelegate any of these functions within the Department of Commerce. All departments and agencies of the United States shall take all appropriate measures within their authority to implement this order.

Sec. 5. General Provisions. (a) Nothing in this order shall be construed to impair or otherwise affect:

(i) the authority granted by law to an executive department, agency, or the head thereof; or

(ii) the functions of the Director of the Office of Management and Budget relating to budgetary, administrative, or legislative proposals.

(b) This order shall be implemented consistent with applicable law and subject to the availability of appropriations.

(c) This order is not intended to, and does not, create any right or benefit, substantive or procedural, enforceable at law or in equity by any party against the United States, its departments, agencies, or entities, its officers, employees, or agents, or any other person.

DONALD J. TRUMP

THE WHITE HOUSE,

August 6, 2020.

## 2. Executive Order on Addressing the Threat Posed by WeChat (August 6, 2020) *

**The White House Executive-Order**

---

\* 資料來源：The White House, https://trumpwhitehouse.archives.gov/presidential-actions/executive-order-addressing-threat-posed-wechat/.

By the authority vested in me as President by the Constitution and the laws of the United States of America, including the International Emergency Economic Powers Act (50 U.S.C. 1701 et seq.) (IEEPA), the National Emergencies Act (50 U.S.C. 1601 et seq.), and section 301 of title 3, United States Code,

I, DONALD J. TRUMP, President of the United States of America, find that additional steps must be taken to deal with the national emergency with respect to the information and communications technology and services supply chain declared in Executive Order 13873 of May 15, 2019 (Securing the Information and Communications Technology and Services Supply Chain). As I explained in an Executive Order of August 6, 2020 (Addressing the Threat Posed by Tiktok, and Taking Additional Steps to Address the National Emergency With Respect to the Information and Communications Technology and Services Supply Chain), the spread in the United States of mobile applications developed and owned by companies in the People's Republic of China (China) continues to threaten the national security, foreign policy, and economy of the United States. To protect our Nation, I took action to address the threat posed by one mobile application, TikTok. Further action is needed to address a similar threat posed by another mobile application, WeChat.

WeChat, a messaging, social media, and electronic payment application owned by the Chinese company Tencent Holdings Ltd., reportedly has over one billion users worldwide, including users in the United States. Like TikTok, WeChat automatically captures vast swaths of information from its users. This data collection threatens to allow the Chinese Communist Party access to Americans' personal and proprietary information. In addition, the application captures the personal and proprietary information of Chinese nationals visiting the United States, thereby allowing the Chinese Communist Party a mechanism for keeping tabs on Chinese citizens who may be enjoying the benefits of a free society for the first time in their lives. For example, in March 2019, a researcher reportedly discovered a Chinese database containing billions of WeChat messages sent from users in not only China but also the United States, Taiwan, South Korea, and Australia. WeChat, like TikTok, also reportedly censors content that the Chinese Communist Party deems politically sensitive and may also be used for disinformation campaigns that benefit the Chinese Communist Party. These risks have led other countries, including Australia and India, to begin restricting or banning the use of WeChat. The United States must take aggressive action against the owner of WeChat to protect our national security.

Accordingly, I hereby order:

Section 1.

(a)　The following actions shall be prohibited beginning 45 days after the date of this order, to the extent permitted under applicable law: any transaction that is related to WeChat by any person, or with respect to any property, subject to the jurisdiction of the United States, with Tencent Holdings Ltd. (a.k.a. Téngxùn Kònggǔ Yǒuxiàn Gōngsī), Shenzhen, China, or any subsidiary of that entity, as identified by the Secretary of Commerce (Secretary) under section 1(c) of this order.

(b)　The prohibition in subsection (a) of this section applies except to the extent provided by statutes, or in regulations, orders, directives, or licenses that may be issued pursuant to this order, and notwithstanding any contract entered into or any license or permit granted before the date of this order.

(c)　45 days after the date of this order, the Secretary shall identify the transactions subject to subsection (a) of this section.

Sec. 2.

(a)　Any transaction by a United States person or within the United States that evades or avoids, has the purpose of evading or avoiding, causes a violation of, or attempts to violate the prohibition set forth in this order is prohibited.

(b)　Any conspiracy formed to violate any of the prohibitions set forth in this order is prohibited.

Sec. 3.　For those persons who might have a constitutional presence in the United States, I find that because of the ability to transfer funds or other assets instantaneously, prior notice to such persons of measures to be taken pursuant to section 1 of this order would render those measures ineffectual. I therefore determine that for these measures to be effective in addressing the national emergency declared in Executive Order 13873, there need be no prior notice of an identification made pursuant to section 1(c) of this order.

Sec. 4.　For the purposes of this order:

(a)　the term "person" means an individual or entity;

(b)　the term "entity" means a government or instrumentality of such government, partnership, association, trust, joint venture, corporation, group, subgroup, or other organization, including an international organization; and

(c)　the term "United States person" means any United States citizen, permanent resident alien, entity organized under the laws of the United States or any jurisdiction within the United States (including foreign branches), or any person in the United States.

Sec. 5. The Secretary is hereby authorized to take such actions, including adopting rules and regulations, and to employ all powers granted to me by IEEPA as may be necessary to implement this order. The Secretary may, consistent with applicable law, redelegate any of these functions within the Department of Commerce. All departments and agencies of the United States shall take all appropriate measures within their authority to implement this order.

Sec. 6. General Provisions.

(a) Nothing in this order shall be construed to impair or otherwise affect:

    (i) the authority granted by law to an executive department, agency, or the head thereof; or

    (ii) the functions of the Director of the Office of Management and Budget relating to budgetary, administrative, or legislative proposals.

(b) This order shall be implemented consistent with applicable law and subject to the availability of appropriations.

(c) This order is not intended to, and does not, create any right or benefit, substantive or procedural, enforceable at law or in equity by any party against the United States, its departments, agencies, or entities, its officers, employees, or agents, or any other person.

DONALD J. TRUMP

THE WHITE HOUSE,

August 6, 2020.

**3. U.S. Imposes Sanctions on People's Republic of China Officials Engaged in Coercive Influence Activities (December 4, 2020)** *

**Secretary Michael R. Pompeo, U.S. Department of State**

The Chinese Communist Party (CCP) has long sought to spread Marxist-Leninist ideology and exert its influence all over the world. The CCP's United Front Work Department funds and supports overseas organizations to spread propaganda and coerces and bullies those who would

---

* 資料來源：U.S. Department of State, https://2017-2021.state.gov/u-s-imposes-sanctions-on-peoples-republic-of-china-officials-engaged-in-coercive-influence-activities/.

oppose Beijing's policies. The United Front frequently intimidates members of academia, businesses, civil society groups, and Chinese diaspora communities, including members of ethnic and religious minority communities who speak out against horrific human rights abuses taking place in Xinjiang, Tibet, and elsewhere in China. Its coercive tactics target individuals viewed as working against CCP interests. These tactics include the release of personal details ("doxing") of their targets and even their family members online as a means of political intimidation.

Today, I am exercising my authority under Section 212(a)(3)(C) of the Immigration and Nationality Act to impose visa restrictions on PRC and CCP officials, or individuals active in United Front Work Department activities, who have engaged in the use or threat of physical violence, theft and release of private information, espionage, sabotage, or malicious interference in domestic political affairs, academic freedom, personal privacy, or business activity. These malign activities are intended to co-opt and coerce sub-national leaders, overseas Chinese communities, academia, and other civil society groups both in the United States and other countries in furtherance of the CCP's authoritarian narratives and policy preferences. I will continue to implement such visa restrictions to make clear that those responsible for actions that contravene the rules-based international order are not welcome in the United States.

The United States calls on the PRC to end its use of coercion and intimidation tactics to suppress freedom of expression. The United States will continue to review its authorities to respond to these concerns.

### 4. U.S. Imposes New Sanctions on People's Republic of China Actors Linked to Malign Activities (December 18, 2020) *

**Secretary Michael R. Pompeo, U.S. Department of State**

The Chinese Communist Party's malign activity at home and abroad harms U.S. interests and undermines the sovereignty of our allies and partners. The United States will use all countermeasures available, including actions to prevent People's Republic of China (PRC) companies and institutions from exploiting U.S. goods and technologies for malign purposes. Today's actions mark yet another sign of our resolve.

---

* 資料來源：U.S. Department of State, https://2017-2021.state.gov/u-s-imposes-new-sanctions-on-peoples-republic-of-china-actors-linked-to-malign-activities/.

The United States is imposing new restrictions on certain entities for activities that undermine our national security and foreign policy interests. Specifically, the Department of Commerce is adding 59 PRC entities to its export-control Entity List.

• Mass Surveillance, Military Modernization, and Human Rights Abuses

The United States is adding four entities to the Entity List for enabling human rights abuses within China by providing DNA-testing materials or high-technology surveillance equipment to the PRC government. We urge the Chinese Communist Party to respect the human rights of the people of China, including Tibetan Buddhists, Christians, Falun Gong members, Uyghur Muslims, and members of other ethnic and religious minority groups.

Additionally, the Department of Commerce is adding nineteen entities to the Entity List for systematically coordinating and committing more than a dozen instances of theft of trade secrets from U.S. corporations to advance the PRC defense industrial complex; engaging in activities that undermine U.S. efforts to counter illicit trafficking in nuclear and other radioactive materials; or using U.S. exports to support the PLA and PRC defense industrial base, whose ultimate goal is to surpass the capabilities of other countries they view as competitors, particularly the United States.

• South China Sea

These new restrictions also impose costs on Beijing's unlawful campaign of coercion in the South China Sea. The Department of Commerce is adding 25 shipbuilding research institutes affiliated with the China State Shipbuilding Corporation to the Entity List, as well as six other entities that provide research, development, and manufacturing support for the People's Liberation Army Navy or attempted to acquire U.S.-origin items in support of PLA programs. Commerce is also adding five PRC state-owned enterprises, including the China Communications Construction Company, for their role in coercion of South China Sea claimant states.

## 5. Protecting U.S. Investors from Financing Communist Chinese Military Companies (December 28, 2020) *

### Secretary Michael R. Pompeo, U.S. Department of State

---

* 資料來源：U.S. Department of State, https://2017-2021.state.gov/protecting-u-s-investors-from-financing-communist-chinese-military-companies/.

President Trump took decisive action last month to protect American investors and pension holders from funding Communist Chinese military companies (CCMCs) through Executive Order (13959) Addressing the Threat from Securities Investments that Finance Communist Chinese Military Companies. The Trump Administration is coordinating closely to counter the threat these companies present to the economy and national security of the United States.

Today, the Treasury Department noted that Executive Order 13959 prohibits the ownership of any CCMC shares by exchange-traded funds (ETFs) and index funds, as well as any of their 50 percent or greater majority-owned subsidiaries that have been publicly listed by the Treasury or Defense Departments. This ensures U.S. capital does not contribute to the development and modernization of the People's Republic of China's (PRC) military, intelligence, and security services.

The Executive Order applies to all transactions by U.S. persons, including individuals, institutional investors, pension funds, university endowments, banks, bond issuers, venture capital firms, private equity firms, index firms, and other U.S. entities, including those operating overseas. This should allay concerns that U.S. investors might unknowingly support CCMCs via direct, indirect, or other passive investments including those linked to educational, ETFs, venture funds, private equity, Real Estate Investment Trusts, commodities, endowments, pensions, or any other investment funds tracking bonds, loans, lease lines, debt or equity indices that include securities of CCMCs or subsidiaries publicly listed by the U.S. government.

Beginning on January 11, 2021, U.S. investors will no longer be able to transact in publicly traded or private market debt or equity securities, or any securities that are derivative thereof, regardless of the percentage ownership of CCMCs, with full divestment required by November 11, 2021.

## 6. Statement from National Security Advisor Robert C. O'Brien Regarding the National Maritime Cybersecurity Plan (January 5, 2021) *

### National Security Council

President Trump has released the "National Maritime Cybersecurity Plan," which sets forth how the United States government will defend the American economy through enhanced

---

\* 資料來源： The White House, https://trumpwhitehouse.archives.gov/briefings-statements/statement-national-security-advisor-robert-c-obrien-regarding-national-maritime-cybersecurity-plan/.

cybersecurity coordination, policies and practices, aimed at mitigating risks to the maritime sub-sector, promoting prosperity through information and intelligence sharing, and preserving and increasing the nation's cyber workforce.

President Trump designated the cybersecurity of the Maritime Transportation System (MTS) as a top priority for national defense, homeland security, and economic competitiveness in the 2017 National Security Strategy. The MTS contributes to one quarter of all United States gross domestic product, or approximately $5.4 trillion. MTS operators are increasingly reliant on information technology (IT) and operational technology (OT) to maximize the reliability and efficiency of maritime commerce. This plan articulates how the United States government can buy down the potential catastrophic risks to our national security and economic prosperity created by technology innovations to strengthen maritime commerce efficiency and reliability.

The National Maritime Cybersecurity Plan unifies maritime cybersecurity resources, stakeholders, and initiatives to aggressively mitigate current and near-term maritime cyberspace threats and vulnerabilities while complementing the National Strategy for Maritime Security. The Plan identifies government priority actions to close maritime cybersecurity gaps and vulnerabilities over the next five years.

This Administration continues to defend American workers and American prosperity while strengthening our national security. President Trump has taken numerous steps to bolster cybersecurity measures, promote American workers, defend American technology, and lead the world in technological innovation. Today's release furthers the President's successes at bridging the private and public technological and industrial sectors to benefit the American people and protect the American way of life.

7. **Executive Order Addressing the Threat Posed By Applications and Other Software Developed or Controlled By Chinese Companies (January 5, 2021)** *

**The White House Executive-Order**

By the authority vested in me as President by the Constitution and the laws of the United States of America, including the International Emergency Economic Powers Act (50 U.S.C. 1701 et seq.) (IEEPA), the National Emergencies Act (50 U.S.C. 1601 et seq.), and section 301 of title 3, United States Code,

---

* 資料來源：The White House, https://trumpwhitehouse.archives.gov/presidential-actions/executive-order-addressing-threat-posed-applications-software-developed-controlled-chinese-companies/.

I, DONALD J. TRUMP, President of the United States of America, find that additional steps must be taken to deal with the national emergency with respect to the information and communications technology and services supply chain declared in Executive Order 13873 of May 15, 2019 (Securing the Information and Communications Technology and Services Supply Chain). Specifically, the pace and pervasiveness of the spread in the United States of certain connected mobile and desktop applications and other software developed or controlled by persons in the People's Republic of China, to include Hong Kong and Macau (China), continue to threaten the national security, foreign policy, and economy of the United States. At this time, action must be taken to address the threat posed by these Chinese connected software applications.

By accessing personal electronic devices such as smartphones, tablets, and computers, Chinese connected software applications can access and capture vast swaths of information from users, including sensitive personally identifiable information and private information. This data collection threatens to provide the Government of the People's Republic of China (PRC) and the Chinese Communist Party (CCP) with access to Americans' personal and proprietary information — which would permit China to track the locations of Federal employees and contractors, and build dossiers of personal information.

The continuing activity of the PRC and the CCP to steal or otherwise obtain United States persons' data makes clear that there is an intent to use bulk data collection to advance China's economic and national security agenda. For example, the 2014 cyber intrusions of the Office of Personnel Management of security clearance records of more than 21 million people were orchestrated by Chinese agents. In 2015, a Chinese hacking group breached the United States health insurance company Anthem, affecting more than 78 million Americans. And the Department of Justice indicted members of the Chinese military for the 2017 Equifax cyber intrusion that compromised the personal information of almost half of all Americans.

In light of these risks, many executive departments and agencies (agencies) have prohibited the use of Chinese connected software applications and other dangerous software on Federal Government computers and mobile phones. These prohibitions, however, are not enough given the nature of the threat from Chinese connected software applications. In fact, the Government of India has banned the use of more than 200 Chinese connected software applications throughout the country; in a statement, India's Ministry of Electronics and Information Technology asserted that the applications were "stealing and surreptitiously transmitting users' data in an unauthorized manner to servers which have locations outside India."

The United States has assessed that a number of Chinese connected software applications automatically capture vast swaths of information from millions of users in the United States, including sensitive personally identifiable information and private information, which would allow the PRC and CCP access to Americans' personal and proprietary information.

The United States must take aggressive action against those who develop or control Chinese connected software applications to protect our national security.

Accordingly, I hereby order:

Section 1.

(a)  The following actions shall be prohibited beginning 45 days after the date of this order, to the extent permitted under applicable law: any transaction by any person, or with respect to any property, subject to the jurisdiction of the United States, with persons that develop or control the following Chinese connected software applications, or with their subsidiaries, as those transactions and persons are identified by the Secretary of Commerce (Secretary) under subsection (e) of this section: Alipay, CamScanner, QQ Wallet, SHAREit, Tencent QQ, VMate, WeChat Pay, and WPS Office.

(b)  The Secretary is directed to continue to evaluate Chinese connected software applications that may pose an unacceptable risk to the national security, foreign policy, or economy of the United States, and to take appropriate action in accordance with Executive Order 13873.

(c)  Not later than 45 days after the date of this order, the Secretary, in consultation with the Attorney General and the Director of National Intelligence, shall provide a report to the Assistant to the President for National Security Affairs with recommendations to prevent the sale or transfer of United States user data to, or access of such data by, foreign adversaries, including through the establishment of regulations and policies to identify, control, and license the export of such data.

(d)  The prohibitions in subsection (a) of this section apply except to the extent provided by statutes, or in regulations, orders, directives, or licenses that may be issued pursuant to this order, and notwithstanding any contract entered into or any license or permit granted before the date of this order.

(e)  Not earlier than 45 days after the date of this order, the Secretary shall identify the transactions and persons that develop or control the Chinese connected software applications subject to subsection (a) of this section.

Sec. 2.

(a)　Any transaction by a United States person or within the United States that evades or avoids, has the purpose of evading or avoiding, causes a violation of, or attempts to violate the prohibition set forth in this order is prohibited.

(b)　Any conspiracy formed to violate any of the prohibitions set forth in this order is prohibited.

Sec. 3.　For the purposes of this order:

(a)　the term "connected software application" means software, a software program, or group of software programs, designed to be used by an end user on an end-point computing device and designed to collect, process, or transmit data via the Internet as an integral part of its functionality.

(b)　the term "entity" means a government or instrumentality of such government, partnership, association, trust, joint venture, corporation, group, subgroup, or other organization, including an international organization;

(c)　the term "person" means an individual or entity;

(d)　the term "personally identifiable information" (PII) is information that, when used alone or with other relevant data, can identify an individual. PII may contain direct identifiers (e.g., passport information) that can identify a person uniquely, or quasi-identifiers (e.g., race) that can be combined with other quasi-identifiers (e.g., date of birth) to successfully recognize an individual.

(e)　the term "United States person" means any United States citizen, permanent resident alien, entity organized under the laws of the United States or any jurisdiction within the United States (including foreign branches), or any person in the United States.

Sec. 4.

(a)　The Secretary, in consultation with the Secretary of the Treasury and the Attorney General, is hereby authorized to take such actions, including adopting rules and regulations, and to employ all powers granted to me by IEEPA, as may be necessary to implement this order. All agencies shall take all appropriate measures within their authority to implement this order.

(b)　The heads of agencies shall provide, in their discretion and to the extent permitted by law, such resources, information, and assistance to the Department of Commerce as required to implement this order, including the assignment of staff to the Department of Commerce to perform the duties described in this order.

Sec. 5. Severability. If any provision of this order, or the application of any provision to any person or circumstance, is held to be invalid, the remainder of this order and the application of its other provisions to any other persons or circumstances shall not be affected thereby.

Sec. 6. General Provisions. (a) Nothing in this order shall be construed to impair or otherwise affect:

    (i)    the authority granted by law to an executive department, agency, or the head thereof; or

    (ii)    the functions of the Director of the Office of Management and Budget relating to budgetary, administrative, or legislative proposals.

(b)    This order shall be implemented consistent with applicable law and subject to the availability of appropriations.

(c)    This order is not intended to, and does not, create any right or benefit, substantive or procedural, enforceable at law or in equity by any party against the United States, its departments, agencies, or entities, its officers, employees, or agents, or any other person.

DONALD J. TRUMP

THE WHITE HOUSE,

January 5, 2021.

# 正文索引

## 十七劃

## 十八劃

## 十九劃

## 二十劃

## 二十一劃

## 二十二劃

## 二十四劃

國家圖書館出版品預行編目(CIP)資料

川普政府中美關係專題研究=Sino-American Relations
under the Trump Administration / 吳玉山, 林正義, 張登
及, 姚宏旻, 陳鴻鈞, 焦興鎧作；林正義主編. -- 初
版.
-- 臺北市：五南圖書出版股份有限公司, 2023.12
　　　面；　公分.

ISBN 978-626-366-909-3 (平裝)
1.CST: 中美關係 2.CST: 臺美關係
578.52　　　　　　　　　　　　112021696

1PUS

# 川普政府中美關係專題研究

主　　編 ― 林正義

作　　者 ― 吳玉山（60.1）、林正義、張登及、
　　　　　　姚宏旻、陳鴻鈞、焦興鎧

發 行 人 ― 楊榮川

總 經 理 ― 楊士清

總 編 輯 ― 楊秀麗

副總編輯 ― 劉靜芬

責任編輯 ― 林佳瑩

封面設計 ― 姚孝慈

出 版 者 ― 五南圖書出版股份有限公司

地　　址：106台北市大安區和平東路二段339號4樓

電　　話：(02)2705-5066　傳　　真：(02)2706-6100

網　　址：https://www.wunan.com.tw

電子郵件：wunan@wunan.com.tw

劃撥帳號：01068953

戶　　名：五南圖書出版股份有限公司

法律顧問　林勝安律師

出版日期　2023 年 12 月初版一刷

定　　價　新臺幣 600 元

# 經典永恆・名著常在

## 五十週年的獻禮 —— 經典名著文庫

五南，五十年了，半個世紀，人生旅程的一大半，走過來了。

思索著，邁向百年的未來歷程，能為知識界、文化學術界作些什麼？

在速食文化的生態下，有什麼值得讓人雋永品味的？

歷代經典・當今名著，經過時間的洗禮，千錘百鍊，流傳至今，光芒耀人；

不僅使我們能領悟前人的智慧，同時也增深加廣我們思考的深度與視野。

我們決心投入巨資，有計畫的系統梳選，成立「經典名著文庫」，

希望收入古今中外思想性的、充滿睿智與獨見的經典、名著。

這是一項理想性的、永續性的巨大出版工程。

不在意讀者的眾寡，只考慮它的學術價值，力求完整展現先哲思想的軌跡；

為知識界開啟一片智慧之窗，營造一座百花綻放的世界文明公園，

任君遨遊、取菁吸蜜、嘉惠學子！